Die Strafverfolgung von polizeilicher Gewalt – eine empirische Analyse

Internationales und Europäisches Strafverfahrensrecht

Herausgegeben von Hans-Heiner Kühne und Robert Esser

Band 16

PETER LANG

Tim Schlun

# Die Strafverfolgung von polizeilicher Gewalt – eine empirische Analyse

PETER LANG

**Bibliografische Information der Deutschen Nationalbibliothek**
Die Deutsche Nationalbibliothek verzeichnet diese Publikation in der Deutschen Nationalbibliografie; detaillierte bibliografische Daten sind im Internet über http://dnb.d-nb.de abrufbar.

Zugl.: Trier, Univ., Diss., 2017

D 385
ISSN 1611-275X
ISBN 978-3-631-74734-6 (Print)
E-ISBN 978-3-631-75287-6 (E-PDF)
E-ISBN 978-3-631-75288-3 (EPUB)
E-ISBN 978-3-631-75289-0 (MOBI)
DOI 10.3726/b13839



Peter Lang – Berlin · Bern · Bruxelles · New York · Oxford · Warszawa · Wien



Diese Publikation wurde begutachtet.

www.peterlang.com

# Inhaltsverzeichnis

# Literaturverzeichnis


*Amnesty International, Sektion der Bundesrepublik Deutschland e. V.: TÄTER UNBEKANNT. Mangelnde Aufklärung von mutmaßlichen Misshandlungen durch die Polizei in Deutschland*

*Battis, Ulrich, Bundesbeamtengesetz, 5. Auflage, München 2017*

*Beaucamp, Prof. Dr. Guy/Treder, Prof. Lutz, Methoden und Techniken der Rechtsanwendung, 3. neu bearbeitete Auflage, Heidelberg 2015*

*Beck'scher Online-Kommentar zum GG, hrsg. v. Prof. Dr. Epping und Prof. Dr. Hillgruber, Stand 01. Oktober 2017, München 2017 (zit.: BeckOK/Bearbeiter GG)*

*Beck'scher Online-Kommentar zum StGB, hrsg. v. Heintschel-Heinegg, Bernd, Stand 01. August 2017, München 2017 (zit.: BeckOK/Bearbeiter StGB)*

*Beck'scher Online-Kommentar StPO mit RiStBV und MiStra, hrsg. v. Graf, Hans-Peter, Stand 01. Januar 2017, München 2017 (zit.: BeckOK/Bearbeiter StPO)*

*Behr, Rafael, Cop Culture – Der Alltag des Gewaltmonopols, Männlichkeit, Handlungsmuster und Kultur in der Polizei, 2. Auflage, Wiesbaden 2008 (zit.: Behr, Cop Culture)*

*Benfer, Jost, Anwendung unmittelbaren Zwangs zur Durchsetzung strafprozessualer Rechtseingriffe, NJW 2002, 2688–2689*

*Beulke, Werner, Strafprozessrecht, 13., neu bearbeitete Auflage, Heidelberg, München, Landsberg u. a. 2016*

*Bohnert, Joachim, OWiG, Kommentar zum Ordnungswidrigkeitengesetz, 4. Auflage, München 2016*

*Bosbach, Jens, Verteidigung im Ermittlungsverfahren, 8. Auflage, Heidelberg, München, Landsberg u. a. 2015*

*Brüsemeister, Thomas: Qualitative Forschung. Ein Überblick, 2., überarbeitete Auflage, Wiesbaden 2008*

*Burhoff, Detlef, Handbuch für das strafrechtliche Ermittlungsverfahren, 7. Auflage, Bonn 2015*

*Busse, Ulrike: Frühe Strafverteidigung und Untersuchungshaft. Eine empirische Analyse, Göttingen 2008*

*Carstensen, Thomas Peter: Dauer von Untersuchungshaft, Berlin 1981*

*Charchulla, Tim und Ernst, Marcel, Referendarausbildung in Strafsachen, 3., neu bearbeitete Auflage, Heidelberg, München, Landsberg u. a. 2013*

*Czupryniak, Radoslaw, Berücksichtigung generalpräventiver Gründe bei der Strafzumessung in Deutschland und Polen. Diskussion der Grundsätze und Er-*

*örterung von Fallgruppen anhand der Rechtsprechung, ohne Auflage, Hamburg 2012*

*Degenhart, Christoph, Staatsrecht I – Staatsorganisationsrecht, Mit Bezügen zum Europarecht, 33., neu bearbeitete Auflage, Heidelberg 2017*

*Dölling, Dieter, Probleme der Aktenanalyse in der Kriminologie. In Helmut Kury (Hrsg.), Methodologische Probleme in der kriminologischen Forschungspraxis, S. 265, 286, Köln 1984*

*Eisele, Jörg, Strafrecht – Besonderer Teil 1. Straftaten gegen die Person und die Allgemeinheit, 4., neu bearbeitete Auflage, Stuttgart 2017*

*Fischer, Thomas, Strafgesetzbuch mit Nebengesetzen, 64. Auflage, München 2016 (zit.: Fischer StGB)*

*Gercke, Björn; Hembach, Diana; Wollschläger, Sebastian, Grundlagen des Strafrechts, 1.Auflage, Berlin 2013*

*Gesamtes Strafrecht, StGB/StPO/Nebengesetze, hrsg. v. Dölling, Matthias/Duttge, Gunner/Rössner, Dieter, 4. Auflage, Baden-Baden 2017 (zit.: HK-GS/Bearbeiter)*

*Göhler, Erich, Gesetz über Ordnungswidrigkeiten, 17. Auflage, München 2017*

*Hammarberg, Thomas: Stellungnahme des Menschenrechtskommissars des Europarates zur unabhängigen und effektiven Untersuchung von Beschwerden gegen die Polizei*

*Heine, Henriette, Die Rechtsstellung des Beschuldigten im Rahmen der Europäisierung des Strafverfahrens, ohne Auflage, Augsburg 2008*

*Hermann, Dieter: Die Konstruktion von Realität in Justizakten, in: Zeitschrift für Soziologie, Jg. 16, Heft 1 vom Februar 1987, S. 44–55*

*Hobe, Konrad, „Geringe Schuld" und „öffentliches Interesse" in den §§ 153 und 153a StPO, Festschrift für Heinz Leferenz zum 70. Geburtstag, hrsg. v. Kerner, Hans/Göppinger, Hans/Streng, Franz, Heidelberg 1983, 629–646 (zit.: Hobe FS Leferenz)*

*Homann, Klaus, Der Begriff des „öffentlichen Interesses" in den §§ 376, 153 StPO und 232 StGB, ohne Auflage, Göttingen 1971*

*Hummel, Dieter/Köhler, Daniel/Mayer, Dietrich, Bundesdisziplinargesetz und materielles Disziplinarrecht, 5. Auflage, Frankfurt am Main 2012*

*Hüls, Silke, Polizeiliche und staatsanwaltschaftliche Ermittlungstätigkeit. Machtzuwachs und Kontrollverlust, Berlin 2007*

*Jungclaus, Martin, Ein Gesetzgebungsfehler bei der Neufassung des § 340 StGB durch das Verbrechensbekämpfungsgesetz, NStZ 1995, 582–583*

*Karlsruher Kommentar zur Strafprozessordnung, mit GVG, EGGVG und EMRK, hrsg. v. Hannich, Rolf, 7. Auflage, München 2013 (zit.: KK-Bearbeiter)*

*Katz, Alfred, Staatsrecht. Grundkurs im öffentlichen Recht, 18. Völlig neu bearbeitete Auflage, Heidelberg, München, Landsberg u. a. 2010*

*Kindhäuser, Urs/Neumann, Ulfried/Paeffgen, Hans-Ulrich (Hrsg.), Strafgesetzbuch, 4. Auflage, Baden-Baden 2013 (zit.: NK-StGB Bearbeiter)*

*Kleinknecht/Müller/Reitberger, Kommentar zur Strafprozessordnung, 81. Ergänzungslieferung, Köln 2016 (zit. KMR-StPO/Bearbeiter)*

*Klemke, Olaf/Elbs, Hansjörg, Einführung in die Praxis der Strafverteidigung, 3., neu bearbeitete Auflage, Heidelberg, München u. a. 2013*

*Kramer, Bernhard, Grundbegriffe des Strafverfahrensrechts. Ermittlung und Verfahren,7., überarbeitete Auflage, Stuttgart 2009*

*Krey, Prof. Dr. Volker, Deutsches Strafverfahrensrecht. Band 1. Grundlagen, Verfahrensbeteiligte, Gang des Strafverfahrens, Verfahrensprinzipien, Strafprozessuale Grundrechtseingriffe, ohne Auflage, Stuttgart 2013*

*Krumm, Carsten, Beleidigung gegen Polizeibeamte, SVR 2009, 255–256*

*Kunz, Karl-Ludwig, Die Einstellung wegen Geringfügigkeit durch die Staatsanwaltschaft (Paragraphen 153 Abs. 1, 153a Abs. 1 StPO): eine empirische Untersuchung in kriminalpolitischer Absicht, Athenäum 1980. Dissertation*

*Kühne, Hans-Heiner, Strafprozessrecht, 9. Auflage, Heidelberg/München/Landsberg u. a. 2015*

*Kühne, Hans-Heiner, Juristische Strategien bei der Kontrolle rechtswidrigen Verhaltens der Polizei, in: Kriminologische Forschung in den 80er Jahren, Projektberichte aus der Bundesrepublik Deutschland, Bd. 35/2, 1988, Seite 193–200*

*Ders., Schutz des Bürgers vor der Polizei, in: Jung, Müller-Dietz (Hrsg.), Dogmatik und Praxis des Strafverfahrens, 1989, Seite 47–51*

*Kürzinger, Dr. Josef: Kriminologie. Eine Einführung in die Lehre vom Verbrechen, 2. Auflage, Stuttgart, München, Hannover u. a., 1996*

*Lackner, Karl/Kühl, Kristian, Strafgesetzbuch, 28. Auflage, München 2014 (zit.: Lackner/Kühl/Bearbeiter)*

*Leipziger Kommentar Strafgesetzbuch, bearb. v. Laufhütte, Heinrich Wilhelm/Tiedemann, Klaus/Rissing-van Saan, Ruth, Band III: §§ 110–145d, 12. Auflage, Berlin 2009 (zit.: LK-Bearbeiter)*

*Leonhart, Rainer, Datenanalyse mit SPSS, 1. Auflage, Göttingen, Bern u. a. 2010*

*Löwe-Rosenberg, Strafprozessordnung und das Gerichtsverfassungsgesetz, hrsg. v. Erb, Volker/Graalmann-Scheerer, Kirsten/Stuckenberg, Carl-Friedrich u. a., Band V: §§ 151–212b, 26. Auflage, Berlin 2008 (zit. LR-Bearbeiter)*

*Meier, Bernd-Dieter: Kriminologie, 5., neu bearbeitete Auflage, München 2016*

*Meyer, Prof. Dr. Maria-Katharina, Das Fehlen des öffentlichen Interesses in § 153 I StPO – eine überflüssige und überdies gefährliche Leerformel?, GA 1997, 404–410*

*Meyer-Goldau, Hans-Wilhelm, Der Begriff der „geringen Schuld" in § 153 der Strafprozessordnung, GA 1997, 404*

*Meyer-Goßner, Lutz/Schmitt, Bertram, Strafprozessordnung, Gerichtsverfassungsgesetz, Nebengesetzen und ergänzende Nebenbestimmungen, 57. Auflage, München 2014*

*Meyer-Goßner, Lutz/Schmitt, Bertram, Strafprozessordnung, Gerichtsverfassungsgesetz, Nebengesetzen und ergänzende Nebenbestimmungen, 59. Auflage, München 2016*

*Münchener Kommentar zum Strafgesetzbuch, hrsg. v. Joecks, Wolfgang/Miebach, Klaus, Band II: §§ 38–79b, 2. Auflage, München 2012 (zit.: MüKoStGB/Bearbeiter)*

*Münchener Kommentar zum Strafgesetzbuch, hrsg. v. Joecks, Wolfgang/Miebach, Klaus, Band III: §§ 80–184g, 2. Auflage, München 2012*

*Münchener Kommentar zum Strafgesetzbuch, hrsg. v. Joecks, Wolfgang/Miebach, Klaus, Band V: §§ 268–358, 2. Auflage, München 2014*

*Neus, Dr. Alexandra: Der Erziehungsgedanke im Strafrecht. Eine empirische Analyse, Frankfurt am Main/Washington 1997*

*Nomos Kommentar Gesamtes Strafrecht, hrsg. v. Dölling/Duttge/Rössner, 3.Auflage, Baden-Baden 2013*

*Nüsken, Dirk: Regionale Disparitäten in der Kinder- und Jugendhilfe, Münster 2008*

*Paschmanns, Norbert, Die staatsanwaltschaftliche Verfahrenseinstellung wegen Geringfügigkeit nach §§ 153, 153a StPO – Entscheidungsgrenzen und Entscheidungskontrolle. Frankfurt am Main, Bern, New York, Paris 1988. Dissertation*

*Paeffgen, Hans-Ullrich, Schulterschluß-Effekte – Wohin man blickt, GA 2013, 253–270*

*Pasero, Ursula: Familienkonflikte in der Migration. Eine rechtssoziologische Studie, Wiesbaden 1990*

*Pfeiffer, Gerd, Strafprozessordnung, 5. Auflage, München 2005*

*Reemtsma, Jan Philipp, Organisationen mit Gewaltlizenz – ein zivilisatorisches Grundproblem, in: Die Polizei als Organisation mit Gewaltlizenz, hrsg. v. Scheerer, Sebastian/Sack, Fritz/Sessar, Klaus u. a., Münster/Hamburg/London 2003, 7–23 (zit.: Reemtsma, Gewaltlizenz)*

*Dr. Rieß, Peter, Die Zukunft des Legalitätsprinzips, NStZ 1981, 2–10*

*Roxin, Claus/Schünemann, Bernd, Strafverfahrensrecht, 29. Auflage, München 2017*

*Röhl, Klaus: Rechtssoziologie. Ein Lehrbuch, Köln, Berlin, Bonn u. a. 1987*

*Salheiser, Axel: Natürliche Daten. Dokumente, in: Baur und Blasius (Hrsg.): Handbuch Methoden der empirischen Forschung, Seite 813–829, Wiesbaden 2014*

*Satzger, Helmut/Schluckebier, Wilhelm/Widmaier, Gunter (Hrsg.), Strafprozessordnung, 2. Auflage 2016, Köln 2016 (zit.: SSW-StPO/Bearbeiter)*

*Schnell, Rainer/Hill, Paul/Esser, Elke, Methoden der empirischen Sozialforschung, 8. Auflage, Oldenburg 2008*

*Schönke, Adolf/Schröder, Horst, Strafgesetzbuch, Kommentar, bearb. v. Eser, Albin/Perron, Walter/Sternberg-Lieben, Detlev/Eisele, Jörg u. a., 29. Auflage, München 2014 (zit.: S/S – Bearbeiter)*

*Schroth, Klaus, Die Rechte des Opfers im Strafprozess, 2., neu bearbeitete Auflage, Heidelberg, München, Landsberg u. a. 2011*

*Singelnstein, Tobias, Institutionalisierte Handlungsnormen bei den Staatsanwaltschaften im Umgang mit Ermittlungsverfahren wegen Körperverletzung im Amt gegen Polizeibeamte, MSchKrim 2003, 1–26*

*Schmider, Marco: Reliabilität und Validität der Messung von beruflichem Status. Vergleich von offenen, geschlossenen und multiplen Messindikatoren, Hamburg, 2005*

*Schwind, Hans-Dieter: Kriminologie und Kriminalpolitik. Eine praxisorientierte Einführung mit Beispielen, Heidelberg, München, Landsberg u. a. 2016*

*Schwind, Ahlborn, Gielen und Roitsch: Methoden der Datenerhebung und -analyse, in: Reichertz, Jo (Hrsg.): Die Wirklichkeit des Rechts, Opladen/Wiesbaden 1998*

*Steffen, Wiebke: Grenzen und Möglichkeiten der Verwendung von Strafakten als Grundlage kriminologischer Forschung. Methodische Probleme und Anwendungsbeispiele, in: Müller, Paul J.(Hrsg.): Die Analyse prozeßproduzierter Daten, Stuttgart 1977*

*Systematischer Kommentar zur Strafprozessordnung, mit GVG und EMRK, hrsg. v. Wolter, Jürgen, Band 3: §§ 137–197, 5. Auflage, Köln 2015 (zit.: SK-StPO/Bearbeiter)*

*Töpfer Erik (2014): Unabhängige Polizei-Beschwerdestelle. Eckpunkte für ihre Ausgestaltung (URL:* http://www.institut-fuer-menschenrechte.de/uploads/tx_commerce/Unabhaengige_Polizei_Beschwerdestellen.pdf)

*Untersteller, Sebastian, Der Begriff „öffentliches Interesse" in den §§ 153 StPO und 45 JGG, ohne Auflage, Berlin 2015*

*Urban, Richard/Wittkowski, Bernd, Bundesdisziplinargesetzt, Kommentar, München 2011*

*Wang, Yu (2014): Qualitative und quantitative Instrumente zur Einschränkung der Strafverfolgung bei fehlendem Strafbedürfnis. Ein deutsch-chinesischer Rechtsvergleich, München 2014. Dissertation*

*Werner, Karin, Die Rechtsstellung des Verletzten im Strafverfahren bei staatsanwaltlichen Verfahrenseinstellungen aus Opportunitätsgründen, NStZ 1984, 401–403*

# Vorwort

Besonderer Dank gilt meinem Doktorvater, Herrn Prof. Dr. Dr. *Kühne*, der mich zu der Abfassung der Dissertation motivierte und mich in den Jahren der Bearbeitung stets unterstützte. So ermöglichte er mir, neben der anwaltlichen Berufspraxis und dem Aufbau einer eigenen Kanzlei, die Dissertation anzufertigen und dies mit der beruflichen Tätigkeit zu vereinbaren. Rückfragen wurden dankenswerterweise stets sehr zeitnah in einem offenen Dialog besprochen und beantwortet, Probleme konstruktiv miteinander gelöst und das notwendige Maß an Verständnis und Geduld aufgebracht.

Ebenfalls gilt mein Dank den Staatsanwaltschaften Saarbrücken und Zweibrücken, die diese Untersuchung durch die Bereitstellung der notwendigen Akten erst ermöglicht haben. Besonders zu erwähnen sind Frau Generalstaatsanwältin *Burmeister* (Saarbrücken), der leitende Oberstaatsanwalt Herr *Hirschmann* (Saarbrücken), Herr Generalstaatsanwalt Dr. *Hundt* (Zweibrücken) und der leitende Oberstaatsanwalt Herr *Graßhoff* (Zweibrücken).

Schließlich danke ich meinen Eltern für die bedingungslose Unterstützung sowohl in beruflicher wie auch in privater Hinsicht.

# Einleitung

Diese Dissertation beschäftigt sich mit der Grundfrage, wie die Qualität der von den Staatsanwaltschaften und Polizeidienststellen durchgeführten Strafverfolgung polizeilicher Gewalt zu bewerten ist. Ausgehend von der Hypothese, dass das strafprozessuale Ermittlungsverfahren bei Gewaltdelikten durch Polizeibeamte zugunsten beschuldigter Polizisten durchgeführt wird, wird der Frage nach Ablauf, Organisation und Qualität der entsprechenden Maßnahmen nachgegangen. Eine immer wieder aufzugreifende Frage ist, ob die staatsanwaltschaftliche Praxis mit den Vorschriften der StPO vereinbar ist.

Seit 2002 veröffentlicht das Statistische Bundesamt die sogenannten Staatsanwaltschaftsstatistiken. Innerhalb dieser Statistiken werden Gewalt- und Aussetzungsdelikte durch Polizeibeamte im Sachgebiet 53 zusammengefasst. Die in den Jahren 2010 bis 2015 veröffentlichten Daten haben aufgezeigt, dass die Staatsanwaltschaften bundesweit eine auffällig hohe Zahl an Verfahren eingestellt haben. Im Vergleich zur Anzahl der eingestellten Verfahren wegen des Vorwurfs der normalen Körperverletzung ist ein signifikanter Unterscheid zu verzeichnen; prozentual werden im Sachgebiet 53 bundesweit mehr als doppelt so viele Verfahren eingestellt.[1]

Diese statistische Auffälligkeit ist in der juristisch-kriminologischen Literatur, aber auch in der allgemeinen Berichterstattung bereits vermehrt diskutiert worden. Bereits Ende der 1980er Jahre beschäftigte sich *Kühne* (Universität Trier) in zwei Publikationen mit der Thematik der Polizeigewalt.[2,3] Aktuell wird diese Diskussion nicht nur, aber auch durch den an der Freien Universität Berlin tätigen Prof. Dr. *Singelnstein* (Juniorprofessor für Strafrecht und Strafverfahrensrecht) fortgeführt. *Singelnstein* merkt an, dass die Ermittlungstätigkeit der Staatsanwaltschaften und Polizeidienststellen im Bereich der Polizeigewalt unter dem Ruf leide, eine weitgehende Straflosigkeit für die Beschuldigten herzustellen.[4] Dieser Ruf und die allgemein gemutmaßte einseitige Ermittlungsarbeit der Staatsanwalt-

1 91,6 % der Verfahren im Sachgebiet 53 endeten ohne Konsequenzen für den beschuldigten Beamten; bei „normalen“ Körperverletzungsdelikten liegt die Quote bei 43,3 %.

2 Juristische Strategien bei der Kontrolle rechtswidrigen Verhaltens der Polizei, in: Kriminologische Forschung in den 80er Jahren, Projektberichte aus der Bundesrepublik Deutschland, Bd. 35/2, 1988, Seite 193–200.

3 Schutz des Bürgers vor der Polizei, in: Jung, Müller-Dietz (Hrsg.), Dogmatik und Praxis des Strafverfahrens, 1989, Seite 47–51.

4 *Singelnstein*, NK 2013, 15 (17).

schaften und der Polizei waren der Grund für das Interesse des Verfassers an diesem Forschungsgebiet.

Innerhalb der Arbeit ist von gehobener Bedeutung, wie die einzelnen Voraussetzungen der Einstellungsvorschriften nach §§ 153 ff., 170 Abs. 2 StPO ausgelegt werden beziehungsweise auszulegen sind. § 340 StGB ist die in diesem Zusammenhang entscheidende materielle Vorschrift. Durch den zwingenden Zusammenhang zwischen der materiell-strafrechtlichen Regelung und den strafprozessualen Normen wird ein entsprechender Bogen zwischen diesen Rechtsgebieten geschlagen. Trotz der seit vielen Jahren und Jahrzehnten geführten Diskussion über die Auslegung der Einstellungsvoraussetzungen haben sich bis heute keine eindeutigen Kriterien ergeben.

Im Verlauf der Diskussion wurde daher schon gefordert, einzelne Voraussetzungen aus den Vorschriften zu streichen, um eine größere Rechtssicherheit zu erlangen. So forderte etwa *Meyer*, dass die Einstellungsvoraussetzung des öffentlichen Interesses gestrichen werden sollte.[5] Durch die Verringerung der Voraussetzungen würde es zu weniger Schwierigkeiten bei der Auslegung und Anwendung der Vorschriften kommen.

Es gilt, sich mit den unbestimmten Rechtsbegriffen auseinanderzusetzen und Auslegungskriterien festzulegen. Der § 340 StGB wurde in den vergangenen Jahrzehnten mehrfach reformiert und umgestaltet. Es war stets die Intention des Gesetzgebers, dass im Strafrecht die Ausnutzung einer Amtsträgereigenschaft und der daraus resultierenden Befugnisse entsprechend dem erhöhten Unrecht unter Strafe gestellt ist. Der Gesetzgeber war sich folglich bewusst, dass er dem Eindruck einer cop culture[6] entgegenzuwirken hat. An diesen Fakt knüpft auch diese Arbeit an; der Gesetzgeber hat ein materielles Strafrecht geschaffen, das die rechts- und sachwidrige Gewaltanwendung durch Polizeibeamte klar und auch intensiv unter Strafe stellt. Aus dem Tatbestand geht hervor, dass sowohl der Unrechtsgehalt als auch die damit korrelierende Strafzumessung im Vergleich zu den Körperverletzungsdelikten aus den §§ 223 ff. StGB erhöht ist. Es gilt somit aufzuklären, warum trotz des erhöhten Unrechtsgehaltes eine signifikant höhere Anzahl an Verfahren eingestellt respektive nicht zur Anklage gebracht wird. Zum besseren Verständnis der Unterschiede zwischen diesen beiden Straftatbeständen werden beide am Anfang der Arbeit einleitend untersucht und beschrieben.

---

5 *Meyer-Goldau*, GA 1997, 404 (406).

6 Der Begriff „cop culture" bezeichnet ein polizeiinternes Wertesystem. Diese Kultur umfasst ein eigenständiges Wertesystem, in das sich Polizisten einfügen und dem sie sich unterordnen.

untersuchen. Die Staatsanwaltschaften im gesamten Bundesgebiet stellen regelmäßig gegen Polizisten eingeleitete Verfahren nach den genannten Vorschriften ein. Bereits die zu Beginn der Arbeit dargestellten Statistiken werfen die Frage auf, ob diese hohe Anzahl an Verfahrenseinstellungen mit den entsprechenden Vorschriften in Einklang zu bringen ist. Anhand fachspezifischer Literatur und, sofern vorhanden, entsprechender Rechtsprechung wurde versucht, die praktische Anwendung nachzuvollziehen.[11] Die verschiedenen Ansichten zu den Voraussetzungen wurden dargestellt und diskutiert und in der Folge ein Fazit gezogen. Sodann wurden Untersuchungsthesen zu einzelnen Problemschwerpunkten formuliert, um eine systematische Auswertung der Strafakten zu ermöglichen. Zur Untersuchung der aufgestellten Thesen wurde eine Mischung aus quantitativer und qualitativer Aktenanalyse gewählt. In Verbindung mit der Untersuchung der vertretenen Auslegungskriterien wird versucht, die Ausgangsfrage und auch die grundlegende These zu beantworten, also zu verifizieren oder zu falsifizieren.

Das Ende des zweiten Abschnittes bildet eine Darstellung der Rechtsschutzmöglichkeiten gegen die Verfahrenseinstellung seitens der Staatsanwaltschaften. Betroffene haben die Möglichkeit, entweder ein Klageerzwingungsverfahren gegen eine Einstellung nach § 170 Abs. 2 StPO anzustrengen oder eine Dienstaufsichtsbeschwerde beim zuständigen Oberlandesgericht einzureichen. Von beiden Rechtsschutzmöglichkeiten wird in der Praxis eher selten Gebrauch gemacht, was angesichts der hohen Anzahl an Einstellungen verwunderlich ist.

Zum Abschluss der Arbeit wird genauer auf die teilweise in der Öffentlichkeit bestehende Forderung nach einer unabhängigen Ermittlungsbehörde eingegangen. Eine solche Behörde wurde bereits Ende der 1990er Jahre in Hamburg institutionalisiert und mit der Ermittlung gegen Polizeibeamte betraut, denen die Anwendung rechtswidriger Polizeigewalt vorgeworfen wurde. Diese Behörde wurde jedoch im Jahr 2001 wieder aufgelöst. In den letzten Jahren wurden wieder vermehrt Stimmen laut, die zumindest die Notwendigkeit einer solchen Behörde diskutierten. Unterstützung bekam das Lager der Befürworter durch die Forderungen von Amnesty International[12] beziehungsweise durch die Stellungnahme

---

11 Vgl. hierzu auch: Krey, BKA Sonderband „Was ist Gewalt?" Bd. 2, 1988, Rn. 223.

12 *Amnesty International, Sektion der Bundesrepublik Deutschland e. V.*: TÄTER UNBEKANNT. Mangelnde Aufklärung von mutmaßlichen Misshandlungen durch die Polizei in Deutschland, URL: http://www.amnestypolizei.de/sites/default/files/imce/pfds/Polizeibericht-internet.pdf

des Kommissars für Menschenrechte beim Europarat, *Thomas Hammarberg*[13]. Sowohl Amnesty International als auch Kommissar *Hammarberg*, aber auch andere Institutionen halten die Einbindung einer unabhängigen Behörde außerhalb der Staatsanwaltschaft und der Polizei für dringend notwendig. Diesen Forderungen entgegnete beispielsweise der Präsident der Gewerkschaft der Polizei mit dem Vorbringen, dass es in Deutschland bereits unabhängige Ermittlungsbehörden gebe: die Staatsanwaltschaften.[14]

Bei der Einrichtung einer unabhängigen Ermittlungsbehörde stellt sich zuvorderst die Frage, was diese leisten könnte oder sollte. *Hammarberg* und Amnesty International sehen bei der Untersuchung von Beschwerden gegen Polizisten durch die Staatsanwaltschaften und die Polizeibehörden gewisse strukturelle Probleme aufgrund von Näheverhältnissen. Sie sehen die Gefahr, dass die Objektivität nicht im erforderlichen Rahmen gegeben ist. Diese Objektivität wäre bei einer unabhängigen Behörde regelmäßig gegeben. Andererseits ist fraglich, ob solche Behörden je nach personeller Ausstattung über die erforderlichen Sachkenntnisse verfügen. Diese Voraussetzung wiederum ist bei Staatsanwaltschaften und Polizeidienststellen unstrittig gegeben. Eine nähere Auseinandersetzung mit dieser Thematik ist zumindest geboten.

Die Ausgangsfrage, die Grundthese und die jeweils auf diese bezogenen Unterthesen konnten in Anbetracht der geringen Kooperationsbereitschaft von Staatsanwaltschaften, Rechtsanwälten und anderen privaten Organisationen zwar nicht allgemeingültig und flächendeckend beantwortet oder bestätigt werden, jedoch konnten Rückschlüsse auf die Verfahrenspraxis der Staatsanwaltschaften gezogen werden. Die Arbeit wird Aufschlüsse über die Qualität der von den Staatsanwaltschaften und Polizeidienststellen durchgeführten Strafverfolgung bieten. Es werden sich hinsichtlich der Kernthese, ob Staatsanwaltschaften und Polizei die Ermittlungen gegen gewalttätige Beamte den Vorschriften entsprechend und ohne Bevorteilung vorgenommen haben, entsprechende Ergebnisse gewonnen.

---

13 *Hammarberg*, Stellungnahme des Menschenrechtskommissars des Europarates zur unabhängigen und effektiven Untersuchung von Beschwerden gegen die Polizei, URL: http://polizeikontrolle.blogsport.de/images/CommDH_2009_4_German.pdf.

14 *Drepper und Wermter*: Polizisten nur selten vor Gericht (20.08.2015), URL: https://correctiv.org/blog/2015/08/20/polizei-ohne-kontrolle/

# Erster Teil: Einführung

## A.) Problemaufriss

Nicht nur in den Vereinigten Staaten von Amerika, sondern auch in Deutschland wird das Thema Polizeigewalt immer wieder zum Gegenstand des gesellschaftlichen Diskurses. Dazu hat in jüngster Vergangenheit insbesondere die mediale Präsenz einiger Fälle beigetragen, in denen die polizeiliche Machtstellung möglicherweise zu Lasten des Bürgers missbraucht wurde. Exemplarisch sind folgende Fälle zu nennen:

Ein ehemaliger bayrischer Polizeibeamter mitsamt seiner Familie erlitt durch die Maßnahmen von zivilen Polizeibeamten im Zuge der Durchsuchung seiner Wohnung eine schwere körperliche Verletzung und seine Frau erblindete am Ende und in Folge dieser Maßnahmen auf einem Auge.[15] Ein geistig verwirrter Mann stand in Berlin mit einem Messer in der Hand in einem Brunnen und lief plötzlich auf einen Polizeibeamten zu, der den Mann sodann erschoss.[16] Ein aus dem Libanon stammender Familienvater geriet gemeinsam mit seinem Sohn in Essen in eine Verkehrskontrolle, welche letztendlich dazu führte, dass die Polizeibeamten den Mann und seinen Sohn mit Pfefferspray sowie Schlägen und Tritten angingen. In Rheinland-Pfalz wurde ein Mann von zwei Polizeibeamten geschlagen und getreten, obwohl er bereits gefesselt war und wehrlos auf dem Boden saß.[17] Der vielleicht präsenteste Fall in den Medien war der Fall eines 68-jährigen Mannes, der im Rahmen der Stuttgart 21 Demonstration durch den Wasserwerfereinsatz der Polizei auf einem Auge erblindete und auf dem anderen Auge mittlerweile gerade einmal noch grobe Umrisse erkennen kann[18].

In Folge solcher Medienberichte stellt sich in der Bevölkerung immer häufiger die Frage, ob die Polizei zur Anwendung derart erheblicher körperlicher Gewalt

15 *Kilz und Kotynek*, Grün und Blau (21.07.2013), in Zeit Online, URL: http://www.zeit.de/2013/30/polizei-gewalt-streitgespraech.

16 *Ahr*, Tödlicher Schuss auf einen verwirrten Mann (04.11.2013), in Zeit Online, URL: http://www.zeit.de/gesellschaft/zeitgeschehen/2013-11/berlin-neptunbrunnen-polizei-schuss-toter.

17 *DPA*: Geständnis vor Gericht: Polizisten schlugen und traten Gefesselten (16.09.2014), in Spiegel online, URL: http://www.spiegel.de/panorama/justiz/prozess-in-westerburg-polizisten-haben-gefesselten-getreten-a-991969.html.

18 *DPA*: Verletzter Demonstrant bleibt auf einem Auge blind (14.10.2010), in Zeit online, URL: http://www.zeit.de/gesellschaft/zeitgeschehen/2010-10/stuttgart21-demonstrant.

legitimiert gewesen ist und falls keine Legitimation bestanden haben sollte, ob die rechtswidrig handelnden Polizeibeamten strafrechtlich zur Verantwortung gezogen wurden.

Die eingangs geschilderten Fälle repräsentieren dabei allerdings lediglich die Gruppe von Sachverhalten, welche aufgrund der Ausmaße der Gewaltanwendung oder der Schwere der Tatfolgen in die mediale Öffentlichkeit gelangt sind. Abseits davon kommt es im Rahmen von Polizeieinsätzen täglich zur Gewaltanwendung durch Polizeibeamte. Die allermeisten dieser Fälle sind rechtlich nicht zu beanstanden, da den Polizeibeamten oftmals die Erfüllung der ihnen obliegenden Aufgabe, Gefahren für die öffentliche Ordnung und Sicherheit abzuwehren, nur durch körperliche Zwangseinwirkungen möglich ist. Dies entspricht der Grundkonzeption der Polizei, welche infolge der Notwendigkeit der Delegation staatlich monopolisierter Gewalt eine Organisation mit Gewaltlizenz ist.[19] Allerdings gibt es immer wieder Einzelfälle, bei denen es fraglich erscheint, ob die in den Landespolizeigesetzen abstrakt-generell eingeräumten oder die in der StPO vorgesehenen Befugnisse die konkrete polizeiliche Maßnahme der Gewaltanwendung noch erfassen und diese rechtmäßig ist.[20] Diese Frage ist insbesondere unter strafrechtlichen Gesichtspunkten erheblich, da ein Polizeibeamter infolge rechtswidriger Polizeigewalt dem Vorwurf der Körperverletzung im Amt gemäß § 340 StGB ausgesetzt ist.

Es ist Aufgabe des Rechtsstaats, die objektive Beantwortung dieser Frage im Einzelfall zu gewährleisten. Hierzu dient die Staatsanwaltschaft. Diese ist nach dem Legalitätsprinzip gemäß § 152 Abs. 2 StPO verpflichtet, bei Vorliegen eines Anfangsverdachts die Ermittlungen aufzunehmen und von Amts wegen dem Verdacht nachzugehen.[21] Dabei sind gemäß § 160 Abs. 2 StPO alle be- und entlastenden Umstände objektiv zu ermitteln.[22]

Diese klare gesetzliche Ausgestaltung scheint bei oberflächlicher Betrachtung eine hinreichende Objektivität bei der Kontrolle der Polizei sicherzustellen. Jedoch relativiert sich diese Einschätzung, wenn man den Ablauf der eigentlich objektiv zu führenden Ermittlungen betrachtet:

Die Staatsanwaltschaft ist gemäß § 160 StPO verpflichtet und auch berechtigt die Ermittlungen selbst zu führen.[23] In der Praxis nehmen Staatsanwälte die Er-

---

19 *Reemtsma,* Gewaltlizenz, 7, 11.

20 Eine nach § 340 StGB strafbare Handlung kann sowohl im Rahmen einer präventiven (nach den jeweiligen Polizeigesetzen der Länder) oder repressiven (dann nach der StPO) Maßnahme erfolgen.

21 BeckOK/*Beukelmann* StPO § 152 Rn. 4.

22 KK-*Griesbaum* § 162 Rn. 22.

23 SK-StPO/*Wohlers* § 160 Rn. 8.

mittlungen allerdings höchst selten selbst vor. Stattdessen bedienen sie sich im Rahmen der Ermittlungen gemäß § 152 Abs. 1 GVG der sog. „Ermittlungspersonen“ oder auch „Hilfsbeamten“ wie es in der Fassung bis zur Einführung des ersten Justizmodernisierungsgesetzes vom 24.08.2004 hieß. Gemeint ist in beiden Fällen die Institution Polizei.[24] Dies ist aufgrund der spezielleren Ausbildung der Polizeibeamten und der personellen Defizite bei der Staatsanwaltschaft[25] sinnvoll und grundsätzlich nicht zu beanstanden. Im Rahmen von Ermittlungen wegen Polizeigewalt ergeben sich infolge dieser Aufgabenverteilung jedoch in zweierlei Hinsicht problematische Konstellationen:

Erstens resultiert daraus die Problematik, dass ein Polizeibeamter die Ermittlungen gegen einen anderen Polizeibeamten durchführt. Das Phänomen „Cop Culture“[26] zeichnet bereits die Besonderheit polizeilicher Sozialstrukturen und den damit verbundenen Korpsgeist ab. Es ist insofern naheliegend, dass Polizeibeamte nicht oder nur widerwillig gegen andere Polizeibeamte ermitteln wollen und mithin also ein Schulterschluss-Effekt in den Reihen der Polizei entstehen könnte.[27] Darüber hinaus muss bedacht werden, dass aufgrund der Ausübung des gleichen Berufs eine gewisse Identifikation mit dem Beschuldigten sowie ein unterbewusstes oder bewusstes Verständnis für dessen Handeln bestehen können. Insofern ist es fraglich, ob die Ermittlungen bei Polizeigewalt mit der nötigen Stringenz und Objektivität durchgeführt werden. Im Rahmen dieser Arbeit darf der Begriff der Cop Culture jedoch nicht zu eng ausgelegt werden. Hinsichtlich der hier zu untersuchenden Kernpunkte darf der Begriff insofern weit ausgelegt werden, als es auch gerechtfertigt ist, die Nähe der Staatsanwaltschaften zu den ermittelnden Polizeidienststellen in diesen Begriff einzubeziehen.

Die zweite Problematik ergibt sich aus dem Näheverhältnis von Staatsanwaltschaft und Polizei. Die Staatsanwaltschaften arbeiten täglich mit den Ermittlungsbeamten der Polizei zusammen. Aus dieser regelmäßigen Zusammenarbeit können, wenn auch nur auf genereller Ebene, Sympathien für die Beamten der Polizei entstehen. Diese Verknüpfung von Polizei und Staatsanwaltschaft birgt jedoch die Gefahr, dass Entscheidungen der Staatsanwaltschaften mit dem Gebot des fairen Verfahrens im Sinne des § 160 StPO, wonach sowohl belastende als

---

24 *Böttcher* in Dölling/Duttge/Rössner GVG § 152 Rn. 1.

25 *Hochstein*, Staatsanwaltliche Vernehmung nur durch den Staatsanwalt (07.04.2010), In Netz-Rettung-Recht, URL: http://netz-rettung-recht.de/archives/1552-Staatsanwalt schaftliche-Vernehmung-nur-durch-den-Staatsanwalt.html.

26 Vgl. *Behr*, Cop Culture, S. 17.

27 Vgl. *Paeffgen*, GA 2013, 253.

auch entlastende Umstände zu ermitteln sind,[28] in einem Spannungsverhältnis stehen und Ermittlungen einseitig zugunsten der entlastenden Umstände geführt werden.

## B.) Strafrechtliche Belange polizeilicher Gewaltanwendung

Die Anwendung körperlich wirkenden, unmittelbaren Zwanges durch Polizeibeamte ist immanenter Bestandteil des polizeilichen Tätigkeitsfeldes und als Eingriff in den Schutzbereich des Art. 2 Abs. 2 GG notwendigerweise gesetzlich geregelt worden. Aus der tatsächlichen Natur von Zwangsmaßnahmen ergibt sich allerdings, dass die Verwirklichung einer tatbestandlichen Körperverletzung durch den agierenden Polizeibeamten nicht zu verhindern ist. Bei der Anwendung unmittelbaren Zwanges bewegt sich ein Polizeibeamter folglich regelmäßig im Spannungsfeld zwischen rechtmäßigem Verwaltungshandeln und einem strafrechtlich erheblichen Eingriff in die Rechtsgüter des betroffenen Bürgers.

### I.) Körperverletzung im Amt

Insbesondere liegt die Verwirklichung des Tatbestandes der Körperverletzung im Amt gemäß § 340 StGB nahe. Das unechte Amtsdelikt des § 340 StGB qualifiziert den Tatbestand der Körperverletzung gemäß §§ 223 ff. StGB.[29] § 340 StGB schützt dabei sowohl die körperliche Integrität des Einzelnen als auch das Interesse der Allgemeinheit an korrekter Amtsführung.[30]

#### *1.) Der Objektive Tatbestand des § 340 StGB*

##### *a.) Begehen oder Begehen lassen einer Körperverletzung*

Zu dem von der Vorschrift umfassten Täterkreis zählen vor allem Amtsträger im Sinne des § 11 Abs. 1 Nr. 2 StGB.[31] Polizeibeamte unterfallen somit dem personellen Anwendungsbereich der Vorschrift. Sanktioniert wird durch § 340 StGB die Begehung einer Körperverletzung während der Dienstausübung oder in Beziehung auf den Dienst.[32] Der Begriff der Körperverletzung ist dabei identisch mit dem des

---

28 BeckOK/*Sackreuther* StPO § 160 Rn. 7.

29 S/S – *Hecker* § 340 Rn. 1.

30 S/S – *Hecker* § 340 Rn. 1; HK-GS/*Schmedding* § 340 Rn. 1; mit Zustimmung zu der zunehmend in der Literatur vertretene Ansicht die körperliche Integrität als alleiniges Schutzgut anzusehen NK-StGB-*Kuhlen* § 340 Rn. 5.

31 S/S – *Hecker* § 340 Rn. 2.

32 S/S – *Hecker* § 340 Rn. 3.

§ 223 StGB.[33] Entsprechend muss entweder eine „körperliche Misshandlung" oder eine „Gesundheitsschädigung" vorliegen. „Körperliche Misshandlung ist eine üble, unangemessene Behandlung, die zu einer nicht unerheblichen Beeinträchtigung des körperlichen Wohlempfindens oder der körperlichen Unversehrtheit führt."[34] Dazu zählen insbesondere Einwirkungen auf den Körper, die zu einer Verletzung der Körpersubstanz führen, also Substanzschäden (wie Beulen, Wunden) oder Substanzverluste (beispielsweise Organ-, Glieder- oder Zahnverlust) zur Folge haben.[35] Die Erheblichkeit einer Beeinträchtigung wird dabei nicht anhand des subjektiven Empfindens des Opfers bestimmt, sondern aus Sicht eines objektiven Betrachters.[36] „Eine Gesundheitsbeschädigung ist in jedem Hervorrufen oder Steigern eines vom Normalzustand der körperlichen Funktionen des Menschen nachteilig abweichenden krankhaften Zustandes zu sehen, also in einem, wenn auch nur vorübergehenden Herbeiführen einer pathologischen Verfassung."[37] Hierunter können „Wunden, Nerven- oder Organerkrankungen, Organ- oder Glieder-Verluste, oder der Verlust oder Einschränkungen der Funktionstauglichkeit von Körperteilen und biologischen Prozessen" subsumiert werden.[38] Maßgeblich für die Beurteilung ist ein Vergleich des Gesundheitszustandes vor und nach Einwirkung des Täters.[39]

Nach dem Wortlaut des § 340 StGB muss der Täter die Körperverletzung entweder begehen oder begehen lassen. Wer als Täter oder Mittäter handelt, begeht die Tat im Sinne des § 340 StGB.[40] Die Alternative des Begehenlassens erfasst nach herrschender Meinung die Anstiftung und Beihilfe.[41] Teilnehmer werden infolgedessen gleich einem Täter bestraft.[42] Ebenso unterfällt ein tatbestandliches Unterlassen dem Tatbestandsmerkmal des Begehenlassens.[43,44]

---

33 MüKoStGB/*Voßen* StGB § 340 Rn. 8.

34 M.w.N. BeckOK StGB/*Eschelbach* StGB § 223 Rn. 17.

35 S/S – *Eser* § 223 Rn. 3.

36 S/S – *Eser* § 223 Rn. 4a.

37 M.w.N. BeckOK StGB/*Eschelbach* StGB § 223 Rn. 24.

38 NK-StGB *Paeffgen* § 223 Rn. 14.

39 NK-StGB *Paeffgen* § 223 Rn. 14.

40 MüKoStGB/*Voßen* StGB § 340 Rn. 12.

41 MüKoStGB/*Voßen* StGB § 340 Rn. 15.

42 MüKoStGB/*Voßen* StGB § 340 Rn. 15.

43 MüKoStGB/*Voßen* StGB § 340 Rn. 16.

44 Unter welche der beiden Alternativen die mittelbare Täterschaft zu subsumieren ist, ist streitig; kann jedoch wegen der gleichen Rechtsfolgenregelung der Begehungsformen dahinstehen. Dafür mittelbare Täterschaft unter das Merkmal des Begehenlassens zu subsumieren MüKoStGB/*Voßen* StGB § 340 Rn. 12, anderer Ansicht S/S – *Hecker* § 340 Rn. 6.

### *b.) Der Dienstbezug der Körperverletzung*

Besteht zwischen der Körperverletzung und der Dienstausübung ein „sachlich-innerer Zusammenhang", so ist jene während der Ausübung des Dienstes begangen.[45] Ein rein zeitlicher Zusammenhang genügt nach der herrschenden Meinung hingegen nicht.[46] Der Zusammenhang ist zu bejahen, wenn „sich die Körperverletzung als Missbrauch der Amtsbefugnisse darstellt"[47], was wiederum erfordert, dass der Amtsträger bei der Körperverletzung in seiner Rolle als Amtsträger handelt. Ausgeschlossen vom Tatbestand des § 340 StGB sind folglich Körperverletzungen, welche ausschließlich privat motiviert sind,[48] es sei denn, es liegt eine Amtshandlung vor.[49]

Eine Begehung der Körperverletzung in Beziehung auf den Dienst im Sinne des § 340 Abs. 1 S. 1 2. Alt. StGB ist anzunehmen, „wenn die Tat zwar nicht äußerlich einen Teil der Dienstausübung darstellt, aber doch durch diese in erkennbarer Weise veranlasst ist"; wie bei der 1. Alternative des § 340 StGB muss also ein innerer Sachzusammenhang zwischen Dienst und Körperverletzung bestehen.[50] Ein örtlicher oder zeitlicher Zusammenhang muss darüber hinaus nicht bestehen, vielmehr genügt es in der Regel, wenn die Körperverletzung bei äußerer Betrachtung einen Bestandteil der Dienstausübung darstellt.[51,52]

## *2.) Der subjektive Tatbestand*

Für den im Rahmen des § 340 StGB notwendigen Vorsatz gelten keine Besonderheiten. Ein bedingter Vorsatz ist ausreichend.[53] Dieser muss sich auf die Umstände erstrecken, welche den inneren Zusammenhang zwischen der Körperverletzung

---

45 So die h.M.; siehe MüKoStGB/*Voßen* StGB § 340 Rn. 9; S/S – *Hecker* § 340 Rn. 4.

46 MüKoStGB/*Voßen* StGB § 340 Rn. 9; S/S – *Hecker* § 340 Rn. 4.

47 NK-StGB-*Kuhlen* § 340 Rn. 8, HK-GS/*Schmedding* § 340 Rn. 2.

48 HK-GS/*Schmedding* § 340 Rn. 2.

49 MüKoStGB/*Voßen* StGB § 340 Rn. 9.

50 S/S – *Hecker* § 340 Rn. 5.

51 MüKoStGB/*Voßen* StGB § 340 Rn. 12.

52 Ein umstrittenes Beispiel für Körperverletzungen nach § 340 Abs. 1 S. 1 2. Alt. StGB ist die von einem Polizeibeamten nach Dienstschluss begangene Körperverletzung an einer von ihm angezeigten, später allerdings freigesprochenen Person. Diese als Selbstjustiz zu wertende Tat kann als rein persönlicher Angriff auf das Opfer gewertet werden. Überzeugender ist es jedoch, einen Dienstbezug zu bejahen, da die Tat ihren Grund in der vorangegangenen dienstlich erstatteten Strafanzeige hat, deren Gegenstand als Anlass für die Ausübung der Selbstjustiz genommen wird, dazu S/S – *Hecker* § 340 Rn. 5; NK-StGB-*Kuhlen* § 340 Rn. 9; MüKoStGB/*Voßen* StGB § 340 Rn. 12.

53 MüKoStGB/*Voßen* StGB § 340 Rn. 19; S/S – *Hecker* § 340 Rn. 7.

und der Amtstätigkeit begründen.[54] Die Begehung einer fahrlässigen Körperverletzung im Amt ist ebenfalls möglich, da § 340 Abs. 3 StGB den § 229 StGB für anwendbar erklärt.[55]

### *3.) Rechtswidrigkeit*

Vergleicht man den objektiven Tatbestand des § 340 StGB mit der beruflichen Realität von Polizeibeamten, so wird schnell deutlich, dass die Tatbestandsvoraussetzungen wohl in einer Vielzahl von Fällen erfüllt sind. Typische Einsätze, in denen Polizeibeamte mit Gewalt gegen einzelne Personen vorgehen müssen, finden im aggressionsgeladenen Umfeld von Demonstrationen oder vergleichbaren Großveranstaltungen wie beispielsweise bei Fußballspielen statt. Daneben ist die Konfrontation mit Personen, die unter Alkohol- oder Drogeneinfluss stehen und infolgedessen nur geringe oder keine Kooperationsbereitschaft zur Schlichtung von gewaltfördernden Situationen zeigen, polizeilicher Alltag. Wenden die Polizeibeamten in diesen Situationen unmittelbaren Zwang[56] an oder wird eine Person festgenommen, so besteht grundsätzlich die Gefahr, dass sich diese Person verletzt. Dass die Realisierung dieser Gefahr nicht in jedem Fall vermeidbar ist, liegt auf der Hand. Insbesondere wenn sich ordnungspflichtigen Personen der Polizei widersetzen, können leichtere Verletzungen schnell die Folge sein. Da in diesen Fällen nicht grundsätzlich eine Strafbarkeit der Polizeibeamten vorliegen kann, weil ansonsten die Erfüllung staatlicher Aufgaben gefährdet wäre, muss die Rechtswidrigkeit einer Körperverletzung im Amt unter bestimmten Umständen ausgeschlossen sein.

#### *a.) Die Rechtfertigungsgründe des Öffentlichen Rechts*

##### i.) Die polizeirechtliche Ermächtigung zur Anwendung unmittelbaren Zwanges

Insbesondere die in den jeweiligen Landespolizeigesetzen formulierten präventivpolizeilichen Eingriffsbefugnisse zur Anwendung unmittelbaren Zwangs stellen Gründe zur Rechtfertigung einer durch einen Polizeibeamten begangenen Körperverletzung dar.[57] Damit diese eine rechtfertigende Wirkung entfalten können,

---

54 MüKoStGB/*Voßen* StGB § 340 Rn. 19; S/S – *Hecker* § 340 Rn. 7.

55 MüKoStGB/*Voßen* StGB § 340 Rn. 33.

56 Darunter ist gemäß § 58 PolG NRW die Einwirkung auf Personen oder Sachen durch körperliche Gewalt zu verstehen.

57 HK-GS/*Schmedding* § 340 Rn. 5; S/S – *Hecker* § 340 Rn. 8; BeckOK StGB/*Eschelbach* StGB § 340 Rn. 22.

muss grundsätzlich jedoch ein rechtmäßiges Handeln des Polizeibeamten vorliegen. Dies setzt voraus, dass sämtliche Tatbestandsmerkmale der einschlägigen polizeirechtlichen Eingriffsermächtigung erfüllt sind sowie der Grundsatz der Verhältnismäßigkeit bei Anwendung des unmittelbaren Zwangs gewahrt wurde.[58] Die Zwangseinwirkung durch den Polizeibeamten muss mithin geeignet, erforderlich und angemessen gewesen sein, um das mit der Maßnahme verfolgte Ziel zu erreichen.[59] Die Rechtmäßigkeitskontrolle einer polizeilichen Zwangsmaßnahme am Maßstab der einschlägigen öffentlich-rechtlichen Normen ist insofern nur im Rahmen einer Einzelfallbetrachtung möglich.

#### ii.) Strafprozessrechtliche Ermächtigungen zur Anwendung unmittelbaren Zwangs

Neben die Rechtfertigungsmöglichkeit aufgrund der polizeirechtlichen Vorschriften treten zudem die im Bereich repressiver polizeilicher Tätigkeit anwendbaren Eingriffsermächtigungen der Strafprozessordnung. Häufig kann eine Rechtfertigung der Zwangsanwendung auf § 127 Abs. 2 StPO gestützt werden, wenn die Körperverletzung im Rahmen einer durch den Polizeibeamten durchgeführten vorläufigen Festnahme stattfindet,[60] oder auf § 81a StPO bzw. § 81c StPO, wenn die Tatbestandsverwirklichung bei der Durchführung von Untersuchungsmaßnahmen erfolgt ist.[61]

#### iii.) Der strafrechtliche Rechtswidrigkeitsbegriff

Bei strenger Betrachtung schützen die öffentlich-rechtlichen Eingriffsnormen allerdings nicht vor der Strafbarkeit wegen § 340 StGB, wenn es zu einer Fehleinschätzung der Situation durch den Polizeibeamten kommt.[62] Zwar sind die Eingriffsnormen bereits durch den Gesetzgeber als Verdachts- und Gefahrentatbestände ausgestaltet worden, um eine Entlastung der Beamten von möglichen Unwägbarkeiten zu schaffen, die aufgrund einer nur beschränkten Perspektive auf den Sachverhalt entstehen können, allerdings entbindet dies den Amtsträger nicht völlig von dem unvermeidbaren Risiko einer Fehleinschätzung.[63] Aus die-

---

58 BeckOK StGB/*Eschelbach* StGB § 340 Rn. 22.

59 BeckOK StGB/*Eschelbach* StGB § 340 Rn. 23.

60 MüKoStGB/*Voßen* StGB § 340 Rn. 20.

61 BeckOK StGB/*Eschelbach* StGB § 340 Rn. 23; eine andere Ansicht hält bei der Anwendung unmittelbaren Zwangs im Rahmen strafprozessualer Eingriffe die Vorschriften der Landespolizeigesetze für anwendbar, siehe dazu *Benfer*, NJW 2002, S. 2688 f.

62 MüKoStGB/*Erb* StGB § 32 Rn. 72 ff.

63 MüKoStGB/*Erb* StGB § 32 Rn. 73 f.

sem Grund gilt nach Auffassung der Rechtsprechung (und Teilen der Literatur) bei Amtshandlungen der sog. „strafrechtliche Rechtswidrigkeitsbegriff“, dem zufolge eine Amtshandlung bereits als rechtmäßig anzusehen ist, „wenn der Beamte sachlich und örtlich zuständig ist, die wesentlichen Förmlichkeiten einhält und entweder auf bindende Weisung seines Vorgesetzten oder auf Grund eigener pflichtgemäßer Ermessensausübung tätig wird“[64]. Entscheidend ist also, dass der Polizeibeamte aufgrund einer pflichtgemäßen Prüfung vom Vorliegen der Eingriffsvoraussetzungen der jeweiligen Ermächtigungsgrundlage ausgehen durfte.[65] Im Rahmen der Strafbarkeitsprüfung führt diese fingierte Rechtmäßigkeit der hoheitlichen Zwangsanwendung dazu, dass trotz öffentlich-rechtlicher Rechtswidrigkeit der Zwangsanwendung die damit einhergehende Körperverletzung gemäß § 340 StGB nicht als rechtswidrig im strafrechtlichen Sinne zu beurteilen ist und folglich die Strafbarkeit des handelnden Polizeibeamten entfällt.

#### *b.) Strafrechtliche Rechtfertigungsgründe*

Neben den Regelungen des öffentlichen Rechts sind auch die strafrechtrechtlichen Rechtfertigungsgründe in Betracht zu ziehen, um die Rechtswidrigkeit einer Körperverletzung im Amt auszuschließen. Insbesondere ist an eine Rechtfertigung durch Notwehr bzw. Nothilfe gemäß § 32 StGB zu denken. Allerdings ist umstritten, ob unabhängig von den dienstrechtlichen Maßgaben des öffentlichen Rechts eine Rechtfertigung der Polizeibeamten aufgrund der strafrechtlichen Rechtfertigungsgründe möglich ist.[66] Die Frage erlangt insbesondere dort praktische Relevanz, wo die Eingriffsermächtigungen des öffentlichen Rechts die Rechtmäßigkeit eines Eingriffs an enge Voraussetzungen im Rahmen der Verhältnismäßigkeitsabwägung knüpfen, was beispielsweise beim Schusswaffengebrauch der Fall ist.[67] Nach der im Strafrecht herrschenden Meinung führt eine nach den §§ 32 ff. StGB notwehrrechtlich zulässige Handlung sowohl zur strafrechtlichen Rechtfertigung als auch zur öffentlich-rechtlichen Rechtmäßigkeit des Eingriffs.[68] Es findet mithin eine Erweiterung der hoheitlichen Eingriffsbefugnisse unter den Voraussetzungen des Notwehrrechts statt.[69]

---

64 MüKoStGB/*Erb* StGB § 32 Rn. 75, mit weiteren Hinweisen zu ungeklärten Einzelfallfragen und Kritik.

65 Vgl. S/S – *Lenckner/Sternberg-Lieben* Vor §§ 32 ff. Rn. 86.

66 *Fischer* StGB § 32 Rn. 12.

67 *Fischer* StGB § 32 Rn. 12a; MüKoStGB/*Erb* StGB § 32 Rn. 186.

68 MüKoStGB/*Erb* StGB § 32 Rn. 187.

69 MüKoStGB/*Erb* StGB § 32 Rn. 187 ff., anders die Gegenansicht, die lediglich die polizeirechtlichen Normen als mögliche Rechtfertigungsgründe anerkennt, sowie eine

### 4.) *Schuld*

Die bei der Anwendung eines Zwangsmittels eingeräumten Ermessensspielräume versetzen den Polizeibeamten allerdings oftmals in die schwierige Situation, innerhalb kürzester Zeit die Sachlage bewerten zu müssen sowie eine Entscheidung über die zu ergreifenden Maßnahmen zu treffen. Aufgrund der im Einzelnen nicht einheitlichen Rechtsprechung besteht dann die Gefahr, dass das zuständige Gericht die Maßnahme als rechtswidrig bewertet, während andere Gerichte in vergleichbaren Fällen die Maßnahme als zulässig erachtet haben.[70] In diesen Fällen wird in der Regel ein unvermeidbarer Verbotsirrtum auf Seiten des Polizeibeamten vorliegen und somit dessen Schuld gemäß § 17 Abs. 1 StGB ausgeschlossen sein.[71]

### 5.) *Rechtsfolgen*

Der Strafrahmen bei einer Körperverletzung im Amt, welche als lex specialis der einfachen Körperverletzung nach § 223 StGB vorgeht,[72] beträgt gemäß § 340 Abs. 1 S. 1 StGB drei Monate bis zu fünf Jahre. Gemäß § 340 Abs. 1 S. 2 StGB ist in minder schweren Fällen eine Freiheitsstrafe von bis zu fünf Jahren oder Geldstrafe die Folge. Dies kann zum Beispiel bei einer schwerwiegenden Provokation durch das Opfer gegeben sein.[73] Bei einer Verweisung gemäß § 340 Abs. 3 StGB gilt der Strafrahmen der jeweils einschlägigen Norm der §§ 224 ff. StGB.[74] Die Amtsträgereigenschaft des Täters wirkt sich schließlich allerdings auch im Rahmen der Strafzumessung aus.[75]

## II.) Straftaten gegen Polizeibeamte

Unabhängig von der Frage der Notwendigkeit der Anwendung unmittelbaren Zwangs durch die Polizeibeamten offenbart sich die Konfliktträchtigkeit der Situation bereits dadurch, dass es überhaupt zur Zwangsanwendung kommt. Es ist

---

vermittelnde, differenzierende Ansicht, welche zwar auf die strafrechtlichen Konsequenzen eines öffentlich-rechtlich betrachtet rechtswidrigen aber nach § 32 StGB gerechtfertigten derartigen Eingriffs entfallen lassen will, jedoch disziplinarrechtliche Folgen nicht für ausgeschlossen hält.

70 MüKoStGB/*Voßen* StGB § 340 Rn. 27.

71 MüKoStGB/*Voßen* StGB § 340 Rn. 27.

72 S/S – *Hecker* § 340 Rn. 13 f.

73 S/S – *Hecker* § 340 Rn. 13 f.

74 MüKoStGB/*Voßen* StGB § 340 Rn. 31.

75 MüKoStGB/*Voßen* StGB § 340 Rn. 31.

mithin nicht überraschend, dass es auch durch den Adressaten der Zwangsmaßnahme bzw. das (vermeintliche) Opfer der Polizeigewalt regelmäßig zu strafrechtlich erheblichen Handlungen kommen kann. Bei lebensnaher, gleichwohl aber typisierender Betrachtung dieser Situationen steht regelmäßig die Verwirklichung der folgenden Delikte im Vordergrund.

### *1.) Die Beleidigung von Polizeibeamten*

Bei Konfrontationen zwischen Polizeibeamten und Bürgern kann es aufgrund der Situation schnell zu ausfallenden Äußerungen gegenüber den Polizeibeamten kommen. Diese Äußerungen stellen allerdings oftmals eine strafbare Beleidigung im Sinne des § 185 StGB dar. Eine Beleidigung, definiert als eine die Ehre eines Anderen verletzende Kundgabe eigener Nichtachtung bzw. Missachtung,[76] kann sich beispielsweise bereits aus der Bezeichnung eines Polizeibeamten als „Bulle" ergeben, wenn sich aus dem sonstigen Kontext entnehmen lässt, dass diese Begrifflichkeit einen negativ besetzten Charakter innehat.[77]

### *2.) Widerstandshandlungen ordnungspflichtiger Personen*

Schwerwiegender als Beleidigungen gemäß § 185 StGB sind hingegen Straftatbestände, welche verwirklicht werden können, wenn sich eine ordnungspflichtige Person gegen die Maßnahmen der Polizeibeamten zur Wehr setzt, sei es durch körperlichen Widerstand oder zumindest indem mit gewalttätigem Widerstand gedroht wird. In diesen Fällen besteht die Möglichkeit der Strafbarkeit wegen Widerstandes gegen Vollstreckungsbeamte gemäß § 113 StGB und wegen Körperverletzung gemäß §§ 223 ff. StGB.[78]

#### *a.) Widerstand gegen Vollstreckungsbeamte*

#### i.) Der Tatbestand des § 113 Abs. 1 StGB

Eine Widerstandshandlung im Sinne des § 113 Abs. 1 StGB liegt vor, wenn jemand gegen eine Person, die zur Vollstreckung von Gesetzen berufen ist,[79] bei der Vornahme einer Diensthandlung Gewalt anwendet, mit der Anwendung von Gewalt

---

76 BeckOK/*Valerius* StGB § 185 Rn. 16; mit einer Sammlung von Urteilen zu Beleidigungen von Polizeibeamten siehe *Krumm*, Beleidigung gegen Polizeibeamte, SVR 2009, S. 255 f.

77 BayObLG JR 1989, 72.

78 Zu den tatbestandlichen Voraussetzungen einer Körperverletzung gem. § 223 siehe S. 4 f.

79 Dazu zählen insb. Polizeibeamte, Lackner/Kühl/*Heger* StGB § 113 Rn. 2.

droht oder diese Person tätlich angreift. Der Begriff der Diensthandlung erfasst dabei alle im Einzelfall angewandten, gezielten Vollstreckungsmaßnahmen zur Durchsetzung des durch Gesetz, Verordnungen, Gerichtsbeschlüsse, Verwaltungsakte oder Allgemeinverfügungen konkretisierten staatlichen Willens.[80] Notwendig, um das Tatbestandsmerkmal des Widerstandleistens zu verwirklichen, ist ein aktives, gegen den Vollstreckungsbeamten gerichtetes Verhalten, welches zumindest subjektiv zur Vereitelung oder Erschwerung der Durchführung der Vollstreckungsmaßnahme geeignet ist.[81] Nicht ausreichend ist es dagegen, wenn lediglich passiver Widerstand, wie zum Beispiel bloßer Ungehorsam, geleistet wird.[82] Die Alternative des tätlichen Angriffs auf den Vollstreckungsbeamten erfasst „alle unmittelbar gegen den Körper des Vollstreckungsbeamten gerichteten, feindseligen Verhaltensweisen", wobei ein Körperverletzungserfolg nicht notwendigerweise eintreten muss.[83]

#### ii.) Die Rechtmäßigkeit der Diensthandlung (§ 113 Abs. 3 S. 1 StGB)

Die Strafbarkeit wegen Widerstandes gegen Vollstreckungsbeamte entfällt gemäß § 113 Abs. 3 S. 1 StGB, wenn die Diensthandlung nicht rechtmäßig ist.[84] Der zur Beurteilung der Rechtmäßigkeit einer Diensthandlung heranzuziehende Maßstab ist allerdings umstritten.[85] In der Rechtsprechung und Teilen der Literatur hat sich bezüglich dieser Streitfrage der strafrechtliche Rechtmäßigkeitsbegriff durchgesetzt, dem zufolge eine strenge Bindung an die rechtlichen Vorgaben des Verwaltungsrechts hinsichtlich der Rechtmäßigkeitsbeurteilung abzulehnen ist.[86] Auf Ebene der formellen Rechtmäßigkeit ist entscheidend, dass der Vollstreckungsbeamte die sachliche sowie örtliche Zuständigkeit und die wesentlichen Förmlichkeiten wahrt.[87] Wesentlich sind vor allem Förmlichkeiten, die zur

80 MüKoStGB/*Bosch* StGB § 113 Rn. 11; Lackner/Kühl/*Heger* StGB § 113 Rn. 3.

81 MüKoStGB/*Bosch* StGB § 113 Rn. 17.

82 MüKoStGB/*Bosch* StGB § 113 Rn. 18.

83 MüKoStGB/*Bosch* StGB § 113 Rn. 24; das Merkmal erlangt einen eigenständigen Anwendungsbereich nach h.M. dadurch, dass die Vereitelung des Vollstreckungsaktes nicht mit der Tätlichkeit beabsichtigt sein muss.

84 BeckOK StGB/*Dallmeyer* StGB § 113 Rn. 11; ausführlich zur dogmatischen Einordnung des Rechtswidrigkeitskriteriums MüKoStGB/*Bosch* StGB § 113 Rn. 26 ff.

85 MüKoStGB/*Bosch* StGB § 113 Rn. 25; eingehend zu dem Streitstand MüKoStGB/*Bosch* StGB § 113 Rn. 31 ff.

86 Kindhäuser/Neumann/*Paeffgen* StGB § 113 Rn. 35; MüKoStGB/*Bosch* StGB § 113 Rn. 31; S/S – *Eser* § 113 Rn. 21.

87 MüKoStGB/*Bosch* StGB § 113 Rn. 32.

Wahrung der Rechte des Betroffenen erheblich sind und dessen Schutz dienen.[88] Regelmäßig sind dies „Belehrungs-, Eröffnungs- und Hinweispflichten"[89]. Im Falle der Anwendung unmittelbaren Zwangs ist außerdem die Androhung der Zwangsanwendung wesentlich, soweit dies im Einzelfall möglich ist.[90] Auf materieller Ebene besteht hingegen lediglich eine „Pflicht zur situationsangemessenen Beurteilung erkennbarer Eingriffsvoraussetzungen"[91]. Erforderlich ist mithin eine aus der ex-ante-Perspektive sachgerechte Würdigung der dem Amtsträger bekannten und erkennbaren Umstände.[92] Der Vollstreckungsbeamte muss mithin ein ausreichendes Maß an Sorgfalt bei der Ermittlung der materiell rechtlichen Eingriffsvoraussetzungen aufbringen.[93] Liegen die genannten Voraussetzungen vor, führt dies zur strafrechtlichen Rechtmäßigkeit der Vollstreckungshandlung und infolgedessen zur Strafbarkeit der Widerstandshandlung.

### *b.) Weitere Delikte*

In Tateinheit mit § 113 StGB können insbesondere Körperverletzungsdelikte gemäß §§ 223 ff. StGB aufgrund des körperlichen Widerstandes verwirklicht werden.[94] Im Falle von rechtswidrigen Diensthandlungen, bei denen eine Strafbarkeit wegen Widerstandes gegen Vollstreckungsbeamte nach § 113 Abs. 3 S. 1 StGB ausgeschlossen ist, gilt für Körperverletzungsdelikte hingegen weiterhin § 32 StGB, sodass das Entfallen der Rechtswidrigkeit die Erforderlichkeit bzw. Gebotenheit der Abwehrhandlung und einen entsprechenden Verteidigungswillen voraussetzt.[95]

Entsprechendes gilt für den Straftatbestand nach § 114 StGB, durch den der Angriff auf einen Dienstausübenden unter Strafe gestellt wird.

## III.) Die Anzeigeerstattung durch Polizeibeamte

Die Strafverfolgung der beschriebenen Delikte gegen Polizeibeamte wird in aller Regel durch eine Strafanzeige (§ 158 StPO) des involvierten Polizeibeamten eingeleitet, woraufhin die Ausermittlung des Sachverhalts beginnt. Dies entspricht

88 MüKoStGB/*Bosch* StGB § 113 Rn. 41.
89 MüKoStGB/*Bosch* StGB § 113 Rn. 41.
90 MüKoStGB/*Bosch* StGB § 113 Rn. 41 f.
91 MüKoStGB/*Bosch* StGB § 113 Rn. 32.
92 Kindhäuser/Neumann/*Paeffgen* StGB § 113 Rn. 35.
93 Kindhäuser/Neumann/*Paeffgen* StGB § 113 Rn. 35.
94 Zur Konkurrenz der Delikte MüKoStGB/*Bosch* StGB § 113 Rn. 68; zum Tatbestand einer Körperverletzung s. o.
95 S/S – *Eser* StGB § 113 Rn. 37.

dem öffentlichen Interesse an der Verfolgung von Straftaten und ist mithin der gesetzlich intendierte Verlauf des Verfahrens. Allerdings ergeben sich Schwierigkeiten für die strafrechtliche Beurteilung der den Tatvorwürfen zugrunde liegenden Geschehensabläufe aufgrund des Wechselverhältnisses der §§ 113, 223 ff. StGB und § 340 StGB. Die Widerstandshandlungen nach §§ 113, 223 ff. StGB können zunächst zur strafrechtlichen Rechtfertigung der tatbestandlichen Körperverletzung im Amt führen. Dies gilt unabhängig davon, ob die polizeiliche Maßnahme präventiver oder repressiver Art ist. So kann beispielsweise der Maßstab der Verhältnismäßigkeit einer Zwangsmaßnahme verschoben werden, sodass auch eine ansonsten wegen ihrer Schwere ungerechtfertigte Körperverletzung als rechtmäßige Maßnahme der Verwaltungsvollstreckung und somit nicht als strafbare Handlung bewertet werden muss. Sollte die Maßnahme dennoch unverhältnismäßig sein, so kommt weitergehend eine notwehrrechtliche Rechtfertigung (§ 32 StGB) in Betracht. Umgekehrt ist es aber auch denkbar, dass wegen der – nach Maßgabe der oben dargestellten Kriterien zu bewertenden – Rechtswidrigkeit der Anwendung des unmittelbaren Zwanges eine Widerstandshandlung rechtmäßig ist und die Strafbarkeit wegen § 113 StGB gemäß Abs. 3 entfällt, während die rechtswidrige Zwangsanwendung eine tatbestandliche Körperverletzung im Amt darstellt. Daraus resultiert die Notwendigkeit, im Rahmen der Sachverhaltsaufklärung die Chronologie der einzelnen, strafrechtserheblichen Handlungen festzustellen und erst anschließend eine strafrechtliche Bewertung vorzunehmen. Damit geht jedoch die Schwierigkeit einer umfassenden Aufklärung des Sachverhalts einher, welcher regelmäßig durch ein unübersichtliches und dementsprechend schwierig zu rekonstruierendes Interaktionsgeschehen geprägt ist.

Insgesamt sind aufgrund dieser Betrachtung verschiedene Motive auf Seiten der Polizeibeamten für die Erstattung einer Anzeige wegen Widerstandes gegen Vollstreckungsbeamte denkbar. Zuallererst ist dabei das staatliche Interesse an der Strafverfolgung zu nennen, welchem der Polizeibeamte durch die Anzeigenerstattung nachkommt. Da der Zweck des § 113 StGB gerade in der Sicherung des staatlichen Gewaltmonopols liegt,[96] ist es nicht überraschend, dass diejenigen, die gerade mit der Ausübung des staatlichen Gewaltmonopols betraut sind, in der Regel Anzeige erstatten werden. Allerdings lassen sich zwei weitere mögliche Motivationen zur Anzeigenerstattung aufgrund des dargestellten Wechselverhältnisses von §§ 113 Abs. 1, 223 ff. StGB und § 340 StGB feststellen. Zum einen könnte der Polizeibeamte erreichen wollen, dass sich die materiell-rechtliche Würdigung wegen des Tatvorwurfs gegen den Bürger zu seinen Gunsten ver-

---

96 LK-*Rosenau* StGB § 113 Rn. 3.

schiebt. Zum anderen könnte beabsichtigt sein, die vollumfängliche Aufklärung des Sachverhalts zur notwendigen Bedingung einer strafrechtlichen Beurteilung des Geschehens zu machen, wobei sich dieses nur unzureichend rekonstruieren lässt. In welchen Fällen dabei ein legitimes Interesse verfolgt wird und wann versucht wird, das komplexe Wechselverhältnis der Delikte zu instrumentalisieren, um einen für sich günstigen Ausgang des Verfahrens zu erreichen, ist schwierig zu beurteilen. Sicherlich besteht kein legitimes Interesse an der Anzeigenerstattung, wenn die von der Rechtsordnung gesetzten Grenzen, insbesondere der Tatbestand der Falschverdächtigung (§ 164 StGB), überschritten werden. Unangemessen wäre es aber auch, wenn man von vornherein einem Polizeibeamten unterstellt, dass dieser durch seine Anzeige die Beeinflussung des Strafverfahrens bezweckt.

Die konkret-individuelle Motivlage der Polizeibeamten ist hier im Detail nicht zu verfolgen, da Schwerpunkt dieser Arbeit die Bewertung der Ermittlungsverfahren bei Gewaltausübung durch Polizeibeamte ist. Vielmehr erfordert diese eine am Ermittlungsergebnis orientierte Betrachtungsweise. Interessant für diese Arbeit ist demnach, ob systematische Auffälligkeiten bei den Verfahrensergebnissen bestehen, in denen sowohl wegen §§ 113, 223 ff. StGB als auch wegen § 340 StGB ermittelt wurde. Erst das Vorliegen solcher Auffälligkeiten in Verbindung mit den dargestellten denkbaren Beweggründen für eine Anzeigenerstattung durch einen Polizeibeamten könnten weitere Rückschlüsse zulassen.

## C.) Staatsanwaltschaftsstatistik zur Gewaltausübung und Aussetzung durch Polizeibedienstete

Eine zahlenmäßige Aufschlüsselung der unterschiedlichen Verfahrensverläufe bei Verfahren wegen Gewaltausübung durch Polizeibeamte bieten die vom Statistischen Bundesamt offiziell veröffentlichen Statistiken über in Deutschland geführte Verfahren aus den Jahren 2010 bis 2015. Die Staatsanwaltschaftsstatistik Sachgebiet 53 befasst sich mit Verfahren wegen Gewaltausübung und Aussetzung[97] durch Polizeibedienstete, wobei eine nach Erledigungsgründen differen-

97 Der Aussetzung nach § 221 StGB ist strafbar, wer einen Menschen in eine Hilflose Lage versetzt (§ 221 Abs. 1 Nr. 1 StGB), oder wer ihn in einer hilflosen Lage im Stich lässt, obwohl er ihn in seiner Obhut hat oder sonst beizustehen verpflichtet ist (§ 221 Abs. 1 Nr. 2 StGB) und das Opfer infolgedessen der konkreten Gefahr einer schweren Gesundheitsschädigung oder des Todes ausgesetzt wird, *Lackner*/Kühl StGB § 221 Rn. 5. Eine hilflose Lage liegt vor, wenn das Opfer sich nicht aus eigener Kraft gegen diese Gefahr zu schützen vermag. Im Bereich von Polizeigewalt ist wohl § 221 Abs. 1 Nr. 1 StGB einschlägig, *Lackner*/Kühl StGB § 221 Rn. 2. Die Tathandlung des Versetzens wird

zierende Auskunft über die Verfahren gegeben wird. Relevant für diese Arbeit ist die Aufarbeitung dieser Statistiken insbesondere in zweierlei Hinsicht. Zum einen liefern die Statistiken eine für die Gesamtbewertung des Umgangs mit Gewaltausübung durch Polizeibeamte wichtige quantitative Zusammenfassung der Verfahrensverläufe. Zum anderen lässt sich aus den Statistiken entnehmen, wie sich die tatsächlichen Konsequenzen für einen Polizeibeamten darstellen, der dem Vorwurf der rechtswidrigen Gewaltausübung ausgesetzt ist und mithin der Körperverletzung im Amt gemäß § 340 StGB beschuldigt wird.

## I.) Deutschlandweit erledigte Verfahren (Sachgebiet 53)

### *1.) Erledigte Verfahren im Jahr 2010*

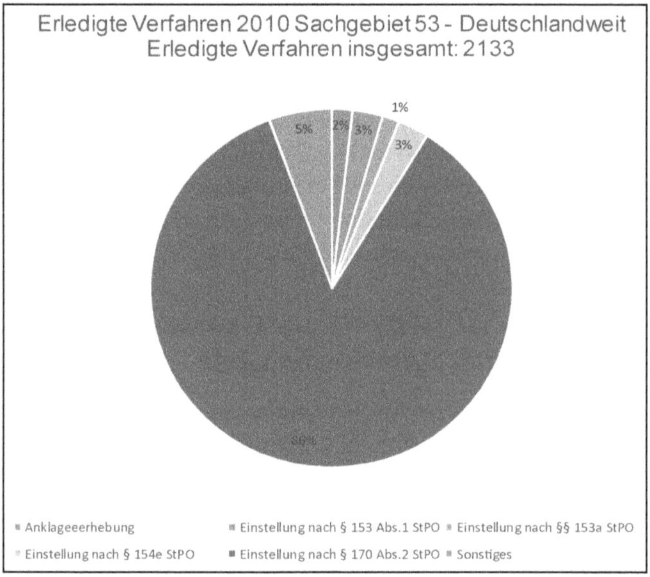


nämlich erfüllt, indem beispielsweise eine Zustandsveränderung beim Opfer durch körperliche Gewalt bewirkt wird, *Lackner*/Kühl StGB § 221 Rn. 3. In diesen Fällen wird dann regelmäßig Tateinheit mit den §§ 223 ff. StGB gegeben sein, beziehungsweise im Falle von Polizeigewalt mit § 340 StGB. In wie vielen der statistisch erfassten Verfahren tatsächlich eine Strafanzeige wegen Aussetzung vorlag ist nicht separat ausgewiesen. Es kann aber davon ausgegangen werden, dass der Straftatbestand der Körperverletzung im Amt wohl von größerer Relevanz im Kontext von polizeilicher Gewaltausübung ist.

Hervorzuheben ist zunächst, dass von den 2133 offiziell erfassten Verfahren 85,60 % bereits mangels hinreichenden Tatverdachts gemäß § 170 Abs. 2 StPO eingestellt wurden.

Diese hohe Quote wirft verschiedene Fragen auf, die es im Verlauf der Arbeit zu beantworten gilt. Dies gilt insbesondere für die Vereinbarkeit der Einstellung von Fällen der (vermeintlichen) Polizeigewalt mit der Vorschrift.

In 2,7 % der Verfahren wurde zwar ein hinreichender Tatverdacht angenommen, das Verfahren jedoch nach § 153 Abs. 1 StPO aufgrund geringer Schuld und/oder fehlenden öffentlichen Interesses eingestellt. Auch wenn diese Quote gering erscheint, ist fraglich, ob diese Vorschrift überhaupt Anwendung finden kann.

Die Einstellung nach § 153a StPO führt zu einer Beendigung des Verfahrens; dies geschieht jedoch nur unter der Maßgabe, dass dem Beschuldigten Auflagen und/oder Weisungen erteilt werden. Bundesweit wurden 2010 1,5 % der Verfahren nach dieser Vorschrift eingestellt.

In Verbindung mit dieser Einstellung sind die Verfahrensbeendigungen durch Anklageerhebung (1,8 %)[98] und dem Erlass eines Strafbefehls (1,1 %) zu sehen.

Diese Quoten sind auffällig gering. Nimmt man andere Sachgebiete zum Vergleich findet sich in keiner der Statistiken eine so geringe Quote.[99]

In diesem Zusammenhang gilt es zu beachten, dass eine Verfahrenseinstellung nach § 154e StPO lediglich das vorübergehende Absehen von der Klageerhebung vorsieht (2,7 %). Wie diese Verfahren ausgehen, ist aus der Statistik nicht zu entnehmen.

Unabhängig von der Rechtmäßigkeit der verfügten Entscheidungen der Staatsanwaltschaften, ist festzustellen, dass die Staatsanwaltschaften offenkundig dazu neigen, in einer hohen Regelmäßigkeit Verfahren gegen beschuldigte Polizeibeamte nach §§ 170 Abs. 2, 153 Abs. 1 StPO einzustellen. Setzt man diese Quote in Vergleich mit der Anzahl der Verfahren, bei denen eine Anklageerhebung erfolgte, ein Strafbefehl erlassen wurde oder aber zumindest Auflagen und/oder Weisungen erteilt wurden, so kommt man zu einem Ungleichgewicht, das Fragen aufwirft. Dies gilt selbst dann, wenn man die Verfahren hinzuzählt, bei denen eine sonstige Verfolgung der angezeigten Tat[100] erfolgte (dann 7,8 %).

---

98 In 86 Verfahren wurde der beschuldigte Beamte auch verurteilt.

99 Vgl. Staatsanwaltschaftsstatistiken 2010 bis 2015 Sachgebiet 21, Vorsätzliche Körperverletzung.

100 Unter die Fälle, bei denen eine sonstige Verfolgung der angezeigten Tat erfolgte, fallen die, bei denen eine Abgabe des Verfahrens an Verwaltungsbehörden als Ordnungswidrigkeit oder aber eine Abgabe an eine andere Staatsanwaltschaft beziehungsweise die Verbindung mit einer anderen Sache vorgenommen wurde. Ob die angezeigte

## 2.) *Erledigte Verfahren im Jahr 2011*

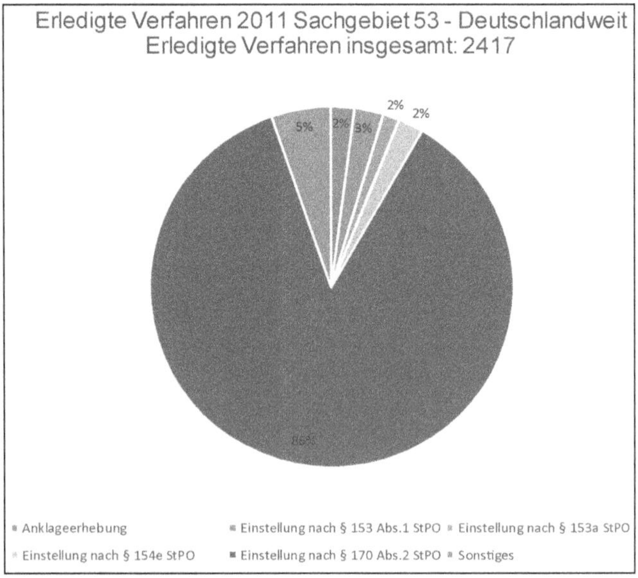


Im Vergleich zum Vorjahr wurden mehr Verfahren gegen Polizeibeamte wegen des Verdachts der Verwirklichung des § 340 StGB eingeleitet. Bei den 2417 erfassten Verfahren im Jahre 2011 liegt die Einstellungsquote mangels hinreichenden Tatverdachts bei 86,3 %. Es ist festzustellen, dass die an sich bereits hohe Einstellungsquote nach § 170 Abs. 2 StPO nochmals leicht gestiegen ist. Nahezu unverändert blieb die Quote der Verfahren, die nach § 153 Abs. 1 StPO (2,5 %) eingestellt wurden (Verringerung um 0,2 Prozentpunkte). Demgegenüber wurde in 1,4 % der Verfahren eine Einstellung nach § 153a StPO[101] vorgenommen und in 2,1 % der Verfahren eine öffentliche Anklage erhoben.[102,103] Auch hier besteht ein offenkundiges Ungleichgewicht im Vergleich mit den Einstellungsquoten in

Tat dann bei einer anderen Staatsanwaltschaft tatsächlich verfolgt wurde oder auch ohne Konsequenz eingestellt wurde, kann nicht mit Sicherheit beantwortet werden.

101 [...] verbunden mit der Erteilung von Auflagen und/oder Weisungen [...].

102 Nochmals sei darauf verwiesen, dass sich in den Fällen der Anklageerhebung (2,1 %) die unmittelbare Sanktion nicht zwangsläufig aus einer Verurteilung folgt, sondern bereits aus der Erhebung der Klage und der Anberaumung einer Hauptverhandlung vor Gericht.

103 73 Aburteilungen.

anderen Sachgebieten. Beim Vergleich der bundesweiten Statistiken von 2010 und 2011 zeigt sich, dass sich die einzelnen Quoten nicht erheblich veränderten.

### *3.) Erledigte Verfahren im Jahr 2012*

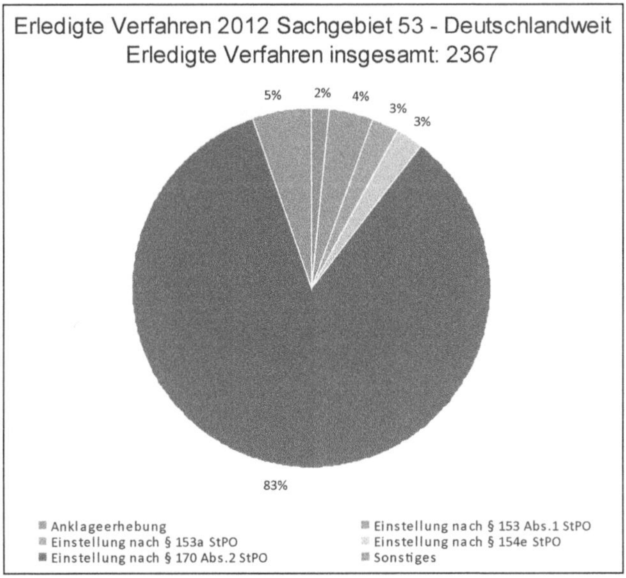


Zunächst ist ein, wenn auch nur unwesentlicher, Rückgang der eingeleiteten Verfahren gegen Polizeibeamte zu verzeichnen. Statt etwas mehr als 2400 Verfahren in 2011 wurden in 2012 2367 Verfahren eingeleitet.

Der Anteil an Verfahren, in denen die beschuldigten Polizeibeamten aufgrund einer Einstellung nach §§ 170 Abs. 2, 153 Abs. 1 StPO beendet wurden, lag bei 87,9 %. Diese Quote blieb somit nahezu unverändert auf dem Niveau der Vorjahre (88,3 % im Jahr 2010 und 88,8 % im Jahr 2011). Lediglich 2,3 % der Verfahren wurden durch Anklageerhebung[104] oder Erlass eines Strafbefehls beendet. Diese Quote liegt somit nochmals 0,7 Prozentpunkte unter der des Vorjahres. In 2,6 % der Verfahren erfolgte eine Einstellung mit Auflage nach § 153a StPO (Steigerung um 1,2 Prozentpunkte). Nahezu unverändert bleibt die Quote der Verfahren, bei denen nach § 154e StPO nur vorläufig von der Anklageerhebung abgesehen wurde (2,5 %).

---

104 67 Aburteilungen.

### *4.) Erledigte Verfahren im Jahr 2013*

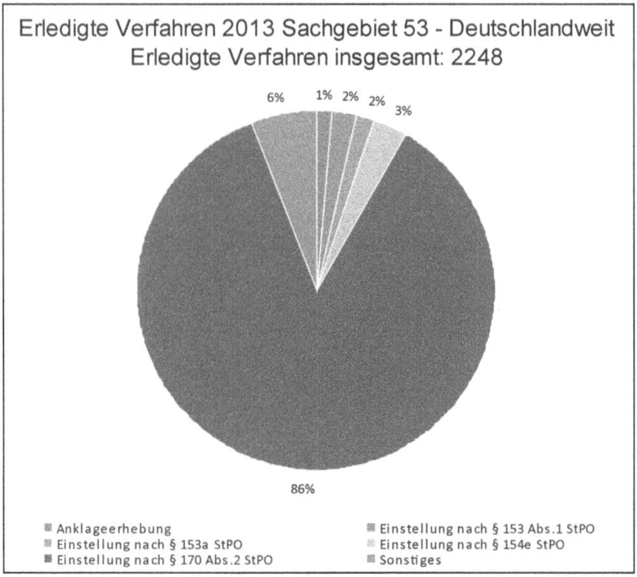


Der Großteil der Verfahren wurde abermals durch Einstellungen des Verfahrens mangels hinreichenden Tatverdachts gemäß § 170 Abs. 2 StPO (85,99 %; 84 % im Vorjahr) beendet.[105] Weitere 2,4 % der Verfahren wurden nach § 153 Abs. 1 StPO eingestellt; diese Quote ist um 1,5 Prozentpunkte im Vergleich zum Vorjahr gesunken.

Die Quote der Fälle, in denen das Verfahren gegen beschuldigte Polizeibeamte durch Anklageerhebung[106], Erlass eines Strafbefehls oder durch Erteilung von Auflagen oder Weisungen beendet wurde, ist in Deutschland im Jahr 2013 auf 3,91 %[107] gesunken. Im Vorjahr lag die Quote dieser Erledigungstatbestände noch bei 4,9 %. Der Rückgang dieser Quote resultiert insbesondere aus dem Rückgang der Verfahren, die nach § 153a StPO eingestellt wurden (1,1 Prozentpunkte weniger als im Vorjahr).

105 Was den niedrigsten Stand seit 2010 bedeutet.

106 65 Aburteilungen.

107 Der Wert setzt sich zusammen aus Verfahren, in denen Anklage erhoben wurde (1,38 %), ein Strafbefehl erlassen wurde (1,02 %) oder eine Einstellung nach § 153a StPO (1,51 %) erfolgte.

## *5.) Erledigte Verfahren im Jahr 2014*

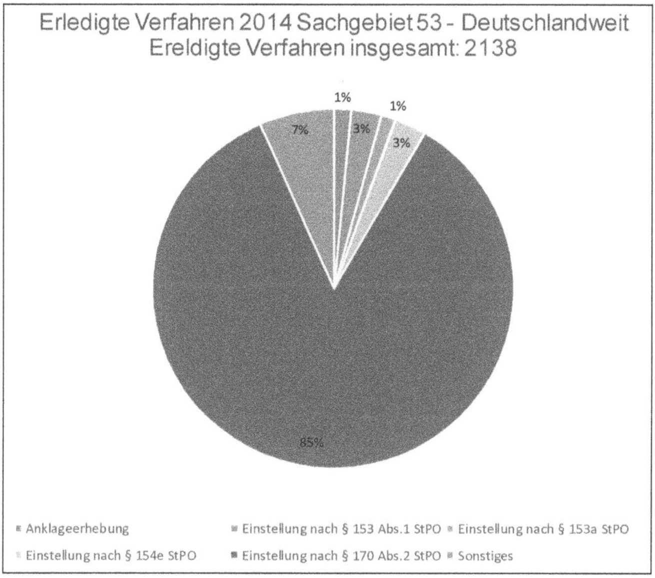


Im Jahr 2014 wurden bundesweit von 2138 eingeleiteten Verfahren gegen Polizeibeamte wegen des Verdachts der Körperverletzung im Amt 1,5 % unmittelbar zur Anklage gebracht, in 0,8 % der Verfahren wurde ein Strafbefehl erlassen und in weiteren 1,3 % der Fälle wurde auf Grundlage des § 153a StPO das Verfahren unter dem Vorbehalt der Erfüllung von Auflagen und Weisungen eingestellt.

Die Quoten der Einstellungen nach §§ 170 Abs. 2, 153 Abs. 1 StPO blieben im Vergleich zum Vorjahr nahezu unverändert.

Es gilt festzustellen, dass die statistischen Werte im Verlauf der Jahre nur marginalen Veränderungen unterliegen. Zudem ist die Anzahl der eingeleiteten Verfahren im Sachgebiet 53 auch nahezu gleichbleibend.

## 6.) *Erledigte Verfahren im Jahr 2015*

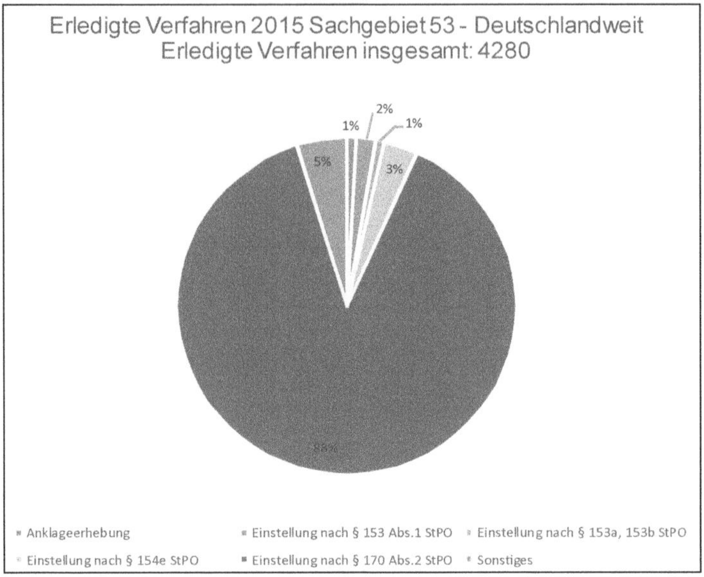


Im Jahr 2015 kam es zu einem starken Anstieg an Verfahren gegen Polizeibeamte, die der Körperverletzung im Amt beschuldigt wurden. Es ist ein realer Anstieg um knapp 2100 Verfahren zu verzeichnen, was eine Verdoppelung der Verfahren bedeutet.

88,4 % der Verfahren wurden nach § 170 Abs. 2 StPO, weitere 1,8 % nach § 153 Abs. 1 StPO eingestellt. Während die Quote der Verfahrenseinstellungen nach § 170 Abs. 2 StPO um knapp 3 Prozentpunkte im Vergleich zu den Vorjahren anstieg, senkte sich die der Einstellungen nach § 153 Abs. 1 StPO um ca. einen Prozentpunkt.

In Anbetracht der über Jahre nahezu unveränderten Prozentsätze ist dies schon ein auffälliger Zuwachs.

Eine Beendigung des Verfahrens durch Anklageerhebung, Strafbefehl oder Einstellung nach § 153a StPO erfolgte in lediglich 1,7 %[108] der Verfahren. Hier ist ein geringer Rückgang um weniger als einen Prozentpunkt zu verzeichnen, sodass nicht von einer relevanten Veränderung ausgegangen werden muss.

---

108 Anklageerhebung, Strafbefehl und Einstellung nach § 153a StPO.

## II.) Erledigte Verfahren in Nordrhein-Westfalen (Sachgebiet 53)

Diese Arbeit setzt sich im Folgenden insbesondere mit den Einstellungsverfügungen der nordrhein-westfälischen Staatsanwaltschaften, der Staatsanwaltschaft Zweibrücken in Rheinland-Pfalz und der Staatsanwaltschaft Saarbrücken im Saarland auseinander. Daher sei bereits an dieser Stelle ein erster spezieller Blick auf diese drei Bundesländer gerichtet.

### *1.) Erledigte Verfahren im Jahr 2010*

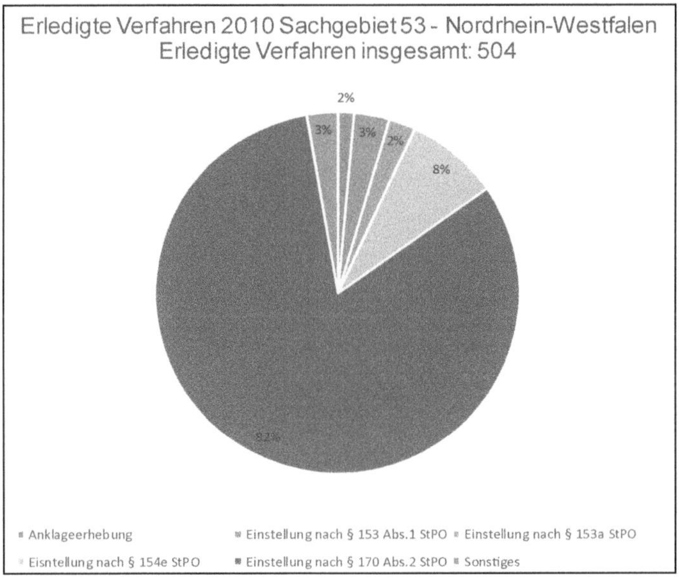


Bei Betrachtung der insgesamt 504 eingeleiteten Verfahren in Nordrhein-Westfalen fällt zunächst auf, dass die Quote von Einstellungen gemäß § 170 Abs. 2 StPO bei angezeigten Aussetzungs- und Gewaltdelikten von Polizeibeamten, die im Zusammenhang mit ihrer Dienstausübung stehen, mit 81,94 % etwas unter dem bundesweiten Durchschnitt von 85,60 % steht.

In 3,17 % der Verfahren wurde das Verfahren wegen geringer Schuld und fehlendem öffentlichen Interesse nach § 153 Abs. 1 StPO eingestellt.

Demgegenüber wurde Anklage nur bei 1,38 % aller angezeigten Taten erhoben. Dabei wurde der bereits an sich schon niedrige bundesweite Durchschnitt (1,55 %) nochmals unterschritten. Erheblich unter dem bundesweiten Durchschnitt der

Jahre 2010–2015 liegt die Quote der Verfahren, in denen ein Strafbefehl erlassen wurde (0.2 % zu 0,8 %).

Erheblich ist das Überschreiten des bundesweiten Durchschnitts bei den Verfahrenseinstellungen nach § 153a StPO (2,3 % zu 1,5 %) oder § 154e StPO (8,3 % zu 2,76 %).

### *2.) Erledigte Verfahren im Jahr 2011*

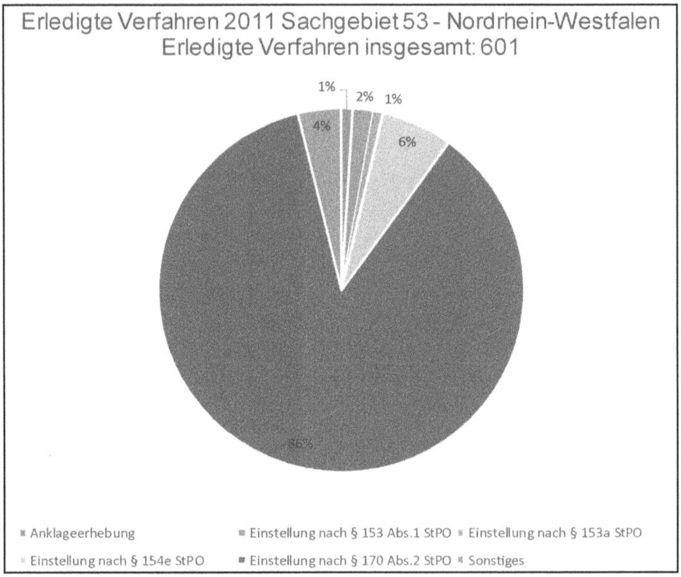


Im darauffolgenden Jahr stieg die Anzahl der eingeleiteten Verfahren im Sachgebiet um 100 Fälle. Im Vorgriff auf die Darstellung zu den Jahren 2012–2015 zeigt sich hier eine dauerhafte Steigerung im Vergleich zum Jahr 2010.

Die Quote der Fälle, in denen Verfahren wegen eines Aussetzungs- oder Gewaltdeliktes im Amt durch die Einstellung des Verfahrens mangels hinreichenden Tatverdachts gem. § 170 Abs. 2 StPO erledigt wurden, liegt bei 86,19 %. Somit ist eine Angleichung dieses Prozentsatzes an die bundesweite Quote von 85,88 % erkennbar.

Die Quote der Verfahren, bei denen zwar ein hinreichender Tatverdacht angenommen wurde, die Schuld jedoch gering war und das öffentliche Interesse nicht bestand (§ 153 Abs. 1 StPO), lag bei knapp 2 %. Auffällig ist, dass die Quote dieser Art der Verfahrensbeendigung selten über 2 % hinausgeht. Dennoch ist sie angesichts der Einstellungsvoraussetzungen zu hinterfragen.

Der Anteil der angezeigten Taten, die durch Anklageerhebung (1,00 %), Antrag auf Erlass eines Strafbefehls (0,67 %) oder Einstellung mit Auflage nach § 153a StPO (0,83 %) beendet wurden, beträgt somit in Nordrhein-Westfallen im Jahr 2011 lediglich 2,50 %.

### *3.) Erledigte Verfahren im Jahr 2012*

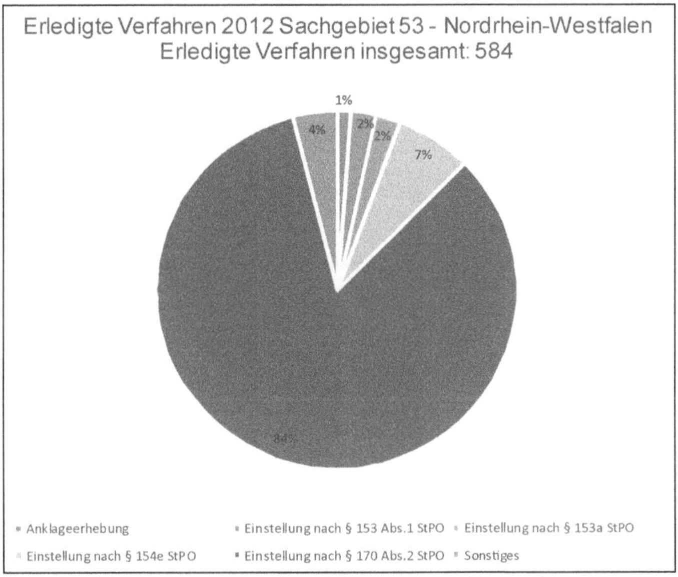


Die Anzahl der eingeleiteten Verfahren ist im Vergleich zum Vorjahr leicht zurückgegangen, ist aber höher als noch im Jahr 2010.

Für die 584 in Nordrhein-Westfalen erledigten Verfahren wegen Gewaltausübung oder Aussetzung durch Polizeibedienstete ist für das Jahr 2012 ein Rückgang an Erledigungen wegen Einstellung des Verfahrens nach § 170 Abs. 2 StPO auf 83,5 % ausgewiesen. Weitere 2,3 % der Verfahren wurden nach § 153 Abs. 1 StPO eingestellt.

Demgegenüber ist die Anzahl der Verfahren, in denen eine Anklage erhoben (1,2 %) beziehungsweise ein Strafbefehl erlassen wurde (0,2 %) sehr niedrig. Selbst wenn man die Verfahren hinzunimmt, bei denen eine Einstellung nach § 153a StPO (2,2 %) erfolgte, ist die Quote gering.

Hinsichtlich der Quote der nach § 154e StPO eingestellten Verfahren ergibt sich eine Auffälligkeit; liegt der bundesweite Durchschnitt noch bei 2,76 %, wurden in NRW im Jahr 2012 6,85 % der Verfahren nach dieser Vorschrift eingestellt. Diese Quote resultiert zu einem Großteil aus dem OLG-Bezirk Hamm.

### *4.) Erledigte Verfahren im Jahr 2013*

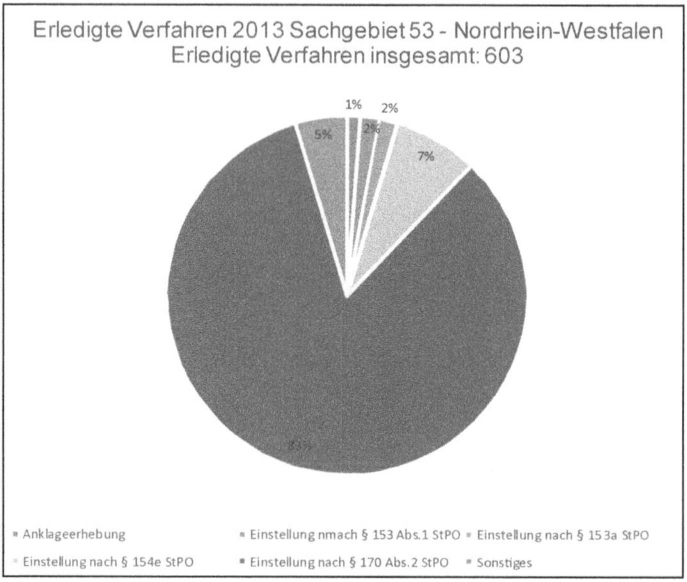


Ein vergleichbares Bild zeichnet sich im Jahr 2013 ab. Die Quote der nach § 170 Abs. 2 StPO eingestellten Verfahren veränderte sich geringfügig und beträgt 83,2 % der insgesamt 603 Verfahren. Mithin lässt sich bezüglich der mangels hinreichenden Tatverdachts eingestellten Verfahren festhalten, dass sich die Quote der Fälle, in denen dieser Erledigungsgrund einschlägig ist, während des gesamten Betrachtungszeitraums (2010 bis 2015) leicht unterhalb des bundesweiten Durchschnitts befindet.[109] In einem Zusammenhang zu den Einstellungen nach § 170 Abs. 2 StPO ist die Quote der Verfahren zu sehen, die nach § 153 Abs. 1 StPO eingestellt wurden. Diese liegt leicht über der des Vorjahres bei 2,2 % und damit lediglich 0,5 Prozentpunkte unterhalb des Bundesdurchschnitts.

Erheblich ist wiederum die Quote der Einstellungen nach § 154e StPO, die bei 6,8 % und damit ebenfalls 0,5 Prozentpunkte über der des Vorjahres liegt. Im

109 Einen „Ausreißer“ stellt das Jahr 2014 dar, in dem „lediglich“ 79 % der Verfahren nach § 170 Abs. 2 StPO eingestellt wurden.

gesamten Betrachtungszeitraum liegt die Quote der Einstellungen nach § 154e StPO in NRW erheblich oberhalb des Durchschnitts auf Bundesebene (2,76 %).

Unverändert niedrig bleibt die Quote der Verfahren, in denen es zur Erhebung der Anklage kam (1,1 %) oder in denen ein Strafbefehl erlassen wurde (0,3 %).

### *5.) Erledigte Verfahren im Jahr 2014*

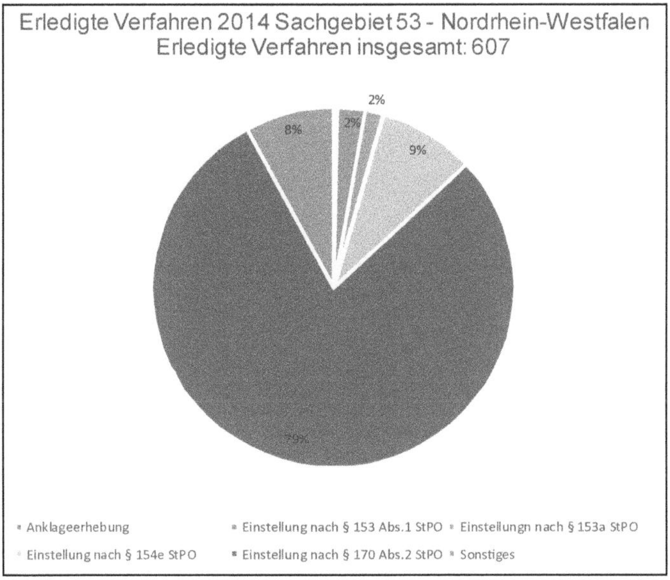


Wie in den Vorjahren wurden ungefähr 600 Verfahren gegen Polizisten wegen des Verdachts der Verwirklichung des § 340 StGB eingeleitet.

Im Jahr 2014 endeten lediglich 0,5 % der Verfahren mit Erhebung der öffentlichen Klage oder aber dem Erlass eines Strafbefehls. In 1,6 % der Verfahren erfolgte eine Einstellung nach § 153a StPO.

Demgegenüber sank der Anteil der Fälle, die mangels hinreichenden Tatverdachts nach § 170 Abs. 2 StPO eingestellt wurden auf 79 %. Dies ist ein Rückgang um knapp sieben Prozentpunkte im Vergleich zum Jahr 2010, in dem mit 86 % der Höchststand in Nordrhein-Westfalen zu verzeichnen war. Weitere 2,5 % der Verfahren wurden nach § 153 Abs. 1 StPO beziehungsweise weitere 8,6 % nach § 154e StPO eingestellt.

Die Quote zur Einstellung nach § 154e StPO liegt somit oberhalb des Durchschnitts im Bund (5,8 %) zwischen 2010 und 2015.

## *6.) Erledigte Verfahren im Jahr 2015*

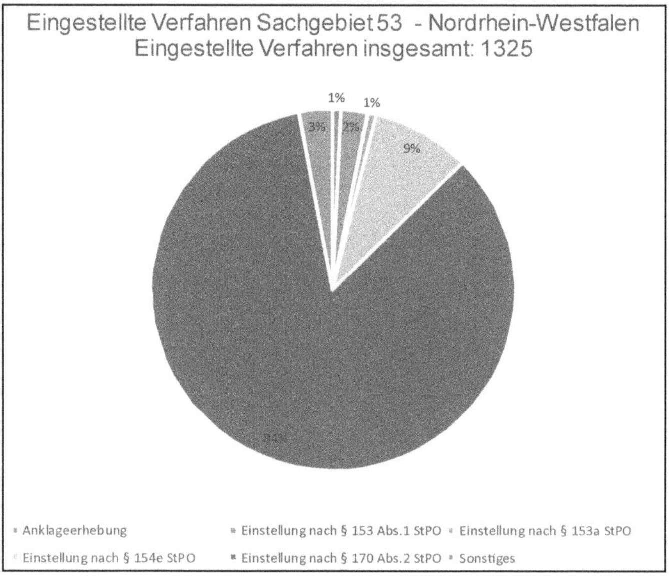


Auffällig ist die Zunahme an eingeleiteten Fällen gegen Beamte im Sinne des staatsanwaltschaftlichen Sachgebiets 53. 1325 Verfahren wurden eingeleitet, das heißt mehr als doppelt so viele, wie im Vorjahr (218 %).

Von diesen Fällen wurden 10 (0,75 %) mit einer Anklageerhebung, 4 durch Erlass eines Strafbefehls (0,3 %) und 10 (0,75 %) durch eine Einstellung gegen Erfüllung von Weisungen und Auflagen nach § 153a StPO erledigt.

Demgegenüber wurden 89 % der Verfahren nach § 170 Abs. 2 StPO oder nach § 153 Abs. 1 StPO eingestellt. Innerhalb dieses Prozentsatzes nimmt die Einstellung nach § 170 Abs. 2 StPO mangels hinreichenden Tatverdachtes den Großteil ein (84,56 %). Somit ist der Anteil der Verfahrenserledigungen nach § 170 Abs. 2 StPO im Vergleich zum Vorjahr gestiegen und befindet sich auf dem Niveau der Vorjahre.

Unverändert hoch bleibt der Anteil der Verfahren, die nach § 154e StPO eingestellt wurden (8,75 %; höchste Quote im Erhebungszeitraum).

## III.) Erledigte Verfahren in Rheinland-Pfalz (Sachgebiet 53)

### *1.) Erledigte Verfahren 2010*

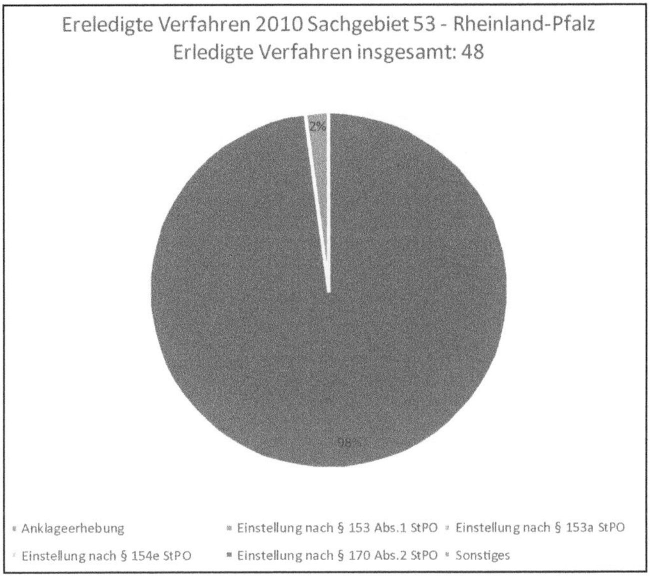


Betrachtet man die reinen Prozentzahlen in Rheinland-Pfalz, so wurden 100 % aller angezeigten Straftaten aus dem Sachgebiet durch die Staatsanwaltschaft eingestellt. Zwar liegt die Zahl der angezeigten Straftaten mit 48 weit unter der in Nordrhein-Westfalen. Aber auch bei nur 48 angezeigten Straftaten ist eine Einstellungsquote von 100 %[110] signifikant.

110 Wobei 47 Verfahren nach § 170 Abs. 2 StPO eingestellt wurden und bei einem Verfahren ein Verweis auf den Privatklageweg erklärt wurde.

### *2.) Erledigte Verfahren 2011*

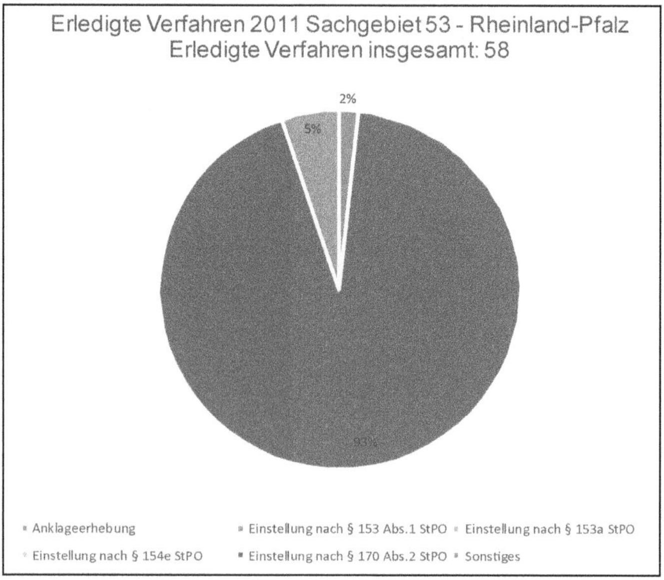


Ein ähnlich einseitiges Bild ergibt sich in Rheinland-Pfalz im Jahr 2011. Von insgesamt 58 angezeigten Aussetzungs- und Gewaltdelikten wurden 93,10 % mangels hinreichenden Tatverdachts gemäß § 170 Abs. 2 StPO eingestellt. Lediglich in einem Verfahren trat Erledigung durch Anklageerhebung ein (1,72 %). Zusätzlich erledigten sich drei Verfahren entweder durch Verbindung mit einer anderen Sache (3,45 %) oder Abgabe an eine andere Staatsanwaltschaft (1,72 %).

### *3.) Erledigte Verfahren 2012*

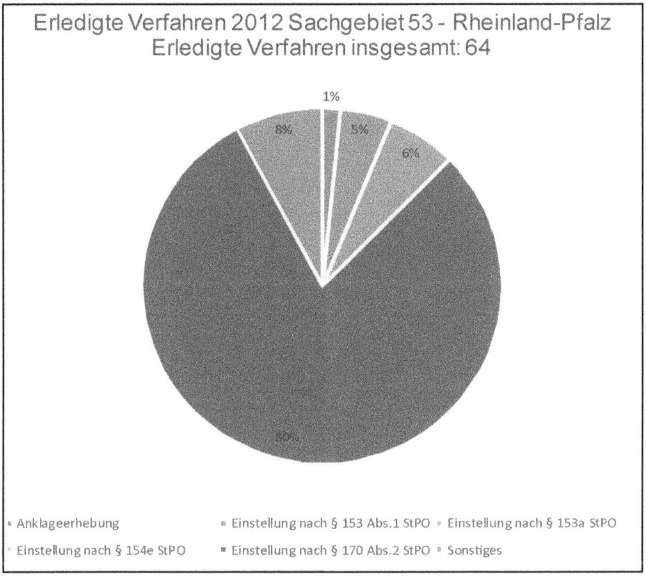


Im folgenden Jahr 2012 setzt sich der Rückgang an Verfahren fort, welche gemäß § 170 Abs. 2 StPO eingestellt wurden (79,69 %). In 1,6 % der Fälle wurde Anklage erhoben, in 6,25 % der Fälle wurde eine Einstellung unter Erteilung von Auflagen oder Weisungen vorgenommen und in 7,81 % der Fälle wurden die Verfahren an andere Staatsanwaltschaften abgegeben.

Die sich daraus ergebende Quote der erledigten Verfahren, in denen eine weitergehende Ermittlung unterbleibt, beläuft sich auf 84,37 %. Beim Vergleich mit der Quote von 100 % Einstellungen im Jahr 2010 ist bezüglich dieser Fallgruppe eine, prozentual betrachtet, starke Abnahme festzustellen, sodass 2012 in Rheinland-Pfalz der bundesweite Durchschnitt um knapp 7 Prozentpunkte unterschritten wird. Die Aussagekraft dieser Entwicklung relativiert sich allerdings, wenn man berücksichtigt, dass wegen der geringen Anzahl an angezeigten Fällen bereits leichte Veränderungen der absoluten Zahlen deutliche Veränderungen der prozentualen Werte verursachen.

*4.) Erledigte Verfahren 2013*

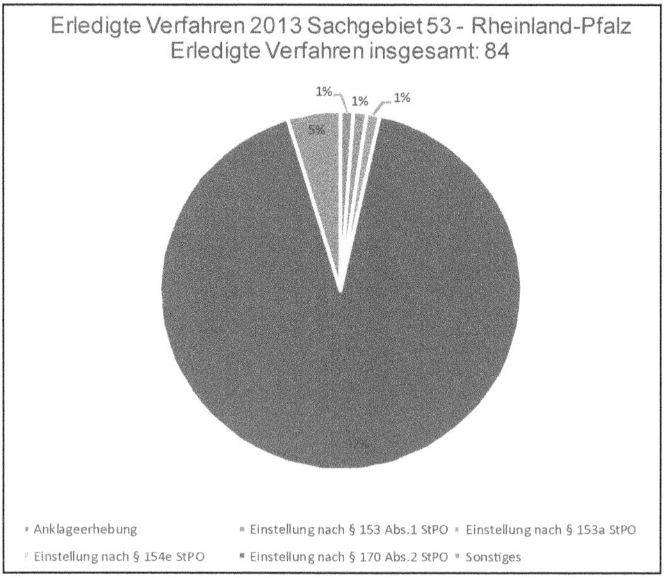


Die damit verbundenen statistischen Schwankungen setzen sich auch im Jahr 2013 fort. So steigt die Quote der Einstellungen nach § 170 Abs. 2 StPO auf 91,67 %. Der deutschlandweite Durchschnitt wird in dieser Vergleichsgruppe somit in Rheinland-Pfalz in den Jahren 2010, 2011 und 2013 übertroffen.

## *5.) Erledigte Verfahren im Jahr 2014*

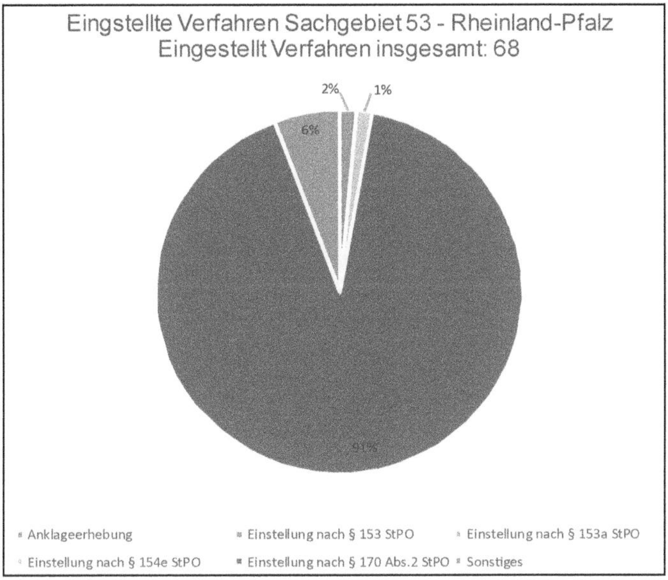


Die Zahl der eingeleiteten Verfahren bleibt im Vergleich zu den Vorjahren stabil. Der Anteil der nach § 170 Abs. 2 StPO wegen fehlenden hinreichenden Tatverdachts eingestellten Verfahren ist jedoch merklich gestiegen und liegt nun bei 92,6 %.

Demgegenüber ergibt sich aus der Statistik, dass in Rheinland-Pfalz 2014 keines der eingeleiteten Verfahren zur Anklage gebracht wurde.

*6.) Erledigte Verfahren im Jahr 2015*

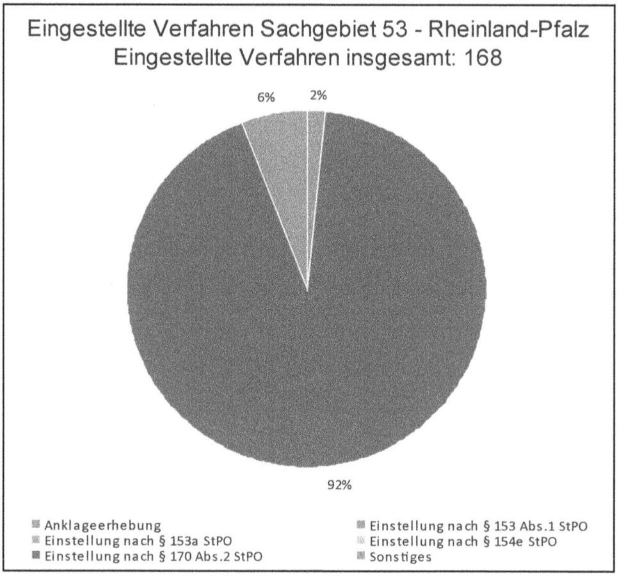


Auffällig ist der Anstieg der eingeleiteten Verfahren. Waren es im Jahr 2014 noch 68 eingeleitete Verfahren, sind es 2015 bereits 168 Fälle, in denen Polizeibeamte der Körperverletzung oder Aussetzung im Amt beschuldigt wurden. Angesichts der hohen Zahl an eingeleiteten Verfahren ist es verwunderlich, dass nicht ein Verfahren durch öffentliche Klage erledigt wurde. Ein Verfahren wurde durch Erlass eines Strafbefehls erledigt, sechs weitere durch Verbindung mit einer anderen Sache.

Der Anteil der Einstellungen nach § 170 Abs. 2 StPO sank nur geringfügig um 0,4 Prozentpunkte auf 92,2 %. Weitere drei Verfahren (1,7 %) wurden nach § 153 Abs. 1 StPO eingestellt.

## IV.) Erledigte Verfahren im Saarland (Sachgebiet 53)

### *1.) Erledigte Verfahren 2010*

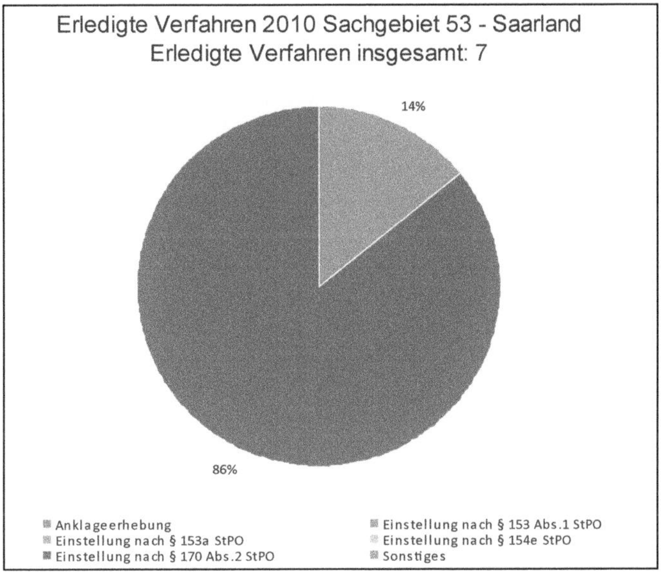


Im Jahr 2010 wurden im Saarland sechs der sieben Verfahren wegen Gewaltausübung durch Polizeibeamte gemäß § 170 Abs. 2 StPO mangels hinreichenden Tatverdachts eingestellt. In relativen Zahlen ausgedrückt bedeutet dies eine Einstellungsquote von 85,71 %. Ein Verfahren wurde gemäß § 153 Abs. 1 StPO wegen Geringfügigkeit eingestellt.

*2.) Erledigte Verfahren 2011*

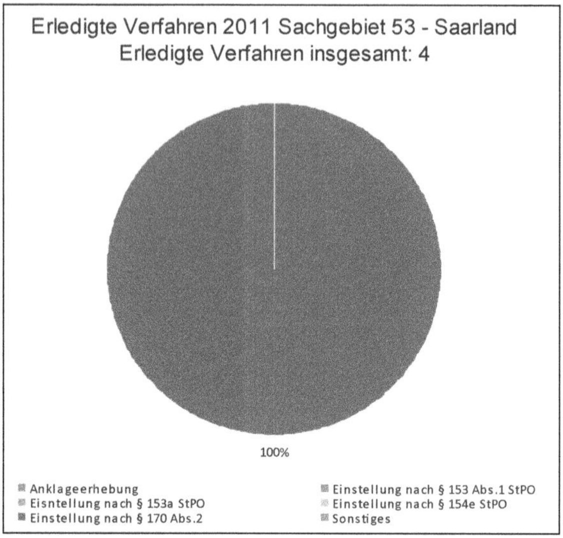


Im Jahr 2011 wurden alle der vier eingeleiteten Verfahren wegen Gewaltausübung durch Polizeibeamte gemäß § 170 Abs. 2 StPO eingestellt.

*3.) Erledigte Verfahren 2012*

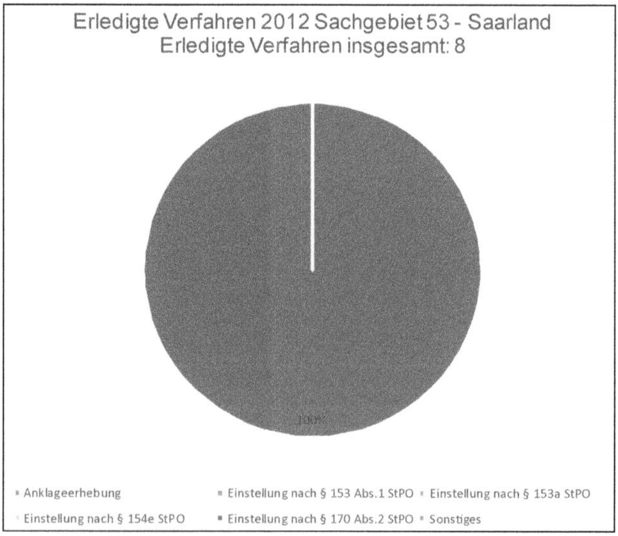

Auch im Jahr 2012 wurden alle acht Verfahren gemäß § 170 Abs. 2 StPO eingestellt.

### *4.) Erledigte Verfahren 2013*

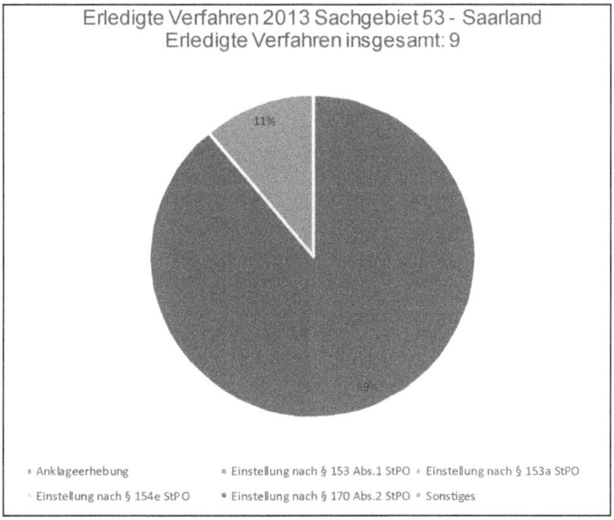


Von den insgesamt neun anhängigen Verfahren wegen Gewaltausübungen durch Polizeibeamte wurden acht Verfahren (88,89 %) mangels hinreichenden Tatverdachts gemäß § 170 Abs. 2 StPO eingestellt. In einem Verfahren (11,11 %) kam es zur Einstellung durch Verweis auf den Privatklageweg gemäß § 374 StPO.

Aufgrund der geringen Anzahl an Verfahren wegen Gewaltausübung durch Polizeibeamte sind die Vergleichbarkeit und die Aussagekraft der im Saarland für die jeweiligen Einstellungstatbestände ermittelten Prozentwerte nur eingeschränkt gegeben. Allerdings zeichnet sich auch hier das statistische Übergewicht von Einstellungen nach § 170 Abs. 2 StPO erkennbar ab.

### *5.) Erledigte Verfahren 2014*

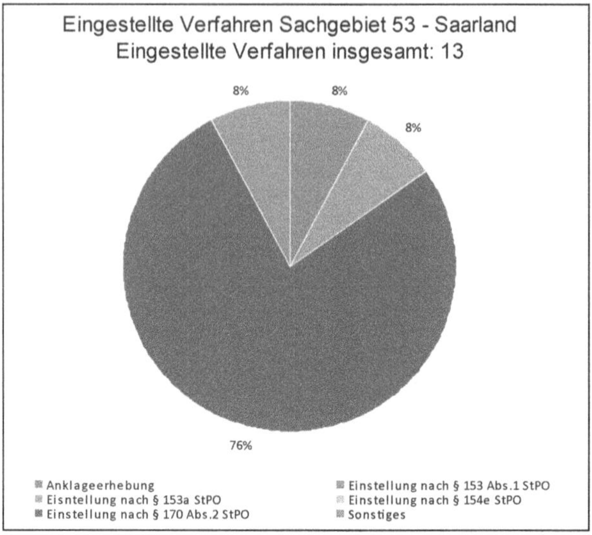


Ähnlich dem bundesweiten Trend ist die Zahl der eingeleiteten Verfahren im Jahr 2014 im Vergleich zu den Vorjahren gestiegen. Im Saarland ist jedoch auch ein anderer Trend zu erkennen. Während in den Vorjahren die Verfahren fast ausschließlich durch Einstellung nach § 170 Abs. 2 StPO erledigt wurden, bietet sich im Jahr 2014 ein breiteres Bild der Erledigungen.

Der Anteil der Verfahren, die nach § 170 Abs. 2 StPO eingestellt wurden, sank um mehr als zehn Prozentpunkte auf 76,9 %[111]. Erstmals wurde im Saarland ein Verfahren (7,6 %) durch Erhebung der öffentlichen Klage erledigt. In einem weiteren Fall wurde eine Einstellung durch Erteilung von Auflagen oder Weisungen eingestellt.

111 10 Verfahren.

### *6.) Erledigte Verfahren 2015*

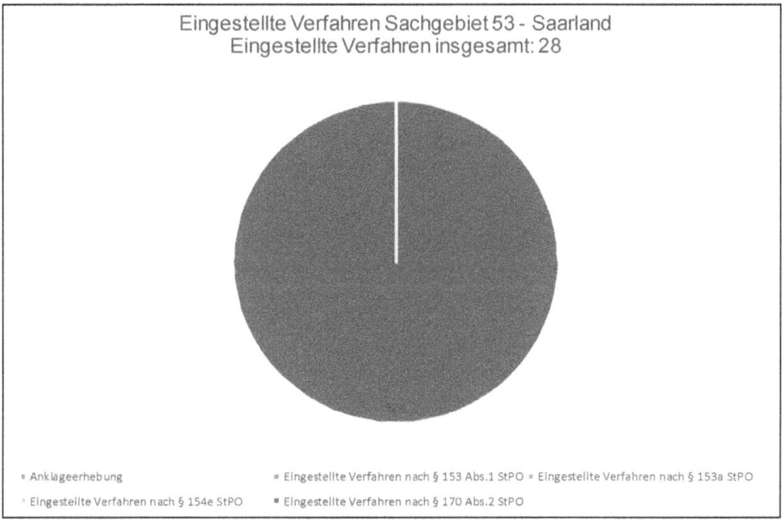


Erneut ist im Saarland für das Jahr 2015 ein Anstieg der eingeleiteten Verfahren zu verzeichnen. Die Vielfalt der Erledigungsgründe ging jedoch zurück: 26 von 28 Verfahren, d. h. 92,8 %, wurden nach § 170 Abs. 2 StPO eingestellt.

Ein weiteres Verfahren wurde nach § 154 Abs. 1 StPO eingestellt, ein anderes durch Abgabe an eine andere Staatsanwaltschaft beendet.

## V.) Zusammenfassung der Statistiken und Schlussfolgerung

Zusammenfassend kann bezüglich der dargelegten Statistiken konstatiert werden, dass bundesweit in den Jahren 2010 bis 2015 durchschnittlich 87,6 % der eingeleiteten Verfahren nach §§ 170 Abs. 2, 153 Abs. 1 StPO eingestellt wurden und somit das Verfahren für die beschuldigten Polizeibeamten ohne jegliche Konsequenzen endete. Eine Zusammenfassung der beiden Einstellungsvorschriften ist hier angebracht. Wird ein Verfahren nach § 170 Abs. 2 oder nach § 153 Abs. 1 StPO eingestellt, endet das Verfahren ohne Sanktion für den Beschuldigten. Diesbezüglich wirft die Quote der Verfahren, die sanktionslos endeten, große Fragen auf; das ist nicht nur im Vergleich zu anderen Sachgebieten der Fall, in denen diese

Quote nicht erreicht wird[112], sondern auch konkret hinsichtlich der Auslegung und Anwendung der Vorschriften in diesem Sachgebiet.

Der Großteil der Verfahren (im Durchschnitt 85,9 %) wurde nach der Einstellungsmöglichkeit mangels hinreichenden Tatverdachts gemäß § 170 Abs. 2 StPO eingestellt. Bei einer Gesamtzahl von 15.583 erfassten Verfahren wegen Gewaltausübung und Aussetzung durch Polizeibeamte bedeutet dies, dass insgesamt ca. 13.651 Verfahren strafrechtlich betrachtet folgenlos blieben.

Eine vergleichbare Datenlage ist auch auf der Ebene der Länder Nordrhein-Westfalen, Rheinland-Pfalz und Saarland wiederzufinden. In Rheinland-Pfalz beträgt die Quote der Verfahrensbeendigung ohne strafrechtliche Konsequenzen 92,7 %, wobei 91,2 % auf Einstellungen gemäß § 170 Abs. 2 StPO entfallen. In Nordrhein-Westfalen sind durchschnittlich 86,7 % der Verfahren ohne weitergehende Sanktionen erledigt worden (und davon im Durchschnitt 83,44 % gemäß § 170 Abs. 2 StPO). Im Saarland liegt der Anteil der Verfahren ohne strafrechtliche Sanktionierung im Zeitraum 2010 bis 2015 sogar bei 96,84 %.

An dieser Stelle soll noch einmal betont werden, dass sich alleine aus den analysierten statistischen Daten nur bedingt eine Schlussfolgerung bezüglich der Rechtmäßigkeit bzw. Rechtswidrigkeit einzelner Einstellungsverfügungen ziehen lässt.

Vergleicht man die ermittelten Einstellungsquoten mit denen bei Verfahren wegen vorsätzlicher Körperverletzung gemäß §§ 223 ff. StGB, so zeigen sich bereits aus den reinen Statistiken deutliche Unterschiede in der Einstellungspraxis der Staatsanwaltschaften. Beispielsweise wurden deutschlandweit in den Jahren 2010 bis 2015 lediglich 43,36 % der Verfahren wegen vorsätzlicher Körperverletzung mangels hinreichenden Tatverdachts gemäß § 170 Abs. 2 StPO eingestellt.[113] Diese für den Beschuldigten wohl günstigste Einstellungsvorschrift wurde bei Gewaltausübung durch Polizeibeamte hingegen in 85,88 % der Verfahren angewandt, sodass sich eine Differenz von 42,52 Prozentpunkten ergibt. Die Vergleichbarkeit dieser Statistiken ist zwar dadurch eingeschränkt, dass bei typischen Verfahren wegen vorsätzlicher Körperverletzung ein anderer tatsächlicher und rechtlicher Hintergrund als bei Körperverletzungen durch Polizeibeamte besteht und dass eine wesentlich größere Anzahl an Verfahren wegen vorsätzlicher Körperverletzung eingeleitet wird. Dennoch indiziert die Deutlichkeit der Disproportionalität der Einstellungsquoten zugunsten der beschuldigten Polizeibeamten, dass Un-

112 Vgl. Staatsanwaltschaftsstatistiken 2010 bis 2015 Sachgebiet 21, Vorsätzliche Körperverletzung.

113 Vgl. Staatsanwaltschaftsstatistiken 2010 bis 2015 Sachgebiet 21, Vorsätzliche Körperverletzung.

regelmäßigkeiten in der Einstellungspraxis der Staatsanwaltschaften hinsichtlich des § 170 Abs. 2 StPO vorliegen könnten. Dies und die statistisch festgestellte Häufigkeit von sanktionslosen Verfahrensbeendigungen ergeben folglich ein gewichtiges Untersuchungsbedürfnis hinsichtlich der konkret getroffenen Einstellungsentscheidungen.

Auch wenn die Quoten der Verfahrenseinstellungen nach §§ 153 Abs. 1, 153a und 154e StPO nicht hoch sind, stellt sich im Vorgriff auf die Auseinandersetzung mit den Vorschriften bereits an dieser Stelle die Frage, ob diese im Hinblick auf eine etwaige Körperverletzung im Amt überhaupt anwendbar sind. Zwischen 2010 und 2015 wurden bundesweit 226 Verfahren nach § 153a StPO und 437 Verfahren nach § 154e StPO eingestellt, wobei bereits mit dem ersten Blick auf die Formulierung des § 154e StPO eine Anwendbarkeit auf die Fälle der Körperverletzung im Amt zumindest fragwürdig erscheint.

In der Folge gilt es daher zu ergründen, auf welchen Aspekten das Auseinanderfallen der statistischen Merkmale zwischen den Staatsanwaltschaftsstatistiken zum Sachgebiet 53 und Sachgebiet 21 gründet und welche Argumente herangezogen werden, um die Entscheidungen, die Verfahren gegen Polizeibeamte einzustellen, zu begründen. Im Rahmen einer Aktenanalyse werden auch die Einstellungsverfügungen im Einzelfall untersucht, um genau diese Argumentationsstrukturen zu überprüfen. Insbesondere bei der hohen Anzahl an Einstellungen nach § 170 Abs. 2 StPO kann die Vermutung geäußert werden, dass standardisierte und nicht am konkreten Einzelfall orientierte Einstellungsverfügungen genutzt wurden. Die Nutzung vorformulierter Einstellungsverfügungen kann ein Hinweis darauf sein, dass die Einstellung gewollt ist und weniger anhand des Einzelfalles ermittelt und geprüft wurde.

## D.) Fazit zum ersten Teil

Die deutschen Staatsanwaltschaften und Gerichte müssen sich auch mit Straftaten von Amtsträgern auseinandersetzen, die qua beruflicher Verpflichtung für ein rechtmäßiges Miteinander einzutreten haben. Wie die Staatsanwaltschaftsstatistiken zum Sachgebiet 53 aus den Jahren 2010–2015 zeigen, ist die Einleitung von Verfahren gegen Polizeibeamte, denen eine Körperverletzung im Amt nach § 340 StGB vorgeworfen wird, im Bundesgebiet nicht selten. In einer nicht unerheblichen Anzahl an Fällen steht eine entsprechende Anzeige gegen Polizeibeamte in einem sachlichen und zeitlichen Zusammenhang mit einer Gegenanzeige wegen der Straftaten nach §§ 113, 223 ff. u. a. StGB. Diese Koinzidenz wird im Rahmen dieser Arbeit noch von Bedeutung sein.

Aus den Statistiken geht ebenfalls hervor, dass die Verfahren gegen beschuldigte Polizeibeamte zu einem auffällig hohen Prozentsatz ohne Folgen für diese eingestellt werden. Nur eine verschwindend geringe Anzahl an Verfahren wird zur öffentlichen Anklage gebracht oder aber beispielsweise durch einen unmittelbaren Strafbefehl sanktioniert. Dies fällt insbesondere bei einem Vergleich mit den Statistiken zum Sachgebiet 21 (Vorsätzliche Körperverletzung) auf.

# Zweiter Teil: Die Verfolgung polizeilicher Gewaltausübung im Rahmen des Ermittlungsverfahrens

## A.) Das Ermittlungsverfahren bei polizeilicher Gewaltausübung als Forschungsgegenstand dieser Promotionsarbeit

### I.) Ausgangsthese

Die bei der Auswertung der statistischen Daten zu den in den Jahren 2010 bis 2015 durchgeführten Verfahren wegen Gewaltausübung durch Polizeibedienstete herausgearbeiteten Auffälligkeiten können insbesondere als Ausgangspunkt dienen, um eine allgemein zu formulierende Untersuchungsthese als Grundlage der weiteren Forschungsarbeit aufzustellen. Gestützt auf den Vergleich mit den Statistiken zur Strafverfolgung bei Körperverletzungsdelikten nach den §§ 223 ff. StGB wurde festgestellt, dass die Intensität der Strafverfolgung, wenn man diese allein anhand des Verfahrensverlaufes, also Verurteilung, Klageerhebung oder Verfahrenseinstellung und somit unabhängig von den durchgeführten Ermittlungsmaßnahmen bemisst, wesentlich geringer ist, wenn sich die Ermittlungen gegen Angehörige der Polizei richten. Gegenstand dieser Promotionsarbeit ist jedoch die Frage, wie die Qualität der Ermittlungen gegen Polizeibeamte wegen Körperverletzung im Amt zu bewerten ist. Ausgehend von den hohen Einstellungsquoten bei niedriger Anklage- und Verurteilungsrate kann als Untersuchungshypothese Folgendes formuliert werden:

**Das strafprozessuale Ermittlungsverfahren bei Gewaltdelikten von Polizeibeamten wird einseitig zugunsten von beschuldigten Polizeibeamten durchgeführt.**

Diese These beinhaltet die Überlegung, dass das Ermittlungsverfahren im Falle der Verfolgung polizeilicher Gewaltdelikte Defizite aufweist, aufgrund derer eine begünstigende Strafverfolgung der beschuldigten Polizeibeamten erfolgt. Was als defizitär in diesem Sinne zu bewerten ist, bestimmt sich primär anhand eines Vergleichs mit der gesetzlichen Ausgestaltung des Straf- bzw. insbesondere des Ermittlungsverfahrens. Sekundär können auch Vergleiche mit der Durchführung des Ermittlungsverfahrens bei vergleichbaren Delikten herangezogen werden sowie grundsätzliche Überlegungen zu den notwendigen rechtstaatlichen Anforderungen an das Ermittlungsverfahren. Im Vordergrund soll für diese Arbeit aber Ersteres stehen, also die Frage, ob die gesetzlichen Vorgaben für das strafprozessuale Verfahren in ihrer praktischen Anwendung im Falle von Verfahren wegen Gewaltausübung durch Polizeibeamte hinreichend eingehalten werden. Die Herangehensweise an die Beantwortung dieser Frage ist vor allem geprägt durch die Grundüberlegung, dass eine Falsifizierung der aufgestellten Untersuchungsthese nicht im Rahmen einer rechtsdogmatischen Auseinandersetzung mit den einschlägigen strafprozessualen Normen möglich ist, sondern stattdessen ein Vergleich der tatsächlichen Durchführung des Ermittlungsverfahrens mit dessen gesetzlicher Konzeption angestellt werden muss.

## II.) Die Aktenauswertung als Untersuchungsansatz dieser Arbeit

Um ein möglichst repräsentatives Bild der Ermittlungsverfahren bei Gewaltausübung durch Polizeibeamte zu erhalten, ist es notwendig, das Vorgehen der Staatsanwaltschaften und von deren Ermittlungspersonen[114] anhand von Einzelfällen zu überprüfen. Aus diesem Grunde sollen eine Vielzahl von Verfahrensakten, deren Gegenstand eine Anzeige wegen Körperverletzung im Amt gegen einen Polizeibeamten ist, ausgewertet werden. Ziel dieser Aktenauswertung ist allerdings nicht, einzelfallbezogene Kritik am Vorgehen von Staatsanwälten, Richtern und ggf. Polizeibeamten zu üben. Vielmehr ist Intention dieser Arbeit, die zugrunde liegenden Handlungsmuster zu erkennen und einer an den Vorgaben des Gesetzes orientierten, juristischen Bewertung zuzuführen.

### *1.) Methodische Grundlagen der Aktenauswertung*

Die in dieser Arbeit genutzte Forschungsmethode der Aktenanalyse ist seit jeher eine der führenden Methoden der kriminologischen Forschungspraxis. Daher ist es umso verwunderlicher, dass sich in der kriminologischen Literatur bisher keine allgemeingültige Definition entwickelt. Erforderlich ist somit zumindest eine Begriffsannäherung: Die Aktenanalyse kann als Gewinnung kriminologisch relevanter Informationen durch die Auswertung amtlicher Schriftstücke umschrieben werden. Kern ist die Auswertung unterschiedlicher Dokumente nach ihrer Entstehung, ihrem Inhalt und ihrer Zugänglichkeit für den Aktenanalysten.

114 Vgl. § 152 Abs. 1 GVG.

## 2.) *Die Aktenanalyse als empirischer Zugang zu forensischen Fakten bei rechtswissenschaftlichen Untersuchungen*

In der kriminologischen Forschungspraxis stellt sich seit jeher die Frage, wie ein möglichst realistisches Bild von der (objektiven) Wirklichkeit über Taten, Täter und Entscheidungsprozesse von Staatsanwaltschaften und Gerichten gezeichnet werden kann. Obschon eine empirische Wissenschaft nur dann sinnvoll zu betreiben ist, wenn ein „Bekenntnis zur Existenz einer objektiven Wirklichkeit“[115] besteht, wird in der Literatur eine solche vereinzelt abgelehnt. Die Erkenntnisse einer empirischen Untersuchung seien stets subjektabhängig, was heißt, dass sie der Ansicht des Untersuchenden und desjenigen, der externe Daten gesammelt beziehungsweise erzeugt hat, unterlägen.[116] Dies verhindere stets die Wiedergabe einer objektiven Wirklichkeit in Akten oder anderen Darstellungsformen.

Es ist jedoch davon auszugehen, dass alle objektiven Gegebenheiten unabhängig vom Erkenntnisstand des Untersuchenden vollständig zu erkennen sind und es folglich eine objektive Wirklichkeit gibt, die zumindest bruchstückhaft auch zu erkennen ist.[117] Die klassische Kriminologie geht jedenfalls davon aus, dass Akten ein wirklichkeitsgetreues Abbild der Gegebenheiten aufzeigen.[118]

Die kriminologische Forschung hat diese Aussage jedoch in den vergangenen Jahren relativiert, wenn nicht sogar revidiert.[119] Die objektive Darstellung des tatsächlich Geschehenen unterliegt selbstredend in einem gewissen Maße dem subjektiven Empfinden des Aktenherstellers. Die Entstehung der Akten kann nicht vollkommen objektiv stattfinden und unterliegt vielen Reduktionen und Selektionen des Aktenherstellers. Somit kann die wahre, tatsächliche Realität regelmäßig nur in einem eingeschränkten Umfang dargestellt werden.

Die selektive Wahrnehmung und Fixierung des Wahrgenommenen (subjektive Wahrheit) ist eines der zentralen Probleme der Aktenanalyse; die objektive Wahrheit kann im Einzelfall nur verzerrt durch den, der die Akte analysiert, nachempfunden werden.[120] Als Beispiel kann man einen Polizeieinsatz nehmen, bei dem eine Leiche aufgefunden wird. Nach Abwägung der sichtbaren Tatsachen wird der

---

115 *Kürzinger*, Kriminologie. Eine Einführung in die Lehre vom Verbrechen, Stuttgart, München, Hannover u. a., 1996, Seite 35.

116 *Kürzinger*: Ebd., Seite 35.

117 *Kürzinger*: Ebd., Seite 35.

118 *Hermann, Dieter*: Die Konstruktion von Realität in Justizakten, in: Zeitschrift für Soziologie, Jg. 16, Heft 1 vom Februar 1987, Seite 45.

119 *Hermann*, Seite 45.

120 *Busse*, Frühe Strafverteidigung und Untersuchungshaft. Eine empirische Analyse, Göttingen 2008, Seite 108.

Vorfall entweder als Mord, Selbstmord oder gegebenenfalls sogar als natürlicher Tod eingestuft. Diese Einschätzung obliegt zunächst den Personen, die den (Tat) Ort in Augenschein nehmen. Die darauf basierenden Ermittlungsansätze sind die logische Folge der subjektiven Auffassung.[121]

Neben der objektiven und der subjektiven Wahrheit gibt es noch eine juristische Wahrheit. Für diese Wahrheit muss der Grundsatz herangezogen werden, dass die Realität ausschließlich bei Kenntnis über die Akten produzierende Institution und die rechtlichen Rahmenbedingungen interpretiert werden kann.[122] Für diese wirken die juristischen Grundsätze und Kommunikationseigenarten wie ein Filter. „Die Eigenart solcher textbezogenen Kommunikation zeigt sich darin, [dass] juristische Experten die Form vorgeben und ‚Erfolge' nicht unabhängig erzielt werden können [...].“[123] Der Jurist hat die Sachlage in einer speziellen Form zu bewerten und die für die juristische Aufarbeitung erforderlichen Daten und Fakten zu sammeln. Der juristische Aktenhersteller wählt aus der Fülle dieser die aus, die unter der Entscheidungsperspektive relevant erscheinen.[124]

Juristische Akten werden zu offiziellen Zwecken geführt. In der Folge gilt es die verschiedenen Funktionen der juristischen Akten (Kommunikations-, Legitimations- und Kontrollfunktion) darzulegen. Insbesondere aus der Legitimationsfunktion folgt, dass die Aktenführung durchaus als Mittel einer Erledigungsstrategie wirkt und juristische Realitäten aufzeigt.[125] Die objektive Realität wird aufgrund der beruflichen Sozialisation in ein Wahrnehmungsraster eingefügt und von diesem beeinflusst, sodass die juristische Realität auch nochmals je nach aktenführender Institution differenziert.[126]

Ausgangspunkt einer jeden Untersuchung muss jedoch sein, dass es trotz der subjektabhängigen Erkenntnissammlung einer empirischen Untersuchung eine objektive Wirklichkeit und Realität gibt.[127] Ob sie jedoch stets in den Akten zu finden ist, kann nicht mit Sicherheit gesagt werden. Es muss davon ausgegangen werden, dass in zu untersuchenden Akten in der Regel ein Mix aus den verschiedenen Wahrheiten enthalten ist.

---

121 *Hermann*, Seite 45.

122 *Hermann*, Seite 44 f.

123 *Pasero,* Familienkonflikte in der Migration. Eine rechtssoziologische Studie, Wiesbaden 1990, Seite 124.

124 *Hermann,* Seite 45.

125 *Hermann,* Seite 45.

126 *Hermann,* Seite 45.

127 *Kürzinger*, Seite 35.

### *3.) Die Aktenanalyse als Forschungsmethode*

Die Durchführung und die Einordnung der Aktenanalyse im weiten Feld der Forschungsmethoden ist Teil einer heftig geführten Diskussion, deren Kern unter anderem die Kontroverse zwischen den Vertretern eines quantitativen und eines qualitativen Forschungsansatzes ist.[128]

Die quantitative Forschung beziehungsweise Aktenanalyse „verlangt nach signifikant messbaren Mengen, die eine zu überprüfende Hypothese widerlegen oder bestätigen können“[129]. Sie versucht, den Forschungsgegenstand durch Klassifizierungen, Messungen, Anfertigung von Tabellen und Anwendung statistischer Methoden zu erfassen.[130]

Voraussetzung quantitativer Forschung ist folglich das vorherige Aufstellen einer Hypothese und eine daran ausgerichtete Arbeit mit einer großen Menge an Daten, um das Forschungsziel, die Wiederlegung oder Bestätigung einer vorab getroffenen Hypothese, zu erreichen (Überprüfung[131]). Mit einem Maximalaufwand hinsichtlich der Beschaffung und Auswertung von Daten wird ein allgemeingültiges Bild der Wirklichkeit gezeichnet. Entsprechende Schlussfolgerungen gründen auf einer breiten Basis von Daten und Beispielen und können in ihrer Gesamtheit nur schwer widerlegt werden.

Die Anwendung einer quantitativen Forschung mag auf den ersten Blick äußerst vorteilhaft wirken, offenkundig sind jedoch auch deren Nachteile. So verlieren beispielsweise individuelle Besonderheiten von Einzelfällen durch das quantitative Verfahren an Bedeutung und fallen in der Regel gänzlich aus der Darstellung der Ergebnisse, sodass individuelle Relevanzbezüge nicht richtig eingeschätzt werden können.[132]

Die qualitative Forschung arbeitet, im Gegensatz zur quantitativen, mit begrenzten Fallzahlen – innerhalb derer durchaus große Datenmengen erhoben werden – und zielt auf die Entdeckung von Theorieansätzen ab, die im Gegensatz zur quantitativen Forschung keiner Repräsentativitätskontrolle unterfallen.[133]

> *„Das Geflecht des sozialen Lebens ist nach Auffassung der Vertreter der qualitativen Sozialforschung nur in seiner einzel- und ganzheitlichen Komplexität verstehbar; mit den*

128 *Meier*, Seite 86.

129 *Brüsemeister*, Qualitative Forschung. Ein Überblick, Wiesbaden 2008, Seite 19.

130 *Meier*, Seite 86.

131 *Brüsemeister*, Seite 19.

132 *Meier*, Seite 87.

133 *Brüsemeister*, Seite 19.

*quantitativen Methoden werden die Analyse der individuellen Lebenswelt einer wesensfremden Form und Struktur unterworfen.*“[134]

Auf den ersten Blick ähnelt ein qualitatives Forschen somit den Vorgehensweisen eines Gerichts. In Strafverfahren geht es ausschließlich um den Einzelfall. Ob diese Ähnlichkeit jedoch von Vorteil ist, kann durchaus bezweifelt werden, da in der empirischen Forschung Einzelfälle zwar bedeutsam sind, aber das Gesamtbild entscheidend ist.

Die beiden Ansätze mögen sich in der Ausführung der Forschung widersprechen, diese Unterschiede dürfen jedoch nicht überbewertet werden.[135] Zwar ist festzuhalten, dass die quantitative Forschung von einer Untersuchungshypothese ausgeht und sodann versucht, die Untersuchungsvariablen und deren Operationalisierung exakt zu bestimmen, während die qualitative Forschung eine offenere ist, da sie sich vom Ergebnis überraschen lässt.[136] Dennoch müssen die Vertreter beider Ansichten übereinkommen, dass „die Gewinnung und Deutung quantitativer Daten […] methodologisch nichts anderes als die Anhäufung und Deutung qualitativer Einzelbeobachtungen“[137] ist.

Die Aktenanalyse kann in beiden Verfahrensweisen angewendet werden; sie kann sowohl Teil einer qualitativen als auch einer quantitativen Forschung sein. Welche Forschungsmethode auszuwählen ist, kommt auf den Untersuchungsgegenstand und das Forschungsziel des Bearbeiters an.

Im konkreten Einzelfall kann eine erfolgreiche empirische Untersuchung jedoch zum Teil nur dann gelingen, wenn eine Kombination quantitativer und qualitativer Methoden vorgenommen wird, auch wenn sich in verschiedenen Situationen entweder die eine oder die andere anbietet.[138]

Eine solche Kombination der beiden Ansätze liegt dieser Arbeit zugrunde; es wird eine quantitative Forschung vorgenommen, die jedoch auch Züge der qualitativen Forschung aufweist. Zum einen werden Thesen aufgestellt, die im Laufe der Untersuchung verifiziert beziehungsweise falsifiziert werden sollen; zugleich wird die Aktenanalyse aber auch ergebnisoffen vorgenommen, um gegebenenfalls abweichende, neue oder anderslautende Thesen herauszuarbeiten.

Die häufige Verwendung der Aktenanalyse beruht zum einen auf einem ökonomischen Arbeitsaufwand, da in den Archiven von Gerichten und Staats-

---

134 *Meier*, Seite 87.

135 *Meier*, Seite 88.

136 *Brüsemeister*, Seite 47.

137 *Meier*, Seite 88.

138 *Meier*, Seite 88.

anwaltschaften eine erhebliche Menge an Akten archiviert ist, die bei juristischem Fachinteresse zugänglich sein sollten. Zum anderen sind die Akten, insbesondere für den juristisch Gebildeten verständlich und „infolge einer gewissen Standardisierung ihrer Erstellung gut miteinander vergleichbar“[139].

Der entscheidende Vorteil einer Aktenanalyse ist jedoch, dass Akten nicht reaktiv sind, das heißt nicht im Hinblick auf eine Forschungsfrage oder ein Forschungsprojekt entstanden sind. Gerichtsakten sind grundsätzlich als sog. prozessproduzierte Daten zu qualifizieren.[140] Die Kategorie der prozess-produzierten Daten im weitesten Sinne erfasst die innerhalb von Bürokratien produzierten Aufzeichnungen, die im Rahmen des Arbeitsprozesses der jeweiligen Arbeitsorganisation gesammelt werden.[141] Die Anhäufung prozess-produzierter Daten erfolgt demnach nicht zum Zwecke der wissenschaftlichen Analyse.[142] Von grundlegender Bedeutung für die wissenschaftliche Auswertung der prozess-produzierten Daten ist die Bestimmung der Verzerrungen, die in Folge des Entstehungszwecks bzw. des Entstehungsprozesses eintreten und sich auf die Güte des Materials auswirken können.[143]

Aus den bisherigen Ausführungen lassen sich verschiedene Forschungsbereiche ableiten, bei denen die Verwendung einer Aktenanalyse zu aussagekräftigen Ergebnissen führen kann.

Die Aktenanalyse ermöglicht aufgrund der zuverlässigen Fixierung von Merkmalen Analysen der Fallstruktur, des Tatablaufs und der Beweismittel, die den Behörden vorliegen. Ermöglicht wird das Aufzeigen von Verbrechensphänomenologie, Möglichkeiten der Verbrechensprophylaxe und Schwierigkeiten der Ermittlungsbehörden.[144]

Besonders effektiv ist die Aktenanalyse für eine kriminalistisch-juristische Praxiskontrolle. Juristische Akten weisen verschiedene Funktionen auf: So haben sie unter anderem eine Kommunikations-, eine Registrierungs- und auch eine Kontrollfunktion.[145] Die Aktenanalyse kann somit unter Ausschöpfung der Möglichkeiten eine Reihe von Erkenntnissen über die „Art der Aufgabenerfüllung der an der Verbrechenskontrolle beteiligten Instanzen, die zwischen den Betei-

---

139 *Dölling*, Seite 269.
140 *Schnell/Hill/Esser*, Methoden der empirischen Sozialforschung, S. 255.
141 *Schnell/Hill/Esser*, S. 255.
142 *Schnell/Hill/Esser*, S. 255.
143 *Schnell/Hill/Esser*, S. 255.
144 *Dölling*, Seite 279.
145 *Dölling*, Seite 270 ff.

ligten stattfindenden Interaktionsprozesse, über die Handlungsmuster, Strategien, Einstellungen und Konzeptionen“[146] bringen.

Neben den genannten gibt es noch weitere Bereiche, bei denen die Aktenanalyse zur Klärung kriminologischer Problem- und Fragestellungen hilfreich sein kann, wobei die bestehenden Probleme (dazu unten ausführlich) nicht ausgeblendet werden dürfen. Nicht nur, aber insbesondere zwei sich verfälschend auswirkende Faktoren gilt es zu berücksichtigen: Zum einen ist nicht auszuschließen, dass sich der Akteninhalt und die Wirklichkeit nicht zwangsläufig decken müssen.[147] Zum anderen wird in den Akten regelmäßig nur das niedergeschrieben, was dem Aktenersteller als wichtig und beachtenswert erscheint und dies „muss nicht zwangsläufig das sein, was ein Forscher als wichtig einschätzt“[148].

Obschon die Aktenanalyse sowohl zur Hypothesenbildung als auch zur Hypothesenüberprüfung herangezogen werden kann, bietet sich eine Kombination mit anderen Methoden an. Sie bietet trotz der noch möglichen weiteren Verfeinerung einen weitreichenden Zugang zu forensischen Fakten rechtswissenschaftlicher Empirie.

Hierbei ist jedoch stets zu bedenken, dass die Aussagekraft einer entsprechenden Analyse einer differenzierten Beurteilung bedarf. Die Aussagekraft ist stets von der Art der Akte beziehungsweise von der Art eines jeden einzelnen Schriftstückes abhängig. Somit setzt der sinnvolle Einsatz der Aktenanalyse in der Kriminologie eine Systematisierung der als Erkenntnisquellen in Betracht kommenden Akten und eine genaue Kenntnis ihrer Registrierung voraus. Unabhängig von der Art der Akten und des Schriftstückes wird allgemein angenommen, dass eine Aktenanalyse eine Realität eigener Art wiedergibt[149], in unserem Falle die der juristischen Handhabung von Vorwürfen nach § 340 StGB gegen Polizeibeamte. Insofern bietet die Aktenanalyse ein unmittelbares Spiegelbild des diesbezüglichen justiziellen Handelns.

### *4.) Technisches Vorgehen*

Die Suche nach der entsprechenden Antwort auf die Frage, wie ein möglichst realistisches Bild von der (objektiven) Wirklichkeit über Taten, Täter und Entscheidungsprozesse von Staatsanwaltschaften und Gerichten gezeichnet werden kann, wurde seit den 1980er Jahren durch wachsende Einflüsse der Sozialwissen-

146 *Dölling*, Seite 275.
147 *Kürzinger*, Seite 53.
148 *Kürzinger*, Seite 53.
149 *Kürzinger*, Seite 38.

schaften, der Soziologie und auch der Psychologie auf die Rechtswissenschaft und somit die Kriminologie beeinflusst. Vielfach wirken in universitären rechtswissenschaftlichen Forschungsgruppen Soziologen und Psychologen im Rahmen interdisziplinärer empirischer Wissenschaft mit oder fungieren zumindest als Methodenberater. Folgerichtig ist sodann, dass sich die rechtswissenschaftliche Empirie eines Arsenals an Erhebungs-, Untersuchungs- und Forschungsmethoden bedient, das der sozialwissenschaftlichen Methodologie ähnelt.[150]

Der Wahl der Untersuchungsanordnung und der entsprechenden Methode gehen selbstverständlich die Benennung des Forschungsgegenstandes und gegebenenfalls die Formulierung entsprechender Methoden voraus (Konzipierungsphase).[151] Somit steht die Auswahl des Sachverhalts, über den das entsprechende Bild gezeichnet werden soll, am Anfang einer jeden empirischen Forschung. Sodann kann die Untersuchungsmethode gewählt werden, für die vor allem die zu untersuchende Frage ausschlaggebend ist (Erhebungsphase und anschließende Auswertungsphase).[152]

Der Ablauf einer sozialwissenschaftlichen und somit auch einer kriminologischen Empirie gliedert sich somit stets in drei Teile: die Konzipierungsphase, die Erhebungsphase und die Auswertungsphase.[153] Wie bereits oben dargelegt, gehört die Aktenanalyse sowohl zur Erhebungs- (Sammlung des zu analysierenden Materials), als auch zur Auswertungsphase (Analyse).

In der Konzipierungsphase ist zunächst festzulegen, welche Frage durch die empirische Untersuchung beantwortet werden soll. Je nach Anliegen des Untersuchenden ist zunächst eine Hypothese aufzustellen[154], die sodann überprüft wird (quantitative Aktenforschung), oder eine ergebnisoffene Frage zu stellen, aus der durch die Empirie eine Hypothese gebildet werden soll (qualitative Forschung).

Die Aufgabe der quantitativen Forschung besteht in der Folge darin, die aufgestellte Hypothese „zu widerlegen (zu falsifizieren) oder zu bestätigen (zu verifizieren), um auf diese Weise die Wahrscheinlichkeit zu ermitteln, die für

---

150 *Meier*, : Kriminologie, München 2010, Seite 85.

151 *Schwind*, Kriminologie und Kriminalpolitik. Eine praxisorientierte Einführung mit Beispielen, Heidelberg, München, Landsberg u. a. 2013, Seite 177 ff.

152 *Schwind*, Seite 177 ff.

153 Vgl. *Schwind*, *Ahlborn*, *Gielen* und *Roitsch*: Methoden der Datenerhebung und -analyse, in: *Reichertz*, *Jo* (Hrsg.): Die Wirklichkeit des Rechts, Opladen/Wiesbaden 1998, Seite 29.

154 *Neus*, Der Erziehungsgedanke im Strafrecht. Eine empirische Analyse, Frankfurt am Main/Washington 1997, Seite 9.

oder gegen die Annahme der Ausgangshypothese spricht"[155]. Der qualitative Forschungsansatz zielt auf die Entdeckung einer neuen Theorieaussage anhand der Empirie ab.[156]

Im Rahmen der Konzipierungsphase kann darauf eingegangen werden, wie der Stand der Forschung im ausgewählten Bereich ist und warum gegebenenfalls weitere Untersuchungen notwendig sind.[157] Zudem bietet es sich an, den ersten Eindruck vom Forschungsgegenstand und Forschungsstand aufzuzeigen und sodann eine Relativierung vorzunehmen.[158]

In der Erhebungsphase lassen sich sämtliche Methoden der Datenerhebung auf drei Grundformen reduzieren: Befragungen, Beobachtungen und Inhalts- bzw. Dokumentenanalysen.[159] Aus diesen drei Grundformen der Datenerhebung wählt man stets diejenige, die die Erfassung der Wirklichkeit am ehesten ermöglicht.[160] In dieser Arbeit wird die Aktenanalyse genutzt, die in der Kriminologie ein Unterfall der Dokumentenanalyse ist.[161]

Der Verfasser wandte sich daher bei der Recherche nach auswertbaren Fällen in gleicher Weise an Opfer, private Organisationen und staatliche Stellen. Kontakt wurde sowohl zu Institutionen aufgenommen, die der Ausermittlung bei Fällen polizeilicher Gewaltanwendung kritisch gegenüberstehen, als auch zu den ermittelnden Behörden, wie etwa den Staatsanwaltschaften in Saarbrücken und Zweibrücken selbst[162].

Zu Beginn der Recherche kontaktierte der Verfasser die Organisation VICTIM.VETO, eine Stiftung für Opfer rechtswidriger Polizeigewalt. Deren Gründer, Herr Martin *Rätzke*, war unverzüglich bereit, den Verfasser beim Sammeln von relevanten Fällen zu unterstützen. Ein weiterer Fall konnte durch den Kontakt mit einem Betroffenen, der sich an die Organisation VICTIM.VETO gewandt hatte, in die juristische Auswertung miteinbezogen werden.

Im weiteren Verlauf der Recherche nahm der Verfasser direkt oder über Herrn *Rätzke* Kontakt zu weiteren Organisationen auf, die sich mit der Problematik polizeilicher Gewaltausübung befassen. Der Verfasser erhoffte sich davon, Zugriff

---

155 *Schwind*, Seite 181.
156 *Brüsemeister*, Seite 19.
157 *Neus*, Seite 11.
158 *Neus*, Seite 32 ff.
159 *Meier*, Seite 95 f.
160 *Kürzinger*, Seite 52.
161 *Meier*, Seite 96.
162 Die zu untersuchenden Akten wurden in der Hauptsache von den Staatsanwaltschaften in Saarbrücken und Zweibrücken zur Verfügung gestellt.

auf archivierte Fälle zu erhalten oder Kontakt mit Personen herstellen zu können, die sich nach Erfahrungen mit polizeilicher Gewaltanwendung an die jeweilige Organisation gewandt hatten. Obwohl anfänglich alle Organisationen auf die Anfrage des Verfassers äußerst positiv reagierten und ihre Bereitschaft zur Unterstützung signalisierten, konnten auf diesem Wege keine Fälle für die juristische Auswertung gesammelt werden.

Darüber hinaus waren zwei vom Verfasser kontaktierte Rechtsanwältinnen, die in zwei Fällen die rechtlichen Interessen von Opfern erheblicher körperlicher Zwangseinwirkung durch Polizeibeamte vertreten hatten, zur Herausgabe von anonymisierten Aktenauszügen bereit.

Obschon die bei den Staatsanwaltschaften und Gerichten beantragten Akten Themen beinhalteten, die die Öffentlichkeit, aber auch Juristen interessierten, standen gewichtige Gründe gegen eine Herausgabe. Als gewichtigster Grund wurden Datenschutz-Bedenken angeführt.[163]

Die Erhebungsphase bereitet folglich bereits in den ersten Zügen erhebliche Probleme, wobei es nicht nur um die Entscheidung geht, ob man eine quantitative oder eine qualitative Forschungsmethode wählt. „Ist ein Forschungsprojekt initiiert, so muss der Gegenstandsbereich meist zunächst im Tatsächlichen noch genauer strukturiert werden."[164] Auch bei einer quantitativen Forschung kann eine vollständige Erhebung den Rahmen einer wissenschaftlichen Arbeit sprengen. Folgerichtig scheidet eine Vollerhebung über einen sehr langen Zeitraum aus und es bedarf einer Vorabentscheidung, ob nicht besser eine stichprobenartige Analyse vorgenommen werden sollte.[165]

Die vorliegenden Akten sind sodann im Rahmen der Auswertungsphase aufzubereiten und auszuwerten.[166] „Üblicherweise werden Akten mit Hilfe standardisierter Erhebungsbögen untersucht, wobei die Einordnung der Akteninformationen in ein festes Kategorienschema die quantitative Auswertung der erhobenen Daten ermöglicht."[167] Standardisierte Erhebungsmethoden bieten sich in der Hauptsache bei quantitativen Forschungen an, da die Suche nach einzelnen Merkmale, die eine Hypothese bestätigen oder widerlegen, Sinn macht. Bei einer qualitativen Forschung, die aufgrund einer geringeren Datenmasse erfolgt, kann selbstredend ebenfalls auf solche Formblätter zurückgegriffen werden, auch wenn

163 *Schwind*, Seite 191.
164 *Meier*, Seite 89.
165 *Neus*, Seite 23 f.
166 *Meier*, Seite 89.
167 *Dölling*, Seite 276.

die Suche nach einer Hypothese nur bei einer allumfassenden Untersuchung gelingen kann.

Je nach Forschungsgegenstand und Forschungsmethode bietet sich bei der Datenauswertung die Verwendung spezieller Computerprogramme an.[168] Eine Auswertung großer Datenmengen ohne eine solche computergestützte Unterstützung ist nicht zu leisten.[169]

Bei der Unterscheidung zwischen einem quantitativen und einem qualitativen Forschungsansatz ist ebenfalls zu beachten, dass die Beschränkung bei der Datenerhebung bei einer qualitativen Forschung das Risiko beinhaltet, dass der Informationsgehalt einer Akte nicht vollständig ausgeschöpft wird und gegebenenfalls wichtige Informationen durch das Raster fallen.[170]

Die anschließende Analyse der bei der Untersuchung erhobenen Messwerte, setzt im Folgenden ein umfassendes Spezialwissen voraus. „Während die […] Datenauswertung das Kennzeichen des quantitativen Forschungsprozesses ist, wird das erhobene Material beim qualitativen Vorgehen sinnverstehend interpretiert."[171]

Eine quantitativ vorgenommene Aktenanalyse zielt auf die Bestätigung oder Widerlegung einer getroffenen Hypothese ab. Die qualitative Aktenanalyse führt dazu, dass der Bearbeiter eine Hypothese formulieren kann, die sich aus der Datenerhebung ergibt. Dabei kann regelmäßig auf Statistikprogramme zurückgegriffen werden.[172]

### *5.) Methodische Probleme*

Aufgrund der in der Folge darzustellenden methodischen Probleme stellt sich in der Literatur vereinzelt die Frage, ob Akten von Gerichten, Staatsanwaltschaften und Polizeibehörden[173] eine zuverlässige Erkenntnisgrundlage für empirische, kriminologische Forschungen darstellen können.[174] Obschon die Aktenanalyse in der Kriminologie zu den am häufigsten angewandten Erhebungsmethoden zählt, wird die Aussagefähigkeit von Akten aufgrund der Fremdproduktion und der

---

168 *Neus*, Seite 26 ff.

169 *Leonhart*, Datenanalyse mit SPSS, Göttingen, Bern u. a. 2010, Seite 9.

170 *Dölling*, Seite 277.

171 *Meier*, Seite 108.

172 *Schwind*, Seite 192.

173 *Röhl*, Rechtssoziologie. Ein Lehrbuch, Köln Berlin, Bonn u. a. 1987, Seite 120.

174 *Neus*, Seite 20 f.

damit einhergehenden subjektiven Färbung des Inhalts hinterfragt sowie Validität und Reliabilität bezweifelt.[175]

Allgemein besteht Einigkeit, dass die Aussagekraft und Aussagefähigkeit von Akten in der Entstehungsphase bestimmt werden.[176] Während der Erstellung der Akte legt der Aktenersteller somit den Grundstein für eine eventuelle spätere empirische Forschung.

Das Ziel der Aktenanalyse ist davon abhängig, welche Methode der empirischen Forschung gewählt wird. Quantitative Aktenforschung versucht eine vorher getroffene Hypothese zu verifizieren oder zu falsifizieren, die qualitative Forschung zielt darauf ab, eine Hypothese zu bilden. Beiden Forschungsmethoden gleich ist jedoch das vordergründige Ziel, ein Bild von der Realität zu zeichnen. Dieses kann mit einer Aktenanalyse nur dann erreicht werden, wenn die zu erhebenden Messwerte valide sind. Das heißt, dass sie geeignete Kennzahlen für die zu untersuchende Fragestellung und reliabel, also zuverlässige und stabile Kennzeichen, sein müssen.[177]

> *„Die Frage, welche methodischen Probleme sich der Forschung mit und bei der Verwendung der „fremdproduzierten" Akten stellen, ergibt sich aus der Frage nach der Qualität der Daten, nach ihrer Abbildungsgenauigkeit bzw. ihrer Selektivität bei der Informationsaufnahme und -wiedergabe, ihrer Aussagekraft, ihres Inhalts."*[178]

Will man folglich auf die methodischen Probleme der Aktenanalyse eingehen, so muss man Bezug auf deren Qualität nehmen. Hier gilt es zunächst zwischen den verschiedenen Funktionen[179] und Kennzeichen der Akten zu unterscheiden.

Strafakten und andere Akten mit juristischem Inhalt unterliegen dem Prinzip der bürokratischen Herrschaft.[180] Aus diesem Prinzip erwachsen drei Funktionen, die jede Akte aufweist: die Kommunikations-, die Kontroll- und die Legitimationsfunktion.[181]

---

175 *Steffen, Wiebke*: Grenzen und Möglichkeiten der Verwendung von Strafakten als Grundlage kriminologischer Forschung, in: *Müller, Paul* (*Hrsg.*): Die Analyse prozessproduzierter Daten, Stuttgart 1977, Seite 89.

176 *Dölling*, Seite 270.

177 *Schmider*, Reliabilität und Validität der Messung von beruflichem Status. Vergleich von offenen, geschlossenen und multiplen Messindikatoren, Mannheim 2005, Seite 29.

178 *Steffen*, Seite 89.

179 *Carstensen*, Dauer von Untersuchungshaft, Berlin 1981, Seite 38.

180 *Carstensen*, Seite 38.

181 *Carstensen*, Seite 38.

Die Kommunikationsfunktion beschreibt die amtliche Aufgabe der Akten, nämlich die Information aller am Verfahren beteiligten Instanzen über die sachentscheidenden Fakten.[182] Dabei dienen sie nicht ausschließlich der Information anderer Instanzen, sondern vordergründig der Fixierung aller Daten, Fakten und Gegebenheiten für die eigene Entscheidung.

Daneben dienen aktenmäßige Aufzeichnungen der Kontrolle behördlicher Aktivitäten und Entscheidungen (Kontroll- und Legitimationsfunktion).[183] Behörden müssen die von ihnen zur Entscheidung herangezogenen Fakten aufzeichnen, um ihre Entscheidung legitimieren zu können. Zudem gelten die legitimierenden Aufzeichnungen zugleich der Kontrolle durch übergeordnete Behörden oder Instanzen.

Hinsichtlich der Qualität von Strafakten ist des Weiteren zwischen den inneren und den äußeren Kennzeichen zu unterscheiden. Die äußeren Kennzeichen beziehen sich darauf, welche Informationen in welcher Form in eine Akte aufgenommen werden.[184] Äußere Kennzeichen sind beispielsweise die Zugänglichkeit, die Lesbarkeit, der standardisierte Aufbau etc.[185] Bezüglich der äußeren Kennzeichen gilt jedoch, dass der Aktenersteller keinen übermäßigen Einfluss auf die Qualität der Akte hat. Die Zugänglichkeit ist in der Regel allgemein gegeben, die Lesbarkeit ergibt sich aus der mittlerweile wohl in allen Behörden und Institutionen erfolgten Umstellung auf Computer und der standardisierte Aufbau wird von der entsprechenden Behörde oder Institution vorgegeben. Zudem ist zu beachten, dass es insbesondere in juristischen Berufen fast ausschließlich standardisierte Arbeitsweisen gibt, die den einzelnen binden.

Als innere Kennzeichen einer Akte können die Ziel- und Zweckrichtung der Aktenführung, die der standardisierten Form geschuldete Datenaufnahme, die Kontrollfunktion u. a. Aspekte angesehen werden.[186] Auf diese Kennzeichen hat der Aktenbearbeiter gesteigerten Einfluss. Dieser bewegt sich selbstredend im Rahmen bestehender Grenzen, was jedoch nicht ausschließt, dass ein Aktenersteller auch aus eigener Entscheidung, etwa weil er einzelne Fakten für irrelevant erachtete, Dinge aussparte. Dazu tritt noch die Möglichkeit, dass Details aus anderen Gründen, etwa zur Sicherung getroffener Urteile, ausgelassen wurden. Teilweise wird in der Literatur die Gefahr als gegeben angesehen, dass Akten

182 *Dölling*, Seite 270.
183 *Dölling*, Seite 272.
184 *Steffen*, Seite 89.
185 *Steffen*, Seite 89 f.
186 *Steffen*, Seite 90.

von den Bearbeitern aus Gründen der Rechtsmittelfestigkeit nur unvollständig geführt werden.[187]

Beachtet man bei der Bewertung der methodischen Probleme die Funktionen und Eigenschaften der Strafakten als Grundlage für empirische Untersuchungen, so erscheinen sie teilweise offenkundig. In der Konzipierungsphase spielt die Qualität der Akten zunächst keine vordergründige Rolle. „Am Anfang jedes Forschungsvorhabens steht eine Frage, deren (ergebnisoffene) Beantwortung Aufgabe der Untersuchung sein soll."[188] In diesem Untersuchungsabschnitt wird noch kein Bezug auf die Akten genommen, sodass hier deren Qualität noch keine Rolle spielt.

Die methodischen Probleme der Aktenanalyse sind somit in der Erhebungsphase zu verorten. Unabhängig davon, ob eine quantitative oder eine qualitative Forschungsmethode ausgewählt wird, sind bei der Erfassung und Beschaffung der Akten organisatorische Probleme zu lösen.[189] Auch wenn Akten in großen Mengen bei verschiedenen Stellen gelagert werden und eigentlich der Allgemeinheit, zumindest aber forschenden Juristen/Kriminologen zur Verfügung stehen sollen, wird die Herausgabe von Akten im Einzelfall von verschiedenen Staatsanwaltschaften verweigert.

Bedenklich ist jedoch auch die mangelnde Kooperationsbereitschaft der privaten Organisationen, die im Rahmen dieser Arbeit kontaktiert wurden. Bei ersten Gesprächen wurde stets eine Übersendung von Dokumenten beziehungsweise Akten in Aussicht gestellt, im Nachgang wurde die Mitarbeit jedoch nicht realisiert.

Dies ist zwar nicht als methodisches Problem im engsten Sinne anzusehen, doch wird die Aktenanalyse durch dieses Problem schon zu Beginn der Erhebungsphase erschwert. In der Regel wird der Datenschutz als Argument gegen die Herausgabe angeführt. Vereinzelt wird in der Literatur jedoch die Vermutung geäußert, dass auch sachfremde Gründe der Entscheidung, die Akten nicht herauszugeben, zugrunde liegen, weil Institutionen, die den Gewaltmissbrauch der Polizei bemängeln, dies auch in irgendeiner Weise belegen können müssten. Die zentralen methodischen Probleme der Aktenanalyse sind jedoch in der Auswertungsphase zu verorten.

So folgt aus der Legitimations- und der Kontrollfunktion der Strafakten, dass die Aktenersteller der Versuchung erliegen könnten, Fakten auszulassen, um

187 *Neus*, Seite 21.
188 *Schwind*, Seite 179.
189 *Schwind*, Seite 179.

Rechtsmittelfestigkeit zu erreichen und „um etwa den Bereich nicht legitimierbarer Handlungen, d. h. den Bereich der brauchbaren Illegalität zu kaschieren“[190]. Ausgelassene Fakten führen dazu, dass die auszuwertenden Akten keine Gültigkeit, d. h. Validität aufweisen; es ist nicht mit Sicherheit davon auszugehen, dass die Akten das aufzeigen, was die aufzeigen sollten, um ein zuverlässiges und zutreffendes Bild der Wirklichkeit zu zeichnen.[191] Die Reliabilität erscheint dann folglich auch nicht gegeben, da die Messergebnisse gleich gelagerter Sachverhalte nicht konstant bleiben müssen, sondern je nach Hersteller unterschiedlich sein können.[192] Selbst bei verhältnismäßig unproblematischen Merkmalen können sich somit Schwierigkeiten bei der exakten Auswertung ergeben.

Aus dem Dargelegten ergibt sich und auch verschiedene Vertreter in der kriminologischen Literatur weisen darauf hin, dass Strafakten, nicht zwangsläufig den tatsächlichen Geschehens- und Entscheidungsablauf widerspiegeln oder aber Lücken aufweisen können.[193] Dies ist jedoch nicht weiter verwunderlich, da Akten nicht von Wissenschaftlern zu einem bestimmten Zweck nach strengen methodischen Vorgaben erstellt wurden, sondern projektunabhängig angefertigt werden. „Ihre selektive Wiedergabe der Realität [...] orientiert sich an dem Erreichen einer bestimmten Wirkung, nämlich an der Absicherung und Legitimierung von Entscheidungen.“[194] Somit sind Akten je nach Forschungsgegenstand unterschiedlich gut geeignet, valide und reliable Daten zu liefern. Bei empirischen Forschungen, die anhand einer Aktenanalyse vorgenommen werden, muss also akzeptiert werden, dass die Validität und Reliabilität wohl ausschließlich auf Plausibilität beruhen kann.[195]

Bereits in der Konzipierungsphase sollte diese Fehlerquelle in die Betrachtung aufgenommen werden, um im Rahmen der Datenauswertung entsprechend reagieren zu können.[196] Erforderlich und geboten ist somit eine Art Vorprüfung der Akten, d. h. die Festlegung der eigenen Ansprüche an deren Inhalt. Die zur Analyse ausgewählte(n) Akte(n) sind auf verschiedene Faktoren zu überprüfen[197]: Wer ist der Aktenhersteller? Mit welcher Intention und über wen wurde die Akte

190 *Neus*, Seite 21.
191 *Schwind*, Seite 183.
192 *Schwind*, Seite 183.
193 *Kürzinger*, Seite 38.
194 *Steffen*, Seite 91.
195 *Neus*, Seite 22.
196 *Neus*, Seite 21.
197 *Steffen*, Seite 91 f.

angelegt? Welche Beziehung besteht zwischen dem Informanten und dem Informationsobjekt?

Demzufolge ist abhängig von der (offenen) Fragestellung beziehungsweise der vorab getroffenen Hypothese zu Beginn der Empirie zu entscheiden, ob die aus den Strafakten stammenden Daten als sinnvolle Grundlage herangezogen werden und ausgewertet werden können. Da die Akten aber in diesem Zusammenhang nicht als Wiedergabe der wahren Realität, sondern als Spiegel justizieller Handlungs- und Begründungsstrukturen dient, sind Divergenzen mit der wahren Realität zunächst ohne größere Bedeutung; allerdings kann die justizielle Realität durch sehr eigenwilligen Umgang der Akteure mit der Realität verdecken, dass unterschiedliche Fälle juristisch gleich entschieden werden.

## *6.) Dateninterpretation und Analyse*

Die Aktenanalyse ist ein Unterfall der Dokumentenanalyse. Dokumente in diesem Zusammenhang sind unabhängig von ihrer Form alle körperlichen Zusammenfassungen von Gedanken und Äußerungen, die Aussagen über menschliches Verhalten zulassen.[198]

Bei der Interpretation und der Analyse dieser Schriftstücke ist zu beachten, dass diese primäre Datenquellen sind.

> *„Wir unterstellen dabei, man habe die in den Akten enthaltenen inhaltlichen Aussagen sozusagen in einer Primärforschung erhoben. Die Auswertung dieser Akteninhalte kann deshalb […] genauso vorgenommen werden, als würde man selbst die Daten erhoben haben.“*[199]

Vordergründig erscheint dies als ein Vorteil, um eine erfolgreiche empirische Forschung anzugehen; beachtet man jedoch die Tatsache, dass die Daten fremd produziert worden sind und somit nicht mit Sicherheit davon ausgegangen werden kann, dass der tatsächliche Vorgang mit den Fixierungen in der Akte übereinstimmt, muss man Einschnitte bezüglich Validität und Reliabilität in Kauf nehmen. Bei den meisten Studien, die mittels Aktenanalyse durchgeführt werden, beruht die Validität der Ergebnisse auf den Grundsätzen der Plausibilität.[200] In allen Fällen bietet es sich an, die möglichen Fehlerquellen festzuhalten und in der Folge stets auf sie zu verweisen. Zudem ist dem Grundsatz zu folgen: „Was nicht in Akten festgehalten ist, existiert nicht.“[201]

---

198 *Kürzinger*, Seite 53.

199 *Kürzinger*, Seite 53.

200 *Neus*, Seite 22.

201 *Nüsken*, Regionale Disparitäten in der Kinder- und Jugendhilfe, Münster 2008, Seite 118.

Die Dateninterpretation ist der entscheidende Faktor der Auswertungsphase. Je nach Forschungsmethode gehört zur Dateninterpretation die Beschreibung der Daten, die Überprüfung einer gegebenenfalls vorher aufgestellten Hypothese (quantitative Forschung) und/oder das Aufstellen einer aus den Daten abzuleitenden Hypothese (qualitative Forschung).

Die Dateninterpretation und -analyse im Rahmen einer quantitativen Forschung stützt sich auf die Erhebung einer Vielzahl von Daten. Somit kommt der Unterscheidung zwischen deskriptiver und analytischer Prüfstatistik große Bedeutung zu. Während das Ergebnis einer deskriptiven (quantitativen) Forschung die Beschreibung und Klassifikation eines sozialen Phänomens ist, ist das Ergebnis einer verifizierenden Forschung die Erklärung eines solchen.[202]

Die Beschreibung eines sozialen Phänomens gründet auf statistischen Mitteln, die in der Regel unter Anwendung des elektronischen Datenverarbeitungsprogramms SPSS dargestellt werden.[203] Gebräuchliche statistische Maßzahlen sind das arithmetische Mittel, der Median, die Varianz, die Standardabweichung etc.

Im Mittelpunkt steht jedoch die statistische Überprüfung der gegebenenfalls vor Aufnahme der Forschung aufgestellten Ausgangshypothese. „Bei der statistischen Hypothesenprüfung werden die Grundsätze der mathematischen Wahrscheinlichkeitsrechnung angewandt."[204]

Dem Forschenden muss jedoch jederzeit bewusst sein, dass bei den oben dargestellten methodischen Problemen die angenommenen Zusammenhänge in der Regel nur mit einer gewissen Wahrscheinlichkeit auftreten.

Bei einer qualitativen Forschung wird das erhobene Material sinnverstehend interpretiert und eine entsprechende Hypothese beziehungsweise Aussage gebildet.[205] Die aus den Akten herausgezogenen Fakten sind in die gebrauchte Form zu transkribieren und sodann mit Hilfe spezieller Programme auszuwerten. In der qualitativen Forschung haben sich allgemein zwei Strategien herausgebildet:

> *„die qualitative Inhaltsanalyse, die darauf abzielt, das Textmaterial auf seine wesentlichen Strukturen zu reduzieren, um hierdurch zu allgemeinen Aussagen über den untersuchten Forschungsgegenstand zu gelangen, und die gegenstandsbegründete Theoriebildung, die den umgekehrten Weg geht und […] auf die die Zuordnung von Begriffen und Codes […] und die daraus folgende Formulierung von Kategorien und Theorien abzielt."*[206]

---

202 *Meier*, Seite 90.

203 *Schwind*, Seite 185.

204 *Meier*, Seite 105.

205 *Salheiser*, Natürliche Daten. Dokumente, in: *Baur* und *Blasius* (*Hrsg.*): Handbuch Methoden der empirischen Forschung, Wiesbaden 2014, Seite 818.

206 *Meier*, Seite 108.

An die Auswertung der Ergebnisse beider Forschungsmethoden schließen sich in den meisten Untersuchungen theoretische Schlussfolgerungen an, die abhängig vom Inhalt und der Forschungsrichtung der Arbeit in ihrem Charakter variieren.

Der Abschluss einer kriminologischen Arbeit ist damit die Darstellung einer rechtspolitischen Konsequenz der Untersuchungsergebnisse.[207] Teilweise wird ein solcher Abschluss bereits zu Beginn einer Arbeit prognostiziert, um dem Leser der Forschung einen roten Faden anzubieten.[208]

## III.) Gang der weiteren Darstellung

Der Hauptteil dieser Arbeit gliedert sich entsprechend den thematischen Teilbereichen des Ermittlungsverfahrens in Ermittlungsarbeit, Beendigung des Ermittlungsverfahrens und Rechtsmittelmöglichkeiten. Um die Problematik von Ermittlungsverfahren bei Gewaltausübung durch Polizeibeamte vollumfänglich zu erfassen, müssen zunächst die (rechtlichen) Grundlagen des jeweiligen Teilbereichs erläutert werden. Dabei sind insbesondere die Besonderheiten, die sich im Kontext von Ermittlungen wegen angezeigter Polizeigewalt ergeben, darzulegen. Diese Ausführungen dienen nicht nur dazu, das notwendige Wissen zum Verständnis der Aktenauswertung zu schaffen, sondern auch die problematischen abstrakten Aspekte von Verfahren gegen Polizeibeamte wegen Gewaltausübung herauszuarbeiten. Anschließend folgt eine Darstellung der zu dem jeweiligen Teilbereich zur Konkretisierung der Hauptthese aufgestellten Thesen, wobei der Theseninhalt als auch die Methodik zur Untersuchung der These kurz skizziert werden. Anhand dieser Thesen erfolgt sodann die Aktenauswertung.

## IV.) Untersuchungsgrundlage

Für die Aktenanalyse und -auswertung standen hauptsächlich Akten der Staatsanwaltschaften Saarbrücken und Zweibrücken aus den Jahren 2013–2014 zur Verfügung. Zudem hatten Rechtsanwältinnen zwei weitere Akten zur Verfügung gestellt.[209]

Seitens der Staatsanwaltschaft Saarbrücken lagen 27 Akten aus dem Jahr 2013[210] und 24 Akten aus dem Jahr 2014[211] vor.

---

207 *Meier*, Seite 109.

208 *Neus*, Seite 10, 17.

209 Beide Akten bezogen sich auf Verfahren wegen § 340 StGB.

210 Davon bezogen sich 22 Verfahren auf den § 340 StGB und fünf Verfahren auf die §§ 113 u. a. StGB.

211 Davon bezogen sich acht Verfahren auf die §§ 113 u. a. StGB und 16 auf den § 340 StGB.

Von der Staatsanwaltschaft Zweibrücken lagen aus 2013 15 Akten vor[212] und aus 2014 zehn Akten[213].

Zusammengefasst lagen somit aus Saarbrücken und Zweibrücken 54 Verfahren wegen § 340 StGB vor und 22 Akten von Gegenverfahren, die die Grundlage für die Untersuchung der Hauptthese bildeten. Dies ist die vollständige Sammlung aller bei der jeweiligen Staatsanwaltschaft angefallen, einschlägigen Fälle, sodass in dieser Hinsicht eine Totalauswertung vorliegt.

Den Staatsanwaltschaften in Saarbrücken und Zweibrücken gilt folglich großer Dank. Durch die Kooperationsbereitschaft dieser Staatsanwaltschaften erst konnte die Aktenanalyse und -auswertung vorgenommen werden sowie eine Untersuchung der aufgestellten Thesen und die Ergründung von Argumentationsstrukturen erfolgen.

## B.) Untersuchungsthese zur Koinzidenz durch Gegenanzeige wegen Delikten gemäß §§ 113, 185 ff., 223 ff. StGB

*Die Staatsanwaltschaften orientieren sich im Rahmen der Verfahren wegen Körperverletzung im Amt (§ 340 StGB) an den Verfahren wegen Widerstandes gegen Vollstreckungsbeamte (§ 113 StGB) oder anderen Straftatbeständen (insbesondere §§ 223 ff. und §§ 185 ff. StGB), welche durch eine Gegenanzeige der beschuldigten Polizeibeamten eingeleitet werden.*

### I.) Herleitung des Theseninhalts

Dass die Anzeige gegen einen Polizisten wegen übermäßiger und unrechtmäßiger Gewaltanwendung in der Regel umgehend eine Gegenanzeige nach sich zieht, ist im gesellschaftlichen Diskurs bekannt und wird auch kritisch diskutiert.[214] *Singelnstein* stellte bereits 2012 die These auf, dass die „Täter unter den Beamten […] ebenfalls sofort Anzeige [erstatteten], um sich zum Opfer zu machen“[215].

---

212 Davon bezogen sich zehn Verfahren auf den § 340 StGB und fünf auf Gegenverfahren nach §§ 113 u. a. StGB (ein weiteres Gegenverfahren war zum Zeitpunkt der Übersendung der Akten noch in er Berufungsinstanz anhängig).

213 Davon bezogen sich sechs Verfahren auf den § 340 StGB und vier Verfahren auf Gegenverfahren nach §§ 113 u. a. StGB.

214 Vgl. hier stellvertretend: *Drepper* und *Wermter*: Polizisten nur selten vor Gericht (20.08.2015), URL: https://correctiv.org/blog/2015/08/20/polizei-ohne-kontrolle/.

215 *Rückert*: Strafsache Polizei (27.09.2012), in: ZEITOnline, URL: http://www.zeit.de/2012/40/DOS-Polizeigewalt-Deutschland.

Unstrittig ist, dass die Gewaltanwendung durch Polizeibeamte oftmals auch strafrechtlich relevante Handlungen auf Seiten der vermeintlichen Opfer nach sich zieht.[216] Naheliegend ist dabei die Verwirklichung der Straftatbestände Beleidigung (§ 185 StGB), Widerstand gegen Vollstreckungsbeamte (§ 113 StGB) oder Köperverletzung (§§ 223 ff. StGB). Sollte es im Rahmen eines Polizeieinsatzes zu derlei strafrechtserheblichen Handlungen gegen einen Polizeibeamten gekommen sein, ist die Erstattung einer Strafanzeige durch den betroffenen Polizeibeamten dessen gutes Recht. Komplizierter ist die Bewertung von Strafanzeigen durch einen Polizeibeamten allerdings, wenn gegen ihn Strafanzeige wegen Köperverletzung im Amt erhoben wurde. Hier kann auf Grundlage der These *Singelnsteins* vermutet werden, dass die Anzeigen der Polizeibeamten, zumindest vereinzelt, reine Schutzreaktionen sind. Diese scheinen, wenn man den Statistiken, Berichterstattungen in regionalen, aber auch überregionalen Medien, in themenbezogenen Blogs und den Darstellungen von Opferverbänden Glauben schenken darf, auch äußerst wirksam zu sein.

Auf genereller Ebene stellt sich die Frage, ob sich die Entstehung einer Koinzidenz von Anzeige und Gegenanzeige auf das Bewusstsein der Allgemeinheit auswirkt. Falls es in das Bewusstsein eindringt, dass das Anzeigen von Polizeibeamten regelmäßig eine Gegenanzeige und somit Maßnahmen der Strafverfolgung gegen die eigene Person zur Folge hat, so kann dies ein Motiv sein, von einer Anzeige gegen Polizeibeamte abzusehen, obwohl die Zwangsanwendung rechtswidrig gewesen sein könnte. Die Hemmschwelle, eine Anzeige gegen einen gewalttätigen Amtsträger zu erstatten, wird erheblich heraufgesetzt, wenn der Anzeigenerstatter postwendend mit einer Gegenanzeige rechnen muss. Der rechtsunkundige, aber auch der rechtskundige Bürger wird davor zurückschrecken, ein Verfahren gegen sich zu provozieren. Diese Bedenken scheinen sich, zumindest laut *Singelnstein*, bereits in der Arbeitsweise von Strafverteidigern verfestigt zu haben. Es sei kein Einzelfall mehr, wenn Rechtsanwälte ihren Mandanten von Strafanzeigen gegen Polizeibeamte abraten.[217]

Dies würde folglich zu einer Vergrößerung der Dunkelziffer an Straftaten von Polizeibeamten führen, was nicht im Interesse der Strafverfolgungsbehörden sein kann. Allerdings darf in diesem Zusammenhang nicht unbeachtet bleiben, dass eine Straf- oder Gegenanzeige von einem Polizeibeamten berechtigt sein kann,

---

216 Die Gewaltanwendung des Bürgers kann selbstredend auch der Handlung des Polizisten zeitlich vorgelagert sein.

217 Interview von *Kastner*: Warum Anzeigen gegen Polizisten selten zur Anklage führen (15.05.2012), URL: http://www.sueddeutsche.de/bayern/gewalt-bei-einsaetzen-warum-anzeigen-gegen-polizisten-selten-zur-anklage-fuehren-1.1353503.

weil es eben doch zu strafrechtlich relevanten Handlungen auf Seiten des Bürgers gekommen sein könnte. Dies gilt insbesondere in Zeiten, in denen der Respekt vor der Polizei oft nicht mehr in ausreichendem Ausmaß vorhanden zu sein scheint.

Es gilt daher, im Rahmen der Aktenanalyse aufzuzeigen, ob die Koinzidenz, die unstreitig in vielen Verfahren ent- beziehungsweise besteht, Folgen für die jeweilige Ermittlungsarbeit hat.

Aufgrund dieser verschiedenen möglichen Auswirkungen des Anzeigeverhaltens ergibt sich mithin das Interesse, die Verfahren, in denen es zu Strafanzeigen gegen den Polizeibeamten sowie von den Polizeibeamten gegen den Bürger gekommen ist, auf die Chronologie der Anzeigeerhebung und die Verfahrensergebnisse hin zu untersuchen. Notwendig ist dabei eine angemessene Würdigung des Spannungsverhältnisses, in dem sich der Polizeibeamte wiederfindet, der zwar als Repräsentant der Staatsgewalt in einer anderen Rolle auftritt als der Bürger, aber gleichzeitig ein natürliches Interesse und Recht hat, dass seine Rechtsgüter in gleichwertiger Weise den Schutz der Strafgesetze genießen.

Liegt eine Koinzidenz vor, so ist ein Verweis auf die Verfahrensgrundsätze der StPO geboten, da aus der Koinzidenz in der Regel folgt, dass ein Verfahren zurückgestellt wird, während das andere ausermittelt wird. Dies kann bezüglich des zurückgestellten Verfahrens, sofern keine einfachgesetzliche Regelung einschlägig ist, zu Verstößen gegen diese Grundsätze führen.[218]

Das deutsche Strafverfahrensrecht unterliegt unter anderem dem Beschleunigungsgrundsatz und der Konzentrationsmaxime, wobei diese beiden Grundsätze in einem Atemzug zu nennen sind, sich sogar zum Teil bedingen. Der größte Unterschied zwischen den Grundsätzen liegt jedoch darin, dass die Konzentrationsmaxime einfachgesetzlich in der StPO verankert ist, §§ 228, 229 StPO, und der Beschleunigungsgrundsatz grundsätzlich aus Art. 20 Abs. 3 GG i.V.m. Art. 6 EMRK abgeleitet wird. An einer Stelle ist der Beschleunigungsgrundsatz jedoch konkret ausgestaltet; nach § 121 Abs. 2 StPO darf eine Untersuchungshaft nur im begrenzten Ausnahmefall länger als sechs Monate andauern. Dennoch gilt, dass nur eine konzentrierte Verfahrensführung dieses auch beschleunigen kann.[219]

Als allgemeines Prinzip ist der Beschleunigungsgrundsatz in Art. 6 Abs. 1 S. 1 EMRK verankert, der jedermann das Recht garantiert, dass über eine gegen ihn erhobene strafrechtliche Anklage innerhalb angemessener Frist verhandelt wird.

---

218 Eine einfachgesetzliche Regelung ist beispielsweise in § 154e StPO normiert; nach dieser Vorschrift können Verfahren in den enumerativ aufgezählten Fällen zurückgestellt werden, während die Gegenverfahren ausermittelt und entschieden werden. Zu Details siehe unten.

219 MüKo-StPO/*Kudlich*, Einleitung Rn. 150.

Aus der Lektüre der Vorschrift folgt somit auf den ersten Blick, dass der Beschleunigungsgrundsatz ausschließlich auf die im Verfahren Beschuldigten abzielt. Es ist jedoch allgemein anerkannt, dass auch der Opferschutz eine Rolle zu spielen hat.

Im Rahmen der genannten Prozessgrundsätze ist eine Zurückstellung eines Verfahrens im Stadium der staatsanwaltschaftlichen Ermittlungen möglich.

Angesichts der in der Literatur vermuteten Regelmäßigkeit einer Koinzidenz ist zu prüfen, ob dies in der Praxis tatsächlich der Fall ist; liegt eine solche Koinzidenz vor, so ist fraglich, ob (1) in hoher Regelmäßigkeit das Verfahren, das gegen den Beschuldigten Polizisten geführt wird, zurückgestellt wird und ob (2) die Zurückstellung gegen Verfahrensgrundsätze der StPO verstößt.

## II.) Überprüfungsmethodik

Es wurde eine Inhalts- und Dokumentenanalyse in Form der Aktenanalyse vorgenommen. Zu diesem Zweck wurden insbesondere Akten der Staatsanwaltschaften in Saarbrücken und Zweibrücken genutzt.

Die vorliegenden und relevanten Akten werden zunächst nach der quantitativen Methode ausgewertet; das heißt, es wird versucht anhand eines standardisierten Erhebungsbogens die aufgestellte These zu verifizieren oder aber zu falsifizieren.

Im ersten Schritt kann durch einfache Auszählung ein entsprechendes Gegenseitigkeitsverhältnis entdeckt und aufgezeigt werden. Ein rein quantitativer Forschungsansatz scheidet hier jedoch aus, da alleine die Erstellung einer Statistik durch Auszählung kein aussagekräftiges Ergebnis darstellen würde. Wie häufig in der kriminologischen Forschung kann nur durch eine Kombination des quantitativen mit dem qualitativen Ansatz eine aussagekräftige Forschung erfolgen. Der qualitative Forschungsansatz wird dazu genutzt, die Ergebnisse der quantitativen Forschung zu werten, zu analysieren und gegebenenfalls Strukturen nachzuweisen und darzulegen.

Die Forschung wird anhand eines Erhebungsbogens mit fünf Fragestellungen vorgenommen:

1.) Ist es aufgrund des Sachverhaltes zum einen zu einer Anzeige wegen § 340 StGB und zum anderen zu einer Anzeige wegen § 113 StGB o. ä. gekommen?
2.) In welcher Reihenfolge wurden die Anzeigen erhoben?
3.) In welcher Reihenfolge wurden die jeweiligen Verfahren abgeschlossen?
4.) War die Anzeige wegen § 113 StGB oder wegen § 340 in dem Sinne erfolgreich, dass die entsprechende Klage erhoben wurde oder es aber gar zu einer Verurteilung kam?
5.) Waren sonstige Aspekte auffällig?

Für die Überprüfung der vorangestellten These sind nur die Verfahren von Bedeutung, in denen – vorausgesetzt, dass es sich bei den Verfahrensbeteiligten um die identischen Personen handelt – sowohl wegen § 113 StGB oder ähnlichen Delikten als auch wegen § 340 StGB ermittelt wurde. Dazu bedarf es einer parallelen Einsicht der dazugehörigen Verfahrensakten, wobei die Chronologie von Anzeigeerhebung, Aufnahme der Ermittlungen sowie der staatsanwaltschaftlichen Abschlussentscheidung betrachtet werden muss.

Die vorliegenden Akten müssen zunächst daraufhin überprüft werden, ob eine Koinzidenz von Verfahren nach §§ 113 (o. ä.) und 340 StGB besteht. Eine solche bestand im Erhebungszeitraum in 19 Fällen.

Es ist im Rahmen der Untersuchung von Bedeutung, in welcher Reihenfolge die gegenseitigen Anzeigen erhoben wurden und, sollte es bereits zu Abschlüssen der Verfahren gekommen sein, in welcher Reihenfolge die Verfahren abgeschlossen wurden. Aufgrund der den Akten inhärenten Funktionen[220] wurden die interessanten Daten und Fakten nicht immer in den Akten aufgenommen. Die Verfasser der Akten haben diese nicht zu Forschungszwecken erstellt, sondern sich hinsichtlich des Inhalts an dem konkreten Fall und den entsprechenden Ermittlungsergebnissen orientiert.

So wurde in einer Akte beispielsweise der Zeitpunkt der Anzeige nach § 340 StGB mit 2:01 h angegeben, im Fließtext der Anzeige jedoch der Tatzeitpunkt mit 2:10 h vermerkt. Für den Aktenhersteller ist die haargenaue Chronologie im Einzelfall nicht von hoher Bedeutung; zur Überprüfung der These ist dies jedoch elementar.

Eine genaue Chronologie der Ereignisse kann im Strafverfahren jedoch dann auch ausnahmsweise von Belang sein, wenn das Eingreifen der Rechtfertigungstatbestände der Notwehr (§ 32 StGB – gegenwärtiger Angriff) oder des rechtfertigenden Notstandes (§ 34 StGB – gegenwärtige Gefahr) im Raum steht.

Die Überprüfung der These erfordert jedoch die Feststellung, ob die entsprechende Gegenanzeige, je nach Akteninhalt, ein reiner Schutzreflex ist, um die Ermittlungsbehörden in ihrer Tätigkeit zu behindern oder sogar abzulenken.

In diesem Zusammenhang kann dem Aktenhersteller zwar nicht der Vorwurf gemacht werden, er würde das objektive Tatgeschehen bewusst selektiv oder ungenau wiedergeben, man kann ihm aber vorwerfen, seine Arbeit ungenau erledigt zu haben. Aus dieser Ungenauigkeit folgt, dass bereits die Kommunikationsfunktion dieser Akte beeinträchtigt ist. Solche Ungenauigkeiten konnten jedoch nur vereinzelt festgestellt werden, sodass aus dieser einen Akte keine weitere Aussage

220 Kontroll-, Begründungs- und Legitimationsfunktion.

über mangelnde Qualität der bereitgestellten Akten getroffen werden konnte. Es zeigt jedoch, dass die größten methodischen Probleme einer Aktenanalyse in der Herstellungsphase der Akten verortet sind.

## III.) Aktenauswertung

Insgesamt kam es in den Jahren 2013 und 2014 bei den Staatsanwaltschaften Saarbrücken und Zweibrücken zu einem Verhältnis von 56 Verfahren wegen Körperverletzung im Amt und 22 damit im Zusammenhang gelisteten Gegenverfahren.

Zu beachten ist bei dieser Statistik allerdings, dass hier nicht nur Verfahren wegen Körperverletzung im Amt gelistet wurden, die durch Polizeibeamte begangen wurden, sondern – wenn auch nur vereinzelt – auch andere Amtsträger als potentielle Täter gelistet wurden. Auch wurden hier nicht nur Gegenverfahren wegen Widerstandes gegen Vollstreckungsbeamte aufgenommen, sondern auch, ob überhaupt ein Gegenverfahren geführt wurde. Hierzu zählen insbesondere Verfahren wegen Landfriedensbruch, Beleidigung o. ä. Auch wenn das Verhältnis aus Verfahren und Gegenverfahren auf den ersten Blick immens erscheint, lässt dies alleine keinen allgemeinen Rückschluss auf eine etwaige Orientierung zu.

Bezüglich der hier zu untersuchenden These waren die überlassenen Akten nur teilweise ergiebig. Dies ist auf den Umstand zurückzuführen, dass aufgrund von anhängigen beziehungsweise nicht abgeschlossenen Verfahren Akten nicht zur Verfügung gestellt werden konnten, Verfahren wegen Körperverletzung im Amt kein Gegenverfahren wegen Widerstandes gegen Vollstreckungsbeamte beinhalteten oder die jeweilige Akte schlicht keinen Rückschluss auf eine Orientierung zugelassen hat. Letzteres war insbesondere dann der Fall, wenn Aktenzeichen und/oder Datum der Abschlussverfügung des Gegenverfahrens in der Akte fehlten und die Zuordnung zu einem Verfahren damit nicht möglich war. In diesem Zusammenhang sind auch die aufgezeigten Quoten zu sehen. Ausgangspunkt der Quoten sind nicht alle grundsätzlich zur Analyse vorliegenden Akten, sondern nur diejenigen, die einen für die Untersuchungsthese einschlägigen Inhalt aufwiesen.

Ein Rückschluss auf eine etwaige Orientierung lässt sich anhand der ausgewerteten Akten jedenfalls nicht bestätigen, da sich aus den positiv ergiebigen Akten, ein Verhältnis aus zehn zu acht ergibt. In zehn Akten besteht zunächst der Eindruck, dass die jeweilige Staatsanwaltschaft ihre Ermittlungstätigkeit und/oder ihre Entscheidung am Verlauf des Gegenverfahrens orientierte. Bereits an dieser Stelle sei erwähnt, dass alleine der Eindruck einer Orientierung noch keinen Rückschluss auf die Recht- und Verfassungsmäßigkeit dieser Verfahrensweise ermöglicht. In acht Verfahren konnte die These konkret falsifiziert werden.

In den zehn Verfahren, bei denen nach Auswertung der Akten der Anschein bestand, dass sich die Entscheidung in dem Verfahren wegen Körperverletzung im Amt gegen den Polizeibeamten an der Entscheidung im Gegenverfahren wegen Widerstandes gegen Vollstreckungsbeamte orientiert hat, erfolgte eine konkrete Auseinandersetzung mit der Recht- und Verfassungsmäßigkeit. Die Vermutung einer Orientierung ergibt sich dann, wenn das Verfahren wegen Körperverletzung im Amt in zeitlicher Hinsicht nach Abschluss des Verfahrens wegen Widerstandes gegen Vollstreckungsbeamte abgeschlossen wird und die zeitliche Zäsur zumindest auffällig ist. Letzteres ist immer dann der Fall, wenn das Verfahren gegen den Polizeibeamten bereits vor Abschluss des Verfahrens gegen das vermeintliche Opfer entscheidungsreif war und eine abschließende Verfügung der Staatsanwaltschaft aber offensichtlich nicht vor Abschluss des (Gerichts-) Verfahrens wegen Widerstandes gegen Vollstreckungsbeamte erfolgte, sondern unmittelbar danach.

Hierbei muss allerdings herausgestellt werden, dass der Verdacht der Orientierung in den genannten Fällen in keinem Zusammenhang mit der Rechtmäßigkeit der erlassenen Entscheidungen stehen muss. Die genannten Fälle haben vielmehr nach Lage der Akten keine Zweifel an der Rechtmäßigkeit ergeben. Die Entscheidungen waren in tatsächlicher Hinsicht ausermittelt und die Abschlussverfügung rechtlich nicht zu beanstanden. Zudem konnte kein Verstoß gegen verfassungsmäßige Verfahrensgrundsätze festgestellt werden. Die Verfahren gegen die Polizisten wurden nicht übermäßig und sachwidrig in die Länge gezogen, sodass keine Probleme hinsichtlich des Beschleunigungsgebotes entstanden. Folglich konnte keine Verifizierung der These erfolgen.

In acht ausgewerteten Verfahren ergibt sich nach Aktenlage eine Widerlegung der zu untersuchenden These. Die Aktenauswertung dieser Verfahren ergab dabei, dass das Verfahren wegen Körperverletzung im Amt zeitgleich bzw. ohne nennenswerte zeitliche Zäsur durch die zuständigen Staatsanwälte beschieden wurde oder dieses sogar vor Abschluss des Verfahrens wegen Widerstandes gegen Vollstreckungsbeamte beschieden wurde. In diesen Fällen ergibt sich aus den Akten nicht nur keine Bestätigung, sondern eine Widerlegung der These. So wurde in einer Akte ausdrücklich durch den ermittelnden Staatsanwalt verfügt, dass das Verfahren wegen Körperverletzung im Amt gegen den Polizisten vorrangig zu betreiben sei. Es ist in diesen Fällen im Ergebnis festzuhalten, dass der jeweils zuständige Staatsanwalt in den genannten Verfahren unabhängig von dem jeweils anderen Verfahren verfügt hat und eine Orientierung nicht stattgefunden hat.

Die Auswertung aller Akten führt nach den o. g. Ergebnissen zu keiner eindeutigen Verifizierung der These. Eine einzelfallunabhängige Orientierung der

Verfahren wegen Körperverletzung im Amt an den Verfahren wegen Widerstandes gegen Vollstreckungsbeamte ergibt sich aus den ausgewerteten Akten nicht. Allerdings kann sich im Einzelfall ein anderes Bild ergeben. Aufgrund der im Rahmen der Aktenauswertung gewonnenen Ergebnisse konnte die These zwar nicht bestätigt, aber ebenso auch nicht völlig widerlegt werden. Aufgrund der Nähebeziehung zwischen Verfahren und Gegenverfahren besteht die strukturelle Gefahr, dass sich die Staatsanwaltschaft in dem Verfahren wegen Körperverletzung im Amt an dem Verfahren wegen Widerstandes gegen Vollstreckungsbeamte orientiert. Letzteres hätte zur Folge, dass zulasten des vermeintlichen Opfers dieses Verfahren vordergründig betrieben wird, um im Rahmen dessen auch einen Rückschluss auf das Verfahren wegen Körperverletzung im Amt zu ziehen. Auch in den zehn hier analysierten Verfahren, in denen eine Orientierung nach Aktenlage erfolgt ist, war die Einstellung rechtlich jedoch nicht zu beanstanden.

Mögliche Gründe für die Verzögerung der Verfahren können darin liegen, dass die Staatsanwaltschaft durch das Abwarten in dem einen Verfahren eine dem Gegenverfahren entgegenstehende Entscheidung vermeiden will. Dies gilt erst recht, wenn durch eine etwaige Hauptverhandlung neue Beweise durch Zeugenaussagen erwartet werden. Dieses Taktieren und Aussitzen ist mit den Verfahrensgrundsätzen vereinbar. Der Beschleunigungsgrundsatz, der eine überlange Dauer von Verfahren mit Blick auf Täter-, aber auch Opferschutz verbietet, wird nicht verletzt. In der höchstrichterlichen Rechtsprechung wird in der Regel erst nach vielen Jahren von überlangen Verfahren ausgegangen.[221]

Es sind keine Verstöße gegen die Verfahrensgrundsätze zu erkennen. Zum einen sind die im Raum stehenden Verfahrensverzögerungen zu kurz, als dass sie als Verfahrensverstoß gelten könnten. Zum anderen ist stets zu bedenken, dass der Beschleunigungsgrundsatz nicht auf Kosten der materiellen Richtigkeit einer Entscheidung angeführt werden darf.[222] Die Entscheidungsbefugnis der Staatsanwaltschaft ist damit grundsätzlich nicht zu beanstanden. Jedoch muss diese dort enden, wo einseitig zulasten des vermeintlichen Opfers der Polizeigewalt entschieden wird und nur das Verfahren wegen Widerstandes gegen Vollstreckungsbeamte betrieben wird. Dies ist wiederum eine Frage des Einzelfalls. Ein genereller Missbrauch dieser Entscheidungsbefugnis ist anhand der ausgewerteten Akten nicht zu erkennen gewesen.

---

221 So bspw. BGH NStZ 1999, 313 (3 Jahre und 3 Monate bei sieben Diebstahlsfällen nicht zu lange); EGMR StV 2001, 489; NJW 2002, 2856 (9 Jahre in einer Umweltstraftat nicht zu lange).

222 *Heine*, Die Rechtsstellung des Beschuldigten im Rahmen der Europäisierung des Strafverfahrens (2008), Seite 46.

# C.) Die Ermittlungsarbeit von Staatsanwaltschaft und Polizei

## I.) Rechtliche und organisatorische Ausgestaltung der staatsanwaltschaftlichen und polizeilichen Ermittlungsarbeit

### *1.) Der Beginn des Ermittlungsverfahrens*

Auslösendes Moment für den Beginn des Ermittlungsverfahrens ist das Entstehen des Verdachts einer Straftatbegehung.[223] Der Zweck des Ermittlungsverfahrens besteht, wie sich aus §§ 160 Abs. 1, 170 StPO erschließen lässt, insbesondere darin, durch Erforschung des dem Verdacht zugrunde liegenden Sachverhalts eine Entscheidung darüber zu treffen, ob entweder Anklageerhebung oder aber eine Verfahrenseinstellung die angebrachte Maßnahme im Hinblick auf den weiteren Verlauf des Verfahrens ist.[224]

Ein den Beginn des Ermittlungsverfahrens markierender Anfangsverdacht ist „ein durch konkrete Tatsachen belegter, in kriminalistischer Erfahrung begründeter Anhalt dafür, dass eine verfolgbare Straftat vorliegt; bloße Vermutungen reichen dafür nicht aus."[225] Das in § 152 Abs. 2 StPO zum Ausdruck kommende Legalitätsprinzip bestimmt, dass bei Vorliegen von zureichenden Anhaltspunkten im Sinne der o. g. Definition die Staatsanwaltschaft verpflichtet ist, gegen den Verdächtigen zu ermitteln.[226] Es statuiert mithin eine Ermittlungspflicht wie auch ein Ermittlungsrecht der Staatsanwaltschaft.[227]

Hinter dieser Pflicht zur Aufnahme der Ermittlungen steht unter anderem die Zielsetzung, Gleichheit bei der Strafverfolgung zu gewährleisten.[228] Faktisch kommt es jedoch bereits zu einer Relativierung dieser Zielsetzung aufgrund der Straftaten, welche nicht von den Behörden, also vor allem Staatsanwaltschaft und Polizei, zur Kenntnis genommen werden.[229] Grund dafür ist, dass das Wissen der Staatsanwaltschaft von Umständen, welche zur Begründung eines Anfangsverdachts beitragen, in der Regel (d. h. regelmäßig in mehr als 90 % der Fälle)[230] durch Anzeigen von Bürgern erlangt wird oder alternativ durch die Entdeckung von verdachtsbegründenden Umständen durch Polizeibeamte.[231] Es besteht insofern

223 *Kühne*, Strafprozessrecht, 9. Auf., Rn. 5.
224 *Kühne*, Rn. 314.
225 *Roxin/Schünemann*, Strafverfahrensrecht, 28. Aufl., § 39 Rn. 15.
226 *Kühne*, Rn. 305; Meyer-Goßner/*Schmitt* § 152 Rn. 2.
227 SK-StPO/*Wohlers* § 160 Rn. 30.
228 *Kühne*, Rn. 306; SSW-StPO/*Schnabl*/*Vordermayer* § 152 Rn. 3.
229 *Kühne*, Rn. 308.
230 *Kühne*, Rn. 314.
231 *Kühne*, Rn. 5.

eine Abhängigkeit von der Bereitschaft der Bevölkerung Anzeige zu erstatten, die sich in einem Dunkelfeld an begangenen, aber nicht für die Behörden sichtbaren Straftaten niederschlägt.[232] Bei Gewaltdelikten, welche durch Polizeibeamte begangen werden, ist ebenfalls davon auszugehen, dass ein Teil der strafbaren Handlungen aufgrund des Anzeigeverhaltens der Betroffenen nicht in das Sichtfeld der Behörden gelangt. Ursächlich kann unter anderem ein erschüttertes Vertrauen der Opfer von Polizeigewalt in die rechtsstaatlichen Institutionen sein,[233] aber auch eine grundsätzliche Hemmung, Anzeige gegen einen Polizeibeamten bei dessen Kollegen zu erstatten, ist denkbar. Nach Berichten aus der Praxis wird zudem auf eine Anzeige gegen einen Polizeibeamten oftmals mit einer Gegenanzeige wegen Widerstandes gegen Vollstreckungsbeamte (§ 113 StGB), falscher Verdächtigung (§ 164 StGB) oder Beleidigung (§§ 185 ff. StGB) reagiert.[234] Dass als Resultat davon mit dieser Thematik befasste Strafverteidiger eine Relation von 1 zu 3 (und mehr) für das Verhältnis von zur Anzeige gebrachten Fällen und im Dunkelfeld verbleibenden Fällen annehmen,[235] vermindert allerdings den Absolutheitsanspruch der Strafverfolgung in Bezug auf rechtswidrige Polizeigewalt. Es sollte mithin bewusst sein, dass die Vielzahl von Fällen, in denen eine strafrechtliche Verfolgung bereits mangels Anzeigeerstattung ausgeblieben ist, überhaupt nicht Bestandteil der in dieser Arbeit angestellten Untersuchungen ist, da keine Dunkelfeldforschungen intendiert sind.

### *2.) Durchführung des Ermittlungsverfahrens*

Gelangt erst mal eine mögliche Straftatbegehung in das Sichtfeld der Staatsanwaltschaft und besteht ein damit einhergehender Anfangsverdacht, beginnt die Durchführung der Ermittlungen. Von zentraler Bedeutung ist dabei die Frage, welche Maßnahmen ergriffen werden können, um eine umfängliche Aufklärung des Sachverhalts herbeizuführen.

In diesem Zusammenhang ist § 161 StPO als zentrale Norm zu nennen. Als Ermittlungsgeneralklausel ermächtigt § 161 StPO die Staatsanwaltschaft zu Ermittlungen jeder Art, wobei auch Ermittlungstätigkeiten, die im Vergleich zu den spezielleren Eingriffsermächtigungen mit weniger intensiven Grundrechtseingriffen verbunden sind, von der Ermächtigung umfasst werden.[236] Klassische

232 *Kühne*, Rn. 308.
233 *Singelnstein*, MschrKrim 2003, 1, 3.
234 *Singelnstein*, MschrKrim 2003, 1, 3.
235 *Singelnstein*, MschrKrim 2003, 1, 3.
236 Meyer-Goßner/*Schmitt* § 161 Rn. 1.

Beweismittel im Sinne des § 161 Abs. 1 S. 1, 2. Alt. StPO sind die Zeugenvernehmung, der Sachverständigenbeweis sowie die Augenscheinnahme.[237] Überdies werden beispielsweise Befragungen in der Nachbarschaft oder kurzfristige Observationen von der Ermächtigung umfasst.[238] Das wohl wichtigste Instrument zur Informationsbeschaffung ist dabei die Vernehmung bzw. die Befragung von Beschuldigten, Zeugen und Sachverständigen durch die Staatsanwaltschaft oder Polizei.[239] Zu beachten ist hierbei der aus § 161 StPO folgende Grundsatz der freien Gestaltung des Ermittlungsverfahrens, durch welchen der Staatsanwaltschaft ein Ermessensspielraum bezüglich der vorzunehmenden Ermittlungshandlungen eingeräumt wird.[240] Im Rahmen des Ermittlungsverfahrens herrscht insofern eine im Vergleich zum gerichtlichen Verfahren wesentlich weitreichendere Formfreiheit, welche es erlaubt, über die Maßnahmenauswahl wie auch die Reihenfolge der Maßnahmendurchführung innerhalb der strafprozessualen und verfassungsrechtlichen Schranken lediglich unter Berücksichtigung von Zweckdienlichkeitsaspekten frei zu entscheiden.[241] Dieses taktische **Handlungsermessen** wird zuoberst durch die gesetzlich fixierten Vorgaben der einzelnen Ermittlungsmaßnahmen begrenzt, wobei die Zulässigkeit einer Maßnahme vom Verdachtsgrad oder von der schwere des Delikts abhängig sein kann.[242] Daneben setzen insbesondere der Grundsatz der Verhältnismäßigkeit,[243] das Fair-Trial-Prinzip[244] sowie das Beschleunigungsgebot (Art. 6 Abs. 1 EMRK)[245] Maßgaben und Grenzen für die Ermittlungstätigkeit. Zudem ist eine Einschränkung der Ermittlungen aus verfahrensökonomischen Gründen bereits Teil der konzeptionellen Ausgestaltung des Strafverfahrensrechts und kommt in den Opportunitätsvorschriften der §§ 153 ff. StPO zum Ausdruck.[246]

---

237 SSW-StPO/*Ziegler*/*Vordermayer* § 161 Rn. 17.

238 Meyer-Goßner/*Schmitt* § 161 Rn. 1.; Weitere Aufklärungsmaßnahmen, die im Rahmen des Ermittlungsverfahrens in Betracht kommen, sind die „körperliche Untersuchung des Beschuldigten und anderer Personen (§§ 81a und c StPO), Identifizierungsmaßnahmen (§ 81b StPO), Leichenschau und Leichenöffnung (§ 87 StPO), Beschlagnahme und Durchsuchung (§§ 94 ff. StPO, §§ 102 ff.), sowie vorläufige Festnahme (§ 127 StPO)"; siehe dazu KK-*Griesbaum* § 161 Rn. 14.

239 *Kühne*, Rn. 353. KK-*Griesbaum* § 161 Rn. 13.

240 LR-*Erb* StPO § 161 Rn. 31; Meyer-Goßner/*Schmitt* § 160 Rn. 7.

241 LR-*Erb* StPO § 160 Rn. 35, 40a.

242 LR-*Erb* StPO § 160 Rn. 36 f.

243 LR-*Erb* StPO § 160 Rn. 40.

244 LR-*Erb* StPO § 160 Rn. 41.

245 LR-*Erb* StPO § 160 Rn. 38.

246 LR-*Erb* StPO § 160 Rn. 44.

Vorschein. Im Rahmen des Ermessens ist allerdings ebenso zu bedenken, dass die knappen personellen Ressourcen, der Mangel an technischen Mitteln zur Durchführung bestimmter Ermittlungsmethoden sowie die Notwendigkeit kriminalistischen Fachwissens gegen die staatsanwaltschaftliche Eigenermittlung sprechen.[262]

In der Rechtswirklichkeit ist infolgedessen die Unterstützung durch andere Amtsträger, vorwiegend der Polizei, der Regelfall.[263] Das Verhältnis von Staatsanwaltschaft und Polizei ist dabei geprägt durch die umfassende staatsanwaltschaftliche Leitungsbefugnis im Ermittlungsverfahren.[264] Zur Wahrnehmung dieser Leitungsbefugnis sowie um der Verantwortung für die vollständige Sachverhaltsaufklärung und die Rechtmäßigkeit des Verfahrens gerecht zu werden, steht der Staatsanwaltschaft ein sich aus § 161 Abs. 1 S. 2 StPO und § 152 GVG ergebendes, unbeschränktes Weisungsrecht gegenüber der Polizei bezüglich der sachverhaltsaufklärenden, strafverfolgenden Tätigkeit zu.[265] Die pflichtgemäße Erfüllung der Leitungsverantwortung erfordert, dass die Staatsanwaltschaft die ihr zustehenden Befugnisse effektiv ausübt.[266] Es genügt demnach nicht, wenn lediglich Richtung und Umfang der Ermittlungen allgemein vorgegeben werden.[267] Eine tatsächliche Wahrnehmung des der Staatsanwaltschaft eingeräumten Weisungsrechts setzt zumindest eine kontinuierliche Information über die polizeiliche Ermittlungstätigkeit voraus.[268] Die Wahrnehmung dieses Rechts kann folglich, über allgemeine Weisungen hinausgehend, auch die Erteilung konkreter Weisungen bezüglich der Art und Weise der Ermittlungsdurchführung bedingen.[269]

#### ii.) Die normative Grundlage der polizeilichen Ermittlungstätigkeit

Die in der Rechtswirklichkeit praktizierte Einbindung der Polizei in das strafverfahrensrechtliche Ermittlungsverfahren erfolgt grundsätzlich auf zwei Wegen.[270] Zunächst kann die Polizei, wie oben skizziert, aufgrund eines nach § 161 Abs. 1 S. 1 StPO ergangenen Auftrags der Staatsanwaltschaft zur Durchführung von Ermittlungen verpflichtet werden.[271] Darüber hinaus räumt § 163 StPO der Polizei

---

262 LR-*Erb* StPO § 161 Rn. 41; SK-StPO/*Wohlers* § 161 Rn. 47.
263 LR-*Erb* StPO § 161 Rn. 45; KK-*Griesbaum* § 161 Rn. 27.
264 LR-*Erb* StPO Vor § 158 Rn. 33.
265 LR-*Erb* StPO Vor § 158 Rn. 33, § 161 Rn. 46.
266 KK-*Griesbaum* § 160 Rn. 4.
267 KK-*Griesbaum* § 160 Rn. 4; SK-StPO/*Wohlers* § 160 Rn. 9.
268 SK-StPO/*Wohlers* § 160 Rn. 9.
269 KK-*Griesbaum* § 160 Rn. 4.
270 LR-*Erb* StPO § 161 Rn. 46.
271 LR-*Erb* StPO § 161 Rn. 46.

eine (begrenzte) Kompetenz zur selbstständigen strafverfolgenden Tätigkeit ein,[272] wobei auch hier die Weisungsbefugnis der Staatsanwaltschaft besteht.[273] Aus § 163 Abs. 1 StPO ergibt sich eine Verpflichtung der Polizeibediensteten, bei gegebenem Anfangsverdacht der Erforschung der Straftat nachzugehen und im Falle einer Verlustmöglichkeit die Beweismittel zu sichern.[274] Es besteht insofern eine Zuständigkeit der Polizei für die Durchführung von Maßnahmen, denen wegen der Gefahr des Beweismittelverlusts oder einer drohenden Verdunkelung der Straftat kein Aufschub gegeben werden kann.[275] Im Rahmen dieses ersten Zugriffs ist einzelfallabhängig zu entscheiden, welche Maßnahmen zu erfolgen haben, wobei beispielsweise die Identitätsfeststellung, Inaugenscheinnahme des Tatorts oder die Sicherstellung von Beweismitteln praktisch bedeutsam sein können.[276] Die eingeräumte Kompetenz für diese Maßnahmen im Rahmen des ersten Zugriffs führt zu einer Teilübertragung der Ermittlungsaufgabe der Staatsanwaltschaft.[277] Die Abhängigkeit des Ermittlungsergebnisses von Erkenntnissen und Beweisen, die im Rahmen des ersten Zugriffs gesichert werden, führt allerdings dazu, dass die Objektivität des tatnächsten Polizeibeamten zur Voraussetzung einer umfassenden Sachverhaltsaufklärung wird. Darüber hinaus ist zu konstatieren, dass sich in der gegenwärtigen Praxis ein extensives Verständnis des Begriffs des ersten Zugriffs entwickelt hat, was dazu geführt hat, dass nicht nur Ermittlungstätigkeiten, für die kein Aufschub gestattet werden kann, auf Grundlage des § 163 StPO erfolgen, sondern dass weitergehend eine bis zur Abschlussreife durchgeführte Ausermittlung ohne staatsanwaltschaftlichen Auftrag stattfindet.[278] Die Unvermeidbarkeit dieser Praxis wird mit Blick auf die personellen Defizite der beteiligten Behörden erklärbar.[279] Aus der „faktische[n] Beherrschung des Ermittlungsverfahrens durch die Polizei“[280] resultiert allerdings die problematische Konstellation, dass im Fall von polizeilicher Gewaltausübung letzten Endes Polizeibeamte gegen ihre Kollegen ermitteln bzw. entscheiden müssen, ob gegen diese ein Ermittlungsverfahren eingeleitet werden muss.

---

272 LR-*Erb* StPO § 161 Rn. 46, § 163 Rn. 1.
273 LR-*Erb* StPO § 163 Rn. 7.
274 SSW-StPO/*Ziegler*/*Vordermayer* § 163 Rn. 2.
275 SK-StPO/*Wohlers* § 163 Rn. 14.
276 SK-StPO/*Wohlers* § 163 Rn. 14.
277 SK-StPO/*Wohlers* § 163 Rn. 1.
278 LR-*Erb* StPO § 163 Rn. 24.
279 LR-*Erb* StPO § 163 Rn. 24.
280 SK-StPO/*Wohlers* § 160 Rn. 11.

#### iii.) Zwischenfazit

Aus normativer Sicht existiert ein allenfalls eingeschränktes und subsidiäres selbstständiges, polizeiliches Ermittlungsverfahren innerhalb des geltenden Strafprozessrechts.[281] In Bezug auf angezeigte Gewaltdelikte von Polizeibeamten lässt sich aufgrund der Weisungsbefugnis der Staatsanwaltschaft feststellen, dass zur Erforschung der Gründe für die hohen Einstellungsquoten bei derlei Verfahren nicht ausschließlich polizeiinterne Verfahrensabläufe relevant sind, sondern gerade auch das Wechselverhältnis von Staatsanwaltschaft und Polizei von Bedeutung für das Ermittlungsergebnis sein kann.

### *b.) Untersuchungsthese: Nutzung der staatsanwaltschaftlichen Weisungsbefugnis*

*Die staatsanwaltschaftliche Weisungsbefugnis gegenüber den Ermittlungsbeamten wird angesichts des Interessenskonfliktes, der entsteht, wenn Polizeibeamte gegen andere Polizeibeamte ermitteln, nicht ausreichend genutzt.*

#### i.) Herleitung des Theseninhalts

Der Arbeit liegt eine entscheidende Frage zugrunde:

Wird im Rahmen von staatsanwaltschaftlichen und gerichtlichen (Ermittlungs-)Verfahren wegen der Fälle von Polizeigewalt nach § 340 StGB in einer anderen Form, als es vorgeschrieben ist, ermittelt und entschieden?

Nach dem bisher Dargelegten, insbesondere bei Betrachtung der Statistiken zum Sachgebiet 53, liegt zumindest die Vermutung nahe, dass Staatsanwaltschaften in solchen Verfahren ihren Aufgaben und Pflichten nicht hinreichend nachkommen. Grund dafür könnte zum einen eine etwaig lasche Ermittlungstätigkeit der zuständigen Polizeibehörden sein, die den Sachverhalt vermeintlich nicht vollständig ergründen oder erfassen.[282] Erhält die Staatsanwaltschaft Kenntnis von einer solch nachlässigen Ermittlungsarbeit, ist sie gezwungen, einzuschreiten. Sie ist Herrin des Vorverfahrens und als solche steht ihr ein uneingeschränktes Weisungsrecht gegenüber den Ermittlungsbeamten der Polizei zu.[283]

Aus der Gefahr, dass bei Ermittlungen gegen Polizeibeamte durch Polizeibeamte eine – wenn auch möglicherweise nur unterbewusste – Parteinahme erfolgt, die zulasten der aus rechtsstaatlicher Sicht gebotenen Objektivität der Ermittlungs-

---

281 LR-*Erb* StPO Vor § 158 Rn. 33.

282 Gegebenenfalls da es die viel zitierte „cop-culture" gibt oder Polizisten nicht als „Nestbeschmutzer" gelten wollen.

283 *Beulke*, Rn. 101 ff.

arbeiten gehen könnte, ergibt sich das Bedürfnis, dass die Staatsanwaltschaft sich entsprechend ihrer Verantwortung für eine umfassende Sachverhaltsaufklärung aktiv an der Durchführung der Ermittlung beteiligt.[284] Verzichtet die Staatsanwaltschaft im Rahmen der ihr eingeräumten Ermessensentscheidung auf eine selbstständige Ermittlungsführung und/oder delegiert diese Aufgabe stattdessen auf die Ermittlungspersonen der Polizeibehörden, folgt daraus nicht, dass die Staatsanwaltschaft von der Pflicht und Verantwortung der Sachverhaltsaufklärung entbunden ist. Vielmehr ist es gerade bei Ermittlungen wegen Gewaltausübung durch Polizeibeamte notwendig, dass das staatsanwaltschaftliche Weisungsrecht in einem angemessenen Umfang ausgeübt wird. Wann eine angemessene Ausübung der Weisungskompetenz vorliegt, ist einzelfallabhängig zu beurteilen und bestimmt sich in erster Linie nach Kriterien wie der Komplexität des zugrunde liegenden Sachverhalts und den damit verbundenen rechtlichen Fragestellungen sowie der Schwere der Vorwürfe.

#### ii.) Überprüfungsmethodik

Untersuchungsgegenstand der These ist der Ablauf der Ermittlungsarbeiten. Es wird ergründet, wie die Zusammenarbeit der beiden agierenden Behörden Polizei und Staatsanwaltschaft funktioniert. Zur Untersuchung dieses Ablaufs wird eine Dokumenten-/Inhaltsanalyse in Form der Aktenanalyse vorgenommen. Erneut werden die Akten der Staatsanwaltschaften Saarbrücken und Zweibrücken analysiert.

Es ist von großem Interesse, ob die Staatsanwaltschaften, die ihnen gebührenden Einflussmöglichkeiten auf die Polizeibehörden wahrnehmen, und wenn ja, in welchem Umfang. Diesbezüglich wird ein quantitativer Forschungsansatz gewählt, der eine Verifizierung oder Falsifizierung der These, dass die Staatsanwaltschaften ihre Weisungsbefugnisse gegenüber Polizisten auch bei diesen speziell gelagerten Sachverhalten nicht hinreichend nutzen, ermöglichen sollte. Zu diesem Zweck wird ein standardisierter Erhebungsbogen genutzt. Allein die Anwendung dieser Forschungsmethode würde jedoch lediglich eine Statistik ermöglichen, die durch Auszählung und Vergleich erstellt wird. Diese Statistik wird zwar erste Ergebnisse liefern und Rückschlüsse ermöglichen, da jedoch auch die Qualität der gegebenenfalls erteilten Weisungen von Belang ist, muss zum Teil auch ein qualitativer Forschungsansatz gewählt werden.

Das Erfordernis, einen quantitativen Ansatz mit einem qualitativen zu verbinden, ist in der Tatsache begründet, dass die Auswertung der staatsanwaltschaft-

284 *Beulke*, Rn. 101 ff.

lichen Einflussnahme nicht hinreichend durch eine einfache Zusammentragung von Akten möglich ist. Es gilt auch die Qualität der Weisungen, die herausgegeben wurden, zu ergründen. Eine zu diesem Zweck formulierte Frage wurde in den Erhebungsbogen aufgenommen, sodass dieser wie folgend aufgebaut ist:

1.) Ist es im Verlauf des Ermittlungsverfahrens zu Weisungen der Staatsanwaltschaft an die Polizeibeamten gekommen?
2.) Welchen Inhalt hatten diese Weisungen?
3.) Sind die Weisungen in Anbetracht des Deliktvorwurfs und des Sachverhalts ausreichend?

Die dritte Frage, die sich an einem qualitativen Forschungsansatz orientiert, wurde als Wertungsfrage formuliert, d.h. die Untersuchung erfolgte ohne Festlegung eines möglichen Ergebnisses.[285] Aus der Auswertung der Akten soll eine Aussage abgeleitet werden können, in welchem Maß die Staatsanwaltschaften ihre Weisungsbefugnisse in Anspruch genommen haben. Die Untersuchung der Akten unter dem Aspekt dieser Wertungsfrage soll insbesondere die Gefahr minimieren, dass der Informationsgehalt der Akten nicht vollständig ausgeschöpft wird und wichtige Informationen unbeachtet bleiben.

Die Schwierigkeit bei der Überprüfung dieser These ergibt sich vordergründig aus dem Charakter der Verfahrensakten als prozess-produzierte Daten. Das Ziel der aktenmäßigen Dokumentation ist eben nicht, den exakten Ermittlungsverlauf darzustellen, sondern vielmehr die ergebnisrelevanten Umstände in einer das Verfahrensergebnis legitimierenden Weise festzuhalten (Kommunikations-; Legitimations- und Kontrollfunktion).

Inwiefern es notwendig ist, auch Aspekte, die die Zusammenarbeit von Staatsanwaltschaft und Ermittlungsbeamten betreffen, schriftlich zu fixieren, hängt wohl vom konkreten Ermittlungsverfahren ab. Da die Überprüfbarkeit dieser These allerdings voraussetzt, dass die Akten einen hinreichenden Rückschluss auf die Arbeitsweise und Kooperation von Staatsanwaltschaft und Polizeibeamten während des Ermittlungsverfahrens geben, während der Umfang von Vermerken und sonstigen Informationen zu dieser Zusammenarbeit jedoch variieren kann, muss bei jeder Akte von neuem bestimmt werden, ob ausreichende Rückschlüsse aus dieser gezogen werden können. In der Regel ist davon auszugehen, dass schriftliche Weisungen durch die Staatsanwaltschaft in die Verfahrensakte mit aufgenommen werden. Die schriftliche Fixierung von mündlich erteilten Weisungen, um diese in die Verfahrensakte aufzunehmen, ist im Zweifel von den

285 *Brüsemeister*, Seite 47.

involvierten Polizeibeamten und Staatsanwaltschaften uneinheitlich gehandhabt worden.

iii.) Aktenauswertung

Bei der Aktenauswertung und -analyse bildeten sich drei Fallgruppen heraus:

1.) Die erteilten Weisungen waren in Anbetracht des Sachverhaltes und der Aktenlage ausreichend.
2.) Es erfolgten keine Weisungen; das Fehlen solcher ist jedoch in Anbetracht des Sachverhaltes und der Aktenlage ausreichend.
3.) Es erfolgten keine Weisungen; das Fehlen dieser Weisungen ist nicht nachvollziehbar.

In 25 Verfahren erfolgten Weisungen der Staatsanwaltschaft an die Polizeibehörden und diese waren auch angesichts des Sachverhaltes und der Aktenlage hinreichend. Alleine aus der Anzahl dieser Fälle lässt sich schließen, dass die These, so wie sie formuliert ist, nicht verifiziert werden kann.

Im Gegenteil: In verschiedenen Akten finden sich Weisungen der Staatsanwaltschaft, dass das Verfahren wegen § 340 StGB vom Amts wegen eingeleitet wurde und die Polizeibehörden den Sachverhallt umfänglich zu ermitteln und alle Beteiligten sowie eventuelle Zeugen ausfindig zu machen haben. Vereinzelt erging sogar die Weisung, dass eine andere Dienststelle mit den Ermittlungen zu beauftragen sei, um den Einfluss persönlicher Sympathien auf die Ermittlungsergebnisse auszuschließen.

Hervorzuheben ist zudem eine Verfahrensakte, in der der Staatsanwalt die ermittelnden Polizeibehörden anweist, das Verfahren gegen den Polizeibeamten wegen § 340 StGB vor dem Verfahren gegen zugleich beschuldigten Bürger wegen § 113 StGB ausführlich zu ermitteln. Auch dies ist ein Indiz dafür, dass die aufgestellte These in ihrem Umfang nicht zu halten ist.

Eine endgültige Falsifizierung der These ist festzustellen, wenn man die Fälle betrachtet, in denen zwar keine Weisungen seitens der Staatsanwaltschaft ergangen sind, das Fehlen dieser jedoch auch nicht zu beanstanden ist (34 Fälle). Nimmt man die Fälle der ersten Gruppe hinzu, ist festzustellen, dass in 59 der 61 vorliegenden Fälle das Verhalten der Staatsanwaltschaften bezüglich ihrer Weisungsbefugnisse nicht zu beanstanden ist. Die Staatsanwaltschaft konnte auch ohne weitere Ermittlungsschritte eine Entscheidung über den Fortgang des Verfahrens treffen.

Nicht unerwähnt bleiben dürfen zwei Sachverhalte, die einer besonderen Betrachtung bedurften.

In einem Fall ist das Fehlen von Weisungen seitens der Staatsanwaltschaft nicht nachvollziehbar. Der Staatsanwaltschaft war bekannt, dass einem Polizeibeamten der Vorwurf gemacht werden konnte, das Delikt nach § 340 StGB verwirklicht zu haben. Zudem war der Staatsanwaltschaft bekannt, dass es für den Sachverhalt und das Geschehen mehrere Zeugen gab, die sich bei der Polizei und auch bei der Staatsanwaltschaft bereit erklärt hatten, eine Aussage zu machen. Dennoch unterblieb seitens der Staatsanwaltschaft die Weisung an die Polizeibehörde, die Vernehmungen und die damit einhergehende Aufklärung des Geschehens voranzutreiben. Das Verfahren wurde durch die Staatsanwaltschaft nach § 170 Abs. 2 StPO eingestellt. Für dieses Verhalten wurde auch keine nachvollziehbare Begründung geliefert.

In diesem Einzelfall kann festgestellt werden, dass die Staatsanwaltschaft offenkundig ihre Aufgabe verfehlt hat. Es ist ihre Pflicht, objektiv festzustellen, ob eine strafbare Handlung vorliegt;[286] diese Feststellung kann sie jedoch nur auf Grundlage eines hinreichenden Ermittlungsstandes treffen. Nach §§ 160, 163 StPO hat die Staatsanwaltschaft, im Zweifel durch die Polizei, alle be- und entlastenden Umstände gegen den Beschuldigten zu ermitteln.[287] Dass angesichts dieser gesetzlichen Ausgangslage offenkundig aussagebereite Zeugen nicht vernommen werden und stattdessen eine Verfahrenseinstellung erfolgt, ist nicht nachvollziehbar. Da die Betroffenen auch keine Rechtsschutzmöglichkeiten in Anspruch genommen haben, erfolgte keine Korrektur dieser Entscheidung. Dabei wäre es angesichts der statistischen Auffälligkeiten vorteilhaft, wenn Einstellungsverfügungen der Staatsanwaltschaft häufiger geprüft werden würden.

Auch wenn dieser Fall einer besonderen Betrachtung bedurfte, kann er nicht dazu dienen, die oben genannte These zu verifizieren.

Ein anderer bemerkenswerter Fall ist der, bei dem ein Staatsanwalt das Verfahren gegen einen Polizeibeamten eingestellt hatte, diese Einstellung jedoch seitens der zuständigen Aufsichtsbehörde aufgehoben wurde. Erst nachdem der zuständige Staatsanwalt erneut in den Sachverhalt eintreten musste, erteilte dieser der entsprechenden Polizeidienststelle den Auftrag die Ermittlungen erneut aufzunehmen und den Sachverhalt zu ermitteln. Leider lässt sich aus der Akte nicht entnehmen, welche Gründe die Staatsanwaltschaft zur Aufhebung der Einstellungsverfügung bewogen hat. Diese Mängel der Einstellungsverfügung der Staatsanwaltschaft müssen jedoch so erheblich gewesen sein, dass die Aufsichtsbehörde eine erneute Aufnahme der Ermittlungstätigkeiten verfügte.

---

286 *Kramer*, Grundbegriffe des Strafverfahrensrechts, Rn. 98.
287 *Gercke/Hembach/Wollschläger*, Strafprozessrecht, S. 46.

Das Verhalten der Staatsanwaltschaft kann somit durchaus positiv bewertet werden, da sie ihren vermeintlichen Fehler bei der Einstellung des Verfahrens zu revidieren bereit war. Dennoch darf die offenkundig vorschnelle Einstellung nicht unerwähnt bleiben.

Im Ergebnis ist festzustellen, dass die These, die Staatsanwaltschaften würden ihre Weisungsbefugnisse gegenüber den Ermittlungsbeamten angesichts des Interessenskonflikts und des Näheverhältnisses nicht ausreichend nutzen, falsifiziert, das heißt als falsch erwiesen wurde.

Der erwähnte Fall, in dem Weisungen der Staatsanwaltschaft aus unbekannten Gründen zu Unrecht unterblieben, kann nicht auf eine allgemeine, flächendeckende Untätigkeit der Staatsanwaltschaften schließen lassen. Dennoch ist der Fall erwähnenswert, da er aufzeigt, dass durchaus die Gefahr einer sachwidrigen Verfahrensleitung besteht. Es ist nicht auszuschließen, dass es bei einer Vollerhebung aller bundesweit geführten Akten zu den Fällen der vermeintlichen Polizeigewalt zu weiteren Feststellungen dieser Art gekommen wäre. Aus den Statistiken ist abzuleiten, dass die in diesem Zusammenhang geführten Verfahren in irgendeiner Form anders verlaufen, als die bei den vermeintlichen Körperverletzungen durch Normalbürger. Die Einstellungsvorschriften sind die gleichen, jedoch weisen die Statistiken erhebliche Unterschiede auf, sodass die ungleichen Einstellungsquoten nicht auf unterschiedlich anzuwendende Vorschriften zurückzuführen sind. Hier hat die Staatsanwaltschaft trotz der Kenntnis mangelhafter polizeilicher Ermittlung nicht von ihren Rechten Gebrauch gemacht. Die genauen Gründe, warum sie keine entsprechenden Weisungen erteilt hat, gehen aus der Akte nicht hervor. Ohne eine entsprechende Erläuterung ist jedoch nicht nachvollziehbar, warum die Weisungen nicht erfolgten. Somit kann resümiert werden: Eine flächendeckende und regelmäßige Untätigkeit der Staatsanwaltschaften kann nicht bewiesen werden, die statistischen Unregelmäßigkeiten und das herausgestellte Verfahren lassen jedoch die Gefahr erkennen, dass Staatsanwaltschaften im Einzelfall auf Weisungen zur Sachverhaltsermittlung verzichten.

## II.) Der Organisationsaufbau von Staatsanwaltschaft und Kreispolizeibehörde

Ein Verständnis für die Ermittlungstätigkeiten von Polizei und Staatsanwaltschaft setzt auch die Kenntnis der Aufbau- und Organisationsstrukturen der jeweiligen Behörden voraus. Exemplarisch sollen diese an den Staatsanwaltschaften Köln und Düsseldorf sowie den Polizeipräsidien Köln und Düsseldorf aufgezeigt werden.[288]

### 1.) Die Organisation der Staatsanwaltschaft

Einrichtung, Organisation und Dienstbetrieb der Staatsanwaltschaft werden grundsätzlich nach Maßgabe des Gerichtsverfassungsgesetzes (GVG) und einer Verwaltungsanordnung (OrgStA) geregelt.[289] Die Leitung der Staatsanwaltschaft erfolgt durch den Leitenden Oberstaatsanwalt.[290] Die Staatsanwaltschaft Köln untergliedert sich sodann in vier Hauptabteilungen, denen insgesamt 26 Abteilungen unterstellt sind.[291] Jede Hauptabteilung und jede Abteilung wird jeweils durch einen Oberstaatsanwalt geleitet.[292] Die Struktur der Aufgabenzuordnung zu den einzelnen Abteilungen orientiert sich primär an Sachgebieten (z. B. allgemeine Strafsachen, Kapitalstrafsachen, Wirtschaftsstrafsachen), darüber hinaus aber auch an auf Personengruppen bezogenen Merkmalen sowie an den Anfangsbuchstaben der Beschuldigten oder dem Tatort.[293] In Köln ist die Abteilung 8 (untergeordnet unter Hauptabteilung A) infolge einer an diesen Kriterien ausgerichteten Aufgabenverteilung zuständig für allgemeine Straftaten sowie für Amtsdelikte.[294] Dementsprechend ist diese Abteilung zuständig für Verfahren, in denen Polizeibeamte wegen eines Gewaltdelikts oder der Aussetzung beschuldigt werden. Eine ähnliche Organisation findet sich bei der Staatsanwaltschaft Düsseldorf wieder. Dort bestehen insgesamt 17 Rechtsabteilungen, geleitet durch einen Oberstaatsanwalt, denen wiederum Abteilungen untergeordnet sind.[295] Dabei ist der Abteilung 50 unter anderem die Zuständigkeit für Verfahren gegen Polizei-

---

288 Für die Staatsanwaltschaften Saarbrücken und Zweibrücken bestehen strukturell ähnliche Geschäftsverteilungspläne. Diese beiden Staatsanwaltschaften sind jedoch aufgrund ihrer geringeren Größe in weniger Abteilungen untergliedert.

289 *Staatsanwaltschaft Düsseldorf*, Geschäftsverteilung der Staatsanwaltschaft Düsseldorf, Stand: 07.05.2014, S. 1 – abrufbar unter: http://www.sta-duesseldorf.nrw.de/aufgaben/geschaeftsverteilung/index.php (abgerufen am 08.05.2015).

290 *Staatsanwaltschaft Köln*, Aufbau und Organisation einer Staatsanwaltschaft, abrufbar unter: http://www.sta-koeln.nrw.de/aufgaben/geschaeftsverteilung/index.php (abgerufen am 08.05.2015); *Staatsanwaltschaft Düsseldorf*, Geschäftsverteilung der Staatsanwaltschaft Düsseldorf, Stand: 07.05.2014, S. 1.

291 Http://www.sta-koeln.nrw.de/aufgaben/geschaeftsverteilung-stak/index.php.

292 Http://www.sta-koeln.nrw.de/aufgaben/geschaeftsverteilung-stak/index.php.

293 Http://www.sta-koeln.nrw.de/aufgaben/geschaeftsverteilung/index.php.

294 Http://www.sta-koeln.nrw.de/aufgaben/geschaeftsverteilung-stak/index.php.

295 Http://www.sta-duesseldorf.nrw.de/aufgaben/geschaeftsverteilung/index.php.

beamte wegen im Dienst verübter Straftaten zugeteilt.[296] Daneben ist die Abteilung 50 der Staatsanwaltschaft Düsseldorf beispielsweise zuständig für Allgemeine Strafsachen (Buchstaben L, W), Verfahren im Bereich der organisierten Kriminalität oder illegales Glücksspiel.[297]

### *2.) Die Organisation der Kreispolizeibehörde*

Der in dem Geschäftsverteilungsplan der Kreispolizeibehörden Köln und Düsseldorf vorgesehene Organisationsaufbau sieht grundsätzlich vor, dass das unterhalb der Behördenleitung (durch den Polizeipräsidenten) eine Aufgabenverteilung auf unterschiedliche Direktionen vorzunehmen ist.[298] Dazu zählen die Direktion Zentrale Aufgaben, Direktion Gefahrenabwehr/Einsatz, Direktion Kriminalität und die Direktion Verkehr.[299] Die im Bereich der repressiven Polizeiarbeit tätig werdende Direktion Kriminalität ist wiederum in Kriminalkommissariate untergliedert.[300] Dabei ist in Köln dem Kriminalkommissariat 32 und in Düsseldorf dem Kriminalkommissariat 21 die Erforschung und Ermittlungen von Amtsdelikten zugewiesen.[301] In beiden Kreispolizeibehörden sind die für die Untersuchung von Amtsdelikten verantwortlichen Kriminalkommissariate allerdings auch mit anderen Aufgaben betraut. Das Kölner Kriminalkommissariat 32 ist zusätzlich für Korruption und verfahrensintegrierte Finanzermittlung zuständig, während das Kriminalkommissariat 21 im Falle von Betrug, Fälschungsdelikten, Beamtendelikten, unerlaubtem Glückspiel und gewerbsmäßigen Verstößen gegen das Patent-, Marken- und Urheberrechtsgesetz im Raum Düsseldorf ermittelt.[302]

#### *a.) Auswertung des Organisationsaufbaus*

Es zeigt sich mithin, dass in den beiden hier dargestellten Staatsanwaltschaften eine ausschließliche Zuständigkeitsbestimmung für Verfahren gegen Polizeibeamte wegen im Dienst begangenen Straftaten besteht. Allerdings muss gleichzeitig festgestellt werden, dass die dafür zuständigen Abteilungen auch mit der Bearbeitung von Verfahren in thematisch abweichend einzuordnenden Straf-

---

296 Http://www.sta-duesseldorf.nrw.de/aufgaben/geschaeftsverteilung/index.php.
297 Http://www.sta-duesseldorf.nrw.de/aufgaben/geschaeftsverteilung/index.php.
298 https://koeln.polizei.nrw/sites/default/files/2017-10/Oe-GVP-PP-K.pdfhttp://www.polizei.nrw.de/media/Dokumente/Behoerden/Koeln/Oe-GVP-PP-K.pdf.
299 https://koeln.polizei.nrw/sites/default/files/2017-10/Oe-GVP-PP-K.pdf
300 https://koeln.polizei.nrw/sites/default/files/2017-10/Oe-GVP-PP-K.pdf
301 https://koeln.polizei.nrw/sites/default/files/2017-10/Oe-GVP-PP-K.pdf
302 https://koeln.polizei.nrw/sites/default/files/2017-10/Oe-GVP-PP-K.pdf

sachen beschäftigt sind. Eine vergleichbare Aufgabenverteilung besteht bei den Kreispolizeibehörden, wo die für die Ermittlung gegen Amtsträger zuständigen Kriminalkommissariate auch mit anderen Aufgaben betraut sind. Insofern ist zu konstatieren, dass weder bei Staatsanwaltschaft noch bei Polizei eine klare Aufgabentrennung besteht.

Die Möglichkeit, dass persönliche Interessenskonflikte auftreten, besteht auf zwei Ebenen: Im konkreten Fall ist es möglich, dass die mit der Ermittlung befassten Polizeibeamten oder der ermittelnde Staatsanwalt den beschuldigten Polizeibeamten aufgrund einer vorherigen Zusammenarbeit wegen anderer in ihren Aufgabenbereich fallender Straftaten kennen. Wie wahrscheinlich dies ist, hängt von der Größe der Staatsanwaltschaft bzw. der Polizeibehörde ab. Der Umstand, dass sich die örtliche Zuständigkeit der Staatsanwaltschaft und der Kreispolizeibehörde regelmäßig überschneiden, erhöht diese Wahrscheinlichkeit allerdings signifikant. Auf abstrakter Ebene ist es aufgrund der Kooperation zwischen Staatsanwaltschaft und Polizei möglich, dass sich grundsätzliche Sympathien bilden, die der Unvoreingenommenheit der beteiligten Ermittlungspersonen schaden und somit Einfluss auf das Ermittlungsergebnis haben können. Die dargestellte Organisation von Polizei und Staatsanwaltschaft hat zwar eine ausschließliche Zuständigkeit für die Bearbeitung von Sachverhalten mit Polizeigewalt geschaffen, allerdings sind die hierfür zuständigen Personen aufgrund anderer ihnen zugewiesener Aufgabenbereiche wohl zugleich in den übergeordneten, auf der Kooperation von Polizei und Staatsanwaltschaft basierenden Bearbeitungsablauf eingliedert. Die Folge ist, dass dieser Organisationsaufbau es nicht vermag, den auf der abstrakten Ebene liegenden Interessenskonflikt vollständig auszuräumen. Vielmehr ist dieser organisatorischen Gestaltung die Notwendigkeit der Objektivität und absoluten Unvoreingenommenheit des einzelnen Staatsanwalts gegenüber der Polizeibehörde immanent. Allerdings muss festgestellt werden, dass die Objektivität der einzelnen Staatsanwälte durch das Kooperationsverhältnis zwischen Polizei und Staatsanwaltschaft nicht gefördert, sondern tendenziell gefährdet wird.

### *b.) Untersuchungsthese zur örtlichen Nähe*

*Die örtliche Nähe sowie die enge sachliche Zusammenarbeit führen dazu, dass*

*a. ermittelnde Polizeibeamte und beschuldigte Polizeibeamte sich kennen*
*b. Staatsanwälte und beschuldigte Polizeibeamte sich kennen*
*c. grundsätzliche Sympathien zwischen Staatsanwälten und Polizeibeamten sowie zwischen Polizeibeamten bestehen.*

### i.) Herleitung des Theseninhalts

Die Grundüberlegung für die Problematisierung von Ermittlungen bei angezeigten Straftaten von Polizeibeamten ist, dass die räumliche und sachliche Nähe der Ermittlungspersonen und der beschuldigten Polizeibeamten sowohl die Durchführung als auch das Ergebnis der Ermittlungsarbeiten beeinflussen könnten.

Die örtliche Nähe könnte sich insbesondere in der konkreten Bekanntschaft des beschuldigten Polizeibeamten niederschlagen, während die sachliche Verbundenheit von Polizeibeamten untereinander sowie von Staatsanwaltschaft und Polizeibeamten generellen Einfluss auf die Durchführung von Ermittlungen im Falle von Gewaltausübung durch Polizeibeamte haben könnte.

Auch die im Hinblick auf diese These vorzunehmende Aktenauswertung wird sich mit der Frage beschäftigen, ob die Einrichtung einer übergeordneten, neutralen Behörde zur Ermittlung gegen Polizisten sinnvoll ist. Insbesondere der vom Europäischen Gerichtshof für Menschenrechte normierte Grundsatz der unabhängigen Ermittlungsarbeit bei Verfahren gegen Polizisten spielt in diesem Zusammenhang eine bedeutende Rolle.[303][304] Nach diesem Grundsatz sollte idealerweise „zwischen Ermittler und dem von der Beschwerde betroffenen Polizeibeamten […] weder eine institutionelle noch eine hierarchische Verbindung bestehen“[305]. Eine solche klare Abgrenzung ist im klassischen deutschen Ermittlungssystem nicht zwangsläufig gegeben. Selbstredend wird kein beschuldigter Polizist gegen sich selbst ermitteln müssen, jedoch wird, sofern von der Staatsanwaltschaft nichts anderes angewiesen wurde, die sachliche und örtliche Zuständigkeit dazu führen, dass zumindest grundsätzlich eine örtliche und persönliche Nähe zwischen Beschuldigtem und Ermittler gegeben ist. Ob dies dazu führt, dass die Ermittlungstätigkeit und deren Ergebnisse beeinflusst werden, ist durch die aufgestellte These beziehungsweise deren Untersuchung zu ergründen.

---

303 *Hammarberg*: Stellungnahme des Menschenrechtskommissars des Europarates zur unabhängigen und effektiven Untersuchung von Beschwerden gegen die Polizei, S. 3.

304 Insgesamt hat der EGMR fünf, auf den Art. 2 und 3 EMRK basierende, Grundsätze für die Untersuchung von Beschwerden gegen Polizisten entwickelt: Unabhängigkeit, Angemessenheit, Unverzüglichkeit, Öffentliche Überprüfung und Einbeziehung des Opfers (*Hammarberg, Thomas*: Stellungnahme des Menschenrechtskommissars des Europarates zur unabhängigen und effektiven Untersuchung von Beschwerden gegen die Polizei, S. 3).

305 *Hammarberg*, S. 3.

### ii.) Überprüfungsmethodik

Aus der Formulierung der These folgt, dass die Aktenanalyse die einzige Form der Datenerhebung und -auswertung sein kann, die zu dieser Thematik einschlägige Ergebnisse liefert. Dies liegt darin begründet, dass das grundsätzliche Problem, dass Akten nur prozess-produzierte Daten[306] umfassen, in diesem Zusammenhang ein Vorteil ist. Die mit der Ermittlung Betrauten sind zwingend in den Akten anzugeben, sodass eine Verzerrung der objektiven Realität zumindest hinsichtlich der hier untersuchten Aspekte grundsätzlich nicht möglich ist. Folglich lassen sich verwertbare Ergebnisse aus den Akten ableiten.

Da die Verifizierung, aber auch die Falsifizierung der aufgestellten These nur dann möglich ist, wenn man innerhalb eines Zuständigkeitsbereiches Auffälligkeiten feststellen kann, ist die Bündelung der Akten aus Saarbrücken und Zweibrücken optimal.

Auf den ersten Blick bietet sich ein rein quantitativer Forschungsansatz an. Die Untersuchung der These erscheint die Suche nach einzelnen Merkmalen und Fakten zu erfordern und sich auch in dieser zu erschöpfen. Ermöglicht wird somit die Erstellung einer entsprechenden Statistik, die aussagekräftig und illustrativ ist.

Zu beachten ist jedoch das Problem, dass eine gewollte und auf einen Vorteil für den beschuldigten Polizeibeamten abzielende Bearbeitung durch den immer gleichen Staatsanwalt nicht auf Grundlage einer Statistik nachweisbar ist.

Anhand der Aktenlage könnten gegebenenfalls Auffälligkeiten abgeleitet werden, die es dann im weiteren Verlauf zu ergründen gilt. Eine eindeutige Aussage, dass die Staatsanwaltschaften aufgrund der örtlichen oder sachlichen Nähe zu den Beschuldigten entgegen den gesetzlichen Vorgaben handeln, ist jedoch nicht zu erwarten. Zum einen kann ein solcher Nachweis nicht auf Grundlage der vorliegenden Sachverhalte erfolgen, da die Anzahl der Akten dafür zu gering ist, zum anderen darf nach der Aktenanalyse nicht der auf einen konkreten Einzelfall bezogene Vorwurf abgeleitet werden, Staatsanwälte würden bewusst und gezielt einseitig zugunsten beschuldigter Polizisten ermitteln.

Innerhalb dieser These verbinden sich ein quantitativer und ein qualitativer Forschungsansatz. Die Datenmenge, die von den Staatsanwaltschaften Saarbrücken und Zweibrücken bereitgestellt wurde, ermöglichte sowohl eine qualitative als auch eine quantitative Forschung.

---

306 Vgl. *Schnell/Hill/Esser*, Methoden der empirischen Sozialforschung, S. 255.

Die Arbeitsorganisation der Staatsanwaltschaften in Verbindung mit den Polizeibehörden ist zudem ein Geflecht des sozialen Lebens, das nicht ohne weiteres durch eine reine Sammlung von Fakten durchblickt werden kann.[307]

Eine rein quantitative Aktenanalyse hätte zu wesensfremden Ergebnissen geführt und die Komplexität rechtsstaatlicher Ermittlungsverfahren nicht durchdrungen. Erforderlich war vielmehr neben der Datenerfassung durch eine quantitative Aktenanalyse die qualitative Analyse der vorliegenden Daten mit dem Ziel, gegebenenfalls bestehende Auffälligkeiten bei der staatsanwaltschaftlichen Bearbeitung der Fälle der Polizeigewalt aufzudecken und dies anhand einzelner Akten nachzuweisen. Das hier erforderliche Zusammenspiel der beiden Forschungsansätze bestätigt die oben genannte Aussage, dass die Unterschiede und die Grenzen zwischen den Ansätzen nicht überbewertet werden dürfen und eine erfolgreiche empirische Untersuchung nur dann gelingen kann, wenn beide Methoden miteinander kombiniert werden.[308]

Das vorliegende Datenmaterial wurde auch in diesem Fall mithilfe eines standardisierten Erfassungsbogens ausgewertet:

1. Wer ermittelt auf Seiten der Staatsanwaltschaft?
2. Wer ermittelt auf Seiten der Polizei?

Anhand dieser Fragen gilt es sodann eine qualitative Untersuchung vorzunehmen, um eventuelle Überschneidungen zu werten.

Für die hier vorgenommene Aktenanalyse ist vorteilhaft, dass die erforderlichen Daten in den Akten zwingend enthalten sind. Es kann keine Akte der Staatsanwaltschaft geben, in der nicht der Name des ermittelnden Staatsanwaltes und der ermittelnden Polizeibeamten vermerkt ist. Dies folgt bereits aus den Funktionen, die eine Akte hat (Kommunikations-, Legitimations- und Kontrollfunktion). Allerdings kann und darf aus der einfachen Anhäufung von Bearbeitungen durch einen bestimmten Staatsanwalt kein Rückschluss auf eventuelle rechtsfremde Ermittlungsaspekte gezogen werden.

### iii.) Aktenauswertung

Die Aktenauswertung ergab, dass einzelne Staatsanwälte regelmäßig in Verfahren, die sich auf Körperverletzungen im Amt beziehen, involviert sind. Alleine diese statistische Auffälligkeit ist jedoch auf Grund der Verteilung der örtlichen und

307 *Meier*, Seite 87.
308 *Meier*, Seite 88.

sachlichen Zuständigkeit der Staatsanwaltschaften und/oder ihrer Abteilungen nicht verwunderlich und nicht zu kritisieren.

Gleiches gilt für die mehrfache Tätigkeit von Mitgliedern der Polizeibehörden, die in Fällen der Polizeigewalt Ermittlungstätigkeiten wahrnehmen. Die Zuständigkeit von Polizeibeamten richtet sich nach örtlichen und sachlichen Kriterien.

Problematisch erscheint jedoch, wenn es zu häufig zu einer Zusammenarbeit bestimmter Staatsanwälte mit Polizeibeamten kommt. Zwar kann auch hier aus der einfachen Statistik keine konkrete Aussage über rechtswidriges Vorgehen getroffen werden, die Auffälligkeit ermöglicht jedoch den Einstieg in eine Einzelfallbetrachtung.

Im Zuständigkeitsbereich der Staatsanwaltschaft Saarbrücken kam es in zwei Verfahren zu einer erneuten Zusammenarbeit eines Staatsanwaltes und eines Polizeibeamten. Beide Verfahren wegen des Verdachts einer Körperverletzung im Amt wurden von der Staatsanwaltschaft nach § 170 Abs. 2 StPO mangels hinreichenden Tatverdachts eingestellt. Bei der Auswertung und Analyse der Akten konnte jedoch die Entscheidung der Staatsanwaltschaften nicht in Frage gestellt werden, da jeweils eine nachvollziehbare und dem Akteninhalt entsprechende Argumentation erfolgte. In beiden Fällen wurde der Sachverhalt ausermittelt und es ergaben sich keine Ansätze, dass es zu einer Zusammenarbeit im engsten Sinne gekommen ist.

Der Aktenauswertung ist somit zu entnehmen, dass die wiederholte Zusammenarbeit zwar statistisch zu erfassen ist, aber keine Auffälligkeiten hinsichtlich des Ermittlungsverfahrens festzustellen sind. Entsprechend den verschiedenen Funktionen, die Akten zu erfüllen haben (Kommunikations-, Legitimations- und Kontrollfunktion), werden über die persönlichen Verhältnisse der Beteiligten keine Nachweise geführt. Aus den ausgewerteten Akten kann nicht die Erkenntnis gezogen werden, ob sich die betreffenden Personen außerhalb der Ermittlungstätigkeiten nahestehen.

Im Zuständigkeitsbereich der Staatsanwaltschaft Zweibrücken kam es in drei Verfahren wiederholt zur Zusammenarbeit eines bestimmten Staatsanwaltes mit einer Ermittlungsperson der Polizei. Hier gilt jedoch ebenfalls, dass alleine die Statistik keinen Aufschluss über eventuelle Auffälligkeiten gibt, sodass eine konkrete Untersuchung der einzelnen Akten notwendig ist, um zu ergründen, ob diese Zusammenarbeit Einfluss auf die Objektivität des Verfahrens hatte.

Die drei Verfahren wurden jeweils nach § 170 Abs. 2 StPO mangels hinreichenden Tatverdachts eingestellt. Die Einstellungsverfügungen gründen jeweils auf einer ausführlichen und vollständigen Sachverhaltsermittlung.

In einem Verfahren ist auch die Wertung, das heißt die Entscheidung, das Verfahren nach § 170 Abs. 2 StPO einzustellen, zweifelsfrei nachzuvollziehen. Die Einstellung ist somit nicht zu beanstanden.

Bei einem weiteren Verfahren gründet die Einstellung der Staatsanwaltschaft auf der Tatsache, dass das Opfer der vermeintlichen Polizeigewalt zum Tatzeitpunkt stark alkoholisiert war und daher dessen Aussagen, insbesondere in Bezug auf die Aussagen von Zeugen, wenig nachvollziehbar waren. Im Ergebnis kann die Einstellungsentscheidung der Staatsanwaltschaft nachvollzogen werden, sodass auch hier neben der bloßen statistischen keine weiteren Auffälligkeiten bestehen. Im dritten Verfahren, bei dem eine Zusammenarbeit zwischen den Ermittlungsbeteiligten stattfand, ist die Einstellungsverfügung der Staatsanwaltschaft jedoch zumindest genauer zu untersuchen gewesen. Die Einstellung gründet in erster Linie auf der Einschätzung der Staatsanwaltschaft, die Maßnahmen des Polizeibeamten seien im Rahmen der Gewalt- und Notwehrrechte gerechtfertigt gewesen. Die Staatsanwaltschaft hat den Sachverhalt ausführlich ausermittelt beziehungsweise ausermitteln lassen, hat alle Aussagen von Beteiligten und Zeugen bewertet und ist sodann zu dem Entschluss gekommen, den Aussagen des Polizeibeamten zu folgen. Problematisch ist jedoch, dass die Aussagen des Beschuldigten und neutraler Zeugen widersprüchlich sind. Inwiefern bei einer solchen Konstellation eine Verfahrenseinstellung nach § 170 Abs. 2 StPO möglich und/oder rechtmäßig ist, wird noch in der Folge diskutiert. An dieser Stelle gilt es jedoch festzustellen, dass der Akte keine Anhaltspunkte zu entnehmen sind, die darauf hinweisen, dass die wiederholte Zusammenarbeit zwischen den Ermittlungspersonen die Entscheidung der Staatsanwaltschaft beeinflusst oder sogar bestimmt hat.

Bei der Auswertung und Analyse der Akten ist eine weitere Konstellation aufgefallen, die erwähnenswert ist. In einem staatsanwaltlichen Ermittlungsverfahren war ein Polizeibeamter mit den Ermittlungen betraut, der in einem anderen Verfahren der Körperverletzung im Amt beschuldigt wurde. Für die hier diskutierte These ist zwar grundsätzlich nur die Akte von Belang, die sich auf die Ermittlungstätigkeit des Beamten bezieht, das andere Verfahren darf jedoch bereits hier nicht gänzlich unberücksichtigt bleiben.

Das Verfahren, in dem der Beamte als Ermittlungsperson tätig war, weist keine Auffälligkeiten auf. Die Staatsanwaltschaft hat ihre Entscheidung auf Grundlage eines vollständig ausermittelten Sachverhalts getroffen. Indizien, die eine Beeinflussung der Entscheidung durch den Beamten vermuten lassen, bestehen nicht.

Das Verfahren, in dem die Ermittlungsperson als Beschuldigter galt, ist problematischer, hat jedoch für die hier untersuchte These keine Relevanz.[309] Es ist jedoch zumindest unglücklich, dass ein Polizist, der einmal der Anwendung übermäßiger Polizeigewalt beschuldigt wurde, in einem ähnlich gelagerten Fall eines Kollegen ermittelt. Ratsam wäre es, wenn die Polizisten, die einem solchen Vorwurf ausgesetzt waren, nicht in ähnlichen Fällen mit der Ermittlung betraut werden.

Im Ergebnis lässt sich festhalten, dass die oben aufgestellte These in dieser Deutlichkeit nicht bestätigt werden kann. Zwar konnten im Einzelfall Ansätze für kritisches Hinterfragen herausgearbeitet werden, bei einer genauen Einzelfallanalyse konnten jedoch keine Ansatzpunkte gefunden werden, die die Bestätigung der These ermöglichen würden. Eine Kritik an der vermehrten Zusammenarbeit einzelner Ermittlungspersonen kann ebenfalls nicht pauschal erfolgen. Sowohl die Staatsanwaltschaften als auch die Polizeibehörden gliedern ihre Zuständigkeiten nach örtlichen und sachlichen Aspekten. Dass in den Abteilungen nur eine begrenzte Anzahl an Personen arbeitet, sodass es zwangsläufig zu Doppelungen kommen kann, ist hinzunehmen. Werden solche Doppelungen jedoch die Regel, sollte über entsprechende Verteilungsmethoden nachgedacht werden.

Die Diskussion kann jedoch insofern als entschärft angesehen werden, als bei der vorgenommenen Aktenanalyse keine Zweifel an der Rechtmäßigkeit der Entscheidungen der Staatsanwaltschaft und Ermittlungsmaßnahmen der Polizei aufkamen, Doppelungen nicht der Regelfall, sondern die Ausnahme sind und somit die Ausgangsthese statistisch widerlegt werden konnte.

### *c.) Untersuchungsthese zur einseitigen Ermittlungsarbeit*

*Die Einstellungen der Verfahren nach § 170 Abs. 2 StPO oder nach den §§ 153 ff. StPO basieren auf einer einseitigen Ermittlungsarbeit der Staatsanwaltschaften zugunsten der Polizeibeamten.*

#### i.) Herleitung des Theseninhalts

Die hier zu untersuchende These orientiert sich an der Ausgangsthese, dass die staatsanwaltschaftliche Ermittlungstätigkeit wegen der Fälle vermeintlicher Polizeigewalt einseitig zugunsten der beschuldigten Beamten durchgeführt wird. Die Ausgangsthese ist im Rahmen einer einzelfallbezogenen Aktenanalyse durch die Untersuchung der formulierten Unterthese zu überprüfen. Diese Untersuchung

309 Eine genaue Untersuchung dieser Akte erfolgt unten im Rahmen des § 153 a StPO.

dient dazu, mögliche Aspekte einer einseitigen, polizistenfreundlichen Durchführung des Ermittlungsverfahrens herauszuheben und zu untersuchen.

Untersuchungsgegenstand dieser These ist nämlich nicht das Ermittlungsverfahren in seiner Gesamtheit, sondern vielmehr die konkret ergriffenen Ermittlungsmaßnahmen. Es stellt sich mithin die Frage, ob die im Rahmen der Ermittlungen durchgeführten Ermittlungsmaßnahmen dem Objektivitätspostulat und der im Legalitätsprinzip verankerten Ermittlungspflicht gerecht werden oder ob Indizien bestehen, die darauf schließen lassen, dass einseitig zugunsten der beschuldigten Polizeibeamten ermittelt wurde. Allerdings ist dabei stets das der Staatsanwaltschaft eingeräumte Handlungsermessen zu beachten. Folglich werden sich auch aus dieser Aktenanalyse Aspekte ergeben, die für oder gegen die Einrichtung einer neuen, unabhängigen Behörde sprechen. Die Untersuchung der These wird insbesondere Aufschlüsse über die Grundsätze der Unabhängigkeit, der Angemessenheit und der Einbeziehung des Opfers bieten.[310] Es gilt zu ergründen, ob das Ermittlungsverfahren in der aktuellen Form unter Mängeln leidet, die die Gefahr einseitiger und nicht an den objektiven Gegebenheiten orientierter Untersuchungen bergen.

#### ii.) Überprüfungsmethodik

Bei der Frage, ob die Ermittlungsarbeit der Staatsanwaltschaften in den Verfahren gegen Polizeibeamte wegen der Möglichkeit der Anwendung von Gewalt im Sinne des § 340 StGB zugunsten der Polizeibeamten geführt wird, wurde die Grundthese der gesamten Arbeit aufgenommen und präzisiert. Die Akten wurden im Hinblick auf diese These anhand eines Ermittlungsbogens in der Hauptsache nach quantitativen Maßstäben untersucht und ausgewertet. Auch hier ist jedoch eine rein quantitative Forschung nicht zielführend, da die Argumentation und die Begründung der Staatsanwaltschaften, sofern eine solche aus den Akten zu entnehmen ist, nicht anhand eines reinen Faktenchecks ausgewertet werden können. Folglich hat auch hier eine Kombination der quantitativen und der qualitativen Aktenanalyse zu erfolgen. Zur Vereinfachung der Erfassung wurde eine Wertungsfrage in den Erhebungsbogen aufgenommen, sodass sich dieser wie folgt darstellt:

1.) Wurde eine ausreichend objektive Bewertungsgrundlage für die Einstellungsentscheidung der Staatsanwaltschaft geschaffen?
2.) Gibt es aufgrund der angestellten Ermittlungen Gründe, die das Ergreifen von weiteren Ermittlungsmaßnahmen mit anderer Zielrichtung notwendig erscheinen lassen?

---

310 *Hammarberg*, S. 3.

3.) Für den Fall, dass Aussage gegen Aussage steht:
a.) Welcher Aussage folgt die Staatsanwaltschaft und mit welcher Begründung?
b.) Ist die Entscheidung der Staatsanwaltschaft in Anbetracht der konkreten Aussagen nachzuvollziehen? (Wertungsfrage)

Dabei muss auch berücksichtigt werden, dass es sich bei § 340 StGB zwar um ein Delikt handelt, bei dem aufgrund des damit verbundenen Amtspflichtverstoßes ein erhöhtes öffentliches Interesse an der Aufklärung besteht, allerdings führt dies grundsätzlich nicht dazu, dass eine wesentlich umfangreichere und der Schwere der Straftat unangemessene Durchführung des Ermittlungsverfahrens erfolgen muss. Dies wäre wohl bereits unter dem Gesichtspunkt des ökonomischen Mitteleinsatzes nicht zu rechtfertigen. Die Ermittlungsarbeit muss vielmehr im Einzelfall dazu geeignet sein, eine zur Beurteilung der strafrechtlichen Belange hinreichende Aufklärung des Sachverhalts zu gewährleisten. Dementsprechend erfolgt die schwierige normative Bewertung der geleisteten Ermittlungsarbeit anhand der Leitfragestellung, ob durch die konkreten Ermittlungsmaßnahmen eine ausreichend objektive Bewertungsgrundlage für die Einstellungsentscheidung der Staatsanwaltschaft geschaffen wurde oder ob sich aufgrund der bisherigen Ermittlungsergebnisse Gründe ergeben, die das Ergreifen von weiteren Ermittlungsmaßnahmen mit gegebenenfalls anderer Zielrichtung notwendig erscheinen lassen.

Für die Überprüfung der These und die Bewertung der Nachvollziehbarkeit der Argumentationen der Staatsanwaltschaften spielt der Inhalt der Akten eine entscheidende Rolle. Aus den Funktionen, welche die Akten zu erfüllen haben, folgt, dass sie die Kommunikation zwischen den Ermittlungsbehörden (später auch den Gerichtsinstanzen) ermöglichen, die Entscheidungsfindung legitimieren und die Kontrolle der Entscheidungen gewährleisten sollen. Dennoch unterliegen die Akten den Einflüssen ihres/ihrer Ersteller(s). Der Aktenhersteller hat es in der Hand, gewisse Daten und Gegebenheiten selektiv in die Akte aufzunehmen und somit den Informationsgehalt zu bestimmen.[311] Problematisch sind somit konsequenterweise die inneren Kennzeichen der Akte, d. h. die Ziel- und Zweckrichtung der Aktenführung. Auf diese Kennzeichen hat der Aktenhersteller verstärkt Einfluss.

Fraglich ist, ob die Aktenanalyse Anhaltspunkte für eine nachlässige Ermittlungstätigkeit erkennen lässt. Angesichts der bereits untersuchten Thesen und der Statistiken lässt sich zumindest die Vermutung äußern, dass in Einzelfällen einseitig zugunsten des beschuldigten Beamten ermittelt wird. Lassen sich einseitige Ermittlungsarbeiten nachweisen und belegen, so kann die Einstellungspraxis

311 *Steffen*, Seite 89.

nicht mehr verwundern, da die Staatsanwaltschaften durch die Ermittlungsergebnisse ihre Entscheidungen legitimieren können.

### iii.) Aktenauswertung

Die Aktenauswertung und -analyse ergab, dass in einzelnen Verfahren der Eindruck einer einseitigen Ermittlungsarbeit der Staatsanwaltschaften besteht, sei es, weil Zeugen nicht geladen und vernommen wurden, Betroffene, aber auch Beschuldigte nicht gehört wurden oder anderweitig der Eindruck entstand, dass die Staatsanwaltschaften die Ermittlungen nicht in der gebotenen Objektivität durchgeführt haben.

Es gilt die Akten, in denen dieser Eindruck erweckt wird, im Einzelnen zu analysieren. Dies gilt umso mehr, als die Bestätigung dieser These einen direkten Bezug auf die Grundthese der Arbeit hat.

Neben dem Fakt, dass Verfahren gegen Polizeibeamte regelmäßig von den Staatsanwaltschaften nach §§ 170 Abs. 2, 153 ff. StPO eingestellt werden, ist auch die Argumentationsstruktur und die Sachverhaltsanalyse, die den Verfahrenseinstellungen zugrunde liegen, von Bedeutung. Zwar können die Einstellungen nicht ausschließlich aus einseitigen Ermittlungstätigkeiten hergeleitet werden, diese können aber ein entscheidender Faktor sein.[312]

Einer besonderen Auswertung und Analyse bedürfen die Verfahren, in denen Beteiligte oder aber auch Zeugen nicht vernommen wurden. In sechs von 58 Verfahren wurde der Sachverhalt somit nicht vollständig und detailliert ausermittelt, obschon den Staatsanwaltschaften bekannt war, dass weitere Aussagen in die Bewertung des Sachverhaltes hätten aufgenommen werden können.

In zwei dieser sechs Verfahren wurden Zeugen weder durch die Staatsanwaltschaft noch durch die Polizei zur Vernehmung geladen. In einem dieser beiden Verfahren wird die Einstellung nach § 170 Abs. 2 StPO ironischerweise mit fehlender Sicherheit über den Sachverhalt begründet. Die Einstellungsverfügung gründet somit auf Mutmaßungen und Unwägbarkeiten, die zumindest teilweise durch eine Ladung des Beschuldigten hätten ausgeräumt werden können. Dieses Vorgehen spricht angesichts der Tatbestandsvoraussetzungen des § 170 Abs. 2 StPO für eine einseitige Ermittlungsarbeit. Eine Einstellung nach § 170 Abs. 2 StPO kann dann erfolgen, wenn die Staatsanwaltschaft anhand des ermittelten Akteninhalts zu der Einschätzung gelangt, eine Verurteilung des Beschuldigten

---

312 So kann es zu Fallkonstellationen kommen, in denen die Ermittlungstätigkeit einseitig vorgenommen wurden, aber dennoch alle Fakten und Tatsachen ermittelt wurden und das Verfahren somit zurecht eingestellt wurde.

in der Hauptverhandlung sei weniger wahrscheinlich als ein Freispruch.[313] Zu einer solchen Einschätzung gelangen Staatsanwaltschaften bei Vorliegen tatsächlicher Zweifel, das heißt bei Zweifeln hinsichtlich der Beweislage. Unabhängig von der Rechtsprechung des Bundesgerichtshofes[314], die besagt, dass die Staatsanwaltschaften die Aufklärung (tatsächlicher) Zweifel einer Hauptverhandlung überlassen sollen, wenn nicht sogar müssen, erscheint eine entsprechende Einstellungsverfügung ohne Ladung und Vernehmung von Beteiligten fragwürdig. In einem solch gelagerten Fall liegt die Vermutung nahe, dass gewollt eine unklare Sachlage bewertet werden sollte, um das Verfahren nach § 170 Abs. 2 StPO einstellen zu können. Eine allgemeingültige Aussage darf aus dieser Auffälligkeit selbstredend nicht abgeleitet werden.

In dem zweiten Verfahren, in dem auf die Vernehmung des Beschuldigten verzichtet wurde, wurde das Verfahren in der Folge nach § 153a StPO gegen Auflage eingestellt. Eine konkrete Auseinandersetzung mit dieser Einstellungsverfügung wird im Rahmen einer eigenständigen These zu § 153a StPO vorgenommen.

In den vier Verfahren, in denen auf die Ladung und Vernehmung neutraler Zeugen verzichtet wurde, wird der Eindruck einseitiger Ermittlungsarbeit massiv erweckt.

Bei drei dieser Verfahren ist der zuständigen Staatsanwaltschaft bekannt gewesen, dass neutrale Zeugen den Sachverhalt konkretisieren und Ungereimtheiten hätten ausräumen können – dennoch wurde explizit auf deren Vernehmung verzichtet. Zwar kann in den Fällen, in denen andere Polizeibeamte die einzigen nicht vernommenen Zeugen waren, nicht davon ausgegangen werden, dass diese bewusst zum Schutz der Beschuldigten nicht vernommen wurden. Zugleich kann nicht pauschal davon ausgegangen werden, dass sie ihre Kollegen belastet hätten. Eine Vernehmung wäre jedoch angesichts der Unklarheiten angebracht gewesen.

Der Grund für die ausgebliebene Vernehmung ist der Akte nicht zu entnehmen, sodass diesbezüglich eine Wertung problematisch ist. Mit Blick auf die Einstellungsvorschrift § 170 Abs. 2 StPO könnte jedoch vermutet werden, dass die Staatsanwaltschaft die Sachlage bewusst ungeklärt lassen wollte, um in der Folge aufgrund des Vorliegens tatsächlicher Zweifel an der Strafbarkeit der Handlung das Verfahren einzustellen. Wäre dies der Fall, so wäre von einseitiger Ermittlungsarbeit auszugehen.

Von besonderer Bedeutung für die formulierte These ist ein Verfahren, das mehrfach nach § 170 Abs. 2 StPO eingestellt wurde. Nach einer ersten Einstellung

---

313 *Klemke/Elbs*, Rn. 405.

314 BGH NJW 1970, 1543 (1544).

durch die Staatsanwaltschaft, die im Rahmens eines Dienstaufsichtsbeschwerdeverfahrens aufgehoben wurde, wurde das Verfahren nach einer Neubetrachtung der (Ausgangs-)Staatsanwaltschaft erneut nach § 170 Abs. 2 StPO eingestellt.

Die erste Einstellungsverfügung wurde mit der Tatsache begründet, dass das Opfer während des staatsanwaltlichen Ermittlungsverfahrens im Ausland wohnte und die Staatsanwaltschaft trotz eines Antrags des Rechtsbeistandes des Opfers eine schriftliche Vernehmung ausschloss. Die fehlende Aussage, so die Argumentation der Staatsanwaltschaft, führe dazu, dass im Zweifel dem Beschuldigten gefolgt werden müsste.[315] Zudem hätten es das Opfer und dessen Rechtsbeistand unterlassen, neutrale Zeugen, obschon vorhanden, der Staatsanwaltschaft zu benennen.

Hier ist zu vermuten, dass die Staatsanwaltschaft keinen Wert auf die Aussage des Opfers legte und stattdessen die Möglichkeit wahrnahm, das Verfahren einzustellen. Die Einstellungsverfügung verwundert, da die ursprüngliche Aussage des Opfers bei Anzeigeerstattung durch ärztliche Atteste bestätigt wurde und zugleich Bild- und Filmaufnahmen vorhanden waren, jedoch noch nicht ausgewertet wurden. Bereits hier drängt sich der Eindruck auf, dass die Staatsanwaltschaft „die Gunst der Stunde" nutzen wollte und während der Abwesenheit des Opfers das Verfahren einstellte. Die Ablehnung des Antrags auf schriftliche Vernehmung kann nicht nachvollzogen werden, wenn man auf das Objektivitätspostulat und das Legalitätsprinzip verweist. Somit kann in diesem Fall von einer einseitigen Ermittlungstätigkeit dieser Staatsanwaltschaft ausgegangen werden.

Der Rechtsbeistand des Opfers hat gegen die Einstellungsverfügung ein Dienstaufsichtsbeschwerdeverfahren eingeleitet, in dessen Folge die Verfügung auch aufgehoben und das Verfahren an die (Ausgangs-)Staatsanwaltschaft zurückverwiesen wurde.

Jedoch wurde auch im wiederholten Ermittlungsverfahren die Aussage des vermeintlichen Opfers nicht aufgenommen und in die Bewertung einbezogen. Dieses Verhalten der Staatsanwaltschaft wirkt zumindest fragwürdig, da der Erfolg des Dienstaufsichtsbeschwerdeverfahrens die Staatsanwaltschaft hätte dazu bewegen müssen, sorgfältiger, objektiver und detaillierter zu ermitteln. Der Vorgehensweise und den Entscheidungen der Staatsanwaltschaft kann nur mit Unverständnis und Kritik gegenübergetreten werden. Unter den vorliegenden Akten, bei denen der Eindruck einer einseitigen Ermittlungsarbeit erweckt wurde, ist die Akte zu diesem Verfahren die prägnanteste.

---

315 Zu der Tatsache, dass der Grundsatz „in dubio pro reo" hinsichtlich der Einstellung nach § 170 Abs. 2 StPO keine Geltung hat, siehe unten.

Da sich die Vermutung einer einseitigen Ermittlungsarbeit nur in einzelnen Akten ergab, kann nicht davon ausgegangen werden, dass es ein flächendeckendes Problem mit der Objektivität der Staatsanwaltschaften gibt. Für die Annahme eines flächendeckenden Mangels an Objektivität hätte es mehrerer Fälle bedurft, in denen sich entsprechende Ansätze hätten zeigen müssen. Daher waren die einzelnen Fälle, die für diese These von Bedeutung waren, von gesteigertem Interesse.

Die formulierte These konnte zwar nicht in vollem Umfang bestätigt werden, statistisch kann jedoch festgestellt werden, dass es durchaus eine Mehrzahl an Verfahren gibt, bei denen der Verdacht der einseitigen Ermittlungsarbeit der Staatsanwaltschaft verifiziert wurde. Die Staatsanwaltschaften ignorieren teilweise, dass aussagebereite Zeugen vorhanden sind, vernehmen Beteiligte nicht und lassen Sachverhalte dadurch so zweifelhaft erscheinen, dass eine Einstellung insbesondere nach § 170 Abs. 2 StPO möglich ist. Dies ist jedoch nicht allein aufgrund des Verhaltens am Rande der Rechtswidrigkeit, sondern widerspricht auch der dargestellten Rechtsprechung des Bundesgerichtshofes, der für die Fälle, in denen tatsächliche Zweifel bestehen, die Erhebung der öffentlichen Klage für geboten erachtet.[316]

In Verbindung mit der These zu den Auswirkungen der „örtlichen und sachlichen Nähe“ zwischen Staatsanwaltschaft und Polizei kann resümiert werden, dass die jeweiligen Thesen nicht in voller Gänze und Schärfe bestätigt werden können, jedoch durchaus Ansätze und statistische Auffälligkeiten bestehen. Dies rechtfertigt zumindest die Überlegung zur Einrichtung einer unabhängigen und neutralen Ermittlungsstelle für die Fälle der Körperverletzung im Amt.

## III.) Fazit zur Ermittlungsarbeit der Staatsanwaltschaften

Die Staatsanwaltschaft ist Herrin des Ermittlungsverfahrens; in ihren Händen liegen die Organisation und die Durchführung eben jenes Verfahrens. Zur Durchführung der Ermittlungen bedarf sie der Unterstützung der örtlichen Polizeidienststellen. Diese sind aufgrund ihrer insbesondere personellen Struktur dazu befähigt, die Ermittlungen vor Ort durchzuführen und die entsprechenden Ergebnisse sodann an die Staatsanwaltschaft weiterzuleiten.

Dass es daher aufgrund der örtlichen und sachlichen Zuständigkeiten vermehrt zur Zusammenarbeit von Einzelpersonen kommt, ist konsequent und vom Grundsatz her nicht zu beanstanden. Im Gegenteil: Verlässliche Zusammenarbeit in der Vergangenheit kann eine solche in der Gegenwart und Zukunft nur erleichtern. Dennoch birgt diese Zusammenarbeit in den Fällen der vermeintlichen

316 Siehe dazu oben.

Polizeigewalt auch gewisse Risiken, die sich auch in der Ausgangsthese wiederfinden. Aus dem Umstand, dass Staatsanwaltschaften und Polizisten gegen Polizisten ermitteln, ergibt sich die begründete Gefahr, dass das strafprozessuale Ermittlungsverfahren bei Gewaltdelikten von Polizeibeamten einseitig zugunsten von beschuldigten Polizeibeamten durchgeführt wird. Aus dieser Ausgangsthese lässt sich auch ableiten, dass im allgemeinen Diskurs die Staatsanwaltschaft pauschal der cop culture der Polizeibehörden zugeordnet wird. Insbesondere in Ermittlungsverfahren gegen Polizeibeamte wird den Staatsanwaltschaften allgemein und untermauert durch die Statistiken zum Sachgebiet 53 unterstellt, sie würden Verfahren bereits im Stadium des Vorverfahrens beenden und somit die Beschuldigten vor einer Bestrafung schützen.

Im Rahmen der Untersuchung der staatsanwaltschaftlichen Weisungsbefugnis gegenüber den Polizeibehörden sind in zwei[317] Akten Auffälligkeiten herausgearbeitet worden. Dennoch ist die aufgestellte These als falsifiziert zu erachten. Die beiden Einzelfälle können nicht dazu dienen, einen allgemeinen Missstand zu benennen. Es erscheint aufgrund dieser Fälle jedoch berechtigt von Schwächen im Einzelfall zu sprechen.

In einem Zusammenhang zu dieser These wurde des Weiteren untersucht, ob die räumliche und sachliche Nähe der Ermittlungspersonen und der beschuldigten Polizeibeamten sowohl die Durchführung als auch das Ergebnis der Ermittlungsarbeiten beeinflussen könnten. Auch wenn in der Aktenanalyse aufgezeigt werden konnte, dass es nicht nur vereinzelt zu einer Zusammenarbeit von gleichen Staatsanwälten und Polizisten kam, konnte doch zudem festgestellt werden, dass keines der Verfahren rechtswidrig beendet wurde. Ohne Beanstandung sind zudem die einzelnen Ermittlungsmaßnahmen der Polizisten als sachgerecht zu erachten.

Im gleichen Zusammenhang wurde untersucht, ob die auf §§ 170 Abs. 2, 153 Abs. 1 StPO gegründeten Einstellungsentscheidungen Folgen einer zugunsten der Beschuldigten einseitigen Ermittlung waren. Auch diese These konnte nicht in vollem Umfang verifiziert werden, obschon in einzelnen Akten durchaus der Eindruck entstand, dass Staatsanwälte einseitig ermittelt haben. Dieser Eindruck entstand, da Zeugen nicht vernommen wurden[318] oder die Aussagen von Betroffenen und vereinzelt sogar von Beschuldigten nicht aufgenommen wurden. Die erkannten Mängel können jedoch nicht dazu gereichen, die These zu verifizieren.

---

317 Von insgesamt 61.

318 Die Gründe für die fehlende Vernehmung der Zeugen sind vielfältig; zum einen wurden die Zeugen nicht ermittelt oder teilweise nicht geladen.

Ansätze, die Zusammenarbeit von Staatsanwaltschaften und Polizeidienststellen kritisch zu hinterfragen, sind dennoch gegeben.

Wie die aufgezeigten Schwächen des Ermittlungsverfahrens auszubessern sind, ist fraglich und offen. Interne Anweisungen, dass beschuldigte Amtsträger nicht anders zu behandeln sind als normale Bürger, sind zwar denkbar, eine solche Anweisung ist jedoch aufgrund der beruflichen Verpflichtung eines jeden Staatsanwaltes eigentlich unnötig. Wäre eine solche ausdrückliche Anweisung erforderlich, so würde die Hauptthese bereits aufgrund dieser Tatsache in vollem Umfang als verifiziert anzusehen sein.

Dennoch wäre eine entsprechende Stellungnahme des Gesetzgebers wünschenswert. Mit dem § 340 StGB hat er verdeutlicht, dass er dem Vorwurf eines nachlässigen Strafrechts gegenüber Amtsträgern entschieden entgegentreten möchte.

## D.) Der Abschluss des Ermittlungsverfahrens

### I.) Rechtliche Grundlagen der Beendigung des Ermittlungsverfahrens

#### *1.) Anklageerhebung und Verfahrenseinstellung nach § 170 StPO*

§ 170 StPO ist die zentrale Vorschrift, die den Übergang vom Ermittlungs- in das Zwischenverfahren regelt. Das von der Staatsanwaltschaft geleitete Ermittlungsverfahren endet entweder mit der Klageerhebung, § 170 Abs. 1 StPO, oder mit der Verfahrenseinstellung, § 170 Abs. 2 StPO.

Die Staatsanwaltschaft hat gemäß Abs. 1 öffentlich Klage zu erheben, wenn genügend Anlass besteht, d. h. wenn kein Verfahrenshindernis dem Verfahren entgegensteht, nach den Vorschriften des Opportunitätsprinzips §§ 153 ff. StPO nicht eingestellt wird und ein hinreichender Tatverdacht gegen den Beschuldigten besteht.[319]

Sind diese Voraussetzungen aus sachlichen oder rechtlichen Gründen nicht erfüllt, hat die Staatsanwaltschaft das Verfahren gemäß § 170 Abs. 2 StPO zwingend einzustellen.[320] Von entscheidender Bedeutung bei der Entscheidung über Anklageerhebung oder Verfahrenseinstellung ist der unbestimmte Rechtsbegriff des „hinreichenden Tatverdachts"[321]. In der Literatur wird dargelegt, dass dieser

319 Meyer-Goßner/*Schmitt* § 170 Rn. 1.

320 Charchulla/Ernst, Referendarausbildung in Strafsachen, 3. Auf., Rn. 108.

321 Meyer-Goßner/*Schmitt* § 170 Rn. 1.

Begriff einen nicht unerheblichen Beurteilungsspielraum zulässt, da neben der Auslegung des Begriffes auch eine Prognose der Staatsanwaltschaft erfolge.[322]

Der für die Klageerhebung erforderliche hinreichende Tatverdacht soll nach h.M. vorliegen, wenn die Staatsanwaltschaft auf Grundlage des Sachverhaltes, der sich aus den Inhalten aller vorliegenden Akten und Beweisergebnisse ergibt, zu der Überzeugung gelangt, dass es mit überwiegender Wahrscheinlichkeit zu einer Verurteilung des Beschuldigten im Hauptverfahren komme.[323] Die „Beweisfähigkeit des Tatvorwurfs" bzw. die Verurteilung des Beschuldigten müssen insofern als wahrscheinlicher als ein Freispruch prognostiziert werden.[324]

An der überwiegenden Wahrscheinlichkeit der Verurteilung können jedoch Zweifel bestehen, die sich in unterschiedlicher Weise auf die Entscheidung der Staatsanwaltschaft auswirken können.

Zweifel in tatsächlicher Hinsicht beziehen sich auf die zur Verfügung stehenden Beweismittel und können in Anbetracht der staatsanwaltlichen Objektivität sowie der Pflicht zur Ermittlung von entlastenden Umständen regelmäßig aufkommen. Etwaige Zweifel müssen zwar innerhalb der Prognoseentscheidung der Staatsanwaltschaft berücksichtigt werden, verhindern aber bei überwiegender Wahrscheinlichkeit einer Verurteilung nicht die Erhebung der öffentlichen Klage.[325] Nach Ansicht des Bundesgerichtshofes gilt genau das Gegenteil, da „die Aufklärung von Widersprüchen zwischen den Angaben des Beschuldigten und den vorhandenen Beweisergebnissen der Hauptverhandlung überlassen bleiben"[326] darf, gegebenenfalls sogar muss. Nach ständiger Rechtsprechung des Senats[327] wandelt sich das „Darf" in ein „Muss", wenn die Einstellung des Verfahrens durch die Staatsanwaltschaft dazu führen sollte, dass das Anklagemonopol der Staatsanwaltschaften letztlich die in Art. 92 GG erfolgte Zuweisung der Rechtsprechung an die Gerichte unterlaufen würde.[328]

Dieser ständigen Rechtsprechung ist auch zuzustimmen, da die Richter aufgrund ihrer fachlichen Befähigung und des Gebots der sachgerechten Aufgabenwahrnehmung in der Lage sind, „das jeweils anzuwendende Recht zu erkennen und zu befolgen"[329]. Zwar ist den Staatsanwälten diese Befähigung nicht abzuspre-

---

322 Meyer-Goßner/*Schmitt* § 170 Rn. 1.
323 OLG Bremen NStZ-RR 2000, 270 (270).
324 KK-*Moldenhauer* § 170 Rn. 3; SK-StPO/*Wohlers* § 170 Rn. 25.
325 KK-*Moldenhauer* § 170 Rn. 5.
326 BGH NJW 1970, 1543 (1544).
327 Beschl. v. 20. 2. 1981 – Ws 510/80.
328 OLG Bamberg NStZ 1991, 252 (252).
329 BeckOK GG/Morgenthaler GG Art. 92 Rn. 29.

chen, dennoch ist den Richtern vom Grundgesetz ein *Monopol* für die Ausübung der rechtsprechenden Gewalt"[330] in Unabhängigkeit zugestanden.

Bei rechtlichen Zweifel ist wie folgt zu differenzieren: Bei Zweifeln, welche die Strafbarkeit eines bestimmten Sachverhalts betreffen, darf die Staatsanwaltschaft nicht von der Klageerhebung absehen, wenn bezüglich der in Frage stehenden Rechtsfrage eine ständige bzw. gefestigte höchstrichterliche Rechtsprechung besteht.[331] Bejaht die Staatsanwaltschaft hingegen im Gegensatz zur höchstrichterlichen Rechtsprechung die Strafbarkeit eines bestimmten Verhaltens, so ist die Staatsanwaltschaft nicht an die Rechtsprechung gebunden und kann Anklage erheben.[332] Sie hat stets in eigener Verantwortung zu entscheiden, wenn sich entweder noch keine höchstrichterliche Rechtsprechung gebildet hat oder voneinander abweichende Entscheidungen vorliegen.[333]

Für Zweifel beider Arten ist jedoch stets zu beachten, dass der im Strafprozessrecht grundsätzlich vorherrschende Gedanke in dubio pro reo im Rahmen des § 170 StPO keine unmittelbare Anwendung finden kann. Bestehen zu große Zweifel, die zwangläufig die Erhebung der öffentlichen Klage erfordern, dürfen die Staatsanwaltschaften dieses Erfordernis nicht durch Anwendung des in dubio reo unterlaufen. Dies wird auch von der Rechtsprechung so gesehen, die lediglich eine mittelbare Anwendung dieses Grundsatzes bei der Prognoseentscheidung für möglich erachtet.[334,335] Nach Ansicht des OLG Bamberg soll die mittelbare Anwendung nur dann eine Einstellung ermöglichen, „wenn es sich bei der anzustellenden Beweisbarkeitsprognose geradezu aufdrängt, dass der zuständige Richter zumindest nach diesem Grundsatz zu einem Freispruch gelangen wird. Ist dies [...] objektiv [...] nicht der Fall, dann darf die Aufklärung von Widersprüchen der Hauptverhandlung überlassen werden"[336].

Die Auslegung des unbestimmten Rechtsbegriffes „genügender Anlass" bzw. „hinreichender Tatverdacht" eröffnet dem Entscheidungsträger zwar einen erheblichen Beurteilungsspielraum, ist jedoch nichtsdestoweniger Rechtsanwendung.[337] Der zugrunde liegende Sachverhalt ist insofern einer „richtigen" Lösung

---

330 BeckOK GG/Morgenthaler GG Art. 92 Rn 15.

331 KK-*Moldenhauer* § 170 Rn. 6; SK-StPO/*Wohlers* § 170 Rn. 32; BGHst 15, 155, 158 f.

332 KK-*Moldenhauer* § 170 Rn. 7; SK-StPO/*Wohlers* § 170 Rn. 32.

333 BGHSt 15, 155, 158.

334 BGH NStZ-RR 2003, 271.

335 OLG Bamberg NStZ 1991, 252.

336 OLG Bamberg NStZ 1991, 252 (252).

337 KK-*Moldenhauer* § 170 Rn. 4; SK-StPO/*Wohlers* § 170 Rn. 28; SSW-StPO/*Sing*/*Vordermayer* § 170 Rn. 12.

zugänglich.[338] Außerdem ist der Staatsanwaltschaft vom Gesetzgeber bei der Entscheidung zwischen Erhebung der öffentlichen Klage (§ 170 Abs. 1 StPO) und Verfahrenseinstellung (§ 170 Abs. 2 StPO) kein Ermessen eingeräumt worden.[339] Die Objektivierbarkeit der zu treffenden Entscheidung über die Anklageerhebung macht somit die im Einzelfall ergangenen Entscheidungen der Staatsanwaltschaften, das Verfahren wegen Gewaltausübung durch einen Polizeibeamten gemäß § 170 Abs. 2 StPO einzustellen, einer vollständigen Überprüfung zugänglich.

Demgegenüber ist die Einstellung des Verfahrens nach dem Wortlaut des § 170 Abs. 2 StPO zwingend. Die Formulierung einer „Muss-Vorschrift" folgt bereits aus der ständigen Rechtsprechung des Bundesgerichtshofes, der im Rahmen seines Beschlusses vom 02.11.1995 feststellte, dass Beschuldigte, sofern die entsprechenden Voraussetzungen nicht vorliegen, nicht mit den Beschwernissen einer Hauptverhandlung konfrontiert werden dürfen.[340]

Die Einstellung hat unverzüglich zu erfolgen und darf nicht mit Bedingungen, Auflagen o. ä. verbunden werden. Wurden mehrere Strafsachen zuvor miteinander zu einer prozessualen Tat verbunden, ist eine Teileinstellung zulässig und möglich. Ermöglicht wird dadurch das Ausscheiden einer Tat oder eines Beschuldigten im Ermittlungsstadium.[341]

Wurde das Verfahren durch die Staatsanwaltschaft eingestellt, so kann der Verletzte der fraglichen Tat gegen den Einstellungsbescheid im Wege des Klageerzwingungsverfahrens vorgehen, §§ 172 ff. StPO.[342] Das Ziel des Klageerzwingungsverfahrens besteht darin, die Entscheidung der Staatsanwaltschaft oder des Gerichtes zu revidieren. Somit erfüllt das Klageerzwingungsverfahren im Strafprozessrecht zwei wichtige Funktionen: Zum einen werden die Kontrolle und Sicherung des Legalitätsprinzips verwirklicht, zum anderen wird der Verletzte, der ein Interesse an der Feststellung der Strafbarkeit der fraglichen Handlung hat, geschützt und auch unterstützt.[343]

Neben dem Klageerzwingungsverfahren kann der Verletzte (aber auch jeder Dritte[344]) auch eine Dienstaufsichtsbeschwerde, die völlig unabhängig von der

---

338 KK-*Moldenhauer* § 170 Rn. 4.

339 KK-*Moldenhauer* § 170 Rn. 4; SK-StPO/*Wohlers* § 170 Rn. 28; SSW-StPO/*Sing*/*Vordermayer* § 170 Rn. 12.

340 Vgl. st. Rspr. des Senates; Senat, Beschl. v. 02.11.1995, Ws 139/95.

341 von *Heintschel-Heinegg* JA 1990, 110, 111 f.

342 Näheres siehe dazu unten.

343 LR-*Beulke* StPO § 170 Rn. 344.

344 LR-*Beulke* StPO § 170 StPO Rn. 349.

Einleitung des Klageerzwingungsverfahrens ist[345], erheben.[346] Eine Klageerhebung kann durch die Beschwerde jedoch nicht unmittelbar erreicht werden, da die Dienstaufsichtsbeschwerde der Überprüfung der Rechtmäßigkeit der Entscheidung der Staatsanwaltschaft dient.

Werden Ermittlungsverfahren, die Fälle von Polizeigewalt zum Inhalt haben, von Staatsanwaltschaften eingestellt, so gründet die Einstellung hauptsächlich auf dem Fehlen eines hinreichenden Tatverdachts, § 170 Abs. 2 StPO.[347] Gegen diese Einstellungspraxis können keine pauschalen Einwände erhoben werden, da den Staatsanwaltschaften ein erheblicher Beurteilungsspielraum zugestanden ist, auch wenn diesem Beurteilungsspielraum auf der Grundlage des Urteils des Bundesgerichtshofes Grenzen gesetzt sind.[348,349] Die Staatsanwaltschaften haben eine Beurteilung des vorhandenen Beweismaterials vorzunehmen, auf deren Grundlage sie eine Prognose zu treffen haben, ob eine Verurteilung im Hauptverfahren wahrscheinlich ist. Bestehen diesbezüglich zu viele offene Fragen oder können einige Fakten nicht geklärt werden, ist die Erhebung der Klage geboten.[350] Dies ist auch folgerichtig; der Staatsanwaltschaft stehen zwar sowohl ein Ermessen als auch eine entsprechende Prognoseentscheidung zu, dennoch ist die Auslegung zugleich Rechtsanwendung. Es kann nur eine richtige Lösung geben. Somit können die Staatsanwaltschaften nur dann eine Entscheidung treffen, wenn eine ausreichende Entscheidungsgrundlage besteht. Dies ist nicht gegeben, wenn bei der Staatsanwaltschaft zu große oder zu vielfältige tatsächliche Zweifel oder aber Unklarheiten über Hergang, Motive und Zusammenhänge bestehen. Zwangsläufig wäre in diesen Konstellationen dem Gericht im Rahmen der Hauptverhandlung die Aufklärung zu überlassen.

Zweifel an der Wahrscheinlichkeit aus rechtlichen Gründen werden wohl nicht entstehen. Die Frage, ob die übermäßige Anwendung von Gewalt durch einen Polizeibeamten strafbar ist, wird immer positiv zu beantworten sein. Der § 340 StGB, im Zweifel jedoch auch die einfachen Körperverletzungsdelikte sprechen hier

---

345 LR-*Beulke* StPO § 170 StPO Rn 349.

346 Siehe dazu im Einzelnen unten.

347 Vgl. oben: im Jahr 2013 wurden in NRW 83,25 % der Verfahren gegen gewalttätig gewordene Polizeibeamte nach § 170 Abs. 2 StPO eingestellt.

348 Klare Grenzen sind nicht auszumachen. Es ist jedoch davon auszugehen, dass in den Fällen, in denen der Sachverhalt nicht vollständig aufklärbar ist, die Anklageerhebung notwendig ist.

349 Dieser Rechtsprechung ist auch zu folgen. Sie entspricht der rechtsdogmatisch richtigen Gesetzesanwendung.

350 Siehe oben.

eine eindeutige Sprache, sodass in den entsprechenden Fällen rechtliche Zweifel nicht gegen die Wahrscheinlichkeit einer Verurteilung sprechen können sollten.

Zweifel tatsächlicher Art treten in der Praxis regelmäßig auf. Das Beweismaterial kann mehr oder minder eindeutig, die Aussagen der Beteiligten können glaubwürdig, übereinstimmend oder dies eben nicht sein. Den Staatsanwaltschaften obliegt die Verantwortung, das vorliegende Material auszuwerten, zu bewerten und die entsprechenden Prognosen abzugeben. Nach Ansicht des Bundesgerichtshofes sollen die Staatsanwaltschaften jedoch nicht zu vorschnell einstellen, wenn tatsächliche Zweifel bestehen sollten.[351] Vielmehr sollen solche im Rahmen einer Hauptverhandlung vor Gericht aufgeklärt werden.[352] Nimmt man die Argumentation des Bundesgerichtshofes als Orientierung, so verwundert die hohe Zahl der Verfahrenseinstellungen nach § 170 StPO.

Auf welchen Aspekten und Gedanken diese Einstellungspraxis gründet, kann nur im Rahmen der durchzuführenden Aktenanalyse ergründet werden.

### *2.) Verfahrenseinstellung gemäß § 170 Abs. 2 StPO trotz Pflicht, das Verfahren den Gerichten zuzuleiten*

*Die Staatsanwaltschaften stellen bei Zweifeln hinsichtlich der Sachlage Verfahren vorschnell ein, obschon sie die Aufklärung unklarer Sachlagen den Gerichten zu überlassen haben.*

#### *a.) Herleitung der These*

In Anbetracht der Statistik, die aufweist, dass beispielsweise im Jahr 2013 von 2248 eingeleiteten Verfahren wegen Körperverletzungen im Amt 1933 nach § 170 Abs. 2 StPO eingestellt wurden, stellt sich die Frage, ob die Staatsanwaltschaften vorschnell die Verfahren wegen tatsächlicher Zweifel einstellen, obwohl sie nach der richtigen Ansicht des Bundesgerichtshofes den Hauptverhandlungen die Ausräumung von Zweifeln zu überlassen haben.

Vorschnell bedeutet in diesem Zusammenhang, dass (1) Zweifel an der Sach- und/oder Rechtslage[353] bestehen und (2) diese so weitreichend sind und von der Staatsanwaltschaft nicht auszuräumen waren, dass die Sachverhaltsaufklärung beziehungsweise die rechtliche Würdigung den Gerichten hätte überlassen werden sollen.

351 BGH NJW 1970, 1543 (1544).

352 BGH NJW 1970, 1543 (1544).

353 Im Zusammenhang mit den Fällen der Polizeigewalt werden wohl eher Zweifel am Sachverhalt bestehen.

Der § 170 StPO ist im Rahmen der Beendigung von Ermittlungsverfahren von elementarer Bedeutung. Die Vorschrift sieht vor, dass die Staatsanwaltschaften bei genügendem Anlass, das heißt bei hinreichendem Tatverdacht Klage zu erheben haben, § 170 Abs. 1 StPO, oder aber das Verfahren einzustellen haben, sofern sie denn keinen hinreichenden Tatverdacht erkennen, § 170 Abs. 2 StPO.

Folglich ist der Begriff des hinreichenden Tatverdachtes bei der Anwendung der Vorschrift von besonderer Bedeutung. Den Staatsanwaltschaften kommt diesbezüglich nicht nur ein erheblicher Beurteilungsspielraum zu, sondern auch die Aufgabe, eine Prognose über die Wahrscheinlichkeit einer Verurteilung zu treffen.[354]

Die Prognoseentscheidungen der Staatsanwaltschaften werden sowohl durch rechtliche als auch tatsächliche Zweifel beeinflusst. Rechtliche Zweifel, d. h. Zweifel daran, dass die Anwendung von übermäßiger polizeilicher Gewalt unter einen Straftatbestand des StGB zu subsumieren ist, werden eher selten bestehen. Regelmäßig werden jedoch tatsächliche Zweifel an der Strafbarkeit des Beschuldigten entstehen[355], das heißt Zweifel hinsichtlich der tatsächlichen Sachlage im entsprechenden Ermittlungsverfahren.

Jedoch dürfte das Vorliegen von Zweifeln regelmäßig nicht zur Verfahrenseinstellung durch die Staatsanwaltschaften führen, da die Staatsanwaltschaften in unklaren Sachlagen konsequent die öffentliche Klage zu erheben haben. Die Komplexität der Anzeigen wegen § 340 StGB erfordert nach diesseitiger Ansicht regelmäßig die Einleitung eines Hauptverfahrens. Die Anzeige wegen vermeintlicher Polizeigewalt im Sinne des § 340 StGB erfordert eine sorgfältige Ausermittlung der Umstände und die Wertung aller Aussagen. Zudem werden regelmäßig Gegenanzeigen wegen der Delikte nach §§ 113 etc. StGB gestellt. Es kommt häufig zu widersprüchlichen Aussagen und Sachverhaltsdarstellungen von Opfern, vermeintlichen Tätern und Zeugen. Dies führt dazu, dass bei den Staatsanwaltschaften Zweifel über den tatsächlichen Hergang und die Strafbarkeit der entsprechenden Handlungen entstehen.

Angesichts des erhöhten Unrechts, das dem § 340 StGB inhärent ist, ist das Gericht aufgerufen, diese Zweifel durch weitere Beweisaufnahmen und eigene Wertungen auszuräumen, um eine entsprechende Entscheidung über die Strafbarkeit zu fällen. Dies ist bereits aus Gründen der Rechtssicherheit geboten. Den Staatsanwaltschaften steht nur eine vorläufige Prognose zu. Dies setzt begrifflich bereits voraus, dass den Gerichten die letzte Beurteilung zu überlassen ist.

354 Meyer-Goßner/*Schmitt* § 170 Rn. 1.

355 S.o.: tatsächliche Zweifel beziehen sich bspw. auf das vorhandene Beweismaterial.

Durch eine Einstellung beendet die Staatsanwaltschaft das Verfahren aufgrund einer Prognose, die Gerichte dagegen treffen endgültige Beurteilungen und Entscheidungen[356] auf Grundlage einer – soweit dies möglich ist – vollständigen Sachverhaltsermittlung.

Dies wird auch vom Bundesgerichtshof so vertreten. Dieser führte aus, dass die Aufklärung von Widersprüchen, Zweifeln o. ä. einer Hauptverhandlung vor Gericht überlassen werden solle, sofern die Staatsanwaltschaften sich kein klares Bild vom Tathergang verschaffen können.[357,358,359]

### *b.) Untersuchungsmethodik*

Die Aktenauswertung dient dazu, die Argumentationen und Begründungen der Staatsanwaltschaften hinsichtlich der Einstellungen nach § 170 Abs. 2 StPO zu ergründen und nachzuvollziehen.

Es gilt zu ergründen, ob in den vorliegenden Akten der Staatsanwaltschaften Saarbrücken und Zweibrücken Anhaltspunkte gefunden werden können, die die oben genannte These unterstützen. Zu diesem Zwecke wird eine qualitative Aktenanalyse vorgenommen. Für die qualitative Forschung wurden die Daten, die im Zusammenhang mit den oben untersuchten Thesen gewonnen werden, aufgegriffen und genutzt.

Auf Grundlage der Ergebnisse wird sodann ergebnisoffen geprüft, ob Anhaltspunkte bestehen, dass die Staatsanwaltschaften vorschnell Verfahren einstellen, obwohl bestehende Zweifel in einer Hauptverhandlung gegebenenfalls hätten ausgeräumt werden können.[360]

---

356 Von der Möglichkeit der Einlegung von Rechtsmitteln abgesehen.

357 BGH NJW 1970, 1543 (1544).

358 Die Gerichte sind aufgrund der fachlichen Befähigung der Richter in der Lage, anzuwendendes Recht zu erkennen und zu befolgen (BeckOK GG/Morgenthaler GG Art. 92 Rn. 29). Zudem ist den Richtern grundgesetzlich ein Monopol zur Ausübung rechtsprechender Gewalt zugestanden (BeckOK GG/Morgenthaler GG Art. 92 Rn 15).

359 Siehe dazu oben in der Darstellung unter Zweiter Teil, D, I, 1; BGH NJW 1970, 1543 (1544).

360 Im Einzelfall wird sich sogar die Frage stellen, ob die Hauptverhandlung die Zweifel nicht zumindest besser hätte aufklären können oder aber zumindest größere Chancen bestanden hätten, die Zweifel auszuräumen.

### *c.) Aktenauswertung*

Von den vorliegenden 58 Verfahren wegen § 340 StGB wurden 41 mangels hinreichenden Tatverdachtes nach § 170 Abs. 2 StPO eingestellt.

Die Auswertung und Analyse der Akten ergab, dass vereinzelt trotz offener Fragen und klärungsbedürftiger Aspekte das Verfahren nach § 170 Abs. 2 StPO eingestellt wurde. Begründet wurde dies stets mit dem Vorliegen tatsächlicher Zweifel an der Nachweisbarkeit der Strafbarkeit des Beschuldigten. Diese Zweifel wurden verschiedentlich begründet.

In drei Verfahren kam es zu einer klassischen „Aussage-gegen-Aussage"-Konstellation.[361] Mangels neutraler Zeugen mussten die Staatsanwaltschaften den Sachverhalt anhand der Aussagen des Beschuldigten und seines vermeintlichen Opfers bewerten. In diesen Konstellationen kommt es zwangsläufig zu der Wertungsfrage, welcher Aussage mehr Glauben zu schenken ist. In den Verfahren, in denen Aussage gegen Aussage stand, wurde durchgehend den beschuldigten Polizeibeamten Glauben geschenkt und der Wahrheitsgehalt der Aussage des vermeintlichen Opfers von Polizeigewalt in Frage gestellt. Problematisch ist dabei, ob die Staatsanwaltschaften aus dem § 170 Abs. 2 StPO die Befugnis ableiten können, diese Wertungsfrage in eigener Verantwortung zu beantworten, oder eine öffentliche Anklage hätte erfolgen müssen, um das Ausräumen der tatsächlichen Zweifel einer Hauptverhandlung zu überlassen.

Der Grundsatz in dubio pro reo ist hier von gehobener Bedeutung, auch wenn seine unmittelbare Anwendung ausgeschlossen ist.[362] Dass dieser Grundsatz keine unmittelbare Anwendung finden kann ist denklogisch, da sonst das Erfordernis der Klageerhebung in den für die Staatsanwaltschaft unergründbaren, zweifelbehafteten Fällen konterkariert wird. Liegen beachtliche Beweise oder Ansatzpunkte gegen den Beschuldigten vor, so darf trotz bestehender Zweifel die Erhebung der Klage nicht verweigert werden.[363]

> *„Stets dann, wenn eine Freisprechung nach dem Grundsatz im Zweifel für den Angeklagten bei der Beweisbarkeitsvorschau im Rahmen des § 170 StPO lediglich denkbar, aber keineswegs zwingend oder mit Wahrscheinlichkeit zu erwarten ist, [kann] nur die Erhebung der öffentlichen Klage dem Legalitätsgebot genügt. Schwierige, letzte Zweifel ausräumende Beweiswürdigungen und Abwägungen vorzunehmen und aufgrund deren das Verfahren*

---

361 Klassisch bedeutet in diesem Zusammenhang, dass zwar kein Gegenverfahren seitens des Polizisten eingeleitet wurde, die Beteiligten die Sachlage jedoch in gegensätzlicher Art und Weise geschildert haben.

362 Siehe dazu oben: Zweiter Teil, D, I, 1.

363 BGH NStZ 1988, 565.

*einzustellen, ist der Staatsanwaltschaft daher verwehrt, solange die nicht geringe Möglichkeit besteht, dass ein Richter zu einem anderen Ergebnis gelangt.*"[364]

Selbst eine zulässige, mittelbare Anwendung dieses Grundsatzes kann nur bedingt Einfluss auf die Entscheidung der Staatsanwaltschaft nehmen. Eine Aushöhlung des Erfordernisses der Klageerhebung darf nicht erfolgen. Die Grenze der mittelbaren Anwendung liegt somit dort, wo dieses Erfordernis unterlaufen wird.

Der Bundesgerichtshof vertritt ebenso diese Ansicht. Er legte dar, dass eine mittelbare Anwendung die Entscheidung nur dann zugunsten des Beschuldigten beeinflussen kann, „wenn es sich bei der anzustellenden Beweisbarkeitsprognose geradezu aufdrängt, dass der zuständige Richter zumindest nach diesem Grundsatz zu einem Freispruch gelangen wird"[365]. Die Grenze der mittelbaren Anwendbarkeit des Grundsatzes liegt jedoch da, wo die Grenze der rechtlichen Geborgenheit[366] durch Einstellung der Staatsanwaltschaft überschritten wird[367], d.h. dann, wenn das vermeintliche Opfer den Eindruck erlangen muss, dass der Rechtsstaat ihm nicht zur Seite steht, sondern seinen Amtsträger vor strafrechtlichen Sanktionen bewahren will.

Hätte die Staatsanwaltschaft die Klage erheben müssen, statt einzustellen, wäre die Einstellungsentscheidung somit vorschnell im Sinne der These. Nicht zu beanstanden ist, dass die Staatsanwaltschaften grundsätzlich einen Beurteilungsspielraum haben und eine eigenständige Prognoseentscheidung vorzunehmen haben, die jedoch den zuvor genannten rechtsstaatlichen Grundsätzen entsprechen muss. Diese Rechte der Staatsanwaltschaften dürfen jedoch nicht dazu führen, dass die Verfahren gegen Polizeibeamte bei dem Vorliegen gegenläufiger Aussagen stets zugunsten des Beamten eingestellt werden.

Die vorliegenden Akten lassen jedoch zumindest in drei Fällen den Eindruck entstehen, dass gerade in den Aussage-gegen-Aussage Konstellationen die Beurteilung tatsächlicher Zweifel einseitig zugunsten von beschuldigten Polizeibeamten ausfällt und somit von einer unzulässigen Anwendung des in dubio-pro-reo-Grundsatzes auszugehen ist.[368] Mit diesem Straftatbestand wollte der Gesetzgeber gerade die vom BGH dargelegte rechtliche Geborgenheit bei Gewaltdelikten durch Amtsträger schaffen und realisieren. Da das Bestehen von Zweifeln bereits grundsätzlich die schwierige Aufgabe der Staatsanwaltschaften

364 So auch die Ansicht des Bundesgerichtshofes, BGH NStZ 1988, 565.

365 BGH NStZ 1988, 565.

366 Als Teilaspekt des Art. 92 GG, BGH NStZ 1988, 565.

367 BGH NStZ 1988, 565.

368 Die Akten lassen keinen Rückschluss auf die Auseinandersetzung des jeweiligen Staatsanwaltes mit dem Gegenseitigkeitsverhältnis zu.

werden. Sowohl das Verhältnismäßigkeitsprinzip als auch die kriminalpädagogische Vernunft gebieten es, dass der Gesetzgeber Ausnahmen beziehungsweise Alternativen zum strikten Verfolgungszwang durch die Justiz schaffen musste.[374]

Wie die Statistiken zeigen, machen die Staatsanwaltschaften regen Gebrauch von dieser Vorschrift und stellen eine hohe Anzahl von Verfahren auf deren Grundlage ein.[375] Die Erkenntnisse, die die Statistiken bieten, werden in der Literatur nicht nur vereinzelt zum Anlass genommen, die Praxis der Staatsanwaltschaften zu hinterfragen. Dies gilt umso mehr, als in der Literatur vermehrt darauf hingewiesen wird, dass die hohen statistischen Werte auf einen „zunehmenden Erledigungsdruck bei den Staatsanwaltschaften"[376] zurückzuführen seien.

Fraglich ist, ob im Konkreten die Körperverletzung im Amt eine Bagatelle darstellen kann und die Verfahren somit nach § 153 Abs. 1 StPO eingestellt werden können. Die Voraussetzungen einer Einstellung nach § 153 Abs. 1 StPO sind das Vorliegen einer geringen Schuld und ein fehlendes öffentliches Interesse. Grundsätzlich können auch Körperverletzungsdelikte eine Bagatelle darstellen und die entsprechenden Verfahren nach § 153 Abs. 1 StPO eingestellt werden, da eine Bagatelle dann vorliegen soll, wenn das Handlungs- und Erfolgsunrecht sowie die dem Unrecht regelmäßig korrespondierende Schuld nur geringfügig sind.

Die historische Herleitung durch die Strafrechtsreformen des § 340 StGB führt jedoch dazu, dass eine Einstellung des Verfahrens aufgrund geringer Schuld nur schwer vorstellbar ist, da das Ermessen der Staatsanwaltschaften äußerst eingeschränkt sein muss.[377] Bei den letzten Strafrechtsreformen wurde der Strafrahmen des § 340 StGB erhöht, um das gesteigerte Unrecht durch rechtswidrige Ausnutzung einer Amtsstellung zu sanktionieren. Daraus folgt zugleich die Ratio der Norm, den Eindruck einer beamtenfreundlichen Strafverfolgung zu unterbinden.[378]

Bezugnehmend auf die oben dargelegten Statistiken ist jedoch zu bilanzieren, dass die Staatsanwaltschaften auch in den Fällen von Polizeigewalt regen Gebrauch von der Einstellungsmöglichkeit nach § 153 Abs. 1 StPO machen.

Aufgrund dieses offenkundigen Spannungsverhältnisses werden in der Folge die Einstellungsvoraussetzungen des § 153 Abs. 1 StPO untersucht und somit die Vereinbarkeit der staatsanwaltschaftlichen Entscheidungen in den Fällen der vermeintlichen Körperverletzungsdelikte im Amt nachvollzogen. Es gilt zu prüfen,

---

374 SK-StPO/*Weßlau*, StPO § 153 Rn. 2 f.

375 Bundesweite Statistiken zum Sachgebiet 53; siehe oben.

376 SK-StPO/*Weßlau*, StPO § 153 Rn. 3.

377 *Untersteller*, Seite 3.

378 *Untersteller*, S. 169 f.

wie die einzelnen Voraussetzungen des § 153 Abs. 1 StPO auszulegen und anzuwenden sind und ob die praktische Verfahrensweise der Staatsanwaltschaften mit dem Straftatbestand nach § 340 StGB vereinbar ist.

### i.) Vergehen

Die Einstellung des Verfahrens[379] wegen Geringfügigkeit nach § 153 Abs. 1 StPO kann nur dann erfolgen, wenn die in Frage kommende Tat ein Vergehen im Sinne des § 12 Abs. 2 StGB darstellt. Die entsprechende Qualifizierung der Tat obliegt der Staatsanwaltschaft.[380] Besteht seitens der Staatsanwaltschaft der Verdacht eines Verbrechens, so hat diese zwingend die Ermittlungen aufzunehmen.

Das Verfahren kann auch dann nach § 153 Abs. 1 StPO eingestellt werden, wenn die vermeintliche Tat zunächst als Verbrechen im Sinne des § 12 Abs. 1 StPO eingeschätzt wird, entsprechende Gesichtspunkte im Rahmen der Prüfung jedoch entfallen.[381]

Eine Schuldfeststellung seitens der Staatsanwaltschaft ist hingegen nicht erforderlich, da die Einstellung nach § 153 StPO keine Ausermittlung des vorliegenden Sachverhalts voraussetzt.[382] Die Aufklärung ist nur in dem Maße vorzunehmen, dass für die Prognose eine ausreichende Entscheidungsgrundlage vorliegt.[383]

Die weiteren Einstellungsvoraussetzungen ergeben sich ebenfalls aus dem direkten Wortlaut der Norm, wobei zunächst der Eindruck einer Kann-Vorschrift entsteht und somit ein entsprechender Ermessensspielraum zu vermuten ist. Das vom Gesetzgeber vorgesehene Ermessen ist jedoch stets in einen Bezug zu den Tatbestandsmerkmalen zu setzen. Es gilt zu prüfen, ob das vorgesehene Ermessen gleichzeitig durch diese begrenzt wird.[384]

Daneben gilt unstrittig, dass der verfassungsrechtliche Gleichbehandlungsgrundsatz von den Staatsanwaltschaften zu beachten ist.[385] Dieser Grundsatz ist in Verbindung mit der Intention, die aus der Regelung nach § 340 StGB hervorgeht, als eine weitere Begrenzung des Ermessensspielraums des Rechtsanwenders zu verstehen.[386]

---

379 Anders: Das Absehen von einer Verfahrenseinleitung.
380 BeckOK/*Beukelmann*, StPO § 153 Rn. 23.
381 BGH NJW 2002, 2401.
382 Bundestag Drs. 7/550, Seite 298.
383 Meyer-Goßner/Schmitt/*Schmitt*, StPO § 153 Rn. 3.
384 *Paschmanns*, Seite 85.
385 KK/*Schoreit*, § 153 Rn. 3.
386 *Untersteller*, Seite 3.

### ii.) Die Geringfügigkeit der Schuld

Die erforderliche Bestimmung des Begriffes der geringen Schuld bereitet größere Schwierigkeiten. „Die anzutreffende Meinungsvielfalt ist ein Zeichen dafür, [dass] der Begriff geringe Schuld schlechthin nicht subsumtionsfähig ist. [...] Aus sich heraus ist er weder verständlich noch in objektiver Weise handhabbar."[387] Solange der Gesetzgeber den Praktikern jedoch keine klaren Konturen oder Auslegungskriterien vorgibt, sind diese auf eine eigenständige Auslegung angewiesen. Die Staatsanwaltschaften müssen mit der Unsicherheit umgehen und versuchen Entscheidungen zu treffen, die mit geltendem Recht und Verfahrensgrundsätzen vereinbar sind.

Die Staatsanwaltschaft hat den ihr vorliegenden Sachverhalt darauf zu prüfen, ob die Schuld des Beschuldigten, seine Verurteilung als Angeklagter in einem Hauptverfahren angenommen, gering wäre. Nach verbreiteter Ansicht in der Literatur soll die Schuld dann gering sein, wenn sie im „Vergleich mit anderen Vergehen gleicher Art deutlich unter dem Durchschnitt liegt"[388].

Die Staatsanwaltschaft hat somit eine Prognose vorzunehmen, bei der ihr ein bestimmter Ermessensspielraum zusteht. Welche Kriterien jedoch Geltung zu finden haben, ist bisher nicht eindeutig und bindend geklärt. Das Fehlen fester Kriterien fußt auf verschiedenen Aspekten.

Zum einen hat der Gesetzgeber keine Auslegung als konsequent und allgemein anwendbar erkannt und festgelegt.

Zum anderen steht den Staatsanwaltschaften auch wegen der fehlenden Konturierung seitens des Gesetzgebers ein durch die Verwendung unbestimmter Rechtsbegriffe bedingter, weiter Beurteilungsspielraum zu. Diesbezüglich ergeben sich Differenzen im Hinblick auf eine einheitliche Anwendung.

#### (1) Ansichten von Kohlhaas und Schmidt

Der ehemalige Bundesanwalt Max *Kohlhaas* legte zu Beginn der 1960er Jahre das Merkmal der geringen Schuld anhand moralischer Aspekte aus. Seiner Ansicht nach könne die Schuld als gering angesehen werden, wenn der Täter mit seiner Handlung hehre moralische Gründe verfolge.[389] Bereits hier treten die hauptsächlichen Probleme dieser Auslegung zutage: das Alter dieses Ansatzes und

---

387 *Paschmanns*, Seite 90.

388 LR-StPO/*Beulke*, StPO § 153 Rn. 24.; Meyer-Goßner/*Schmitt*/*Schmitt*, StPO § 153 Rn. 4.; KK-StPO/*Diemer*, StPO § 153 Rn. 12.; KMR-StPO/*Plöd*, StPO § 153 Rn. 10.; *Pfeiffer*-StPO, StPO § 153 Rn. 2.

389 *Paschmanns*, Seite, 88.

die moralischen Grundsätze, die sich in den vergangenen 50 Jahren massiv verändert haben. Hinzu kommt, dass Moralvorstellungen keineswegs im gesamten Bundesgebiet einheitlich sind. Das, was der strenggläubige Bayer als moralisch verwerflich ansieht, muss der rheinische Karnevalist noch in keiner Form als unanständig ansehen.

Zudem kann der Begriff der Moral kein taugliches Auslegungskriterium sein, da er selbst stark auslegungsbedürftig ist und auch nicht allgemeingültig definiert werden kann. Einen unbestimmten Rechtsbegriff mit einem anderen unbestimmten Rechtsbegriff auszulegen, ist eher kontraproduktiv und sachwidrig.

Unabhängig davon muss der greifbarere Ausgangspunkt im Rahmen dieser Auslegung die Aufgabenstellung der Polizei sein. Die Aufgabenbereiche und die Befugnisse der Polizeibeamten in Deutschland gründen auf dem Gedanken des staatlichen Gewaltmonopols, wobei dieses nicht grenzenlos bestehen und gewährleistet werden kann.

Nach § 1 Abs. 1 S. 1 des PolG NRW hat die Polizei die Aufgabe, Gefahren für die öffentliche Sicherheit oder Ordnung abzuwehren. Dabei hat sie gem. § 2 Abs. 1 PolG NRW von mehreren möglichen und geeigneten Maßnahmen diejenige anzuwenden, die den Einzelnen und die Allgemeinheit voraussichtlich am wenigsten beeinträchtigt.[390]

Zugleich ist in § 340 StGB vom Gesetzgeber eine eindeutige Grenze gesetzt worden, der die Anwendung von unrechtmäßiger Polizeigewalt unter Strafe stellt und somit Maßnahmen pönalisiert, die nicht den polizeilichen Pflichten und Rechten entsprechen. Ist eine polizeiliche Maßnahme unter den § 340 StGB zu subsumieren, kann dem entsprechenden Polizeibeamten zugleich kein Handeln nach hehrer Moral zugesprochen werden. Das gilt insbesondere, da die Polizei nach dem Volksmund „dein Freund und Helfer“ und somit verpflichtet ist, ein gedeihliches gesellschaftliches Miteinander zu garantieren und zu schützen. Die Schuld eines nach § 340 StGB gewalttätigen Polizisten kann folglich, folgt man Auslegung nach Kohlhaas, nie gering sein. Es wäre der Gesellschaft nicht zu vermitteln, dass ein Ausnutzen staatlicher Gewaltrechte moralisch wäre.

*Schmidt* hingegen versuchte sich an einer Begriffsbestimmung anhand des Kriteriums der „mehr oder minder vorhandenen sozialverträglichen Einstellung des Täters“.[391] Grundsätzlich kann das soeben Dargelegte übernommen werden. Weder ist das Merkmal der Sozialverträglichkeit derart zu erfassen, dass es an-

---

390 Die Polizeigesetze anderer Bundesländer beinhalten Normen mit gleichlautenden Aussagen.

391 *Paschmanns*, Seite, 88.

wendbar erscheint, noch kann es bundesweit eine allgemeingültige Definition und Auffassung geben.

Bei den Ermittlungsverfahren, die sich mit den Fällen von Polizeigewalt befassen, erscheint eine Subsumtion nicht möglich. Ein Polizist, der das Delikt § 340 StGB verwirklicht, kann nicht „sozialverträglich" gehandelt haben. Etwas Anderes kann schon aus Gründen der Rechtssicherheit nicht gelten, da der Begriff Sozialverträglichkeit nicht in einem Zusammenhang mit Straftaten genannt werden darf.

### (2) *Beulke* u. a.: Strafzumessungsschuld

Nach *Beulke*[392], *Kindhäuser*[393] und anderen[394] ist „die in den §§ 153, 153a angesprochene Schuld […] die Gesamtheit derjenigen, schuldbezogenen Umstände, die auch für die Strafzumessung, insbesondere nach § 46 Abs. 2 StPO von Bedeutung sind"[395]. Dazu gehören beispielsweise die durch die Tatausführung verschuldeten Auswirkungen, das bisherige Verhalten des Täters innerhalb der Gesellschaft, das Ausmaß der Pflichtwidrigkeit und andere Aspekte.[396]

Nach *Weßlau* bestehe heute sogar Einigkeit, dass der Begriff der Schuld in § 153 StPO mit dem der Strafzumessungsschuld gleichzusetzen sei.[397]

Bei der Abwägung, ob nach dieser Ansicht zumindest die Schuld bei dem Verdacht der Polizeigewalt gering sein kann, ist die Frage erheblich, ob die Strafzumessungskriterien nach § 46 Abs. 2 StPO zumindest weit überwiegend gegen den Polizeibeamten sprechen würden. Die Staatsanwaltschaften hätten hinsichtlich des § 46 Abs. 2 StGB die Folgen der Tat, die Vorstrafen des Täters und die Bereitschaft zur Schadenswiedergutmachung zu prüfen.[398,399] So könnte beispielsweise dann eine geringe Schuld angenommen werden, wenn Rechtfertigungs- oder Entschuldigungssätze im Verfahren nicht greifen, die entsprechenden Ansätze jedoch das Tatgeschehen verständlicher erscheinen lassen.[400]

---

392 LR-StPO/Beulke, StPO § 153 Rn. 24.

393 Kindhäuser, Strafprozessrecht, § 10 Rn. 14.

394 KK-StPO/Diemer, StPO § 153 Rn. 12.; KMR-StPO/*Plöd*, StPO § 153 Rn. 10.; Meyer-Goßner/Schmitt/Schmitt, StPO § 153 Rn. 4.

395 LR-StPO/*Beulke*, StPO § 153 Rn. 24.

396 *Untersteller* Seite 35.

397 SK-StPO/*Weßlau* § 153 Rn. 16.

398 *Paschmanns*, Seite 88.

399 Zu bewerten sind folglich die Gesamtumstände und die Deliktsspezifik.

400 LR-StPO/*Beulke*, StPO § 153 Rn. 26.

Auf Grundlage dieser Auslegung erscheint eine Subsumierung von polizeilichen Gewaltanwendungen unter den Begriff der geringen Schuld schwierig. Da weder Motiv, noch Gesinnung verwerflich sein dürfen, die kriminelle Intensität nicht erheblich und das Versagen erstmalig und zudem persönlichkeitsfremd sein müssen[401], kann die Frage, ob die Anwendung von Polizeigewalt einer erheblichen kriminellen Intensität entspringt, bereits mit Verweis auf die Strafnorm nach § 340 StGB positiv beantwortet werden.

Bei den letzten Strafrechtsreformen hatte der (jeweilige) Gesetzgeber hinsichtlich der Strafbarkeit nach § 340 StGB das Anliegen, „ein deutliches Zeichen gegen die zunehmende Gewaltkriminalität zu setzen"[402]. Unumstritten ist, dass die Amtsträgereigenschaft des Handelnden wegen der Amtspflichtverletzung eine Unrechtssteigerung darstellt und zugleich eine Privilegierung des Amtsträgers verhindern soll.[403,404] Im Gegensatz zur Strafandrohung des § 223 StGB ist im Rahmen des § 340 StGB die Folge stets eine Freiheitsstrafe. Diese erhöhte Strafandrohung wird mit dem gesteigerten Unrecht begründet, dass aus der Amtsträgerschaft des Beschuldigten folgt; zudem ist für den § 340 StGB wesentlich, dass dieser seine Amtsgewalt gegenüber dem Opfer auch missbraucht.[405]

Somit kann eine Einstellung der Verfahren wegen vermeintlicher Polizeigewalt nach § 153 Abs. 1 StPO auf Grundlage dieser Ansicht grundsätzlich nicht erfolgen.

#### (3) *Bloy*: Grad des tatbestandsmäßigen Unrechts, Lehre von der Tatschuld

*Bloy* bestreitet eine Begriffsbestimmung anhand der Kriterien der Strafzumessung; es sei vielmehr auf den Sinn und Zweck des § 153 Abs. 1 StPO abzustellen.[406] Dieser liege darin, die Strafverfolgungsorgane zu entlasten, das heißt leichte Delikte nicht vor den Gerichten zu verhandeln, sodass dem Merkmal der Geringfügigkeit eine Begrenzungsfunktion zukomme.[407]

---

401 LR-*Beulke* StPO § 153 Rn. 29.

402 *Jungclaus*, NStZ 1995, 582 (583).

403 *Jungclaus* NStZ 1995, 582 (582).

404 Daher ist es verwunderlich, dass der Regierungsentwurf zum 6. Strafrechtsreformgesetz eine Streichung des § 340 StGB vorgesehen hat (Bundestag-Drs. 13/8587, Seite 53). Diese Streichung scheiterte jedoch am Widerstand des Bundesrates; Bundestag-Drs. 13/8587, Seite 60.

405 KG NJRW 2008, 2132 (2133).

406 *Bloy* GA 1980, 172.

407 *Paschmanns*, Seite 89.

Folglich hänge „der Grad der Schuld einzig vom Grad des tatbestandsmäßigen Unrechts [ab]. Rein täterbezogene Kriterien könnten das Merkmal der geringen Schuld nicht beeinflussen"[408].

Aus der Systematik des § 153 Abs. 1 S. 1 StPO sei zudem zu folgern, dass die Annahme einer geringen Schuld nur ein erster Entscheidungsschritt ist, um eine Bagatellqualität der Tat zu ermitteln. Die verfahrensrechtliche Behandlung ergebe sich ausschließlich aus der Frage nach dem öffentlichen Interesse, sodass es sich verbiete, den Schuldbegriff in den §§ 153, 153a StPO nach der Lehre der Strafzumessungsschuld auszulegen.[409]

Die Folgen, die eine Auslegung nach *Bloy* für die Gesamtheit der Fälle von Polizeigewalt hat, sind eindeutig. Geringfügigkeit soll nach dieser Auslegung immer nur dann vorliegen, wenn ein minder schwerer Fall für die entsprechende Straftat vorgesehen sei und dieser auch einschlägig sei.[410] Ein minderschwerer Fall ist in § 340 StGB ausdrücklich vorgesehen. Dieser ist zwar unbenannt, ist aber mit dem der einfachen Körperverletzung zu vergleichen[411], sodass auf Grundlage dieser Ansicht die Annahme einer geringen Schuld möglich ist.

### (4) Zwischenfazit

Die Auslegung, und damit verbunden die Anwendung der geringen Schuld bereitet aufgrund seiner Unbestimmtheit Probleme. Aus sich selbst heraus ist die Formulierung nicht zu bestimmen, eine Legaldefinition ist nicht gegeben. In der Literatur wird die Formulierung der geringen Schuld als „Kautschukbegriff" bezeichnet[412].

Seit Einführung des § 153 StPO in das Reaktionsarsenal der Staatsanwaltschaften[413] ist die Vorschrift in der Literatur umstritten. Insbesondere im Verhältnis zwischen dem materiellen Strafrecht in § 340 StGB und dem Prozessrecht kommt es zu Spannungen.

Zwar zeigen die Reformen des § 340 StGB den Willen des Gesetzgebers, eine klare Aussage gegen die Polizeigewalt zu setzen.[414] Die Vorschrift dient dazu, dass in keinem Fall der Eindruck entstehen sollte, dass Polizeigewalt bagatellisiert wird.

---

408 *Paschmanns*, Seite 89. (Bloy GA 1980, 172).

409 *Paschmanns*, Seite 135.

410 *Rieß* NStZ 1981 Seite 2 (8).

411 BeckOK StGB/*Eschelbach* StGB § 340 Rn. 26.

412 Vgl. *Paschmanns*, Seite 89.

413 LR-StPO/*Beulke*, § 153 Rn. 5.

414 *Jungclaus*, NStZ 1995, 582 (583).

Im Gegensatz dazu wird den Rechtsanwendern jedoch ein Prozessrecht an die Hand gegeben, „das in Zeiten hoher Arbeitsbelastung einen Strafverzicht erlaube“[415]. Dies darf den Rechtsanwender jedoch nicht dazu verleiten, nur aufgrund einer hohen Arbeitsbelastung die Fälle zu bagatellisieren, die eigentlich nicht mehr sanktionslos bleiben dürfen.

Die hohe Regelmäßigkeit, in der die Staatsanwaltschaften Verfahren gegen beschuldigte Polizeibeamte einstellen, vermittelt jedoch einen anderen Eindruck.[416]

Dennoch fehlt es bis heute an klaren und verbindlichen Konturen. Wie *Kunz* bereits 1980 bemerkt hat, findet in der staatsanwaltlichen Praxis eine argumentative Auseinandersetzung mit der Subsumtionsfähigkeit eines Sachverhalts unter den Wortlaut der Norm wohl nur selten statt.[417]

Der erstgenannten Ansicht[418] kann nicht (mehr) gefolgt werden. Zu wechselhaft sind die moralischen, ethischen und gesellschaftlichen Ideale. In einer globalisierten Welt, vor der sich auch die Rechtsprechung nicht verschließen kann, sind Ideale von heute Morgen wertlos oder obsolet. Somit hat hier eine Auseinandersetzung mit dem Ansatz der Strafzumessungsschuld und der Tatschuld zu erfolgen, die sich im Ergebnis auch diametral gegenüberstehen.

Die von *Beulke* u. a. vertretene Lehre von der Strafzumessungsschuld grenzt sich ausdrücklich von der erstgenannten Ansicht ab. Die Bewertung der Schuld im Sinne des § 153 Abs. 1 StPO dürfe nicht mit einer moralisch-ethischen Bewertung der Umstände gleichgesetzt werden.[419]

Für die von *Beulke* u.a. vertretene Lehre von der Strafzumessungsschuld spricht eine Fundstelle in der Rechtsprechung des Bundesgerichtshofes, in der ein Strafverfahren nach Eröffnung des Hauptverfahrens nach § 153 Abs. 2 StPO durch das Gericht eingestellt wurde.[420] Dieses Urteil kann hier herangezogen werden, da nach § 153 Abs. 2 StPO die Voraussetzungen des § 153 Abs. 1 StPO gelten. Nach diesem Urteil des Senates sind bei der Feststellung, ob die Schuld gering ist, die Kriterien nach § 46 Abs. 2 StGB anwendbar. Dieses Verfahren bezog sich zwar nicht auf einen Fall der vermeintlichen Polizeigewalt, kann jedoch durchaus als Orientierung angesehen werden. Angeklagt war eine Narkoseärztin, die ihre Sorgfaltspflichten verletzt hat, als sie einem Säugling statt einer Kochsalzlösung

415 LR-StPO/*Beulke*, § 153 Rn. 5.

416 Vgl. hierzu auch: Krey, BKA Sonderband „Was ist Gewalt?“ Bd. 2, 1988, Rn. 223.

417 Vgl. Kunz, Die Einstellung wegen Geringfügigkeit durch die Staatsanwaltschaft, Seite 33.

418 Kohlhaas und Schmidt.

419 LR-*Beulke* StPO § 153 Rn. 24.

420 BGH NStZ 1999, 312.

Wasserstoffperoxid injizierte. Der Säugling erlitt schwerste irreversible Hirnschäden. Dennoch wurde das Verfahren durch das Gericht nach § 153 Abs. 2 StPO eingestellt. Seine Entscheidung begründete der Senat wie folgt:

*„Der Senat verkennt nicht, [dass] der Nebenkl. schwerste irreversible Gesundheitsschäden erlitten hat und seiner Familie sehr großes Leid zugefügt worden ist. Sollte sich der gegen die Angeklagte erhobene Schuldvorwurf letztlich als begründet erweisen, so wäre aber ihre Schuld als gering anzusehen. Zum einen [bemisst] sich das Maß der Vorwerfbarkeit nicht allein nach dem Umfang der Schadensfolge; zum anderen liegt es nach den Feststellungen des landgerichtlichen Urteils nahe, [dass] der folgenschwere Irrtum der Angeklagten durch pflichtwidrig schuldhaftes Verhalten von Hilfskräften mitverursacht worden ist.“*[421]

Diese Rechtsprechung wurde jedoch nicht konsequent verfolgt. Zudem würde die Anwendung dieser Ansicht mit den Gleichbehandlungsgrundsätzen nach Art. 3 GG kollidieren und somit dem Gedanken der Rechtssicherheit, der auch dem § 153 Abs. 1 StPO inhärent ist, widersprechen.

*„Wäre er in dem einen Fall eine einstellungsfähige Bagatelle [und die Schuld somit gering] und im anderen Falle nicht, so könnte man dies weder den Betroffenen noch dem Geschäftsführer [eines] Selbstbedienungsladens begreiflich machen.“*[422]

Allerdings bezieht sich diese Rechtsprechung auf fahrlässig herbeigeführte Delikte, sodass sie auch nur auf eine nach §§ 340 Abs. 1, Abs. 3, 229 StGB von der Polizei verursachte Körperverletzung angewendet werden kann.

Die letztgenannte Ansicht von *Bloy* ist wiederum zu einseitig, da sie sich ausschließlich auf die Aspekte der Tatschuld bezieht. Die Ausgrenzung der täterbezogenen Umstände[423] einer Tat lassen zu viele Aspekte der Schuld entfallen und unberücksichtigt.

#### (5) Stellungnahme

Keine der dargestellten Ansichten kann hinsichtlich der Einstellungsvoraussetzung der geringen Schuld überzeugen. Im Hinblick auf zielführende Auslegungskriterien ist insbesondere auf den aus Art. 20 Abs. 3 GG abzuleitenden Gedanken der Rechtssicherheit zu verweisen[424].

Die Anwendung zu wechselhafter Kriterien führt dazu, dass sich ein Täter entgegen verfassungsrechtlicher Grundsätze nicht darauf einstellen kann, wann

421 BGH, NStZ 1999, 312.

422 *Paschmanns*, Seite 134.

423 *Paschmanns*, Seite 89., Bloy GA 1980, 172.

424 *Degenhart*, Rn. 353.

er sich strafbar macht beziehungsweise, ob das Verfahren bereits vor einer Hauptverhandlung seinen Abschluss findet.[425]

Folgende Wortkette hat auch im Strafprozessrecht stets Beachtung zu finden: „Rechtsstaatlichkeit [...] bedeutet Rechtssicherheit, Rechtssicherheit bedeutet Rechtsklarheit und – in zeitlicher Dimension – Vertrauensschutz."[426]

Anwendbare Ergebnisse ergeben sich somit aus einer Betrachtung des Sinns und Zwecks des Begriffes.

„Für die Schuldbewertung ist [...] danach zu fragen, in welchem Umfang ein Schuldausgleich zum Zeitpunkt der Sanktionierung noch erforderlich ist"[427], mithin ob die Gerichte sich mit einer Bagatelle zu beschäftigen haben. Den Gerichten sollen nur solche Fälle zugeleitet werden, die notwendigerweise einer gerichtlichen Betrachtung beziehungsweise zwangsläufig, aus Sicht der Staatsanwaltschaft, einer Sanktionierung bedürfen. Ähnlich hat es 1980 bereits *Bloy* formuliert.[428]

Angesichts des geltenden Straf- und Strafprozessrechts ergibt sich, dass sich die Schuld im Sinne des § 153 Abs. 1 StPO sowohl aus personenbezogenen als auch aus tatbestandsbezogenen Aspekten ergibt. Nur durch eine Gesamtbetrachtung aller relevanten Umstände kann eine Entscheidung darüber getroffen werden, ob der Grad der Schuld des Täters derart gering ist, dass eine Ausnahme vom Legalitätsprinzip und ein damit einhergehender Verzicht auf Strafverfolgung und Bestrafung verantwortet werden kann.

Eine Auslegung anhand einer solchen Kombination bietet angesichts der den Staatsanwaltschaften zugestandenen Ermessens- und Prognosespielräume konstruktiv Grenzen. Weder die tatbezogene noch die täterbezogene Schuld darf bei der Bewertung gegen eine Bagatellisierung sprechen, insbesondere da in der Regel das eine das andere bedingt. Die Kombination der Ansätze führt zu einer nachvollziehbaren Konstruktion, da die Staatsanwaltschaft gezwungen wäre, eine ausführliche Stellungnahme bezüglich der Entscheidung abzugeben. Sie müsste die Gesamtumstände bewerten und auch aufzeigen, dass sie die Gesamtumstände ergründet hat.

Eine Gesamtwertung aller Tatumstände und der Umstände des vermeintlichen Täters ergibt, ob die Tat entsprechend dem Telos eine Bagatelle darstellt, die die Entscheidungen den Staatsanwaltschaften legimitiert und ermöglicht. Wird diese Grenze überschritten, ist das Verfahren vor Gericht fortzuführen. Dem-

---

425 *Degenhart,* Rn. 354.

426 *Degenhart,* Rn. 354.

427 SK-StPO/*Weßlau*, § 153 Rn. 17.

428 Siehe oben; *Bloy*, GA 1980, 172.

entsprechend ist auch die Argumentation abzulehnen, dass das Merkmal der Geringfügigkeit nur ein erster Schritt und für sich genommen nicht von überragender Bedeutung sei.[429] Selbstredend bedarf es zur Anwendung der Norm mehrere Voraussetzungen, dies darf jedoch nicht dazu führen, einzelne Merkmale unsauber auszulegen.

Die Grenze der Bagatelle ist nach diesseitiger Ansicht bei Polizeigewalt jedoch in aller Regel überschritten. In Anbetracht der Intention des Gesetzgebers, die rechtswidrige Ausnutzung einer Amtseigenschaft unter Strafe zu stellen,[430] können bei der Vermutung der Polizeigewalt grundsätzlich weder das Handlungs- noch das Erfolgsunrecht gering sein. Konsequenterweise könnte in diesem Fall auch die Schuld nicht geringfügig sein. Für die Fälle von Polizeigewalt bedeutet dies, dass deren Anwendung mit einer erheblichen kriminellen Intensität verbunden ist und eine Bagatelle nur im theoretischen Einzelfall konstruiert werden kann.

Dass die geringe Schuld nur im theoretischen Einzelfall angenommen werden kann, wird jedoch nicht in den staatsanwaltschaftlichen Statistiken erkennbar.

iii.) Das öffentliche Interesse

Nach dem Wortlaut des Gesetzes besteht eine weitere Voraussetzung der Einstellung nach § 153 StPO darin, dass ein öffentliches Interesse der Einstellung nicht entgegensteht. Diese Formulierung bedarf einer Korrektur dahin gehend, dass an der Bestrafung (nicht der Strafverfolgung) das öffentliche Interesse nicht bestehen darf. Dies ist auch denklogisch, da die Verfahrensfortführung nicht ausschließlich auf der Grundlage einer Strafverfolgung zum Selbstzweck erfolgen darf.[431]

Im Hinblick auf durch Polizeibeamte begangene Gewaltdelikte steht gerade die Subsumtionsfähigkeit von Amtsdelikten unter diese Voraussetzung des § 153 Abs. 1 StPO in Frage.

Bei Bestimmung des Begriffes des öffentlichen Interesses kommt es zu ähnlich gelagerten Problemen, wie sie bei der Bestimmung des Begriffs der geringen Schuld bestehen. Auch diesen Begriff nutzt der Gesetzgeber in verschiedenen Normen, ohne ihn zu definieren.[432]

Aus der Fülle der vertretenen Ansichten wird vereinzelt gefolgert, dass der Begriff inhaltlich nicht allgemeingültig zu beschreiben sei.[433]

---

429 Im Einzelnen siehe dazu oben.

430 Siehe dazu oben.

431 LR-StPO/*Beulke*, § 153 Rn. 28.

432 *Burhoff*, Handbuch für das strafrechtliche Ermittlungsverfahren, Rn. 1311.

433 *Paschmanns*, Seite 91.

Das Fehlen einer allgemeingültigen Definition resultiert unter anderem aus dem Grundsatz, dass weder die zuständigen Staatsanwaltschaften noch die Gerichte ihre Einstellungsentscheidungen begründen müssen.[434]

Eine weitere Folge dieser fehlenden Begründungspflicht ist das Fehlen von Erkenntnissen, wie Praktiker den § 153 StPO anwenden beziehungsweise auslegen.[435]

Die Vertreter der verschiedenen Auffassungen sind sich jedoch einig, dass eine Einstellung der Verfahren, die sich mit Fällen der Polizeigewalt beschäftigen, auf der Grundlage des § 153 Abs. 1 StPO wegen fehlenden öffentlichen Interesses allenfalls die Ausnahme sein kann.[436] Die Auslegungsproblematik führte bereits dazu, dass vereinzelt ein Abschied vom öffentlichen Interesse verlangt wurde.[437]

### (1) Verwaltungsrechtlicher Begriff des öffentlichen Interesses

Der Begriff des öffentlichen Interesses ist im Verwaltungsrecht bedeutsam und wird an vielen Stellen öffentlich-rechtlicher Normen verwendet (so bspw. in §§ 36, 80 VwGO etc.).[438] Was jedoch vom öffentlichen Interesse im Sinne der entsprechenden Normen umfasst ist, wird auch in öffentlich-rechtlichen Gesetzen nicht bestimmt oder definiert; „Je nach Bezugspunkt kann das öffentliche Interesse eine andere Färbung erhalten."[439]

Es ist festzustellen, dass der öffentlich-rechtliche Begriff des öffentlichen Interesses kein Bezugspunkt für den nach §§ 153 ff. StPO sein kann. Bei dem Interesse nach § 153 StPO geht es um das an einer Bestrafung beziehungsweise einer Verurteilung[440] bestehende Interesse. Bei den Regelungen des öffentlichen Rechts bezieht sich das Interesse i. d. R. auf eine Gefahrenabwehr.[441]

Folglich kann die Auslegung des öffentlichen Interesses nur aus der Untersuchung der §§ 153, 376 StPO selbst erfolgen.[442]

---

434 *Untersteller*, Der Begriff „öffentliches Interesse" in den §§ 153 StPO und 45 JGG, Seite 10.

435 Untersteller, *S. 10.; Ausnahmen: LG Bonn, NStZ 2001, 375 (376 ff.) und LG Aachen, JZ, 1971, 507.*

436 KK-StPO/*Schoreit* § 153 Rn. 21.

437 *Meyer*, GA 1997, 404 (406).

438 *Untersteller*, S. 10.

439 *Untersteller*, S. 11.

440 *Untersteller*, S. 11.

441 *Untersteller*, S. 11.

442 *Homann*, Der Begriff des „öffentlichen Interesses" in den §§ 376, 153 StPO und 232 StGB, Seite 18.

### (2) Grebe und Schreiber: Gesichtspunkte der „Guten Ordnung des Gemeinwesens“ und „Förderung der Wohlfahrt“

*Grebe* und *Schreiber* verzichten zwar jeweils darauf, allgemeingültige und verbindliche Auslegungskriterien zu formulieren[443], orientieren sich jedoch an den Begriffen der „Guten Ordnung des Gemeinwesens“ und der „Förderung der Wohlfahrt“.

Nach *Grebe* solle ein öffentliches Interesse zu bejahen sein, wenn von einer Beeinträchtigung der guten Ordnung des Gemeinwesens auszugehen sei. Dies solle

> *„immer dann der Fall [sein], wenn das Publikum stärker beunruhigt oder belästigt, die öffentliche Ordnung oder Sicherheit verletzt oder auch nur gestört werde oder falls sich die Tat als eine erhebliche Verletzung der Verkehrssitte darstelle“*[444].

Beachtung zu finden habe zusätzlich die Täterpersönlichkeit und die Tatfolgen[445]. Sei das Verhalten oder die in der entsprechenden Tat zu erkennende Persönlichkeit des Täters durch Hartnäckigkeit, Nichtbeachtung ausdrücklicher Warnungen oder durch wiederholte Straffälligkeit geprägt, so sei eine Ahndung erforderlich.[446]

Fälle von Polizeigewalt lassen die Bevölkerung aufschrecken. Sowohl die Masse an Berichterstattungen, sei es in Print-Medien oder TV-Sendungen, als auch die Anhäufung von Demonstrationen gegen Polizeigewalt[447] zeigen, dass die Gesellschaft durch die Fälle von Polizeigewalt häufig beunruhigt wird und diese teilweise auch das sinkende Vertrauen in die staatlichen Behörden bedingt.

Exemplarisch kann an die Vorgänge im Stuttgarter Hofgarten in den Jahren 2009 bis 2011 (Projekt Stuttgart 21) erinnert werden[448]. Über viele Monate kam es zu Auseinandersetzungen zwischen Demonstranten und der Polizei. Häufig endeten diese Begegnungen mit dem Einsatz von Wasserwerfern, Pfefferspray oder Ähnlichem. Das Vorgehen der Polizei wurde in den Medien und im gesellschaftlichen Diskurs strittig diskutiert und nicht nur vereinzelt zweifelte man an

---

443 *Homann*, S. 19.

444 *Homann*, S. 19.

445 *Homann*, S. 19.

446 *Homann*, S. 19.

447 Nicht nur in Deutschland, auch wenn ein Verweis auf die Verhältnisse in den Vereinigten Staaten aufgrund weitreichender Unterschiede der Gesellschaft nicht sachgerecht erscheint.

448 *Luik*: So brutal gingen Polizisten gegen Stuttgart21-Demonstranten vor (20.07.2016), in Stern online, URL: http://www.stern.de/panorama/stern-crime/stuttgart-21--so-brutal-gingen-polizisten-gegen-demonstranten-vor-6464880.html.

der Notwendigkeit und der Rechtmäßigkeit des Vorgehens.[449] Nicht nur dieses, wenn auch in der Öffentlichkeit in den letzten Jahren wohl bekannteste Beispiel spricht dafür, dass es nach dieser Ansicht unmöglich erscheint, die Fälle von Polizeigewalt nach § 153 Abs. 1 StPO wegen fehlenden öffentlichen Interesses einzustellen.

*Schreiber* versuchte dem Begriff ebenfalls anhand von Beispielen hinreichenden Inhalt zu geben. Er sieht ein öffentliches Interesse nicht nur dann als gegeben an, wenn die Tat von einer gewissen Schwere sei oder schwere Folgen nach sich ziehe, sondern auch dann, wenn der Täter vorbestraft beziehungsweise das Opfer unbescholten sei sowie der Täter roh oder harmlos auftrete.[450]

Die Begriffsbestimmung anhand von Einzelbeispielen lässt keine allgemeingültigen Aussagen zu. Es wird eine Einzelfallentscheidung der Staatsanwaltschaften vorgesehen, die hier jedoch nicht inhaltlich kritisiert oder unterstützt werden kann. Man müsste jedes Verfahren, das nach diesen Kriterien eingestellt wurde oder wird, im Konkreten prüfen. Dies würde jedoch vermutlich bereits an einer fehlenden Begründung der Entscheidung scheitern. Zudem würde aus der Anwendung dieser Auslegung eine hohe Rechtsunsicherheit erwachsen, da sich die Allgemeinheit keiner klaren, allgemeinen Regelung ausgesetzt sieht.

Das Problem der Ansichten von *Grebe* und *Schreiber* liegt in der Verwendung neuer unbestimmter, allgemein schwer auslegbarer Begriffe und deren Alter. Die Ansichten stammen aus der Zeit der Weimarer Republik, und beziehen sich somit teilweise auf Straftatbestände, die abgeschafft worden sind. Teilweise sind auch neue Straftatbestände in das Strafgesetzbuch aufgenommen worden. Bis Mitte/Ende der 1930er Jahre waren diese Auslegungskriterien jedoch herrschend. „Erst die Neufassung des § 232 StGB [1939/1940] warf abermals die Frage auf, wann das Öffentliche Interesse zu bejahen oder zu verneinen war".[451] Die Rechtsentwicklung der vergangenen Jahrzehnte hat die Ansichten von Grebe und Schreiber überholt und somit deren Anwendbarkeit wohl ausgeschlossen.[452]

449 *Soldt*: Das lange Nachspiel der Wasserwerfer (20.07.2016), in Faz Online, URL: http://www.faz.net/aktuell/politik/inland/der-polizeieinsatz-gegen-die-stuttgart-21-gegner-war-rechtswidrig-13919658.html.

450 *Homann*, S. 20.

451 *Homann*, S. 21.

452 *Homann*, S. 21 f.

### (3) Ansicht der Rechtsprechung

Geht man vom Urteil des Bundesgerichtshofes vom 19.12.1952[453] aus, so soll „mit der Körperverletzung durch den Amtsträger während der Dienstausübung oder in Beziehung auf den Dienst [...] regelmäßig ein öffentliches Interesse verletzender Amtspflichtverstoß verbunden [sein]“[454]. Eine genaue Auseinandersetzung mit dem Begriff des öffentlichen Interesses würde sich somit erübrigen, da die Anwendung von Polizeigewalt aus der Natur der Norm heraus ein öffentliches Interesse bedinge. Unterstützung findet dieser Ansatz durch ein weiteres Urteil des Bundesgerichtshofes vom 04.03.1981[455]. Hier legte das Gericht dar, dass nicht nur „die körperliche Integrität des Einzelnen, sondern auch das öffentliche Interesse an ordnungsgemäßer Amtsführung des Amtsträgers erfasst [werde]“[456], sodass auch aus diesem Urteil abzuleiten ist, dass die Anwendung von Polizeigewalt das Vorliegen eines öffentlichen Interesses bedinge.

Nach Ansicht des Bundesgerichtshofes sei somit bei den vermeintlichen Körperverletzungen im Amt stets das öffentliche Interesse an der Bestrafung des Beschuldigten gegeben.

Problematisch ist jedoch, dass beispielsweise das Oberlandesgericht Celle[457] in einer Entscheidung dargelegt hat, dass das öffentliche Interesse erst dann begründet sein solle, wenn dem Täter der Vorwurf eines rechtswidrigen Verhaltens zu machen sei, welches nicht als unwesentlich erachtet werden könne und zu nicht nur unwesentlichen Verletzungen geführt habe.[458] Aus der Auslegung des Oberlandesgerichts Celle lässt sich somit keine allgemeine Aussage, ob die Anwendung von Polizeigewalt ein öffentliches Interesse hervorruft, treffen.

Somit besteht innerhalb der Rechtsprechung Uneinigkeit, ob, losgelöst vom Einzelfall, der Verdacht der Polizeigewalt stets- oder nur unter bestimmten Umständen das öffentliche Interesse begründen soll. Da zudem der Rechtsprechung des Bundesgerichtshofes in der Folge nicht konsequent gefolgt wurde, ist eine solch inkonsequente Anwendung einer Norm durch die Rechtsprechung hinsichtlich der Rechtssicherheit und des Vertrauensschutzes problematisch. Eine ständige Rechtsprechung kann nicht angenommen werden.

---

453 BGH NJW 1953, 272.

454 MüKoStGB/*Voßen* StGB § 340, Rn. 1.

455 BGH NJW 1983, 462.

456 MüKoStGB/*Voßen* StGB § 340, Rn. 21.

457 NDsRpflg. 1960, 259.

458 *Homann*, S. 26.

### (4) Gleichstellung mit den Sanktionszwecken

Die Annahme eines öffentlichen Interesses kann sich nach der herrschenden Lehre aus Gründen der Spezial- u. Generalprävention ergeben.[459] Die Theorien der Spezial- und Generalprävention konzentrieren sich beide auf die präventive Wirkung strafrechtlicher Verhaltensnormen und betrachten die Verminderung der Anzahl an zukünftig begangenen Straftaten als Legitimation der Anwendung von Strafnormen auf den einzelnen Straftäter.[460] „Umstände, die nicht im weitesten Sinne den Sanktionszwecken zugeordnet werden können, können das öffentliche Interesse nicht begründen."[461]

Dabei differieren die Theorien insofern, als die Theorie der Spezialprävention die Wirkung auf den einzelnen Täter betrachtet, während die Theorie der Generalprävention auf die Wirkung der strafrechtlichen Sanktionen auf die Gesamtheit der Rechtsunterworfenen abstellt.[462] Als dritte Variante wird ein Ansatz vertreten, der das mediale Interesse in den Mittelpunkt der Abwägung stellt.

#### (a) Öffentliches Interesse aus Gründen der Spezialprävention

In der Praxis sind Gründe, die in der Person des Täters liegen, von besonderer Relevanz.[463] Im Falle der Spezialprävention solle ein gerichtliches Verfahren die Allgemeinheit vor weiteren Taten eines bestimmten Täters schützen.[464]

> *„Die Frage, ob ein öffentliches Interesse an der Strafverfolgung oder besser gesagt an der Bestrafung des Täters besteht, muss daher maßgeblich davon abhängen, ob eine solche strafrechtliche Sanktion geeignet erscheint, dazu beizutragen, den konkreten Täter von weiteren Straftaten abzuhalten."*[465]

Im Hinblick auf die gebotene Korrektur, dass das öffentliche Interesse im Sinne des § 153 Abs. 1 StPO an der Bestrafung des im Vorverfahren Beschuldigten bestehen muss, könnte die Auslegung nach dieser Ansicht zu sach- und normgerechten Ergebnissen führen. Besteht ein öffentliches Bedürfnis an einer Spezialprävention,

---

459 Meyer-Goßner/*Schmitt* § 153 Rn. 7; SSW-StPO/*Schnabl*/*Vordermayer* § 153 Rn. 10.; LR-StPO/*Beulke*, § 153 Rn. 28.; SK-StPO/*Weßlau*/*Deiters*, § 153 Rn. 19 ff.; KK-StPO/*Diemer*, § 153 Rn. 13 ff.

460 *Radtke* in: MüKO Vor §§ 38 ff. Rn. 34.

461 *Czupryniak*, Berücksichtigung generalpräventiver Gründe bei der Strafzumessung in Deutschland und Polen, Seite 256.

462 *Radtke* in: MüKO Vor §§ 38 ff. Rn. 34 ff.

463 SK-StPO/*Weßlau* § 153 Rn. 21.; KK-StPO/*Diemer*, § 153 Rn. 14.; HK-StPO/Gercke/Julius/Temming/Zöller/*Gercke, § 153 Rn. 5.*

464 *Untersteller*, S. 121.

465 *Untersteller*, S. 121.

so könne dies gleichzustellen sein mit dem Interesse an einer Bestrafung des Beschuldigten.

(b) Öffentliches Interesse aus Gründen der Generalprävention

Weitergehend könne nach dieser Ansicht ein öffentliches Interesse durch berechtigte Belange der Allgemeinheit[466] begründet werden.[467] Ein Interesse der Allgemeinheit sei gegeben, wenn die Durchführung des Verfahrens zur Aufklärung eines kriminogenen Hintergrundes notwendig sei,[468] insbesondere wenn die Tat im Zusammenhang mit öffentlichen Stellen bzw. der Erfüllung öffentlicher Aufgaben stehe.[469] Zudem seien Belange der Allgemeinheit anzunehmen, wenn das Sich-Einbürgern von Ungesetzlichkeiten im Sozialleben verhindert werden solle[470] und „wenn wegen der Art der Tatausführung das reaktionslose Hinnehmen der Tat die Rechtstreue der Bevölkerung erschüttern oder beeinträchtigen würde“[471].

(c) Das mediale Interesse

Für das Bestehen eines Interesses der Allgemeinheit spräche es auch, wenn in der Öffentlichkeit ein besonders starkes Interesse an der Tat bestehe.[472]

> *„Ist bereits im Ermittlungsverfahren ein reges mediales Interesse an der Tat zu verzeichnen, kann dies jedoch vor dem Hintergrund der Störung des Rechtsfriedens als Indiz für ein öffentliches Interesse zu werten sein. Auch die Involvierung öffentlicher Stellen, von Behörden, Amtsträgern und Verbänden spricht in der Regel für ein öffentliches Interesse.“*[473]

Das mediale Interesse entsteht folglich nicht aufgrund der Tatfolgen, sondern aufgrund der Persönlichkeit des Täters oder des Opfers und steht somit nicht in einer Beziehung zu den gegebenenfalls unverschuldeten Tatfolgen.

Das öffentliche Interesse aus einer Störung des Rechtsfriedens durch entsprechende mediale Berichterstattung abzuleiten, ist nicht sach- und normgerecht. Das öffentliche Interesse an einer Bestrafung mit einer Störung des Rechtsfriedens gleichzustellen, ist angesichts der gerade in der Gegenwart vermehrt auftretenden

---

466 Darunter richtigerweise generalpräventive Gesichtspunkte verstehend LR-*Beulke* StPO § 153 Rn. 29.

467 SK-StPO/*Weßlau* § 153 Rn. 22.

468 SK-StPO/*Weßlau* § 153 Rn. 22; Meyer-Goßner/*Schmitt* § 153 Rn 7; KK-*Diemer* § 153 Rn. 15.

469 SK-StPO/*Weßlau* § 153 Rn. 22.

470 Meyer-Goßner/*Schmitt* § 153 Rn. 8; KK-*Diemer* § 153 Rn. 15.

471 *Czupryniak*, Seite 257.

472 KK-StPO/*Diemer* § 153 Rn. 15; SK-StPO/*Weßlau* § 153 Rn. 22; BGHSt 10, 259.

473 MüKoStPO/*Peters* StPO § 153 Rn. 31.

Problematik der sogenannten Fake-News und der unsachlichen, weil sensationsbegierigen Berichterstattung problematisch.

(5) Zwischenfazit

Die dargestellten Ansichten sind dahin gehend auf ihre Vereinbarkeit mit § 153 StPO zu prüfen, ob sie zu praktikablen und sachgerechten Ergebnissen führen. Insbesondere sind sie daraufhin zu prüfen, ob sie das öffentliche Interesse richtig werten, d. h. ob sie sich darauf beziehen, dass das öffentliche Interesse an der Bestrafung des Beschuldigten, nicht jedoch an der Verfolgung der Straftat bestehen muss.

Ebenso wie bei dem Begriff der Geringfügigkeit im Sinne der Vorschrift besteht bei dem Begriff des öffentlichen Interesses eine große Meinungsvielfalt, wobei die Anwendung verwaltungsrechtlicher Auslegungskriterien jedoch ausscheidet.

Eine Auslegung anhand der Gesichtspunkte der guten Ordnung des Gemeinwesens und Förderung der Wohlfahrt ist ebenfalls nicht sachgerecht. Die Auslegung unbestimmter Rechtsbegriffe durch neue ist nicht zielführend und kann die Auslegung nicht erleichtern. Zudem gründet die Auslegung nach Grebe und Schreiber auf Begriffen, die in der Zeit der Weimarer Republik, d. h. in den 1920er und 1930er Jahren geprägt wurden. Somit gilt das Gleiche, was für die Begriffsauslegung der geringen Schuld nach Kohlhaas und Schmidt gilt; die Gesellschaft, die Rechtsordnung und auch die moralisch-ethischen Vorstellungen haben sich seit dieser Zeit erheblich verändert und sind auch mittelfristig weiteren Veränderung ausgesetzt. Eine Auslegung, die Rechtssicherheit garantiert, ist nach dieser Ansicht nicht möglich.

Die drittgenannte Ansicht, die der Rechtsprechung zuzuordnen ist, ist uneinheitlich. Während der Bundesgerichtshof in zwei Entscheidungen in den Fällen der Polizeigewalt ohne Einschränkungen vom (grundsätzlichen) Vorliegen eines öffentlichen Interesses im Sinne des § 153 Abs. 1 StPO ausgeht, schränkt das Oberlandesgericht Celle diese pauschale Annahme ein. Zudem wurde die Annahme des Bundesgerichtshofes in der Vergangenheit nicht stringent angewendet, sodass nicht von einer ständigen und ggf. allgemeingültigen Rechtsprechung auszugehen ist.

Hinsichtlich der Lehre von der Gleichstellung des Begriffes des öffentlichen Interesses mit dem Sanktionszweck ist zu differenzieren, da diese Lehre drei Ansätze verfolgt: Das öffentliche Interesse kann sich danach sowohl aus einer spezial- als auch aus einer generalpräventiven Begründung ergeben. Zudem wird vertreten, dass auch ein entsprechendes mediales Interesse das öffentliche Interesse an der Bestrafung des Beschuldigten bedingen kann.

Sowohl der spezialpräventive als auch der generalpräventive Ansatz beziehen sich auf die Korrektur des Wortlauts und sehen das öffentliche Interesse dann begründet, wenn entweder die Sanktionierung des Einzelnen erforderlich ist, um ihm die rechtsstaatlichen Grenzen vor Augen zu führen, oder die Sanktionierung erforderlich ist, um das Interesse der Allgemeinheit an der Funktionsfähigkeit des Rechtsstaates zu gewährleisten.

Somit ist im Allgemeinen ein unmittelbarer Bezug zur „richtigen" Auslegung der Vorschrift gegeben.

Das Kriterium des medialen Interesses ist dagegen für nicht anwendbar zu erachten. Es steht insbesondere in Widerspruch zum Gleichbehandlungsgrundsatz nach Art. 3 GG; wenn sich ein öffentliches Interesse an der Verfolgung der Tat gerade aus der Täter- oder Opferpersönlichkeit[474] ergibt, könnte der Eindruck entstehen, das Opfer werde übermäßig geschützt beziehungsweise der Täter überhart verfolgt, um an ihm ein Exempel zu statuieren.[475]

Das erforderliche Informationsinteresse könnte in diesen Fällen zu einer Effekthascherei zulasten von Personen des öffentlichen Interesses führen.

Diesem Ansatz folgte auch *Hobe*[476], der argumentierte, dass der tatsächliche Wille der Bevölkerung, das heißt der Öffentlichkeit, nicht immer von den Medien aufgenommen und beachtet werde. Ausgangspunkt des öffentlichen Interesses sei stets das allgemeine Rechtsempfinden und nicht eine gegebenenfalls polemische und einseitige Berichtserstattung.[477]

Insbesondere in den Fällen der vermeintlichen Polizeigewalt würde das Abstellen auf ein mediales Interesse zu kritischen Diskussionen führen. Auf diese Fälle bezogen ist das Kriterium des medialen Interesses im Rahmen des § 153 Abs. 1 StPO ungeeignet, da diese Vorkommnisse doch in erhöhtem Maße Teil der Berichterstattung sind. Die hervorgehobene Stellung eines Beamten provoziert geradewegs eine Darstellung in den Medien, sodass bei Abstellen auf dieses Indiz

474 Weil Täter oder Opfer in der Öffentlichkeit stehen oder besondere Funktionen innehaben.

475 In diesem Zusammenhang hat Untersteller jedoch argumentiert, dass kein Widerspruch zum Gleichbehandlungsgrundsatz bestünde, solange die sachliche Aufarbeitung im Vordergrund stehen würde (*Untersteller*, S. 171). Dem kann jedoch nicht gefolgt werden, weil dies wiederum eine Einschätzung und ein Ermessen der Staatsanwaltschaften begründen würde und somit der unbestimmte Rechtsbegriff des öffentlichen Interesses erneut durch unbestimmte Rechtsbegriffe bzw. subjektive Einschätzungen ausgelegt werden würde.

476 *Hobe* FS Leferenz 629 ff.

477 *Hobe* FS Leferenz 629, 645.

ein sachliches Ungleichgewicht entstünde. 2013 sah sich der Bundesvorstand der Gewerkschaft der Polizei gezwungen, zum Thema Polizeigewalt eine Stellungnahme abzugeben.[478] Man sei seitens des Bundesvorstandes der Ansicht, dass die Berichterstattungen der Medien vermehrt den Eindruck vermittelten, „der Bürger [müsse] ständig damit rechnen [...], grundlos von Polizisten mit roher Gewalt traktiert zu werden“[479].

Das Kriterium des medialen Interesses ist nicht sachgerecht, da es für die große Mehrheit an Fallkonstellationen ungeeignet ist. Gewisse Delikte des StGB erwecken nur abgeschwächtes mediales Interesse, während andere Delikte häufiger das Interesse der Medien wecken. Das mediale Interesse kann zwar in Verbindung mit dem spezialpräventiven oder dem generalpräventiven Interesse zu einer konstruktiven und zutreffenden Lösung führen. Als alleiniges Entscheidungskriterium kann es jedoch nicht angeführt werden.

#### (6) Stellungnahme zur Anwendbarkeit bei Verfahren wegen § 340 StGB

Einleitend ist eine genaue Betrachtung der einschlägigen Strafnorm aus dem StGB erforderlich. Mit dem § 340 StGB hat der Gesetzgeber einen Straftatbestand geschaffen, der die rechtswidrige Gewaltanwendung durch Amtsträger unter Strafe stellt. Der Gesetzgeber sah das Erfordernis, neben den Körperverletzungsdelikten nach §§ 223 ff. StGB einen Sondertatbestand zu schaffen.

Der § 340 StGB wurde in den vergangenen Jahrzehnten mehrfach reformiert. Die Intention des Gesetzgebers ist darin zu sehen, dass das mit der Ausnutzung einer Amtsträgereigenschaft und der daraus resultierenden Befugnisse verbundene erhöhte Unrecht entsprechend bestraft werden soll. Der Gesetzgeber hat ein materielles Strafrecht geschaffen, das die rechts- und sachwidrige Gewaltanwendung durch Polizeibedienstete klar und auch intensiv unter Strafe stellt. Der Eindruck, dass sich Staatsanwaltschaften[480] schützend vor Gewalttäter stellen, liefe eindeutig der Intention des Gesetzgebers aus der Gesetzesänderung des § 340 StGB zuwider, weshalb sich eine Einstellungsmöglichkeit nach § 153 StPO wegen Geringfügigkeit dem vorrangigen Willen des Gesetzgebers zu § 340 StGB unterordnen muss.

---

478 Pressestelle der GdP: GdP Bayern zum Thema Polizeigewalt (19.02.2013), URL: http://www.gdp.de/gdp/gdp.nsf/id/DE_GdP-Bayern-zum-Thema-Polizeigewalt.

479 Pressestelle der GdP: GdP Bayern zum Thema Polizeigewalt (19.02.2013), URL: http://www.gdp.de/gdp/gdp.nsf/id/DE_GdP-Bayern-zum-Thema-Polizeigewalt.

480 Bundesweit werden jährlich ca. 2 % der im Sachgebiet 53 eingeleiteten Verfahren nach § 153 Abs. 1 StPO eingestellt.

Aus dem korrigierten Wortlaut des § 153 Abs. 1 StPO folgt, dass ein öffentliches Interesse an der Sanktionierung des Beschuldigten die Möglichkeit einer Einstellung nach dieser Vorschrift entfallen lassen kann. Mit Verweis auf die Intention, die dem § 340 StGB inhärent ist, ist ein Nichtbestehen des öffentlichen Interesses nach diesseitiger Ansicht ausgeschlossen. Die Intention des Gesetzgebers, etwaige Vorwürfe zur Nichtverfolgung nicht entstehen zu lassen, würde durch die Annahme, dass ein öffentliches Interesse nicht bestünde, unterlaufen, wobei weder der Täter selbst von der Verwirklichung weiterer Straftaten abgehalten wird noch die Gesellschaft vor weiteren Straftaten geschützt wird.

Aus der Entstehungsgeschichte des § 153 StPO ergeben sich ähnliche Rückschlüsse. Bis zum StPÄG von 1964 war neben der geringen Schuld das Ausbleiben bedeutender Folgen der Tat Voraussetzung der Einstellung nach § 153 Abs. 1 StPO. „Mit dem StPÄG vom 19.12.1964 wurde dieser zweite Prüfungspunkt gestrichen und durch das öffentliche Interesse ersetzt.“[481] Naheliegend erscheint folglich, dass der Gesetzgeber die Einstellungsnorm weiterhin flexibel auslegbar gestalten wollte, d.h. dem Rechtsanwender einen weiterhin großen Entscheidungsspielraum überlassen wollte.[482]

Mithin ist bereits aus der historischen Herleitung abzuleiten, dass bei der grundsätzlichen Anwendung „das Gewicht der Tatfolgen [für] die Beurteilung des öffentlichen Interesses […] immer noch von Bedeutung ist“[483]. Insofern ist der Begriff des öffentlichen Interesses nicht diametral zu der Voraussetzung der fehlenden bedeutenden Folgen zu sehen.

Für die Wertung, ob die Tatfolgen, wenn sie denn entstehen[484], bedeutend sind, ist auf die Wertungen des § 46 Abs. 2 StGB zu verweisen.[485]

> „Ob die Folgen einer Tat schwer sind, bemisst sich somit nach dem Umfang der Rechtsgutverletzung beziehungsweise nach der Höhe des angerichteten Schadens. Im Falle eines Körperverletzungsdeliktes ist auf die Schwere der verursachten Verletzungen abzustellen […].“[486]

Dies erleichtert jedoch nicht die Auslegung des Begriffes des öffentlichen Interesses, da das Vorliegen selbst schwerster Tatfolgen nur eine Indizwirkung hat.[487] So

---

481 *Untersteller*, S. 155.
482 *Untersteller*, S. 156.
483 *Untersteller*, S. 156.
484 LR-StPO/*Kohlhaas*, § 153 Rn. 4.
485 *Untersteller*, S. 159.
486 *Untersteller*, S. 159.
487 *Untersteller*, S. 159.

könnte selbst im Fall einer fahrlässigen Tötung eine Einstellung wegen fehlenden öffentlichen Interesse möglich sein.[488]

Der Sinn und Zweck des § 153 Abs. 1 StPO liegt in zwei Aspekten; die Vorschrift „dient gleichzeitig der Justizökonomie durch Entlastung der Strafverfolgungsbehörden wie auch der Entkriminalisierung nicht strafbedürftigen Verhaltens"[489].

Das Kriterium der Entlastung setzt voraus, dass „das Ahndungsbedürfnis der Tat recht gering ist und man die Verfolgung schwererer Delikte für wichtiger hält"[490]. Der § 340 StGB ist aufgrund seiner Funktion und seines Strafmaßes, das Freiheitsstrafen von bis zu fünf Jahren vorsieht, kein minderschweres Delikt. Dass die Entlastung der Strafverfolgungsbehörden somit nicht als Argument herangezogen werden kann, um Verfahren wegen § 340 StGB einzustellen, die aufgrund ihrer Tragweite nicht zu bagatellisieren sind, ist offenkundig.[491]

Auch der Gedanke der Entkriminalisierung von nicht strafbedürftigem Verhalten kann nicht auf die Fälle der Polizeigewalt übertragen werden, da ein nicht strafbedürftiges Verhalten voraussetzt, dass eine Bestrafung des Beschuldigten keine positive Wirkung entfalten kann, diese somit „nicht erforderlich und unverhältnismäßig wäre"[492]. Die Sanktionierung eines gewaltbereiten und gewalttätigen Polizisten ist jedoch erforderlich und angesichts des ausdrücklichen Willens des Gesetzgebers auch nicht unverhältnismäßig. Widerspricht ein Polizist aufgrund von Gewaltexzessen seiner Aufgabenstellung, so ist die vorgesehene, härtere Strafverfolgung geboten. Hier die Möglichkeit der Entkriminalisierung anzunehmen, ist fernliegend, sodass das öffentliche Interesse in den Fällen der Körperverletzung im Amt auch aus diesem Grunde nicht entfallen kann.

Dass diese Einschätzung richtig ist und einer konsequenten Umsetzung in der staatsanwaltlichen Praxis bedarf, zeigt die Überlegung, dass dem einzelnen Polizeibeamten andernfalls aufgrund der Nähe zwischen Staatsanwaltschaft und Polizei suggeriert würde, dass für ihn die Toleranzschwelle zur strafrechtlichen Sanktionierung höher läge. Dies könne wiederum zur Anwendung körperlicher Gewalt ermutigen und weiteres strafrechtswidriges Verhalten begünstigen.

An der Aufklärung und gegebenenfalls an der Sanktionierung von Fällen der Polizeigewalt besteht somit ohne Einschränkungen stets ein öffentliches Interesse

---

488 *Untersteller*, S. 158.
489 *Untersteller*, S. 69.
490 *Untersteller*, S. 69.
491 Die Verfahren wegen Polizeigewalt können schlichtweg nicht als Bagatelle angesehen werden. Siehe im Detail oben Darstellungen zur geringen Schuld.
492 *Untersteller*, S. 69.

und eine Einstellung nach § 153 StPO scheidet aus. Daran kann und darf es nach hier vertretener Ansicht auch keine Zweifel geben.

Entsprechendes folgt auch aus der Lehre von der Gleichsetzung mit den Sanktionszwecken; sowohl aus spezial- als auch aus generalpräventiven Gründen, kann ein öffentliches Interesse an der Sanktionierung gewalttätiger Polizeibeamter nicht entfallen, da sowohl hinsichtlich des konkreten Beamten einer erneuten Tatbegehung entgegengewirkt werden muss (Spezialprävention), als auch generalpräventiv das Entstehen einer ambivalenten Einstellung der Gesellschaft gegenüber der Polizei verhindert werden soll.

#### iv.) Das Verhältnis der Einstellungsvoraussetzungen zueinander

Das Verhältnis der beiden Einstellungsvoraussetzungen ist Gegenstand einer kontrovers geführten Diskussion in der Literatur. So wurde vereinzelt argumentiert, dass eine kumulative Prüfung der beiden Vorschriften die Rechtsanwendung zumindest erschweren würde. Dies könne jedoch nicht die Intention des Gesetzgebers sein. Es ist diesbezüglich auf *Beulke* zu verweisen, der in der Forderung *Meyer*s, die Voraussetzung des „öffentlichen Interesses" aus der Norm zu streichen, nur eine vorschnelle Flucht vor Auslegungsproblemen und einer kritischen Auseinandersetzung mit der Materie sieht.[493]

Dieser Argumentation ist zuzustimmen, denn der Gesetzgeber hat mit § 153 StPO eine Norm geschaffen, die den Staatsanwaltschaften bei der Entscheidung, ob ein Verfahren einzustellen ist oder ob es zu einer Anklage kommen muss, vorgibt, beide Aspekte, den der geringen Schuld und den des öffentlichen Interesses, zu bewerten.[494] Die beiden Voraussetzungen sind stets kumulativ zu prüfen, da dies der klare Wortlaut der Vorschrift ist. Diesbezüglich ist auch auf die Protokolle zur Beratung des Vermittlungsausschusses über das StPÄG von 1964 zu verweisen[495], aus denen hervorgeht, dass das Merkmal des öffentlichen Interesses neben dem der geringen Schuld bewusst und mit entsprechender Begründung in die Vorschrift aufgenommen wurde.

Es bleibt trotz der Schwierigkeiten, die die Auslegung der beiden Begriffe mit sich bringt, bei dem Erfordernis, beide Voraussetzungen kumulativ zu prüfen und in die Entscheidung über die Einstellung des Verfahrens beziehungsweise die Klageergebung aufzunehmen.

---

493 LR-*Beulke* StPO § 153 Rn. 21.

494 LR-*Beulke* StPO § 153 Rn. 21.

495 *Paschmanns,* S. 91.

### v.) Verfahrensgang bei Einstellungen wegen Geringfügigkeit

Liegen die genannten Voraussetzungen vor[496], so ist die Staatsanwaltschaft berechtigt, im Rahmen einer Ermessensentscheidung mit Zustimmung des für das Hauptverfahren zuständigen Gerichts von der Verfolgung der Tat abzusehen.[497] Darüber hinaus bedarf es der Zustimmung des Gerichts nicht unter den zusätzlichen Voraussetzungen des § 153 Abs. 1 S 2 StPO.[498] Danach darf das angezeigte Vergehen nicht mit einer im Mindestmaß erhöhten Strafe, d. h. ein Mindestmaß von nicht mehr als einem Monat Freiheitsstrafe (vgl. §§ 12 Abs. 2, 38 Abs. 2 StGB), bedroht sein. Zudem müssen die durch die Tat verursachten Folgen von geringem Ausmaß sein, wobei über die Schwere des tatbestandlichen Erfolgs hinaus weitere verschuldete mittelbare und unmittelbare Tatfolgen berücksichtigt werden können.[499]

Zu erwähnen im Kontext von Gewaltausübung durch Polizeibeamte ist jedoch, dass der Straftatbestand der Körperverletzung im Amt nach § 340 StGB aufgrund des festgelegten Mindeststrafmaßes von drei Monaten nicht unter § 153 Abs. 1 S. 2 StPO subsumierbar ist. Eine mögliche Strafmilderung, wie sie § 340 Abs. 1 S. 2 StGB vorsieht, bleibt dabei außer Betracht und führt nicht zur Zustimmungsfreiheit der Entscheidung.[500] Eine differenzierte Ausweisung von Einstellungen mit bzw. ohne richterliche Zustimmung erfolgt in der Staatsanwaltschaftsstatistik im Sachgebiet 53 nicht. Angesicht der Schwierigkeiten bei der Auslegung der unbestimmten Rechtsbegriffe ist aufgrund des erhöhten Unrechts in § 340 StGB eine Zustimmung des zuständigen Gerichtes zur Einstellung nach § 153 Abs. 1 StPO notwendig.

### vi.) Fazit zu § 153 Abs. 1 StPO

Die Auseinandersetzung mit den unbestimmten Rechtsbegriffen des § 153 Abs. 1 StPO bereitet im Hinblick auf die Anwendbarkeit bei Polizeigewalt viele Probleme. Es besteht zu jeder der Einstellungsvoraussetzungen ein breites Feld an Ansichten, wie die Begriffe auszulegen und anzuwenden sind. Problematisch ist insbesondere das Fehlen bindender oder zumindest aussagekräftiger obergerichtlicher Rechtsprechung, mehr jedoch die fehlende Klarstellung durch den

---

496 Zur Klarstellung: Die Voraussetzungen können bei den Fällen der Polizeigewalt NICHT vorliegen!

497 KK-*Diemer* § 153 Rn. 17; SSW-StPO/*Schnabl*/*Vordermayer* § 153 Rn. 11 f.

498 SK-StPO/*Weßlau* § 153 Rn. 35.

499 SK-StPO/*Weßlau* § 153 Rn. 36 ff.

500 SSW-StPO/*Schnabl*/*Vordermayer* § 153 Rn. 14.

Gesetzgeber hinsichtlich der Anwendbarkeit des § 153 Abs. 1 StPO im Rahmen von Amtsdelikten.

Während das Merkmal des Vergehens unproblematisch alleine durch das Gesetz zu bestimmen ist, hat sich zu den Merkmalen der Geringfügigkeit und des öffentlichen Interesses ein breites Spektrum an Auslegungen gebildet.

Das Merkmal der Geringfügigkeit wird nach Ansicht des Verfassers in der Literatur entweder unzutreffend oder zumindest unzureichend ausgelegt. Praktikable und argumentativ stichhaltige Ergebnisse lassen sich ausschließlich durch eine Kombination verschiedener Ansichten erzielen, wobei die konkrete Auslegung des § 153 Abs. 1 StPO nach Sinn und Zweck und die Wechselwirkung dieser Vorschrift mit § 340 StGB zu verbinden sind.

Will man eine Tat als geringfügig einordnen, so muss eine Wertung der Gesamtumstände erfolgen; dies beinhaltet sowohl die Betrachtung der täterbezogenen als auch die Betrachtung der tatbezogenen Aspekte. Obwohl es zwar eher abwegig erscheint, könnten Staatsanwaltschaften theoretisch in Einzelfällen durchaus zu dem gerade noch vertretbaren Ergebnis kommen, dass eine grundsätzlich unter § 340 StGB zu subsumierende Tathandlung als geringfügig anzusehen ist.

Eine rechtmäßige Einstellung der Fälle der Polizeigewalt scheitert jedoch in jedem Fall an der Voraussetzung des fehlenden öffentlichen Interesses an der Bestrafung des gewalttätigen Amtsträgers. Dies folgt aus der Betrachtung des Wortlauts, der Historie und des Telos der Vorschrift, wobei auch die Lehre von der Gleichstellung mit den Sanktionszwecken zum gleichen Ergebnis kommt.

Dieses Ergebnis der rechtsdogmatischen Auseinandersetzung mit § 153 Abs. 1 StPO spiegelt sich allerdings nicht in der Anwendungspraxis der Staatsanwaltschaften wider. In den Jahren 2010 bis 2015 wurden laut Staatsanwaltschaftsstatistik immerhin 2,7 % der 15.583 Verfahren wegen Gewaltausübung durch Polizeibeamte nach § 153 Abs. 1 StPO eingestellt. Diese nicht unerhebliche Zahl von Fällen ist unter Berücksichtigung der obigen Argumentation nicht zu rechtfertigen und in Anbetracht der Prüfung durch zwei unabhängig voneinander agierende Behörden, Staatsanwaltschaft und Gericht, auch nicht nachvollziehbar.

Folgerichtig ist ein Einschreiten des Gesetzgebers gefordert. Er hat mit der Reformierung des § 340 StGB ein klares Zeichen gesetzt, das durch die fragwürdige Anwendung von 153 StPO durch die Staatsanwaltschaften unterlaufen wird.

Zugleich gilt es jedoch zu hinterfragen, warum die Staatsanwaltschaften regelmäßig nach § 153 Abs. 1 StPO einstellen. Dies gilt es im Rahmen einer Aktenanalyse mit entsprechendem Schwerpunkt zu prüfen und zu erörtern.

### vii.) Verfahrenseinstellung gemäß § 153 Abs. 1 StPO trotz Bestehen eines öffentlichen Interesses

*Eingeleitete Ermittlungsverfahren gegen Polizeibeamte werden gemäß § 153 Abs. 1 StPO von den Staatsanwaltschaften eingestellt, obwohl bei Verfahren wegen Straftaten gemäß § 340 StGB grundsätzlich ein die Anwendbarkeit des § 153 Abs. 1 StPO ausschließendes öffentliches Interesse an der Strafverfolgung besteht.*

#### (1) Herleitung des Theseninhalts

Die rechtsdogmatische Auseinandersetzung mit den Voraussetzungen einer Verfahrenseinstellung gemäß § 153 Abs. 1 StPO ist zu dem Ergebnis gekommen, dass eine Anwendung dieser Opportunitätsvorschrift im Rahmen von Verfahren wegen Körperverletzungsdelikten nach § 340 StGB ausscheidet. Dieses Ergebnis stützt sich insbesondere auf die spezial- und generalpräventiven Interessen der Strafverfolgung, da diese ein öffentliches Interesse an der Bestrafung von Körperverletzungsdelikten durch Polizeibeamte aufgrund deren Eigenschaft als Amtsträger sowie deren Eingliederung in das institutionelle Handeln der Polizei begründen.

Die oben angestellten rechtstheoretischen Überlegungen zu den Anwendungsvoraussetzungen von § 153 Abs. 1 StPO im Kontext von Verfahren wegen Körperverletzung im Amt (§ 340 StGB) spiegeln sich allerdings nicht in der tatsächlichen Einstellungspraxis der Staatsanwaltschaften wider. In den Jahren 2010 bis 2015 wurden durchschnittlich 2,7 % der Verfahren wegen Gewaltausübung durch Polizeibeamte gemäß § 153 Abs. 1 StPO eingestellt. Diese Zahl erscheint zwar in Anbetracht der in der allgemeinen Kriminalität etwa bei gut 30 % liegenden Einstellungsquote gering, wird aber angesichts der in diesem Bereich bei über 85 % liegenden Einstellungsquote nach § 172 Abs. 2 StPO bedeutsam. Einstellungen nach § 153 Abs. 1 StPO sind, wie oben dargelegt, in Verfahren wegen § 340 StGB ausgeschlossen. Es gilt zu ergründen, auf welche Gründe sich die Staatsanwaltschaften bei ihren Einstellungen beziehen und wie sie die Einstellung begründen.

#### (2) Untersuchungsmethodik

Für die Überprüfung dieser These sind die Gesichtspunkte relevant, die in den Ermittlungsakten der gemäß § 153 Abs. 1 StPO eingestellten Verfahren angeführt werden, um die Ablehnung des öffentlichen Interesses zu begründen. Diese müssen zusammengetragen und ausgewertet werden. Auch hier ist die Aktenanalyse die Forschungs- beziehungsweise Erhebungsmethode, die erfolgsversprechend ist.

Zur Auswertung und darauffolgenden Analyse wurde der Akteninhalt anhand eines Erhebungsbogens untersucht, der fünf Fragen umfasst:

1.) Wurde das Verfahren wegen § 153 StPO eingestellt?
2.) Welche Gründe, die das öffentliche Interesse an der Strafverfolgung ausschließen, wurden in der Einstellungsverfügung genannt?
3.) Welche anderen, mittelbar aus der Akte hervorgehenden Gründe sind ersichtlich?
4.) Schließen die genannten Gründe das öffentliche Interesse tatsächlich aus?
5.) Sind sonstige Auffälligkeiten ersichtlich?

Wie aus den Fragen hervorgeht, ist lediglich die erste Frage mit einer quantitativen Forschung zu bearbeiten; die anderen vier Fragen sind eher einem qualitativen Forschungsansatz zuzuordnen.

Hinsichtlich der ersten Frage ist eine einfache Auszählung der Einstellungen der Verfahren wegen § 340 StGB nach § 153 StPO vorzunehmen. Diesbezüglich sind keine Probleme entstanden, da die Akten die erforderlichen Inhalte in jedem Fall aufweisen.

Schwieriger gestaltet sich die Analyse der Akten in Bezug auf die folgenden Fragen. Die Fragen zwei bis fünf sind der qualitativen Aktenanalyse zuzuordnen. Sie dienen in erster Linie dazu die Argumentationsstrukturen der Staatsanwaltschaften zu ergründen und aufzuzeigen. Insofern wird die Auswertung ergebnisoffen geführt.

Daher ist es von Interesse, wie die Staatsanwaltschaften in den Einstellungsverfügungen argumentieren, sofern sie eine Begründung für die Einstellung liefern.

Ob die Begründungen der Staatsanwaltschaften überhaupt bewertet werden können, hängt jedoch auch von der Qualität der inneren Aktenkennzeichen ab. Die Nachvollziehbarkeit der Argumentation und Begründung erfordert einen hinreichenden Akteninhalt, der die objektive Realität weitreichend und lückenlos darstellt.

Es gilt zu berücksichtigen, dass der Staatsanwaltschaft bei der Einstellungsentscheidung gemäß § 153 Abs. 1 StPO ein (echtes) Ermessen eingeräumt ist, die Verfahrenseinstellung jedoch Rechtsanwendung ist und der Sachverhalt insofern einer richtigen Lösung zugänglich ist.[501]

Die Frage vier stellt eine Wertungsfrage dar, die ebenfalls einem qualitativen Forschungsansatz unterliegt. Somit kann sie nicht zur Verifizierung oder Falsifizierung der These herangezogen werden. Sie kann jedoch hinsichtlich der Frage, welche Begründung für die Einstellung geliefert wurde, weitere Hintergründe aufzeigen. Auch hier muss jedoch erneut darauf verwiesen werden, dass es keine allgemeine Pflicht zur Begründung der Einstellungsverfügung gibt. Werden aber

501 KK-*Moldenhauer* § 170 Rn. 4.

Gründe genannt, so kann die Frage vier dazu herangezogen werden, die Aussagekraft der Argumentation und Begründung zu überprüfen. Es bestehen bezüglich dieser Frage ähnliche strukturelle Schwierigkeiten wie bei Frage zwei.

Die Aktenanalyse zum öffentlichen Interesse im Sinne des § 153 StPO wird mit größter Sorgfalt und Interesse vorgenommen. Es besteht ein großes Interesse zu prüfen, wie die Rechtsanwendung in der Praxis in Bezug auf das angeblich nicht vorliegende öffentliche Interesse begründet wird.

### (3) Aktenauswertung

Die Auswertung der vorliegenden 56 Akten der Staatsanwaltschaften Saarbrücken und Zweibrücken und der zwei von Praktikern bereitgestellten Akten ergab, dass keines der dort geführten, dem Verfasser vorliegenden Verfahren nach § 153 Abs. 1 StPO eingestellt wurde[502], sodass keine entsprechenden Aussagen über die praktische Rechtsanwendung getroffen werden können. Eines der vorliegenden Verfahren wurde jedoch nach § 153a StPO eingestellt. Die Einstellungsvoraussetzungen sind denen nach § 153 Abs. 1 StPO nachempfunden, sodass die Auseinandersetzung mit der Einstellungspraxis anhand der entsprechenden Akte und den Statistiken erfolgt.

Das nach § 153a Abs. 1 StPO eingestellte Verfahren richtete sich gegen einen Polizeibeamten, der einem Fußball-Fan laut Aktenlage ohne unmittelbar vorgelagerten Anlass mit der Faust ins Gesicht geschlagen hat. Es wurde das öffentliche Interesse – nach Ansicht des Verfassers auch zu Recht – bejaht, die Schwere der Schuld jedoch als so gering angesehen, dass das Verfahren gegen Auflage vorläufig eingestellt wurde.[503]

In der Einstellungsverfügung rechtfertigt der Staatsanwalt die Einstellung mit dem Ausbleiben gravierender Tatfolgen und einer emotional aufgeheizten Atmosphäre rund um das Tatgeschehen. Ob jedoch eine aufgeheizte Atmosphäre für einen Polizeibeamten als Entschuldigung dienen kann, kann zumindest kritisiert werden.

Da das Merkmal des öffentlichen Interesses in den §§ 153 Abs. 1 und 153a StPO gleich verwendet wird, kann die Wertung des handelnden Staatsanwaltes hinsichtlich des Merkmales des öffentlichen Interesses in Bezug auf diese These auch auf § 153 Abs. 1 StPO übertragen werden. Die Staatsanwaltschaft sah das

502 Auch die Verfahren, die von Rechtsanwältinnen vorgelegt wurden, wurden nicht nach § 153 Abs. 1 StPO eingestellt, sondern nach § 170 Abs. 2 StPO.

503 D.h., dass die Geldzahlung der Schwere der Schuld entsprach, bzw. die Schwere der Schuld zumindest nicht schwerer wog, § 153a Abs. 1 S. 1 StPO.

öffentliche Interesse an der Strafverfolgung unproblematisch als gegeben an. Auf welcher der vertretenen Ansichten diese Einschätzung beruhte, ist der Akte nicht zu entnehmen, kann jedoch auch hier dahinstehen, da das öffentliche Interesse richtigerweise bejaht wurde.

Die formulierte These wird aber bereits durch die Statistiken verifiziert. Die Auseinandersetzung mit den einzelnen Einstellungsvoraussetzungen hat gezeigt, dass eine Einstellung der Verfahren wegen vermeintlicher Polizeigewalt nach § 153 Abs. 1 StPO nicht erfolgen kann. Die Einstellungsvoraussetzungen können nicht kumulativ erfüllt werden. Im konkreten Einzelfall mag zwar die Geringfügigkeit der Schuld entfallen können, jedenfalls besteht aber stets ein öffentliches Interesse an der Bestrafung. Dass dennoch Verfahren wegen § 340 StGB nach § 153 Abs. 1 StPO eingestellt werden, ist nach der hier vertretenen Ansicht bei richtiger Rechtsanwendung ausgeschlossen.

### *b.) Einstellung des Verfahrens bei Erfüllung von Auflagen und Weisungen gemäß § 153a StPO*

#### i.) Allgemeines

Ein nächster zu erläuternder Einstellungstatbestand ist § 153a StPO. § 153a StPO regelt die Einstellung des Verfahrens bei Erteilung von Auflagen und Weisungen an den Beschuldigten. Den Staatsanwaltschaften und den Gerichten wird ermöglicht, Verfahren einzustellen, diese Einstellung jedoch von bestimmten Auflagen und Weisungen abhängig zu machen. Folglich wird ein gewisses Rangverhältnis in der Kriminalität geschaffen, die es den entsprechenden Organen ermöglicht, sich mit mittlerer und schwererer Kriminalität intensiver zu befassen.[504]

Die Vorschrift stellt somit ihrem Wesen nach ein Novum im Verfahrensrecht dar[505], da die Einstellung nach § 153a StPO einen Akt der Selbstunterwerfung widerspiegelt.[506] Es wird auf die Zustimmung des Beschuldigten zu dessen Bestrafung gesetzt, um einen aufwendigen Strafprozess zu vermeiden.

In der Praxis wird von der Einstellung nach § 153a StPO in hoher Regelmäßigkeit Gebrauch gemacht, da sie einerseits die Möglichkeit bietet, dem Beschuldigten Weisungen und Auflagen zu erteilen, andererseits jedoch die Unschuldsvermutung aufrecht erhalten werden kann.[507] Der zentrale Unterschied zur Einstellung nach § 153 StPO liegt somit darin, dass eine Einstellung im Rahmen

---

504 Bundestag-Drs. 7/550, Seite 298.

505 SK-StPO/*Weßlau* § 153a Rn. 2.

506 SK-StPO/*Weßlau* § 153a Rn. 2.

507 BeckOK StPO/*Beukelmann* § 153a Einleitung.

von § 153a StPO nicht folgenlos vorgenommen, sondern mit einer Auflage oder Weisung verknüpft wird[508]. Hierin ist eine hilfreiche Kombination von Einstellung und Sanktionierung zu sehen.

### ii.) Voraussetzungen

Wie § 153 StPO ist auch diese Vorschrift lediglich bei Vergehen im Sinne des § 12 StGB anwendbar.[509]

Darüber hinaus muss nach allgemeiner Meinung ein hinreichender Tatverdacht bestehen.[510] Dies erfordert, dass der in Frage stehende Sachverhalt in seinen wesentlichen Belangen ausermittelt wurde.[511]

Hierin besteht ein weiterer zentraler Unterschied zwischen der Einstellung aufgrund von Geringfügigkeit, § 153 Abs. 1 StPO, und der unter Erteilung von Auflagen und Weisungen nach § 153a StPO: Der Verfahrensgegenstand muss im Wesentlichen ausermittelt sein und ein hinreichender Tatverdacht vorliegen. Bei zweifelhafter Beweislage kommt eine Anwendung der Norm jedoch nicht in Betracht[512] und ein bloßer Anfangsverdacht, der im Rahmen der Einstellung nach § 153 StPO genügt, kann bei der Einstellung nach § 153a StPO nicht genügen.[513]

Aus den Darstellungen zur Gesetzgebung geht hervor, dass der Gesetzgeber bei der Schaffung des § 153a StPO bewusst auf eine Fassung im Konjunktiv verzichtete, woraus sich folgern lässt, dass die Schuld des Beschuldigten nicht hypothetisch bestimmt werden darf und somit eine Ausermittlung unumgänglich ist.[514] Im Umkehrschluss ist jedoch die Annahme, die Staatsanwaltschaft oder das Gericht seien zu einer vollumfänglichen Aufklärung der Tatumstände und der Schuld verpflichtet, verfehlt.[515] Dies ist und bleibt dem Verlauf der Hauptverhandlung überlassen.

Allgemeine Anwendungsvoraussetzung des § 153a StPO ist zudem, dass das an der Strafverfolgung bestehende öffentliche Interesse durch die Auflagen oder Weisungen kompensiert werden kann.[516] Der Begriff des öffentlichen Interesses

---

508 *Untersteller*, Seite 46.
509 SK-StPO/*Weßlau* § 153a Rn. 18.
510 SK-StPO/*Weßlau* § 153a Rn. 25; KK-*Diemer* § 153a Rn. 11; zum Begriff des hinreichenden Tatverdachts s. u.
511 SK-StPO/*Weßlau* § 153a Rn. 25.
512 Vgl. zudem LR-*Beulke* StPO § 153a Rn. 39.
513 LR-*Beulke* StPO § 153a Rn. 39.
514 *Untersteller*, S. 46.
515 *Untersteller*, S. 46.
516 SK-StPO/*Weßlau* § 153a Rn. 26.

ist hierbei deckungsgleich mit dem des § 153 StPO.[517] Dies führt im Rahmen des § 153a StPO zu den gleichen Problemen, die bereits vorher bei § 153 StPO diskutiert wurden, sodass hinsichtlich der Auslegung auf oben verwiesen werden kann.[518]

Für die Einstellung nach § 153a StPO muss das öffentliche Interesse an einer entsprechenden Strafverfolgung jedoch zunächst bestehen, aber durch Auflagen oder auch Weisungen kompensiert werden können.[519] Wesen der Einstellung nach § 153a StPO ist, dass dem öffentlichen Interesse an der Bestrafung nicht zwingend durch ein richterliches, autoritatives Urteil nachgegangen werden muss, sondern diesem Interesse auch auf einer Basis der Freiwilligkeit und Einsicht des Beschuldigten entsprochen werden kann.[520]

Die Anwendbarkeit des § 153a StPO bei im Amt begangenen Körperverletzungsdelikten ist im Gegensatz zu § 153 StPO zumindest rechtsdogmatisch uneingeschränkt möglich, da das Bestehen eines öffentlichen Interesses durch die Anwendung des § 153a StPO nicht negiert wird, vielmehr wird das bestehende öffentliche Interesse lediglich als kompensationsfähig erachtet. Bewertungsrelevant können dabei beispielsweise Umstände wie die fehlende kriminelle Vorbelastung, Bemühungen um einen Schadensausgleich und geringe Tatfolgen sein.[521] Zusätzlich zu berücksichtigen ist die Intensität der Auflage oder Weisung für den Beschuldigten.[522] Eine Kompensation des öffentlichen Interesses kann also im Einzelfall minderschwerer polizeilicher Gewalt denkbar sein.

Weitere Voraussetzung des § 153a StPO ist, dass die Schwere der Schuld nicht gegen die Einstellung sprechen darf.[523] Dies ist gegeben, wenn die Schuld aufgrund des erfolgten Ermittlungsverfahrens höchstens als Schuld im mittleren Bereich zu erachten ist.[524] Voraussetzung für eine Einstellung ist sodann die Zustimmung des Gerichtes und des Beschuldigten zu den von der Staatsanwaltschaft erteilten Auflagen und Weisungen.[525] Zu beachten ist auch hier die Entbehrlichkeit der Zustimmung des Gerichts gemäß § 153a Abs. 1 S. 7 StPO unter den bereits ge-

---

517 LR-*Beulke* StPO § 153a Rn. 34.
518 Siehe im Detail: Zweiter Teil, D.), I.), 3).
519 SK-StPO/*Weßlau* § 153a Rn. 26.
520 SK-StPO/*Weßlau* § 153a Rn. 26.
521 SSW-StPO/*Schnabl*/*Vordermayer* § 153a Rn. 8.
522 LR-*Beulke* StPO § 153a Rn. 36.
523 SSW-StPO/*Schnabl*/*Vordermayer* § 153a Rn. 9.
524 Meyer-Goßner/*Schmitt* § 153a Rn. 7.
525 Meyer-Goßner/*Schmitt* § 153a Rn. 9 f.

schilderten Voraussetzungen des § 153 Abs. 1 S. 2 StPO.[526] Hinsichtlich des nicht abschließenden Auflagen- und Weisungskatalogs des § 153a Abs. 1 S. 2 StPO bleibt zu erwähnen, dass nach den Staatsanwaltschaftsstatistiken vor allem § 153a Abs. 1 S. 2 Nr. 2 StPO, also Zahlungen an die Staatskasse oder gemeinnützige Einrichtungen, als Mittel zur Sanktionierung von Gewaltdelikten durch Polizeibeamte gewählt wurde.[527]

Nach Erfüllung der Auflagen und Weisungen entfaltet die Einstellung des Verfahrens eine Sperrwirkung gemäß § 153a Abs. 1 S. 5 StPO, wonach die Verfolgung der Tat als Vergehen ausgeschlossen ist und ein rechtskraftähnlicher Verfahrensabschluss" eintritt.[528,529,530]

### *c.) Einstellungsmöglichkeiten gemäß §§ 153b, 153c StPO*

Während des Ermittlungsverfahrens hat die Staatsanwaltschaft die Befugnis, das Verfahren gemäß § 153b Abs. 1 StPO einzustellen, wenn die Voraussetzungen vorliegen, unter denen das Gericht von einer Strafe absehen kann.

> *„Damit ist sowohl der Prozessökonomie gedient, wie auch dem Interesse des Beschuldigten, von den Belastungen, die mit einer weiteren Durchführung des Strafverfahrens verbunden wären, verschont zu bleiben.“*[531]

Hinsichtlich der Systematik der Einstellungsnormen ist Folgendes festzuhalten: Bei einem Verbrechen kann lediglich die Einstellung nach § 153b StPO in Betracht kommen, wobei in etwaigen Kollisionsfällen die Einstellung nach § 153 StPO vorgehen soll.[532] Diese Vorschrift um- und erfasst solche Fälle, in denen das öffent-

---

526 Ausnahme ist lediglich § 153a Abs. 1 S. 2 Nr. 7 StPO.

527 *Staatsanwaltschaftsstatistiken Zahlen.*

528 LR-*Beulke* StPO § 153a Rn. 91.

529 Eine weitere Verfolgung der Tat als Verbrechen ist bei Erhebung einer neuen Anklage und Rückerstattung der zur Erfüllung von Auflagen und Weisungen erbrachten Leistungen allerdings möglich; LR-*Beulke* StPO § 153a Rn. 100.

530 Im Rahmen der These zum § 153 Abs. 1 StPO wurde eine Verfahrensakte ausgewertet, in der ein Verfahren wegen § 340 StGB nach § 153a StPO eingestellt wurde. In dem Verfahren wurde das öffentliche Interesse ohne weitere Ausführungen angenommen, jedoch die Schuld für gering erachtet beziehungsweise die Auferlegung einer Geldzahlung in Höhe von 750, – € als hinreichende Kompensation der Schuld erachtet.
Die Entscheidung der Staatsanwaltschaft ist der Sache nach nicht zu beanstanden, ob die Höhe der auferlegten Geldzahlung ausreichend ist, kann dahinstehen.

531 SK-StPO/*Weßlau* § 153b Rn. 1.

532 SK-StPO/*Weßlau* § 153b Rn. 7.

### ii.) Überprüfungsmethodik

Die gerichtliche Zustimmung zu Verfahrenseinstellungen nach §§ 153 Abs. 1, 153a Abs. 1 und § 153b Abs. 1 StPO bedarf einer ausführlichen Untersuchung. Die praktische Anwendung des § 153 Abs. 1 StPO auf die Fälle von Polizeigewalt ist nicht mit den Vorschriften vereinbar, da die Merkmale der geringen Schuld oder des fehlenden öffentlichen Interesses an der Verfolgung zwar in einem hohen Maße auslegungsbedürftig und -fähig sind, die Anwendbarkeit der Einstellungsvorschriften auf Gewaltdelikte von Polizisten ist jedoch ausgeschlossen ist.[542]

Der Vorwurf, der den Staatsanwaltschaften bezüglich dieser praktischen Anwendung gemacht werden kann, könnte auch auf die Gerichte übertragen werden, wenn diese die Einstellungen überprüfen und sodann bestätigen würden. Dies würde im Umkehrschluss bedeuten, dass die Gerichte die Verfahren der Staatsanwaltschaften erneut auf die Subsumtionsfähigkeit der Sachverhalte überprüfen und somit die Entscheidung rechtlich legitimieren würden.

Zur Ergründung der Verfahrensweisen wurden zwei Thesen aufgestellt, die in der Folge jeweils anhand eines vorformulierten Erhebungsbogens untersucht wurden.

Zur ersten These wurde der Erhebungsbogen wie folgt konzipiert:

1.) Wurde die gerichtliche Zustimmung zu der Einstellung nach §§ 153 Abs. 1, 153a Abs. 1 und 153b Abs. 1 StPO erteilt?
2.) Welche Gründe werden in der staatsanwaltschaftlichen Einstellungsverfügung für die Einstellung genannt?
3.) Werden diese Gründe in der gerichtlichen Zustimmungsverfügung für eine Einstellung genannt?

Diese These, die sich mit der Übereinstimmung der gerichtlichen Zustimmungserklärungen mit den staatsanwaltschaftlichen Einstellungsverfügungen befasst, wird überprüft, indem die Verfahren betrachtet werden, in denen eine gerichtliche Zustimmung zur Verfahrenseinstellung gemäß §§ 153 Abs. 1, 153a Abs. 1, 153b Abs. 1 StPO erfolgt ist. Diese Verfahren werden zunächst unter rein quantitativen Gesichtspunkten untersucht (Frage 1). Dabei gilt es herauszufinden, in wie viel Prozent der Verfahren die Zustimmung des Gerichts erteilt wurde bzw. wie oft die Einstellung des Verfahrens vom Gericht abgelehnt wurde.

Sodann wird im Rahmen des qualitativen Ansatzes geprüft, welche Argumente die Staatsanwaltschaften nutzen, um die Einstellungsverfügungen zu legitimieren. In Verbindung mit der Frage, ob die Gründe der Staatsanwaltschaften von den

542 S.o.

Gerichten übernommen, ergänzt oder sogar für verfehlt erachtet werden[543], ergibt sich ein Bild der praktischen Vorgehensweisen bei Verfahrenseinstellungen.

Wichtig ist, dass die Bedeutung dieser Auswertungsschritte bzw. dieser These insgesamt für die übergeordnete Untersuchungsfrage richtig eingeordnet wird: Der gerichtliche Prüfungsaufwand steht nicht in direkter Verbindung zur gerichtlichen Entscheidung, die Zustimmung zur Verfahrenseinstellung zu erteilen oder abzulehnen. Für den Fall, dass sich die aufgeworfene These bestätigt, kann dies vielmehr lediglich ein Indiz für einen zu geringen Prüfungsumfang und eine zu starke Orientierung der Gerichte an den staatsanwaltschaftlichen Einstellungsverfügungen sein. Diese Indizwirkung bedürfte zusätzlich einer separaten Würdigung, da ein Übereinstimmen zweier Organe der Rechtspflege in ihrer Rechtsauffassung nicht a priori als negativ anzusehen ist.

Aus diesem Grund ist im Hinblick auf die von der zweiten These aufgeworfene Untersuchungsfrage eine quantitative Forschung notwendig. Für die Überprüfung der These, dass die gerichtliche Zustimmungserklärung ohne näher gehende Prüfung des Sachverhalts bzw. der Akte erfolgt, ist allerdings von entscheidender Bedeutung, welche Rückschlusse die Verfahrensakten auf den gerichtlichen Prüfungsumfang zulassen. Die Möglichkeit der Überprüfung hängt somit davon ab, welche Angaben, wie beispielsweise Vermerke eines Richters bezüglich der angestellten rechtlichen oder tatsächlichen Prüfung in der Akte enthalten sind. Zu diesem Zwecke wurde der folgende Erhebungsbogen konzipiert:

1.) Lassen sich anhand der Akte Rückschlüsse auf den gerichtlichen Prüfungsumfang ziehen, beispielsweise aufgrund von Anmerkungen, sonstigen Aktenvermerken oder der Zustimmungsverfügung des Gerichts?
2.) Wenn ja, welche Rückschlüsse?
3.) Bestehen sonstige Auffälligkeiten?

Für beide Untersuchungsansätze gilt jedoch, dass der oben dargestellte Charakter der Verfahrensakten als prozess-produzierte Dokumente zu der Problematik führt, dass es wahrscheinlich ist, dass die aktenmäßige Fixierung des Verfahrens vornehmlich darauf abzielt, die am Ende getroffene Zustimmungsentscheidung des Gerichts zu legitimieren, sodass nicht dargestellt wird, auf welche Weise bzw. aufgrund welcher Erwägungen die entscheidungslegitimierende Begründung der Zustimmung zustande gekommen ist. Aus dieser Problematik ergibt sich, dass zunächst durch Auszählung ermittelt werden muss, in welchen der einschlägigen Verfahrensakten überhaupt relevante Informationen für die Überprüfung dieser

543 Quantitativer Forschungsansatz.

These enthalten sind. In einem zweiten Schritt müssen diese Informationen dahin gehend ausgewertet werden, ob sie die These unterstützen oder widerlegen.

### iii.) Aktenauswertung

Von den untersuchten Verfahren der Staatsanwaltschaften Saarbrücken und Zweibrücken wurde lediglich eines nach § 153a StPO gegen Zahlung einer Geldsumme in Höhe von 750,00 € (Auflage im Sinne des § 153a Abs. 1 S. 2 Nr. 2 StPO) vorläufig eingestellt.

Die Verfahrenseinstellung nach § 153a StPO setzt grundsätzlich die Zustimmung des für das Hauptverfahren zuständigen Gerichts voraus, § 153a Abs. 1 S. 1 StPO.[544] Die von der Staatsanwaltschaft und dem letztlich zuständigen Gericht zu prüfenden Einstellungsvoraussetzungen sind das Vorliegen eines Vergehens, das Fehlen des öffentlichen Interesses an der Strafverfolgung und eine geringe Schuld, die nicht die unmittelbare Erhebung der öffentlichen Klage erforderlich macht.

Eine Ausnahme von der Zustimmungsbedürftigkeit ist in § 153a Abs. 1 S. 2 Nr. 7 StPO vorgesehen; diese Ausnahme kann jedoch im Rahmen eines Verfahrens wegen Körperverletzung im Amt im Sinne des § 340 StGB nicht gelten, sodass die Zustimmung des Gerichts erforderlich wäre.

Die Auswertung und Analyse ergab, dass das zuständige Gericht die Zustimmung zur Verfahrenseinstellung wie beantragt erteilte und der Begründung auch keine weiteren Aspekte hinzufügte. Somit ist zumindest die erste These verifiziert, d. h. die Zustimmung erfolgte wie beantragt.

Ob das Gericht die Einstellungsverfügung, wie vom Gesetzgeber gefordert, aufmerksam und pflichtgemäß geprüft hat,[545,546] kann nicht unmittelbar aus dem Akteninhalt geschlossen werden. Es ist jedoch der Akte zu entnehmen, dass das Gericht die Akte drei Tage nach der Übersendung mit der Zustimmung zurück an die Staatsanwaltschaft sandte. Innerhalb dieses Zeitraums ist eine Prüfung möglich und es wird wohl zu unterstellen sein, dass die zweite These in Bezug auf dieses Verfahren widerlegt ist. Jedenfalls lassen sich Zweifel an der pflichtgemäßen Prüfung durch das Gericht aus dem Akteninhalt nicht ableiten.

---

544 *Wang* (2014): Qualitative und quantitative Instrumente zur Einschränkung der Strafverfolgung bei fehlendem Strafbedürfnis. Ein deutsch-chinesischer Rechtsvergleich. Seite 10.

545 *Hüls*, Seite 133.

546 Das Erfordernis der gerichtlichen Zustimmung soll dem Verdacht einer missbräuchlichen Anwendung durch die Staatsanwaltschaften vorbeugen und entgegenwirken (BT-Drucks. IV/3250, S. 284; VI/3478, ST.).

### *e.) Untersuchungsthese: Begründungen der Einstellungsverfügungen*

*Den Einstellungsverfügungen nach §§ 153 ff., 170 Abs. 2 StPO liegen abstrakte, standardisierte und im weitesten Sinne vorformulierte Begründungen zugrunde.*

#### i.) Herleitung des Theseninhalts

Eine möglichst konkrete, am jeweiligen Einzelfall orientierte Einstellungsbegründung führt nicht nur zur besseren Nachvollziehbarkeit der Verfahrenseinstellung, was insbesondere für den Betroffenen relevant ist, sondern ermöglicht in zweierlei Hinsicht Rückschlüsse auf die Ermittlungsarbeit: Zum einen können die in der Einstellungsverfügung angegebenen Gründe Indikator für die Tiefe der staatsanwaltschaftlichen Auseinandersetzung mit dem Stand der Ermittlungen zum Zeitpunkt der Verfahrenseinstellung sein. Zum anderen kann auf den Umfang der vorgenommenen Ermittlungsmaßnahmen geschlossen werden, denn eine ausführliche und konkret am Sachverhalt gehaltene Begründung der Einstellungsverfügung ist wohl nur möglich, wenn dieser in allen relevanten Aspekten aufgeklärt wurde. Eine lediglich oberflächliche Angabe von Gründen kann im Umkehrschluss Indiz für eine nicht ausreichende Ermittlungsarbeit sein. Im Rahmen dieser These soll deswegen überprüft werden, ob die staatsanwaltschaftlichen Einstellungsbegründungen schlüssig und für den Einzelfall zutreffend sind. Im Extremfall liegen hingegen vollständig von dem Sachverhalt losgelöst formulierte oder sogar standardisierte bzw. vorformulierte Begründungen vor, deren Wortlaut auf eine Vielzahl von Verfahren anwendbar ist.

#### ii.) Untersuchungsmethodik

Zur Überprüfung dieser These müssen die Einstellungsbegründungen zunächst unter der Fragestellung untersucht werden, ob eine konkrete Bezugnahme auf das jeweilige Verfahren bzw. den zugrunde liegenden Lebenssachverhalt genommen wird. Da in diesem Zusammenhang noch keine inhaltlichen Wertungen der Verfügungen vorgenommen werden, bot sich die quantitative Aktenanalyse an. Aus einer Vielzahl von Akten soll eine Statistik gefertigt werden, die einen ersten Aufschluss über die Intensität der inhaltlichen Auseinandersetzung mit dem Sachverhalt ermöglicht. Auch bei der Frage, ob Einstellungsverfügungen standardisiert sind, oder ob ausführliche, auf den Einzelfall bezogene Verfügungen erfolgten, ist zu bedenken, dass bezüglich der §§ 153 ff. StPO keine Begründungspflicht besteht.

Darüber hinaus bedarf es einer vergleichenden Auswertung der staatsanwaltschaftlichen Einstellungsverfügungen in Form einer qualitativen Aktenanalyse.

Die Verfügungen müssen im Rahmen einer Textanalyse unter der Fragestellung untersucht werden, ob auffällige inhaltliche oder sogar sprachliche Ähnlichkeiten zwischen den Einstellungsverfügungen bestehen. Dabei gilt es herauszuarbeiten, ob möglicherweise schematische Begründungsmuster, die inhaltlich nur unzureichend an dem jeweils zu bearbeitenden Einzelfall orientiert sind, von den Staatsanwaltschaften genutzt wurden. Für den Fall, dass derartige Ähnlichkeiten bei den Einstellungsbegründungen gefunden werden, müssen diese allerdings darüber hinaus angemessen gewürdigt werden. Aufgrund der zwingenden Verknüpfung von Einstellungsverfügung (und deren Begründung) mit dem zugrunde liegenden Sachverhalt, kann dies nur durch eine vergleichende Analyse der einschlägigen Verfahren erreicht werden.

iii.) Aktenauswertung

Die Aktenauswertung führt zur Falsifizierung der These. Es kann sogar das Gegenteil angenommen werden; die Auswertung und Analyse ergab, dass fast ausschließlich konkrete und mehr oder weniger detaillierte Einstellungsverfügungen ergangen sind. Die Staatsanwaltschaften haben in den Verfügungen die Sachverhalte detailliert dargelegt, diese rechtlich gewürdigt und sodann die Vereinbarkeit der Entscheidung mit den entsprechenden Vorschriften erläutert. Das Ausmaß dieser Darstellungen variierte zwar in dem Sinne, dass in einigen Verfügungen die genannten Aspekte kurz und knapp ausformuliert wurden, während in anderen Fällen – einmal sogar mustergültige – ausführliche Verfügungen ergingen. In der Gesamtheit kann jedoch keine weitreichende oder gar allgemeine Kritik geäußert werden.

Die Untersuchung der aufgestellten These ist hinsichtlich der Ausgangsthese und der grundlegenden Fragen dieser Arbeit von Relevanz. Wenn man die hohe Anzahl an Einstellungen nach § 170 Abs. 2 StPO betrachtet, drängte sich die Vermutung auf, dass diese Einstellungsnorm aus bestimmten Gründen gewählt wurde, etwa weil intern standardisierte Verfügungen vorlagen. Dass die diesbezügliche Analyse der Akten ein anderes Bild aufzeigte, ist zwar nicht überraschend, jedoch positiv zu vermerken.

*f.) Einstellung bei unwesentlicher Nebenstraftat gemäß § 154 StPO*

i.) Voraussetzungen

Ein weiterer Einstellungsgrund, der laut der Staatsanwaltschaftsstatistiken bei Verfahren wegen Gewaltausübung oder Aussetzung durch Polizeibeamte in den Jahren 2010 bis 2015 einschlägig war, ist die Einstellung gemäß § 154 StPO, wenn eine unwesentliche Nebenstraftat vorliegt. Die Vorschrift regelt im Kern einen Teilverzicht auf Strafverfolgung bei einer Mehrzahl von Straftaten im Sinne von § 264 StPO[547], wobei das Ziel ist, eine Verfahrensbeschleunigung umfangreicher Verfahren zu ermöglichen.[548] Eine vorläufige Teileinstellung durch die Staatsanwaltschaft kann entsprechend den Voraussetzungen des § 154 Abs. 1 Nr. 1 StPO erfolgen, wenn die im konkreten Fall zu erwartende Sanktionierung im Verhältnis zu einer anderen bereits rechtskräftig verhängten oder noch zu erwartenden Strafe nicht schwerwiegend ins Gewicht fällt. Die Möglichkeit der Teileinstellung besteht darüber hinaus auch, und zwar unabhängig von den Voraussetzungen des § 154 Abs. 1 Nr. 1 StPO,[549] wenn mit einer unangemessenen Verfahrensdauer bis zur Aburteilung wegen der verfolgten Tat zu rechnen ist und die sich aus dem materiellen Strafrecht ergebenden Strafzwecke auch ohne die zu erwartenden Rechtsfolgen des eingestellten Verfahrens ausreichend erreicht werden.[550] Die Zuständigkeit für die Einstellung nach § 154 Abs. 1 StPO liegt bei der Staatsanwaltschaft; daneben besteht bei bereits erhobener öffentlicher Klage gemäß § 154 Abs. 2 StPO die Möglichkeit für das Gericht, das Verfahren auf Antrag der Staatsanwaltschaft einzustellen.[551]

#### ii.) Bewertung des § 154 StPO im Kontext von polizeilicher Gewaltausübung

Erwähnenswert im Hinblick auf das Thema dieser Arbeit ist, dass die Staatsanwaltschaft die Voraussetzungen des § 154 StPO nicht erst nach Abschluss der Ermittlungen prüfen muss, sondern dass unter Effektivitätsgesichtspunkten eine Erwägung der Einstellung nach § 154 Abs. 1 StPO bereits in einem frühen Stadium des Ermittlungsverfahrens intendiert ist.[552] Eine bis zur Anklagereife gehende Ausermittlung des Sachverhalts ist mithin nicht erforderlich.[553] An dieser Stelle soll zwar nicht die Notwendigkeit des § 154 StPO im Rahmen einer effizienten Strafverfolgung in Frage gestellt werden. Aber auch hier bestehen

547 Dabei handelt es sich um die Tat im prozessualen Sinne; welche durch ihre Bezeichnung in der Anklageschrift zum Prozessgegenstand des Strafverfahrens wird. Im engeren Sinne ist ein „konkretes Vorkommnis" gemeint bzw. ein einheitlicher geschichtlicher Vorgang. Vgl. auch *Meyer-Goßner*/Schmitt § 264 Rn. 1 ff.; SSW-StPO/*Rosenau* § 264 Rn. 1 ff.

548 AGS/*Pforte* § 154 Rn. 1.

549 Meyer-Goßner/*Schmitt* § 154 Rn. 9.

550 *Pfeiffer* StPO § 154 Rn. 3; HK-GS/*Pforte* § 154 Rn. 7.

551 HK-GS/*Pforte* § 154 Rn. 9.

552 KK-*Diemer* § 154 Rn. 17; Meyer-Goßner/*Schmitt* § 154 Rn. 6; RiStBV Nr. 101.

553 LR-*Beulke* StPO § 154 Rn. 29.

Bedenken[554], wenn derlei Vorschriften genutzt werden und infolgedessen eine umfassende Ausermittlung von Fällen, in denen die Staatsgewalt möglicherweise zu Lasten des Bürgers missbraucht wurde, ausbleibt und keine Wiederherstellung des Rechtsfriedens zwischen der Polizei als Repräsentanten des Staates und dem Gewaltopfer erfolgt.[555]

#### *g.) Weitere Einstellungsmöglichkeiten im Rahmen des Opportunitätsprinzips*

##### i.) Einstellungen nach §§ 154a–154d, 154 f. StPO

Weitere Einstellungsmöglichkeiten bieten die §§ 154a bis 154 f. StPO:

§ 154a StPO, durch den eine Konzentration auf die wesentlichen Tatvorwürfe innerhalb derselben prozessualen Tat im Sinne des § 264 StPO ermöglicht wird,[556] ist nicht als Einstellungsgrund in den Staatsanwaltschaftsstatistiken Sachgebiet 53 ausgewiesen und bedarf insofern keiner weiteren Erläuterung. Von geringer Bedeutung im Rahmen von Verfahrenseinstellungen bei polizeilicher Gewaltausübung oder Aussetzung sind außerdem die §§ 154b und 154c StPO.

Ebenfalls von geringer Zahl und somit nur von untergeordneter Bedeutung im Kontext dieser Arbeit sind die Einstellungen nach § 154d StPO und § 154 f. StPO. Gemäß § 154d StPO kann die Staatsanwaltschaft eine Frist zur Klärung präjudizieller Rechtfragen bestimmen, sodass die Fortsetzung des Ermittlungsverfahrens von der Klärung der Vorfrage abhängig ist;[557] nach § 154c StPO ist die Staatsanwaltschaft befugt, das Verfahren wegen eines in der Person des Beschuldigten liegenden Hindernisses oder dessen Abwesenheit vorläufig einzustellen.[558]

##### ii.) Einstellungsmöglichkeit gemäß§ 154e StPO

Von erhöhter statistischer Relevanz und somit an dieser Stelle erklärungsbedürftig ist die vorläufige Einstellung nach § 154e StPO. Die Vorschrift ist anwendbar auf Strafverfahren, bei denen jemand der Beleidigung im Sinne der §§ 185 ff. StGB

---

554 Die Gefahr besteht, dass die Interessen des Beschuldigten sowie die Sachverhaltsaufklärung unter einer nicht sachgemäßen Handhabung der Vorschrift leiden, vgl. hierzu LR-*Beulke* StPO § 154 Rn. 5.

555 Die Körperverletzung im Amt ist grundsätzlich vor den Gerichten zu verhandeln. Hier kann es nach dem Dargelegten keine Ausnahmen geben. Nur die konsequente Prüfung im Rahmen einer Hauptverhandlung kann zum Rechtsfrieden beitragen, nicht eine staatsanwaltschaftliche Einstellung.

556 SK-StPO/*Weßlau* § 154a Rn. 1; SSW-StPO/*Schnabl*/*Vordermayer* § 154a Rn. 1.

557 SSW-StPO/*Schnabl*/*Vordermayer* § 154d Rn. 1.

558 SSW-StPO/*Schnabl*/*Vordermayer* § 154 f. Rn. 1 f.

oder der falschen Verdächtigung im Sinne des § 164 StGB beschuldigt ist.[559] Diese Verfahren sollen von der Staatsanwaltschaft zurückgestellt werden, während ein Straf- oder Disziplinarverfahren wegen des angezeigten oder behaupteten Lebenssachverhaltes anhängig ist.[560] Das anhängige Disziplinarverfahren kann sowohl ein solches nach §§ 17 ff. BDG (behördliches Disziplinarverfahren), als auch eines nach §§ 52 ff. BDG (verwaltungsgerichtliches Disziplinarverfahren) sein.[561]

Der Grund für den Vorrang des „Bezugsverfahrens" liegt in dessen präjudizieller Wirkung auf die Strafbarkeit des Beleidigers oder Verdächtigers. Bezweckt wird also die Vermeidung von sich widersprechenden Gerichtsentscheidungen bezüglich desselben Sachverhaltes.[562]

### (1) Anwendbarkeit des § 154e StPO

Bedenkt man allerdings, dass es sich bei den hier untersuchten eingestellten Verfahren um von Polizeibeamten begangene Gewaltdelikte handelt, so ist fraglich, inwiefern § 154e StPO überhaupt anwendbar ist oder anwendbar sein darf.

Dem Wortlaut nach regelt § 154e StPO lediglich vorläufige Einstellungen von Verfahren wegen der §§ 164, 185 ff. StGB. Die Verfahren wegen der angezeigten oder behaupteten Tat sollen Vorrang haben. Eine Einstellung eines Verfahrens wegen § 340 StGB ist somit vom Wortlaut her nicht vorgesehen. Die enumerative Aufzählung ist abschließend.

Erklärbar wäre die Einstellungspraxis mit der hypothetischen Möglichkeit, dass das Verfahren wegen Körperverletzung im Amt und eines in § 154e StPO aufgezählten Delikts geführt wird und es sich dabei um eine Tat im prozessualen Sinne handelt (§ 264 StPO).[563]

In solchen Fällen könnte § 154e StPO auf die gesamte Tat anzuwenden sein, weshalb eine vorläufige Einstellung auch des Verfahrens wegen des Gewaltdelikts die Folge wäre.[564]

Obwohl diese Handhabung sich also formal im Rahmen der eröffneten vorläufigen Einstellungsmöglichkeiten befinden würde,[565] ist doch zu berücksichtigen, dass der Schwerpunkt derartiger Verfahren in der Regel auf den Vorwürfen wegen des Gewaltdelikts liegt und somit die Verbindung zu einer Tat ausgeschlossen ist;

559 LR-*Beulke* StPO § 154e Rn. 3.
560 Meyer-Goßner/*Schmitt* § 154e Rn. 1 ff.; LR-*Beulke* StPO § 154e Rn. 3.
561 BeckOK StPO/Beukelmann StPO § 154e Rn. 1–2.
562 Meyer-Goßner/*Schmitt* § 154e Rn. 1; LR-*Beulke* StPO § 154e Rn. 1.
563 Vgl. *Singelnstein*, NK 2014, 15, 24.
564 Meyer/Goßner StPO § 154e Rn. 8.
565 *Singelnstein*, NK 2013, 15, 25.

das Gewaltdelikt nach § 340 StGB wiegt schwerer als die (mitverletzten) §§ 164, 185 ff. StGB. Dies gründet zum einen auf dem Strafrahmen der Norm und zum anderen auf der gesetzgeberischen Intention, die dem § 340 StGB inhärent ist.

Es bestehe somit lediglich die Möglichkeit, die Beleidigungstatbestände durch eine Einstellung, etwa nach § 153a StPO, abzusondern[566], während die Verfahren hinsichtlich der Gewaltdelikte weiterzuführen seien und nicht nach § 154e StPO eingestellt werden können.[567]

Aufgrund der Vorgehensweise der Staatsanwaltschaften muss somit eine analoge Anwendung bei Tatbeständen, welche ebenfalls in Bezug zu anderen, eventuell präjudiziell wirkenden Verfahren stehen könnten, in Betracht gezogen werden.[568]

Im Zusammenhang mit einer Körperverletzung im Amt könnte beispielsweise ein Verfahren wegen Widerstands gegen Vollstreckungsbeamte gemäß § 113 StGB anhängig sein. In einer analogen Anwendung des § 154e StPO wäre dann eine vorläufige Einstellung des Verfahrens gegen den Polizeibeamten denkbar, um die Entscheidung im Verfahren wegen des Anlassdeliktes abzuwarten.[569]

Ob eine solche analoge Anwendung des Einstellungstatbestandes möglich ist, hängt von verschiedenen Bedingungen ab. Für eine Analogie bestehen folgende Voraussetzungen:

das Fehlen eines Analogieverbotes, das Vorliegen einer planwidrigen Regelungslücke und eine wesentliche Ähnlichkeit der ungeregelten Situation mit den von dem Tatbestand erfassten Umständen.[570]

#### (2) Analogie

#### (a) Analogieverbot

Das Strafrecht sieht in verschiedenen Fallkonstellation ein grundsätzliches Analogieverbot vor. Ein solches ist hier jedoch nicht einschlägig.

Zum einen gilt das Analogieverbot aus Artikel 103 Abs. 2 GG nicht im Strafverfahrensrecht[571], zum anderen liegt keine Ausnahme von diesem Grundsatz vor. Wie der Bundesgerichtshof ausführte, kann das Analogieverbot im Strafprozess-

566 Bei Beleidigungstatbeständen könne die Schuld durch die Auflagen oder Weisungen kompensiert werden, sodass eine Einstellung erfolgen könnte (MüKoStPO/Teßmer § 154e Rn. 4).

567 MüKoStPO/*Teßmer* § 154e Rn. 4.

568 LR-*Beulke* StPO § 154e Rn. 4.

569 Vgl. Bayrischer Landtag Drs. 16/12528.

570 *Beaucamp*/*Treder*(2011): Methoden und Technik der Rechtsanwendung, Rn. 272.

571 *Krey*, Seite 3.

recht ausnahmsweise dann gelten, wenn durch die analoge Anwendung einer strafprozessualen Norm ein schwerwiegender Grundrechtseingriff erfolgt.[572,573].

Der Bundesgerichtshof sieht diese Grenze beispielsweise dann als überschritten an, wenn etwa Eingriffe wie die heimliche Ausforschung eines Computers oder anderer persönlicher Daten erfolgen. Solche Grundrechtseingriffe können nicht durch eine entsprechende Anwendung einer Eingriffsnorm gerechtfertigt sein.[574] Der Bundesgerichtshof erachtet somit die grundrechtlich geschützten Freiheitsrechte als „Grenze zum Analogieverbot“[575]; diese Grenze ist in den Fällen der Verfahrenseinstellung nicht überschritten.

(b) Planwidrige Lücke

Zudem müsste eine planwidrige Regelungslücke in der Strafprozessordnung vorliegen. Eine solche Regelungslücke liegt vor, wenn das Gesetz an der entsprechenden Stelle planwidrig unvollständig erscheint.[576] Ob eine planwidrige Lücke vorliegt, ist letztlich eine Frage der Auslegung der entsprechenden Norm.[577] Die Auslegung (des § 154e StPO) hat anhand der vier Auslegungskriterien Wortlaut, Historie, Systematik und Teleologie zu erfolgen.

*(i) Wortlaut*

Zunächst ist § 154e StPO grammatikalisch auszulegen. Das bedeutet, dass eine Wortlautauslegung zu erfolgen hat. Der § 154e StPO enthält eine eindeutige Enumeration von Tatbeständen.[578] Nach dieser Norm können lediglich Verfahren, die sich auf die Straftaten nach §§ 164, 185 ff. StGB beziehen, eingestellt werden, sodass eine Analogie bereits an der Grenze des eindeutigen Wortlautes (abschließende Regelung) scheitert.[579]

*(ii) Entstehungsgeschichte*

Sodann hat eine historische Auslegung zu erfolgen. Der § 154e StPO wurde 1974 durch das EGStGB in das Strafverfahrensrecht aufgenommen.[580] Die verfahrens-

---

572 *Krey*, Seite 3.
573 BGH 1 BGs 184/2006–25. November 2006 (Ermittlungsrichter des BGH) [= HRRS 2007 Nr. 466.
574 BGH 1 BGs 184/2006.
575 BGH 1 BGs 184/2006.
576 *Beaucamp*, Rn. 273.
577 *Beaucamp*, Rn. 275.
578 KK-*Diemer* § 154e Rn. 1.
579 so auch: KK-StPO/*Diemer* StPO § 154e Rn. 1.
580 KK-*Diemer* § 154e Rn. 1.

rechtliche Regelung wurde den früheren §§ 164 Abs. 3, 191 StGB a. F. entnommen und als eigenständige Regelung in die Strafprozessordnung eingestellt.[581] Der § 164 Abs. 3 StGB a. F. beinhaltete verfahrensrechtliche Weisungen für Strafverfahren, die eine Falsche Verdächtigung zum Inhalt hatten. § 191 StGB a. F. bezog sich auf Verfahren, die eine Beleidigung zum Inhalt hatten.

Da der Ursprung der Einstellungsnorm in §§ 164 Abs. 3, 191 StGB a. F. liegt, lässt die historische Auslegung der Norm keine regelungsbedürftige Gesetzeslücke erkennen, sodass eine Analogie auch aus diesem Grunde nicht geboten ist.

*(iii) Systematik*

Des Weiteren ist § 154e StPO nach systematischen Gesichtspunkten auszulegen. „Die systematische Auslegung ist eine Auslegung nach dem Konzept einer Vorschrift, nach ihrem Regelungs- und Bedeutungszusammenhang.“[582]

Die Möglichkeit der Einstellung des Verfahrens auf Grundlage des § 154 StPO ist auf Straftaten bezogen, bei denen die Reihenfolge der Verfahren denklogisch vorgegeben ist, da die Entscheidung von zentraler Bedeutung für ein in dem gegenläufigen Verfahren zu prüfendes Tatbestandsmerkmal ist.[583] Mangels einer derart grundsätzlich festgelegten Reihenfolge[584] bei Verfahren wegen Körperverletzungsdelikten besteht bei diesen, wie der Gesetzgeber erkannt hat, kein Raum für eine Anwendung des § 154e StPO. Bei etwa gegenseitigen Körperverletzungsdelikten besteht keine vergleichbare Möglichkeit, die Erwägungen der einen Entscheidung auf die andere zu übertragen. So kann zwar in dem zunächst ausermittelten Verfahren geprüft werden, wer die körperliche Auseinandersetzung begonnen hat, ob jedoch nicht die Grenze des Notwehrrechts durch einen vermeintlichen Verteidiger überschritten ist, muss in einem gesonderten Verfahren geprüft werden. Gleiches gilt in der klassischen Situation, dass dem Verfahren der vermeintlichen Körperverletzung im Amt ein Verfahren wegen Widerstandes gegen Vollstreckungsbeamte anhängig ist; dass sich ein Bürger den Weisungen oder Aufforderungen von Polizisten widersetzt, mag zwar in Betracht kommen, selbst bei einer entsprechenden Verurteilung rechtfertigt dieser Widerstand aber noch nicht die Anwendung grober Gewalt. Somit scheidet die Möglichkeit des Abwartens im Zusammenhang mit Verfahren wegen § 340 StGB im Rahmen der systematischen Auslegung aus.

581 BT-Drucksache VI/3250 S. 222.

582 *Eisele*, Rn. 13.

583 *Singelnstein*, NK 2013, 15, 25.

584 *Singelnstein*, NK 2013, 15, 25.

*(iv) Telos*

Zuletzt hat eine Auslegung nach teleologischen Aspekten zu erfolgen, was heißt, dass der Sinn und Zweck der Norm zu untersuchen ist.

In der Bundestagsdrucksache VI/3250 wird konkret dargestellt, dass „staatsanwaltliche Ermittlungsverfahren nur mit Rücksicht auf ein wegen der angezeigten oder behaupteten Handlungen eingeleitetes Straf- oder Disziplinarverfahren unterbrochen werden sollen“[585].

Der § 154e StPO hat Straftaten zum Gegenstand, bei denen die Reihenfolge der Verfahren denklogisch vorgegeben ist, da die Entscheidung von zentraler Bedeutung für ein in dem gegenläufigen Verfahren zu prüfendes Tatbestandsmerkmal ist.[586] So soll vorerst von der Erhebung der öffentlichen Klage wegen der §§ 164, 185 ff. StGB abgesehen werden, solange das denklogische Gegenverfahren noch nicht abgeschlossen ist. Ratio der Vorschrift ist, auszuschließen, dass in gleichen Sachveralten unterschiedliche beziehungsweise widersprüchliche Entscheidungen getroffen werden. Daher soll dem „Bezugsverfahren Vorrang vor dem Ausgangsverfahren eingeräumt werden“[587].

Zwar kann man von einer gewissen gegenseitigen Abhängigkeit zwischen den Verfahren wegen § 340 StGB und denen wegen §§ 113 etc. StGB ausgegangen werden; auch kann ein Verfahren wegen der vermeintlichen Anwendung von Polizeigewalt ein Gegenverfahren wegen Beleidigung hervorrufen. Diese Verfahren stehen jedoch in keinem Verhältnis, wonach der Ausgang des einen Verfahrens für das andere alleine entscheidend sein kann. Es besteht durchaus die nicht nur geringe Möglichkeit, dass in beiden Verfahren, also sowohl in dem wegen § 340 StGB als auch im Gegenverfahren Verurteilungen erfolgen. Das ist etwa der Fall, wenn der Bürger den Polizisten beleidigt und dieser übermäßig reagiert. Genau dies ist im Rahmen des § 154e StPO jedoch nicht vorgesehen. Die in der Norm genannten Verfahren und die entsprechenden Gegenverfahren sollen nicht unterschiedlich enden.

Mangels einer derart grundsätzlich festgelegten Reihenfolge[588] bei Verfahren wegen Körperverletzungsdelikten besteht bei diesen, wie der Gesetzgeber erkannt hat, kein Raum für eine Anwendung des § 154e StPO.

---

585 BT-Drucksache VI/3250 S. 222.

586 *Singelnstein*, NK 2013, 15, 25.

587 MüKoStPO/Teßmer StPO § 154e Rn. 2.

588 *Singelnstein*, NK 2013, 15, 25.

*(v) Folge*

Die regelmäßige Einstellung der Verfahren wegen § 340 StGB nach § 154e StPO ist nicht nachvollziehbar. Sowohl die direkte Anwendung der Vorschrift als auch die Ausnahmeregelung bezüglich des Vorliegens einer prozessualen Tat scheiden aus.

Wie sich auch aus der Ablehnung eines Analogieschlusses bereits folgern lässt, steht zudem der Sinn des § 154e StPO einer solchen Ausweitung der Anwendungsfälle entgegen.[589]

Berücksichtigt man den Ausschluss einer analogen Anwendung des § 154e StPO, welcher überdies die Grenze zur Rechtswidrigkeit der Verfahrenseinstellung darstellt, ist es fraglich, warum dennoch Verfahren wegen polizeilicher Gewaltausübung nach § 154e StPO vorläufig eingestellt werden.

### (3) Vorläufige Einstellung des Verfahrens gemäß § 154e StPO

*Staatsanwaltschaften stellen Verfahren wegen Gewaltdelikten von Polizeibeamten gemäß § 154e StPO vorläufig ein bzw. zurück, obwohl die Anwendbarkeit der Norm nicht gegeben ist.*

*(i) Herleitung des Theseninhalts*

Der Anwendungsbereich des § 154e StPO ist grundsätzlich nur bei Verfahren eröffnet, deren Gegenstand eine in § 154e StPO enumerativ aufgeführte Straftat (§§ 164, 185 bis 188 StGB) ist.[590] Darüber hinaus ist die Anwendung des § 154e StPO bei Gewaltdelikten nur denkbar, wenn ein Gewaltdelikt und eine Straftat nach § 164 StGB oder §§ 185 bis 188 StGB eine prozessuale Tat im Sinne des § 264 StPO bilden und die Schwere der Vorwürfe der Tat gemäß § 164 StGB oder §§ 185 bis 188 StGB überwiegt.

Bei wertender Nebeneinanderstellung von Beleidigungsdelikten bzw. der falschen Verdächtigung (§ 164 StGB) und der Körperverletzung im Amt gemäß § 340 StGB wird allerdings deutlich, dass diese Konstellation aus strafprozessualer Sicht zwar denkmöglich ist, rechtspraktisch jedoch nicht vorkommen kann, was damit zu begründen ist, dass eine Körperverletzung im Amt schwerer wiegt als die enumerativ aufgezählten Tatbestände.

---

589 Eine analoge Anwendung des § 154 e StPO wird auch in der Literatur gänzlich abgelehnt wird. Die Ablehnung ist konsequent und logisch. Die klare Aufzählung der Delikte, deren Ermittlungen ausgesetzt werden können, ist abschließend. So auch: *Singelnstein*, NK 2013, 15, 25.

590 Siehe dazu ausführlich oben.

Da die Statistiken jedoch eine den Erkenntnissen zuwiderlaufende Einstellungspraxis aufweisen, ist eine entsprechende Untersuchung geboten.

*(ii) Überprüfungsmethodik*

Für die Überprüfung der genannten These steht ein breites Arsenal an Erhebungs-, Untersuchungs- und Forschungsmethoden zur Verfügung. Erneut bietet sich die Aktenanalyse an, da diese die Erfassung der zur Beantwortung erforderlichen Daten am ehesten ermöglicht.

Zur Verfügung stand die oben genannte Anzahl an Akten der Staatsanwaltschaften Saarbrücken und Zweibrücken. Diese wurden anhand eines Erhebungsbogens ausgewertet, der folgende Fragen beinhaltete:

1.) Wurde das Verfahren gemäß § 154e StPO vorläufig ein- bzw. zurückgestellt?
2.) Welche Gründe werden für diese Entscheidung in der staatsanwaltschaftlichen Einstellungsverfügung genannt?

Alleine aus der Tatsache, dass die Auswertung anhand eines standardisierten Erhebungsbogens vorgenommen wurde, lässt sich noch kein Rückschluss auf die Art der Forschung ziehen, da solche Erhebungsbögen sowohl im Rahmen einer quantitativen als auch im Rahmen einer qualitativen Aktenanalyse genutzt werden können.

Einschlägig ist auch hier eine Kombination des quantitativen und des qualitativen Forschungsansatzes. Mit der ersten Frage, die alleine auf die Erhebung von Fakten abzielt, wird der quantitative Teil der Forschung ermöglicht.

Folglich kann die Datenerfassung nach der ersten Frage als quantitative Forschungsmethode angesehen werden, die dazu dient, die Einstellungszahlen zu verdeutlichen.

Mit der zweiten Frage wird der qualitative Ansatz der Forschung abgedeckt. Entgegen dem Sinn und Zweck der ersten Frage wird nicht nur eine einfache Datenerhebung vorgenommen, die in Verbindung mit dem oben Dargelegten eine an der Norm vorbeigehende Einstellungspraxis der Staatsanwaltschaften verdeutlichen soll. Vielmehr soll mit dieser eine Erklärung für dieses praktische Vorgehen gefunden werden, die die Diskrepanz zwischen dem Inhalt der Norm und der Auslegung durch die Staatsanwaltschaften gegebenenfalls verständlich erscheinen lässt.

Problematisch ist jedoch, dass den Staatsanwaltschaften keine Begründungspflicht für die Einstellung nach §§ 153 ff. StPO zukommt. Mangels einer solchen Pflicht konnte bereits vor Beginn der Datenauswertung davon ausgegangen werden, dass nicht alle Akten auszuwertendes Material beinhalteten. Dabei erfordert gerade die Diskrepanz zwischen der gesetzlichen Regelung und der praktischen

Anwendung der Norm eine solche Aufklärung seitens der Praktiker. Zum anderen kann die Qualität der Akten hinsichtlich der inneren und äußeren Kennzeichen in diesem Bezug in Frage gestellt werden.

Die Zugänglichkeit als äußeres Qualitätskennzeichen war nicht in dem Maße gegeben, wie es der Verfasser erhofft hatte.

Dennoch kann zumindest hinsichtlich des quantitativen Forschungsansatzes (Frage 1 des Erhebungsbogens) eine hinreichende Datenmenge ausgewertet werden, die auch in Bezug auf die Statistiken zu den Verfahrenseinstellungen eine einschlägige Tendenz erkennen lässt.

Problematischer als die Qualität der äußeren Kennzeichen ist die der inneren Kennzeichen. Auf diese Kennzeichen hat der Aktenhersteller gesteigerten Einfluss und kann sich im Rahmen der Einstellungen nach §§ 153 ff. StPO auch auf die fehlende Pflicht zur ausführlichen Begründung berufen. Der Akteninhalt ist somit genau auf die für die Untersuchung verwendbaren Aspekte zu prüfen.

*(iii) Aktenauswertung*

Bei der Untersuchung der vorhandenen Akten zeigte sich, dass lediglich eines der zu untersuchenden Verfahren gemäß § 154e StPO vorläufig eingestellt wurde.

Die Fortführung des Verfahrens wegen § 340 StGB wurde ausgesetzt, da bei der Staatsanwaltschaft zeitgleich ein Gegenverfahren wegen §§ 113, 185 StGB geführt wurde. Das Verfahren gegen den Zivilisten, so die Begründung des Staatsanwaltes, sollte zunächst beendet werden, um die Erkenntnisse in das eigene aufzunehmen.

Dass das Verfahren wegen § 340 StGB ausgesetzt wurde, widerspricht jedoch evident dem Wortlaut der Norm[591]. Selbst die in der Literatur vorgebrachte Möglichkeit der Einstellung aufgrund des Vorliegens einer gemeinsamen Tat im prozessualen Sinne (§ 264 StPO[592]) ist hier nicht gegeben, da ein Fall der Polizeigewalt schwerer wiegt als falsche Verdächtigungen oder die Beleidigungsdelikte.[593]

Mangels gesetzlicher Grundlage für eine vorläufige Einstellung ist die Begründung des handelnden Staatsanwaltes von großer Bedeutung, um zumindest Rückschlüsse auf eine Intention der Staatsanwaltschaft ziehen zu können. Vorliegend hat die Staatsanwaltschaft die Einstellung jedoch lediglich damit begründet, dass die Ausermittlung des Gegenverfahrens für die eigenen Ermittlungen von Bedeutung sei. Weitere Rückschlüsse ließen sich aus der Akte nicht entnehmen.

---

591 Zudem scheidet eine analoge Anwendung auf die Fälle der Körperverletzung im Amt aus; im Detail siehe oben.

592 Nach dem Dargelegten kann diese Ausnahme jedoch im Falle der Verfahren wegen § 340 StGB nicht einschlägig sein.

593 S.o.

Folglich ist die Entscheidung der Staatsanwaltschaft rechtswidrig. Die Staatsanwaltschaft hat ein Verfahren wegen § 340 StGB nach § 154e StPO eingestellt, obwohl der § 340 StGB weder enumerativ in der Einstellungsvorschrift aufgeführt ist, noch eine analoge Anwendung möglich ist und auch keine gemeinsame Tat im Sinne des § 264 StPO vorlag.

Dies gilt nach hier vertretener Ansicht folgerichtig für alle Verfahrenseinstellungen auf Grundlage des § 154e StPO. Der Gesetzgeber, aber auch die Rechtsprechung sind in diesem Zusammenhang gefordert, der nicht nachvollziehbaren und nach hier vertretener Einschätzung wohl rechtswidrigen Einstellungspraxis Einhalt zu gebieten.

Da die Norm aufgrund der Vorläufigkeit der Einstellung entgegen der systematischen Stellung im Gesetz keine Einschränkung des Legalitätsprinzips darstellt[594] und somit auch keine abschließende Wirkung für das Verfahren hat, könnte der Eindruck entstehen, dass die Einstellung trotz Unvereinbarkeit mit der Vorschrift keine negativen Folgen hätte. Man könnte sogar in Versuchung geraten, die lockere Handhabung der Norm in der staatsanwaltlichen Praxis zu tolerieren. Allerdings ist dies aus der Perspektive eines rechtsunkundigen Bürgers, welcher sich in Folge der Anwendung des § 154e StPO noch vor dem ebenfalls beschuldigten Polizeibeamten in der Rolle des Beschuldigten befindet, nicht nachvollziehbar. Vielmehr vermitteln Polizei und Staatsanwaltschaft dadurch den Eindruck aufeinander abgestimmt agierenden Behörden, sodass sich infolgedessen eine gewisse Hilflosigkeit bei dem Betroffenen einstellen kann.

#### iii.) Verfahrenseinstellung gemäß § 45 JGG

Darüber hinaus bietet § 45 Abs. 1 und 2 JGG dem Staatsanwalt im Falle eines noch jugendlichen oder heranwachsenden Beschuldigten die Möglichkeit einer Verfahrenseinstellung, wenn die Voraussetzungen des § 153 StPO erfüllt sind oder eine erzieherische Maßnahme eingeleitet bzw. durchgeführt wurde.

Die folgenden Erledigungsgründe ergeben sich alleine aus der Staatsanwaltsstatistik, finden aber keine Entsprechung in den vorliegenden Akten.

### *4.) Sonstige Erledigungsgründe*

Daneben werden in den Staatsanwaltschaftsstatistiken zum Sachgebiet 53 folgende Gründe für die Beendigung des Verfahrens genannt:

---

594 LR-*Beulke* StPO § 154e Rn. 2.

### *a.) Verweisung auf den Privatklageweg*

In den Jahren 2010 bis 2015 verwies die Staatsanwaltschaft in insgesamt 48 Verfahren das Opfer der angezeigten Polizeigewalt auf den Weg der Privatklage. Gemäß § 376 StPO ist die Erhebung der öffentlichen Klagen wegen eines in § 374 StPO bezeichneten Delikts an das Vorliegen eines öffentlichen Interesses gebunden. Der Begriff des öffentlichen Interesses entspricht dem in § 153 Abs. 1 S. 1 StPO.[595]

Die Verneinung eines solchen Interesses führt zur Einstellung des Ermittlungsverfahrens sowie zur Verweisung des Anzeigenden auf den Privatklageweg.[596] Im Amt begangene Körperverletzungsdelikte (§ 340 StGB) sind grundsätzlich kein Privatklagevergehen im Sinne des § 374 StPO.[597] Der Begriff des öffentlichen Interesses eröffnet bei Verdacht einer Körperverletzung nach § 340 StGB folglich keinen Ermessensspielraum für die Staatsanwaltschaft. Im Gegensatz zu § 153 StPO ist hierbei in der Literatur bereits ausformuliert worden, dass die Anwendbarkeit der Norm im Falle von Straftaten gemäß § 340 StGB entfällt.[598] Eine dennoch erfolgende Verweisung auf den Weg der Privatklage ist als rechtswidrig zu beurteilen. Zwar ist der Verwiesene in einem solchem Fall aufgrund des Privatklageverfahrens und damit der Möglichkeit der selbstständigen Verfolgung des staatlichen Strafanspruchs nicht rechtslos gestellt. Allerdings entziehen sich die Entscheidungen der Staatsanwaltschaft aufgrund solcher Erwägungen einer Rechtmäßigkeitskontrolle nicht.

### *b.) Abgabe an eine Verwaltungsbehörde als Ordnungswidrigkeit*

Regelmäßig kam es in den Jahren 2010 bis 2015 auch zur Erledigung von Verfahren durch Abgabe der Sache an eine Verwaltungsbehörde als Ordnungswidrigkeit gemäß §§ 41 Abs. 2, 43 OWiG.[599] Anwendung finden diese Vorschriften, wenn innerhalb einer Tat im prozessualen Sinn möglicherweise sowohl ein Straftattatbestand als auch ein Ordnungswidrigkeitstatbestand verwirklicht wurde.[600] In diesen Konstellationen besteht grundsätzlich die Zuständigkeit der Staatsanwaltschaft gemäß § 40 OWiG und infolgedessen eine Abgabepflicht der Verwaltungsbehörde gemäß § 41 Abs. 1 OWiG, falls sich während der Untersuchungen im Ordnungswidrigkeitenverfahren Anhaltspunkte für eine Straftat

595 *Meyer-Goßner*/Schmitt § 376 Rn. 1; vgl. o.

596 *Meyer-Goßner*/Schmitt § 376 Rn. 6.

597 LR-*Hilger* StPO § 374 Rn. 8; KK-*Senge* § 374 Rn. 6d.

598 Siehe LR-*Hilger* StPO § 374 Rn. 8; KK-*Senge* § 374 Rn. 6d.

599 Zwischen 2010 und 2015 wurden 44 Verfahren an die Ordnungsbehörden abgegeben.

600 *Bohnert*, OWiG § 43 Rn. 1.

ergeben.[601] Verneint die Staatsanwaltschaft allerdings den Straftatverdacht, besteht eine Rückgabepflicht an die Verwaltungsbehörde gemäß § 41 Abs. 2 OWiG.[602] Darüber hinaus erfolgt nach § 43 OWiG die Abgabe einer Strafsache an die Verwaltungsbehörde, wenn es zur Einstellung des Ermittlungsverfahrens hinsichtlich der angezeigten Straftat, nicht aber der Ordnungswidrigkeit, gemäß § 170 Abs. 2 oder §§ 153 ff. StPO kommt.[603]

#### *c.) Abgabe an andere Staatsanwaltschaft und Verbindung mit einer anderen Sache*

Als zahlenmäßig relevante, von der Staatsanwaltschaftsstatistik aufgeführte Erledigungsmöglichkeiten sind außerdem die Abgaben an eine andere Staatsanwaltschaft sowie die Verbindung mit einer anderen Sache zu nennen. Hierbei ist zu beachten, dass es sich um verfahrenstechnische Erledigungen handelt, welche keine Aussage über den weiteren Verlauf des Verfahrens sowie über die Intensität der Strafverfolgung im Ermittlungsverfahren zulassen.

## II.) Fazit zum Abschluss des Ermittlungsverfahrens

Die Auseinandersetzung mit den Einstellungsvoraussetzungen der §§ 170 Abs. 2, 153 ff. StPO zeigt, dass sowohl der Inhalt der Vorschriften als auch deren Anwendung in der Praxis höchst umstritten sind. Im Ergebnis ist festzustellen, dass die Anwendung durch die Staatsanwaltschaften mit den Vorschriften nach hier vertretener Ansicht vielfach nicht in Einklang zu bringen ist. Das Ausbleiben einer Reaktion auf das Auseinanderfallen von gesetzlicher Intention und praktischer Anwendung ist nur schwer verständlich oder gar nachvollziehbar.

Bei der Anwendung des § 153 Abs. 1 StPO sind die Voraussetzungen der Geringfügigkeit und des öffentlichen Interesses von besonderer Bedeutung. In äußerst seltenen Fallkonstellationen könnte die Annahme der Geringfügigkeit gerechtfertigt sein.[604] Es ist jedoch festzustellen, dass die Einstellung des Verfahrens jedenfalls am öffentlichen Interesse an der Bestrafung des Täters scheitert. Es kann und darf nach Ansicht des Verfassers keine Fallkonstellation geben, in der das öffentliche Interesse an der Bestrafung eines gewalttätigen Amtsträgers

601 *Bohnert*, OWiG § 43 Rn. 1; *Gürtler*, in: Göhler, OWiG § 41 Rn. 1 f.
602 *Gürtler*, in: Göhler, OWiG § 41 Rn. 10; *Bohnert*, OWiG § 41 Rn. 6.
603 *Gürtler*, in: Göhler, OWiG § 43 Rn. 2; *Bohnert*, OWiG § 43 Rn. 2.
604 In den untersuchten Verfahren war jedoch keine Fallkonstellation gegeben.

entfallen kann. Dies entspricht zumindest auch der Intention, die der Gesetzgeber mit dem erhöhten Strafrahmen des § 340 StGB verfolgte.[605]

Hinsichtlich der Verfahrenseinstellungen nach § 154e StPO musste deren Rechtmäßigkeit bereits unter Verweis auf den klaren Wortlaut der Norm bezweifelt werden. Dieser spricht eine eindeutige Sprache, wonach die einschlägigen Tatbestände enumerativ aufgezählt sind, bei denen eine Einstellung in Betracht kommt. Hieran scheitert letztlich auch eine analoge Anwendung der Vorschrift[606], weshalb die nach § 154e StPO vorläufig eingestellten Verfahren auf einer rechtswidrigen Einstellungspraxis beruhen. Hier ist insbesondere der Oberlandesgerichtsbezirk Hamm zur rechtmäßigen Anwendung des geltenden Rechts aufgerufen.

Hinsichtlich der Ausgangsthese, dass das strafprozessuale Ermittlungsverfahren bei Gewaltdelikten von Polizeibeamten einseitig zu deren Gunsten durchgeführt wird, ist zu differenzieren.

Die Verfahrenseinstellungen in den Fällen der Körperverletzung im Amt nach §§ 153 Abs. 1, 154e StPO sind zwar nicht mit den Vorschriften zu vereinbaren und somit rechtswidrig.

Daraus folgt jedoch nicht zwangsläufig, dass die Staatsanwaltschaften die Verfahren gezielt einstellen, weil Polizeibeamte beschuldigt wurden. Für diesen Ansatz und eine daraus folgende systematische und flächendeckende Bevorteilung der Amtsträger sowie eine gezielte Umgehung der gesetzlichen Vorschriften im Ermittlungsverfahren konnten keine Anhaltspunkte gefunden werden.

Zudem hat die Aktenanalyse und -auswertung ergeben, dass zwischen den Statistiken und den vorliegenden Akten keine Divergenzen bestehen. In der Hauptsache werden Verfahren nach § 170 Abs. 2 StPO mangels hinreichenden Tatverdachts eingestellt und die Erhebung der Anklage ist der Ausnahmefall.

Die Verfahrensweisen der Staatsanwaltschaften Saarbrücken und Zweibrücken ähnelten sich ebenfalls.

## E.) Das innerpolizeiliche Disziplinarverfahren

Bisher wurden insbesondere die strafprozessrechtlich relevanten Aspekte bei Gewaltausübung durch Polizeibeamte betrachtet. Daneben können auch die mit dem Beamtenverhältnis einhergehenden disziplinarrechtlichen Sanktions-

605 Im Detail siehe oben: der Gesetzgeber will mit § 340 StGB bezwecken, dass der Eindruck, der Staat wolle seine Amtsträger vor Strafverfolgung schützen bzw. eine zu harte Strafe verhindern, nicht entsteht.

606 Sie im Einzelnen dazu oben.

möglichkeiten treten. Dies soll beispielhaft anhand der Normen des Bundesdisziplinargesetzes dargestellt werden. Für die Polizeibeamten der Länder enthalten die Landesdisziplinargesetze weitestgehend entsprechende Regelungen. Polizeibeamte des Bundes unterliegen gemäß § 1 BDG[607] i.V.m BBG dem persönlichen Geltungsbereich des BDG und unterfallen infolgedessen den dort getroffenen disziplinarrechtlichen Regelungen.[608]. In sachlicher Hinsicht setzt eine disziplinarische Ahndung gemäß § 2 BDG[609] die Begehung eines Dienstvergehens während eines bestehenden oder durch Eintritt in den Ruhestand beendeten Beamtenverhältnisses voraus.[610] Hinsichtlich des Begriffes des Dienstvergehens wird auf die Legaldefinition des § 77 Abs. 1 BBG Bezug genommen, wonach die schuldhafte Verletzung einer bzw. mehrerer Dienstpflichten als Dienstvergehen anzusehen ist.[611] Das Vorliegen eines derartigen Dienstvergehens ist bei einer im Dienst durch einen Polizeibeamten begangenen Körperverletzung oder Aussetzung anzunehmen, da innerdienstliche Straftaten zwangsläufig dienstbezogen sind, weil „berufserforderliche" Interessen des Dienstes berührt werden (§ 61 Abs. 1 S. 3 BBG).[612] Die Handlung eines Polizeibeamten kann mithin strafrechtliche wie auch disziplinarische Konsequenzen haben. Gemäß § 17 Abs. 1 S. 1 BDG[613] gilt grundsätzlich das Legalitätsprinzip, sodass bei Vorliegen zureichender tatsächlicher, den Verdacht eines Dienstvergehens begründender Anhaltspunkte der Dienstvorgesetzte zur Einleitung eines Disziplinarverfahrens verpflichtet ist.[614] Wird ein Polizeibeamter wegen eines im Dienst begangenen Gewaltdeliktes verdächtigt, stellen sich nunmehr zwei Konkurrenzfragen. Erstens ist danach zu fragen, inwiefern der verdächtige Polizeibeamte eine Doppeltbestrafung durch strafrechtliche und disziplinarrechtliche Vorschriften befürchten muss, und zweitens danach, in welchem Verhältnis die internen Ermittlungen und staatsanwaltlichen Ermittlungen zueinander stehen.

Gemäß § 14 Abs. 1 BDG[615] gilt das sog. „Doppelahndungsverbot"[616], wonach die straf- oder ordnungsrechtliche Sanktionierung eine Sperrwirkung gegenüber

607 Vgl. § 1 LDG NRW, § 1 RPLDG, § 1 SDG.
608 *Battis* BBG § 1 Rn. 4.
609 Vgl. § 2 LDG NRW, § 2 RPLDG, § 2 SDG.
610 Urban/*Wittkowski* BDG § 2 Rn. 2.
611 Urban/*Wittkowski* BDG § 2 Rn. 5.
612 Hummel/Köhler/Mayer-*Köhler*, A.III. Rn. 63.
613 Vgl. § 17 LDG NRW, § 22 RPLDG, § 17 SDG.
614 Urban/*Wittkowski* BDG § 17 Rn. 1.
615 Vgl. § 14 LDG NRW, § 13 RPLDG, § 14 SDG.
616 Urban/*Wittkowski* BDG § 14 Rn. 1.

# Dritter Teil Die Rechtsmittelmöglichkeiten von Geschädigten bei Einstellung des Verfahrens durch die Staatsanwaltschaft

## A.) Die Rechtsmittelmöglichkeiten bei Einstellung des Verfahrens

Angesichts der hohen Einstellungszahlen bei Verfahren wegen Gewaltausübung durch Polizeibeamte, stellt sich die Frage, welche Rechtsmittel dem Opfer zur Verfügung stehen, um gegen die Einstellung des Verfahrens vorzugehen.

## B.) Das Klageerzwingungsverfahren

Das Klageerzwingungsverfahren eröffnet dem Verletzten einen Weg, trotz des Anklagemonopols der Staatsanwaltschaft, unter bestimmten Voraussetzung die Klageerhebung zu erzwingen (vgl. § 175 StPO).[626] Dieses Verfahren ermöglicht insofern eine Überprüfung der Ausübung des Anklagemonopols der Staatsanwaltschaft.[627] Dabei erfolgt eine Prüfung des Ermittlungsergebnisses sowohl in faktischer als auch in rechtlicher Hinsicht.[628] Anwendbar ist das Klageerzwingungsverfahren vor allem in den Fällen der Einstellung nach § 170 Abs. 2 StPO.[629] Unzulässigkeit besteht hingegen gemäß § 172 Abs. 2 S. 3 StPO bei Privatklagedelikten sowie den genannten Opportunitätsvorschriften.[630] Die Befugnis zur Betreibung des Klageerzwingungsverfahrens steht lediglich demjenigen zu, der bereits mittels Erstattung einer Strafanzeige gemäß § 158 Abs. 1 StPO[631] den Antrag auf Erhebung der öffentlichen Klage (§ 171 S. 1 StPO) gestellt hat.[632] Der Antragssteller muss zugleich Verletzter sein, d.h. er muss durch die behauptete Tat bei Unterstellung ihrer tatsächlichen Begehung, eine unmittelbare Rechtsgutverletzung erlitten haben.[633] Der Ablauf des Klageerzwingungsverfahrens vollzieht sich sodann wie folgt:

---

626 KK-*Moldenhauer* § 172 Rn. 1.
627 KK-*Moldenhauer* § 172 Rn. 1.
628 *Kühne*, Rn. 581.
629 Meyer-Goßner/*Schmitt* § 172 Rn. 1.
630 Meyer-Goßner/*Schmitt* § 172 Rn. 2 f.
631 Meyer-Goßner/*Schmitt* § 171 Rn. 1.
632 Meyer-Goßner/*Schmitt* § 172 Rn. 5a.
633 Meyer-Goßner/*Schmitt* § 172 Rn. 9.

Zunächst muss nach § 172 Abs. 1 S. 1 StPO eine an den Generalstaatsanwalt adressierte Einstellungsbeschwerde[634] eingereicht werden.[635] Daraufhin besteht die Möglichkeit der Staatsanwaltschaft, durch Aufhebung ihres Einstellungsbescheids und Erhebung der öffentlichen Klage bzw. Wiederaufnahme der Ermittlungen der Beschwerde abzuhelfen.[636] Im Falle der Nichtabhilfe wird der Generalstaatsanwalt zuständig für die Entscheidung über Zulässigkeit und Begründetheit der Beschwerde.[637] Weist der Generalstaatsanwalt die Beschwerde als unbegründet zurück, führt dies zur Eröffnung des Weges zum Oberlandesgericht gemäß § 172 Abs. 2 S. 1 StPO.[638] Der Beschwerdeführer kann dann binnen eines Monats einen Antrag auf gerichtliche Entscheidung stellen.[639] Dieser Antrag setzt eine schriftliche Darstellung der Tatsachen, welche die Erhebung der öffentlichen Klage begründen sollen, sowie eine Angabe der Beweismittel voraus (§ 172 Abs. 3 StPO).[640] Des Weiteren bedarf es der Unterzeichnung durch einen bevollmächtigten Rechtsanwalt.[641] Die anschließende Entscheidung des Gerichts über Zulässigkeit und Begründetheit kann entweder in der Verwerfung des Antrags nach § 174 Abs. 1 StPO oder aber der Anordnung der Klageerhebung gemäß § 175 StPO resultieren.[642] Ausnahmsweise hat das Gericht die Möglichkeit, die Wiederaufnahme der Ermittlungen anzuordnen, wenn die Staatsanwaltschaft – beispielsweise aus Rechtsgründen – von einer Aufklärung des Sacherhalts gänzlich abgesehen hat.[643] Bei Verwerfung eines zulässigen, aber unbegründeten Antrags gemäß § 174 StPO sowie bei nicht fristgerechter Erbringung einer Sicherheitsleistung für die Kosten des Verfahrens gemäß § 176 Abs. 2 StPO ist außerdem zu beachten, dass das Gericht eine Kostenentscheidung zu Lasten des Antragsstellers trifft, § 177 StPO.[644]

Die Bedeutung des Klageerzwingungsverfahrens in der Rechtswirklichkeit ist allerdings gering. Bereits ca. 30 % der verfügten Einstellungen unterfallen erst gar

---

634 *Kühne*, Rn. 581; vgl. §§ 145, 147 GVG.
635 SSW-StPO/*Sing/Vordermayer* § 172 Rn. 17.
636 KK-*Moldenhauer* § 172 Rn. 12.
637 KK-*Moldenhauer* § 172 Rn. 13.
638 KK-*Moldenhauer* § 172 Rn. 13.
639 SSW-StPO/*Sing/Vordermayer* § 172 Rn. 25 f.
640 SSW-StPO/*Sing/Vordermayer* § 172 Rn. 27 u. 30.
641 SSW-StPO/*Sing/Vordermayer* § 172 Rn. 27.
642 SSW-StPO/*Sing/Vordermayer* § 172 Rn. 37 f.
643 SSW-StPO/*Sing/Vordermayer* § 172 Rn. 39.
644 SSW-StPO/*Sing/Vordermayer* § 177 Rn. 1.

nicht dem Anwendungsbereich der §§ 172 ff. StPO, da sie aufgrund der in § 172 Abs. 2 S. 3 StPO genannten Ermächtigungsgrundlagen ergangen sind.[645]

Außerdem sind die Erfolgsaussichten eines Klageerzwingungsverfahrens niedrig, da die strengen Anforderungen an die Zulässigkeitsvoraussetzungen zur Unzulässigkeit der meisten Anträge führen.[646] Dies führt zu einer seltenen Betreibung des Klageerzwingungsverfahrens sowie einer nur vereinzelten gerichtlichen Überprüfung staatsanwaltlicher Einstellungsentscheidungen.[647] Die Bedeutung der §§ 172 ff. StPO liegt mithin mehr in der präventiven Wirkung, die allein durch die Existenz einer Überprüfungsmöglichkeit entfaltet wird, als in ihrer tatsächlichen Anwendung.[648]

In den Statistiken zum Sachgebiet 53 wird die Anzahl der eingeleiteten Klageerzwingungsverfahren nicht dargestellt und in den vorliegenden Verfahrensakten ist kein Fall vorhanden gewesen, in dem ein Klageerzwingungsverfahren eingeleitet wurde.

## I.) Rechtsmittel bei Einstellung nach den Opportunitätsvorschriften

Aufgrund des beschränkten Anwendungsbereichs der §§ 172 ff. StPO bleibt die Frage offen, auf welche Weise gegen eine Einstellung nach den Opportunitätsvorschriften der §§ 153 ff. StPO vorgegangen werden kann. Das Erzwingen der öffentlichen Klageerhebung durch eine gerichtliche Entscheidung ist in den von § 172 Abs. 2 S. 3 StPO aufgezählten Fällen[649] ausgeschlossen. Teilweise wird versucht, dieses Defizit an gerichtlicher Kontrolle durch das Erfordernis einer gerichtlichen Zustimmung zu kompensieren.[650]

Insgesamt zeigt sich, dass die Möglichkeiten, gegen die Einstellung eines Verfahrens vorzugehen, sehr begrenzt sind. Diese schwache rechtliche Stellung kann bei Opfern von Polizeigewalt, deren Vertrauen in die Rechtsstaatlichkeit bereits durch die ihnen zugefügte Gewalt sowie die unterlassene Strafverfolgung zutiefst erschüttert ist, zu Resignation und Zweifeln am System führen.

Die einzige Möglichkeit bietet das Einreichen einer Dienstaufsichtsbeschwerde gegen die handelnde Staatsanwaltschaft. Die Dienstaufsichtsbeschwerde ist jedoch

---

645 SK-StPO/*Wohlers* § 172 Rn. 4.

646 SK-StPO/*Wohlers* § 172 Rn. 4; LR-*Graalmann-Scheerer* StPO § 172 Rn. 3.

647 LR-*Graalmann-Scheerer* StPO § 172 Rn. 3.

648 SK-StPO/*Wohlers* § 172 Rn. 4; LR-*Graalmann-Scheerer* StPO § 172 Rn. 3.

649 Ausgenommen sind gem. § 172 Abs. 2 S. 3 StPO: §§ 153 Abs. 1, 153a Abs. 1 S. 1 u. 7, 153b Abs. 1, 153c, 153d, 153e, 153 f., 154 Abs. 1, 154b, 154c.

650 *Werner*, NStZ 1984, 401.

streng vom Beschwerdeverfahren nach § 172 StPO zu unterscheiden. Mit ihr wird die verwaltungsinterne Überprüfung der Einstellungsverfügungen durch die vorgesetzte Behörde beantragt. Sie kann, eine Einstellung nach § 170 Abs. 2 StPO vorausgesetzt, neben beziehungsweise zusätzlich zum Klageerzwingungsverfahren eingereicht werden. Im Falle der Einstellung nach §§ 153 ff. StPO ist sie die einzige Rechtsschutzmöglichkeit.[651] Bereits aus den Voraussetzungen, die zu erfüllen sind, um eine Dienstaufsichtsbeschwerde einzuleiten, wird deren geringe Erfolgsaussicht abgeleitet: Die Dienstaufsichtsbeschwerde kann form- und fristlos von jedermann erhoben werden und ist in der Regel jedoch auch fruchtlos.[652]

Sollte dennoch ein Dienstaufsichtsverfahren wegen einer Verfahrenseinstellung der Staatsanwaltschaft eingeleitet werden, entscheidet über die Einleitung die Generalstaatsanwaltschaft beim örtlich zuständigen Oberlandesgericht.[653] Hat die Erhebung der Beschwerde keinen Erfolg, kann letztlich sogar gegen die ablehnende Entscheidung der Generalstaatsanwaltschaft eine erneute Dienstaufsichtsbeschwerde erhoben werden; diese ist dann direkt beim Justizministerium zu erheben.[654]

## II.) Untersuchungsthese zur Dienstaufsichtsbeschwerde bei Verfahrenseinstellungen nach §§ 153 ff. StPO

*Die Rechtsbehelfsmöglichkeit der Dienstaufsichtsbeschwerde bei Einstellungen nach den §§ 153 ff. StPO wird von den Opfern polizeilicher Gewaltausübung selten bis gar nicht genutzt, sodass keine (oder nur eine unzureichende) Überprüfung dieser staatsanwaltschaftlichen Einstellungsverfügungen stattfindet.*

### 1.) Herleitung des Theseninhalts

Mangels Anwendbarkeit des Klageerzwingungsverfahrens bei Verfahrenseinstellungen nach den Opportunitätsvorschriften (siehe § 172 Abs. 2 S. 3 StPO) besteht hinsichtlich dieser Einstellungen lediglich die Rechtsbehelfsmöglichkeit der Dienstaufsichtsbeschwerde. Diese ermöglicht es dem Opfer der angezeigten Tat, zumindest eine verwaltungsinterne Überprüfung der Einstellungsverfügung zu erreichen. Da die Dienstaufsichtsbeschwerde die einzige Möglichkeit der Opfer von polizeilicher Gewaltanwendung zur Kontrolle von Einstellungen gemäß §§ 153 ff. StPO ist, stellt sich jedoch die Frage, ob die tatsächliche Nutzung der

651 *Werner*, NStZ 1984, 401.
652 *Bosbach*, Verteidigung im Ermittlungsverfahren, S. 86.
653 *Schroth* (2005), Die Rechte des Opfers im Strafprozess, Rn. 198.
654 *Schroth*, Rn. 198.

Dienstaufsichtsbeschwerde im Hinblick auf die unter Rechtsschutzgesichtspunkten wünschenswerte oder eventuell sogar notwendige Bedeutung angemessen ist.

## *2.) Untersuchungsmethodik*

Zur Überprüfung dieser These und zur Ermittlung der Argumentationsstrukturen wird eine Kombination der quantitativen und der qualitativen Aktenforschung genutzt. Zu diesem Zweck wurde ein Erhebungsbogen mit folgenden Fragestellungen formuliert:

1.) Wurde in dem Verfahren eine Dienstaufsichtsbeschwerde wegen der Einstellungsverfügung erhoben?
2.) Womit wurde die Dienstaufsichtsbeschwerde begründet?
3.) War die Dienstaufsichtsbeschwerde erfolgreich beziehungsweise nicht erfolgreich und wenn ja, auf Grund welcher Umstände?
4.) Sind sonstige Auffälligkeiten ersichtlich?

Lediglich die erste Frage des Erhebungsbogens ist dem quantitativen Forschungsansatz zuzuordnen. Die aus dieser Frage folgende Statistik zeigt einen ersten Ansatz, ob Betroffene die Rechtsschutzmöglichkeit der Dienstaufsichtsbeschwerde in Anspruch nehmen.

Angesichts der fehlenden Begründungspflicht der Staatsanwaltschaften bei Einstellungen nach §§ 153 ff. StPO kann die Durchführung eines Dienstaufsichtsverfahrens zwei Funktionen erfüllen. Zum einen wird die praktische Anwendung der §§ 153 ff. StPO überprüft, zum anderen wären die Staatsanwaltschaften gezwungen, ihre Anwendung darzulegen. Die Darlegung der Anwendung könnte dazu führen, dass die oben dargelegten Unstimmigkeiten bei der Auslegung der entsprechenden Merkmale aufgeklärt werden könnten.

Eine solche Aufklärung kann sich bereits durch die Analyse der Akten anhand der Fragen zwei bis vier ergeben. Mit diesen Fragen sollten entsprechende Argumentationsstrukturen aus den Akten der Staatsanwaltschaften ausgewertet werden. Somit wird in dieser Hinsicht eine qualitative Aktenforschung anhand des Erhebungsbogens vorgenommen. Die Ergebnisse dieser Forschungsmethode sollen ein Verständnis für die praktische Anwendung des Opportunitätsprinzips ermöglichen. Die Opfer von Polizeigewalt im Sinne des § 340 StGB können bei einer Einstellung des Verfahrens durch die Staatsanwaltschaften eine Dienstaufsichtsbeschwerde wegen eben dieser Einstellung erheben.

### 3.) *Aktenauswertung*

Die Auswertung und Analyse der vorliegenden Akten ergab, dass keines der nach §§ 153 ff. StPO eingestellten Verfahren (eines nach § 153a StPO, eines nach § 154e StPO) eine Dienstaufsichtsbeschwerde nach sich zog. Das Ausbleiben einer solchen Beschwerde verwundert jedoch im Fall der Einstellung nach § 153a StPO.

Im Verfahren, das nach § 154e StPO entgegen der Vorschrift vorläufig eingestellt wurde[655], verwundert ebenfalls, dass das Opfer und/oder dessen Rechtsbeistand keine Dienstaufsichtsbeschwerde erhoben haben. Eine Erklärung geht nicht aus der Akte hervor.

Hinsichtlich der nach § 170 Abs. 2 StPO eingestellten Verfahren ergab die Auswertung, dass in sechs Fällen eine Dienstaufsichtsbeschwerde erhoben wurde. In drei Fällen ist der Ausgang der Dienstaufsichtsbeschwerde aus der Akte nicht ersichtlich gewesen.

In einem Fall ist die Beschwerde seitens der Generalstaatsanwaltschaft abschlägig beschieden worden[656]. Dass die Generalstaatsanwaltschaft die Beschwerde negativ beschieden hat, ist diskutabel. Aus der Akte der Staatsanwaltschaft lässt sich entnehmen, dass die Aussagen der Beteiligten und der Zeugen keine klare Sachverhaltsermittlung zuließen. Folglich hatte die Staatsanwaltschaft tatsächliche Zweifel an der überwiegenden Wahrscheinlichkeit einer Verurteilung des Beschuldigten.[657] Diese Zweifel durften jedoch nach dem Dargestellten nicht zu einer Einstellung nach § 170 Abs. 2 StPO führen. Die Staatsanwaltschaft hätte vielmehr die Anklage erheben und der Hauptverhandlung eine vollständige Rekonstruktion des Geschehens überlassen müssen. Es ist mehr als unglücklich, dass die für das Ermittlungsverfahren zuständige Staatsanwaltschaft den Grundsatz des Bundesgerichtshofes missachtet hat und die Generalstaatsanwaltschaft diesen Fehler nicht gesehen und korrigiert hat.

Zwei der eingeleiteten Dienstaufsichtsbeschwerden waren hingegen erfolgreich. Der Erfolg dieser Beschwerden spricht für die These, dass Verfahren mitunter zu vorschnell nach § 170 Abs. 2 StPO eingestellt werden.

Zusammenfassend ist zu sagen, dass angesichts der Kritik, die an der Einstellungspraxis der Staatsanwaltschaften geäußert werden darf und muss, viel zu selten eine Dienstaufsichtsbeschwerde erhoben wird. Auch im Jahr 2017 lassen sich keine allgemein verbindlichen Auslegungskriterien für eine Einstellungsvorschrift nach §§ 153 ff., 170 Abs. 2 StPO finden. Dies ist unter anderem damit

---

655 Siehe dazu oben.

656 Ein Klageerzwingungsverfahren wurde nicht eingeleitet.

657 Siehe oben.

zu begründen, dass die Opfer von gewalttätigen Polizeibeamten häufig die Einstellung der entsprechenden Verfahren hinnehmen und nicht hinterfragen. Hier sind insbesondere Rechtsanwälte, aber auch Staatsanwaltschaften gefordert, die Mandanten beziehungsweise vermeintlichen Opfer umfassend über die Rechtsbehelfsmöglichkeiten aufzuklären.

Da die Dienstaufsichtsbeschwerde im Gegensatz zum Klageerzwingungsverfahren[658] nicht gesetzlich in der Strafprozessordnung geregelt ist, kann sie leicht unberücksichtigt bleiben.

## C.) Fazit zum Dritten Teil

Gegen die Verfahrenseinstellung können die Betroffenen, d. h. die vermeintlichen Opfer der Polizeigewalt unmittelbar mit einem Klageerzwingungsverfahren beziehungsweise mittelbar mit einer Dienstaufsichtsbeschwerde vorgehen. Beide Rechtsschutzmöglichkeiten werden von Betroffenen jedoch nur selten genutzt, sodass es regelmäßig bei der Einstellung bleibt.

Jedenfalls im Anschluss an die Auseinandersetzung mit den Vorschriften verwundert hinsichtlich der Verfahren, die hier nach §§ 153a, 154e StPO eingestellt wurden, dass die Betroffenen beziehungsweise der Rechtsbeistand die Rechtsschutzmöglichkeiten nicht ausgeschöpft haben. Die konsequente Einlegung von Dienstaufsichtsbeschwerden oder die Einleitung eines Klageerzwingungsverfahrens würden die weitere Auslegung und Konturierung der entsprechenden Einstellungsvoraussetzungen vorantreiben, sodass die Strafverteidiger aufzurufen sind, dies zu tun.

658 Sofern das Verfahren nach § 170 Abs. 2 StPO eingestellt wurde.

# Vierter Teil: Bedürfnis zur Schaffung einer unabhängigen Behörde?

In der Literatur, aber insbesondere in den Medien wurde in den vergangenen Jahren und Jahrzehnten regelmäßig die Einführung einer Behörde gefordert, die unabhängig von den Polizeidienststellen und der Staatsanwaltschaft in den Fällen der vermeintlichen Polizeigewalt ermitteln soll. Die in der Arbeit aufgeworfenen Fragen hinsichtlich der Statistiken, die die rege Nutzung der Einstellungen nach §§ 153 ff., 170 Abs. 2 StPO aufzeigen, und die Untersuchung der einzelnen Vorschriften erfordern zumindest eine Auseinandersetzung mit den Forderungen.

## A.) Forderungen der Menschenrechtskommission des Europarates, von Amnesty International und dem Deutschen Institut für Menschenrechte

In den zurückliegenden Jahren haben verschiedene (nichtstaatliche) Organisationen Bezug auf die Worte „Quis custodit custodes“[659] genommen und recht eindeutig die Einrichtung unabhängiger Untersuchungsbehörden gefordert. Die Forderungen werden allgemein mit der Identifizierung von Problemen mit dem Umgang von Beschwerden gegen die Polizei begründet.

Bezugnehmend auf das deutsche Rechtsstaatsprinzip hat der Menschenrechtskommissar des Europarates Thomas *Hammarberg* in seiner Stellungnahme vom 12.03.2009[660] dargelegt, dass die Einrichtung einer solchen Stelle „von grundlegender Bedeutung für einen demokratischen und rechenschaftspflichtigen Polizeidienst“[661] sei. Zudem diene es dazu, dem im gesellschaftlichen Diskurs verankerten Vorwurf der „cop culture“ durch die Entwicklung einer „caring culture“ (Kultur der Verantwortlichkeit) entgegenzuwirken.[662] Die gesetzlich vorgesehene Zusammenarbeit von Staatsanwaltschaften und Polizisten beziehungsweise Polizeidienststellen berge die Gefahr, dass der Eindruck einer einseitigen Ermitt-

659 „Wer bewacht die Wächter?“; *Juvenal*, römischer Satiriker und Sittenrichter.

660 *Hammarberg* (2009): Stellungnahme des Menschenrechtskommissars des Europarates zur unabhängigen und effektiven Untersuchung von Beschwerden gegen die Polizei.

661 *Hammarberg*, Seite 3.

662 *Hammarberg*, Seite 3.

lungsarbeit entstehe.[663] Folge einer solchen einseitigen Ermittlungsarbeit kann entweder die frühzeitige Einstellung des Verfahrens sein oder aber eine verhältnismäßig geringe Bestrafung des Täters.

Der Europäische Gerichtshof für Menschenrechte hat sich in den vergangenen Jahren mehrfach mit dem Thema Polizeigewalt beziehungsweise allgemein mit polizeilichem Fehlverhalten beschäftigt und folglich eine breite Rechtsprechungsbasis geschaffen.[664] Hier zeigt sich, dass zwar nicht nur, aber auch in Deutschland nicht alle Verfahren gänzlich ohne Widersprüche zur Menschenrechtskonvention ablaufen.

Amnesty International schloss sich im Jahr 2010 im Rahmen eines Tätigkeitsberichtes[665] hinsichtlich der Vorwürfe über Menschenrechtsverletzungen durch Polizeibeamte in Deutschland den Forderungen des Europäischen Menschenrechtskommissars an und hat ebenfalls die Einrichtung unabhängiger Ermittlungsinstanzen gefordert.[666] Auch Amnesty International weist auf die Gefahr der institutionellen Nähe zwischen Staatsanwaltschaften und Polizeidienststellen hin und sieht hier dringenden Handlungsbedarf.[667] Im Tätigkeitsbericht führte Amnesty International eine Vielzahl an Sachverhalten auf, in denen Polizeibeamte möglicherweise strafbare Gewalt angewendet haben, die Staatsanwaltschaften jedoch die Verfahren eingestellt haben.

Auch das Deutsche Institut für Menschenrechte[668] nahm Bezug auf die Bedenken und Forderungen der supranationalen Organisationen und empfahl Bund und Ländern „die internen Ermittlungen aus den Polizeibehörden auszugliedern und außerhalb der polizeilichen Linienorganisationen als eigenständige Einheit

---

663 Siehe hierzu die entsprechende Untersuchungsthese.

664 *Vgl. u. a.* https://www.welt.de/politik/ausland/article139250168/Italien-wegen-Polizei-Gewalt-bei-G8-verurteilt.html; *Ramsahai/Niederlande (Antragsnr. 52391/99), Urteil vom 15.05.2017; Selmouni/Frankreich (Antragsnr. 25803/94), Urteil vom 28.07.1999 u. a.*

665 Amnesty International, Sektion der Bundesrepublik Deutschland e. V. (2010): TÄTER UNBEKANNT. Mangelnde Aufklärung von mutmaßlichen Misshandlungen durch die Polizei in Deutschland.

666 Amnesty International, Sektion der Bundesrepublik Deutschland e. V. (2010): TÄTER UNBEKANNT. Mangelnde Aufklärung von mutmaßlichen Misshandlungen durch die Polizei in Deutschland, Seite 113.

667 Amnesty International, Sektion der Bundesrepublik Deutschland e. V. (2010): TÄTER UNBEKANNT. Mangelnde Aufklärung von mutmaßlichen Misshandlungen durch die Polizei in Deutschland, Seite 114.

668 Deutsches Institut für Menschenrechte; *Töpfer Erik* (2014): Unabhängige Polizei-Beschwerdestelle. Eckpunkte für ihre Ausgestaltung.

[…] zu etablieren“[669]. Die Forderung wird mit statistischen Auffälligkeiten bei den Ermittlungsverfahren gegen Polizeibeamte wegen des Verdachts der Körperverletzung im Amt begründet. Nach Ansicht des Instituts sei die hohe Einstellungsquote zumindest ein Ansatzpunkt, die institutionelle Nähe der Polizeibehörden und Staatsanwaltschaften kritisch zu betrachten.[670,671] Dieser Ansicht ist grundsätzlich zu folgen. Die Statistiken zu den eingestellten Verfahren im Sachgebiet 53 sind im Vergleich zu denen der „normalen“ Körperverletzung auffällig und somit zwingend ein Ansatzpunkt für Kritik und weitere Untersuchungen. Es muss jedoch stets beachtet werden, dass statistische Erkenntnisse zwar ein Ansatzpunkt sein können, tatsächliche Kritik an den Ermittlungsbehörden jedoch ausschließlich dann geäußert werden kann, wenn sich aus Akten entsprechende Anhaltspunkte ergeben.

Sogar aus der Mitte des Bundestages kam es im Jahr 2012 zu einem Antrag, dass eine unabhängige Behörde, wie sie der Menschenrechtskommissar 2009 skizzierte, einzurichten sei.[672] „DIE LINKE“ folgte mit ihrem Antrag den Forderungen von Amnesty International und verwies auf das Bestehen entsprechender Behörden im europäischen Ausland.[673]

## B.) Notwendige Grundsätze einer unabhängigen Behörde

Eine unabhängige Ermittlungsbehörde muss sich nach allgemeiner Ansicht auf die Vorschriften der Europäischen Menschenrechtskonvention beziehen oder auf solche Grundsätze, die aus dieser abzuleiten sind. Der Europäische Gerichtshof für Menschenrechte entwickelte auf Grundlage der Art. 2 und 3 der EMRK fünf Verfahrensgrundsätze, die für eine effektive Ermittlung gegen Polizeibeamte unerlässlich sind und auch sein sollten:[674]

- Unabhängigkeit zwischen Ermittler und beschuldigten Polizeibeamten
- Angemessenheit der Untersuchungsbefugnisse
- Unverzüglichkeit der Untersuchungen

669 *Töpfer*, Seite 15.

670 *Töpfer*, Seite 6.

671 Was auch im Rahmen dieser Arbeit geschehen ist.

672 Antrag der Bundestagsabgeordneten Dagdelen, Werner, Jelpke, Korte, Dr. Hein, Hunko, Neskovic, Petermann, Senger-Schäfer, Sharma, Dr. Sitte, Wawzyniak und der Fraktion „DIE LINKE“ vom 12.09.2012; Bundestagdrucksache 17/10685, Seite 3 f.

673 Großbritannien, Frankreich etc; Bundestagdrucksache 17/10685, Seite 4.

674 *Hammarberg*, Seite 3.

- Öffentliche Überprüfungsmöglichkeiten über die Verfahrensabläufe und Entscheidungen
- Einbeziehung des Opfers

Nur bei Beachtung dieser Grundsätze könne eine dem öffentlichen Interesse entsprechende Untersuchung der Fälle von Polizeigewalt gewährleistet sein; nur unter Einhaltung dieser Aspekte könne dem Vertrauensverlust in staatliche Ermittlungsbehörden vorgebeugt werden.[675]

Erlangen deutsche Staatsanwaltschaften Kenntnis vom Verdacht einer Straftat beziehungsweise liegt ihnen eine Anzeige vor, liegt es in ihrer ausschließlichen Kompetenz, wie sie das Verfahren im Rahmen der Rechtsstaatlichkeit führen.[676]

> „Allein der Staatsanwaltschaft obliegt die *Leitungs- und Kontrollfunktion im Ermittlungsverfahren (sog. Sachleitungsbefugnis)*, d.h. es ist ihre Aufgabe, den rechtlich einwandfreien Ablauf der Ermittlungen zu garantieren und die ständige rechtliche Kontrolle über die polizeiliche Ermittlungstätigkeit auszuüben."[677]

Zu diesem Zweck kann sie sich in der Regel der Polizei bedienen und tut dies auch in den häufigsten Fällen. Im Rahmen dieses Verhältnisses kommt der Staatsanwaltschaft ein uneingeschränktes Weisungsrecht zu, auch wenn sie aufgerufen ist, der Polizei in den Sachfragen und Sachverhalten mehr Gestaltungsspielraum zu bieten, sofern diese über eine höhere Sachkunde verfügt.[678] Dies darf jedoch beispielsweise in den Fällen vermeintlicher Polizeigewalt nicht erfolgen; hier sollten den ermittelnden Dienststellen klare Anweisungen und Aufgaben zugeteilt werden, um eine ordnungsgemäße Erforschung des Sachverhalts vorzunehmen.

Die Einhaltung des Grundsatzes der Unabhängigkeit von Ermittler und Beschuldigtem liegt somit in der Verantwortung der Staatsanwaltschaften. Der Grundsatz der Unabhängigkeit besagt, dass „die kriminalistischen Ermittlungen – jenseits der unmittelbaren Beweissicherung – nicht für längere Zeit in den Händen von Kolleginnen und Kollegen der Beschuldigten [...] liegen [...] dürfen"[679]. Wann jedoch diesem Grundsatz genüge getan werde, wird vom EGMR nicht dargelegt.

Wie oben in der Untersuchungsthese zur Weisungsbefugnis dargestellt, ordnen die Staatsanwaltschaften beispielsweise häufig an, dass die Ermittlungen nicht von unmittelbaren Kollegen der Beschuldigten aufgenommen werden sollen. Im

675 *Hammarberg*, Seite 9.
676 Vgl. hierzu § 160 StPO.
677 BeckOK StPO/*Sackreuther* StPO § 161 Rn. 11a.
678 BeckOK StPO/*Sackreuther* StPO § 161 Rn. 11a.
679 Töpfer, Seite 10.

Einzelfall kann eine solche örtliche und sachliche Nähe durchaus vorkommen; von dieser auf ein unionsrechtswidriges Abhängigkeitsverhältnis zu schließen, würde jedoch zu weit gehen.

Der Unabhängigkeitsgrundsatz, wie er von der EMRK und den darauf basierenden Darstellungen *Hammarbergs* gesehen wird, kann im derzeitigen System im Strafverfahren nicht eingehalten werden. Nach *Hammarberg*[680] darf zwischen den Ermittlern und den Beschuldigten „weder eine institutionelle, noch eine hierarchische Verbindung bestehen. Zudem muss die Unabhängigkeit auch in der Praxis bestehen"[681]. Einschränkend legt *Hammarberg* jedoch im gleichen Zusammenhang dar, dass dieser Grundsatz in diesem Ausmaß lediglich bei durch Polizisten verursachten Todesfällen oder schweren Körperverletzungen zu gelten hat; in den übrigen Fällen soll der Grundsatz einen „nützlichen Rahmen"[682] bilden. Somit kann nicht davon ausgegangen werden, dass das deutsche Strafverfahren beziehungsweise die Art und Weise der Ermittlungstätigkeit pauschal dem Grundsatz widerspricht.

Ein allgemeingültiger Widerspruch zu den Grundsätzen der Angemessenheit[683] und der Unverzüglichkeit[684] kann nicht angenommen werden. Im Hinblick auf die teilweise fehlende Begründungspflicht bei der Verfahrenseinstellung bereitet der Grundsatz der öffentlichen Überprüfbarkeit der Ermittlung jedoch offenkundig Probleme.

Bei der Vorbereitung dieser Arbeit bereitete bereits die Beschaffung entsprechender Akten Probleme. Hinzu treten die fehlende Begründungspflicht und die nur unregelmäßige Inanspruchnahme von Rechtsschutzmöglichkeiten gegen Einstellungsbeschlüsse. Dass die Rechtsschutzmöglichkeiten nur in seltenen Fällen in Anspruch genommen werden, kann jedoch nicht dem System angelastet werden. Es obliegt den Betroffenen, die ihnen zustehenden Rechtsschutzmöglichkeiten auszuschöpfen. Somit widerspricht das geltende System auch nicht diesem Grundsatz.

Da die Staatsanwaltschaften auch gesetzlich verpflichtet sind, den Betroffenen rechtliches Gehör zu bieten, wird auch der Grundsatz der Opferbeteiligung erfüllt.

---

680 *Hammarberg*, S. 3.

681 *Hammarberg*, S. 3.

682 *Hammarberg*, S. 3.

683 Der Grundsatz der Angemessenheit besagt, dass die Ermittlungen im gebotenen Umfang vorgenommen werden.

684 Die Untersuchung sollte umgehend und zügig durchgeführt werden, um das Vertrauen in den Rechtsstaat aufrechtzuerhalten.

Insgesamt kann, zumindest nicht vom Grundsatz her, keineswegs von einem fehlenden Einklang mit den Grundsätzen der Art. 2 und 3 der EMRK gesprochen werden.

Im konkreten Einzelfall kann sich jedoch auch ein anderes Bild ergeben. Neben den eingeleiteten Verfahren, die in der Regel eingestellt werden, gibt es eine hohe Dunkelziffer an Fällen, in denen die Betroffenen keine Anzeige erstatten.[685] Diese Dunkelziffer kann sich auf verschiedene, mögliche Aspekte gründen; so kann es sein, dass die Betroffenen sich entweder selber etwa aufgrund von Sprachbarrieren nicht verständigen können. Im schlimmsten Fall besteht auch die Möglichkeit, dass sie durch Polizeibeamte nur unzureichend belehrt wurden.[686] *Singelnstein* legt sogar dar, dass Rechtsanwälte ihren Mandanten häufig von einer Anzeige abraten, da eine solche eben in der Regel keinen Erfolg verspreche. Im Gegenteil provoziere man sogar eine Gegenanzeige, die zumindest laut Statistik häufiger zu einer Bestrafung führe als die Anzeige gegen den Polizisten.[687,688] Allerdings kann aus Vermutungen über das Dunkelfeld keine relevante Forderung gefolgert werden. Bestenfalls kann es sich dabei um Anregungen und um Ermutigungen zu Dunkelfeldstudien handeln.

Ob tatsächlich eine unabhängige Behörde geschaffen werden müsse, oder ob es genüge, dass eine andere Polizeidienststelle mit den Ermittlungen betraut wird, bleibt bisher offen.[689]

Eine unabhängige Behörde würde aufgrund fehlender institutioneller Nähe jedenfalls die mögliche Beeinflussung der Ermittlungen durch einen „fragwürdigen Korpsgeist“[690] verhindern und den Betroffenen Sicherheit bieten.[691] Dass diese Gefahren der Politik bekannt sind, zeigt sich in einem Gesetz des Landes Rheinland-Pfalz über den Bürgerbeauftragten des Landes Rheinland-Pfalz und

685 *Singelnstein*, NK 2013, 15, 16.

686 Amnesty International, Seite 49.

687 Interview von Kastner: Warum Anzeigen gegen Polizisten selten zur Anklage führen (15.05.2012), URL: http://www.sueddeutsche.de/bayern/gewalt-bei-einsaetzen-warum-anzeigen-gegen-polizisten-selten-zur-anklage-fuehren-1.1353503.

688 Singelnstein (2013): Körperverletzung im Amt durch Polizisten und die Erledigungspraxis der Staatsanwaltschaften – aus empirischer und strafprozessualer Sicht, Seite 17.

689 Töpfer, Seite 11.

690 Interview von Rückert: Fragwürdiger Korpsgeist (27.09.2012), in ZeitOnline, URL: http://www.zeit.de/2012/40/DOS-Behrendsen-Interview.

691 Dass ein solcher Korpsgeist flächendeckend vorliegt, kann nicht bestätigt werden. Die Vermutung, dass ein solcher in Einzelfällen eine Rolle gespielt hat, kann jedoch auch nicht gänzlich negiert werden.

den Beauftragten der Landespolizei.[692] In § 16 Abs. 1 dieses Gesetzes wird die Aufgabe des Landesbeauftragten dadurch gekennzeichnet, dass er das partnerschaftliche Verhältnis zwischen Bürger und Polizei stärken soll. In Anbetracht der genannten Aspekte scheint der Gesetzgeber in Rheinland-Pfalz die allgemein geäußerten Kritiken aufgenommen und Schlüsse daraus gezogen zu haben.

Der Grundsatz der Öffentlichen Überprüfbarkeit der Ermittlungen und von deren Ergebnissen ist hervorzuheben. Stellen die Staatsanwaltschaften Verfahren gegen Polizeibeamte nach §§ 153 ff., 172 Abs. 2 StPO ein, so wird vom Gesetzgeber keine Begründung der Entscheidung verlangt. Die Entscheidung der Staatsanwaltschaft kann zwar durch das Klageerzwingungsverfahren und/oder eine Dienstaufsichtsbeschwerde überprüft werden, die Hemmschwelle, diese Verfahren einzuleiten, ist für Betroffene jedoch hoch. Zudem sind beide Verfahren in der Praxis wenig erfolgversprechend. Eine vollständige „Offenlegung von Dokumenten, die die Gründe für eine Entscheidung darlegen, kann dazu beitragen, etwaige Bedenken […] zu entkräften“[693].

## C.) Bisherige Umsetzung in Deutschland

Erstmals wurde Ende der 1960er Jahre die Forderung nach einer unabhängigen Stelle für die Ermittlungen gegen Polizisten laut. Der Student Benno Ohnesorg wurde im Rahmen einer Demonstration von einem Polizisten mit einem Kopfschuss getötet. Die Umstände des Schusses und des Todes des Studenten waren Gegenstand eines „studentischen Ermittlungsausschusses“[694].

Ende der 1970er Jahre wurde sodann auch über offizielle Einrichtungen nachgedacht.[695]

Erstmals wurde eine solche Behörde in Hamburg geschaffen, die von 1998–2001 unabhängig Beschwerden gegen Polizeibeamte untersuchte.[696] Seit deren Auflösung wurde in verschiedenen Bundesländern und auch im Bund diskutiert, ob solche Behörden erneut mit der Aufarbeitung von Fällen, die dem Sachgebiet 53 zugeordnet sind, betraut werden sollten. Die Diskussion wurde von der Gewerk-

692 Gesetz vom 3. Mai 1974; zuletzt durch Gesetz geändert am 8. Juli 2014.

693 Hammarberg, Seite 16.

694 Töpfer, Seite 7.

695 Töpfer, Seite 7.

696 Frida Thurm: Die Polizei, dein Freund und Helfer (07.07.2014), in ZeitOnline, URL: http://www.zeit.de/gesellschaft/2014-07/polizei-gewalt-kritik-empirische-forschung/komplettansicht.

schaft der Polizei stets kritisch beäugt und von deren Vorsitzendem Rainer *Wendt* im Jahr 2010 mit dem Zitat

**„Wir haben längst unabhängige Ermittler – die heißen bei uns Staatsanwälte"**[697]

für verfehlt erachtet. Das gemeinsame Wirken von Gerichten, Staatsanwaltschaften, Polizei und auch Gesetzgebung funktioniere und bedürfe keiner weiteren Behörde oder Einrichtung.[698]

Vielleicht auch als Reaktion auf die statistischen Auffälligkeiten wurde im Jahr 2014 in Rheinland-Pfalz die Einrichtung einer unabhängigen Behörde zur Untersuchung der Fälle von Polizeigewalt realisiert und dem Bürgerbeauftragen des Landes wurden zusätzliche Befugnisse und Aufgaben zugewiesen. Der Bürgerbeauftragte des Landes Rheinland-Pfalz wurde somit auch zum Beauftragten für die Landespolizei.

In ihm haben die Bürger des Landes, aber auch die Polizisten, einen direkten Ansprechpartner außerhalb der Gerichte, Staatsanwaltschaften und Polizeidienststellen. Insbesondere die Bürger können sich mit Beschwerden an den Beauftragten richten. In den Fällen, in denen Bürger den Eindruck haben, dass polizeiliche Maßnahmen rechtswidrig und/oder sachwidrig waren, ist ein Anrufen des Beauftragten möglich.[699]

Nachfolgend soll dann versucht werden, den Zwischenfall „außergerichtlich mit den Mitteln der partnerschaftlichen Kommunikation zu bereinigen"[700]. Zu erwähnen ist jedoch, dass der Beauftragte nicht tätig wird beziehungsweise nicht tätig werden „soll"[701], sofern gegen den beschuldigten Polizeibeamten bereits ein

697 Drepper und Wermter: Polizisten nur selten vor Gericht (20.08.2015), URL: https://correctiv.org/blog/2015/08/20/polizei-ohne-kontrolle/.

698 Drepper undWermter: Polizisten nur selten vor Gericht (20.08.2015), URL: https://correctiv.org/blog/2015/08/20/polizei-ohne-kontrolle/.

699 Pressestelle des Bürgerbeauftragten des Landes Rheinland-Pfalz und des Beauftragen für die Landespolizei, Der Bürgerbeauftragte für die Landespolizei informiert, URL: http://www.derbuergerbeauftragte.rlp.de/icc/assisto/nav/75e/75e56f98-5304-7417-acc6-d14c1847c614&class=net.icteam.cms.utils.search.AttributeManager&class_uBasAttrDef=a001aaaa-aaaa-aaaa-eeee-000000000054.htm.

700 Pressestelle des Bürgerbeauftragten des Landes Rheinland-Pfalz und des Beauftragen für die Landespolizei, Der Bürgerbeauftragte für die Landespolizei informiert, URL: http://www.derbuergerbeauftragte.rlp.de/icc/assisto/nav/75e/75e56f98-5304-7417-acc6-d14c1847c614&class=net.icteam.cms.utils.search.AttributeManager&class_uBasAttrDef=a001aaaa-aaaa-aaaa-eeee-000000000054.htm.

701 § 18 Abs. 2 des 1 Landesgesetz über den Bürgerbeauftragten des Landes Rheinland-Pfalz und den Beauftragten für die Landespolizei.

strafrechtliches Ermittlungsverfahren eingeleitet oder sogar schon strafgerichtliche Klage erhoben wurde, ein gerichtliches Bußgeldverfahren anhängig, ein behördliches Disziplinarverfahren eingeleitet beziehungsweise ein gerichtliches Disziplinarverfahren anhängig ist, § 18 Abs. 2 Landesgesetz über den Bürgerbeauftragten des Landes Rheinland-Pfalz und den Beauftragten für die Landespolizei.

Somit sind die Fälle, in denen der Beauftragte tätig werden kann, stark begrenzt. Zum einen wollen Betroffene vermeintlicher Polizeigewalt in der Regel nicht in eine „partnerschaftliche Kommunikation" mit den Beschuldigten treten, zum anderen ist Betroffenen wohl daran gelegen, dass unmittelbar strafrechtliche Schritte eingeleitet werden. Dies ist jedoch parallel zur Beschwerde nicht möglich.

Zudem erscheinen die Befugnisse des Beauftragten recht eingeschränkt. Nach § 22 Landesgesetz über den Bürgerbeauftragten des Landes Rheinland-Pfalz und den Beauftragten für die Landespolizei werden Beschwerden auf Grundlage der eingereichten Unterlagen geprüft und bewertet. Kommt der Beauftragte zu dem Ergebnis, dass ein hinreichender Verdacht einer rechtswidrigen Handlung vorliegt, kann er weitere Prüfungen vornehmen. Wie die Befugnisse in diesem Fall aussehen, ist gesetzlich nicht offenkundig geregelt. In § 22 Abs. 2 Landesgesetz über den Bürgerbeauftragten des Landes Rheinland-Pfalz und den Beauftragten für die Landespolizei ist lediglich vorgesehen, dass der Beauftragte vom fachlich zuständigen Minister Auskunft verlangen und den/die betroffenen Polizisten und dessen Dienststellenleiter zu einer Stellungnahme auffordern kann. Der Bürgerbeauftragte ist nicht berechtigt, unmittelbare Konsequenzen anzuordnen; dies ist auch trotz der Einrichtung der Behörde weiterhin den Gerichten und Staatsanwaltschaften überlassen. Nur die Gerichte und Staatsanwaltschaften können Sanktionen erlassen und gründen diese auf ihre eigenen Prüfungsergebnisse. Es erscheint aber auch nach der aktuellen Rechtslage im Bund ausgeschlossen, dass eine unabhängige Behörde, wie die in Rheinland-Pfalz, Ermittlungen vornimmt und für die Gerichte bindende Ermittlungsergebnisse vorlegt. Dies gründet insbesondere auf dem im Grundgesetz verankerten Prinzip der Gewaltenteilung. „Das BVerfG rechnet den Gewaltenteilungsgrundsatz zur unverletzlich freiheitlich demokratischen Grundordnung und bezeichnet ihn als das tragende Organisations- [!!!] und Funktionsprinzip."[702] Eine Durchbrechung der Gewalten Legislative, Exekutive und Judikative durch die Einrichtung einer unabhängigen Ermittlungsbehörde außerhalb der Judikative würde zu Problemen mit dem

702 Katz, Staatsrecht, S. 93.

Grundgesetz führen. Eine solche Regelung würde zumindest einer umfassenden Aufnahme in die Verfassung und die geltenden Gesetze bedürfen.

Ende 2016 veröffentlichte der Beauftragte einen Tätigkeitsbericht und legte dar, dass im Zeitraum vom 01.07.2015 bis zum 30.06.2016 100 Eingaben an den Beauftragten herangetragen wurden.

Da die Zahl der Anfragen im Vergleich zum vorigen Berichterstattungszeitraum von 2014 bis 2015 um 20 gestiegen sei, sah die Behörde ihre Einrichtung als Erfolg an und sieht sich als angenommen.

Ob dieser Aussage angesichts der registrierten, im staatsanwaltschaftlichen Verfahren in den Jahren 2014 (68) und 2015 (168) erledigten Verfahren zugestimmt werden kann, ist eher fraglich.[703] Zudem kamen 40 Eingaben von Polizeibeamten selbst und bei 19 Eingaben wurde aufgrund von Formfehlern oder Fristabläufen keine Ermittlung aufgenommen.

## D.) Notwendigkeit

Im Ergebnis ist der Aussage *Wendts* nichts hinzuzufügen. Eine flächendeckende, allgemeingültige Kritik am Handeln der deutschen Staatsanwälte bei der Einstellung von Verfahren ist angesichts der hier vorgenommenen Aktenanalyse nicht möglich. Die Einzelfälle, die Anlass zur Kritik geben, können keine systematische Bevorteilung beschuldigter Polizisten aufzeigen. Es besteht wohl keine flächendeckende, sach- und rechtswidrige Praxis der Staatsanwaltschaften, die durch die Einrichtung einer unabhängigen Ermittlungsbehörde beendet werden müsste.

Dennoch soll die Einrichtung einer solchen Behörde nicht als unnütz dargestellt werden. Wie die Statistiken und auch die darauf basierenden Gedanken und Handlungsweisen von Bürgern, aber auch von Strafverteidigern zeigen, kann eine solche Anlaufstelle Probleme lösen oder zumindest Vorurteile mindern. Häufig wird in der Gesellschaft der Begriff der „cop culture", in der auch das „Miteinander" von Polizei und Staatsanwaltschaften umfasst ist, diskutiert. Dem Verdacht, dass entsprechendes Vorbringen nicht sachlich und ernsthaft verfolgt wird, könnte so entgegengewirkt werden. Diese Stelle darf und kann jedoch nicht die staatsanwaltschaftlichen Verfahren ersetzen, sie kann diese jedoch in gewissem Maße ergänzen. Für den Bürger wäre dies ein Angebot, dass eventuellem Misstrauen vorbeugt.

Es besteht jedoch eine Vielzahl an offenen Fragen:

---

703 Die Anzahl der tatsächlich eingeleiteten Verfahren kann den Statistiken nicht entnommen werden. Zudem besteht eine Dunkelziffer (siehe oben) an Vorfällen, die gar nicht erst eingeleitet werden.

Zum einen ist fraglich, wen die Behörde ersetzen beziehungsweise ergänzen soll. Eine Ersetzung der Staatsanwaltschaften oder Polizeidienststellen ist auch in diesem beschränkten Anwendungsbereich ausgeschlossen. Ebenfalls eindeutig ist, dass die Staatsanwaltschaften in Deutschland hinsichtlich der Verfahrensleitung ein Alleinstellungsmerkmal behalten müssen. Problematisch erschiene alleine schon die Frage nach der personellen Besetzung einer Behörde, die die Staatsanwaltschaften ergänzen sollte. Wie diese Arbeit aufzeigt, bereiten die Auslegungskriterien der §§ 153 ff. StPO große juristische Probleme. Die Auslegung der einzelnen Einstellungsvoraussetzungen ist nicht einheitlich und allgemein verbindlich festgeschrieben. Bereits hoch ausgebildete Juristen bei Gericht oder bei den Staatsanwaltschaften haben ihre Mühe und Not bei der Anwendung in der Praxis.

Insofern kommt lediglich eine Behörde zur Ergänzung der Polizei in Betracht. Auch hier ist jedoch sowohl die Personalplanung als auch die Frage nach genauen Befugnissen und Weisungsbindungen problematisch.

Zielführender wäre eine Umgestaltung der bestehenden Organisationsstrukturen bei den Staatsanwaltschaften und den Polizeibehörden. Zwar gibt es abhängig von der Größe der jeweiligen Behörde sowohl bei den Staatsanwaltschaften als auch bei den Polizeibehörden Abteilungen, die sich mit den Amtsdelikten beschäftigen,[704] diese müssen sich jedoch auch, mutmaßlich bedingt durch knappe Personalressourcen, mit thematisch abweichenden Strafsachen befassen.

Sofern möglich, sollte zumindest versucht werden, eine Abteilung einzurichten, die ausschließlich mit den durch Polizeibeamte begangenen Amtsdelikten befasst ist. Dies würde dazu führen, dass die angedeuteten Verbindungen auf persönlicher Ebene nicht in dem Maße entstehen können.

Dies würde die von *Wendt* getroffene Aussage nochmals unterstreichen und würde auch dazu führen, dass diese in der Allgemeinheit geteilt werden könnte.

## E.) Fazit zum Vierten Teil

Die offenen Fragen und der Umstand, dass das deutsche Rechtssystem ausreichend rechtsstaatlich aufgestellt ist, führen zu dem Ergebnis, dass es der Einrichtung einer solchen Behörde nicht bedarf. Die Einzelfälle, in denen Ansätze einer sachwidrigen Einstellungspraxis zu erkennen sind, reichen nicht aus, um das gesamte System in Frage zu stellen. Fehler geschehen überall.

704 Siehe dazu oben, S. 135 ff.

Dennoch darf man auch nicht die statistischen Auffälligkeiten ignorieren. Die Zahlen sprechen eine durchaus klare Sprache, auch wenn aus den ausgewerteten Akten keine sach- oder rechtswidrigen Gründe entnommen werden können. Eine unabhängige Behörde könnte bei entsprechender Ausgestaltung, für die noch viel Arbeit zu leisten wäre, als wünschenswerte Ergänzung zum funktionierenden System wirken. Sie würde zumindest dazu beitragen, dem Ansatz des Europäischen Kodex für Polizeiethik zu folgen, der besagt, dass die Polizei nicht gegen Polizisten ermitteln sollte.[705]

Wichtiger und von größerer Bedeutung wäre jedoch, dass die Staatsanwaltschaften und Gerichte das geltende Recht konsequent und vorschriftsmäßig anwenden oder aber der Gesetzgeber die Unsicherheiten durch konkrete Konturierung beseitigt. Bei der Anwendung der jeweiligen Einstellungsvorschriften besteht zwar ein großer Auslegungsspielraum, dennoch hat die Auseinandersetzung mit den jeweiligen Vorschriften gezeigt, dass die Praxis der Staatsanwaltschaften im Einzelfall mit den fraglichen Normen nicht vereinbar ist. Da aus den Akten keine gewollte und geplante Bevorteilung der beschuldigten Polizeibeamten entnommen werden konnte, liegt das Problem auch bei der fehlenden Konkretisierung durch den Gesetzgeber. Dieser ist aufgerufen, die Einstellungsvoraussetzungen beziehungsweise die entsprechenden Auslegungskriterien zu konkretisieren.

705 Töpfer, Seite 11.

# Fünfter Teil: Schlussfolgerung

Ziel der Arbeit war es, die Einstellungsentscheidungen der Staatsanwaltschaften in den Fällen der vermeintlichen Körperverletzung oder Aussetzung im Amt durch Polizeibeamte zu analysieren. Am Anfang der Arbeit wurde die Ausgangsthese aufgestellt, dass das strafprozessuale Ermittlungsverfahren bei Gewaltdelikten von Polizeibeamten einseitig zugunsten der beschuldigten Polizeibeamten durchgeführt wird. Zur Untersuchung der Ausgangsthese wurden zu einzelnen Aspekten des Ermittlungsverfahrens und schwerpunktmäßig zu den Einstellungsvorschriften weitere Untersuchungsthesen formuliert. Anhand dieser konnten verschiedene Probleme der Ermittlungsverfahren gegen Polizeibeamte herausgearbeitet werden.

Zunächst wurde untersucht, ob die Anzeige gegen einen Polizisten wegen des Verdachts der Körperverletzung im Amt in einem engen zeitlichen und sachlichen Zusammenhang zu einer Anzeige des beschuldigten Polizeibeamten wegen der Delikte nach §§ 113, 185 ff., 223 ff. StGB steht (Koinzidenz). Die Aktenanalyse ergab, dass es diese Koinzidenz, die auch in der Presse vermehrt registriert wird[706], gibt. Die Gründe dafür sind aus den Akten nicht ersichtlich, sodass der Aussage *Singelnsteins*, dass die Koinzidenz entstehe, weil sich beschuldigte Polozisten selber zu Opfern machen wollten, nicht gefolgt werden kann. Zugleich kann aus der Tatsache, dass diese Koinzidenz ent- beziehungsweise besteht, kein Defizit hinsichtlich der Objektivität des Ermittlungsverfahrens abgeleitet werden.

In einem engen sachlichen Zusammenhang zu dieser These sind die untersuchten Thesen zur örtlichen Nähe zwischen Staatsanwaltschaften und ermittelnden Polizeidienststellen und die zur einseitigen Ermittlungsarbeit der Staatsanwaltschaften zugunsten der Amtsträger zu sehen.

Die Aktenauswertung ergab, dass die örtliche Nähe zwischen den Staatsanwaltschaften und den Polizeidienststellen ohne Einfluss auf die Entscheidungen der Staatsanwaltschaften war. Hinsichtlich der These der Einseitigen Ermittlungsarbeit ergaben sich zwar Ansätze von Kritik an der Vorgehensweise der Staatsanwaltschaften, diese genügen jedoch nicht, die These zu verifizieren. Zugleich ergab sich jedoch, dass im Einzelfall einseitige Ermittlungsarbeit, die durch die ausgebliebene Vernehmung von Zeugen oder Beteiligten geprägt war, zu einer zweifelhaften Sachlage führten. Einstellungen nach § 170 Abs. 2 StPO erfolgten,

706 *Rückert*: Strafsache Polizei (27.09.2012), in: ZEITOnline, URL: http://www.zeit.de/2012/40/DOS-Polizeigewalt-Deutschland.

obwohl die zutreffende Rechtsprechung des Bundesgerichtshofes für zweifelhafte Sachlagen die Erhebung der öffentlichen Klage für geboten erachtet.

Diese Problematik wurde in der Folge in einer eigenständigen These zur Einstellungspraxis auf Grundlage des § 170 Abs. 2 StPO aufgenommen. Aufbauend auf den gesammelten Erkenntnissen stellte sich die Frage, ob die Staatsanwaltschaften Verfahren gegen Polizeibeamte vorschnell einstellen, obschon die Aufklärung der Sachlage den Gerichten zu überlassen gewesen wäre. Die aus den Akten bereits erfolgte Verifizierung der These wird weiterhin durch die Statistiken untermauert, da im Sachgebiet 53 in den Jahren 2010–2015 regelmäßig ca. 80 % der gegen Polizeibeamte eingeleiteten Verfahren nach § 170 Abs. 2 StPO eingestellt wurden und diese Quote angesichts sonstiger Einstellungsquoten nach § 170 Abs. 2 StPO bei anderen Straftatbeständen völlig außer Verhältnis steht.

Im Zusammenhang mit der Feststellung, dass die Einstellungsvoraussetzungen des § 153 Abs. 1 StPO auslegungsbedürftig sind und es kein allgemeingültiges Auslegungskriterium gibt, ergab sich, dass zwar im Einzelfall theoretisch auch bei den Fällen der vermeintlichen Polizeigewalt eine geringe Schuld vertretbar sein kann, die Einstellung jedoch zwingend am öffentlichen Interesse an der Bestrafung des Beschuldigten scheitern muss. Mithin wurden anschließend die vorliegenden Akten darauf untersucht, ob die Staatsanwaltschaften trotz bestehenden öffentlichen Interesses Verfahren nach § 153 Abs. 1 StPO einstellen. Die Statistiken wurden dahingehend unter Beachtung der rechtlichen Würdigung ausgewertet.

Alleine auf Grundlage der Statistiken zum Sachgebiet 53 ließ sich die These verifizieren. Die Auseinandersetzung mit dem Begriff des öffentlichen Interesses ergab, dass dieses bei den Verfahren gegen Polizeibeamte wegen des Verdachts der Körperverletzung im Amt stets besteht und somit die Einstellungen nach § 153 Abs. 1 StPO in diesen Fällen rechtswidrig sind.

Die Erkenntnisse aus dieser These können entsprechend auf die These zu der Einstellung nach § 153a StPO übertragen werden.

Im Anschluss wurde rechtsdogmatisch eine Vereinbarkeit der Einstellungspraxis nach § 154e StPO mit den Fällen von Polizeigewalt geprüft.

Nach dem klaren Wortlaut der Vorschrift können Verfahren wegen § 340 StGB nicht nach § 154e StPO eingestellt werden. Da auch eine analoge Anwendung der Norm ausscheidet, sind die Verfahrenseinstellungen rechtswidrig und die aufgestellte These trotz geringer Zahlen verifiziert.

Im Zusammenhang mit den Einstellungsvorschriften musste auch das Vorgehen der Gerichte untersucht werden. So ist bei den Einstellungen nach §§ 153 Abs. 1, 153a Abs. 1, 153b Abs. 1 StPO eine gerichtliche Zustimmung erforderlich. Die Intention des Gesetzgebers ist darin zu sehen, dass die Gerichte als Organ der Rechtsprechung in diesen Zusammenhängen die Entscheidungen der Staatsanwaltschaften kontrollieren und legitimieren sollen. Die Aktenanalyse ergab, dass die Gerichte die Einstellungsverfügungen prüfen. Etwaige Sorgfaltsmängel konnten dabei nicht festgestellt werden.

Zudem wurde analysiert, ob die Staatsanwaltschaften bei den Einstellungsverfügungen auf vorformulierte Standardverfügungen zurückgreifen. Diese These bestätigte sich nach Auswertung aller Akten nicht.

Zusammenfassend lässt sich Folgendes feststellen.

Die Vorschrift des § 170 Abs. 2 StPO bietet den Staatsanwaltschaften einen verhältnismäßig weiten Ermessens- und Prognosespielraum. Dieser ist jedoch dadurch begrenzt, dass die Staatsanwaltschaften die Einstellung nicht damit begründen dürfen, dass sie die Aufklärung vermeintlich nicht vorantreiben können. In diesen Fällen, in denen die Sach- und Rechtslage zweifelhaft ist, muss öffentliche Klage erhoben werden. Die Gerichte sollen in diesen Fällen die Sachverhaltsermittlung führen und eine rechtliche Wertung vornehmen. Die Grenze, die auch der Bundesgerichtshof klar zeichnet, wird zu selten von den Staatsanwaltschaften eingehalten. Die Staatsanwaltschaften sind dazu aufgerufen, eine Änderung der Einstellungspraxis zu bewirken.[707]

Bezüglich der Einstellungen nach §§ 153 ff. StPO ergibt sich das Erfordernis einer Konturierung der unbestimmten Rechtsbegriffe durch klare Auslegungskriterien.[708] Die Konturierung wird insofern in den konkreten Fällen der Körperverletzung im Amt erleichtert, als das Merkmal des öffentlichen Interesses eine Einstellung dieser Verfahren verbietet. Das öffentliche Interesse an einer Bestrafung eines gewalttätigen Polizeibeamten ist stets gegeben. Gleicher Auffassung ist auch die Rechtsprechung, die dies in einem Urteil so darlegte, ohne sich an den spezial- oder generalpräventiven Aspekten zu orientieren Die Schaffung von Rechtssicherheit ist insbesondere im sensiblen Sachgebiet der Polizeigewalt dringend geboten und angesichts der steigenden Anzahl an Fällen[709] erforderlich. Der Gesetzgeber muss hier durch Konkretisierung der Vorschriften einschreiten und auf die Durchsetzung seiner mit der Verschärfung des § 340 StGB verbundenen Intentionen drängen. In diesem Zusammenhang ist jedoch auch Kritik an der Rechtsprechung beziehungsweise den Gerichten zu äußern. Die Gerichte haben bei Einstellungen nach §§ 153 Abs. 1, 153a, 153b StPO die Möglichkeit,

---

707 Eine Konturierung der Vorschrift für die Fälle der vermeintlichen Körperverletzung im Amt würde zu einem gewissen Einzelfallstraf(prozess)recht führen.

708 Hierbei ist auf die Auslegung auf Grundlage weiterer unbestimmter Rechtsbegriffe zu verzichten.

709 Siehe dazu oben.

die Zustimmung zur Einstellung zu verweigern, machen von dieser Möglichkeit jedoch eher selten Gebrauch.

Der Gesetzgeber muss auch insbesondere bezüglich der Einstellung nach § 154e StPO Position beziehen. Der Wortlaut der Norm ist eindeutig: Eine analoge Anwendung scheidet aus; dennoch stellen die Staatsanwaltschaften[710] regelmäßig auch nach § 154e StPO ein. Der § 154e StPO unterscheidet sich von den Einstellungsvorschriften nach § 170 Abs. 2, 153 ff. StPO dahin gehend, dass nur eine vorläufige Aussetzung des Verfahrens ermöglicht wird. Dennoch muss auch bei einer vorläufigen Aussetzung (§ 154e StPO) eine einheitliche Gesetzesauslegung erfolgen. Diese Auslegung kann nur dazu führen, dass eine Einstellung der Verfahren gegen gewalttätige Polizeibeamte nicht erfolgen kann. Die öffentliche Klage hat stets zu erfolgen. Sofern eine vorläufige Einstellung von gegenwärtigen Verfahren rechtlich zulässig sein soll, wäre eine Reformierung der Vorschrift unumgänglich.

In einen engen Zusammenhang mit den Problemen und Schwächen des Ermittlungsverfahrens gegen gewalttätige Polizeibeamte sind die Rechtsschutzmöglichkeiten der vermeintlichen Opfer zu stellen.

Wird ein Verfahren nach § 170 Abs. 2 StPO eingestellt, so kann ein Klageerzwingungsverfahren nach §§ 172 ff. StPO angestrebt werden. Die Erfolgsaussichten eines solchen Verfahrens sind jedoch aufgrund der strengen Frist- und Formvorschriften gering, weshalb es nicht verwundert, dass in den analysierten Akten kein Klageerzwingungsverfahren angestrebt wurde.

Da das Klageerzwingungsverfahren nur bei der Durchbrechung des Legalitätsprinzips Anwendung finden kann, verbleibt in den Fällen der Durchbrechung des Opportunitätsprinzips lediglich die Erhebung einer Dienstaufsichtsbeschwerde, die jedoch allgemein mit folgendem Grundsatz beschrieben werden kann: form-, frist- und zwecklos. Diese theoretische Rechtsschutzmöglichkeit spielt in der Praxis nahezu keine Rolle.

Zusammenfassend lässt sich sagen, dass die Rechtsschutzmöglichkeiten zu selten in Anspruch genommen werden.

Die vorschriftsgemäße Anwendung der Einstellungsnormen durch die Staatsanwaltschaften und die sorgfältige Überprüfung der Entscheidungen der Staatsanwaltschaften durch die Gerichte wären jedoch erste Maßnahmen, die das Vertrauen der Allgemeinheit steigern würden.

Ob und inwieweit dazu auch die Einrichtung einer unabhängigen Ermittlungsbehörde beitragen kann, galt es zu ergründen. Diese Forderung ist nach ersten

---

710 Besonders im OLG-Bezirk Hamm wird regelmäßig nach § 154e StPO eingestellt.

Erfahrungen in Hamburg Ende der 90er Jahre weiterhin aktuell und wird regelmäßig von Amnesty International u. a. gefordert. Begründet liegt die Forderung in den bereits benannten Problemen und in der Ansicht des EU-Kommissars *Hammarberg*, dass das in der Bundesrepublik praktizierte Ermittlungsverfahren gegen Polizeibeamte nicht (gänzlich) mit den Verfahrensgrundsätzen der EMRK vereinbar sei.[711]

Diese Behörde, bei der die personelle Ausstattung noch nicht endgültig erarbeitet wurde, soll die Strukturen zwischen der Polizei und den Staatsanwaltschaften durchbrechen und dem Betroffenen eine Anlaufstelle bieten, die nicht unter dem Verdacht steht, ein Teil der Cop Culture zu sein. Als neutrale Anlaufstelle, die während der Ermittlungen der Staatsanwaltschaften und Polizeidienststellen den Betroffenen beratend zur Seite steht, kann eine solche Behörde eine durchaus positiv wirkende Hilfe sein. Die Befugnisse einer solchen Behörde gehen jedoch zurzeit nicht so weit, dass sie direkten Einfluss auf die Ermittlungstätigkeit haben können.

Insgesamt ist es sinnvoller und auch angesichts der teilweise klaren Vorschriften geboten, dass die Staatsanwaltschaften ihre Einstellungspraxis im Hinblick auf die Vereinbarkeit mit den Einstellungstatbeständen überdenken und ändern. Dazu beitragen könnte die Einrichtung eigenständiger Abteilungen bei den Staatsanwaltschaften und den Polizeibehörden. Unter dem Vorbehalt der finanziellen Möglichkeiten und der personellen Ressourcen sollten die Abteilungen, die mit der Bearbeitung von Amtsdelikten betraut sind, ausschließlich mit Verfahren in diesem Bereich betraut werden, weil nur eine klare Aufteilung zu einer vorbehaltslosen Ermittlung beitragen kann. Diese Abteilungen würden dadurch aus dem alltäglichen Rechtsverkehr und der regelmäßigen Kontaktaufnahme mit der jeweils anderen Behörde herausgezogen. Das Risiko der Entstehung von Näheverhältnissen würde damit minimiert werden.

711 Der Ansicht Hammarbergs ist jedoch nicht zu folgen. Unbestritten hat das praktizierte Ermittlungsverfahren hinsichtlich der Darstellungen aus der EMRK Schwächen, daraus kann jedoch nicht pauschal abgeleitet werden, dass das deutsche Rechtssystem nicht funktioniere.

**Internationales und Europäisches Strafverfahrensrecht**

Herausgegeben von Hans-Heiner Kühne und Robert Esser

Band 1 Sibyl Stein: Zum europäischen *ne bis in idem* nach Artikel 54 des Schengener Durchführungsübereinkommens. Zugleich ein Beitrag zur rechtsvergleichenden Auslegung zwischenstaatlich geltender Vorschriften. 2004.

Band 2 Friederike Charlotte Grube: Richter ohne Robe. Laienrichter in Strafsachen im deutschen und anglo-amerikanischen Rechtskreis. Eine rechtsgeschichtliche und rechtsvergleichende Untersuchung unter besonderer Berücksichtigung verfassungsrechtlicher Aspekte. 2005.

Band 3 Christiane Paul: Das Abwesenheitsverfahren als rechtsstaatliches Problem. Rechtsvergleichende Untersuchung deutscher, englischer, französischer, niederländischer und österreichischer Regelungen angesichts der Rechtsprechung des Europäischen Gerichtshofs für Menschenrechte. 2007.

Band 4 Kai Peter Hecheltjen: Der Richtervorbehalt im kartellrechtlichen Nachprüfungsverfahren der Europäischen Kommission. 2007.

Band 5 Martina Werwie-Haas: Die Umsetzung der strafrechtlichen Entscheidungen des Europäischen Gerichtshofs für Menschenrechte in Deutschland, Österreich, der Schweiz und im Vereinigten Königreich. 2008.

Band 6 Vera Warnking: Strafprozessuale Beweisverbote in der Rechtsprechung des Europäischen Gerichtshofs für Menschenrechte und ihre Auswirkungen auf das deutsche Recht. 2009.

Band 7 Christian Mülfarth: Grundlagen und Grenzen von Beweiserhebung und Beweisverwertung im spanischen Strafverfahren. Eine rechtsvergleichende Untersuchung. 2009.

Band 8 Daniel Joachim Hußung: Der Tatbegriff im Artikel 54 des Schengener Durchführungsübereinkommens. 2011.

Band 9 Johannes Stalberg: Zum Anwendungsbereich des Art. 50 der Charta der Grundrechte der Europäischen Union (ne bis in idem). 2013.

Band 10 Oded Friedmann: The Possibility of the ICJ and the ICC Taking Action in the Wake of Israel's Operation "Cast Lead" in the Gaza Strip. A Jurisdiction and Admissibility Analysis. 2013.

Band 11 Andreas Neuendorf: Bedeutung und Rezeption des Art. 6 Abs. 1 EMRK im deutschen und englischen Steuerrecht. 2013.

Band 12 Sandra Maria Beckert: Sachverständigengutachten im Strafverfahren zur Glaubwürdigkeit und zur Schuldfähigkeit im Falle der Untersuchungsverweigerung des zu Begutachtenden. 2014.

Band 13 Jennifer Pöschl: Recht des Angeklagten auf Vertretung. Menschenrechtliche Standards und ihre Auswirkungen auf den deutschen Strafprozess. 2015.

Band 14 Elmar Widder: A Fair Trial at the International Criminal Court? Human Rights Standards and Legitimacy. Procedural Fairness in the Context of Disclosure of Evidence and the Right to Have Witnesses Examined. 2016.

Band 15 Lena Donaubauer: Der polizeiliche Einsatz von Bodycams. Eine Untersuchung aus kriminologischer, verfassungsrechtlicher und menschenrechtlicher Perspektive. 2017.

Band 16 Tim Schlun: Die Strafverfolgung von polizeilicher Gewalt – eine empirische Analyse. 2018.

www.peterlang.com

www.ingramcontent.com/pod-product-compliance
Ingram Content Group UK Ltd.
Pitfield, Milton Keynes, MK11 3LW, UK
UKHW021851290926
8980IPUK00005B/779

9 783631 747346

Lauterkeitsrechtlicher Verwechslungsschutz in Spanien und Deutschland

Schriften der
Deutsch-Spanischen
Juristenvereinigung

Schriftleitung:
Lutz Carlos Moratinos Meissner, LL.M.
(Präsident der DSJV e.V.)



Band 54

PETER LANG

Christoph Krück

# Lauterkeitsrechtlicher Verwechslungsschutz in Spanien und Deutschland

„Actos de confusión" im Rechtsvergleich

PETER LANG

**Bibliografische Information der Deutschen Nationalbibliothek**
Die Deutsche Nationalbibliothek verzeichnet diese Publikation in der Deutschen Nationalbibliografie; detaillierte bibliografische Daten sind im Internet über http://dnb.d-nb.de abrufbar.

Zugl.: Leipzig, Univ., Diss., 2019

Umschlagabbildung:
Logo der Deutsch-Spanischen Juristenvereinigung e.V.
Abdruck mit freundlicher Genehmigung der
Deutsch-Spanischen Juristenvereinigung e.V.

15
ISSN 1433-884X
ISBN 978-3-631-82624-9 (Print)
E-ISBN 978-3-631-86122-6 (E-PDF)
E-ISBN 978-3-631-86364-0 (EPUB)
DOI 10.3726/b18872



Peter Lang – Berlin · Bern · Bruxelles · New York ·
Oxford · Warszawa · Wien



Diese Publikation wurde begutachtet.

www.peterlang.com

*Für meine Eltern*

# Danksagung

Die vorliegende Arbeit wurde im Wintersemester 2018/2019 von der Juristenfakultät der Universität Leipzig als Dissertation angenommen. Die mündliche Prüfung fand am 4. November 2019 statt. Rechtsprechung und Literatur konnten im Wesentlichen bis Mitte 2020 berücksichtig werden.

Bedanken möchte ich mich zunächst bei meinem Doktorvater, Herrn Prof. Dr. Justus Meyer, der mir bei der Erstellung der Promotion viel wissenschaftlichen Freiraum gelassen hat und mir stets mit wertvollen Ratschlägen zur Seite stand. Frau Prof. Dr. Dörte Poelzig danke ich für die zügige Erstellung des Zweitgutachtens.

Ganz besonders freue ich mich, dass die Arbeit in die Schriftenreihe der Deutsch-Spanischen Juristenvereinigung aufgenommen wurde. Mein Dank gilt insofern auch dem Präsidenten des DSJV e.V., Herrn Lutz Carlos Moratinos Meissner.

Mein Dank gilt daneben den Mitarbeiterinnen und Mitarbeitern des Instituto Cervantes Berlin und München, dem Ibero-Amerikanischen Institut in Berlin sowie dem Bibliothekspersonal der Universität Alicante und der Universität des Baskenlandes. Ohne die unkomplizierte und interessierte Unterstützung einzelner Personen in diesen Einrichtungen, wäre die Anfertigung der Arbeit nicht möglich gewesen.

Unersetzlich beim Erstellen der Arbeit waren auch die vielen Einblicke in die spanische Sprache und Kultur, die mir Anne Bengoetxea Etxeberria gegeben hat.

Meiner geliebten Frau Valerie Kummer danke ich für die Motivation und das Vertrauen in mich, das mir die entscheidende Kraft und den Antrieb bei der Fertigstellung der Arbeit gegeben hat.

Meinen geliebten Eltern und meinem Bruder Dr. Carlos Krück möchte ich für die Zuversicht während der Erstellung der Arbeit danken. Meinen Eltern habe ich nicht nur die fortwährende Unterstützung während des Studiums und der Promotion zu verdanken, sondern auch alles andere. Ihnen ist diese Arbeit gewidmet.

München, im September 2021 Christoph Krück

# INHALTSVERZEICHNIS

# ABKÜRZUNGSVERZEICHNIS

| | |
|---|---|
| a.F. | alte Fassung |
| AC | Actualidad Civil |
| ADC | Anuario de Derecho Civil |
| ADI | Actas de Derecho Industrial (später: Actas de Derecho Industrial y Derecho de Autor) |
| AP | Audiencia Provincial (Gericht 2. Instanz) |
| B2C | Business-to-Consumer |
| Begr. | Begründung |
| BGH | Bundesgerichtshof |
| BOE | Boletín Oficial del Estado (vergleichbar mit dem Bundesgesetzblatt) |
| BT-Drucks. | Bundestagsdrucksache |
| bzgl. | bezüglich |
| | CCReal Decreto de 24 de julio de 1889 por el que se publica el Código Civil; BOE núm. 206, de 25/07/1889 |
| CM | Ley del Código Mercantil; der Gesetzestext ist als „Anteproyecto“; online abrufbar, z.B. auf dem „Transparenzportal“ der spanischen Regierung |
| CPI | Comunicaciones en propiedad industrial y derecho de la competencia |
| Dir. | „Director“ (vergleichbar mit dem „Koordinator“ eines wissenschaftlichen Werkes) |
| DN | Derecho de los Negocios |
| EC | Estudios sobre Consumo |
| EDJ | Estudios de Derecho Judicial |
| endg. | endgültig |
| | EPIEstatuo sobre Propiedad Industrial; Real Decreto-ley de 26 de julio de 1929, sobre Propiedad Industrial, texto refundido y revisado por Real Orden de 30 de abril de 1930 |
| gem. | gemäß |
| GRUR | Gewerblicher Rechtsschutz und Urheberrecht (Zeitschrift) |
| GRUR Int. | Zeitschrift der Deutschen Vereinigung für gewerblichen Rechtsschutz und Urheberrecht: Gewerblicher Rechtsschutz und Urheberrecht Internationale Teil |
| HdV | Hervorhebung durch den Verfasser |

| | |
|---|---|
| JUR | Jurisprudencia Aranzadi Westlaw |
| JZ | Juristen Zeitung |
| | LCDLey 3/1991, de 10 de enero, de Competencia Desleal; BOE núm. 10, de 11/01/1991, pp. 628; vgl. Übersetzung von Auszügen des Gesetzes im Anhang |
| | LECLey 1/2000, de 7 de enero, de Enjuiciamiento Civil; BOE núm. 7, de 08/01/2000, pp. 323 |
| | LGDCUReal Decreto Legislativo 1/2007, de 16 de noviembre, por el que se aprueba el texto refundido de la Ley General para la Defensa de los Consumidores y Usuarios y otras leyes complementarias; BOE núm. 287, de 30/11/2007 |
| | LMLey 17/2001, de 7 de diciembre, de Marcas; BOE núm. 194, de 08/12/2001, pp. 23093; Ley 32/1988, de 10 de noviembre, de Marcas; BOE núm. 272, de 12 de noviembre de 1988, pp. 32238 (LM-1988); vgl. Übersetzung von Auszügen des Gesetzes im Anhang |
| LOCM | Ley 7/1996, de 15 de enero, de Ordenación del Comercio Minorista; BOE Nr. 15, vom 17.01.1996 |
| | LPatLey 24/2015, de 24 de julio, de Patentes; vgl. Übersetzung von Auszügen des Gesetzes im Anhang |
| LPG | Ley 34/1988, de 11 de noviembre, General de Publicidad; BOE Nr. 274, vom 15.11.1988 |
| | LPILey de 16 de mayo de 1902, sobre la Propiedad Industrial; vgl. Übersetzung in Auszügen im Anhang |
| LPInt | Ley de Propiedad Intelectual; BOE Nr. 97, vom 22.04.1996; Real Decreto Legislativo 1/1996, de 12 de abril, por el que se aprueba el texto refundido de la Ley de Propiedad Intelectual, regularizando, aclarando y armonizando las disposiciones legales vigentes sobre la materia |
| m.w.N. | mit weiteren Nachweisen |
| MarkenG | Gesetz über den Schutz von Marken und sonstigen Kennzeichen |
| MarkenR | Markenrecht – Zeitschrift für deutsches, europäisches und internationales Kennzeichenrecht |
| MRL-2008 | Richtlinie 2008/95/EG des Europäischen Parlaments und des Rates vom 22. Oktober 2008 zur Angleichung der Rechtsvorschriften der Mitgliedstaaten über die Marken (kodifizierte Fassung) |

| | |
|---|---|
| MRL-2015 | Richtlinie (EU) 2015/2436 des Europäischen Parlaments und des Rates vom 16. Dezember 2015 zur Angleichung der Rechtsvorschriften der Mitgliedstaaten über die Marken |
| OEPM | Oficina Española de Patentes y Marcas |
| OLG | Oberlandesgericht |
| pp. | Páginas (= Seiten) |
| PVÜ | Pariser Verbandsübereinkunft zum Schutz des gewerblichen Eigentums vom 20 März 1883 |
| RA | Repertorio Aranzadi |
| RCD | Revista de derecho de la competencia y la distribución |
| RDM | Revista de Derecho Mercantil |
| RDP | Revista de Derecho Privado |
| RdS | Revista de Derecho de Sociedades |
| RegE | Regierungsentwurf |
| RGD | Revista General de Derecho |
| RJ | Repertorio de Jurisprudencia Aranzadi |
| RJC | Revista Juridica de Catalunya |
| RRM | Reglamento del Registro Mercantil |
| Secc. | Seccion (vergleichbar mit einer Kammer bei einem deutschen Gericht) |
| STS | Sentencia del Tribunal Supremo |
| TS | Tribunal Supremo |
| | UGP-RLRichtlinie 2005/29/EG des Europäischen Parlaments und des Rates vom 11. Mai 2005, über unlautere Geschäftspraktiken im binnenmarktinternen Geschäftsverkehr zwischen Unternehmen und Verbrauchern, Amtsblatt der Europäischen Union vom 11.06.2005, L 149/22 |
| UWG | Gesetz gegen den unlauteren Wettbewerb |
| WRP | Wettbewerb in Recht und Praxis (Zeitschrift) |
| WZG | Warenzeichengesetz |

# A. Einleitung

Auf völkerrechtlicher Ebene ist die Unterdrückung unlauteren Wettbewerbs in der Pariser Verbandsübereinkunft zum Schutz des gewerblichen Eigentums (im Folgenden: „PVÜ“) verankert. Art. $10^{bis}$ PVÜ konkretisiert, was unter unlauterem Wettbewerb zu verstehen ist. Art. $10^{bis}$ Abs. 3 PVÜ verbietet in Nr. 1 das Hervorrufen einer Verwechslung und in Nr. 3 die Irreführung des Publikums, ohne aber eine Irreführung über den „Ursprung“ zu erfassen.[1] Die Bindungswirkung der Vorschriften ist zwar umstritten, es wird aber nicht von der Hand zu weisen sein, dass die Normen und deren Struktur(en) vielen Ländern Beispiel standen.[2] Die PVÜ wurde auch schon bei Reformbestrebungen des unlauteren Wettbewerbs in den 60er-Jahren herangezogen. So sah das große „*Ulmer*-Gutachten“ von 1965 eine sich an Art. $10^{bis}$ PVÜ orientierende Generalklausel vor, die durch Einzeltatbestände ergänzt werden sollte. Vorgesehen war auch ein Tatbestand der „Herbeiführung einer Verwechslungsgefahr“ für den wiederum Art. $10^{bis}$ Abs. 3 Nr. 1 PVÜ als Vorbild diente.[3] Es wurde damals schon darauf hingewiesen, dass in diesem Zusammenhang in den untersuchten Ländern bei dem Schutz einzelner Kennzeichen Unterschiede bestanden und hierbei das Verhältnis von Wettbewerbsrecht zum Markenrecht eine wesentliche Rolle spielte.[4]

Die Reformvorhaben wurden bekanntlich nicht zu Ende geführt. Die Gründe werden unter anderen im Beitritt Großbritanniens und Irland zum Europäischen Wirtschaftsraum im Jahr 1973 gesehen. Deren Rechtsordnungen kannten nämlich weder ein generelles Verbot unlauteren Wettbewerbs noch Generalklauseln als Regelungsinstrumente. Weitere Gründe sollen in Zuständigkeitsverschiebungen innerhalb der Kommission gelegen haben.[5] Auch das „*Ulmer*-Gutachten“ klammerte einige Aspekte des Kennzeichenrechts von den Empfehlungen aus, da man Überschneidungen und Widersprüche mit

1 *Beater*, Unlauterer Wettbewerb, Rn. 367; Art. $10^{bis}$ Abs. 3 Nr. 1 wurde in der revidierten *Haager* Fassung vom 6. November 1925 aufgenommen.

2 Mit Beispielen und auch zum vorherigen Aspekt der Bindungswirkung: *Beater*, Unlauterer Wettbewerb, Rn. 360 ff.

3 *Ulmer*, Band I, Rn. 409 ff.

4 *Ulmer*, Band I, Rn. 411 ff.

5 Zu beiden Aspekten: *Thress*, S. 12 f. m.w.N.

Arbeiten an dem Entwurf eines Abkommens über ein europäisches Markenrecht vermeiden wollte.[6]

Es sollten 40 Jahre vergehen, bis man im Rahmen der letzten großen Harmonisierung des unlauteren Wettbewerbs in der Richtlinie 2005/29/EG des Europäischen Parlaments und des Rates vom 11.5.2005 über unlautere Geschäftspraktiken[7] (im Folgenden: „UGP-RL") für alle Mitgliedstaaten das Hervorrufen einer Verwechslungsgefahr bindend als Unlauterkeitstatbestand in Art. 6 Abs. 2 lit. a UGP-RL festlegte. Die Norm qualifiziert als unlautere irreführende Handlung „jegliche Art der Vermarktung eines Produkts, einschließlich vergleichender Werbung, die eine Verwechslungsgefahr mit einem anderen Produkt, Warenzeichen, Warennamen oder anderen Kennzeichen eines Mitbewerbers begründet". Gleichzeitig wird in Art. 6 Abs. 1 lit. b UGP-RL auch die Täuschung über die „kommerzielle Herkunft" sanktioniert.

In Deutschland hat man zur Umsetzung von Art. 6 Abs. 2 lit. a UGP-RL in der Reform im Jahr 2008 § 5 Abs. 2 im Gesetz gegen den unlauteren Wettbewerb (im Folgenden: „UWG") neu geschaffen.[8] Hiernach ist „eine geschäftliche Handlung [...] auch irreführend, wenn sie im Zusammenhang mit der Vermarktung von Waren oder Dienstleistungen einschließlich vergleichender Werbung eine Verwechslungsgefahr mit einer anderen Ware oder Dienstleistung oder mit der Marke oder einem anderen Kennzeichen eines Mitbewerbers hervorruft".

Aufgrund von Art. 6 Abs. 2 lit. a UGP-RL und dem neuen § 5 Abs. 2 UWG, sind in Deutschland viele, auch teilweise alte Diskussionen hochgekocht. Ein wesentlicher Grund war sicherlich, dass man sich mit der Verlagerung vieler „kennzeichenrechtlicher Tatbestände" in das Markengesetz (im Folgenden: „MarkenG") im Rahmen der großen Reform von 1994 auch von Begriffen wie der „Verwechslungsgefahr" im Lauterkeitsrecht verabschiedet hatte.

---

6 *Ulmer*, Band I, Rn. 412.

7 Richtlinie 2005/29/EG des Europäischen Parlaments und des Rates vom 11.5.2005 über unlautere Geschäftspraktiken im binnenmarktinternen Geschäftsverkehr zwischen Unternehmen und Verbrauchern und zur Änderung der Richtlinie 84/450/EWG des Rates, der Richtlinie 97/7/EG, 98/27/EG und 2002/65/EG des Europäischen Parlaments und des Rates sowie der Verordnung (EG) Nr. 2006/2004 des Europäischen Parlaments und des Rates, abgedruckt in ABl. EG 2005 Nr. L 149/22 v. 11.6.2005.

8 Erstes Gesetz zur Änderung des Gesetzes gegen den unlauteren Wettbewerb vom 22.12.2008, BGBl. 2008, I S. 2949 ff.; hinsichtlich der Umsetzung der Norm der UGP-RL in § 5 Abs. 2 UWG vgl. BT-Drucksache 16/10145, S. 24.

Damals wollte man die „unsystematische und nur historisch zu erklärende Aufspaltung der Regelungen“ beenden.[9] Es verwundert daher nicht, dass auch zentrale Begriffe des Markenrechts nicht mehr im Lauterkeitsrecht anzutreffen sind. Seitdem waren die „Irreführung“ und die „Nachahmung“ die prägenden Begriffe.

Die Diskussionen drehen sich nunmehr um die Einordnung der neuen Vorschrift in das UWG, also in welchem Verhältnis § 5 Abs. 2 UWG zum Nachahmungs- und Irreführungstatbestand stehen soll. Es hat sich zudem bereits eine „Neujustierung“ des Verhältnisses des Lauterkeits- zum Markenrecht vollzogen. Ferner überdenkt man teilweise die Wirkung des Lauterkeitsrechts auf markenrechtliche Abgrenzungsvereinbarungen, Lizenzerteilungen, Schrankenregelungen oder auf den Verfall. Es werden daneben neue Anwendungsbereiche des Lauterkeitsrechts bei „kennzeichenrechtlichen Sachverhalten“ unter die neuen Vorschriften subsumiert, und nicht zuletzt werden auch Fragen des Verbraucherschutzes und der Aktivlegitimation unter neuen Vorzeichen diskutiert.

Das spanische Gesetz gegen den unlauteren Wettbewerb, das *Ley 3/1991, de 10 de enero, de Competencia Desleal* (im Folgenden: „LCD“),[10] kennt einen Irreführungs- und Nachahmungstatbestand und daneben einen weiteren eigenständigen Tatbestand in Art. 6 LCD, die sogenannten „*actos de confusión*“. Dieser verbietet, kurz gefasst, das Hervorrufen einer lauterkeitsrechtlichen Verwechslungsgefahr.

Vom „konfundierenden unlauteren Wettbewerb“ spricht man in Deutschland schon lange nicht mehr.[11] Schon auf den ersten Blick ähnelt der Tatbestand der „*actos de confusión*“ stark der genannten europäischen und der nationalen Vorschrift, die in Deutschland für viel Aufsehen gesorgt haben. Er gleicht auch Art. 10$^{bis}$ Abs. 3 Nr. 1 PVÜ. In Spanien leitet man aus der Vorschrift der PVÜ auch die Verpflichtungen ab, ein derartiges lauterkeitsrechtliches Verbotskonzept wie die „*actos de confusión*“ auf nationaler Ebene zu regeln.[12]

---

9 Vgl. Begründung Gesetzesentwurf zum Markenrechtsreformgesetz von 1994, BT-Drucksache 12/6581, S. 55.

10 Eine Übersetzung der relevanten spanischen Normen findet sich im Anhang.

11 So allerdings noch zu finden bei: *Ulmer*, Warenzeichen und unlauterer Wettbewerb, 1929, S. 23. Der Autor spricht dort vom „konfundierenden unlauteren Wettbewerb“.

12 So *García Pérez*, LCD, Art. 6, Rn. 9 und wohl auch *Otamendi Rodríguez-Bethencourt*, LCD, S. 172; hierzu auch noch weiter unten im Text.

Viele der genannten Diskussionen in Deutschland werden auch in Spanien geführt. Mit einer großen Reform im Jahr 2009 hat das Land auch die UGP-RL umgesetzt.

Ziel der Arbeit soll die Untersuchung von Art. 6 LCD und der dortigen Diskussionen im Vergleich zum deutschen Recht sein. Weiterhin wird der Umsetzung und Interpretation der UGP-RL und Art. 6 Abs. 2 lit a. UGP-RL nachgegangen. Um dem rechtsvergleichenden Ansatz treu zu bleiben, werden die Schwerpunkte bei denjenigen Aspekten gesetzt, die in beiden Ländern thematisiert werden.

In Abschnitt „B." ist zunächst eine einführende Darstellung der Grundzüge des spanischen Lauterkeits- und Markenrechts zu finden, die mit einem allgemeinen Vergleich zum deutschen Recht schließt. Hiernach folgen unter „C." eine Darstellung und ein Vergleich des Verhältnisses des Marken- und Lauterkeitsrechts in beiden Ländern. Unter „D." wird auf die Umsetzung und Interpretation des Art. 6 Abs. 2 lit. a UGP-RL in Spanien und Deutschland eingegangen. Anschließend werden unter „E." die im LCD geregelten *„actos de confusión"* untersucht und mit § 5 Abs. 2 UWG und § 4 Nr. 3 a) UWG verglichen. Unter „F." werden sodann einige Fallgruppen und Anwendungsbereiche der *„actos de confusión"* dargestellt und mit dem deutschen Recht verglichen. In Abschnitt „G." wird schließlich ein Fazit gezogen.

# B. Das spanische Lauterkeits- und Markenrecht in der Übersicht und im allgemeinen Vergleich

In diesem Abschnitt soll ein Überblick über das spanische Lauterkeits- und Markenrecht gegeben und die Grundzüge mit dem deutschen Recht verglichen werden.

## I. Historische Entwicklung und Grundzüge des Lauterkeitsrechts in Spanien

### 1. Historische Entwicklung

#### *a) Vor dem* Ley de Competencia Desleal *von 1991*

Ob bereits Ansätze eines Lauterkeitsrechts in dem sog. „*Libro del Consuldado del Mar*", einer Sammlung mittelalterlicher Handelsbräuche, die um das 13. Jahrhundert entstanden und später im gesamten Mittelmeer Anwendung fanden, enthalten waren,[13] ist soweit ersichtlich nicht bekannt. Man ist in Spanien jedenfalls der Ansicht, dass sich die Notwendigkeit des Lauterkeitsrechts mit der Entstehung industrieller und wirtschaftlicher Freiheiten ergab.[14] Insofern findet auch das Lauterkeitsrecht in Spanien seinen Ursprung im wirtschaftlichen Liberalismus des 19. Jahrhunderts. Davor herrschte ein Zunftwesen und die Ausübung von Wettbewerb war untersagt.[15]

Die erste relevante Kodifikation unlauteren Wettbewerbs ist in Spanien wohl im *Ley de 16 de mayo de 1902, sobre la propiedad industrial* zu sehen.[16] Das Gesetz verfolgte sogar den Ansatz einer Gesamtkodifikation des geistigen Eigentums. Es enthielt umfassende Regelungen über Marken, Patente, Designs, Handelsnamen und auch den unlauteren Wettbewerb. Es sanktionierte noch unter dem Terminus „*competencia ilícita*" in Art. 131 und 132

---

13 Hierzu Fischer/Fischer, Spanisches Handels- u. Wirtschaftsrecht, 1995, S. 21.

14 *Bercovitz*, ADI 1975, S. 67.

15 *García Pérez*, Libre circulación, 2005, S. 105.

16 *Bercovitz*, ADI 1975, S. 72 weist mit Fundstellen zu den Gesetzesmaterialien auf das *Decreto de 14 de octubre de 1820* hin, welches Patente und das *Real Decreto de 20 noviembre de 1850,* welches Marken zum Gegenstand hatte. Über die Gesetze ist jedoch kaum etwas bekannt.

LPI, also des „unerlaubten" Wettbewerbs, ausschließlich strafrechtlich, und sah unlauteren Wettbewerb noch nicht als ein zivilrechtliches Phänomen.[17] Die Vorschriften sollen allerdings kaum praktische Relevanz gehabt haben.[18] Das Gesetz erfuhr auch ansonsten Kritik aus der Literatur, denn der umfassende Regelungsansatz wurde gerade nicht als Vorteil gesehen. Es hätte nämlich einer präzisen Systematisierung bedurft, die von der Legislative verpasst worden sei.[19]

Später nahm das *Real Decreto-Ley de 26 de julio de 1929* umfassende Änderungen am LPI vor. In den Gesetzesmaterialien wurde sogar festgehalten, dass man, so wie in anderen Nationen, ein eigenes Gesetz gegen den unlauteren Wettbewerb schaffen wolle.[20]

Wegen ihres strafrechtlichen Charakters suchte die spanische Lehre daneben aber Ansätze für unlauteren Wettbewerb im Zivilrecht. Einerseits versuchte man dies über verschiedene Wege im LPI,[21] andererseits ließ man sich von Frankreich inspirieren, wo der unlautere Wettbewerb in Art. 1382 und 1383 des französischen Zivilgesetzbuches verortet wurde. In Spanien suchte man daher den Weg über Art. 1902 des *Código Civil*,[22] der sogar nach französischem Vorbild entstanden war.[23] Man versuchte also wie in Frankreich, unlauteren Wettbewerb im Deliktsrecht zu verorten.[24] Auch Italien, Holland und Belgien wurden in den Blick genommen, wo ähnliche Entwicklungen zu beobachten waren.[25]

Ein weiterer Ansatz der Literatur war es den unlauteren Wettbewerb rechtlich über Art. 7 CC zu erfassen. Die Vorschrift gewann im Jahre 1973, durch eine redaktionelle Änderung, Züge einer lauterkeitsrechtlichen Generalklausel. Nach der Vorschrift musste die Ausübung von Rechten mit Treu und Glauben (*buena fe*) übereinstimmen. Trotz seiner Nähe zur späteren Generalklausel des

---

17 Zur Interpretation der Normen ausführlich: *Menendez*, La competencia desleal, S. 38 ff.; *Baylos*, Tratado, 1978, S. 367 ff.

18 *Baylos*, Tratado, 1978, S. 370 ff.

19 *Garrigues*, Reforma del Derecho de Patentes, S. 14.

20 Hierzu *Bercovitz*, ADI 1975, S. 74.

21 *Otamendi Rodríguez-Bethencourt*, LCD, S. 27 mit Verweis zu einem Aufsatz von *Díaz Velazco*, RDM vol II, 1946.

22 *Real Decreto de 24 de julio de 1889 por el que se publica el Código Civil*, BOE núm. 206, de 25.07.1889, S. 249 ff.

23 *Otamendi Rodríguez-Bethencourt*, LCD, S. 27.

24 *Otamendi Rodríguez-Bethencourt*, LCD, S. 27 mit weiteren Nachweisen und auf S. 45.

25 *Bercovitz*, ADI 1975, S. 67.

LCD taugte die Norm dogmatisch nicht als Anknüpfungspunkt.[26] Unlauterer Wettbewerb wurde zu dieser Zeit auch primär als ein Phänomen des Mitbewerberschutzes verstanden.[27] Im Hinblick auf die markenrechtlichen Regelungen war das Gesetz vergleichsweise umfangreich.[28] Es bestand laut Art. 120 EPI grundsätzlich eine Eintragungspflicht für Kennzeichen. Es wurde Schutz für die identische, aber auch verwechselbar ähnliche Verwendung gewährt und es galt der Spezialitätsgrundsatz (*principio de especialidad*). Daneben war aber auch der Schutz von berühmten Marken bekannt.[29]

Später wurde im Jahr 1963 mit dem *Ley 110/1963, de 20 julio, de Represión de Prácticas Restrictivas de la Competencia*[30] ein allgemeines Kartellgesetz erlassen. Hier war in Art. 3 lit. d) LPRC sogar ein Hinweis auf den „*competencia desleal*" enthalten. Die Einordnung der Norm war jedoch strittig und auch ihr mangelte es an praktischer Relevanz.[31]

Im nachfolgenden Jahr trat das Statut über die Werbung in Kraft, das *Ley 61/1964, de 11 de junio, Estatuo de la Publicidad.* Es wurde als großer Schritt in Richtung einer Regelung des unlauteren Wettbewerbs angesehen. Sein Schutzzweck erstreckte sich sogar bereits auf Verbraucher.[32] Die Regelungen waren zivilrechtlich ausgestaltet und enthielten eine Generalklausel.[33] Die Beschränkung auf Werbung (*publicidad*) engte jedoch den Anwendungsbereich des Gesetzes immens ein.[34]

Im Jahr 1988 trat sodann das *Ley 32/1988, de 10 de noviembre, de Marcas* (im Folgenden: „LM-1988"), das erste eigenständige Markengesetz nach dem LPI, in Kraft. Es enthielt umfassende Vorschriften über Marken, in Art. 87 bis 89 LM, aber auch Vorschriften mit der Überschrift „*De la competencia desleal*". Art. 87 LM enthielt eine Art Generalklausel und Art. 88 LM listete Tatbestände auf. Art. 89 LM verwies auf die in Art. 35 ff. LM geregelten Ansprüche des Markeninhabers. Letzteres beschränkte die Normen im Zeichen des Schutzes

---

26 *Font*, Constitución Económica y Derecho de la competencia, S. 212 ff.

27 *Bercovitz*, ADI 1997, S. 67.

28 Umfassend hierzu und zum nachfolgenden Markengesetz von 1988 in rechtsvergleichender Hinsicht: *Bredow*, Das spanische Markenrecht, 1993 und dort zu den markenrechtlichen Regelungen S. 4 ff.

29 *Fernández-Novoa*, Fundamentos, 1984, S. 275.

30 Nachfolgend: LPRC.

31 Hierzu *Font Galán*, RDM, 1977, S. 519 ff.

32 *Wirth*, Das neue Recht des unlauteren Wettbewerbs in Spanien, S. 15.

33 Zum Gesetz *Fernández-Nóvoa*, RDM, 1968, S. 22 f.

34 *Fernández-Nóvoa*, RDM, 1968, S. 22 f.

des Kennzeicheninhabers. Die Normen sollen zudem nur einen Bruchteil der Materie erfasst haben[35] und die Ausrichtung am Kennzeicheninhaber wurde sogar international als Rückschritt interpretiert.[36] Hinsichtlich des Markenrechts brachte das Gesetz eine Reihe von Änderungen mit sich. Einzelheiten werden teilweise noch weiter unten angesprochen.

Das *Ley 34/1988, de 11 de noviembre, General de Publicidad* (im Folgenden: „LGP") ersetzte schließlich 1988 das genannte Statut über die Werbung und sollte die Richtlinie 84/450/EWG zur Angleichung der Rechts- und Verwaltungsvorschriften der Mitgliedstaaten über irreführende Werbung umsetzen. Im Gesetz wurden aber bereits systematisch schwierige Ansätze niedergelegt. So wurde zwischen „*publicidad ilícita*" und „*publicidad desleal*" unterschieden und die Abgrenzung zum später in Kraft tretenden LCD machte der Literatur zu schaffen.[37] Da diese Problematik mittlerweile gelöst wurde (hierzu noch später), wird auf eine genauere Darstellung verzichtet.

Zeitlich hiernach trat noch im Jahr 1989 ein Kartellgesetz in Kraft, welches kurioserweise für die Unterbindung des in Art. 7 geregelten unlauteren Wettbewerbs das *Tribunal de Defensa de la Competencia* für zuständig erklärte. Auch diese Klausel wurde kritisiert und hatte aufgrund des im Jahre 1991 folgenden LCD auch wenig Relevanz.[38]

Im Jahr 2001 wurde mit dem *Ley 17/2001 de Marcas*[39] (im Folgenden: „LM") das LM von 1988 abgelöst. Es diente unter anderem der Umsetzung der „ersten Markenrichtlinie" (Richtlinie 89/104/EWG zur Angleichung der Rechtsvorschriften der Mitgliedstaaten über die Marken).

### *b) Das LCD und die Reform im Jahr 2009*

1991 trat schließlich das LCD in Kraft. Es orientierte sich teilweise an den schweizerischen und deutschen Gesetzen gegen den unlauteren Wettbewerb.[40] Dementsprechend nimmt die Literatur auch oft bei der Auslegung des Gesetzes auf Literatur und Rechtsprechung aus diesen Ländern – aber auch aus anderen, wie insbesondere Italien und teilweise Frankreich – Bezug. Anfangs führten

---

35 *Menéndez*, S 151 ff.

36 Hierzu *Schricker*, in: FS Garrigues, Band III, S. 278

37 *Fernández-Nóvoa*, La Ley, 1991, S. 1179 ff.

38 *Otamendi*, Comentario, S. 74 ff.

39 Ley 17/2001, de 7 de diciembre, de Marcas, BOE Nr. 294, S. 45579 ff.

40 So *Wirth*, Das neue Recht des unlauteren Wettbewerbs in Spanien, 1996, S. 30, und auch *Berg*, Das neue spanische Gesetz gegen den unlauteren Wettbewerb, 1997.

zwei Problemkreise bei der praktischen Anwendung des neu geschaffenen Gesetzes zu Schwierigkeiten. Einerseits war dies die Überschneidung mit dem LGP; weiterhin die im LCD geregelten speziellen prozessualen Vorschriften, die sich stark vom damaligen Prozessrecht, aber auch vom Patent-, Marken- und Werbegesetz unterschieden.[41]

Unter B.II erfolgt zudem eine überblicksmäßige Darstellung der Reform im Jahr 2009. Dort wird auf viele Regelungen des LCD in seiner alten Fassung Bezug genommen.

Im Jahr 2009 wurde das LCD schließlich umfangreich reformiert. Es sollte an die Vorgaben der Richtlinie 2005/29/EG über unlautere Geschäftspraktiken im binnenmarktinternen Geschäftsverkehr zwischen Unternehmen und Verbrauchern angepasst werden. Verspätet geschah dies in Spanien im Jahr 2009 durch das *Ley de 30 de deciembre de 2009, por la que se modifica el régimen legal de la competencia desleal y al publicidad, para la mejora de la protección de los consumidores y usuarios.*[42]

Auf eine allgemeine Bewertung und Einordnung des LCD, vor und nach seiner Reform, wird verzichtet, denn dies ist bereits an anderer Stelle geschehen.[43] Unter B.II. wird jedoch das LCD noch dargestellt und bei der Analyse einiger reformierter Normen auch auf die alten Vorschriften eingegangen.

In der Reform von 2009 wurde neben dem LCD auch das *Ley General de Publicidad*, das *Ley General para la Defensa de los Consumidores y Usuarios* und das *Ley de Ordenación del Comercio Minorista* angegangen. Zur Reform insgesamt und zu einzelnen Vorschriften gibt es mittlerweile umfassende rechtsvergleichende Arbeiten.[44] Auf die Reform wird teilweise bei den einzelnen Vorschriften noch genauer eingegangen.

---

41 *Otameni*, Comentario, Introduccion, S. 22.

42 BOE Nr. 315, 31.12.2009, S. 112039 ff.

43 Zu einer umfassenden Analyse des LCD auch im Vergleich zum deutschen Recht siehe *Wirth*, Das neue Recht des unlauteren Wettbewerbs in Spanien, 1996 und auch *Berg*, Das neue spanische Gesetz gegen den unlauteren Wettbewerb, 1997; und auch *Klein*, Die Entwicklung des Rechts gegen unlauteren Wettbewerb in Spanien unter besonderer Berücksichtigung der Irreführung durch Unterlassen, S. 24 ff.

44 Eine weitere umfassende Analyse der Entwicklung des Lauterkeitsrechts in Spanien in rechtsvergleichender Darstellung und insbesondere zur Irreführung durch Unterlassen: *Klein*, Die Entwicklung des Rechts gegen den unlauteren Wettbewerb in Spanien unter besonderer Berücksichtigung der Irreführung durch Unterlassen, 2013; zur Umsetzung der UGP-RL in das spanische LCD vgl. *Klug*, Die Umsetzung der Richtlinien über unlauterer Geschäftspraktiken in Spanien, 2014.

### *c) Lauterkeitsrecht in weiteren Gesetzen und in den Autonomen Regionen*

In diesem Kapitel wird nicht diskutiert , was man alles unter den Begriff des „Lauterkeitsrechts" fassen könnte. Jedenfalls existieren in Spanien weitere Gesetze, die man typischerweise in diesen Regelungsbereich einordnen könnte. Es ergibt sich insofern ein relativ zersplittertes Bild. Den Kern der Rechtsmaterie bildet das LCD zusammen mit dem LGP.[45]

Darüber hinaus existiert das allgemeine Gesetz zum Schutz der Verbraucher.[46] Es dient dem Schutz der Verbraucher gegenüber unternehmerischem Handeln und beinhaltet neben generellen Vorschriften auch solche über den Schutz der Gesundheit oder der Sicherheit von Verbrauchern. Zur Verfolgung von Verstößen sind gem. Art. 47 Abs. 3 LGDCU die Verbraucherschutzbehörden berufen.

Ein weiteres Gesetz ist das *Ley 7/1996, de 15 de enero, de Ordenación del Comercio Minorista* (LOCM), welches den Einzelhandel betrifft. Es enthält unter anderem Vorschriften hinsichtlich der Absatzförderung und ist gleichfalls im Verwaltungsrecht angesiedelt. Die Durchsetzung obliegt den Autonomen Regionen gem. Art. 63 LOCM. Beide Gesetze waren auch Gegenstand der Reform von 2009.

Neben diesen Gesetzen auf Bundesebene existieren weitere Gesetze auf der Ebene der Autonomen Regionen. Dies ergibt sich aus einer konkurrierenden Gesetzgebungskompetenz im Bereich des Verbraucherschutzes, wobei sich die Gesetzgebungskompetenz auf den Bereich der verwaltungsrechtlichen Sanktionierung beschränkt.[47] Im Baskenland existiert beispielsweise das *Ley 6/2003, de 22 de diciembre, de Estatuto de las Personas Consumidoras y Usuarias* oder die Comunidade Autónoma de Galicia kennt das *Ley 13/2010, de 17 de diciembre, del comercio interior de Galicia.*

### *d) Das* Anteproyecto *zum neuen* „Código Mercantil"

In Spanien wird derzeit an einer Neukodifikation des gesamten Handels- bzw. Wirtschaftsrechts gearbeitet. Es soll das sog. „*Código Mercantil*" (CM) in Kraft treten, welches sich derzeit im Gesetzgebungsverfahren befindet. Es soll die

---

45 So ist wohl auch *Bercovitz*, in: Comentarios/Bercovitz-LCD, Einl. S. 60 zu verstehen.

46 *Real Decreto Legislativo 1/2007, de 16 de noviembre, por el que se aprueba el texto refundido de la Ley General para la Defensa de los Consumidores y Usuarios y otras leyes complementarias*, BOE Nr. 287 vom 30.11.2007.

47 *Bercovitz*, in: Comentarios/Bercovitz-LCD, Einl. S. 60.

wesentlichen Teile des Wirtschaftsrechts abdecken und aus sieben Büchern bestehen.[48] Das erste Buch enthält Vorschriften über den Kaufmann („*Del empresario y de la empresa*"), das zweite Buch über die juristischen Personen („*De las sociedades mercantiles*"), das dritte Buch enthält das Wettbewerbsrecht und Vorschriften über die gewerblichen Schutzrechte („*Del derecho de la competencia y de la propiedad industrial*"), das vierte und fünfte Buch enthalten allgemeine und spezielle Vorschriften über Handelsverträge („*De las obligaciones y de los contratos mercantiles en general*" und „*De los contratos mercantiles en particular*"), das sechste Buch enthält das Bank- und Finanzmarktrecht („*De los titulos-valores e intrumentos de* pago y crédito") und das siebte Buch Vorschriften über die Verjährung und Verwirkung („*De la prescripción y caducidad*").

Im dritten Buch sind also auch Vorschriften zum Wettbewerbsrecht, und zwar zum Kartell- und Lauterkeitsrecht enthalten. Der Gesetzgeber geht zwar davon aus, dass diese Rechtsmaterien außerhalb des Handelsrechts im engeren Sinne entstanden seien, sie aber mittlerweile das Marktverhalten regeln und daher in das CM aufgenommen werden sollen.[49] Das Buch enthält im *Título I.* allgemeine Regeln des Wettbewerbsrechts („*De los principios generales en materia de competencia*"), im *Título II.* die Vorschriften des Lauterkeitsrechts („*De la competencia desleal*"), im *Título III.* die Vorschriften des Kartellrechts („*De la defensa de la competencia*"), im *Título IV.* Vorschriften über die Klagen („*De las acciones derivadas de la competencia desleal y de las prácticas restrictivas de la competencia*"), im *Título V.* Regelungen über Verhaltenskodizes („*De los códigos de conducta*") und im *Título VI.* Vorschriften über gewerbliche Schutzrechte („*De la propiedad industrial*").

Ob und in welcher Fassung das Gesetz in Kraft treten wird, war beim Abschluss der Arbeit noch nicht vorhersehbar. Zum Gesetzesvorhaben gibt es auch erst wenig Literatur.[50] Die Normen des LCD wurden jedenfalls umfassend in das *Anteproyecto* übernommen. Größere dogmatische Veränderungen sind aber nicht erkennbar.

---

48 Die aktuelle Fassung und Materialien sind einsehbar im „*Portal de la transparencia*" unter: http://transparencia.gob.es/servicios-buscador/contenido/normaelaboracion.htm?id=NormaEV03L0-20141901&lang=es&fcAct=2016-10-26T17:17:37.943Z; *Anteproyecto de Ley del Código Mercantil*", C.M. vom 30.05.2014.

49 So auf S. 18 in den „*Exposición de motivos*" zum „*Anteproyecto de Ley de Código Mercantil*".

50 Eine Sammlung von Beiträgen findet sich bei *Bercovitz, A.*, Hacia und Nuevo Código Mercantil, 2014 und dort auch auf S. 257 ein Beitrag von *Massaguer* zum Teil des CM, der das Lauterkeitsrecht erfasst.

Der Teil des Gesetzes über den unlauteren Wettbewerb beginnt mit einer Generalklausel (Art. 321-1 CM) und listet anschließend im nächsten Kapitel unlautere Geschäftspraktiken auf, und zwar beginnend mit den „*actos de confusión*" in Art. Art. 322-1 CM, gefolgt von den „*actos de engaño*" (Art. 322-2 CM) und den „*omisiones engañosas*" (Art. 322-3 CM). Neu ist allerdings, dass im nachfolgenden Art. 322-4 CM die irreführenden *per-se*-Verbote aufgelistet sind. In Art. 322-5 CM sind die „*prácticas eagresivas*" geregelt und wiederum im folgenden Artikel diejenigen *per-se*-Verbote, die aggressive Verhaltensweisen zum Gegenstand haben. Die weiteren Artikel des Gesetzes bilden die aus dem LCD bekannten unlauteren Geschäftspraktiken ab. In Art. 322-9 CM sind insofern die unverändert übernommenen „*actos de imitación*" enthalten.

Das Gesetz hat daher nicht mehr wie nach der Reform von 2009 einen eigenen Teil mit verbraucherschützenden Vorschriften. Dies wird man als wesentliche dogmatische Änderung verzeichnen können. Es wurde zudem Art. 20 LCD gestrichen. Auf Letzteres wird noch weiter unten eingegangen. Die Klagemöglichkeiten und die in Art. 341-2 CM geregelte Aktivlegitimation wurden teilweise neu strukturiert. Zu inhaltlichen Änderungen sollte dies aber nicht geführt haben.

## 2. Grundzüge des Lauterkeitsrechts in Spanien

Nachfolgend werden einige Grundzüge des spanischen Lauterkeitsrechts dargestellt, die Ausführungen auf das LCD beschränkt werden.

### *a) Überblick und Systematik des LCD*

Die Tatbestandsstruktur des geltenden spanischen LCD entspricht dem „dreigliedrigen" Modell, welches auch der UGP-RL zugrunde liegt. Es besteht aus einer Generalklausel, Beispieltatbeständen unlauterer Geschäftspraktiken und *per-se*-Verboten.

Das neue LCD gliedert sich in fünf Kapitel. Bei der jüngsten Reform hat der spanische Gesetzgeber die Geschäftspraktiken hinsichtlich ihres Anwendungsbereiches systematisiert. Er brach damit die einheitliche Struktur des Gesetzes von 1991 auf.[51]

Kapitel I enthält allgemeine Bestimmungen (*disposiciones generales*). Art. 1 LCD regelt den Zweck des Gesetzes (*finalidad*), Art. 2 LCD den objektiven

51 Kritisch hierzu: *Sánchez Calero*, Instituciones, S. 218.

Anwendungsbereich (*ámbito objetivo*) und Art. 3 LCD den subjektiven Anwendungsbereich (*ámbito subjetivo*).

Kapitel II „*Actos de competencia desleal*" enthält die Generalklausel in Art. 4 LCD (*cláusula general*) und Beispieltatbestände unlauterer Geschäftspraktiken.

Kapitel III trägt die Überschrift „*Prácticas comerciales con los consumidores y usuarios*" und deutet insofern an, dass das Kapitel Geschäftspraktiken gegenüber Verbrauchern enthält. Das Gesetz verwendet zudem an vielen Stellen den Begriff des „*usuarios*", also des „Nutzers". Die Abgrenzung zum Verbraucher ist jedoch nicht klar.

Im dritten Kapitel wurden überwiegend auch die Vorgaben aus der „Schwarzen Liste" der UGP-RL umgesetzt.

Kapitel IV enthält Vorschriften über die Rechtsfolgen und Klagemöglichkeiten und Kapitel V ist schließlich den Verhaltenskodizes (*códigos de conducta*) gewidmet.

### *b) Schutzzwecke*

In Art. 1 LCD sind die Zwecke (*finalidades*) des Gesetzes aufgeführt. Das LCD soll den Wettbewerb im Interesse aller am Markt Beteiligten schützen. Die Klausel wird traditionell von der spanischen Lehre und Rechtsprechung als eine dreifache Ausrichtung des Schutzes interpretiert (*tríptico de protección*):[52] Geschützt werden die Interessen der Unternehmer, der Verbraucher sowie der Allgemeinheit.

In Spanien ist der Verbraucherschutz in der *Constitución Española*, der Verfassung von Spanien, in Art. 51 festgeschrieben. Oft wird hervorgehoben, dass sich dieser dreifache Schutz auch in den Vorschriften zur Durchsetzung des Gesetzes widerspiegeln soll.[53]

Wie bereits erwähnt, ging man vormals von einem überwiegend mitbewerberschützenden Charakter des Schutzes vor unlauterem Wettbewerb aus.[54]

Eine begrüßenswerte Neuerung in der Reform von 2009 war die Einbeziehung des Verbots der unerlaubten Werbung (*publicidad ilícita*) in den Schutzzweck des Gesetzes. Damit wird das LGP angesprochen und ein überfälliger Schritt zur Herstellung größtmöglicher Kohärenz beider Gesetze begangen.

---

52 So etwa STS vom 14.07.2003 (RJ 2003/4634); *Carrión García de Parad*, CPI 2010, S. 108; *Roberto Martínez Pérez* in: *Enrique Armijo Chávarri*, Análisis de la Reforma, S. 4; *Fernandez-Novoa*, La Ley 2006, S. 1336.

53 Hierzu *Bercovitz, A.*, in: Bercovitz/Comentarios-LCD, Art. 1 Rn. 12.

54 Vgl. zur historischen Entwicklung: *Bercovitz*, DN, 1992, S. 2 f.

### *c) Anwendungsbereich: insbesondere kein Wettbewerbsverhältnis*

Wie in vielen anderen spanischen Gesetzen wird auch im LCD eingangs der objektive und subjektive Anwendungsbereich (*ámbito objectivo y subjectivo*) festgelegt. Nach Art. 2.1 LCD, der den objektiven Anwendungsbereich festlegt, werden nur Verhaltensweisen erfasst, die Marktbezug haben und zu Zwecken des Wettbewerbs begangen werden. In der Gesetzesbegründung zum LCD-1991 ist davon die Rede, dass Marktbezug eine „externe Wirkung" (*trascendencia externa*) erfordert.[55] In Art. 2.2 LCD wird sodann definiert, was unter „*finalidad concurrencial*", was also unter einem Verhalten zu Zwecken des Wettbewerbs zu verstehen ist. „*Finalidad concurrencial*" wird hiernach angenommen, wenn das Verhalten unter Berücksichtigung der Umstände des Einzelfalls sich objektiv dazu eignet, die Verbreitung der eigenen Leistungen oder die eines Dritten zu fördern oder zu sichern. Im Rahmen der Reform von 2009 wurde ein dritter Absatz hinzugefügt, der – den Vorgaben der UGP-RL folgend – klarstellt, dass auch die Geschäftsanbahnung, unlautere Verhaltensweisen während sowie nach der Geschäftsdurchführung erfasst werden, unabhängig davon, ob es zu einem Geschäftsabschluss gekommen ist oder nicht.

Art. 3.1 LCD legt den subjektiven Anwendungsbereich fest. Das Gesetz gilt hiernach für alle Unternehmer (*empresarios*) und alle sonstigen Marktteilnehmer. In Art 3.2 LCD wird ausdrücklich festgelegt, dass es für die Eröffnung des Anwendungsbereiches keines Wettbewerbsverhältnisses zwischen dem Adressaten der Geschäftspraktik und dem Handelnden bedarf: „*La aplicación de la Ley no podrá supeditarse a la existencia de una relación de competencia entre el sujeto activo y el sujeto pasivo del acto de competencia desleal.*" Dies hebt der Gesetzgeber in der Gesetzesbegründung ausdrücklich hervor. Er betont, dass ein etwaiges Wettbewerbsverhältnis (*relación de competencia*) gerade nicht Voraussetzung der Anwendung des Gesetzes sein solle.[56]

Diese Vorschrift muss im Zusammenhang mit dem Kreis der Aktivlegitimierten gesehen werden, der vom Gesetz nicht eingeschränkt wird. Die

---

55 Vgl. BOE Nr. 10/1991, S. 959:„*Que el acto se 'realice en el mercado' (es decir, que se trate de un acto dotado de 'trascendencia externa') y que se lleve a cabo con 'fines concurrenciales' (es decir, que el acto -según se desprende del párrafo segundo del citado artículo- tenga por finalidad 'promover o asegurar la difusión en el mercado de las prestaciones propias o de un tercero').*"

56 Hierauf weisen die *Disposiones Generales*, BOE Nr. 10 ausdrücklich hin: „[...] *ni se exige tampoco que entre ellos medie una relación de competencia.*"

spanische Literatur sieht dies als konsequenten Ausfluss der in Art. 1 LCD formulierten Schutzzwecke. Das Gesetz wolle eben nicht nur den Mitbewerber, sondern auch den Markt insgesamt und auch die Verbraucher schützen.[57] Sehr vereinzelt sind Gerichtsentscheidungen geblieben, die den Anwendungsbereich wiederum einschränken wollen.[58]

Einige Autoren weisen an dieser Stelle darauf hin – ohne den Gedanken aber weiter auszuführen –, dass, sofern die Verhaltensweise an den obigen Voraussetzungen scheitere, die Vorschriften des *Codigo Civil* Anwendung finden sollen.[59]

### *d) Das Verhältnis zwischen LCD und LGP*

Große Diskussionen gab es in Spanien stets um das Verhältnis des LCD zum LGP. Beide Gesetze enthalten ähnliche Vorschriften, aber auch Anwendungsbereiche. Es stellte sich stets die Frage, ob eine Verhaltensweise eine unlautere Geschäftspraktik i. S. d. LCD oder doch unlautere Werbung (*publicidad ilícita*) sei und damit der Anwendungsbereich des LGP eröffnet wäre. Die Einbeziehung unerlaubter Werbung in die Schutzzwecke und damit auch in den Anwendungsbereich des LCD hat die Überschneidungen zwar rechtstechnisch sogar noch vergrößert,[60] das LGP verzichtet jedoch nunmehr auf eigene Verfahrensregeln (bisher Titel IV.) und verweist in Art. 6.1 LGP auf die Klagemöglichkeiten des LCD. In materieller Hinsicht bestimmt nunmehr Art. 3 e) LGP, dass irreführende, unlautere und aggressive Werbung unter den Voraussetzungen des LCD auch als unerlaubte Werbung im Sinne des LGP anzusehen seien. Und umgekehrt bestimmt Art. 18 LCD, dass Werbung, die nach dem LGP unerlaubt ist, auch unlauter im Sinne des LCD sei. Dies klingt zwar kompliziert, die Literatur ist jedoch der Ansicht, dass die Gesetze nunmehr besser aufeinander abgestimmt seien, das Vorgehen des Gesetzgebers sei gleichwohl zu zaghaft gewesen. Teilweise hätte man sich nämlich gewünscht, dass die unerlaubte Werbung im LCD geregelt wäre.[61]

---

57 *Bercovitz, A.*, in: Bercovitz/Comentarios-LCD, Art. 3 Rn. 19.

58 *Emparanza Sobejano*, Comentario práctico, S. 30 mit Kritik an einer Entscheidung des AP Madrid Urt. vom 16.02.2006 – *Revista Clara*.

59 *Emparanza Sobejano*, in: Comentario práctico, S. 29 f.

60 *Tato Plaza*, La Reforma, S. 44 ff. und 253 ff.

61 *Anxo Tato Plaza* in: La Reforma, a.a.O., S. 48.

### *e) Die Generalklausel*

Nach der Reform im Jahr 2009 enthält Art. 4 LCD die Generalklausel. Im LCD von 1991 war diese in Art. 5 LCD enthalten. Die neue Generalklausel ist in Anpassung an die UGP-RL erheblich erweitert worden. Art. 4.1 Satz 1 LCD enthält, wie zuvor Art. 5 des alten LCD, das generelle Verbot unlauterer Geschäftspraktiken: Unlauter ist, was objektiv gegen Treu und Glauben (*buena fe*) verstößt.

Durch die Aufstellung weiterer Beispieltatbestände neben der Generalklausel solle jedoch kein „numerus clausus" von Unlauterkeitstatbeständen aufgestellt werden. Die Generalklausel solle vielmehr gerade dazu dienen, „neue" oder „andere" unlauter erscheinende Verhaltensweisen zu erfassen.[62] Darüber hinaus solle sie zu einer Interpretation der Beispieltatbestände beitragen.[63]

Die „Verbrauchergeneralklausel" ist in Art. 4.1 S. 2 LCD enthalten. Sie kommt nur bei Geschäftspraktiken zwischen Unternehmern und Verbrauchern zur Anwendung. Hiernach verstößt eine Geschäftspraktik gegen Treu und Glauben, wenn sie den Erfordernissen der beruflichen Sorgfalt (*diligencia profesional*) widerspricht. Die Geschäftspraktik muss zudem dazu geeignet sein, das wirtschaftliche Verhalten (*comportamiento económico*) eines durchschnittlichen Verbrauchers oder eines durchschnittlichen Mitglieds einer Gruppe von Verbrauchern, an die sich die Geschäftspraktik richtet, spürbar zu beeinflussen. Der dritte Satz gibt sodann in lit. a) bis e) Umstände vor, die bezüglich des wirtschaftlichen Verhaltens eines Verbrauchers als relevant erachtet werden. Schließlich erläutert Satz 4, was unter der Beeinflussung des wirtschaftlichen Verhaltens zu verstehen ist. Zu einer tatsächlichen Beeinflussung der Verhaltensweise muss es aber nicht gekommen sein. Neben der generellen Eignung muss die Geschäftspraktik geeignet sein, das wirtschaftliche Verhalten des Verbrauchers spürbar (*apreciable*) zu beeinflussen. Die spanische Literatur spricht hier von einer „*minimis*"-Regel im Sinne einer Relevanzklausel.[64]

Art. 4.2 LCD enthält die Vorgabe, dass auf einen durchschnittlichen Verbraucher abzustellen ist (*consumidor medio*). Art. 4.3 LCD setzt Art. 5 Abs. 3 UGP-RL um, der weitere Vorgaben hinsichtlich der Konkretisierungen des relevanten Adressatenkreises vornimmt.

Die Literatur kritisiert, dass der Gesetzgeber die innere Systematik der Generalklausel der UGP-RL jedoch nicht getroffen habe.[65] Der Wortlaut des

---

62 *Sánchez Calero*, Instituciones, S. 219

63 *Sánchez Calero*, Instituciones, S. 219.

64 *Antonio Robles Martín-Laborda* in: Análisis de la Reforma, S. 36.

65 *Antonio Robles Martín-Laborda* in: Análisis de la Reforma, S. 31 f.

Art. 4.1 LCD lasse nämlich den Schluss zu, dass im Bereich zwischen Unternehmern und Verbrauchern letztendlich die Unlauterkeit in einem Verstoß gegen die anständigen Marktgepflogenheiten (*prácticas honestas del mercado*) festgestellt werden müsse. Die UGP-RL verwendet diesen Begriff zwar in Art. 2 h) bei der Definition der beruflichen Sorgfalt, der Begriff wird hier jedoch nur als eine Ausprägung der beruflichen Sorgfalt neben Treu und Glauben verwendet. Letztendlich muss diese Diskrepanz zwischen innerstaatlichem Recht und Gemeinschaftsrecht durch richtlinienkonforme Auslegung des spanischen Gesetzes gelöst werden.

### *f) Unlautere Geschäftspraktiken*

Die Reform von 2009 hat zu wesentlichen Änderungen bei vielen der in Kapitel II enthaltenen hier genannten Geschäftspraktiken geführt. Dies gilt insbesondere für die irreführenden Geschäftspraktiken. Ein Tatbestand, der irreführende Handlungen erfasst (*actos de engaño*), ist jetzt in Art. 5 LCD enthalten. In Art. 5 LCD a. F. war zuvor die Generalklausel geregelt. Ein Tatbestand der Irreführung durch Unterlassen (*omissiones engañosas*) wurde in Art. 7 LCD neu eingeführt. Es wurde zudem in Anlehnung an die UGP-RL ein gänzlich neuer Tatbestand der aggressiven Geschäftspraktiken (*prácticas agresivas*) geschaffen. Die Tatbestände der Irreführung und die aggressiven Geschäftspraktiken werden gleich noch genauer dargestellt.

Andere Tatbestände waren nur sehr eingeschränkt Gegenstand der Reform. Art. 6 LCD, der das Hervorrufen einer Verwechslungsgefahr sanktioniert (*actos de confusión*), wurde nicht angegangen. Art. 10 LCD (*actos de comparación*) regelt die vergleichende Werbung. Er wurde im Rahmen der Reform verändert. Grund war jedoch nicht die Umsetzung der UGP-RL, sondern die Anpassung an die Vorgaben der RL 2006/114/EG über irreführende und vergleichende Werbung. Art. 11 LCD, der einen allgemeinen Tatbestand des Verbots von Nachahmungen (*actos de imitación*) enthält, wurde nur unwesentlich reformiert. Er wird weiter unten im Text noch genauer dargestellt.[66] Die Reform führte hier lediglich im ersten und dritten Absatz den Begriff „*profesionales*" ein, so wie dies auch in Art. 3.1 LCD getan wurde. Der Anwendungsbereich hat sich hierdurch nicht geändert.[67] Art. 12 LCD enthält einen allgemeinen

---

66 Eine umfassende Abhandlung des Art. 11 LCD mit Schwerpunkt auf der Frage, ob die Norm einen unmittelbaren Leistungsschutz gewährt: *Brem*, Der ergänzende wettbewerbsrechtliche Leistungsschutz in Europa, 2005.

67 *Carrión García de Parada*, CPI, Nr. 58, 2010, S. 109.

Tatbestand der Rufausbeutung (*explotación de la reputación ajena)*, der von der Reform jedoch nicht tangiert wurde.

Ein vor der Reform in Art. 8 LCD von 1991 enthaltener Tatbestand, der Zugaben und Geschenke enthielt, wurde vollständig gestrichen. Unverändert blieb in Art. 9 LCD (*actos de denigración*) ein allgemeiner Tatbestand, der „Anschwärzungen“ bzw. „Herabsetzungen“ erfasst. „Kreditgefährdende“ Äußerungen sind hiernach unlauter, wenn sie nicht genau (*exactas*), wahr (*verdaderas*) oder angemessen bzw. sachdienlich (*pertinentes*) sind (sog. *exceptio-veritatis*-Klausel). Als nicht angemessen bzw. sachdienlich gelten insofern beispielsweise Äußerungen über die Nationalität, die Glaubensrichtung oder die Weltanschauung, das Privatleben oder andere rein persönliche Verhältnisse.

Art. 13 LCD enthält einen zivilrechtlich sanktionierten Tatbestand des Schutzes von Geschäftsgeheimnissen (*violación de secretos*). Einen Tatbestand des Verleitens zum Vertragsbruch (*inducción a la infracción contractual*) enthält Art. 14 LCD. Der sog. Rechtsbruch (*violación de normas*) wird von Art. 15 LCD erfasst.[68] Art. 16 LCD (*Discriminación*) enthält einen Tatbestand, der unter anderem ungerechtfertigte Preisdiskriminierungen oder auch Ausnutzung von wirtschaftlichen Abhängigkeiten erfasst. Art. 17.1 LCD spricht sich für eine freie Preisfestsetzung aus und Art. 17.2. LCD erklärt Verlustgeschäfte bzw. Verkäufe unter Einstandspreis (*venta a pérdida*) nur in bestimmten Fällen für unlauter. Auch diese zuletzt genannten Tatbestände wurden von der Reform nicht angetastet.

Art. 18 LCD erfasst schließlich die unerlaubte Werbung (*publicidad ilicita*). Wie bereits angesprochen erklärt die Vorschrift nunmehr die vom LGP als unerlaubt eingestufte Werbung auch als unlauter.

Nachfolgend noch einige Ausführungen zu den am tiefgreifensten von der Reform erfassten Tatbeständen.

### *aa) Irreführende Handlungen* (Art. 5 LCD Actos de engaño)

Art. 5.1 LCD enthält das generelle Konzept der irreführenden Handlungen. Dieser Tatbestand war unter dem LCD von 1991 in Art. 7 LCD geregelt und erfasste bereits damals irreführende Handlungen und das Irreführen durch Unterlassen.

---

68 Vgl. hierzu die rechtsvergleichende Arbeit zum deutschen und spanischen Recht: *Höfinghoff*, Vorsprung durch Rechtsbruch in Deutschland und Spanien, 2004.

dürfte aber der gleiche sein.[76] Notwendig sollen aber nur die „Basisinformationen" sein, die je nach Produkt variieren können.[77] Bei einer Aufforderung zum Kauf gibt Art. 7.4 a) bis e) UGP-RL vor, welche Informationen wesentlich sind. Diese Vorschrift wurde in Art. 20 LGDCU umgesetzt.

*cc) Aggressive Geschäftspraktiken* (Art. 8 Prácticas agresivas)

Ein ausdrücklich geregelter Tatbestand der aggressiven Geschäftspraktiken ist für das LCD neu. Der Tatbestand der UGP-RL wurde nahezu wortlautgetreu übernommen. In Kapitel III finden sich *per-se*-Verbote, die als aggressiv eingeordnet werden. Diese gelten jedoch nach der Systematik des reformierten Gesetzes nur gegenüber Verbrauchern. Die Vorschrift selbst fordert einerseits eine Verhaltensweise, die als Belästigung, Nötigung oder unzulässige Beeinflussung (*acoso, coacción [...] o influencia indebida*) qualifiziert werden kann. Weiterhin muss sie geeignet sein, die wirtschaftliche Verhaltensweise des Adressaten zu beeinflussen. Art. 8.2 a)–e) LCD listet die Umstände auf, die bei der Beurteilung eine Rolle spielen, also insbesondere der Zeitpunkt, Ort, Art oder Dauer, die Verwendung drohender oder beleidigender Formulierungen oder die Ausnutzung von Unglückssituationen.

So wie die UGP-RL definiert auch das LCD nicht den Begriff der Belästigung (*acoso*). Die spanische Literatur will es als ein Verhalten verstehen, das Nachstellen, Stören, Belästigen oder Drängen als Mittel einsetzt, um die Kaufentscheidung einer Person zu gewinnen oder ihr Marktverhalten zu beeinflussen.[78] Ausgehend von diesem Verständnis wird ein gewisser persönlicher oder direkter Kontakt zwischen dem Unternehmer und dem Adressaten gefordert. Daher schlägt man in der Literatur vor, verschiedene Direktmarketingmethoden unter diesen Tatbestand zu fassen.[79]

Unter Nötigung (*coacción*) will man solche Verhaltensweisen fassen, durch die bei einer Person der Eindruck erweckt wird, dass sie ein ihr gemachtes Angebot annehmen sollte, um entweder eine für sie negative Situation abzuwenden oder einen Vorteil zu erlangen, vorausgesetzt der erweckte Eindruck ist nicht berechtigt oder der Vorteil entspricht nicht der Wirklichkeit.[80] Bei der

---

76 *Ángeles Cuenca García*, Estudios sobre la Ley 29/2009, S. 123.

77 *Ángeles Cuenca García*, Estudios sobre la Ley 29/2009, S. 123.

78 *José Massaguer Fuentes,* El nuevo Derecho, S. 133; *Anxo Tato Plaza,* La Reforma, S. 191.

79 *Tato Plaza,* La Reforma, S. 191.

80 *Tato Plaza,* La Reforma, S. 196.

Nötigung wird demnach lediglich vorgegeben, auf den Adressaten Einfluss ausüben zu können. Die Nötigung umfasst weiterhin die Anwendung körperlicher Gewalt (*uso de la fuerza*).

Die letzte Variante ist die unzulässige Beeinflussung (*influencia indebida*). Nach Art. 8.1 S. 2 LCD soll hierunter die Ausnutzung einer Machtposition gegenüber dem Adressaten zur Ausübung von Druck, auch ohne die Anwendung oder Androhung von körperlicher Gewalt, zu verstehen sein. Die Literatur will die unzulässige Beeinflussung daher derart interpretieren, dass zwischen dem Unternehmer (oder einem Dritten, dem sich der Unternehmer bedient) und dem Adressaten eine besondere Nähebeziehung bestehen muss. Im Gegensatz zur Nötigung besteht demnach aufgrund der Machtposition tatsächlich die Möglichkeit der Einflussnahme, sie wird nicht bloß vorgegeben, sondern ausgenutzt. Den Begriff der Machtposition interpretiert man weit. Hierunter kann eine berufliche oder hierarchische Überordnungsstellung verstanden werden. Aber auch familiäre Nähebeziehungen, ein besonderes Vertrauensverhältnis oder eine moralische Autoritätsstellung sollen ausreichen.[81]

### *g) Unlautere Geschäftspraktiken gegenüber Verbrauchern*

Kapitel III beinhaltet nach seiner Überschrift Geschäftspraktiken gegenüber Verbrauchern („*Prácticas comerciales con los consumidores*").

Art. 19 LCD, die erste Vorschrift in diesem Kapitel, verfeinert die Systematik weiter. Er legt fest, dass neben Art. 20 LCD auch Art. 4, 5, 7 und 8 LCD gegenüber Verbrauchern gelten sollen. Art. 20 LCD enthält einen Tatbestand der Irreführung durch das Hervorrufen einer Verwechslungsgefahr. Dieser Tatbestand wird unten noch genauer diskutiert.

Art. 19 Abs. 2 LCD legt sodann fest, dass die weiteren Vorschriften des Kapitels, nämlich Art. 21 bis 31 LCD solche Tatbestände sind, die gegenüber Verbrauchern unter allen Umständen unlauter sind. Der spanische Gesetzgeber teilt dann diese *per-se*-Verbote in irreführende und aggressive Geschäftspraktiken auf. Dies geht jeweils aus den Überschriften der einzelnen Artikel hervor.

#### *aa) Irreführende* pe-se-*Verbote gegenüber Verbrauchern*

In Art. 21 bis 27 LCD sind die irreführenden *per-se*-Verbote enthalten, die also unter allen Umständen unlauter sind. Art. 21 LCD zählt insofern Geschäftspraktiken im Zusammenhang mit Verhaltenskodizes und Güte- bzw.

81 *Tato Plaza*, La Reforma, S. 200 f.

Qualitätskennzeichen auf. Art. 22 LCD dreht sich um Lockvogelangebote und irreführende Verkaufsförderungsmaßnahmen. In Art. 22.1 LCD wird die Aufforderung zum Kauf für Produkte, ohne darüber aufzuklären, dass man voraussichtlich nicht in der Lage sein wird, die beworbenen Produkte zu diesem Preis, für diesen Zeitraum und in dieser Menge zur Lieferung bereitzustellen, für unlauter erklärt. Art. 22.2 LCD regelt eine sog. „bait-and-switch-Technik". Art. 22.3 LCD erklärt den Verkauf aufgrund einer Geschäftsauflösung, obwohl die Voraussetzungen des Art. 30.1 LOCM noch nicht vorliegen, für unlauter. Art. 22.4 LCD erklärt das Anbieten von Preisen, ohne diese auch tatsächlich zu verleihen, als unlauter. Das Beschreiben eines Produktes als „gratis", „umsonst", usw., obwohl noch weitere Kosten anfallen, ist nach Art. 22.5 LCD unlauter. Schließlich erklärt Art. 22.6 LCD das Erwecken des fälschlichen Eindruckes, der Verbraucher habe oder werde einen Preis gewinnen, obwohl es einen solchen nicht gibt oder dieser von Zahlungen oder der Übernahme von Kosten abhängt, für unlauter.

Nach Art. 23 LCD ist die unrichtige Behauptung, das Produkt könne rechtmäßig verkauft werden (Abs. 1), erhöhe die Chancen bei Glücksspielen (Abs. 2), könne Krankheiten heilen (Abs. 3) oder sei nur eine begrenzte Zeit zu bestimmten Bedingungen verfügbar (Abs. 4) für unlauter. Nach Art. 23.5 LCD ist es unlauter, sich zu einem Kundenservice zu verpflichten, ohne vor dem Abschluss des Geschäftes darauf hinzuweisen, dass der Kundendienst nicht in der Sprache erbracht werden kann, in der das Geschäft abgeschlossen wurde. Das Erwecken des fälschlichen Eindrucks, der Kundendienst sei auch in einem anderen als dem Mitgliedstaat verfügbar, in dem das Produkt gekauft wurde, ist nach Art. 23 LCD unlauter.

Art. 24 LCD erklärt verschiedene sog. „Schneeballsysteme" für unlauter. Art. 25 LCD enthält den Fall des absichtlichen irreführenden Bewerbens von Produkten, die einem Produkt eines bestimmten Herstellers ähnlich sind und Art. 26 LCD einen speziellen Fall der verschleiernden Werbung. Art. 27 LCD erfasst weitere Geschäftspraktiken, wie das Herausstellen gesetzlich zugestandener Rechte als eine Besonderheit des Angebots (Abs. 1), falsche Behauptungen über die Art und das Ausmaß der Gefahr für die persönliche Sicherheit, für den Fall, dass das Produkt nicht gekauft wird (Abs. 2), die Erteilung falscher Informationen über die Marktbedingungen hinsichtlich des Produktes (Abs. 3), das Beifügen einer Rechnung über ein Produkt, welches tatsächlich nicht bestellt wurde (Abs. 4) und schließlich das Erwecken des fälschlichen Eindruckes, dass der Händler nicht zum Zwecke seines Geschäfts oder Berufes handelt.

#### *bb) Aggressive* per-se-*Verbote gegenüber Verbrauchern*

Die weiteren *per-se*-Verbote werden in solche durch Nötigung (Art. 28 LCD), Belästigung (Art. 29 LCD), aggressive Geschäftspraktiken gegenüber Minderjährigen (Art. 30 LCD) und andere aggressive Geschäftspraktiken (Art. 31 LCD) eingeteilt.

Art. 28 LCD erklärt es für *per se* unlauter, wenn der Eindruck erweckt wird, der Verbraucher könne die Räumlichkeiten ohne Vertragsschluss nicht verlassen. In Art. 29.1 LCD wird die Fortsetzung eines Vertreterbesuches, trotz Aufforderung zu gehen, als unlauter erklärt. Unerwünschte und wiederholte Angebote mittels Telefon, Fax, E-Mail oder sonstigen für den Fernabsatz geeigneten Mitteln, außer in den Fällen und in den Grenzen, in denen sie gerechtfertigt sind, um eine vertragliche Verpflichtung durchzusetzen, sind nach Art. 29.2 LCD *per se* unlauter.

Ferner ist nach Art. 30 LCD die direkte Aufforderung in einer Werbung gegenüber Kindern, die beworbenen Produkte zu kaufen oder ihre Eltern oder andere Erwachsene dazu zu überreden, die Produkte für sie zu kaufen, unlauter. Art. 31.1 LCD erklärt das Verlangen unnötiger Dokumente oder das systematische Nichtbeantworten von Schreiben bei Inanspruchnahme von Versicherungsleistungen für *per se* unlauter. Nach Art. 31.2 LCD ist das Zusenden unbestellter Waren, verbunden mit der Aufforderung zur Aufbewahrung oder Zahlung, unter allen Umständen unlauter. Schließlich erklärt Art. 31.3 LCD den ausdrücklichen Hinweis im Rahmen einer Geschäftspraktik, es sei der Arbeitsplatz oder der Lebensunterhalt des Unternehmers gefährdet, falls der Verbraucher das Produkt oder die Dienstleistung nicht erwirbt, für *per se* unlauter.

### *h) Rechtsfolgen, Aktiv- und Passivlegitimation*

In Kapitel IV sind die Rechtsfolgen und Vorschriften über die Aktiv- und Passivlegitimation enthalten. Art. 32 LCD zählt die Klagemöglichkeiten auf. Art. 33 LCD regelt die Aktivlegitimation und Art. 34 LCD die Passivlegitimation. Auf einige dieser Vorschriften wird später noch genauer eingegangen. Spanien kennt zudem Sammel- bzw. Popularklagen, die über Art. 11 *Ley 1/ 2000, de 7 de enero, de Enjuiciamiento Civil* auch zum Schutz von Verbraucherinteressen im Bereich des unlauteren Wettbewerbs möglich sind.

### i) *Selbstregulierung und Verhaltenskodizes*

Kapitel V ist mit „*Códigos de conducta*“ überschrieben und enthält mit Art. 37 bis 39 LCD umfassende Vorschriften über die Verhaltenskodizes. Die Selbstkontrolle spielt gerade im Bereich der Werbung eine wichtige Rolle.[82] Zuständige Körperschaft ist die „*Autocontrol*“.[83] Nicht ohne Grund ist den Verhaltenskodizes im LCD ein eigenes umfangreiches Kapitel gewidmet.

## II. Vergleich mit dem deutschen Recht

In diesem Abschnitt sollen einige der Grundzüge des spanischen Lauterkeitsrechts mit dem deutschen Recht verglichen werden. Im Fazit finden sich zudem noch einige weiterführende vergleichende Anmerkungen.

### 1. Historische Entwicklung

So wie in Spanien geht man auch in Deutschland davon aus, dass ein Bedürfnis für Schutz gegen unlauteren Wettbewerb mit der Einführung der Gewerbefreiheit einherging.[84] Nach der Reichsgründung entstanden hierzulande Gesetze auf dem Gebiet des gewerblichen Rechtsschutzes. Eine Gesamtkodifikation, wie es sie in Spanien mit dem LPI von 1902 gab, ist Deutschland jedoch fremd.

In Deutschland tat man sich zunächst auch mit der Verortung des unlauteren Wettbewerbs schwer. Das Reichsgericht lehnte einen Schutz des Wettbewerbs gegen „unlautere Machenschaften“ – neben den Gesetzen zum Schutz der gewerblichen Schutzrechte – ab. Das Gericht stellte sich auf den Standpunkt, dass der Begriff des unlauteren Wettbewerbs dem deutschen Recht – im Gegensatz zum französischen – fremd sei und argumentierte anhand eines Umkehrschlusses: Es müsse erlaubt sein, was nicht verboten sei und die bestehenden Regelungen wurden als abschließend angesehen.[85]

Im Jahr 1894 trat ein reformiertes Warenzeichengesetz in Kraft und 1896 schließlich ein Gesetz zur Bekämpfung unlauteren Wettbewerbs, welches aber keine Generalklausel enthielt.[86] Nach Einführung des BGB im Jahr 1900 drehte

---

82 *García Pérez*, in: Henning-Bodewig, Unfair Competition, § 21 Rn. 100.

83 Vgl. unter www.autocontrol.es und zur Werbeselbstkontrolle *Tato Plaza*, GRUR Int. 1999, 853 ff.

84 *Sosnitza*, in: MüKo-UWG, Vor § 1 Rn. 1 nennt als Jahr für die Einführung der Gewerbefreiheit in Deutschland das Jahr 1869.

85 So deutlich in RGZ 3, 67 (S. 69) – *Apollinarisbrunnen*; RGZ 18, 93 (S. 99 ff.); RGZ 20, 71 (S. 75 f.); zum Ganzen: *Emmerich*, § 1 S. 3 und *Ohly*/Sosnitza, Einf. A Rn. 26 f.

86 RGBl. S. 441.

sich dann die Diskussion um eine Verortung des unlauteren Wettbewerbs in die Generalklauseln der §§ 826, 823 BGB, bis schließlich 1909 das UWG mit einer Generalklausel in Kraft trat.

Seit den 80er-Jahren war das Lauterkeitsrecht in Deutschland geprägt von Liberalisierung und Harmonisierung.[87] Es mussten die Richtlinie über irreführende Werbung von 1984 und zuletzt die Richtlinie 2005/29/EG umgesetzt werden. Einer großen Reform im Jahr 2004 folgte eine weitere Novelle im Jahr 2008. Zweifel an der unionskonformen Umsetzung der UGP-RL führten schließlich zu einer weiteren Novelle im Jahr 2015.

Das spanische Lauterkeitsrecht hat keine vergleichbar lange Tradition. Das LPI enthielt zwar einen Katalog an Tatbeständen, die unlauteren Wettbewerb erfassen sollten. Sie hatten jedoch keine praktische Relevanz. Ähnliches galt für die nachfolgenden Ansätze, unlauteren Wettbewerb im Werberecht und auch im LM zu erfassen.

Auffällig und von nicht unerheblicher Relevanz ist aber auch der Umstand, dass in Deutschland im Laufe der Zeit die klare und ausgesprochene Tendenz bestand, Teile des Lauterkeitsrechts in das Markengesetz zu verlagern. Insbesondere mit dem MarkenG von 1994 wurde dieser Ansatz umfassend verfolgt. In Spanien fand dieser Prozess interessanterweise eher in umgekehrter Richtung statt. Vorschriften über den unlauteren Wettbewerb waren zunächst im LPI von 1902 und später im Markengesetz von 1988 enthalten. Die Regelungen bestanden jeweils neben den markenrechtlichen Vorschriften in einem gemeinsamen Gesetz. Erst mit dem LCD wurde der unlautere Wettbewerb in einem eigenen Gesetz geregelt. Einen ähnlichen Prozess wie in Deutschland hat in Spanien lediglich der Schutz der bekannten Marken durchlaufen. Schutz wurde zunächst überwiegend über das LCD gewährt, bis später der Schutz stärker im LM verankert wurde.

Ähnlich sind in beiden Ländern die Diskussionen um die Verortung der Rechtsmaterie. Auch in Spanien blickte man nach Frankreich und suchte nach Anknüpfungspunkten im allgemeinen Zivilrecht bzw. Deliktsrecht. Ein dem UWG vergleichbares Gesetz wurde in Spanien aber erst in den 90er-Jahren mit dem LCD geschaffen. Dies ist auch der Grund dafür, warum es in Spanien keine derart ausdifferenzierte Kasuistik zu einzelnen Tatbeständen wie in Deutschland gibt. Die in Spanien traditionell stark ausgeprägte Selbstregulierung mag ein weiterer Grund sein.

---

87 Vgl. *Ohly*/Sosnitza, Einf. A Rn. 40 ff.

## 2. Schutzzweck

§ 1 UWG enthält die „Schutzzwecktrias". Eine solche Klarheit bestand in Deutschland nicht immer. So wie in Spanien stand zunächst der Mitbewerberschutz im Vordergrund des Schutzes vor unlauterem Wettbewerb. Erst im Laufe der Zeit setzte sich ein soziales Verständnis des unlauteren Wettbewerbs durch,[88] und dient das UWG so wie auch das LCD im Interesse der Mitbewerber, der sonstigen Marktbeteiligten und der Allgemeinheit der Aufrechterhaltung der Funktionsfähigkeit der Wettbewerbsordnung.[89]

## 3. Systematik

Lauterkeitsrecht wird in beiden Ländern in selbstständigen Gesetzen geregelt. In ihrer Grundsystematik gleichen sich diese stark. Sie folgen dem „dreigliedrigen" Aufbau, der auch der UGP-RL zugrunde liegt und enthalten eine Generalklausel, Beispieltatbestände und *per-se*-Verbote. Im Unterschied zum spanischen Recht kennt Deutschland in § 7 UWG noch die unzumutbaren Belästigungen, die man als „kleine Generalklausel" bezeichnen könnte.[90]

In systematischer Hinsicht unterscheiden sich die Gesetze aber dadurch, dass das reformierte LCD die Unlauterkeitstatbestände nach Schutzzwecken ordnet und ein eigenes Kapitel mit verbraucherschützenden Vorschriften kennt. In Deutschland blieb die Bestimmung des Schutzzwecks oft der Literatur und Rechtsprechung überlassen. Erstmals in der Reform von 2015 fand sich sodann ausdrücklich in der Überschrift des § 4 UWG-2015 der Begriff „Mitbewerberschutz".

Im Gegensatz zum deutschen Recht sind in Spanien die in der UGP-RL enthaltenen *per-se*-Verbote im Gesetz im Kapitel mit den verbraucherschützenden Vorschriften enthalten. Der deutsche Gesetzgeber hat die Verbote in einem Anhang zum UWG geregelt.

## 4. Anwendungsbereich

Das UWG setzt bei der Durchsetzung der Ansprüche ein Wettbewerbsverhältnis voraus (§§ 2 Abs. 1 Nr. 3, 8 Abs. 3 Nr. 1 UWG). Das LCD legt hingegen schon in Art 3.2 LCD ausdrücklich fest, dass es für die Eröffnung des Anwendungsbereiches keines Wettbewerbsverhältnisses zwischen dem Adressaten

88 Zur Diskussion: *Emmerich*, § 3, S. 19.
89 Für Deutschland: *Emmerich*, § 3, S. 20 f.
90 *Köhler*/Bornkamm/Feddersen, § 7 Rn. 5.

der Geschäftspraktik und dem Handelnden bedarf. Dies wird auch in der Gesetzesbegründung erwähnt und als besonderes Strukturmerkmal des neuen Gesetzes hervorgehoben.[91] Dieser breite Anwendungsbereich setzt sich bei der Aktivlegitimation fort.

## 5. Rechtsfolgen, Aktivlegitimation und Selbstregulierung

Das UWG unterscheidet sich auch bei den Rechtsfolgen und der Aktivlegitimation vom LCD. Beide Gesetze gewähren Unterlassungs-, Beseitigungs- und Schadensersatzansprüche. Daneben kennt das UWG noch eine Gewinnabschöpfungsklage (§ 10 UWG), die der spanischen Rechtsordnung fremd ist. Das spanische LCD kennt hingegen eine im Gesetz verankerte Bereicherungsklage (Art. 32 Nr. 6 LCD). Hier verhilft man sich in Deutschland jedoch über die Anwendung des BGB.

Die Gesetze beider Länder vertrauen bei der Durchsetzung von Ansprüchen zusätzlich auf Verbände und andere qualifizierte Einrichtungen. Der spanische Gesetzgeber stellt jedoch konsequent eine Kohärenz zwischen Schutzzweck und Aktivlegitimation her. Im LCD ist grundsätzlich jeder Marktteilnehmer (Art. 33 Nr. 1 LCD: „*Cualquier persona física o jurídica que participe en el mercado*") aktivlegitimiert. Hierunter fallen auch – wie später noch genauer analysiert wird – einzelne Verbraucher. Der deutsche Gesetzgeber hat sich ausdrücklich gegen eine derart breite Aktivlegitimation entschieden und spricht diese neben den Verbänden und Einrichtungen nur „Mitbewerbern" zu (vgl. § 8 Abs. 2 Nr. 1 UWG). Der deutschen Rechtsordnung sind darüber hinaus auch Sammel- bzw. Popularklagen, wie sie die spanische Rechtsordnung im Bereich des Verbraucherschutzes kennt, fremd.

## 6. Selbstregulierung

Die Selbstkontrolle spielt in Spanien wohl eine größere Rolle als in Deutschland.[92] Im Bereich der Werbung wird ihr in Spanien eine zentrale Rolle beigemessen.[93] Dies ist wohl auch ein Grund für die umfassende Ausgestaltung der Regelungen über die Verhaltenskodizes („*Códigos de conducta*"). Die Regelungstiefe des LCD in Kapitel V über Verhaltenskodizes sucht man in Deutschland vergeblich.

---

91 Hierauf weisen die *Disposiciones Generales*, BOE Nr. 10 ausdrücklich hin: „[…] *ni se exige tampoco que entre ellos medie una relación de competencia.*"

92 Vgl. zur Werbeselbstkontrolle *Tato Plaza*, GRUR Int. 1999, 853 ff.

93 *García Pérez*, in: Henning-Bodewig, Unfair Competition, § 21 Rn. 100.

# III. Historische Entwicklung und Grundzüge des Markenrechts in Spanien

## 1. Historische Entwicklung

Das oben bereits angesprochene LPI kann als erstes umfassendes Gesetz mit markenrechtlichen Regelungen in Spanien betrachtet werden.[94] Das Gesetz erfasste jegliche Kennzeichenarten („*todo signo o medio material*"). Die in Art. 124 LPI geregelten Eintragungshindernisse waren nicht in absolute und relative eingeteilt. Sie wurden zudem insgesamt von Amts wegen geprüft. Inhaber älterer Rechte konnten Widerspruch („*oposición*") erheben. Es wurde Schutz vor identischer und verwechselbar ähnlicher Verwendung gewährt und es galt der Spezialitätsgrundsatz (*principio de especialidad*). Daneben war der Schutz berühmter Marken bekannt.[95] Der im Gesetz enthaltene Benutzungszwang büßte an praktischer Relevanz ein, da die Beweislast beim Kläger lag.[96] Und Art. 31 LPI ließ bereits zu dieser Zeit die freie Übertragung einer Marke zu.

Im Jahr 1988 trat das *Ley 32/1988, de 10 de noviembre, de Marcas* (LM) in Kraft. Es enthielt umfassende Vorschriften über Marken und wie bereits oben erwähnt auch in den Art. 87 bis 89 LM Vorschriften über den unlauteren Wettbewerb. Bereits die Systematik legte nahe, dass die Vorschriften allein dem Kennzeicheninhaber dienen sollten. Hinsichtlich der Regelungen über die Marken brachte das Gesetz umfangreiche Reformen mit sich. Es erfasste nunmehr zwar auch notorisch bekannte Marken, auf sie konnte aber weder ein Widerspruch gestützt werden, noch standen, wenn sie nicht eingetragen waren, dem Inhaber Ansprüche aus den Art. 30 ff. LM gegen Verletzer zu. Auf die nicht eingetragene notorisch bekannte Marke konnte lediglich eine Löschungsklage gestützt werden.

Die Eintragungshindernisse waren im Gesetz weiterhin als von Amts wegen zu prüfende Hindernisse ausgestaltet. Hinsichtlich des Benutzungszwangs wurde jedoch eine Beweislastumkehr eingeführt. Als Markenformen waren Buchstaben- und Zahlenkombinationen anerkannt und es konnten auch dreidimensionale Formen wie Verpackungen und Aufmachungen eingetragen

---

94 Umfassend hierzu und zum nachfolgenden Gesetz von 1988 (vgl. weiter unten) in rechtsvergleichender Hinsicht mit dem deutschen Recht: *Bredow*, Das spanische Markenrecht, 1993 und dort zu den Markenrechtlichen Regelungen S. 4 ff.

95 *Fernández-Novoa*, Fundamentos, 1984, S. 275.

96 *Fernández-Nóvoa*, Fundamentos, 1984, S. 404.

werden. Marken konnten jeweils nur für eine Warenklasse eingetragen werden (Art. 19 LM).

Eine große Reform des spanischen Markenrechts brachte das *Ley 17/2001, de 7 de deciembre, de Marcas von 2001.*[97] Es sollte das Markenrecht weiter an die Regelungen der ersten Markenrichtlinie („Richtlinie 89/104/EG zur Angleichung der Vorschriften der Mitgliedstaaten über die Marken") und die Rechtsprechung des EuGH anpassen und die Rechtsmaterie modernisieren.[98] Gegenstand der Reform war unter anderem die Einführung der Voraussetzung der grafischen Darstellbarkeit des Zeichens (*representación gráfica*). Die absoluten und relativen Schutzhindernisse wurden teilweise erweitert, Vorschriften über die „*marcas renombradas*" wurden reformiert, Vorschriften über das „*rótulo de establecimeinto*" wurden gestrichen und auch die Regelungen hinsichtlich des unlauteren Wettbewerbs. Zuletzt wurde das LM im Jahr 2019 in Umsetzung der Richtlinie 2015/2436/EU weiter harmonisiert.[99] Hervorzuhebende Aspekte der Reform sind etwa der Wegfall der Anforderungen der grafischen Darstellbarkeit der Marke als Eintragungserfordernis sowie die missverständliche Unterscheidung zwischen „*marca notoria*" und der „*marca renombrada*". Auf einzelne Punkte der letzten Reformen wird im Text bei der Darstellung der jeweiligen Thematik noch genauer eingegangen.

## 2. Grundzüge des geltenden Markenrechts

### *a) Einführung*

In Art. 1.1 LM ist die Rede von „*propiedad industrial*". Hierzu ist anzumerken, dass man in Spanien terminologisch – so wie in vielen anderen Ländern auch – zwischen „*propiedad industrial*" und „*propiedad intelectual*" unterscheidet. Die Begriffe sind in der spanischen Rechtsordnung tief verwurzelt. Das LPI von 1902 nahm diese Trennung vor, und auch in der Verfassung ist in Art. 149 CE von „*Legislación sobre propiedad intelectual e industrial*" die Rede. Mittlerweile wird aber überwiegend nur noch von „*propiedad intelectual*" gesprochen, und

---

97 BOE. Nr. 294 vom 8.12.2001.

98 Zu den Hintergründen und den Anpassungsbedarf, umfassend *Casado Cerviño*, ADI 2001, S. 23 ff.

99 Zur Umsetzung diente „Real Decreto-ley 23/2018, de 21 de diciembre, de transposición de directivas en materia de marcas, transporte ferroviario y viajes combinados y servicios de viaje vinculados", BOE 312, S. 127305.

man meint damit das, was andernorts als „geistiges Eigentum“ oder „Intellectual Property“ bezeichnet wird.

Traditionell gehören jedenfalls Patente, Gebrauchsmuster, Designs und Marken zum „*propiedad industrial*“, weswegen auch in Art. 1.1 LM davon die Rede ist. Das Gesetz schützt nämlich die Marken (*marcas*) und Handelsnamen (*nombres comerciales*).

Die Marke ist die Verbindung von einem Zeichen und einem Produkt in der Gestalt, wie sie vom Verbraucher wahrgenommen wird.[100] Die Verbindung von Zeichen und Produkt ist Werk des Unternehmers. In ein echtes Kennzeichen mündet diese Verbindung jedoch erst ab dem Moment, in dem die Verbraucher die Verbindung wahrnehmen und in Erinnerung behalten.[101]

Das Markenrecht ist zeitlich begrenzt auf zehn Jahre (Art. 31 f. LM) und kann jeweils um zehn weitere Jahre verlängert werden. Geschieht dies nicht, tritt nach Art. 55.1. a) LM Verfall (*caducidad*) ein.

### *b) Markenfunktionen*

Den Markenfunktionen wird in der spanischen Literatur regelmäßig viel Beachtung geschenkt und man arbeitet oft rechtsvergleichend.[102] Hervorgehoben werden die Herkunfts- (*la función de indicación del origen empresarial*), Garantie- (*la función de garantía*) und Werbefunktion (*la función publicitaria*).[103]

#### *aa) Herkunfts-, Garantie- und Werbefunktion*

Unterscheidungszeichen sind im Wettbewerb unerlässlich, denn der Hinweis auf die Herkunft von Produkten ermöglicht erst eine Identifizierung und Differenzierung von Unternehmen.[104] Die Herkunftsfunktion wird als die wichtigste

---

100 *Fernández-Nóvoa*, in: *Fernandez-Nóvoa/Otero Lastres/Botana Agra*, § 114, S. 501.

101 *Fernández-Nóvoa*, in: *Fernandez-Nóvoa/Otero Lastres/Botana Agra*, § 114, S. 502.

102 Regelmäßig blickt man auch in andere Rechtsordnungen, so wie *Fernánndez-Nóvoa,* der wichtige Beiträge zu diesem Thema aus Deutschland, Italien, Spanien und Portugal auflistet. Für Deutschland hebt er die Schrift von *Hermann Isay,* Die Selbständigkeit des Rechts an der Marke: Zugleich ein Beitrag zur Frage des Konzernzeichens, Berlin, 1929 hervor. Stellvertretend für die italienische Literatur sieht er den Aufsatz von *Vanzetti* aus dem Jahr 1961: *Adriano Vanzetti,* Funzione e Natura Giuridica del Marchio, in: Revista del diritto commerciale e del diritto generale delle obligazioni, 1962, S. 16 ff. und für prägend aus der Portugal sieht er *Couto Gonçalvez,* L. M., Funcão Distintiva da Marca, 1999, Lissabon.

103 *Lobato*/Comentario-LM, *Disposiciones Generales*, S. 81.

104 *Bercovitz Rodríguez-Cano, A.*, Apuntes, S. 492.

Funktion hervorgehoben.[105] Sie rechtfertigt erst die Existenz von Monopolrechten an Kennzeichen,[106] da sie dem Verbraucher ermöglicht, die Herkunft eines Produktes zu erkennen und sich daran zu erinnern. Dies zeigt auch ihre potenziell zeitlich unbegrenzte Geltung. Nur dies ermöglicht den Verlass auf den Herkunftshinweis.[107] Im LM ist diese Funktion in Art. 4.1 LM verankert, laut dem die Marke der Unterscheidung von Produkten dienen soll.[108] Die Herkunftsfunktion wird durch die Erlaubnis von Lizenzen an dem Recht und dessen Übertragbarkeit sowie der Erschöpfung eingeschränkt. *Bercovitz* merkt insofern an, dass oft nur garantiert werde, dass der Vertrieb der Produkte mit Genehmigung des Markeninhabers stattgefunden hat.[109]

Der Markeninhaber verbürge sich darüber hinaus für die gleichbleibende Qualität seiner Produkte.[110] Es gehe nicht darum, dem Verbraucher eine bestimmte Beschaffenheit oder Qualität zu garantieren; vielmehr könne es nur um eine homogene Qualität gehen.[111] Der TS spricht in diesem Zusammenhang von konstanter Qualität: „*constante calidad*".[112]

Rechtlich ist die Funktion im LM kaum abgesichert, dies übernehme vielmehr der Markt.[113] Bei der Lizenzierung wird sie zumindest durch die Kontrollbefugnis des Lizenzgebers gestützt.[114] *Lobato* weist darauf hin, dass in Ausnahmefällen Verfall denkbar sei.[115] Zudem wird sie durch die Verantwortlichkeit des Markeninhabers für irreführende Werbung (Art. 3, 4 LGP und Art. 7 LCD) abgesichert.[116]

Daneben ist die Werbefunktion fester Bestandteil der Funktionenlehre. Mit der Marke gestaltet der Unternehmer seinen Marktauftritt und die Vermarktung seiner Produkte; er nutzt sie als Werbeinstrument und sie kann auch die Unternehmenspolitik widerspiegeln.[117] Rechtlich sei sie unter anderem in

105 *Fernández-Nóvoa*, in: *Fernández-Nóvoa/Otero Lastres/Botana Agra*, Manual, § 116, S. 507.
106 *Lobato*/Comentario-LM, Disposiciones Generales, S. 82
107 *Lobato*/Comentario-LM, Disposiciones Generales, S. 82.
108 *Lobato*/Comentario-LM, Dispositiones Generales, S. 82.
109 *Bercovitz, A.*, in: Bercovitz/Comentarios-LM, Art. 4, S. 124.
110 *Lobato*/Comentario-LM, Disposiciones Generales, S. 86.
111 *Bercovitz, A.*, in: Comentario-LM, Art. 4, S. 126
112 STS v. 20.06.1994 (RJ 1994, 6024).
113 *Bercovitz*, A., in: Comentario-LM, Art. 4, S. 128.
114 *Bercovitz*, A., in: Comentario-LM, Art. 4, S. 127.
115 *Lobato*/Comentario-LM, Disposiciones Generales, S 87.
116 *Bercovitz, A.*, in: Comentario-LM, Art. 4, S. 128.
117 *Bercovitz, A.*, in: Bercovitz/Comentarios-LM, Art. 4, S. 124 f.

Art. 34.3 d) LM abgesichert, wo die Rede davon ist, dass der Markeninhaber die Befugnis hat, Dritten zu verbieten, die Marke in der Werbung zu benutzen.[118]

*dd) Verbraucherschutz als weitere Funktion?*

In der spanischen Literatur und Rechtsprechung fällt auffällig oft das Schlagwort „Verbraucherschutz" im Zusammenhang mit Marken. Der Autor *Casado* sieht die Marke nicht als ein Vermögensrecht, sondern versteht sie als Instrument zur Vermeidung von Fehlvorstellungen bzw. Irrtümern bei Verbrauchern.[119] Auch *Bercovitz* diskutiert vergleichsweise breit verschiedene Aspekte des Verbraucherschutzes im Zusammenhang mit Marken.[120] Bei den absoluten Schutzhindernissen, im Verbot der irreführenden bzw. täuschenden Marken, komme dies zum Ausdruck (Art. 5.1 g) LM). Er weist auch darauf hin, dass die Rechtsprechung wiederholt diese Funktion besonders hervorgehoben hat.[121]

Auch in der Gesetzesbegründung zum LM von 1988 ist eingangs erwähnt, dass die Kennzeichenrechte notwendige Instrumente in der Firmenpolitik darstellen, gleichzeitig aber auch einen wichtigen Mechanismus zum Schutz der Verbraucher beinhalten.[122]

Letztendlich wendet sich *Bercovitz* aber von der Idee ab, Verbraucherschutz zu einer Markenfunktion zu erheben. Verbraucherschutz trete nämlich insgesamt in den Hintergrund.[123] Das Interesse von Verbrauchern an einem Markt, auf dem keine Produkte mit verwechselbaren Marken existieren, liege zwar auf der Hand, es entspreche aber nicht der Konzeption des Gesetzes. Dieses

---

118 *Bercovitz, A.*, in: Bercovitz/Comentarios-LM, Art. 4, S. 127.

119 *Casado*, Derecho de marcas y protección de los consumidores. El tratameinto del error del consumidor, Madrid, 2000; hiergegen *Lobato*/Comentario-LM, Disposiciones Generales, S. 85, da sich *Casodo* teilweise auf strafrechtliche Entscheidungen beziehe, wo andere Maßstäbe zum tragen kämen.

120 *Bercovitz, A.*, in: Bercovitz/Comentarios-LM, Art. 4, S. 125 f.

121 *Bercovitz, A.*, in: Bercovitz/Comentarios-LM, Art. 4, S. 125 f. mit Verweis auf etwa: STS v. 15.10.1968 (RJ 1968, 4344), v. 21.10.1968, v. 24.01.1970 (RJ 1970, 319), v. 29.04.1971 (RJ 1971, 2334), v. 15.11. 1972; oder auch: STS v. 24.07.1992 (RJ 1992, 6456), v. 19.05.1993 (RJ 1993, 3804), v. 20.06.1994 (RJ 1994, 6024), v. 25.11.1994 (RJ 1994, 9162), v. 31.12.1996 (RJ 1996, 9691) und STS Sala de lo Contencioso-Administrativo v. 28.06.2006 (RJ 2006, 4536).

122 Vgl. BOE núm. 272, 32238, *Ley 32/1988, de 10 de noviembre, de Marcas: „Los signos distintivos constituyen instrumentos eficaces y necesarios en la política empresarial y suponen, asimismo, un importante mecanismo para la protección de los consumidores.".*

123 *Bercovitz, A.*, in: Bercovitz/Comentarios-LM, Art. 4, S. 126.

lässt die Registrierung von ähnlichen und selbst identischen Marken, selbst für gleiche Produkte zu, sofern der Inhaber der älteren Marke nicht Widerspruch erhebt.[124] Man habe sich insbesondere im LM-2001 davon verabschiedet, die relativen Schutzhindernisse von Amts wegen zu prüfen. Dies war unter dem LM-1988 gerade anders. Hier sollte für Verbraucher noch die nachteilige Koexistenz verwechslungsfähiger Marken möglichst schon von Amts wegen verhindert werden.[125]

Auch *Lobato* wendet sich gegen einen zu weit verstandenen Verbraucherschutz. Im Rahmen sehr ähnlicher Marken bzw. im Bereich des Identitäts- und auch Bekanntheitsschutzes, denn bei glatten Fälschungen renommierter Marken sei für den durchschnittlichen Verbraucher gerade offensichtlich, dass es sich nicht um Originalprodukte handele. Eine Markenverletzung liege aber dennoch vor.[126]

### *c) Kennzeichenarten*

Art. 1.1 LM benennt die Marke („*marca*") und den „*nombre comercial*", was man als „Handelsname" übersetzen könnte. Ausprägungen dieser Kennzeichen sind die „berühmte" Marke („*marca renombrada*") sowie das „berühmte" Unternehmenskennzeichen („*nombre comercial renombrado*"). Vor der Reform von 2019 kannte das LM noch eine weitere Kennzeichenart: Die notorisch bekannte Marke („*marca notoria*") und das notorisch bekannte Unternehmenskennzeichen („*nombre comercial notorio*"). Die letztere Kennzeichenart ist mit der Reform weggefallen. Trotzdem wird kurz auf sie eingegangen.

#### *aa) Die eingetragene Marke* (marca registrada)

Die eingetragene Marke („*marca registrada*") bildet im LM den Grundfall. Die Regelungen über den „*nombre comercial*" verweisen insofern nur auf die Regelungen über die Marke. Laut Art. 4.1 LM sind die grafische Darstellbarkeit (*representación gráfica*) und die Unterscheidungskraft (*fuerza distintiva*) Schutzvoraussetzung der Marke. Die möglichen Zeichenformen sind nicht abschließend (vgl. Art. 4.2 LM „[…]*en particular*[…]") in Art. 4.2 a)–f) LM geregelt. Sie entsprechen den üblichen, sich international herausgebildeten Markenformen. Die wichtigsten Markenformen in der Praxis sind Wortmarken (*marca denominativa*), Bildmarken (*marca gráfica*) und Wort-Bild-Marken

---

124 *Bercovitz, A.*, in: Bercovitz/Comentarios-LM, Art. 4, S. 126.
125 *Bercovitz, A.*, in: Bercovitz/Comentarios-LM, Art. 4, S. 126.
126 *Lobato*/Comentario-LM, Disposiciones Generales, S. 85.

(*marca mixta*).[127] Auch Farbmarken und Slogans genießen Schutz.[128] Diskutiert wird zudem die Schutzfähigkeit von „Geruchsmarken" (*marcas olfativas*), wobei u. a. die grafische Darstellbarkeit das Problem bilden soll.[129] Art. 4.2 d) LM nennt die Schutzfähigkeit dreidimensionaler Formen, welche überwiegend zum Schutz von Verpackungen eingesetzt wird.[130]

Der Schutz entsteht gem. Art. 2.1 LM mit der Eintragung in das Register. Dieses wird beim Spanischen Marken- und Patentamt, dem *Oficina Española de Patentes y Marcas* (OEPM) geführt. Art. 11 bis 30 LM regeln das Eintragungsverfahren. Da Markenschutz nur für bestimmte Klassen erlangt werden kann, ist hier vom Spezialitätsprinzip (*principio de especialidad*) die Rede.[131]

### *bb) Der Handelsname* (nombre comercial)

Die Art. 87 ff. LM enthalten die Vorschriften über den „*nombre comercial*". Es sollen insofern die Vorschriften über Marken Anwendung finden, soweit im Gesetz nichts anderes vorgesehen ist und die Vorschriften der Eigenart dieser Kennzeichenart nicht widersprechen (Art 87.3 LM). Der Schutzinhalt ist in Art. 87.1 LM festgelegt. Der Handelsname dient der Kennzeichnung und Unterscheidung eines Unternehmens.

„*Nombre comercial*" lässt sich nicht ohne Weiteres in die deutsche Terminologie einordnen. Er ist, jedenfalls im Sinne der unionsrechtlichen Terminologie, ein „sonstiges im geschäftlichen Verkehr benutztes Kennzeichenrecht".[132] Der Einfachheit halber wird der Begriff „Handelsname" verwendet. Auch auf Unionsebene wird dieser Begriff gelegentlich in den deutschen Fassungen verwendet, wenn in der spanischen Fassung von „*nombre comercial*" oder in der englischen von „*trade name*" die Rede ist.[133]

Die Vorschriften über die Handelsnamen wurden einst im LPI noch vom Prinzip der „*veracidad*" und „*unicidad*" bestimmt. Ersteres besagte, dass der

127 *Bercovitz*, Apuntes, S. 501.

128 *Sánchez Calero/Sánchez-Calero Guilarte*, Instituciones Vol. I, S. 261.

129 *Bercovitz*, Apuntes, S. 501.

130 *Bercovitz*, Apuntes, S. 501.

131 *Sánchez Calero/Sánchez-Calero Guilarte*, Instituciones, Vol. I, S. 265 f.

132 So die Terminologie in der Verordnung (EG) Nr. 207/2009 über die Unionsmarke z.B. in Art. 8 Abs. 4 und so auch schon die 1. Markenrichtlinie 89/104/EWG z.B. in Art. 4 Abs. 4 b).

133 So z.B. in der RL 2006/114/EG über irreführende und vergleichende Werbung in Erwägungsgrund 14 und 15, Art. 4 f) und g); auch in der PVÜ, z.B. in Art. 8 wird dieser Begriff verwendet.

Handelsname einer juristischen Person stets die Rechtsform kenntlich machen müsse und wenn es sich um natürliche Personen handelt, Zusätze wie etwa „*Hijos de…*“ („Sohn des…“), „*Viuda de…*“ („Witwe von…“) oder „*Herederos de…*“ („Erbe von…“) enthalten müsse (vgl. hierzu Art. 200 LPI). Das Prinzip „*unicidad*“ besagte, dass jede Firma nur einen Handelsnamen tragen und benutzen durfte.[134]

Von beiden Prinzipien hat man sich bereits im LM von 1988 getrennt. Das LM von 2001 näherte den Handelsnamen weiter an die Marke an und führte unter anderem die Übertragbarkeit des Rechts unabhängig vom Unternehmen ein.[135] Weiterhin wurde ein zuvor noch bestehendes Erfordernis der Anmeldung bei der lokalen Steuerbehörde gestrichen. Der Handelsname kann in Spanien im Register für Waren- und Dienstleistungen eingetragen werden (Art. 89.1 LM).[136] Dem Inhaber soll ein der Marke gleichgestelltes Ausschließlichkeitsrecht verliehen werden.[137] Seit der Möglichkeit der Eintragung von Dienstleitungsmarken soll die Eintragung von Handelsnamen jedoch an Bedeutung verloren haben.[138]

Gem. Art. 7 LM ist der „nombre comercial“ relatives Schutzhindernis, d. h. auf ihn können auch Widersprüche gestützt werden. Er wird auch ansonsten hinsichtlich der Ansprüche der Marke angeglichen. Auf ihn kann eine Nichtigkeitsklage gem. Art. 7, 88, 52 LM gestützt werden und dem Inhaber wird ein umfassendes Exklusivitätsrecht zugesprochen (Art. 90 LM).[139]

### *cc) Exkurs: Der Firmenname* (denominación social)

In Spanien kennt man weiterhin den Firmennamen (*denominacion social*). Im Unterschied zum „*nombre comercial*“, der der Identifizierung eines Unternehmens im wirtschaftlichen Geschäftsverkehr dient, also z. B. Verwendung auf Briefköpfen, Eintrittskarten oder anderen, nach außen gegenüber Verbrauchern in Erscheinung tretenden Kennzeichnungen findet, soll die „*domininacion social*“ die Rolle der Kennzeichnung eines Unternehmens im juristischen Geschäftsverkehr übernehmen, also z. B. bei der Unterzeichnung

---

134 Zu beiden Punkten *Lobato*, Art. 87, S. 1090.

135 *Monteagudo*, ADI 2001, S. 184; im LM von 1988 durfte der „*nombre comercial*“ gem. Art. 79 LM-1988 nur im Zusammenhang mit dem gesamten Unternehmen übertragen werden. Die Vorschrift wurde im LM von 2001 gestrichen.

136 Zum Ganzen: *Lobato*, Art. 87, S. 1092 ff.

137 *Sánchez Calero/Sánchez-Calero Guilarte*, Instituciones, Vol. I, S. 274.

138 *Lobato*, Art. 87, S. 1096; *Bercovitz*, Apuntes, S. 493.

139 *Monteagudo*, ADI 2001, S 188.

von Verträgen, der Ausstellung von Schecks oder Rechnungen.[140] Regelungen finden sich überwiegend in den Art. 395 bis 419 des *Reglamento del Registro Mercantil* (RRM).[141] Eingetragen wird der Firmenname im *Registro Mercantil Central*, welches unabhängig vom OEPM arbeitet.[142] Das LM von 2001 erhebt den Firmennamen in Art. 9 LM zum relativen Schutzhindernis und auf den Firmennamen kann gem. Art. 52 LM eine Löschungsklage gestützt werden.[143]

Wird der Firmenname nicht nur als Kennzeichen im juristischen Verkehr benutzt, sondern auch als Marke oder Handelsname, kann er mit Marken oder Handelsnamen kollidieren.[144] Bei der Frage, wie die Kollision im Ergebnis zu lösen sei, scheint es zwei Tendenzen zu geben. Einerseits soll schlicht nach dem Prioritätsprinzip entschieden werden. Ein Gericht solle dann dem Inhaber des jüngeren Zeichens aufgeben können, das Zeichen nur noch in modifizierter Form zu benutzen.[145] Die Meinung wird auf die sog. *„Disposición adicional 14"* zum LM gestützt, da dort erwähnt wird, dass Gerichtsentscheidungen bei Verletzung von Markenrechten die Änderung des Firmennamens anordnen können. Die Vorschrift möchte man insofern auch bei Handelsnamen anwenden.[146] Eine andere Meinung argumentiert anhand der Schrankenregelungen und hier besonders mit Art. 37 a) LM. Die Vorschrift besagt, dass der Inhaber einer Marke einem Dritten nicht verbieten darf, die Marke als Namen zu benutzen.[147] Der Markeninhaber solle insofern nur einen Anspruch haben, dass der Firmenname nicht als Marke oder Handelsname im geschäftlichen Verkehr benutzt wird, ansonsten müsse eine Koexistenz hingenommen werden.[148]

---

140 *Monteagudo*, ADI 2001, S. 183; die Beispiele stammen aus: *Herero & Asociados*, Factbook Propiedad Industrial, S. 57.

141 *Real Decreto 1784/1996, de 19 de julio, por el que se apruba el Reglamento del Registro Mercantil*, BOE de 31 de Juli de 1996.

142 *Lobato*, Art. 87, S. 1098.

143 Ausführlich zur Reform des Firmennamens: *Miranda Serrano*, RdS 2003, 109 ff. und *García Vidal*, ADI 2001, S. 58 ff.

144 *Curto Polo*, in: Bercovitz/Comentarios-LCD, Art. 6 Rn. 38; *García Pérez*, LCD, Art. 6, S. 188 mit Verweis auf STS, v. 01.06.2005 (RJ 2005, 6411) in der dies auch so statuiert wird: *„...que la denominación social haya sido utilizado como signo distintivo en el mercado, [...] en cuanto utilizada como nombre comercial o como marca."*.

145 So etwa STS vom 27.12.2954 – *OM*; STS vom 16.12.1985 – *DOMESTOS*; STS vom 28.9.2000 (RJ 2000, 8128) – *LIMPIEZAS VELA*; bei einer Kollision mit einer bekannten Marke: STS vom 18.05.2006 – *MASÍA FREIXE/FREIXENET.*

146 Hierauf weist hin: *Lobato*, Art. 87, 1099 f.

147 STS vom 21.10.1994 – *Hernández Pérez Hermanos, S.A.*

148 *Lobato*, Art. 87, S. 1100 mit Hinweis unter anderem auf: STS vom 26.6.1995 (RJ 1995, 5114) und STS vom 28.9.2000 (RJ 2000, 8128).

#### dd) *Das Geschäftsabzeichen* (rótulo de establecimiento)

Als weitere Kennzeichenart kennt die spanische Rechtsordnung das sog. „*rótulo de establecimiento*". Es ist vergleichbar mit dem in Deutschland verwendeten Begriff des „Geschäftsabzeichens". Es soll die örtlichen geschäftlichen Aktivitäten eines Unternehmers kennzeichnen.[149] Der Schutzbereich des Kennzeichens ist daher auch örtlich begrenzt. Das LM von 1988 enthielt in den Art. 83 bis 86 LM Vorschriften über diese Kennzeichenart.

Im Rahmen der Reform von 2001 wurden jedoch sämtliche Regelungen über das „*rótulo de establecimiento*" aus dem LM gestrichen.[150] Grund waren Vorgaben aus einer Entscheidung des spanischen Verfassungsgerichts (*Tribunal Constitutional*) von 1999.[151] In der Entscheidung stellte das Gericht nämlich fest, dass die Gesetzgebungskompetenz zur Regelung dieser Kennzeichenart nicht auf Bundesebene läge; es sei vielmehr Sache der Autonomen Regionen (*Comunidades Autónomas*). Schutzgegenstand war nämlich stets der lokale Bereich, weshalb das Gericht die Autonomen Regionen für zuständig erklärte.[152] Im LM von 2001 sind daher nur noch Übergangsvorschriften in den *Disposiciones transitorias* 13 und 14 zu dieser Kennzeichenart enthalten und ein Schutz sollte hiernach insbesondere dem LCD vorbehalten bleiben.

#### ee) *Notorisch bekannte und berühmte Marken und Unternehmenskennzeichen* (marcas y nombres comerciales notorios y renombrados)

Das spanische Markenrecht unterschied lange zwischen notorisch bekannten und berühmten Kennzeichen. Es handelt sich dabei nicht um weitere Kennzeichenarten, sondern um andere Verbreitungs- bzw. Bekanntheitsgrade der bereits genannten Kennzeichenarten.[153]

Im LM von 2001 wurde das Schutzkonzept in Anlehnung an Vorschläge aus der Literatur reformiert. Kritisiert hatte die Literatur stets, dass die Regelungen nicht mit Art. 6 PVÜ vereinbar seien.[154] In der Gesetzesbegründung zum LM

---

149 *Bercovitz*, Apuntes, S. 492.

150 Umfassend zu dieser Kennzeichenart und zur Reform im Jahr 2001: *Gómez Montero*, ADI 2001, S. 99 ff.

151 Sentencia de Tribunal Constitucional vom 3.06.1999.

152 *Menéndez/Rojo*, Lecciones, Bd. I, 2011, S. 285.

153 *Curto Polo*, in: Bercovitz/Comentarios-LM, Art. 8, S. 273; zur Reform dieses Schutzkonzeptes durch das Markengesetz von 2001 vgl. allgemeine auch: *Massaguer*, ADI 2001, S. 143 ff.

154 Hierzu umfassend *Lobato*, Comentario, S. 334 ff.; *Llobregat Hurtado*, Temas, 88 f.

von 2001 ist zu lesen, dass man den Schutz dieser Kennzeichenarten stärken wolle.[155]

### (1) *Notorisch bekannte Kennzeichen*

Vor der Reform von 2019 wurde in dem alten Art. 8.2 LM der Begriff der Notorietät legal definiert, der in enger Anlehnung an die Empfehlungen der WIPO entstanden sei.[156] Er sollte unabhängig davon gelten, ob das Kennzeichen registriert ist oder nicht.[157] Die Marke müsse dem betroffenen Publikum allgemein bekannt sein (*generalmente conocido*). Zur Bestimmung des Bekanntheitsgrades sollten verschiedene im Gesetz festgelegte Faktoren herangezogen werden, wobei die Aufzählung nicht abschließend war (*„…o por cualquier otra causa…“*). Die Faktoren sollten quantitativer sowie qualitativer Art sein.[158] Auf eine bestimmte Prozentzahl wollte man sich nicht festlegen.[159]

Es wurde davon ausgegangen, dass die Marke in denjenigen Gruppen bzw. in derjenigen Branche bekannt sein müsse, die in ihr einen Herkunftshinweis sieht (*conocidos por el sector pertinente del público al que se destinan los productos*).[160] Ausreichend war die Bekanntheit des Kennzeichens in einer Zielgruppe (Verbraucher, Zulieferer, Händler etc.).[161] In geografischer Hinsicht musste sich die Bekanntheit auf einen wesentlichen Teil des Staatsgebiets erstrecken.[162]

Eingetragene notorisch bekannte Kennzeichen stellten relative Schutzhindernisse dar. Laut Art. 6.2. d) LM gilt Gleiches für die nicht eingetragenen, notorisch bekannten Marken im Sinne des Art. 6 PVÜ.

Das Gesetz machte sodann weitere Unterschiede hinsichtlich der eingetragenen und der nicht eingetragenen Marke. Für eingetragene, notorisch bekannte Kennzeichen galt das Spezialitätsprinzip nicht. Ein erweiterter Schutz galt zudem im nicht ähnlichen Bereich, wenn damit ohne rechtfertigenden Grund

---

155 *Lobato*, Comentario, S. 335.

156 *Lobato*, Comentario, S. 342 ff.; gemeint ist die „Gemeinsame Empfehlungen betreffend die Bestimmungen über den Schutz notorisch bekannter Marken“ der WIPO vom 29.09.1999.

157 *Lobato*, Comentario, S. 342.

158 *Lobato*, Comentario, S. 343.

159 *Lobato*, Comentario, S. 342 f.

160 Hierzu auch STS vom 03.03.2005 – *Chanel* (RJ 2005, 1770).

161 *Lobato*, Comentario, S. 346.

162 *Lobato*, Comentario, S. 347.

eine Ausbeutung oder Verminderung der Unterscheidungskraft oder des Rufes einhergeht.[163]

Dieser erweiterte Schutzumfang galt jedoch nicht für die nicht eingetragenen, notorisch bekannten Kennzeichen. Dies folgte für den Verletzungsfall aus Art. 34.5. LM, der festlegt, dass sie keinen Schutz außerhalb des Identitäts- und Ähnlichkeitsbereichs genießen.

Die Unterscheidung war teilweise zweifelhaft und verwirrend. In der Reform von 2019 hat sich der Gesetzgeber nun von den notorisch bekannten Kennzeichen verabschiedet.

*(2) Berühmte Kennzeichen* (marcas y nombres comerciales renombrados)

Das LM von 2001 kannte weiterhin den Begriff der „berühmten Kennzeichen" (*marcas y nombres comerciales renombrados*) und dies setzte sich nach der Reform von 2019 fort. Das Konzept wird überwiegend in Art. 8.1 LM definiert. Im Unterschied zu den zuvor genannten Schutzkonzepten ging man zur Zeit des LM 2001 davon aus, dass sich die „*marcas y nombres comerciales renombrados*" dadurch auszeichnen, dass sie beim Publikum „generell bekannt" sind (*conocidos por el público en general*). Eine Bekanntheit nur bei den „interessierten Kreisen", so wie es bei den notorischen Kennzeichen ausreicht, genügte nicht.[164] Es wird insofern auch der Schluss gezogen, dass jedes berühmte Kennzeichen auch notorisch bekannt in diesem Sinne sei.[165] Art. 8.3 LM-alt enthielt die entsprechende Definition. Art. 8.3. LM legte weiterhin fest, dass, wenn der genannte Bekanntheitsgrad erreicht ist, sich der Schutz auf sämtliche Waren- und Dienstleistungsklassen (*se extenderá a cualquier género de productos, servicios o actividades*) erstreckt. Diese Systematik wurde von der Literatur kritisiert, denn die entspreche nicht den Vorgaben der ersten Markenrichtlinie und der festgeschriebene Automatismus sei nicht angebracht. Vielmehr solle eine Bewertung des Einzelfalles über den erweiterten Schutz entscheiden werden.[166] Die Definition und der fragwürdige Art. 8.3 LM-alt sind mit der Reform von 2019 weggefallen. Es kann davon ausgegangen werden, dass man insofern ausdrücklich den genannten Automatismus nicht mehr aufrechterhalten wollte.

---

163 *Bercovitz*, Apuntes, S. 536; *Curto Polo*, in: Bercovitz/Comentarios-LCD, Art. 8, S. 280.

164 *Bercovitz*, Apuntes, S. 535 f.; *Lobato*, Art. 8, S. 356; *Sancho Gatgallo*, Problemas actuales, 2011, S. 148.

165 *Bercovitz*, Apuntes, S. 535 f.; in dieser Richttung auch *Sancho Gatgallo*, Problemas actuales, 2011, S. 148.

166 *Lobato*, Art. 8, S. 365.

Es wird gelegentlich vertreten, dass durch die nunmehr ausdrückliche Regelung der Kennzeichenart im LM der Gesetzgeber zum Ausdruck gebracht habe, dass ein Schutz über das Lauterkeitsrecht nicht mehr gewollt sei.[167]

#### *ff) Die Kollektivmarke* (marca colectiva) *und die Garantiemarke* (marca de garantía)

Art. 62 bis 67 LM behandeln die Kollektivmarke (*marca colectiva*). Kollektivmarken sind diejenigen Kennzeichen, die der Unterscheidung von Waren und Dienstleistungen der Mitglieder eines Verbandes dienen (Art. 62.1 LM).

Die Garantiemarke (*marca de garantía*) ist in Art. 68 bis 73 LM geregelt. Es handelt sich um Kennzeichen, die von mehreren Unternehmen zur Kennzeichnung von Produkten z. B. mit gleicher Qualität, geografischer Herkunft oder Verfahren der Produktion genutzt werden.

### *d) Schutzhindernisse*

Das LM unterscheidet zwischen absoluten und relativen Schutzhindernissen (*prohibiciones absolutas y relativos*) in Art. 5 und 6 LM. Erstere verwirklichen Allgemeininteressen. Die relativen Schutzhindernisse sollen den Individualinteressen des Kennzeicheninhabers dienen.[168]

Die absoluten Schutzhindernisse sind dabei gem. Art. 20. 1 LM von Amts wegen zu beachten. Die Löschungsklage bezüglich eines eingetragenen Kennzeichens gestützt auf absolute Schutzhindernisse ist unverjährbar (Art. 51.2 LM). Die Löschungsklage, die ein relatives Schutzhindernis betrifft, kann hingegen vom Inhaber des älteren Rechts nicht mehr ausgeübt werden, wenn er die Benutzung des jüngeren Kennzeichens fünf Jahre geduldet hat (Art. 52.2 LM). Inhaltlich entsprechen die absoluten Schutzhindernisse im Wesentlichen denjenigen, die auch schon die erste Markenrechtsrichtlinie teilweise fakultativ vorsah.

### *e) Identitäts- und Verwechslungsschutz*

Marken und Handelsnamen genießen unter dem LM Schutz vor Verwechslungen (*Art. 34 Abs. 2 b LM*) sowie Identitätsschutz (Art. 34 Abs. 2 a) LM). Der übergangsweise Schutz der „Geschäftsabzeichen" nach dem LM erstreckt sich hingegen nur auf einen Identitätsschutz im Rahmen des

167 *Lobato*, Comentarios, S. 338.
168 *Bercovitz*, Apuntes, S. 503.

Widerspruchsverfahrens und auf einen Verwechslungs- und Identitätsschutz bei Löschungsklagen (vgl. *Disposición transitoria tercera* LM).

Insgesamt geht man in Spanien davon aus, dass es sich bei der Frage der Verwechslungsgefahr um eine Tatsachenfrage handelt. Diese Linie wird von der Rechtsprechung und der Literatur vertreten. Dies hat unter anderem zur Folge, dass die Entscheidungen der Instanzgerichte in dieser Frage nicht revisibel sind.[169]

### *f) Schranken des Markenschutzes*

Die Regelungen über die Schranken des Markenschutzes sind über das LM an verschiedenen Stellen verstreut geregelt. Art. 35 LM enthält unter der Überschrift „*reproducción de la marca en diccionarios*" eine Bestimmung, die Regeln über die Benutzung fremder Marken in Wörterbüchern aufstellt. Art. 36 LM regelt die Erschöpfung (*agotamiento*). Eine weitere allgemeine Schranke der Benutzung ist in Art. 37 LM enthalten (*limitaciones del derecho de marca*). Sie stellt unter bestimmten Voraussetzungen die Verwendung von Marken als Name, als Hinweis auf die Qualität oder die Herkunft von Produkten oder im Bereich des Ersatzteilgeschäfts frei. Die Verjährung (*prescripción*) ist bei den Rechtsfolgen geregelt. Nach Art. 45 LM liegt die Verjährungsgrenze bei fünf Jahren ab Kenntnis von Ansprüchen. Der Verfall (*caducidad*) ist in den Art. 55 bis 58 LM geregelt.

### *g) Übertragung und Lizenzierung*

Die vom LM erfassten Kennzeichen sind immaterielle Rechte und können übertragen werden und Gegenstand dinglicher Rechte sein.[170]

#### *aa) Freie Übertragbarkeit*

In Spanien konnte schon seit dem LPI die Marke unabhängig von der teilweisen oder vollständigen Übertragung des Unternehmens übertragen werden. Derzeit ist dies in 46.2 LM geregelt. Art. 47 LM enthält dabei die Vermutungsregel, dass bei der Übertragung des Unternehmens als Ganzes auch die Marken übertragen werden, es sei denn, vertraglich ist etwas anderes geregelt oder die Umstände lassen auf etwas anderes schließen. Anders als noch das LM-1988

---

169 *Lobato*, Art. 6, S. 321; STS vom 08.5.1997 – *POMPADOUR/BEN-HUR*; STS vom 23.11.1996.

170 *Sánchez Calero/Sánchez-Calero Guilarte*, Instituciones, Vol. I, S. 270.

enthält LM-2001 keine Vorschriften mehr darüber, dass der Handelsname nur zusammen mit dem Unternehmen übertragen werden kann. Hieraus wird geschlossen, dass auch auf den Handelsnamen grundsätzlich die Vorschriften hinsichtlich der Übertragung und Lizenzierung der Marke Anwendung finden sollen.[171]

### *bb) Eintragungszwang und Kontrolle durch das OEPM*

Nach Art. 49 LM sind Inhaberwechsel zwingend in das Register einzutragen. Die Art. 47 ff. LM listen formale und materielle Anforderungen an einen Inhaberwechsel auf. Sofern sich aus den Dokumenten schließen lässt, dass die Übertragung beim Verkehr zu einer Täuschung führen könnte, insbesondere über die Beschaffenheit, die Qualität oder die geografische Herkunft der Produkte kann vom OEPM die Übertragung verweigert werden, es sei denn, der Erwerber schränkt das Waren- und Dienstleistungsverzeichnis derart ein, dass eine Irreführung ausgeschlossen ist (Art. 47.2 LM). Die Kontrollmöglichkeiten durch das OEPM werden aber als beschränkt angesehen. Die Irreführung muss sich nämlich aus den Dokumenten selbst ergeben. Dem Amt soll es verwehrt sein, zukünftige Entwicklungen der Benutzung der Marke durch den neuen Inhaber zu antizipieren und der Entscheidung zugrunde zu legen.[172] Als Beispiel für eine Irreführung wird gelegentlich der Fall dargestellt, dass ein Kennzeichen eine geografische Angabe enthält, das Unternehmen, welches die Marke erwirbt, aber nicht in dieser Region tätig ist.[173]

### *cc) Lizenzierung*

Art. 48 LM regelt die Erteilung einer Lizenz (*licencia*). *Disposición adicional* Nr. 1 erklärt darüber hinaus den 13. Titel des *Ley 11/1986, de marzo, de Patentes* (LPat) für anwendbar. Dort sind Fragen der Aktivlegitimation von Lizenznehmern geregelt. Relevant ist insbesondere Art. 124.1 LPat, der zunächst den Inhaber einer ausschließlichen Lizenz (*licencia exclusiva*) für alle Klagen, die auch dem Lizenzinhaber zustehen, für aktivlegitimiert erklärt. Zudem legt Art. 124.1 LPat fest, dass dies für den Inhaber einer nicht ausschließlichen Lizenz jedoch nicht gilt. Art. 124.2 LPat bestimmt aber weiter, dass derjenige,

---

171 *Sánchez Calero/Sánchez-Calero Guilarte*, Instituciones, Vol. I, S. 275; *Curto Polo*, in: Bercovitz/Comentarios-LM, Art 47, S. 816.

172 *Lobato*, Art. 47, S. 811.

173 *Fernández-Novoa*, in: Fernández-Nóvoa/Otero Lastres/Botana Agra, Manual, § 171, S. 769.

der nicht nach dem vorherigen Absatz berechtigt ist, dann aber zumindest vom Rechtsinhaber fordern kann, dass er die Ansprüche geltend macht. Lehnt dieser ab oder vergehen drei Monate, ohne dass er die geeigneten Maßnahmen ergreift, ist der Lizenznehmer berechtigt, die notwendigen Ansprüche selbst geltend zu machen. Vor Ablauf der Frist ist der Lizenzinhaber berechtigt, Eilmaßnahmen gerichtlich geltend zu machen (Art. 124.2 Satz 3 LPat).

#### *h) Rechtsfolgen und Aktivlegitimation*

Kapitel III des LM enthält Vorschriften über die Aktivlegitimation und über Klagemöglichkeiten. Beide Punkte werden weiter unten in der Arbeit noch genauer aufgegriffen.

## IV. Vergleich mit dem deutschen Recht

### 1. Historische Entwicklung

In Deutschland trat im Jahr 1874 das Warenzeichengesetz (WZG) in Kraft. Die wohl wichtigsten Änderungen in der Folgezeit waren die Einführung des Benutzungszwangs (1967), die Einführung von Dienstleistungsmarken (1979), die Umsetzung des Produktpirateriegesetzes (1990) und die Aufhebung der Bindung der Marke an den Geschäftsbetrieb.[174] Die Erste Richtlinie des Rates zur Angleichung der Rechtsvorschriften der Mitgliedstaaten über die Marke (89/104/EWG) wurde zum Anlass für eine umfassende Reform. Am Ende des Reformprozesses stand das Gesetz über den Schutz von Marken und sonstigen Kennzeichen (MarkenG), ausgefertigt am 25. Oktober 1994. Die Änderungen sollten auch – wie später noch gezeigt wird – erheblichen Einfluss auf das UWG haben. Der Gesetzgeber entschied sich dafür, das Kennzeichenrecht umfassend im Markengesetz zu regeln. In das MarkenG sollten somit sämtliche Regelungen über Kennzeichenrechte aufgenommen werden, die zuvor verteilt auch im UWG von 1909 enthalten waren. So wurde unter anderem der zuvor auf Grundlage des § 1 UWG gewährte Schutz bekannter Marken in § 14 Abs. 2 Nr. 3 MarkenG gesetzlich geregelt. Der Schutz von geschäftlichen Bezeichnungen, der zuvor in § 16 UWG enthalten war, wurde in die §§ 5, 15 MarkenG verfrachtet.[175] Die neugefasste EU-Markenrechtsrichtlinie 2015/2436/EG sorgte für weiteren Anpassungsbedarf in Deutschland. Das Markenrechtsmodernisierungsgesetz diente schließlich zur Umsetzung und ist am 14. Januar 2019 in

174 *Berlit*, S. 1 Rn. 2
175 *Ohly*/Sosnitza, Einf. A Rn. 41.

Kraft getreten. Es führte aber zu keinen grundsätzlichen Neuerungen. Bedeutsame dogmatische Änderungen waren etwa der Wegfall des Erfordernisses der grafischen Darstellbarkeit der Marke sowie der Eingang der neuen Markenkategorie „Gewährleistungsmarke" in das nationale System. Weiterhin wurden Änderungen am Verfalls- und Nichtigkeitsverfahren sowie an den absoluten Schutzhindernissen vorgenommen. Auch besteht nunmehr die Möglichkeit, Lizenzverhältnisse sowie die Bereitschaft zur Lizenzerteilung in das Register eintragen zu lassen. Weiterhin ist es nunmehr dem Inhaber einer ausschließlichen Lizenz ausdrücklich gewährt Klage wegen einer Markenverletzung zu erheben, wenn der Inhaber der Marke nach förmlicher Aufforderung nicht selbst klagt. Weitere Änderungen betreffen Schutzdauer und Verlängerungen sowie das Widerspruchsverfahren.

Es kann hier nicht auf alle Unterschiede im Detail eingegangen werden. Die Erlaubnis der Übertragung von Kennzeichen ohne den Geschäftsbetrieb gab es jedoch in Spanien bereits im LPI von 1902. Und auch hier kann erneut darauf hingewiesen werden, dass Deutschland eine Gesamtkodifikation, wie man es in Spanien aus dem LPI kennt, fremd ist. Derzeit wird im Rahmen des *„Codigo Mercantil"* teilweise wieder erkennbar versucht, an die Tradition des LPI anzuknüpfen. Im dritten Buch wird in *„Título VI. De la propiedad industrial"* versucht, einen allgemeinen Teil für die gewerblichen Schutzrechte zu regeln.

Die Markengesetze beider Länder wurden jedenfalls im Laufe der Zeit nicht nur an das europäische Recht, sondern auch an das Wirtschaftsleben und die moderne Werbepraxis angepasst. Die europäischen Vorgaben sind umfangreich, aber nicht vollständig. Dies gilt insbesondere für die Bereiche des Schutzes nicht eingetragener Marken und andere im geschäftlichen Verkehr benutzter Kennzeichen[176] sowie für die Rechtsfolgen und das Verfahrensrecht. Die RL 2008/95/EG (MRL-2008), also die kodifizierte Fassung der ersten Markenrichtlinie, und die RL 2015/2436 (MRL-2015) greifen diese Aspekte nicht auf. Gerade in diesen Bereichen und dort, wo die Richtlinien Spielräume lassen, weichen die Regelungen in beiden Ländern teilweise gravierend voneinander ab.

Viele Bereiche sind aber aufgrund der Harmonisierungsbestrebungen natürlich angeglichen. Dies gilt insbesondere für die zur Registrierung zugelassenen Zeichenformen, die in beiden Ländern Art. 2 MRL-2008 entsprechen.[177] Beide Gesetze gehen noch von dem Erfordernis der grafischen Darstellbarkeit aus,

176 Vgl. RL 2008/95/EG, Erwägungsgrund 5 und Erwägungsgrund 19, wo z.B. nur Teilaspekte der Verletzung von Marken durch Handelsnamen angesprochen sind.

177 In Spanien geregelt in Art. 4.2 LM und in Deutschland in § 3 Abs. 1 MarkenG.

welches in Art. 3 MRL-2015 nicht mehr enthalten ist. Hinsichtlich der Zeichenfähigkeit gleichen sich die Gesetze und Meinungen ebenfalls und auch in Spanien stößt man bei Hör-, Geruchs-, Geschmacks-, Bewegungs- oder Tastzeichen an praktische und registerrechtliche Grenzen. Nachfolgend werden noch einige weitere Aspekte angesprochen.

## 2. Funktionenlehre

Inhaltlich weisen die Diskussionen um die Funktionenlehre in beiden Ländern keine besonderen Unterschiede auf. In Deutschland werden jedoch die verbraucherschützenden Aspekte von Marken nicht mehr so stark wie in Spanien diskutiert. Verbraucherschutz sieht man regelmäßig ausdrücklich nur mittelbar verwirklicht.

## 3. Kennzeichenarten

Das MarkenG und das LM erfassen selbstredend Marken. Beide Gesetze erfassen daneben auch Kennzeichen zur Unterscheidung von Unternehmen. In Spanien sind dies die „*nombres comerciales*", was sich aber nicht 1:1 in die deutsche Terminologie übertragen lässt. Das Kennzeichen ist jedenfalls im Sinne der unionsrechtlichen Terminologie ein „sonstiges im geschäftlichen Verkehr benutztes Kennzeichenrecht"[178] und es ist auch eine „geschäftliche Bezeichnung" i. S. d. § 5 Abs. 1 MarkenG, da es den Unternehmensinhaber bzw. das Unternehmen kennzeichnet. Es ist jedoch dem „Unternehmenskennzeichen" i. S. d. § 5 Abs. 2 MarkenG nicht völlig gleich. Einige Anwendungsbereiche der Unternehmenskennzeichen wären nämlich, z. B. dort, wo es um einen nur lokal beschränkten Schutzbereich oder eine nicht namensmäßige Benutzung geht, in Spanien eher bei den „*rótulo de establecimiento*" anzusiedeln. Der „*nombre comercial*" ist auch nicht mit dem Firmennamen i. S. d. § 17 HGB gleichzusetzen. Hier kennt das spanische Recht einen eigenen Begriff und eine eigene Kennzeichenart, nämlich die „*denominacion social*". Er gleicht aber weitestgehend hinsichtlich des Schutzgegenstandes den in Deutschland in den §§ 5 Abs. 1, 2 MarkenG geregelten Unternehmenskennzeichen mit Namensfunktion. Die Systeme beider Länder unterscheiden sich in diesem Bereich auch bezüglich der Schutzentstehung (hierzu noch genauer unter „F.")

178 So die Terminologie in der Verordnung (EG) Nr. 207/2009 über die Unionsmarke z.B. in Art. 8 Abs. 4 und so auch schon die 1. Markenrichtlinie 89/104/EWG z.B. in Art. 4 Abs. 4 b).

Die in Spanien existierende Kennzeichenart des *„rotulo de establecimiento“* entspricht in Deutschland in etwa einem regional beschränkt geschützten Geschäftsabzeichen im Sinne des § 5 Abs. 2 MarkenG. Der Schutz von Werktiteln ist in Spanien nicht Gegenstand des Markengesetzes und war dies auch noch nie. Anders in Deutschland, wo nach der Reform von 1994 auch der Schutz dieser Kennzeichenart in das MarkenG in § 5 Abs. 3 MarkenG transportiert wurde. In Spanien wird für diese Kennzeichenart über das UWG Schutz gewährt.

## 4. Entstehung von Kennzeichenschutz

Die in den Markengesetzen beider Länder geregelten Entstehungstatbestände für Marken und sonstige Kennzeichen unterscheiden sich erheblich. Das spanische LM folgt einem „strengen Registerprinzip“. Es kennt grundsätzlich keine Tatbestände, nach denen durch Benutzung bzw. sachliche Umstände Schutz entstehen kann, so wie es in Deutschland nach § 4 Nr. 2 MarkenG oder § 5 MarkenG der Fall ist. Das Registerprinzip wird lediglich im Bereich der bekannten und berühmten Marken aufgeweicht. In Spanien spielen daher das Lauterkeitsrecht und insbesondere Art. 6 LCD beim Kennzeichenschutz eine weitaus größere Rolle als in Deutschland. Auf viele Einzelheiten in diesem Bereich wird noch im weiteren Verlauf der Arbeit eingegangen.

## 5. Schutz bekannter Kennzeichen

Die Konzeption des Schutzes der bekannten Kennzeichen unterscheidet sich in beiden Ländern. So wie auch in Spanien kennt man den erweiterten Schutzumfang auch für bekannte geschäftliche Bezeichnungen, obwohl dies keinesfalls gemeinschaftsrechtlich vorgegeben ist.[179] Die Regelungen unterscheiden sich aber ansonsten in beiden Gesetzen stark. In Deutschland verstand man unter „berühmten Kennzeichen“ solche, die z. B. auch Schutz außerhalb des geschäftlichen Verkehrs über §§ 823, 1004 BGB genießen konnten. Das ist mit den *„signos renombrados“* in Spanien aber nicht gemeint. Diese entsprechen eher der bekannten Marke nach deutschem Verständnis, da aufgrund des hohen Bekanntheitsgrades ihr Schutzumfang über das Spezialitätsprinzip hinaus erweitert ist. Es wurde hier jedoch die Bezeichnung „berühmt“ verwendet, da dies der Übersetzung am nächsten kommt. Zudem ist die Terminologie auf

179 *Ingerl/Rohnke*, § 15 Rn. 117 ff.

Unionsebene auch nicht eindeutig. In den spanischen Fassungen der Texte ist mal von „*renombre*“ und mal von „*marcas notoriamente conocidos*“ die Rede.[180]

Der wohl relevanteste Unterschied zwischen beiden Ländern ist der im spanischen Recht verankerte Automatismus, dass sich bei dem erforderlichen Bekanntheitsgrad der Schutz automatisch auf sämtliche Waren- und Dienstleistungsklassen erstreckt.

Ansonsten könnte man noch darauf hinweisen, dass die Zweifel einiger Stimmen in der deutschen Literatur, bei der Bestimmung der Bekanntheit „qualitative“ Faktoren nicht gelten lassen zu wollen, in Spanien nicht geteilt werden.[181]

## 6. Schutzhindernisse und Schranken des Schutzes

Die Regelungen hinsichtlich der relativen und absoluten Schutzhindernisse sind überwiegend gleich. Die Anforderungen an die Schutzfähigkeit dreidimensionaler Marken ist in Spanien jedoch in enger Anlehnung an die Vorgaben der MRL-2008 als relatives Schutzhindernis in Art. 5 Abs. 1 e) LM ausgestaltet. In Deutschland verortet man dies dogmatisch bei der Frage der Zeichenfähigkeit (§ 3 MarkenG). Keine besonderen Unterschiede bestehen in beiden Ländern auch bei den Schrankenregelungen.

## 7. Rechtsfolgen und Aktivlegitimation

Bei den Rechtsfolgen unterscheiden sich die Gesetze wiederum. Beide Länder kennen natürlich Unterlassungs- und Schadensersatzansprüche (§§ 14 Abs. 5, 6, 15 Abs. 4, 5 MarkenG) und beide Länder gewähren dem Verletzten die Berechnung seines Schadens nach der dreifachen Schadensberechnungsmethode. Auf Unterschiede wird noch später im Text unter „E.“ eingegangen.

180 *Curto Polo*, in: Bercovitz/Comentarios-LM, Art. 8, S. 274 f. analysiert dies eingehend.

181 Zum deutschen Recht: *Ingerl/Rohnke*, § 14 Rn. 1338; Ströbele/*Hacker*, § 14 Rn. 218.

# C. Das Verhältnis zwischen Marken- und Lauterkeitsrecht in Spanien und Deutschland

In diesem Abschnitt wird das Verhältnis des Lauterkeits- zum Markenrecht in beiden Ländern dargestellt und miteinander verglichen. In Deutschland hat sich um diese Thematik eine breite Diskussion entwickelt und auch in Spanien wird das Thema rege im Rahmen des Art. 6 LCD diskutiert. Es können und sollen hier nicht alle Details, sondern eher große Meinungsströmungen und übergreifende Konturen herausgearbeitet und verglichen werden.

## I. Verhältnis des Lauterkeits- zum Markenrecht in Spanien

### 1. Einführung

Die Bestimmung des Verhältnisses des Lauterkeits- zum Markenrecht spielt bei der Bestimmung des Anwendungsbereiches und des Verständnisses der *„actos de confusión"* eine maßgebliche Rolle.

Erste Ansätze, die die Thematik aufgreifen, sind in Spanien schon zur Zeit des LPI zu finden. In den Gesetzesmaterialien des *Decreto Ley de 1929*, welches Änderungen am LPI vornahm, ist etwa von „Ergänzung" die Rede. Es wird dort die Absicht bekundet, dass man auch wie in anderen Nationen ein eigenes Gesetz gegen den unlauteren Wettbewerb schaffen wolle, welches dort in „Ergänzung" („*complemento*") zu den geltenden Gesetzen zum Schutz des geistigen Eigentums bestehen soll.[182]

Auch der alte Art. 131 LPI, der wie eine Generalklausel wirkte,[183] legte scheinbar damals das Verhältnis des *„competencia ilítia"* zu den sonstigen Schutzrechten fest. Die Rechtsprechung interpretierte die Vorschrift aber so,

---

182 *Bercovitz*, ADI 1975, S. 74 der in Fußnote 34 den Teil der Gesetzesmaterialien zitiert, in denen es im Original heißt: *„Sobre competencia ilícita son varias las naciones que han dictado leyes especiales, complemento de las vigentes para la protección de la propiedad industrial."*; Hervorhebungen durch den Verfasser.

183 Eine Übersetzung der Vorschrift findet sich im Anhang. Der Originaltext lautet: *„Art. 131. Se entiende por competencia ilícita toda tentativa de aprovecharse indebidamente de las ventajas de una reputación industrial ó comercial adquirida por el esfuerzo de otro que tenga su propiedad al amparo de a presente ley."*

dass „*competencia ilícita*" nur dort greifen könne, wo ein Schutzrecht bereits eingetragen war. An dieser Sichtweise übte *Baylos* deutliche Kritik.[184] Dies bringe den Sinn des Schutzes vor unlauterem Wettbewerb durcheinander, denn diesem gehe es gerade um ein System des nachgelagerten, ergänzenden oder vorgelagerten Schutzes und dementsprechend gerade auch um Fälle, in denen es dem Geschädigten an einem eingetragenen Recht fehle.[185]

Neben der Kritik an der Rechtsprechung unter dem LPI führt er aus, dass eine Klage aus unlauterem Wettbewerb zwei Anwendungsbereiche haben solle. Einerseits könne sie hilfsweise bzw. subsidiär („*subsidiaria*") bestehen, nämlich wenn kein Exklusivitätsrecht vorhanden sei. Andererseits solle sie aber auch ergänzend („*complementaria*") neben einem Exklusivitätsrecht Anwendung finden. Er hat als Beispiel den Fall im Auge, dass eine eingetragene Marke anders als die Eintragung oder in Verbindung mit weiteren Bestandteilen benutzt wird.[186] Letztendlich solle die Klage aus unlauterem Wettbewerb der Wiederherstellung des „*juego noble de la competencia*" dienen und daher auch vorwiegend einen wiederherstellenden Effekt („*restauradora*") und nicht einen wiedergutmachenden („*reparadora*") haben.[187]

Auch *Bercovitz* hat sich vor der Einführung des LCD in einem Beitrag von 1975 mit der Einordnung der gewerblichen Schutzrechte in das allgemeine Wettbewerbsrecht beschäftigt. Er nimmt Bezug auf schweizerische, italienische, deutsche und französische Literaturstimmen und zieht den Schluss, dass die Funktion der Kennzeichen darin bestehe, die Herstellung einer Verbindung zwischen einem Unternehmen und seinen Kunden im Wettbewerb zu ermöglichen. Wenn der Verkehr bestimmte Produkte einem bestimmten Unternehmen nicht mehr zuordnen könne, sei kein Wettbewerb denkbar. Geschäftspraktiken, die Verwechslungen zwischen Zeichen von Wettbewerbern hervorrufen können, seien daher als unlauterer Wettbewerb anzusehen.[188]

Klare und gefestigte Meinungsströmungen zu den Vorgängervorschriften des LCD lassen sich aber kaum ausmachen. Und die Rechtsprechung zum LPI kann kaum als Referenz genutzt werden, da nur sehr vereinzelt Entscheidungen ergingen und das LPI unlauteren Wettbewerb auch eher als strafrechtliches Phänomen sah (hierzu bereits oben bei „B.").

---

184 Zur Rechtsprechung und der Kritik daran: *Baylos*, Tratado von 1978, S. 370.

185 Zur Rechtsprechung und der Kritik daran: *Baylos*, Tratado von 1978, S. 370.

186 *Baylos*, Tratado, 1978, S. 353.

187 *Baylos*, Tratado, 1978, S. 359.

188 *Bercovitz*, ADI, 1975, S. 80.

Das geltende Recht klärt das Verhältnis des LCD zum LM auch nicht ausdrücklich. Eine Klärung drängt sich aber insbesondere wegen Art. 6, 11 und 12 LCD auf, da gleich drei Vorschriften sich ganz augenscheinlich mit weiten Bereichen des Markenrechts überschneiden.[189] Auf der Suche nach gesetzgeberischen Vorgaben wird man aber kaum fündig. Eine ausdrückliche Norm existiert derzeit nicht.

Erstaunlicherweise trifft das *Anteproyecto* zum CM eine Aussage bezüglich des Verhältnisses der gewerblichen Schutzrechte zum Urheberrecht. Laut Art. 360-13 CM soll nämlich der Schutz gewerblicher Schutzrechte unabhängig („*independiente*"), kumulierbar („*acumulable*") und vereinbar bzw. kombinierbar („*compatible*") mit einem etwaigen urheberrechtlichen Schutz sein, sofern der zu schützende Gegenstand die Anforderungen der jeweiligen Normen erfüllt.[190]

Der Vorschrift lässt sich zwar die Tendenz entnehmen, dass unterschiedliche Schutzrechte grundsätzlich unabhängig voneinander an einem Schutzgegenstand bestehen können, die Aussage ist jedoch äußerst abstrakt und lässt viel Raum für Interpretation. Die Vorschriften des LCD sind zwar auch teilweise eng mit den gewerblichen Schutzrechten und dem Urheberrecht verwoben, es erscheint aber zu weit hergeholt, der Norm auch einen Aussagegehalt für das Verhältnis des LCD zum LM entnehmen zu wollen. Dagegen spricht auch, dass das gesamte Lauterkeitsrecht in das CM überführt wurde, eine Aussage über das Verhältnis dieser Vorschriften zu anderen Gesetzen aber gerade nicht getroffen wurde. Man muss insofern auch davon ausgehen, dass sich der spanische Gesetzgeber der Problematik bewusst war, diesen Bereich aber gerade nicht regeln wollte. Letztendlich ist auch ohnehin noch nicht klar, ob das *Anteproyecto* des CM in dieser Form Gesetz wird.

Der Gesetzesbegründung zum LCD von 1991 könnte man zu der Thematik schon eher etwas entnehmen. Dort ist in den *Disposiciones Generales* die Rede davon, dass das vorliegende Gesetz die bereits bestehenden Marken- und

---

189 Eine Übersetzung der Vorschriften findet sich im Anhang.

190 Der Originaltext der Vorschrift lautet: „*La protección de la propiedad industrial es independiente, acumulable y compatible con la que pueda derivarse de la propiedad intelectual cuando el objeto de la misma sea susceptible de protección bajo ambas modalidades y cumpla las condiciones exigidas para ello en sus respectivas normas reguladoras.*"

Werbegesetze ergänzen bzw. vervollständigen solle („completando").[191] Auch diese Aussage bleibt aber sehr abstrakt.

## 2. Die Lehre von der *„complementariedad relativa"*

Es hat sich unter der Geltung des LCD mit der Zeit eine vorherrschende Theorie in Literatur und Rechtsprechung zum Verhältnis des Lauterkeits- zum Markenrecht herausgebildet. Es handelt sich um die sog. Lehre von der *„complementarieda relativa"*, die kaum mehr angezweifelt und als herrschend bezeichnet werden kann.[192] Sie wird meist im Rahmen des Art. 6 und 11 LCD diskutiert. Oft wird sie darüber hinaus aber auch zur Bestimmung des Verhältnisses des LCD zu sämtlichen gewerblichen Schutzrechten und dem Urheberrecht angeführt.

Nach der Lehre soll das Lauterkeitsrecht zum Markenrecht in einem Verhältnis der *„complementariedad"* stehen.[193] Bei der Grundlegung der Lehre ist der Autor *Massaguer* hervorzuheben, der umfangreiche und detaillierte Überlegungen zu der Theorie lieferte.[194] Interessanterweise wird in diesem Zusammenhang gelegentlich auch auf die Lehren von *Ulmer* hingewiesen. Dieser sei davon ausgegangen, dass sich das Lauterkeitsrecht und das Markenrecht in einem Verhältnis der gegenseitigen Ergänzung gegenüberstehen.[195]

---

191 Zu lesen ist dies in den *Disposiciones Generales* zum LCD von 1991, in BOE núm. 10, S. 959: *„La presente Ley,* ***completando*** *[...] las ya recordadas leyes de Marcas y Publicidad";* Hervorhebungen durch den Verfasser.

192 Vgl. aber *Rafael García Pérez*, Aranzadi civil-mercantil, 2012, S. 25 ff. und hierzu noch genauer unten.

193 *Sánchez Sabater*, in: Comentario práctico-LCD, Art. 6, S. 86: „cumple una función „integradora" o „complementaria"; *Curto Polo*, in: Bercovitz/Comentarios-LCD, Art. 6, Rn. 34 ff.: „complementaria"; *Massaguer*, Comentario, S. 169/Introducción, Rn. 60; Ders., in: Problemas actuales, S. 164.*Carrión/ Parada de*, CPI, 2010, S. 119: „complementariedad relativa"; *Monteagudo*, in: XXIX Jornadas de estudio sobre Propiedad Industrial e Intelectual, S. 105 spricht hier von *„carácter complementario"*; *Martín Aresti*, in: Marca y Publicidad Comercial, S. 161: *„complementariedad"*.

194 Hervorzuheben sind dabei die umfangreichen Ausführungen in *Massaguer*, Comentario, Introducción, Rn. 60 und Art. 6 Rn. 1 ff.; und *Ders.*, La protección de los signos distintivos y prestaciones objecto de Propiedad Intelectual por medio de la Ley de Competencia Desleal, in: Problemas actuales, 2011, S. 158–194.

195 Auf die Lehre von Ulmer weist *Monteagudo*, ADI 1993, S. 76 ff. hin, und meint hier das Werk: *Ulmer*, Warenzeichen und unlauterer Wettbewerb in ihrer Fortbildung durch die Rechtsprechung, Berlin, 1929.

Auch in der Rechtsprechung hat sich diese Terminologie durchgesetzt und die Lehre wird regelmäßig in Entscheidungen herangezogen. Nur beispielhaft sei die Entscheidung des *Tribunal Supremo* vom 2. September 2015 angeführt:

> *„La jurisprudencia sobre la relación entre las normas que regulan los derechos de exclusiva de propiedad industrial y las de competencia Desleal, sigue el denominado principo de* ***complementariedad relativa*** *[...].*“[196]

Das Gericht geht also davon aus, dass das Verhältnis zwischen Normen über die Exklusivitätsrechte und denen des unlauteren Wettbewerbs dem Prinzip der „*complementariedad relativa*“ folge. Derartige Aussagen finden sich in zahlreichen Entscheidungen des *Tribunal Supremo* und auch der Untergerichte.[197]

### 3. Weitere Lehren: „*circulos concentricos*“ und „*acumulación indiscriminada*“

Es gibt kaum andere, derart verbreitete Ansätze zur Bestimmung des Verhältnisses des LCD zum LM oder zu den gewerblichen Schutzrechten. Eine andere Terminologie verwendet jedoch beispielsweise teilweise *Bercovitz*, der bei der Bestimmung des Verhältnisses oft von „*circulos concentricos*“ spricht.[198] Hiernach sei der Schutz vor unlauterem Wettbewerb historisch gesehen als eine Ausdehnung des Schutzes der Rechte des geistigen Eigentums und speziell des Markenrechts zu begreifen.[199] Die beiden Rechtsmaterien, also das LCD einerseits und die absoluten Rechte des geistigen Eigentums andererseits, sollen zwei Kreise bilden. Die absoluten Rechte bilden dabei den inneren und kleineren Kreis und das LCD den äußeren und breiteren Kreis. Der kleinere Kreis stehe für den Kern des Schutzes und der äußere Kreis für das LCD, welches

---

196 STS vom 02.09.2015 (RJ 2015/4745); Hervorhebungen durch den Verfasser.

197 Vgl. die zahlreichen Nachweise bei *Massaguer*, Problemas actuales, 165 ff. und aus der aktuellen Rechtsprechung z.B. STS vom 15.09.2017 (RJ 2017/4014); STS vom 15.02.2017 (RJ 2017/586); STS vom 15.12.2016 (JUR 2017/19118); STS vom 16.11.2016 (RJ 2016/5725); STS vom 02.09.2015 (RJ 2015/4745); STS vom 03.03.2015 (RJ 2015/1286); AP Barcelona vom 24.01.2108 (JUR 2018/84817); AP Alicante vom 20.12.2017 (AC 2017/1934); AP A Coruña vom 19.12.2017 (AC 2017/1831); AP Cantabria 15.12.2017 (AC 2017/1698).

198 So unter anderen in *Bercovitz*, A., La regulación contra la competencia desleal, S. 19 ff.; *Ders.*, Apuntes, S. 372; *Ders.*, DN, 1992, S. 1 ff.; und auch *Marco Arcalá*, in: Bercovitz/Comentarios-LCD, Art. 20 Rn. 2 ff., der allerdings auf Autoren verweist, die diese Terminologie nicht verwenden.

199 *Bercovitz, A.*, Apuntes, S. 371 wobei er insbesondere auf Art. 10bis PVÜ verweist.

einen weiteren, aber weniger starken Schutz biete. Dort komme es nämlich auch immer auf die Umstände des Einzelfalls an.[200] Die Verletzung von Kennzeichenrechten sei auch immer unlauterer Wettbewerb.[201] Die Grenzen seien aber nicht statisch zu verstehen, sondern sie seien veränderbar. Der Gesetzgeber habe die Möglichkeit, verschiedene Handlungen zu typisieren und so dem einen oder anderen Bereich zuzuweisen.[202]

In dieser Abstraktheit sind die Unterschiede zu der Theorie von der „*complementariedad relativa*" kaum ersichtlich. Beiden Ansätzen ist jedenfalls wohl gemein, dass es einen Bereich gibt, der ausschließlich dem Markenrecht zugewiesen sein soll. Die Ausprägungen der Theorie im Einzelnen wären aber entscheidend für eine genauere Determinierung der Unterschiede. Sie werden aber von *Bercovitz* nicht näher ausgeführt.

Gelegentlich wird auch auf einen weiteren Ansatz hingewiesen und von „*acumulación indiscriminada*" gesprochen.[203] Es solle darum gehen, dass bei Verletzung einer Marke ohne Weiteres auch Art. 6 LCD Anwendung finden kann.[204] Die Theorie geht also von einem völligen Nebeneinander beider Rechtsmaterien aus. Die Theorie wird aber von der Literatur kaum aufgegriffen oder inhaltlich diskutiert.

## 4. Erklärungsansätze für die Theorie der „*complementariedad relativa*"

Die umfangreichsten Ausführungen zur Theorie von der „*complementariedad relativa*" sind bei *Massaguer* zu finden, auf die andere Autoren regelmäßig verweisen.[205]

---

200 *Bercovitz, A.*, Apuntes, S. 372.

201 *Bercovitz, A.*, Apuntes, S. 371 f.

202 *Bercovitz, A.*, Apuntes, S. 372.

203 *Massaguer*, Comentario, Art. 6 Rn. 2 weist auf diese Theorie hin und schreibt sie *Fernandez Novoa* zu.

204 In diese Richtung *Fernández-Novoa*, El sistema comunitario de marcas, S. 235 in Fußnote 109; *Fernández-Novoa,* El enriquecimiento injustificado en el derecho industrial, S. 68 ff.; auch *Massaguer*, Comentario, Art. 6 Rn. 2 weist auf diese beiden Fundstellen hin und interpretiert diese im obigen Sinne.

205 Vgl. *Massaguer*, Comentario, Introducción, Rn. 60 und Art. 6 Rn. 1 ff.; und *Ders.*, La protección de los signos distintivos y prestaciones objecto de Propiedad Intelectual por medio de la Ley de Competencia Desleal, in: Problemas actuales, 2011, S. 158–194.

Nach ihm verfolgen das Wettbewerbsrecht und das Recht des geistigen Eigentums zwar teilweise ähnliche politische und legislative Ziele, beide Systeme sollen aber Innovationen fördern und den Leistungswettbewerb aufrechterhalten. Sie sichern Markttransparenz und fördern dadurch Ausdifferenzierungen und Investitionen in den Aufbau von Reputation und reduzieren so auch Informations- und Geschäftskosten.[206]

Das LCD und das LM statuieren darüber hinaus auch ähnliche Verletzungsmodalitäten, wie das Verbot der Behinderung (*obstaculización*), des Hervorrufens von Verwechslungen (*confusión*) oder der Rufausbeutung (*explotación de reputación ajena*). In der Regel sei es auch so, dass Verletzungen von Rechten des geistigen Eigentums zu Zwecken des Wettbewerbs und im geschäftlichen Verkehr begangen werden und somit regelmäßig der Anwendungsbereich des LCD eröffnet sei.[207]

Andererseits sind beide Gesetze von unterschiedlichen Schutzmechanismen geprägt. Das Lauterkeitsrecht enthalte objektive Marktverhaltensregeln, „generalklauselartige" Tatbestände und breite und unbestimmte Rechtsbegriffe. Hierdurch sei eine Anpassung an veränderte Verhaltensweisen und Wettbewerbsstrategien gewährleistet und es könne eine Einzelfallbetrachtung vorgenommen werden.[208] Das geistige Eigentum hingegen sei durch die Anerkennung absoluter Rechte und einer statischen Bestimmung des Inhalts, materieller und formaler Schutzvoraussetzungen und -hindernisse sowie Schrankenregelungen geprägt. Konsequenz sei ein präziser und stärkerer Schutz, wobei es sich bei der Feststellung einer Rechtsverletzung generell verbiete, auf eine wettbewerbswidrige Wirkung im konkreten Fall abzustellen. Letzteres sei auch durch die legislative Entscheidung bedingt, die Rechte als Registerrechte auszugestalten. Dieser präzise Schutz mündet in einem beschränkten Anwendungsbereich.[209] Der Autor ist der Auffassung, dass sich vor diesem Hintergrund ein Verständnis im Sinne einer Generalität und Spezialität beider Gesetze oder einem uneingeschränkten Nebeneinander verbiete. Die Gesetze stünden vielmehr in einem Verhältnis der „*complementariedad relativa*".[210]

Bei der Grundlegung der Theorie wird zudem oft auf das im Markenrecht geltende Registerprinzip (*principio de registro*) und Spezialitätsprinzip

206 *Massaguer*, Problemas actuales, S. 157 ff.
207 *Massaguer*, Problemas actuales, S. 159.
208 Massaguer, Problemas actuales, S. 160 f.
209 *Massaguer*, Problemas actuales, S. 160 f.
210 *Massaguer*, Problemas actuales, S. 164.

(*principio de especialidad*) hingewiesen. Ersteres besagt, dass das Markenrecht dem Inhaber nur insoweit ein Exklusivitätsrecht zuweist, als dass es registerfähig ist und nur in der Form, wie es tatsächlich im Register eingetragen ist. Das Spezialitätsprinzip besagt, dass sich das Exklusivitätsrecht nur auf diejenigen Waren und Dienstleistungen erstreckt, für die es angemeldet ist.[211] Nur in diesem Rahmen bezwecke das Markenrecht, den Inhaber des Exklusivitätsrechts vor Eingriffen in seine Rechtsposition zu schützen. Im Markenrecht geht es um den Schutz des Markeninhabers und seines Exklusivitätsrechts und im LCD um den Schutz jedes Marktteilnehmers und des Marktes an sich.[212]

Die aufgezeigten Prinzipien werden auch regelmäßig von der Rechtsprechung aufgegriffen, so wie beispielhaft in der Entscheidung des *Tribunal Supremo* vom 18. Oktober 2014, in der das Gericht ausführt: „*Bei der Frage des Verhältnisses des LM und des LCD muss auf die unterschiedlichen **Funktionen** beider Gesetze abgestellt werden. Ersteres bezieht sich auf ein subjektives Recht über ein Immaterialgut mit Wirkung ‚**erga omnes**' [...] das Gesetz gewährt dem Inhaber des Zeichens Schutz [...]. Das Lauterkeitsrecht zielt auf den Schutz eines **funktionierenden Marktes**, es ist bestrebt, ein juristisches Instrument zur **Ordnung von Geschäftspraktiken** zu sein. Adressat dieses Schutzes ist nicht nur der Inhaber einer Marke, sondern jeder Marktteilnehmer und auch der Markt selbst.*"[213]

---

211 *Sánchez Sabater*, in: Comentario práctico-LCD, S. 82 f.

212 *Massaguer*, Problemas actuales, 160 ff.

213 Übersetzung und Hervorhebungen durch den Verfasser. Der Originaltext von *STS vom 18.10.2014* lautet: „*En efecto, la primera se refiere un derecho subjetivo sobre un bien inmaterial, de naturaleza real, aunque especial, con la eficacia "erga omnes" propia de tal tipo de derecho patrimonial, al que da una protección condicionada – como regla, a un previo registro, no al uso -en tanto la caducidad no se declare -; en los sistemas de inscripción constitutiva, la legislación sobre marcas otorga protección al titular del signo si es que está registrado – también con anterioridad a ese momento, pero con un alcance limitado y provisional – y tal como lo hubiera sido en sus aspectos sustanciales, no tal como fuera usado e, incluso, con independencia de que el producto o el servicio marcado se hubieran introducido en el mercado. La legislación sobre competencia desleal tiene como fin proteger el correcto funcionamiento del mercado, pues pretende ser un instrumento jurídico de ordenación de las conductas que en él se practican. Destinatario de esa protección no es, por tanto, el titular de la marca, como tal, sino todo el que participe en el mercado y el mercado mismo – en tal sentido la sentencia 1167/2008, de 15 de diciembre, entre otras.*"

Bei der Bestimmung des Verhältnisses der beiden Gesetze auf die unterschiedlichen Schutzzwecke abzustellen, ist ein grundlegender Ansatz der meisten tieferen Auseinandersetzungen in der Literatur mit dem Thema.[214]

## 5. Inhalt und Anwendungsbereich der Theorie

Die Bezeichnung der Theorie mit „*complementariedad relativa*" macht bereits eines deutlich: Das LCD soll nur „ergänzend" zur Anwendung kommen; um ein völliges Nebeneinander der Gesetze geht es nicht. Es muss daher einen Bereich geben, in dem ausschließlich das LM zur Anwendung kommt. Man stößt insofern regelmäßig auf die Umschreibung, dass das LCD nicht dazu diene, die Vorschriften des LM zu wiederholen, den Schutz zu verdoppeln, abzulösen oder zu ersetzen.[215] Diese Formulierungen finden sich auch regelmäßig in der Rechtsprechung.[216] Oftmals wird auch davon gesprochen, dass das LCD auch dort keine Anwendung finden soll, wo der Schutz nach dem LM ausreichend sei („*resulta suficiente*").[217]

Wenn eine Verhaltensweise vom Anwendungsbereich des LM vollständig erfasst wird, solle auch nur dieses Gesetz zur Anwendung kommen.[218] Das LCD komme hingegen zum Zug, sofern in objektiver oder subjektiver Hinsicht ein eigener wettbewerbswidriger Aspekt hinzukomme, der vom Anwendungsbereich des Schutzrechts nicht abgedeckt ist und das LM die Verhaltensweise andererseits auch nicht für erlaubt erachtet.[219]

Die Theorie läuft daher auf eine Einzelfallbetrachtung hinaus. Es muss danach gefragt werden, ob das LM die konkrete Verhaltensweise abdeckt und die Anwendung des LCD dürfe auch nicht im Widerspruch zu den Vorschriften des LM oder anderer Vorschriften zum Schutze von gewerblichen Schutzrechten stehen.[220] Das LCD dürfe daher beispielsweise auch keine Zeichen schützen,

---

214 So auch bei *Monteagudo*, ADI 1993, S. 80 ff.

215 *Massaguer*, Problemas actuales, S. 164; *Sánchez Sabater*, in: Comentario práctico, S. 85 ff.

216 So z.B. bei *STS* v. 24.03.2008 – *Diesel/Doldi* (RJ 2008, 4058): „[…] *aunque la Ley de 1991 contenga una protección complemantaria de los derechos de exclusiva, **esto no significa que haya desplazado, sustituido o duplica la protección específica de la propiedad industrial por sus leyes especiales.***"; Hervorhebungen durch den Verfasser.

217 *Curto Polo*, in: Bercovitz/Comentarios-LCD, Art. 6, Rn. 32.

218 *Massaguer*, Problemas actuales, S. 165.

219 *Massaguer*, Problemas actuales, S. 166.

220 *Massaguer*, Problemas actuales, S. 168, 176 f.

denen es an Unterscheidungskraft fehle oder die beschreibend im Sinne von Art. 5.1. b), c), Art. 2 LM seien. Andersherum dürfen auch keine Verhaltensweisen verboten werden, die das LM erlaubt, so wie beispielsweise die Benutzung des eigenen Namens oder der Anschrift, den Hinweis auf Qualität oder andere zulässige produktbezogene Hinweise im Sinne des Art. 37 LM.[221] Bei der ergänzenden Anwendung des LCD sei daher auf eine systematische Kohärenz und insbesondere auf die Grenzen und Schranken des LM zu achten.[222] Hierzu beispielhaft ein Auszug aus einer Entscheidung des AP *Barcelona*:[223]

> *„La Ley otorga, al fin, un amparo indicrecto y complimentarios allí en donde no alcance la Ley de Marcas, siempre sea preciso para un cirrecto funcionamiento concurrencial del mercado* ***y no resulte incompatible con las normas que integran el específico régimen jurídico de los signos****“.*[224]

Das Gericht betont, dass das LCD dort nicht ergänzend zur Anwendung kommen dürfe, wo dies mit Normen des Markenrechts nicht zu vereinbaren wäre („*… no resulte incompatible con las normas que integran el específico régimen jurídico de los signos …*“).

Nachfolgend wird noch ein Auszug einer Entscheidung des *AP Guipúzoca* vom Oktober 2016 wiedergegeben, in dem das Gericht eindrucksvoll zusammenfasst, was wohl als herrschende Meinung in der Rechtsprechung und Literatur zum Verhältnis des Marken- und Lauterkeitsrechts in Spanien gilt und eine Wiedergabe der Theorie von der „*complementariedad relativa*“ in ihrer „modernen“ ausdifferenzierten Form darstellt:[225]

---

221 *Massager*, Problemas actuales, S. 177.

222 *Massaguer*, Problemas actuales, S. 178.

223 AP Barcelona (Secc. 15), vom 21.11.2001 (AC 2004, 287).

224 Hervorhebungen durch den Verfasser.

225 *AP Guipúzcoa*, vom 14.10.2016 (AC 2016/2076) in Übersetzung durch den Verfasser: „*Die Rechtsprechung der Ersten Kammer des Obersten Gerichtshofs zum Verhältnis zwischen den Regeln, die die Ausschließlichkeitsrechte des gewerblichen Eigentums und denen des unlauteren Wettbewerbs regeln, folgt dem Grundsatz der relativen Komplementarität (so SSTS 17. Oktober 2012 (RJ 2012, 9718), 11. März 2014, 3. September 2014 und 2. September 2015 (RJ 2015, 4745)). Ausgehend von den unterschiedlichen Funktionen der Regeln des unlauteren Wettbewerbs und der Marken (die Marke, ein subjektives Recht der einen immateriellen Vermögenswert schützt, mit der Wirkung „erga omnes“, die für diese Art von Rechten typisch ist und das Wettbewerbsrecht, welches nicht direkt auf den Schutz der Marke zielt, sondern das ordnungsgemäße Funktionieren des Marktes), soll das Kriterium der relativen Komplementarität folgende Aussagen treffen: erstens, die bloße Verletzung von Marken sollte nicht einfach unlauteren Wettbewerb darstellen; und andererseits, handelt es*

*„La jurisprudencia de la Sala 1ª del Tribunal Supremo sobre la relación entre las normas que regulan los derechos de exclusiva de propiedad industrial y las de competencia desleal, sigue el denominado principio de complementariedad relativa (así SSTS 17 de octubre de 2012 (RJ 2012, 9718), 11 de marzo de 2014, 3 de septiembre de 2014 y 2 de septiembre de 2015 (RJ 2015, 4745)).*
*Partiendo de la distinta función que cumplen las normas de competencia desleal y las de marcas (la de marcas protege un derecho subjetivo sobre un bien inmaterial, de naturaleza real, aunque especial, con la eficacia ‚erga omnes' que es propia de tal tipo de derecho patrimonial y la legislación sobre competencia desleal tiene como fin proteger, no el derecho sobre la marca, sino el correcto funcionamiento del mercado), el criterio de la complementariedad relativa sitúa la solución entre dos puntos: de una parte, la mera infracción de estos derechos marcarios no puede constituir un acto de competencia desleal; y de otra, tampoco cabe guiarse por un principio simplista de especialidad legislativa, que niega la aplicación de la Ley de Competencia Desleal (RCL 1991, 71) cuando existe un derecho exclusivo reconocido en virtud de los registros marcarios a favor de sus titulares y estos pueden activar los mecanismos de defensa de su exclusiva.*
*Como se ha dicho en la doctrina, el centro de gravedad de la realidad radica en los criterios con arreglo a los cuales han de determinarse en qué casos es procedente completar la protección que dispensan los sistemas de propiedad industrial con el sometimiento de la conducta considerada a la Ley de Competencia Desleal.*

---

*sich nicht um ein einfaches Prinzip der Spezialität, welches die Anwendung des UWG verneint, wenn ein registriertes Recht existiert und der Inhaber daraus Rechte ableiten kann. Wie in der Lehre dargelegt, liegt der Schwerpunkt in den Kriterien, nach denen zu bestimmen ist, in welchen Fällen es angebracht ist, den Schutz der Systeme des gewerblichen Eigentums mit denen des unlauteren Wettbewerbs zu vervollständigen bzw. zu ergänzen. Auf der einen Seite ist es nicht angemessen, auf das Gesetz gegen den unlauteren Wettbewerb zurückzugreifen, um Verhaltensweisen zu bekämpfen, die vollständig in den Bereich der Markenvorschriften fallen (in Bezug auf denselben Sachverhalt und dieselben Aspekte oder Dimensionen der Tatsachen). Es ist daher zu prüfen, ob das Verhalten Facetten abwertender oder wettbewerbswidriger Wirkungen aufweist, die sich von denjenigen unterscheiden, die zur Festlegung und Abgrenzung des durch die Markenregelungen verliehenen Rechtsschutzes bestehen. Auf der anderen Seite, solle das Gesetz gegen den unlauteren Wettbewerb auf Verhaltensweisen im Zusammenhang mit der Benutzung eines Kennzeichens Anwendung finden, die eine spezifische Facette oder wettbewerbswidrige Dimension aufweisen, die sich von denjenigen der Verletzung von Marken unterscheidet. Und schließlich hängt die ergänzende Anwendung davon ab, dass die Bejahung des Unwerts und der Rechtsbehelfe keinen systematischen Widerspruch zu den Lösungen des Markenrechts darstellt. Was insofern nicht passt, ist, neue Exklusivrechte zu schaffen oder etwas zu sanktionieren, was ausdrücklich erlaubt ist. Letztendlich hängt die Anwendung der einen oder der anderen Vorschrift oder beider gleichzeitig davon ab, was der Kläger vorbringt und was der tatsächliche Sachverhalt ist, sowie die geltend gemachten Verhaltensweisen.".*

*De una parte, no procede acudir a la Ley de Competencia Desleal para combatir conductas plenamente comprendidas en la esfera de la normativa de Marcas (en relación con los mismos hechos y los mismos aspectos o dimensiones de esos hechos). De ahí que haya que comprobar si la conducta presenta facetas de desvalor o efectos anticoncurrenciales distintos de los considerados para establecer y delimitar el alcance de la protección jurídica conferida por la normativa marcaria.*
*De otra, procede la aplicación de la legislación de competencia desleal a conductas relacionadas con la explotación de un signo distintivo, que presente una faceta o dimensión anticoncurrencial específica, distinta de aquella que es común con los criterios de infracción marcaria.*
*Y, en última instancia, la aplicación complementaria depende de la comprobación de que el juicio de desvalor y la consecuente adopción de los remedios que en el caso se solicitan no entraña una contradicción sistemática con las soluciones adoptadas en materia marcaria. Lo que no cabe por esta vía es generar nuevos derechos de exclusiva ni tampoco sancionar lo que expresamente está admitido.*
*En definitiva, la procedencia de aplicar una u otra legislación, o ambas a la vez, dependerá de la pretensión de la parte actora y de cual sea su fundamento fáctico, así como de que se demuestre la concurrencia de los presupuestos de los respectivos comportamientos que han de darse para que puedan ser calificados como infractores conforme alguna de ellas o ambas a la vez.*“

Das Gericht betont also, dass das LCD in Bereichen, die vollständig dem Markenrecht zugewiesen sind, nicht zur Anwendung komme. Für eine Anwendung des LCD müsse daher die Verhaltensweise einen unlauteren Aspekt aufweisen, der in dieser Gestalt nicht vom Anwendungsbereich des Markenrechts erfasst werde. Andererseits dürfe die Anwendung des LCD aber nicht zu systematischen Widersprüchen mit den Regelungen des Markenrechts führen. Das LCD dürfe insofern keine neuen Exklusivitätsrechte schaffen, aber auch nicht das verbieten, was ausdrücklich erlaubt sei.[226] Weiterhin stellt das Gericht in prozessualer Hinsicht fest, dass die Frage nach der Anwendung der einen oder der anderen Norm oder beider gleichzeitig davon abhängt, was die Parteien als Sachverhalt vortragen.

Die Kollisionen der Anwendungsbereiche des Markenrechts mit deren des LCD hängt nach der Theorie also vom Einzelfall ab. Es werden in der Literatur

226 So wie in der oben zitierten Entscheidung nahezu wortlautgetreu zu finden in vielen Entscheidungen des TS, beispielsweise auch in der aktuellen Entscheidung vom 15.09.2017: „*[...] Y, en última instancia, la aplicación complementaria depende de la comprobación de que el juicio de desvalor y la consecuente adopción de los remedios que en el caso se solicitan no entraña una contradicción sistemática con las soluciones adoptadas en materia marcaria. Lo que no cabe por esta vía es generar nuevos derechos de exclusiva ni tampoco sancionar lo que expresamente está admitido.*“

daher oft Fallgruppen im Rahmen des Art. 6 LCD gebildet, bei denen die Norm typischerweise Anwendung finden soll. In einem Beitrag bildet *Massaguer* vier übergreifende Fallgruppen. Dies seien zum einen Fälle, bei denen es an einem Exklusivitätsrecht fehlt. Weiterhin Sachverhalte, bei denen ein wettbewerbswidriges Verhalten im Raum stehe, welches vom LM nicht erfasst werde. Ferner seien es diejenigen Fälle, bei denen sich die Rechtsfolgen des LCD und LM unterscheiden und schließlich auch die Fälle fehlender Aktivlegitimation nach den Vorschriften des LM. Diese und weitere Fallgruppen werden weiter unten in der Arbeit unter „E." und „F." aufgegriffen.

### 6. Kritik aus der Literatur an der Theorie der „*complementariedad relativa*"

Die aufgezeigte Theorie von der „*complementariedad relativa*" wurde und wird in der Literatur und Rechtsprechung kaum mehr angezweifelt oder kritisiert. Wenn überhaupt werden bei einzelnen Fallgruppen der Anwendungsbereich und die Grenzen diskutiert. Es sticht insofern ein Beitrag von *García Pérez* heraus, der die Grundlagen der Theorie vor dem Hintergrund der UGP-RL und der jüngsten Entwicklungen in Deutschland zum Verständnis für das Verhältnis des Lauterkeits- und Markenrechts hinterfragt.[227] Der Autor zeigt die Entwicklungen der Rechtsprechung in Spanien auf und vergleicht diese insbesondere mit den Entwicklungen in Deutschland und der Entwicklung der sog. „Vorrangthese". Er sieht dabei Parallelen zwischen dieser These und der Theorie von der „*complementariedad relativa*" und zeigt die Kritik an der „Vorrangthese" in Deutschland auf, insbesondere vor dem Hintergrund der UGP-RL. Er ist der Ansicht, dass die in Spanien verbreitete Theorie Züge einer „Vorrangthese" hat, und möchte im Ergebnis auch in Spanien zu einem Umdenken anregen. Vor dem Hintergrund des Art. 6.2 UGP-RL sieht er es als unvereinbar an, in Bereichen des Hervorrufens einer lauterkeitsrechtlichen Verwechslungsgefahr das Lauterkeitsrecht durch einen abschließenden Anwendungsbereich des Markengesetzes zu verdrängen.[228]

## II. Entwicklungen und Diskussionsstand in Deutschland

In Deutschland ist das Verhältnis des Marken- und Lauterkeitsrechts auch „seit jeher"[229] Gegenstand von Diskussionen. Die Flut an Beiträgen, Meinungen und

227 *García Pérez,* Aranzadi Civil-Mercantil, 2012, S. 1 ff.

228 *García Pérez,* Aranzadi Civil-Mercantil, 2012, S. 2 ff. und S. 12.

229 *Bornkamm*, FS Loschelder, S. 31 und auch *Fezer*, WRP 2000, 863.

Urteile zu diesem Problemkreis ist enorm und soll hier nicht erschöpfend ausgewertet werden. Vielmehr wird nachfolgend versucht, größere Meinungsströmungen und Wendepunkte aufzuzeigen.

## 1. Das „einheitliche und erschöpfende" Registerrecht des Reichsgerichts und weitere Entwicklungen

Das Reichsgericht lehnte in der Entscheidung *Apolinarisbrunnen* eine Anwendung des allgemeinen Deliktsrechts neben dem Warenschutzgesetz von 1874 ab. Das Gericht ging davon aus, dass der Markenschutz „einheitlich und erschöpfend" sei:

> *„Indessen kann eine Anwendbarkeit des Art. 1382 Code civil in dieser Hinsicht nicht zugestanden werden. Das Warenschutzgesetz hat sich, wie schon die Einleitung zu den Motiven des Entwurfs deutlich ergiebt (Reichstagsverh. 1874/75 Nr. 20), zur Aufgabe gestellt, den Schutz der Warenbezeichnungen, mögen dieselben in willkürlich gewählten Figuren oder in Namen und firmen bestehen, auch civilrechtlich für das Deutsche Reich* ***einheitlich und erschöpfend*** *zu regeln; damit wäre es aber unvereinbar, eine Handlung, welche nach dem Markenschutzgesetz erlaubt ist, im Geltungsgebiete des Art. 1382 Code civil als eine widerrechtliche, welche zum Schadensersatz verpflichten würde, anzusehen."*[230]

Die Entscheidung wurde bekanntlich schon von der damaligen Literatur kritisiert.[231] Eine „Öffnung" des Zeichenrechts für „wettbewerbsrechtliche Betrachtungen" fand dann jedoch unter dem Gesetz zum Schutz der Warenbezeichnungen von 1894 (WbzG) statt. Man verabschiedete sich von der strengen registerrechtlichen Sichtweise und billigte über § 15 WbzG auch Kennzeichen Schutz zu, die nicht als Warenzeichen eingetragen waren, aber innerhalb beteiligter Verkehrskreise als Kennzeichen galten (sog. „Ausstattungsschutz"). Die Hauptbedeutung der Vorschrift lag in der Erweiterung des Kennzeichenschutzes für nicht eintragungsfähige Formen der Waren oder ihrer Verpackungen. Ihnen wurde zwar kein voller, aber ein beschränkter Rechtsschutz gegen unredliche, auf Täuschung des Publikums angelegte Benutzungen zugebilligt.[232] Die Vorschrift solle in das WbzG aufgenommen worden sein, weil es noch kein Gesetz gegen den unlauteren Wettbewerb gab.[233] Über § 826 des BGB von 1900

---

230 Urteil des Reichsgerichts vom 30.11.1880, Az. II 295/80 (RGZ 3, 67 ff.); Hervorhebungen durch den Verfasser.

231 Vgl. *Beier/Kur*, FS Fikentscher, S. 478 in Fn. 6 mit umfassenden Nachweisen zur damaligen Kritik in der Literatur.

232 *Beier*, GRUR 1967, 628 (629) m. w. N.

233 *Beier*, GRUR 1967, 628 (629).

wurde dem Inhaber eines durchgesetzten Zeichens zudem ein Arglisteinwand gegenüber nachträglichen Eintragungen von Dritten gewährt.[234]

Nach der Schaffung eines Gesetzes gegen den unlauteren Wettbewerb wurde der Schutz von nicht eingetragenen Kennzeichen von der Rechtsprechung nach und nach in die dortige Generalklausel transportiert. Bekannte und benutzte Ausstattungen sollten sich ihrerseits gegenüber nicht benutzten eingetragenen Marken durchsetzen und in der Rechtsprechung ging man so weit, beim Wettbewerbsrecht von einem „Recht höherer Ordnung" zu sprechen.[235] *Ulmer* lehnte diese Entwicklungen ab und konstituierte, dass das Markenrecht weder speziell, noch das Wettbewerbsrecht ein Recht höherer Ordnung sei. Er vertrat die Ansicht, dass es sich um „gegenseitig ergänzende Ordnungen" handele und ihm folgend setzte sich die Konzeption durch, dass das Warenzeichenrecht ein Teil des allgemeinen Wettbewerbsrechts sei.[236] Auch auf internationaler Ebene, insbesondere mit der Anerkennung des notorisch bekannten, aber nicht eingetragenen Zeichens (Art. 6bis PVÜ) setzte sich die Ansicht durch.[237]

### 2. Entwicklung des Markenrechts zum Immaterialgut und Anpassung an die ökonomische Wirklichkeit: Die Lehre von der „qualifizierten betrieblichen Herkunftsangabe", Beschränkung der Aktivlegitimation und Schutz bekannter Marken

Im Laufe der Zeit wurde das Markenrecht an die ökonomische Wirklichkeit angepasst. Die Lehre von der „qualifizierten betrieblichen Herkunftsangabe" ist in diese Entwicklung einzuordnen. Das Kriterium entschied unter anderem darüber, ob eine Löschungsklage von Dritten gegen ein Zeichen erhoben werden konnte. Erforderlich für eine erfolgreiche Klage war, dass das Zeichen inhaltlich unwahr ist. Der mit dem Zeichen versehenen Ware musste der „Anschein einer Beschaffenheit oder einer sonstigen nicht bloß die Herkunft aus dem anderen Betriebe betreffende Eigentümlichkeit [zukommen] die die Ware nicht hat."[238] Es musste sich um ein „besonderes Gütezeichen" handeln.[239]

---

234 *Beier/Kur*, FS Fikentscher, S. 479 mit Darstellung der Entscheidung RG v. 21.06.1907, RGZ 66, 236 – *Sansibar.*

235 *Beier/Kur*, FS Fikentscher, S. 480 mit Zitaten aus der Rechtsprechung des Reichsgerichts.

236 *Beier/Kur*, FS Fikentscher, S. 481.

237 *Beier/Kur*, FS Fikentscher, S. 482.

238 RG Urt. v. 26.11.1920, RGZ 101, 25 (29) – *Bärenmarke.*

239 RG Urt. v. 17.05.1939, GRUR 1939, 806 (807) – *AEG.*

Der BGH übernahm diese Grundsätze und sie wurden auch im Rahmen der unrichtigen Angaben bei § 3 UWG angewandt.[240]

Hintergrund dieser Lehre war das Verständnis, dass es bei dem Hervorrufen einer Verwechslungsgefahr bzw. einer Irreführung über die betriebliche Herkunft allein um den Individualschutz des Inhabers des verletzten Kennzeichens gehe.[241] Verbinde der Verkehr mit dem Zeichen aber zusätzlich eine „besondere Gütevorstellung", so sei nicht nur das Individualinteresse, sondern auch das Allgemeininteresse verletzt.[242] Dieses Verständnis wurde von der Literatur überwiegend zustimmend kommentiert.[243] Abgesehen von diesem eingeschränkten Bereich sollte § 3 UWG dadurch auch von einer Anwendung auf Kennzeichen ferngehalten werden. Grund war unter anderem die Befürchtung, dass die Dispositionsbefugnis des Kennzeicheninhabers hierdurch „gestört" werden könnte und man eine Vorverlagerung des Schutzes durch § 3 UWG vermeiden wollte.[244] Das Zurückdrängen des Irreführungsverbotes durch diese Lehre kann zudem als eine flankierende Maßnahme zur Anerkennung der Warenzeichenlizenz aufgefasst werden.[245]

Die Entwicklungen zeigen, dass das Wettbewerbsrecht zur Abschirmung und Stärkung des Markenrechts zurückgedrängt wurde. Gleichzeitig wurde mit dem Wettbewerbsrecht auf sich verändernde Werbemethoden reagiert und es konnte so z. B. beim Schutz bekannter Kennzeichen zum Einsatz kommen.

---

240 BGH Urt. v. 22.02.1952, GRUR 1952, 577 (581) – *Zwilling*; BGH GRUR 1966, 267 (270).

241 BGH GRUR 1966, 267 (270) – White Horse, mit Hinweis auf die Normen § 12 BGB, § 16 UWG, §§§ 24, 25, 31 WZG.

242 BGH GRUR 1966, 267 (270) – White Horse; und zum Ganzen die umfassende Darstellung bei Henning-Bodewig/*Kur*, Marke und Verbraucher, Bd. II, S. 21 ff.

243 Vgl. die Nachweise in Fn. 30 bei Henning-Bodewig/*Kur*, Marke und Verbraucher, Bd. II, S. 25, jedoch schon dort mit dem kritischen Hinweis, dass die Abgrenzungskriterien nicht ausreichend beleuchtet wurden und S. 26 ff. zu den einzelnen Argumenten der h.L.; zur damaligen vereinzelten Kritik vgl. S. 29 f. und auch die kritische Diskussion auf S. 30 ff. und insbesondere 35 ff.; und *Kur*, GRUR 1989, 240 (242):

244 Henning-Bodewig/*Kur*, Marke und Verbraucher, Bd. II, S. 37.

245 *Bornkamm*, FS von Mühlendahl, S. 11; *Bornkamm*, in: Ohly/Klippel, S. 188 ff.; *Bornkamm*, GRUR 2005, 97.

### 3. Das Markengesetz von 1994: Wendepunkt und Emanzipation der Marke vom Wettbewerbsrecht und die Verfestigung der „Vorrangthese“

Dem Warenzeichenrecht wird nachgesagt, es habe eine „Zwitterrolle“ eingenommen, weswegen es auch konsequenterweise nur als Ausschnitt des allgemeinen Wettbewerbsrechts verstanden wurde.[246] Das Markengesetz von 1994 hingegen geht von einer uneingeschränkten Übertragbarkeit und Lizenzierbarkeit der Marke aus, die sich erst hierdurch eindeutig den Immaterialgüterrechten zuordnen ließ.[247] Schon in der Einleitung des Gesetzesentwurfes ist davon die Rede, dass „das neue Markengesetz [...] eine vollständige und in sich geschlossene Regelung über den Schutz der im geschäftlichen Verkehr verwendeten Kennzeichen (Marken, geschäftliche Bezeichnungen, geographische Herkunftsangaben)“ enthalte.[248] Die „unsystematische und nur historisch zu erklärende Aufspaltungen der Regelungen“ des Kennzeichenschutzes im Warenzeichengesetz und im Gesetz gegen den unlauteren Wettbewerb sollten mit dem neuen Gesetz beendet werden.[249] Auch der begrenzte Markenbegriff, der auf zweidimensionale Zeichen beschränkt war, sollte ausgeweitet werden.[250] Es wurden zudem Regelungen über den Schutz bekannter Kennzeichen und der Markenlizenz mit dinglicher Wirkung aufgenommen.

Diese „Gemengelage“ führte nachvollziehbar wohl zu einer weiteren Verfestigung der sog. „Vorrangthese“. Der BGH nahm zu dieser Zeit an, dass der lauterkeitsrechtliche Schutz vor dem Hintergrund der neueren Reformen des Markenrechts weiter einzuschränken sei.[251]

Dass die Gesetzesreform besonders stark die Argumentation und das Verständnis des Verhältnisses des MarkenG zum UWG bestimmte, ist aus vielen Entscheidungen des BGH ersichtlich. Exemplarisch sei nur auf die Entscheidung *shell.de* verwiesen:

> *„Mit dem In-Kraft-Treten des Markengesetzes am 1.1.1995 ist an die Stelle verschiedener kennzeichenrechtlicher Regelungen, die früher im Warenzeichengesetz oder im UWG enthalten waren oder den Generalklauseln der §§ 1 und 3 UWG oder des § 823 BGB entnommen wurden, eine umfassende in sich geschlossene kennzeichenrechtliche Regelung*

246 *Bornkamm*, FS von Mühlendahl, S. 9.
247 *Bornkamm*, FS von Mühlendahl, S. 9.
248 BT-Drucks. 12/6581, S. 1.
249 Begr. RegE zum MarkenG 1994, BT-Drucks. 12/6581, S. 55.
250 Begr. RegE zum MarkenG 1994, BT-Drucks. 12/6581, S. 56.
251 *Glöckner*, in: Ohly/Klippel S. 149.

*getreten, die im Allgemeinen den aus den Generalklauseln hergeleiteten Schutz verdrängt“.* [252]

Der verbreitete Terminus „Vorrangthese“ sagt aber noch nicht viel über das konkrete Verhältnis der beiden Rechtsmaterien zueinander aus. Der BGH ging in seiner Rechtsprechung nämlich nicht von einem „absoluten“ Vorrang aus. Dies wird schon in der viel zitierten Entscheidung *MAC Dog* deutlich, in der das Gericht davon spricht, dass § 1 UWG-1909 „für einen ergänzenden Schutz herangezogen werden [kann], wenn der Schutz nach Markengesetz versagt“ und für den Schutz der bekannten Marke nach dem MarkenG eine gleichzeitige Anwendung des § 1 UWG-1909 oder des § 823 BGB nur „in ihrem Anwendungsbereich“ grundsätzlich kein Raum sei.[253] Der „Vorrang“ des Markenrechts erfuhr auch beim lauterkeitsrechtlichen Schutz von Formmarken Einschränkungen. Dieser solle nicht ausgeschlossen sein, wenn die Eintragung einer Formmarke möglich gewesen wäre, aber nicht vorgenommen wurde. Aus der Möglichkeit des markenrechtlichen Schutzes wurde keine Obliegenheit abgeleitet, deren Verletzung mit einem Rechtsverlust verknüpft gewesen wäre.[254] Andererseits wurden aber Normen wie § 4 Nr. 7 UWG weitgehend überflüssig.[255] In der Entscheidung *Lila Postkarte* führte der BGH z. B. aus, dass im Rahmen einer herabsetzenden oder verunglimpfenden Verwendung von Marken „der Vorschrift [...] im Anwendungsbereich des § 14 Abs. 2 Nr. 3 MarkenG keine eigenständige Bedeutung“ zukomme.[256] Bei der bösgläubigen Anmeldung hingegen ging man davon aus, dass ein Anspruch auf § 4 Nr. 10 UWG weiterhin gestützt werden könne.[257]

In der Rechtsprechung des BGH ist jedoch zu erkennen, dass bei der Eröffnung des Anwendungsbereichs eines markenrechtlichen Tatbestandes der Sachverhalt allein nach dieser Norm beurteilt wird und eine Prüfung lauterkeitsrechtlicher Tatbestände gar nicht erst vorgenommen wird.[258]

---

252 BGH GRUR 2002, 622 (623) – *shell.de.*

253 BGH GRUR 1999, 161 (162) – *MAC Dog.*

254 *Glöckner*, in: Ohly/Klippel, S. 150 f.

255 So *Glöckner*, in: Ohly/Klippel, S. 151.

256 BGH GRUR 2005, 583 (585) – *Lila-Postkarte.*

257 Vgl. *Glöckner*, in: Ohly/Klippel, S. 152 mit Verweis auf BGH GRUR 2000, 1032 (1034) – EQUI 2000.

258 So *Bärenfänger*, S. 89 f.; in BGH GRUR 2000, 70 (71) – *SZENE*, ist dies z.B. erkennbar, in der BGH darauf hinweist, dass nicht zu beanstanden sei, dass das Berufungsgericht „die geltend gemachten Ansprüche nur nach §§ 5, 15 MarkenG geprüft“ habe.

Die Vorrangthese erfuhr wohl seit jeher auch Kritik. Eine breitere und ausdifferenzierte Strömung befürwortete ein Nebeneinander von Ansprüchen im Sinne einer „kumulativen Anspruchskonkurrenz“, wobei die jeweiligen Normzwecke und die tatbestandlichen Schutzrechtsgrenzen wechselseitig zu berücksichtigen seien.[259]

## 4. Erneuter Wendepunkt: Die Richtlinie 2005/29/EG und das „Nebeneinander“ von MarkenG und UWG

Als jüngster Wendepunkt muss die UGP-RL und deren Umsetzung in das UWG angesehen werden. Als Aufhänger der Thematik wird in der Regel Art. 6.2 lit. a UGP-RL und § 5 Abs. 2 UWG herangezogen. Letztere Vorschrift wurde aufgrund der Umsetzung des Art. 6 Abs. 2 lit a. UGP-RL in das UWG eingeführt. Die überwiegende Mehrheit in der Literatur geht größtenteils wegen der Wertungen der UGP-RL von einem „Nebeneinander“ des MarkenG und UWG aus.[260] Der BGH hat sich hierzu auch schon geäußert und geht gleichfalls von einer „Neuordnung“ aus. In der Entscheidung *Hard Rock Cafe* stellt er fest:

---

259 So zusammenfassend *Bärenfänger*, S. 78, mit Verweis auf *Fezer*, Markenrecht, 3. Aufl., § 2 Rn. 10; *Glöckner*, Geistiges Eigentum, S. 145 (157) und *Deutsch*, WRP 2000, 854 (857).; vgl. auch *Fezer*, GRUR 2010, 953 ff.

260 *Köhler*, GRUR 2007, 548 (550): „… recht verstanden gleichrangig und gleichwertig nebeneinander (Gleichrangprinzip).“; *Nordemann, A.*, in: Götting/Nordemann, UWG, § 5 Rn. 8.10 (“nebeneinander und unabhängig voneinander anwendbar“); Harte/Henning/*Dreyer*, UWG, § 5 J Rn. 2 („seit Umsetzung der UGP-RL nebeneinander“); *Peifer/Obergfell*, in: Fezer/Büscher/Obergfell, UWG, § 5 Rn. 427 („Lauterkeits- und Markenrecht gleichrangig nebeneinander stehen“); *Ingerl/Rohnke*, § 2 Rn. 2 jedenfalls für eine Aufgabe der Vorrangthese; kritisch zur Vorrangthese mit Blick auf die UGP-RL auch Henning-Bodewig, GRUR 2007, 986 (988); auch *Schladt*, S. 121 ff.; *Hafenmayer*, S. 85 geht von einem „nebeneinander“ aus; Bork, S. 246 spricht von „nebeneinander“; bereits vor der Umsetzung der UGP-RL sprach sich Fezer, WRP 2000, 863 (869) nachdrücklich gegen die Vorrangthese aus; a.A. wohl Ohly/*Sosnitza*, UWG, § 5 Rn. 28 („Ein Schutz aus § 5 […] grundsätzliche verdrängt“), und auch Rn. 708 („gilt die Vorrangthese in dem Sinne, dass eine Beschränkung des Lauterkeitsrechts dann erfolgen soll, wenn die Anwendung des UWG im Widerspruch zu markenrechtlichen Wertungen stehen würde oder sich beide Regelungen im Kern auf den gleichen Sachverhalt beziehen“); und wohl auch Köhler/*Bornkamm*/*Feddersen*, § 5 Rn. 0.100 ff.; *Bärenfänger* hat die „symbiotische Theorie“ zur Diskussion gestellt, vgl. *Bärenfänger*, Baden-Baden, 2011 und *Bärenfänger*, WRP 2011, 16 ff. und *Bärenfänger*, WRP 2011, 160 ff.

> *„Nach Umsetzung des Art. 6 II lit. a Richtlinie 2005/29/EG ins deutsche Recht besteht der **lauterkeitsrechtliche Schutz** aus § 5 I 2 Nr. 1 und § 5 II UWG **neben dem individualrechtlichen Schutz aus dem Markenrecht**.“*[261]

Diese „neue Lehre“ hat der BGH in der *Baumann II* Entscheidung weitergeführt:

> *„Bei der Anwendung der lauterkeitsrechtlichen Vorschriften zum Schutz vor Herkunftstäuschungen gemäß § 5 I 2 Nr. 1 und II UWG sind **im Einzelfall Wertungswidersprüche zum Markenrecht zu vermeiden**.“*[262]

Neben der herrschenden Meinung geht demnach nun auch der BGH von einem „Nebeneinander“ der lauterkeitsrechtlichen Ansprüche aus, wobei im Einzelfall Wertungswidersprüche vermieden werden sollen.

## III. Vergleich

In Deutschland haben sich weite Bereiche des Kennzeichenrechts unter dem allgemeinen Wettbewerbsrecht entwickelt. Einen der großen Wendepunkte stellte das Markengesetz von 1994 dar. Es wurde versucht, das Kennzeichenrecht in ein umfassendes Sondergesetz zu transportieren. Dies sorgte für eine – aufgrund der gesetzgeberischen Intention – konsequente „Erstarkung“ der These vom Vorrang des Markenrechts bei „kennzeichenrechtlichen Sachverhalten“. Auch hierdurch konnte sich die Marke von einem an den Geschäftsbetrieb gebundenen und Allgemeininteressen stärker betonenden Recht, schrittweise zu einem die Individualinteressen des Markeninhabers fokussierenden Ausschließlichkeitsrecht entwickeln. Das ehemals ausschließlich mitbewerberschützende Lauterkeitsrecht entwickelte sich zu einem multiplen Schutzzwecken dienenden Rechtsgebiet, mit einer derzeit – stark durch die RL 2005/29/EG beeinflussten – besonderen Akzentuierung auf den Verbraucherschutz. Da Art. 6.2 lit. a UGP-RL, der in § 5 Abs. 2 UWG umgesetzt wurde, unmissverständlich kennzeichenrechtliche Sachverhalte erfassen soll, wurde der Vorrang des Markenrechts aber wieder aufgeweicht.

Auffällig ist, dass in Deutschland der Verständniswandel immer eng mit Gesetzesreformen zusammenhing; zunächst aufgrund der Einführung eines UWG neben dem Warenschutzgesetz, dann nach der großen Reform des

---

261 Erster Leitsatz, BGH, Urt. v. 15.8.2013, Az. I ZR 188/11 – *Hard Rock Cafe*; Hervorhebungen durch den Verfasser.

262 Erster Leitsatz, BGH, Urt. v. 23.06.2016, Az. I ZR 241/14 – *Baumann II*; Hervorhebungen durch den Verfasser.

Kennzeichenrechts von 1994 und zuletzt mit der Reform des UWG von 2008 und der Umsetzung der UGP-RL. Dabei fällt auch auf, dass in Deutschland unlauterer Wettbewerb und Markenrecht immer – jedenfalls rechtstechnisch – in zwei Gesetzen abgehandelt wurden. Die gesetzgeberische Tradition ist insofern von einer „Dualität" geprägt. Dies ist in Spanien anders. Hier besteht eine solche „Dualität" erst seit dem LCD von 1991. Davor handelte man Kennzeichenrecht und unlauteren Wettbewerb immer in einem Gesetz ab. Erst war es das LPI, wo Vorschriften über den unlauteren Wettbewerb neben umfassenden Regelungen über die gewerblichen Schutzrechte bestanden. Und auch wenn damals noch von „unerlaubtem Wettbewerb" („*competencia ilicita*") die Rede war und die Vorschriften strafrechtlich sanktioniert waren, sind hier doch die Ursprünge des spanischen Lauterkeitsrechts zu suchen. Dieser Tradition folgte das LM von 1988 und bettete in ein umfassendes Markengesetz wiederum Regeln über den unlauteren Wettbewerb ein (vgl. Art. 87 bis 89 LM von 1988). Das LCD von 1991 brach zwar mit dieser gesetzestechnischen Tradition, es wurden im Gesetz aber dennoch mit Art. 6, 11 und 12 LCD Regelungen geschaffen, die unmissverständlich auf die Erfassung kennzeichenrechtlicher Sachverhalte zugeschnitten sind. Ein Verständnis von unlauterem Wettbewerb als „Ergänzung" zum Markenrecht drängt sich hiermit genauso auf wie beim LPI und LM, wo die Regelungen im selben Gesetz verortet waren. Ein Zeichen, dass andere Gesetze oder andere Regelungen die Regeln des unlauteren Wettbewerbs verdrängen, wurde jedenfalls weder zur Zeit des LPI oder des LM und auch nicht mit dem LCD gesetzt.

Man bekommt daher leicht den Eindruck, als habe diese gesetzestechnische Tradition nicht unerheblichen Einfluss auf das Verständnis über das Verhältnis beider Rechtsmaterien gehabt, auch unabhängig von den Äußerungen des Gesetzgerbers zur Zeit der Reform von 1994. Es macht insofern auch den Eindruck, als wäre in Deutschland die Diskussion davon geprägt gewesen, inwiefern das Markenrecht das Lauterkeitsrecht „verdrängt". In Spanien ging die Diskussion andererseits eher um die Frage, in welchen konkreten Bereichen das Lauterkeitsrecht „ergänzend" zur Anwendung kommen kann. Dies kommt bereits im Namen beider Theorien – einerseits der „Vorrangthese" und andererseits der Theorie von der „*complementaridad relativa*" – zum Ausdruck. Hier geht es um die Frage des „Vorrangs" und dort hebt man die „Ergänzung" hervor. Wenn man den Schwerpunkt der Argumente auf systematische und historische Erwägungen legt, sind beide Entwicklungen aber auch konsequent und nachvollziehbar.[263]

Die beiden Theorien unterscheiden sich in beiden Ländern in einem Kernbereich trotzdem nicht voneinander. Beiden Ansätzen ist gemein, dass es einen ausschließlich dem Markenrecht zugewiesenen Bereich gibt. In Deutschland war zwar von „Vorrang" die Rede, der BGH nahm aber in vielen Bereichen trotzdem einen „ergänzenden" Schutz an, wobei das Markenrecht nur „in seinem Anwendungsbereich" vorrangig sein sollte. Hiervon geht aber auch die Theorie von der „*complementariedad relativa*" aus, wenn davon die Rede ist, dass das Wettbewerbsrecht lediglich „ergänzend" zum Markenrecht, und eben nicht „gleichzeitig" oder „nebeneinander" zur Anwendung kommen soll.

Die Unterschiede beider Theorien zeigen sich daher überwiegend erst in Bereichen, in denen man den Anwendungsbereich des Markenrechts im engeren Sinne verlässt und sich die Frage stellen muss, ob für diesen konkreten Sachverhalt Raum für eine Anwendung des Lauterkeitsrechts ist. Auf einige Fallgruppen – sofern diese in beiden Ländern behandelt werden – wird noch später unter „E." und „F." eingegangen. In Abschnitt „G." werden anschließend noch Ergebnisse dieses Abschnitts mit Ergebnissen aus den weiteren Abschnitten zusammengeführt.

263 Es sei nur am Rande erwähnt, dass auch die WIPO in ihrem „Model Provision on Protection Against Unfair Compititon" von einer „*supplementary protection*" des Lauterkeitsrechts ausgeht, worunter jedenfalls eine Art ergänzender Schutz – und nicht ein „Nebeneinander" verstanden werden könnte, vgl. hierzu: WIPO, Model provision on Protection against Unfair Competition, Genf, 1996.

# D. Art. 6 Abs. 2 lit. a UGP-RL und dessen Umsetzung in Spanien und Deutschland

## I. Einführung

Einige Aspekte der Umsetzung der UGP-RL in das spanische Recht wurden unter „B." bei der Darstellung der Grundzüge des Lauterkeitsrechts angesprochen. Nachfolgend sollen übergreifende Tendenzen bei der Interpretation und Umsetzung der UGP-RL in beiden Ländern aufgegriffen und verglichen werden. Weiterhin wird auf die Interpretation von Art. 6 Abs. 2 lit. a UGP-RL durch die spanische Literatur und dessen Umsetzung in nationales spanisches Recht im Vergleich zu Deutschland eingegangen.

## II. Umsetzung und Interpretation der UGP-RL in beiden Ländern

Ausgangspunkt für die UGP-RL bildete auf europäischer Ebene das Grünbuch zum Verbraucherschutz in der Europäischen Union[264] sowie der Vorschlag der EU-Kommission für eine Richtlinie über unlautere Geschäftspraktiken, der im Juni 2003 veröffentlicht wurde.[265] Die endgültige Fassung trat am 12.06.2005 in Kraft und war von den Mitgliedstaaten bis zum 12.06.2007 in nationales Recht umzusetzen.

Beide Länder verpassten die Frist zur Umsetzung der Richtlinie. In Deutschland wurde sie erst im Jahr 2008 durch das „Erste Gesetz zur Änderung des Gesetzes gegen den unlauteren Wettbewerb" umgesetzt,[266] in Spanien sogar erst Ende 2009 mit dem „*Ley de 30 de deciembre de 2009, por la que se modifica el régimen legal de la competencia desleal y al publicidad, para la mejora de la protección de los consumidores y usuarios*". Die Gründe hierfür sind sicherlich vielschichtig. Es zeigt aber, dass wohl gerade die Dogmatik des Lauterkeitsrechts

264 Grünbuch zum Verbraucherschutz in der Europäischen Union, Kom(2001) 531 endg.

265 Richtlinienvorschlag der Kommission vom 18.6.2003 Kom(2003) 356 endg. Weitere Etappen des Rechtsetzungsverfahrens bildeten die Stellungnahme des Europäischen Parlaments in erster Lesung vom 20.4.2004 (abgedruckt in ABl. EG 2004 Nr. C 104 E/261 vom 30.4.2004) sowie der gemeinsame Standpunkt des Rates (EG) Nr. 6/2005 vom 15.11.2004 (abgedruckt in ABl. EG 2005 Nr. C 38 E/1 vom 15.2.2005).

266 Erstes Gesetz zur Änderung des Gesetzes gegen den unlauteren Wettbewerb vom 22.12.2008, BGBl. 2008, I S. 2949 ff.

stark in der jeweiligen nationalen Rechtsordnung verwurzelt ist, was das „Überstülpen" von europäischen Vorgaben schwierig macht. Hierfür spricht auch, dass man sich auf europäischer Ebene lediglich auf eine Richtlinie einigen konnte, und obendrein ein Konsens nur im B2C-Anwendungsbereich gefunden werden konnte, obwohl – soweit ersichtlich – die nationalen Lauterkeitsgesetze in der EU überwiegend auch den B2B-Geschäftsverkehr erfassen.

In beiden Ländern störte man sich im Übrigen an dem eingeschränkten Harmonisierungsansatz auf den B2C-Bereich.[267] In Spanien ging man teilweise davon aus, dass eine Umsetzung der Richtlinie in die Verbraucherschutzgesetze möglich gewesen wäre.[268] Im Ergebnis entschied sich der Gesetzgeber jedoch für eine Umsetzung in das LCD und ergriff zudem die Gelegenheit und passte weitere Gesetze, wie u. a. das LGP und das allgemeine Verbraucherschutzgesetz, an. Die Reform wurde in Spanien insgesamt als Erfolg empfunden.[269]

In Deutschland beschränkte sich die Reform bekanntlich auf das UWG, da auch Gesetze wie ein allgemeines Verbraucher- oder Werbegesetz nicht existieren. Man nahm hierzulande teilweise an, dass eine Umsetzung der UGP-RL ohne grundlegende strukturelle Änderungen des UWG möglich sei.[270] Dass dies offensichtlich zu kurz griff, zeigt die erneute Reform des UWG im Jahr 2015, die sogar unter anderem durch ein eingeleitetes Vertragsverletzungsverfahren gegen Deutschland durch die Kommission angestoßen wurde.

Beide Länder haben jedenfalls an der generellen „dreigliedrigen" Struktur ihrer Lauterkeitsgesetze – die auch der UGP-RL zugrunde liegt – festgehalten. Neben einer Generalklausel enthalten beide Gesetze Beispieltatbestände unlauterer Geschäftspraktiken und daneben *per-se*-Verbote.

Beide Länder haben ihre Generalklauseln aufgrund der Vorgaben aus der Richtlinie umfassend neu gestaltet und erweitert. Bei den *per-se*-Verboten wurden unterschiedliche systematische Ansätze verfolgt. In Spanien goss man die Verbote in einzelne Normen in das Gesetz. In Deutschland ist man den Weg über einen Anhang zu § 3 Abs. 3 UWG gegangen. Diese unterschiedliche Gesetzestechnik dürfte jedoch im Ergebnis nicht zu einer unterschiedlichen Anwendung verleiten.

---

267 Vgl. für Spanien nur *García Pérez*, ADI 2003, S. 1233 und für Deutschland *Glöckner*, WRP 2004, 936 (938); *Henning-Bodewig*, GRUR Int. 2002, 389 (396); *Köhler/Lettl*, WRP 2003, 1019 (1033); *Ohly* GRUR 2004, 889 (890) und insgesamt auch Howells/Micklitz/*Wilhelmsson*, European Fair Trade Law, 2006, S. 63 f.

268 *Tato Plaza*, La Reforma, S. 44.

269 *Tato Plaza*, La Reforma, S. 44.

270 Vgl. etwa *Seichter*, WRP 2005, 1087.

In Spanien hat man sich auffällig streng an den Vorgaben der Richtlinie orientiert. Dies zeigt schon die nahezu wortlautgetreue Umsetzung der aggressiven Geschäftspraktiken der Art. 8 und 9 der UGP-RL in das neue LCD. Man bildete hierfür in Art. 8 LCD einen eigenen und auch für Spanien – jedenfalls terminologisch – neuen Tatbestand. Nach der Novelle von 2008 in Deutschland suchte man im UWG hingegen vergebens nach einem vergleichbaren Tatbestand. Man ging davon aus, dass § 4 UWG bei den Geschäftspraktiken, die die Richtlinie im Auge habe, einspringen könne.[271] Erst in der Reform von 2015 schuf man mit § 4a UWG einen Tatbestand der aggressiven geschäftlichen Handlungen. In Deutschland zeigte man sich insgesamt zögerlicher bei der Schaffung neuer Tatbestände und terminologischer Anpassungen an die UGP-RL.

Ein weiterer Punkt, in dem sich die Ansätze bei der Reform in beiden Ländern unterscheiden, ist die von Spanien ergriffene Chance, in Kapitel V. umfassende Regeln über Verhaltenskodizes aufzustellen. Derartiges ist dem deutschen Recht bislang fremd.

Ein wesentlicher Unterschied bei der Konzeption beider Gesetze ist insgesamt auch die in Spanien vorgenommene und von der UGP-RL initiierte Schaffung eines eigenen Kapitels mit ausschließlich verbraucherschützenden Normen, das im Wesentlichen die *per-se*-Verbote enthält, aber auch auf allgemeine Tatbestände ausgedehnt wurde. In Deutschland ist man insoweit zunächst dem „integrierten" Ansatz treu geblieben. Eine derartige Aufteilung ist aber in Gesetzen, die konträre Schutzzwecke abbilden, mit Schwierigkeiten verbunden. Dies kann wohl auch erneut aus der Reform von 2015 abgelesen werden, wo der Gesetzgeber nunmehr in § 4 UWG in der Überschrift – wohl um Unklarheiten vorzubeugen – von „Mitbewerberschutz" spricht.

## III. Art. 6 Abs. 2 lit. a UGP-RL

Die UGP-RL unterteilt die Irreführung in „irreführende Handlungen" (Art. 6 UGP-RL) und „irreführende Unterlassungen" (Art. 7 UGP-RL). Das Irreführungsverbot ist dadurch inhaltlich ausführlicher geregelt, als es bisher auf europäischer Ebene, insbesondere im Rahmen der Richtlinie 84/450/EWG (jetzt: Richtlinie 2006/114/EG) über irreführende Werbung der Fall war.[272] Der Wortlaut von Art. 6 Abs. 2 lit. a UGP-RL lautet Bezug nehmend auf Absatz 1 der Vorschrift: „Eine Geschäftspraxis gilt ferner als irreführend, wenn sie im

---

271 Vgl. Begründung UWG 2008, BT-Drs. 16/10145, S. 18.

272 *Thress*, S. 33.

konkreten Fall unter Berücksichtigung aller tatsächlichen Umstände einen Durchschnittsverbraucher zu einer geschäftlichen Entscheidung veranlasst oder zu veranlassen geeignet ist, die er ansonsten nicht getroffen hätte, und Folgendes beinhaltet: a) jegliche Art der Vermarktung eines Produkts, einschließlich vergleichender Werbung, die eine Verwechslungsgefahr mit einem anderen Produkt, Warenzeichen, Warennamen oder anderen Kennzeichen eines Mitbewerbers begründet".

Das europäische Recht sah bereits einen Sondertatbestand des Verwechslungsschutzes in der Richtlinie über vergleichende Werbung von 1997 vor.[273] Die Vorschrift ist jetzt in der kodifizierten Fassung der Richtlinie, mithin in Art. 4 lit. h der Richtlinie 2006/114/EG enthalten . Die Regelung ging allerdings weitgehend in der allgemeinen Diskussion um die Richtlinie und deren Umsetzung in nationales Recht unter.

Die allgemeinere Vorschrift des Art. 6 Abs. 2 lit. a UGP-RL erinnert wiederum stark an Art. 10$^{bis}$ Abs. 3 Nr. 1 PVÜ.[274] Es macht daher den Eindruck, als hätte man auf die damaligen Überlegungen und Empfehlungen des „*Ulmer*-Gutachtens" zurückgegriffen.[275] In Materialen zur Richtlinie wird auf das Gutachten aber nicht ausdrücklich Bezug genommen.

In Deutschland hat die Vorschrift für viel Aufsehen gesorgt und dementsprechend ist die Anzahl an Beiträgen groß, die die Norm und deren Einordnung in das deutsche Recht untersuchen.[276] In Spanien sind tief gehende Untersuchungen bisher ausgeblieben.[277] Die mutmaßlichen Gründe hierfür werden sogleich noch angesprochen.

Die Materialien zur Richtlinie geben über Art. 6 Abs. 2 lit. a UGP-RL nicht viel her. Im Vorschlag der Kommission aus dem Jahr 2003 wird nur kurz angesprochen, dass „sklavische Nachahmungen" nicht von der Richtlinie umfasst sein sollen, da in derartigen Fällen nicht die wirtschaftlichen Interessen von Verbrauchern beeinträchtigt seien. Die Vorschrift solle andererseits aber „Marketing unter Ausnutzung einer Verwechslungsgefahr" erfassen, sofern eine

273 Art. 3a lit. d Richtlinie 97/55/EG des Europäischen Parlaments und des Rates vom 6. Oktober 1997 zur Änderung der Richtlinie 84/450/EWG über irreführende Werbung zwecks Einbeziehung der vergleichenden Werbung.

274 So auch *Thress*, S. 37.

275 Vgl. die Hinweise bei „A.".

276 Die wohl umfassendste Untersuchung liefert *Thress*, Die irreführende Produktvermarktung, 2011.

277 Am umfassendsten sind wohl die Untersuchungen der Norm in *Massaguer*, El nuevo Derecho contra la Competencia Desleal, 2006.

„Gefahr der Verwechslung mit unterschiedlichen Zeichen und/oder Produkten eines Mitbewerbers begründet" wird.[278]

Weiterhin sind zwar zwischenzeitlich Leitlinien zur Umsetzung und Anwendung der UGP-RL erschienen, die Leitlinien sind aber einerseits nicht verbindlich.[279], andererseits deuten sie schwer nachvollziehbar an, dass die Norm unter anderen dem Schutz der Qualitätserwartungen der Verbraucher an ein Produkt diene.[280] Dies wird man aber nur schwerlich in die Norm und den zentralen Begriff der Verwechslungsgefahr hineindeuten können, der richtigerweise rein herkunftsbezogen ausgelegt werden sollte.[281] Für eine solche Auslegung spricht wohl auch Erwägungsgrund 14 der UGP-RL, in dem es heißt, dass eine Werbung nur zu untersagen sei, sofern „eine Verwechslungsgefahr für die Verbraucher hinsichtlich der kommerziellen Herkunft des Produkts" begründet werde.

Das umstrittene Verhältnis des Lauterkeitsrechts zum Markenrecht wird von der Richtlinie selbst wohl auch nicht aufgelöst. Art. 3 Abs. 4 UGP-RL enthält zwar eine Vorrangklausel.[282], aus den Materialien zur Richtlinie geht jedoch hervor, dass sich die Vorschrift nur auf sektorspezifische Regeln unlauterer Geschäftspraktiken beziehen solle, also etwa im Bereich des Reise-, Finanzdienstleistungs- oder Lebensmittelrechts.[283] Auch Satz 2 des 9. Erwägungsgrundes der Richtlinie, der statuiert, dass die Richtlinie „nicht die gemeinschaftlichen und nationalen Vorschriften in den Bereichen [...] Schutz des geistigen Eigentums" berührt, wird wiederum wohl durch die Öffnungsklausel im 7. Erwägungsgrund der Richtlinie 2008/95/EG über die Marken (der dem 40. Erwägungsgrund der Richtlinie (EU) 2015/2436 über die Marken entspricht) neutralisiert.[284] Das Zusammenspiel der zuletzt genannten

---

278 KOM(2003) 356 endg., S. 12 in Ziffer 40.

279 Leitlinien zur Umsetzung/Anwendung der Richtlinie 2005/29/EG über unlautere Geschäftspraktiken, KOM(2016) 320 endg., S. 5.

280 Vgl. „Leitlinien zur Umsetzung/Anwendung der Richtlinie 2005/29/EG über unlautere Geschäftspraktiken", COM(2016) 320 final, S. 73; auf S. 5 wird darauf hingewiesen, dass die Leitlinie nicht verbindlich seien.

281 So auch *Thress*, S. 37 mit Hinweis in Fußnote 178.

282 Art. 3 Abs. 4 UGP-RL lautet: *„Kollidieren die Bestimmungen dieser Richtlinie mit anderen Rechtsvorschriften der Gemeinschaft, die besondere Aspekte unlauterer Geschäftspraktiken regeln, so gehen die Letzteren vor und sind für diese besonderen Aspekte maßgebend."*

283 Ströbele/*Hacker*/Thiering, § 2 Rn. 17 mit Verweis auf KOM(2003) 356 endg., Ziffer 44.

284 So formuliert bei Ströbele/*Hacker*/Thiering, § 2 Rn. 18. Der Wortlaut des Erwägungsgrundes lautete: *„Diese Richtlinie sollte nicht ausschließen, dass auf die Marken*

Erwägungsgründe deutet aber zumindest darauf hin, dass eine etwaige „Sperrwirkung" im Anwendungsbereich des Markenrechts gegenüber dem Lauterkeitsrecht nicht gewollt ist.

Nummer 13 des Anhangs I der UGP-RL enthält ein *per-se*-Verbot, welche inhaltlich Art. 6 Abs. 2 lit. a UGP-RL nahe steht. Beim *per-se*-Verbot geht es hingegen um ein absichtliches Handel. In beiden Ländern ist man wohl überwiegend der Ansicht, dass das per-se-Verbot einen Teilbereich des Art. 6 Abs. 2 lit. a UGP-RL enthalte und nur insofern wohl spezieller sei.[285]

In beiden Ländern gab es insgesamt starke Strömungen, die den Regelungsgehalt des Art. 6 Abs. 2 lit. a UGP-RL von den bestehenden lauterkeitsrechtlichen Vorschriften abgedeckt sahen.[286] In Spanien schuf man letzten Endes aber neben Art. 6 LCD noch eine weitere Norm, nämlich Art. 20 LCD. Letztere bildet nahezu wortlautgetreu die Vorschrift aus der UGP-RL ab. In Deutschland einigte man sich auf eine Umsetzung in § 5 Abs. 2 UWG.[287]

Art. 6 Abs. 2 lit a UGP-RL und Art. 20 LCD haben in Spanien jedoch – wie bereits gerade erwähnt – seitdem kaum für größeres Aufsehen oder Diskussionen gesorgt. Es wird zwar gesehen, dass die *„actos de confusión"* durch den europäischen Normgeber innerhalb der irreführenden Geschäftspraktiken angesiedelt wurden.[288] Zuvor waren sie aber stets in einem gegenüber der Irreführung eigenen Tatbestand in Art. 6 LCD erfasst. Man deutet insofern an, dass hieraus geschlossen werden könnte, dass das Hervorrufen einer Verwechslungsgefahr ein spezieller Fall der Irreführung sei,[289] was der bisherigen

---

*andere Rechtsvorschriften der Mitgliedstaaten als die des Markenrechts, wie die Vorschriften gegen den unlauteren Wettbewerb, über die zivilrechtliche Haftung oder den Verbraucherschutz, Anwendung finden."*

285 So *Curto Polo*, in: Bercovitz/Comentarios-LCD, Art. 25 Rn. 9 ff. und 40 für Spanien und für Deutschland: Ohly/*Sosnitza*, UWG, § 5 Rn. 707; *Köhler*/Bornkamm/Feddersen, UWG, Nr. 13 Anhang zu § 3 III; vgl. auch unter „E.III.3".

286 Für diese Richtung in Spanien vgl. *Massaguer/Marcos/Suñol*, Informe del Grupo de Trabajo constituido en el seno la Asociación Española de Defensa de la Competencia, Boletín Nr. 2013, S. 1925 (1951 f.) und für Deutschland hinsichtlich dieser Debatte u.a. *Köhler*, GRUR 2007, 548 (550); *Henning-Bodewig*, GRUR Int. 2007, 986 ff.; *Lubberger*, WRP 2007, 873 f.; *Ohly* GRUR 2007, 731 (738); *Fezer*, MarkenR 2006, 511 ff.

287 Begründung zum UWG 2008, BT Drucksache 16/10145, S. 17; und umfassend und zu Details des Gesetzgebungsverfahrens *Thress*, S. 154 ff.

288 *Massaguer*, El nuevo Derecho, S. 109.

289 *Tato Plaza*, La reforma, S. 138.

Systematik des spanischen Lauterkeitsrechtes widerspreche.[290] Man ist der Ansicht, dass die UGP-RL mit „*confusión*" nichts anderes als das Hervorrufen einer Verwechslungsgefahr über die betriebliche Herkunft meint, was sich aus der Aufzählung von Kennzeichen im Tatbestand ergebe.[291] Das was Art. 6 Abs. 2 lit. a UGP-RL erfasst, entspreche aber den hergebrachten Grundsätzen der „*actos de confusión*", die in Art. 6 LCD von der spanischen Rechtsordnung schon lange erfasst seien.[292] Der Schwerpunkt der Richtlinie liege zwar auf dem Schutz der Verbraucher, dies sei aber auch bisher von der spanischen Rechtsordnung in Art. 6 LCD abgedeckt und wurde auch so von der Rechtsprechung interpretiert.[293] Man ist weiterhin der Ansicht, dass sich hinsichtlich des Verhältnisses des Lauterkeitsrechts zum Markenrecht durch die Richtlinie nichts ändere.[294] Man geht aber davon aus, dass die Vorschrift dem Schutz derjenigen diene, die keine Kennzeicheninhaber seien.[295] Im Ergebnis stelle die Vorschrift daher ein Instrument für Verbraucher zum Vorgehen gegen das Hervorrufen von Verwechslungen durch Kennzeichen dar.[296] Die Vorschrift überwinde insofern die fehlende Aktivlegitimation von Verbrauchern im Markenrecht.[297] Neben den Verbrauchern solle sie aber auch Unternehmern die Möglichkeit geben, gegen die Benutzung von Kennzeichen vorzugehen, wenn die Ansprüche des Markenrechts unzureichend seien.[298]

---

290 *Massaguer*, El nuevo Derecho, S. 109; auf die Abgrenzung der „*actos de confusión*" von der Irreführung und der Nachahmung wird weiter unten noch genauer eingegangen.

291 *Massaguer*, El nuevo Derecho, S. 110.

292 *Massaguer*, El nuevo Derecho, S. 110 mit vielen Verweisen auf die Rspr.

293 *Massaguer*, El nuevo Derecho, S. 111 mit Verweis unter anderen auf: AP Valencia vom 10.06.1995 – *Ricard*; AP Toledo vom 12.12.1995 – *prendas vaqueras*; AP Barcelona vom 16.06.1999 – *Pons*; AP Barcelona vom 01.03.2000 – *Ibiza Mix*; AP Barcelona vom 28.04.2000 – *expositores de cartón*; AP Barcelona vom 02.12.2003 – *Keinu*; AP Barcelona vom 06.05.2004 – *Warterair*.

294 *Massaguer*, El nuevo Derecho, S. 112; gemeint ist der nachfolgende Passus: „*Sie berührt ferner nicht die gemeinschaftlichen und nationalen Vorschriften in den Bereichen Vertragsrecht, Schutz des geistigen Eigentums.*"

295 *Massaguer*, El nuevo Derecho, S. 112.

296 *Massaguer*, El nuevo Derecho, S. 112 und diesem sich anschließend *Tato Plaza*, La reforma, S. 142 und S. 144 f., der insofern die Vorschrift auch so versteht, dass man Verbrauchern einen ausdrücklichen Schutz und eine Stellung als aktivlegitimierte geben wolle.

297 *Massaguer*, El nuevo Derecho, S. 112 f.

298 *Massaguer*, El nuevo Derecho, S. 113.

Die Diskussion dreht sich in Spanien aber nunmehr eher um das Verhältnis des Art. 20 LCD zu Art. 6 LCD. Man tendiert insofern dazu, dass nunmehr Art. 20 LCD die verbraucherschützenden Aspekte der „*actos de confusión*" erfassen solle.[299]

In Deutschland hat Art. 6 Abs. 2 lit. a UGP-RL und § 5 Abs. 2 UWG hingegen für eine breitere Diskussion gesorgt. Die Vorschriften spielen eine wesentliche Rolle bei der Diskussion um das Verhältnis des Lauterkeits- zum Markenrecht.[300] Es wird diskutiert, ob die Vorschriften „neue" Geschäftspraktiken bzw. Marketingmethoden erfassen sollen, insbesondere im Bereich des Imitationsmarketings.[301] Leistungsschutz solle die Vorschrift nicht begründen.[302] Da die Richtlinie aber auch mittelbar rechtmäßig handelnde Unternehmer schütze,[303] solle der Schutz dieses Verbotskonzepts auch Originalherstellern zusätzlichen Schutz gewähren.[304] Wie auch in Spanien geht man zudem davon aus, dass es in § 5 Abs. 2 UWG um die Beurteilung einer konkreten Verwechslungsgefahr gehe, was gerade einen Unterschied zum Markenrecht darstelle.[305]

Eine intendierte Erweiterung der Aktivlegitimation durch die Vorschrift der UGP-RL sieht man in Deutschland aber nicht. Dies liegt aber wohl auch an dem grundlegend anderen Ansatz in beiden Ländern bei der Frage der Aktivlegitimation im Lauterkeitsrecht insgesamt. Spanien geht hier von einer sehr weiten Aktivlegitimation aus, die sich sogar auf einzelne Verbraucher erstrecken soll.[306] Ein wesentlicher Grund, warum in Spanien Art. 6 Abs. 2 lit. a UGP-RL für weniger Aufsehen als in Deutschland gesorgt hat, ist sicherlich dem Umstand geschuldet, dass man dort Art. 6 LCD schon stets einen verbraucherschützenden Charakter beigemessen hat und in diesem Bereich sogar teilweise der Schwerpunkt des Schutzes gesehen wird.[307] Ein vergleichbares Verständnis ist in Deutschland nicht anzutreffen.

---

299 Auf diese Diskussion wird nach weiter unten bei „E." und der Darstellung des Art. 20 LCD eingegangen.

300 Hierzu bereits oben im Kapitel unter „D".

301 So *Thress*, S. 37 f. und zu der Diskussion noch weiter unten im Kapitel bei „F."

302 *Thress*, S. 38; und auch Begr. RegE BT-Drucks. 16/10145, S. 17.

303 Erwägungsgrund 8 der UGP-RL.

304 So wohl *Thress*, S. 39; und auch *v. Nussbaum/Ruess*, MarkenR 2009, 233.

305 *Bork*, S. 127 und zur Ansicht in Spanien weiter unten bei „E.".

306 Hierzu noch genauer weiter unten bei „E.":

307 Auf diesen Aspekt wird später im Abschnitt „E." noch genauer eingegangen.

## IV. Anmerkungen

Die ausgeprägt lange Tradition des deutschen UWGs hat sicherlich dazu beigetragen, dass man die UGP-RL nur zögerlich umsetzte und sich neuer Terminologie und Tatbeständen verschloss. Die Diskussion um etwaige Einflüsse des Art. 6 Abs. 2 lit. a UGP-RL auf das Lauterkeits- und auch Markenrecht sind in Spanien äußerst knapp. Man sieht durch die Vorschrift eher „alte" Strömungen und Meinungen um die in Art. 6 LCD niedergelegten Grundsätze um die „*actos de confusión*" insbesondere dessen verbraucherschützenden Charakter bestätigt.

# E. Die „*actos de confusión*" im LCD im Vergleich mit Tatbeständen des UWG

## I. Einführung

In diesem Abschnitt werden die Grundstrukturen der im spanischen LCD geregelten „*actos de confusión*" dargestellt. Im Anschluss hieran wird dieses lauterkeitsrechtliche Verbotskonzept mit Normen aus dem deutschen UWG verglichen.

Zunächst wird die Einordnung der „*actos des confusión*" in das spanische Normengefüge dargestellt. Hier steht insbesondere eine Abgrenzung zu anderen Tatbeständen innerhalb des LCD an. Sodann wird die Diskussion um die „*actos de confusión*" im Rahmen der Umsetzung der UGP-RL und die Behandlung im neuen *Anteproyecto* zum *Código Mercantil* dargestellt. Im Fokus steht sodann Art. 6 LCD und die im Rahmen der letzten Reform in das LCD hinzugekommenen Art. 20 und 25 LCD. Die generelle Struktur dieser Normen wird anschließend mit Vorschriften des deutschen Lauterkeitsrechts verglichen, wobei im Vordergrund § 4 Nr. 3 a) UWG und § 5 Abs. 2 UWG stehen.

## II. Einordnung der „*actos de confusión*" in das spanische Normengefüge

### 1. „*Actos de confusión*" und das LGP

Das generelle Verhältnis der Vorschriften des LCD zum LGP wurde bereits angesprochen. In diesem Bereich kam es vor der Reform von 2009 auch im Bereich der „*actos de confusión*" zu Überschneidungen insbesondere mit Art. 6 b) LGP.[308]

Die Norm regelte sozusagen die „*actos de confusión*" im Bereich der Werbung. Dessen Verhältnis zu Art. 6 LCD wird aber von der spanischen Literatur

---

308 Der Originaltext der Vorschrift lautete: „*Es publicidad desleal: [...] b) La que induce a confusión con las empresas, actividades, productos, nombres, marcas u otros signos distintivos de los competidores, así como la que haga uso injustificado de la denominación, siglas, marcas o distintivos de otras empresas o instituciones, o de las denominaciones de origen o indicaciones geográficas de otros productos competidores y, en general, la que sea contraria a las exigencias de la buena fe y a las normas de corrección y buenos usos mercantiles.*"

kaum angesprochen. Man ging jedoch teilweise davon aus, dass Art. 6 LCD als generelle und Art. 6 b) LGP als spezielle Vorschriften für den Bereich der Werbung anzusehen seien.[309]

Die Reform von 2009 hat im Rahmen des LGP unter anderem auch zu einer Neustrukturierung der Art. 5 und 6 LGP geführt. Die gerade zitierte Passage wurde dabei aus dem Gesetz gestrichen. Die Frage nach einer etwaigen Überschneidung stellt sich daher aktuell nicht mehr.

## 2. „*Actos de confusión*“ in Abgrenzung zu anderen Vorschriften des LCD

Bei einem weiten Verständnis des „Hervorrufens einer lauterkeitsrechtlichen Verwechslungsgefahr“ fallen in diesen Anwendungsbereich neben Art. 6 und 20 LCD weitere Normen des LCD. Am größten sind die Überschneidungen mit Art. 5 und 11 LCD.

In Art. 5 LCD ist ein allgemeiner Irreführungstatbestand geregelt. Die Vorschriften erfassen auch die Irreführung über die unternehmerische Herkunft. Diesen Konflikt löst die herrschende Meinung bereits auf Tatbestandsebene (vgl. unter E.II.a) unten). Weiterhin weisen die „*actos de confusión*“ erhebliche Überschneidungen mit Art. 11 LCD, den sog. „*actos de imitación*“ auf. Dort geht es um die Sanktionierung von Nachahmungen. Art. 11.2 LCD erfasst Nachahmungen, die geeignet sind, eine Assoziationsgefahr mit anderen Produkten hervorzurufen und es wird davon ausgegangen, dass das Hervorrufen einer Assoziationsgefahr das Hervorrufen einer Verwechslungsgefahr gleichermaßen erfasst. Auch hier werden beide Normen bereits im Tatbestand abgegrenzt (vgl. unter E.II.b) unten). Voraussetzung ist bei Art. 11 LCD aber auch immer das Vorliegen einer Nachahmung („*imitación*“), die bei den „*actos de confusión*“ nicht erforderlich ist. Dieses Tatbestandsmerkmal, die weitere Ausgestaltung der Norm und ihr Hintergrund geben diesem Tatbestand ein anderes Gepräge bei der Bewertung der Unlauterkeit. Im Fokus der Betrachtung soll daher allein der Bereich liegen, der neben den allgemeinen Voraussetzungen des LCD das Hervorrufen einer Verwechslungsgefahr ausreichen lässt.

Die „*actos de confusión*“ erfassen im Wesentlichen Kennzeichen im weiteren Sinne. Sie stehen daher auch in tatbestandlicher Nähe zur Rufausbeutung, die in Art. 12 LCD („*explotación de la reputación ajena*“) geregelt ist und der vergleichenden Werbung, die von Art. 10 LCD („*actos de comparación*“) erfasst

---

309 Sowohl *Massaguer*, Comentario, Art. 6 Rn. 2 als auch *Vega García*, in: Lázaro Sánchez, LGP, Art. 6, S. 148 f. zu verstehen.

wird. Art. 12 LCD macht aber gerade nicht das Hervorrufen einer Verwechslungsgefahr zum Gegenstand der Unlauterkeit. Und auch bei Art. 10 LCD müssen typischerweise weitere Tatbestandsmerkmale erfüllt sein. Allein das Hervorrufen einer Verwechslungsgefahr ist nach dieser Vorschrift nicht unlauter. Beide Vorschriften werden daher nicht weiter in die nähere Untersuchung einbezogen.

### *a) Abgrenzung zu Art. 5 LCD* („actos de engaño“)

In Art. 5 LCD werden die Irreführungshandlungen, die sog. *„actos de engaños“*, geregelt. In Art. 7 LCD, der im Rahmen der Reform von 2009 neu in das Gesetz eingeführt wurde, ist die Irreführung durch Unterlassen geregelt.[310] Art. 5 LCD wurde durch die Reform von 2009 vollständig neu und in strenger Anlehnung an den Wortlaut der UGP-RL strukturiert.

Im Rahmen der Vorgängervorschrift wurde bereits diskutiert, inwiefern eine mögliche Irreführung über die unternehmerische Herkunft sich von Art. 6 LCD abgrenzen lässt. Man vertrat hierzu bisher in Spanien eine klare Linie. Bei den *„actos de engaños“* und den *„actos de confusión“* wird der Markt mit einer täuschenden Information versorgt.[311] Im Rahmen der Irreführung solle sich die Information aber auf allgemeine Eigenschaften des Produktes beziehen, wie z. B. die Zusammensetzung, die Herstellungsmethoden, die Brauchbarkeit oder den Preis. Art. 6 LCD hingegen regele speziell die Irreführung über die unternehmerische Herkunft (*„procedencia empresarial“*).[312] Diese Art von Irreführung möchte man also allein in Art. 6 LCD verorten.

Nach Umsetzung der UGP-RL und dem neuen Art. 5 LCD scheint diese Argumentation nicht mehr zu passen. Art. 5.1 lit. b) LCD zählt nämlich nunmehr ausdrücklich in Umsetzung der UGP-RL auch die Irreführung über die kommerzielle Herkunft (*„origen comercial“*) auf. *Massaguer* diskutiert diesen Punkt kurz und meint, dass Art. 6.1 lit. b UGP-RL, der die kommerzielle Herkunft erwähnt, die Verwechslungsgefahr im engeren Sinne erfasse und Art. 6.1 lit. f UGP-RL, der die Umschreibung „Mitgliedschaften oder Beziehungen“ enthalte, die Verwechslungsgefahr im weiteren Sinne, also die Assoziationsgefahr, erfasse.[313] Inwiefern dies aber das Verhältnis der Irreführung zu den *„actos de*

---

310 Umfassend zu diesem Tatbestand des LCD und zum Vergleich mit dem UWG *Klein*, S. 135 ff.

311 *Massaguer*, Comentario, Art. 6 Rn. 4.

312 *Massaguer*, Comentario, Art. 6 Rn. 4; *Sánchez Sabater*, in: Comentario práctico-LCD, Art. 6, S. 81.; und auch Ruiz Pers, in: Ruiz Peris/La reforma, S. 25.

313 *Massaguer*, El nuevo Derecho, S. 115.

*confusión*“ betreffen und neu ordnen könne, wird nicht klar. Der Aspekt wird soweit ersichtlich von der spanischen Literatur auch nicht weiter problematisiert, weshalb man davon ausgehen muss, dass man weiterhin von dem oben erwähnten Verhältnis ausgeht.[314]

### *b) Abgrenzung zu Art. 11 LCD* („actos de imitación“)

Art. 11 LCD regelt die bereits erwähnten sog. *„actos de imitación“*.[315] Nachfolgend wird ein kurzer Überblick über den Tatbestand der Vorschrift gegeben.

#### *aa) Überblick zu Art. 11 LCD*

Art. 11 LCD ist ein zentraler Tatbestand des spanischen Lauterkeitsrechts. Die Literatur und Rechtsprechung schenken dem Tatbestand regelmäßig viel Aufmerksamkeit.[316] Die Norm hat im Rahmen der Reform von 2009 nur eine unwesentliche Veränderung erfahren. Genauso wie in die Generalklausel wurde in den Wortlaut der Terminus *„profesionales“* eingefügt. Von einer inhaltlichen Änderung ist hierdurch aber nicht auszugehen.[317]

Grundlage jeder Interpretation der Norm bildet ihr erster Absatz, in dem ausdrücklich das Prinzip der Nachahmungsfreiheit festgehalten wird. Der Passus verleitet die Literatur regelmäßig zu pathetischen Diskussionen. Die Nachahmungsfreiheit sei Grundlage für wissenschaftlichen und ökonomischen Fortschritt, da die Verbreitung von Wissen auch Grundlage der Schaffung neuen Wissens sei. Aus einer ökonomischen Perspektive sei sie Instrument für die Steigerung des Angebots auf dem Markt und für die sinkenden Preise. Die Norm solle daher nur solche Verhaltensweisen für unlauter erklären, die ein Marktversagen verursachen. Die Nachahmungsfreiheit sei daher die Regel und deren Unlauterkeit die Ausnahme.[318] Diese

---

314 In *Tato Plaza,* La reforma, S. 138 wird zwar darauf hingewiesen, dass durch die Einordnung des Hervorrufens einer Verwechslungsgefahr in den Irreführungstatbestand erkennbar sei und somit Ersteres ein Spezialfall der Irreführung sein könne. Es wird auch auf den Passus in Art. 6.1 lit. b LCD hingewiesen. Etwaige Auswirkungen auf das Verhältnis der Irreführung zu Art. 6 LCD werden aber nicht weiter diskutiert.

315 Vgl. hinsichtlich einer Übersetzung des Wortlauts im Anhang.

316 Das wohl einflussreichste Werk zu dieser Norm stammt von *Portellano Díez,* La Imitacion en el Derecho de Competencia Desleal, Civitas, 1995.

317 *Domínguez Pérez,* in: Bercovitz/Comentarios-LCD, Art. 11 Rn. 1 ff.

318 Zum Ganzen: *Portellano Díez,* in: Comentario práctico-LCD, Art. 11, S. 170.

Interpretationsweise solle aber zugleich zu einer restriktiven Auslegung der Norm führen.[319]

Die Norm kennt verschiedene Varianten der Nachahmung. Art. 11.2 LCD erklärt das Nachahmen für unlauter, sofern dadurch eine Verwechslungsgefahr hervorgerufen wird: *„[...] la imitación de prestaciones de un tercero se reputará desleal cuando resulte idónea para generar la asociación por parte de lso consumidores respecto a la prestación [...]“*. Die zweite Variante des Art. 11.2 LCD untersagt diejenigen Nachahmungen, die eine Rufausbeutung beinhalten: „[...] *la imitación de prestaciones de un tercero se reputará desleal cuando* [...] *comporte und aprovechamiento indebido de la reputación* [...] *ajeno.*“ Eine weitere Variante ist in Art. 11.2 LCD geregelt. Hiernach sind Nachahmungen unlauter, die fremde „Mühen“ bzw. „Anstrengungen“ ausbeuten: „[...] *la imitación de prestaciones de un tercero se reputará desleal cuando* [...] *comporte un aprovechamiento indebido [del] esfuerzo ajeno.*“ In Art. 11.3 LCD ist schließlich ein Fall der behindernden Nachahmung erfasst. Unlauter sind hiernach bestimmte Fälle der systematischen Nachahmung: *„Asimismo, tendrá la consideración de desleal la imitación sistemática de las prestaciones e iniciativas empresariales o profesionales de un competidor cuando dicha estrategia se halle directamente encaminada a impedir u obstaculizar su afirmación en el mercado y exceda de lo que, según las circunstancias, pueda reputarse una respuesta natural del mercado.*“[320]

Mitbewerberschutz wird der Norm in ihren Varianten zugeschrieben, bei denen es um Rufausbeutung geht.[321] Der *„imitación confusoria“*, also der ersten Variante des Art. 11.2 LCD, wird aber teilweise auch ein verbraucherschützender Charakter zugeschrieben.[322]

Zu Überschneidungen mit Art. 6 LCD führt vorrangig die erste Variante des Art. 11.2 LCD. Der Norm ist aber auch immanent, dass eine *„imitación“* vorliegen muss. Es muss ein „Original“ geben, welches nachgeahmt wird bzw. an welches sich angelehnt wird.[323] Es wird hier teilweise zwischen dem Grad der Ähnlichkeit zum Original unterschieden: *„La imitación exacta o servil“*, *„la*

---

319 *Portellano Díez*, in: Comentario práctico-LCD, Art. 11, S. 170.

320 Eine Übersetzung der Norm findet sich im Anhang.

321 *Domínguez Pérez*, in: Bercovitz/Comentarios-LCD, Art. 11 Rn. 4.

322 *Domínguez Pérez*, in: Bercovitz/Comentarios-LCD, Art. 11 Rn. 6; *Viera Gonzales*, RCD 2010, S. 60 f.; *Menéndez*, La competencia desleal, S. 121.

323 *Domínguez Pérez*, in: Bercovitz/Comentarios-LCD, Art. 11 Rn. 8; *Massaguer*, Comentario, Art. 11, S. 342.

*imitación cuasi servil*“, „*la imitación recreadora*“.[324] Auch durch dieses Element unterscheidet sich die Norm von Art. 6 LCD.

Auch wenn der Wortlaut des Art. 11 LCD zwar von „*asociación*“ spricht, ist man sich einig und argumentiert *a maiore ad minus*, dass hiermit auch das Hervorrufen einer Verwechslung erfasst wird.[325] Die Beurteilung einer Verwechslungsgefahr wird an die Prinzipien unter Art. 6 LCD und des Markenrechts angelehnt.[326] Der *Tribunal Supremo* sieht in der Bewertung tatsächliche und rechtliche Umstände zusammenfließen.[327]

Die Produkte müssen zudem eine gewisse Unterscheidungskraft („*fuerza distintiva*“) aufweisen. Es hat sich teilweise auch der Terminus „*singularidad o pecularidad competitiva*“ durchgesetzt. *Portellano Díez* merkt insofern an, dass diese Terminologie auch daher verwendet wird, um nicht den fälschlichen Eindruck zu erwecken, dass nur das, was registerrechtlich schutzfähig ist, auch auf eine unternehmerische Herkunft hinweisen kann.[328]

Art. 11.2 LCD enthält eine „Unvermeidbarkeitsklausel“, die bei ihrem Vorliegen die Unlauterkeit ausschließt. Verbreitet ist in Literatur und Rechtsprechung insofern, dass eine Verwechslung beispielsweise durch das Anbringen einer unterscheidungskräftigen Marke auf dem Produkt vermieden werden kann.[329] Die Rechtsprechung geht zudem regelmäßig davon aus, dass beim Vorliegen eines Schutzrechts Art. 11 LCD nicht zur Anwendung komme.[330]

### *bb) Diskussionsstand zur Abgrenzung beider Normen*

Wie bereits erwähnt, spitzt sich die Frage nach der Abgrenzung von Art. 11 und 6 LCD im Hinblick auf die erste Variante des Art. 11.2 LCD zu. Dass hier in der Praxis gewisse Unsicherheiten bestehen, wird aus einschlägigen Urteilen ersichtlich, in denen sich die Kläger regelmäßig auf Art. 6 und 11 LCD und oft auch auf 12 LCD stützen.[331]

---

324 *Domínguez Pérez*, in: Bercovitz/Comentarios-LCD, Art. 11 Rn. 11.

325 *Portellano Díez*, in: Comentario práctico-LCD, Art. 11, S. 177 f.

326 *Portellano Díez*, in: Comentario práctico-LCD, Art. 11, S. 177.

327 STS vom 06.06.1997 (RJ 1997/4.608); STS vom 17.10.2002 (RJ 2002/8.766).

328 *Portellano Díez*, in: Comentario práctico-LCD, Art. 11, S. 179.

329 *Portellano Díez*, in: Comentario práctico-LCD, Art. 11, S. 180; STS 08.05.1997 (RJ 1997/3.877) – *Pompadour/Ben Hur*, wo es um die Nachahmung der Gestaltung von Teebeuteln ging, jedoch die sich deutlich unterscheidenden Kennzeichen „Pompadour“ einerseits und andererseits „Ben Hur“ erkennbar waren.

330 García Pérez, LCD, Art. 11, S. 271 ff. mit vielen Beispielen aus der Rechtsprechung.

331 Hierauf weist hin: *García Pérez*, LCD, Art. 6, Rn. 61.

Das Verhältnis ist zwar nicht aus dem Wortlaut oder der Systematik des Gesetzes erkennbar, es hat sich aber eine gefestigte Meinung in der Literatur und Rechtsprechung entwickelt.[332] Die Abgrenzung wird regelmäßig folgendermaßen vorgenommen: Art. 6 LCD erfasse Kennzeichen und die Präsentation des Produktes und Art. 11 LCD die Nachahmung von Leistungen eines Dritten, seiner Waren und Dienstleistungen und nicht die Zeichen und Mittel, die sie kennzeichnen. In Art. 11 LCD gehe es um die Nachahmung des Produktes selbst und in Art. 6 LCD um die Nachahmung von dessen Präsentation auf dem Markt.[333] Durchgesetzt hat sich zudem die Terminologie, dass sich Art. 6 LCD auf formale Schöpfungen wie Kennzeichen (*„creaciónes formales“*) und Art. 11 LCD auf die materiellen Schöpfungen (*„creaciónes materiales“*), also die Produkte, die technischen, künstlerischen, ästhetischen oder verzierenden Schöpfungen beziehe.[334] Diese Terminologie von „formaler“ und „materieller“ Schöpfung soll in Anlehnung an deutsche Dogmatik entstanden sein.[335]

---

332 *García Pérez*, LCD, Art. 6, Rn. 61.

333 *García Pérez*, LCD, Art. 6, Rn. 1; *Portellano Diez*, La imitación, S. 281 m.w.N.; *Massaguer*, Comentario, Art. 11, S. 340 f.; *Lobato García-Miján*, RGD 1991, 6151 ff.; *Sánchez Sabater*, in: Comentario práctico-LCD, Art. 6, S. 88 f.; *Viera Gonzáles*, RCD 2010, 156; *Curto Polo*, in: Bercovitz/Comentarios-LCD, Art. 6, Rn. 31; *Armijo Chávari*, Análisis, S. 79 und so auch die ständige Rechtsprechung: STS vom 17.05.2004; STS vom 11.05.2004; STS vom 17.05.2004; AP Barcelona vom 28.06.2002 – *Cola-Cao* (JUR 2004/4073); AP Barcelona, 02.12.2003 (JUR 2004/89412); AP Barcelona vom 30.01.2008; AP Valencia 18.12.2002.

334 *Monteagudo*, ADI 1993, S. 95; *Viera Gonzales*, RDC 2010, 156; auch die Rechtsprechung verwendet regelmäßig diese Terminologie: STS vom 17.05.2004; STS vom 11.05.2004; STS vom 07.07.2006; STS vom 12.06.2007.

335 Darauf weist *Domínguez Pérez*, GRUR Int. 2001, 1017 in Fn. 11 hin. Die Terminologie soll auf das Werk von *Fikentscher*, Wettbewerb und Gewerblicher Rechtsschutz, 1958 zurückgehen. Dort ist tatsächlich auf S. 271 zu lesen: „Doch unterscheidet man sowohl im Bereich des Wettbewerbsrechts als auch in dem des gewerblichen Rechtsschutzes den sog. Kennzeichnungsschutz vom eigentlichen Leistungsschutz (mit der Fußnote: *„Baumbach-Hefermehl*, Allg. 37 u. GrdZ WZG A. 8 ff; *Reimer*, Kap. 4 A. 6). Der Unterschied ist freilich nicht erschöpfend.“ Und weiter: „Der Unterschied besteht darin, daß beim Kennzeichnungsschutz ein formales Kennzeichen, etwa ein Warenzeichen, meist auf Grund einer Registrierung, zum Schutz des Inhabers ausreicht, ohne daß unternehmerische Leistung, etwa die Verkehrsgeltung eines Zeichens, nachgewiesen werden muß. Beim Leistungsschutz muß eine technisch-erfinderische, literarische, künstlerische oder unternehmerische Leistung vorhanden sein, ehe Schutz gewährt wird. Wo Verkehrsgeltung Schutzvoraussetzung ist, wie beim Geschäftsabzeichen, § 16 Abs. 3 UWG, oder bei der Ausstattung, § 25 WZG, wird unternehmerische Leistung verlangt. Der formale,

Aus der Rechtsprechung sei hier beispielhaft eine Entscheidung des AP Barcelona zitiert:[336]

> *„... trotz des von diesen drei Vorschriften (6, 11 und 12 LCD) bewahrten Anscheins der Ähnlichkeit, macht die Abgrenzung dieser Anwendungsbereiche keine Schwierigkeiten, da, während die Art. 6 und 12 LCD die verwechselbare Nachahmung von Unterscheidungszeichen (formale Schöpfungen) regeln, Art. 11 LCD die Nachahmung von Produkten (Leistungen bzw. Erzeugnisse und Dienstleistungen) regelt. Hinsichtlich einer Unterscheidung bezüglich des Gegenstandes stellen wir demnach fest: Unterscheidungszeichen in den Art. 6 und 12 LCD und Leistungen in Art. 11 LCD.“*

In einer Entscheidung des *Tribunal Supremo*, in der es um die Nachahmung von Deckenleuchten mit dem Modellnamen „Quadra Ice“ ging, wurde Art. 11 LCD angewendet. Das Gericht stellte fest, dass Art. 11 LCD zur Anwendung komme, da es um die Imitation des Produktes an sich, nämlich der Deckenleuchte gehe, also um eine *„creación material“*.[337] Weitere Umschreibungen der Abgrenzung gehen in dieselbe Richtung. Gegenstand der *„actos de confusión“* seien die Kennzeichen und jedwedes Mittel, welches die geschäftliche Herkunft kennzeichnet, wie Verpackungen, Etiketten, die Dekoration und Gestaltung der Geschäftsräume, die Bekleidung der Angestellten, die Werbung oder auch Merchandising.[338] Die *„actos de imitación“* hingegen erfassen die eigene

---

auf Registrierung beruhende Kennzeichnungsschutz ist aber auch nur ein Ausmaß des Leistungsgedankens. Im Sinne einer „Entwicklungsbegünstigung“ (mit der Fußnote: *Ulmer*, Warenzeichen usw., insbes. S. 67 ff.) will er künftige Leistungen ermöglichen und vorbereiten.“ Auf S. 273 ist zu lesen: „Der Grund für die abweichende Behandlung des Kennzeichnungsschutzes und des Leistungsschutzes in der Frage des Zusammentreffens von gewerblichen Rechtsschutz und unlauterem Wettbewerb liegt in der Erkenntnis, daß der Kennzeichnungsschutz formaler, leistungsmäßig vorbereitender, der Leistungsschutz dagegen materieller, besitzsichernder Natur ist. Dadurch, daß das Recht *formale* Kennzeichnungsrechte ausschließlichen Charakters zuerkennt, schneidet es in Wahrheit aus der Masse der im Wettbewerb verfügbaren Werte noch nichts heraus. Denn das Kennzeichnungsrecht will ja nur einen ausschließlichen Rahmen sichern, den der Unternehmer erst durch seine Leistung ausfüllen muß.“.

336 In Übersetzung durch den Verfasser von AP Barcelona, Urt. v. 28.06.2002 (JUR 2004/4073) – *Cola-Cao.*

337 TS vom 30.05.2007 (RJ 2007/3607) – *Quadra Ice.*

338 *Sánchez Sabater*, in: Comentario práctico-LCD, S. 81; *Carrión García de Parada*, CPI 2010, Nr. 58, S. 111.

unternehmerische Leistung an sich, d. h. das Produkt oder die Dienstleistung selbst, nicht seine Präsentationsformen.[339]

Zusätzlich zu den obigen Umschreibungen wird darauf hingewiesen, dass Art. 6 LCD die allgemeinere und Art. 11 LCD die speziellere Vorschrift sei.[340] *Portellano Díez* möchte die Norm in Abgrenzung zu Art. 6 LCD offenbar nur anwenden, sofern „das Nachgeahmte“ formal keinen Schutz als Marke erlangen könne.[341]

Sofern das Verhältnis der Normen näher mit Argumenten unterfüttert wird, verweist man zudem gelegentlich auf einen Passus im Vorentwurf zum LCD von 1991. Hier sei in Art. 7 – der als Vorgängervorschrift zu Art. 6 LCD angesehen wird – ausdrücklich die Rede von *„signos distintivos“* gewesen.[342] Daraus wird geschlossen, dass die *„signos distintivos“* – also die Kennzeichen – Gegenstand der Regelung des Art. 6 LCD sein sollten. Weiterhin wird angeführt, dass zwar in beiden Vorschriften von *„prestaciones“* die Rede ist, Art. 6 LCD aber auch die weiteren Kennzeichenarten anspricht, nämlich mit *„actividad“* die *„nombres comerciales“* und mit *„establecimiento“* das *„rótulo de establecimiento“*.[343]

Oft wird auch ein weiteres Argument bemüht, welches sich auf den Wortlaut des Art. 11 LCD bezieht. Dort ist in Art. 11.2 Satz 2 LCD davon die Rede, dass die unvermeidbare (*inevitabilidad*) Nachahmung nicht unlauter sei. Dieses Wort ist in Art. 6 LCD nicht enthalten. Es wird insofern darauf hingewiesen, dass eine „Unvermeidbarkeit“ aber regelmäßig nur im Bereich der Technik und Ästhetik möglich bzw. wahrscheinlich sei, bei Kennzeichen aber nicht.[344]

Diese gerade angesprochene Abgrenzung ist ständige Rechtsprechung und hat sich auch in der Literatur durchgesetzt. Nur sehr vereinzelt wird sie kritisiert. *García Perez* weist z. B. darauf hin, dass die Abgrenzung im Bereich des

---

339 *Sánchez Sabater*, in: Comentario práctico-LCD, S. 81; *Carrión García de Parada*, CPI 2010, Nr. 58, S. 111.

340 In diese Richtung *Curto Polo*, in: Bercovitz/Comentarios-LCD, Art. 6 Rn. 2; und wohl auch *Carrión*, CPI 2010, Nr. 58, S. 112 f.

341 So *Portellano Díez*, in: Comentario práctico-LCD, Art. 11, S. 179.

342 Hierauf weist der *Tribunal Supremo* in STS vom 30.05.2007 (RJ 2007/3607) – *Quadra Ice*, hin. So auch *Gualde Capó*, Competencia Desleal, S. 104, Rn. 1139

343 TS vom 30.05.2007 (RJ 2007/3607) – *Quadra Ice*; *Portellano Díez*, Comentario práctio, Art. 11, S. 176.

344 *Fernandez-Novoa*, La Ley 1991, 1.182; *Gualde Capó*, Competencia Desleal, S. 105, Rn. 1140; TS vom 30.05.2007 (RJ 2007/3607) – *Quadra Ice*.

Schutzes von Verpackungen zu widersprüchlichen Entscheidungen führe.[345] Sehr vereinzelt wird auch davon gesprochen, dass Art. 11 LCD gänzlich entbehrlich sei, da Art. 6 LCD die von dieser Vorschrift erfassten Fälle abdecken könne.[346]

## 3. „*Actos de confusión*“ in der Diskussion um die Reform von 2009

Die „*actos de confusión*“ haben in der Tradition des LCD stets eine eigene wichtige Rolle gespielt und wie oben gesehen werden sie einigermaßen konsequent von den Irreführungs- und Nachahmungshandlungen abgegrenzt. Es wurde zudem bereits oben darauf hingewiesen, dass gesehen wird, dass die „*actos de confusión*“ durch den europäischen Normgeber durch Art. 6.2 lit. a UGP-RL innerhalb der irreführenden Geschäftspraktiken angesiedelt wurden,[347] was aber der bisherigen Systematik des spanischen Lauterkeitsrechts widerspreche.[348] Konsequenzen für die sonstige Systematik des Gesetzes werden hieraus aber kaum gezogen.

Ansonsten geht man davon aus, dass der Regelungsgehalt des Art. 6.2 lit. a UGP-RL den hergebrachten Grundsätzen der „*actos de confusión*“ entspreche, so wie sie die spanische Rechtsordnung schon lange anerkenne.[349] Der Schwerpunkt liege in der Richtlinie zwar auf dem Schutz der Verbraucher, dies sei aber auch bisher von Art. 6 LCD abgedeckt gewesen.[350] Im Ergebnis stelle die Vorschrift ein Instrument für Verbraucher dar, um gegen das Hervorrufen von Verwechslungsgefahren durch Kennzeichen vorzugehen.[351] Neben den Verbrauchern solle die Vorschrift aber auch Unternehmen die Möglichkeit geben, gegen die Benutzung von Kennzeichen vorzugehen, wenn die Ansprüche des Markenrechts unzureichend sind.[352]

Man sah daher in Spanien vor diesem Hintergrund grundsätzlich keinen Umsetzungsbedarf für Art. 6.2 lit. a UGP-RL, da man dessen Regelungsgehalt

---

345 *García Pérez*, LCD, Art. 6, Rn. 89 ff., wobei er beispielhaft die Entscheidung des *Tribunal Supremo* vom 07.07.2006 (RJ 2006/5383) anführt, in der es um die Verpackung eines Haarfestigers ging.

346 *Gemeno Olcina*, La Ley, 1993, S. 941 (949).

347 *Massaguer*, El nuevo Derecho, S. 109.

348 *Massaguer*, El nuevo Derecho, S. 109.

349 *Massaguer*, El nuevo Derecho, S. 110 mit vielen Verweisen auf die Rspr.

350 *Massaguer*, El nuevo Derecho, S. 112.

351 *Massaguer*, El nuevo Derecho, S. 112 f.

352 *Massaguer*, El nuevo Derecho, S. 113.

durch das LCD bereits abgedeckt sah.[353] Die Diskussion wurde allerdings nicht breit geführt. Hintergründe, warum der Gesetzgeber letzten Endes Art. 20 LCD neben Art. 6 LCD schuf, sind auch nicht bekannt. Auf Art. 20 LCD wird noch weiter unten im Text genauer eingegangen.

### 4. „*Actos de confusión*" im Anteproyecto zum neuen „*Código Mercantil*"

Es wurde unter „B." bereits auf das *Anteproyecto* zum „*Código Mercantil*" eingegangen. Im Teil des Gesetzes über den unlauteren Wettbewerb folgt nach der Generalklausel (Art. 321-1 CM) die Vorschrift über die „*actos de confusión*" (Art. 322-1 CM). In Art. 322-9 CM sind die „*actos de imitación*" unverändert geregelt. Es ist insofern nicht ersichtlich, inwiefern das Gesetz Auswirkungen auf das Verhältnis beider Normen haben sollte. Im CM wurde ansonsten bei den „*actos de confusión*" der Passus „*todo comportamiento*" durch „*toda conducta*" ersetzt. Hierdurch sollten sich aber auch keine inhaltlichen Änderungen ergeben.

Es wurde aber bereits darauf hingewiesen, dass das Gesetz nicht mehr einen eigenen Teil mit verbraucherschützenden Vorschriften enthält und somit auch Art. 20 LCD in seiner derzeitigen Fassung gestrichen wurde. Auf mögliche Auswirkungen dieser neuen Systematik wird bei der Darstellung des Art. 20 LCD eingegangen.

## III. „*Actos de confusión*" im LCD

### 1. Einführung

Den „*actos de confusión*" wird im spanischen Lauterkeitsrecht ein hoher Stellenwert beigemessen. Oft weist die Literatur pathetisch darauf hin, dass die „*confusión*" eine der ersten ausdrücklich in Spanien geregelten Tatbestände des unlauteren Wettbewerbs gewesen sei.[354] Unter dem LCD von 1991 war Art. 6 LCD immerhin als erster Beispieltatbestand unmittelbar nach der Generalklausel angesiedelt.

---

353 Vgl. *Massaguer/Marcos/Suñol*, Informe del Grupo de Trabajo constituido en el seno la Asociación Española de Defensa de la Competencia, Boletín Nr. 2013, S. 1925 (1951 f.).

354 *Massaguer*, Comentario, Art. 6, Rn. 1.

## 2. Art. 6 LCD („*actos de confusión*")

Art. 6 LCD wirkt wie eine „Generalklausel des Verwechslungsschutzes". Dies auch deswegen, weil der Tatbestand äußerst weit gefasst ist.[355] Er erfasst jede Verhaltensweise („*todo comportamiente*"), die eine Verwechslungsgefahr hervorrufen kann. Die Aufzählung der erwähnten und scheinbar erfassten Kennzeichnungsmittel in der Norm, nämlich „*actividad*", „*prestaciones*" und „*establecimiento*" hat in der praktischen Anwendung kaum einen Niederschlag gefunden.

### *a) Vorgängervorschriften und Gesetzgebungsverfahren*

Teilweise wird Art. 10$^{bis}$ Abs. 1 PVÜ als Verpflichtung gesehen, ein Tatbestandskonzept wie Art. 6 LCD zu regeln.[356]

Als eine Vorgängervorschrift des Art. 6 LCD kann wohl Art. 138 aus dem LPI von 1902 betrachtet werden. Im Kapitel „*De la imitación y competencia ilícita*" lautete als erste Vorschrift Art. 138 LPI folgendermaßen: „*Los que usen una marca, dibujo ó modelo, en términos que el consumidor pueda incurrir en equivocación ó error, confundiéndolos con los verdaderos y legítimos, será castigado con arreglo al art. 552 de Código penal*".[357]

Wie aus dem Wortlaut zu entnehmen ist, war die Norm jedoch strafrechtlich sanktioniert. Sie erlangte darüber hinaus kaum praktische Bedeutung. Das im Jahr 1964 in Kraft getretene *Estatuo de la Publicidad* enthielt dann in Art. 10.2 EP eine Vorschrift über die „*confusión*". Über dessen Auslegung und praktische Relevanz ist jedoch auch kaum etwas überliefert.[358] Man sagt, dass die Beschränkung auf Werbung den Anwendungsbereich zu sehr eingeschränkt habe.[359]

Als weitere Vorgängervorschrift kann Art. 88 des LM von 1988 angesehen werden ; dessen Wortlaut folgendermaßen lautete: „*Sin perjuicio de lo que se establezca en la legislación genera sobre la materia, se considera, en particular, desleal: a) Todo acto capaz de crear confusión por cualquier medio que sea respecto del establecimiento, los productos o la actividad económica de un competidor.*"[360]

---

355 Vgl. zur Übersetzung im Anhang.

356 *García Pérez*, LCD, Art. 6, Rn. 9; wohl auch *Otamendi Rodríguez-Bethencourt*, LCD, S. 172.

357 Eine Übersetzung der Vorschrift findet sich im Anhang.

358 *Massaguer*, Comentario, Art. 6, Rn. 1.

359 *Fernández-Nóvoa*, RDM, 1968, S. 22 f.

360 Eine Übersetzung der Vorschrift findet sich im Anhang.

Auch über diese Vorschriften ist jedoch wenig überliefert und praktisch hat sie wohl keine Rolle gespielt (vgl. hierzu bereits unter „B.I.“ oben).

Im Gesetzgebungsverfahren zum LCD soll Art. 10 LCD zunächst fast wörtlich Art. 10 bis Abs. 1 PVÜ entsprochen haben. Im weiteren Verlauf der Diskussion wollte man den zweiten Absatz und „*riesgo de acociación*“ aus der Vorschrift streichen. Es wurde auch die Streichung von „*prestaciones*“ vorgeschlagen.[361] *Otamendi Rodríguez-Bethencourt* weiß zu berichten, dass im Gesetzgebungsverfahren die Vorschrift für den Scherz gesorgt haben soll, dass sie selbst ein Akt der „*confusión*“ sei.[362]

### b) Schutzzweck

Die Meinungen hinsichtlich des Schutzzweckes der Vorschriften gehen teilweise auseinander. Insgesamt wird man aber sagen können, dass die überwiegende Mehrheit der Stimmen in der Literatur zu einem verbraucherschützenden Charakter der Vorschrift tendiert[363] und auch die Rechtsprechung deutlich in diese

---

361 Zu der Interpretation der Gesetzesmaterialien: *Otamendi Rodríguez-Bethencourt*, LCD, S. 172.

362 *Otamendi Rodríguez-Bethencourt*, LCD, S. 172 schreibt: „*También Se dijo, en un rasgo de humor parlamentario, que era un acto de confusión en sí mismo*“.

363 In diese Richtung wohl *Massaguer*, Comentarios, Art. 6 Rn. 3; nach *Carrión García de Parada García de Parada*, CPI, Nr. 58, 2010, S. 113 soll die Unabhängigkeit des Verbrauchers im Moment der Produktwahl geschützt werden; nicht ganz klar wird die Position von *García Pérez*, LCD, Art. 6 Rn. 11 ff. für den einerseits „selbstverständlich“ ist, dass die Vorschrift die Interessen der Verbraucher schütze (so in Rn. 11), der aber andererseits auch die weiteren Standpunkte der Rechtsprechung aufzeigt ohne hierzu Stellung zu beziehen; *Sánchez Sabater*, in: Comentario práctico-LCD, Art. 6, S. 79 spricht sich für einen im Vordergrund stehenden verbraucherschützenden Charakter aus. Es solle der Verbraucher bei seiner Entscheidung geschützt werden: „*[...] que la finalidad de esta norma no es tanto proteger a las empresas y al valor de su marca frente a los abusos de la competencia, sino más bien proteger al consumidor en su toma de decisiones de mercado.*“; auch *Curto Polo*, in: Bercovitz/Comentarios-LCD, Art. 6, Rn. 11 spricht sich ausdrücklich hierfür aus: „*[...]los intereses especialmente protegidos por la prohibición del art. 6 LCD serían los de los consumidores.*“; wobei sie diese Aussage im nachfolgenden Satz wieder relativiert, indem sie andeutet, dass der Verbraucherschutz wohl nicht der einzige Schutzzweck sei: „*El hecho de que mediante la regulación de los actos de confusión se atendiera fundamentalmente, aunque no exclusivamente, a los intereses de los consumidores* [...]“; auch *Bercovitz, A.*, DN, Nr. 20, 1992, S. 2 f. misst der Vorschrift einen verbraucherschützenden Charakter bei.

Richtung geht.[364] Die Vorschrift soll den Hintergrund haben, dass Marken und die Art und Weise der Präsentation eines Produktes eine erhebliche und oft die entscheidende Rolle bei der Entscheidung des Verbrauchers beim Erwerb von Produkten spiele.[365] Dieser Entscheidungsfindungsprozess wird durch das Hervorrufen einer Verwechslungsgefahr gestört und verfälscht. Die Vorschrift solle somit alle Verhaltensweisen sanktionieren, die geeignet sind, den Verbraucher über die betriebliche Herkunft zweifeln zu lassen.[366] Der Unlauterkeitsvorwurf liege in der Versorgung der Verbraucher mit fehlerhaften Informationen.[367]

### *c) Tatbestand*

#### *aa) Erfasste Verhaltensweisen und Eröffnung des Anwendungsbereiches des LCD*

Zunächst müssen die allgemeinen Voraussetzungen des LCD, insbesondere also nach Art. 2 LCD der objektive und nach Art. 3 LCD der subjektive Anwendungsbereich des Gesetzes, eröffnet sein. Nach dem Wortlaut wird jede Verhaltensweise („*todo comportamiento*") erfasst. Es soll das aktive Tun und Unterlassen erfasst werden.[368] Ein Unterlassen könne beispielsweise in einer fehlenden Unterscheidung der Präsentation von Produkten zu sehen sein.[369]

---

364 STS vom 17.07.1997 (RJ 1997/5759): „*[...] protector de los consumidores [...]*"; oder in AP Barcelona vom 19.12.2000 (AC 2004/286); AP Barcelona vom 30.12.2000 (JUR 2004/54709); AP Barcelona vom 17.09.2003: „*Ese artículo 6 [...] trata de proteger la autonomía de determinación del consumidor, cuya decisión libre y no mediatizada, como árbitro de la lucha económica, de considera esencial para un buen funcionamiento del sistema concurrencial.*"; AP Barcelona 19.12.2000: „*[...] trata de proteger la autonomía de determinación del consumidor [...]*"; AP Barcelona vom 22.09.2015: „*La finalidad de esa norma se encuentranen proteger al consumidor en su tiom de deciciones en el maercado [...]*"; vgl. *García Pérez*, LCD, Art. 6, Rn. 14 mit weiteren Nachweisen aus der Rspr.

365 *Sánchez Sabater*, in: Comentario práctico-LCD, S. 79.

366 *Sánchez Sabater*, in: Comentario práctico-LCD, S. 79.

367 *Massaguer*, Comentario, Art. 6 Rn. 3.

368 *Carrión García de Parada*, CPI 2010, Nr. 58, S. 113.

369 Vgl. *García Pérez*, LCD, Art. 6, Rn. 27 mit Verweis auf AP Barcelona vom 19.12.2002: „*[...] u omisiva (incumplimiento del deber de diferenciar la presentación del producto...) [...]*".

### *bb) Gegenstand der Verwechslung und erfasste Kennzeichenarten* (signo o medio de identificación)

Gegenstand des Art. 6 LCD sollen nicht nur die vom Markengesetz anerkannten Kennzeichen sein.[370] Die Terminologie ist hier jedoch nicht ganz einheitlich. Meist wird von *„signo o medio de identificación“* gesprochen.[371] Der Wortlaut des Art. 6 LCD fordert, dass die Verhaltensweise geeignet sein muss, eine Verwechslung über *„la actividad, las prestaciones o el establecimiento ajenos“* hervorzurufen. Teilweise wird vertreten, dass mit *„actividad“* der Handelsname (*nombre comercial*), mit *„prestaciones“* die Marke (*marca*) und mit *„establecimiento“* das Geschäftsabzeichen (*rótulo de establecimiento*) angesprochen sein sollen.[372] Im Kern solle es jedenfalls um das Hervorrufen einer Verwechslungsgefahr über die unternehmerische Herkunft (*procedencia empresarial*) gehen.[373] Erfasst werden sollen insofern neben den Marken und Unternehmenskennzeichen die nicht eingetragenen Marken und Unternehmenskennzeichen, die Geschäftsabzeichen (*rótulos de establecimiento*), die Firmennamen (*denominacion social*), der Werktitel (*título de obra*), Internetdomains (*nombres de dominio*) oder auch „Slogans“.[374] Weitere typische Fallgruppen, die in Kommentaren zu Art. 6 LCD erwähnt werden, sind die Produktpräsentation (*forma de presentacion del producto*) und die Unternehmenspräsentation (*forma de presentación del establecimiento*).[375] Auf Einzelheiten wird später noch genauer eingegangen.

### *cc) Kein Ausschluss bei Möglichkeit der Eintragung eines Kennzeichens*

Die Literatur weist teilweise darauf hin, dass Art. 6 LCD auch dann zur Anwendung kommen könne, sofern eine Eintragung zwar möglich, aber unterblieben sei.[376] Eine Schlechterstellung oder „Bestrafung“ desjenigen, der seine Rechte

---

370 *Marco Arcalá*, in: Bercovitz/Comentarios-LCD, Art. 20 Rn. 18 ff.

371 Vgl. *Carrión García de Parada*, CPI 2010, Nr. 58, S. 115; *Sánchez Sabater*, in: Comentario práctico-LCD, Art. 6, S. 85 ([...] *medios de identificación y diferenciación* [...]“); AP Barcelona 28.06.2002 („[...] *medios de identificación* [...]“); AP Barcelona 20.06.2006 („[...] *medios de identificación* [...]); *Massaguer*, Comentario, Art. 6 Rn. 9 spricht teilweise von *„instrumento o medio de indentificacion“*.

372 TS vom 30.05.2007 (RJ 2007/3607).

373 *Curto Polo*, in: Bercovitz/Comentarios-LCD, Art. 6, Rn. 1; *García Pérez*, LCD, Art. 6 rn. 57 f.; AP Barcelona vom 30.12.2000 (JUR 2004, 54709).

374 Diese Aufzählung ist zu finden bei: *Marco Arcalá*, in: Bercovitz/Comentarios-LCD, Art. 20 Rn. 19.

375 *Sánchez Sabater*, in: Comentario práctico-LCD, Art. 6, S. 85 und 89.

376 *Monteagudo*, ADI 1993, S. 100.

nicht registrieren lässt, sei nicht angezeigt. Der Gesetzgeber habe sich durch das Nebeneinander von Art. 6 LCD und dem LM für eine Anwendung beider Normen nebeneinander ausgesprochen. Das Gesetz bringe insofern gerade nicht zum Ausdruck, dass ein Registersystem vorzuziehen sei bzw. vom Gesetzgeber favorisiert werde.[377] Ein solches Verständnis würde auch dem vom LCD bezweckten Schutz der Interessen der Verbraucher zuwiderlaufen. Es liefe auf Irreführungen von Verbrauchern hin, die das Gesetz gerade verhindern wolle.[378]

*dd) Anforderung an die Kennzeichen*

Es stellt sich insofern die Frage, welche Anforderungen an die von Art. 6 LCD erfassten Kennzeichen bzw. „Unterscheidungsmittel" zu stellen sind.

*(1) Eintragung nicht erforderlich*

Schon mit der Umschreibung *„signo o medio de identificación"* wird unausgesprochen klargestellt, dass es sich nicht um registrierte Rechte handeln muss.[379] Eine derartige Interpretation ist der spanischen Literatur fremd und wird soweit ersichtlich auch nicht vertreten. Art. 6 LCD hat stets im Bereich nicht registrierter Kennzeichen eine wichtige Rolle gespielt.

*(2) Grafische Darstellbarkeit nicht erforderlich*

Einige Gerichtsentscheidungen zu Art. 6 LCD können so interpretiert werden, dass Art. 6 LCD eine grafische Darstellbarkeit des Zeichens nicht erfordert. Die Voraussetzung der „graphischen Darstellbarkeit" des Art. 4 LM solle insofern nicht gelten.[380] Dies sei letztendlich auch Ausfluss der bereits dargestellten Theorie der *„complementariedad relativa"*.[381] Nach dem Wegfall des Erfordernisses der grafischen Darstellbarkeit im LM nach der Reform von 2019 ist dieser Aspekt freilich nicht mehr allzu relevant.

*(3) Keine „qualifizierte betriebliche Herkunftsangabe" notwendig*

In der spanischen Lehre hat man sich früh nach dem Inkrafttreten des LCD mit der in Deutschland entwickelten Lehre von der sog. *„qualifizierten betrieblichen*

377 *Monteagudo*, ADI 1993, S. 101.

378 *Monteagudo*, ADI 1993, S. 101 f.

379 So ausdrücklich *García Pérez*, LCD, Art. 6 Rn. 53 ff. mit Verweis auf AP Alicante vom 24.07.2000 (AC 2000, 1602); AP Toledo vom 04.04.1992 (AC 19992/645).

380 So ist wohl STS vom 17.07.2007 (RJ 2007, 5140) – *CEPSA* zu verstehen.

381 So ausdrücklich *Massaguer*, Problemas actuales, S. 180.

*Herkunftsangabe"* auseinandergesetzt.[382] Auch in Spanien liegt es nämlich nicht fern, den Anwendungsbereich des Art. 6 LCD neben dem Markengesetz zu beschränken. *Monteagudo* weist jedoch frühzeitig darauf hin, dass das LCD eine gänzlich andere Zielrichtung verfolge und andere Interessen erfasse.[383] Er kritisiert an der Lehre von der „qualifizierten betrieblichen Herkunftsangabe", dass sie empirisch nicht belegt sei. Denn grundsätzlich könne jedes Kennzeichen bei Verbrauchern eine Irreführung hervorrufen. Den Anwendungsbereich des LCD auf bekannte oder auf solche Kennzeichen zu beschränken, mit denen Verbraucher eine gewisse Qualität verbinden, sei willkürlich. Aufgrund der unterschiedlichen Schutzzwecke beider Gesetze sei eine Zurückdrängung des einen nicht angebracht. Der Schutz der Verbraucher werde vom LM – anders als vom LCD – eben nicht erfasst.[384]

*(4) Unterscheidungskraft* (fuerza o singularidad distintiva)

Die Kennzeichen müssen Unterscheidungskraft aufweisen. Man spricht insofern von *„fuerza o singularidad distintiva"*.[385] Die Kennzeichen müssen dazu geeignet sein, im Markt eine Tätigkeit, eine Leistung oder einen Geschäftsbetrieb zu identifizieren.[386]

*(5) Markteinführung* (implantación en el mercado) *und Benutzung* (uso efectivo)

Weiterhin ist regelmäßig davon die Rede, dass die Kennzeichen eine „Markteinführung" erfahren haben müssen; man spricht von *„implantación en el mercado"*.[387] Die Kennzeichen müssen als Hinweis beim entsprechenden Publikum erkannt werden.[388] Die Gerichte stellen insofern teilweise auf getätigte Investitionen in die Werbung ab.[389] Mit der Umschreibung „Markteinführung" ist

382 Vgl. hierzu *Monteagudo*, ADI 1993, S. 102 ff.

383 *Monteagudo*, ADI 1993, S. 104 f.

384 *Monteagudo*, ADI 1993, S. 105.

385 *Monteagudo*, ADI 1993, S. 97; AP Cáceres vom 08.01.2015: *„fuerza distintiva"*.

386 *Massaguer*, Comentario, Art. 6 Rn. 16; *Monteagudo*, ADI 1993, S. 97.

387 *Carrión García de Parada*, CPI 2010, Nr. 58, S. 115; *Massaguer*, Comentario, Art. 6 Rn. 45; *García Pérez*, LCD, Art. 6, Rn. 47 ff.; *Monteagudo*, ADI 1993, S. 98; AP Barcelona vom 24.04.2001; AP Barcelona vom 28.06.2002 – *Caso Cola Cao*; AP Barcelona vom 11.06.2003 (JUR 2004/55004) – *Pulp & Paper.*

388 AP Barcelona vom 11.06.2003 (JUR 2004/55004).

389 AP Barcelona vom 19.12.2000: *„Por otro lado, la implantación en el mercado de la marca Vaporella, necesaria para que quepa hablar de riesgo de confusión a los efectos de la competencia desleal, ha quedado probada, no ya por ser suficientemente*

auch gesagt, dass das Kennzeichen benutzt werden muss. Es wird insofern auch von „*uso efectivo del signo*“ gesprochen.[390] Auf diesen Punkt wird noch weiter unten genauer eingegangen.

### *(6) Geltung der absoluten Schutzhindernisse aus dem LM?*

Die spanische Literatur weist teilweise darauf hin, dass generische Zeichen von Art. 6 LCD nicht erfasst werden, da sie nicht dazu geeignet seien, eine Verwechslungsgefahr hervorzurufen.[391] Solche Begriffe stünden im Allgemeingut.[392] Dies ergebe sich auch daraus, dass generische Zeichen schon keine Unterscheidungskraft aufweisen würden.[393]

Inwiefern die absoluten Schutzhindernisse des LM aber generell bei Art. 6 LCD gelten sollen, wird nur sehr vereinzelt angesprochen. *Massaguer* vertritt die Ansicht, dass unter dem LCD auch solche Kennzeichen vom Schutz ausgenommen sein sollten, die Wettbewerber behindern, die beschreibend oder allgemein gebräuchlich seien, es sei denn, sie haben Unterscheidungskraft erlangt.[394] Er scheint hiermit den Katalog der absoluten Schutzhindernisse des Art. 5 LM generell auch bei Art. 6 LCD anwenden zu wollen.[395]

### *ee) Hervorrufen einer lauterkeitsrechtlichen Verwechslungsgefahr*

Die Geschäftspraktik muss nach dem Wortlaut des Art. 6 LCD dazu geeignet sein, eine Verwechslung hervorzurufen: „*indónea para crear confusión*“. Nachfolgend sollen der Begriff bzw. allgemeine Grundsätze bei der Beurteilung einer lauterkeitsrechtlichen Verwechslungsgefahr, die sich in Spanien herausgebildet haben, dargestellt werden. Dem Thema und dem Titel der Arbeit folgend wird dabei auf diejenigen Aspekte der Fokus gelegt, die dem Lauterkeitsrecht eigen sind und sich vom Markenrecht unterscheiden und regelmäßig im Rahmen der

*conocida en los demás países europeos […] sino por los considerable inversión en publicidad que, en el ejercicio de mil novecientos noventa y siete, consta efectuó la demandante […]*“.

390 So z.B. AP Barcelona vom 28.06.2002 – *Caso Cola Cao.*

391 Hierzu auch mit Beispielen aus der Rechtsprechung *García Pérez*, LCD, Art. 6, Rn. 152 ff.; *Carrión García de Parada*, CPI 2010, Nr. 58, S. 118

392 AP Navarra vom 28.02.2007 (JUR 2007/31418); AP Tarragona vom 25.01.2000 (JUR 2000/110976).

393 AP Navarra vom 28.02.2007 (JUR 2007/31418); AP Cáceres vom 08.01.2015.

394 *Massaguer*, Comentario, Art. 6 Rn. 45 und *Massaguer*, Problemas actuales, S. 177.

395 *Massaguer*, Comentario, Art. 6 Rn. 45 mit Verweis auf Art. 11 LM noch unter dem LM-1988. Jetzt sind die absoluten Schutzhindernisse in Art. 5 LM geregelt.

Kommentierung zu Art. 6 LCD angesprochen werden. Es soll nicht die generelle Beurteilung der Ähnlichkeit von Zeichen, der Ähnlichkeit von Waren- oder Dienstleistungen, der Bestimmung der Kennzeichnungskraft oder der Bestimmung der Beziehung dieser Umstände zueinander untersucht werden.[396] Gleiches gilt für die Bestimmung der Verkehrsauffassung.[397] Etwaige nationale Besonderheiten oder Tendenzen werden daher nicht dargestellt. In Spanien wird im Rahmen des Lauterkeitsrechts bei diesen Fragen auch regelmäßig auf die Rechtsprechung und Literatur zum Markenrecht verwiesen. Die Bereiche sind zudem bereits teilweise gründlich von der europäischen Rechtsprechung geprägt, womit sich ein Vergleich auf eine Analyse von Abweichungen in der nationalen Rechtsprechung beschränken würde. Es werden auch nicht die in Spanien üblichen Kategorien der Verwechslungsgefahr und etwaige Hintergründe aufgearbeitet. Auch hier dürften sich wiederum keine Unterschiede zum Markenrecht ergeben. Dies deutet auch die spanische Literatur an, indem sie in diesem Bereich regelmäßig auf die Prinzipien verweist, die sich im Markenrecht herausgebildet haben.[398]

---

396 Eine umfassende Darstellung ist z.B. zu finden bei: *Curto Polo*, in: Bercovitz/Comentarios-LM, Art. 6; *Barbero Checa*, in: González-Bueno/Comentarios-LM, Art. 6; *Lobato*, Art. 6.

397 Hierzu z.B. *Carrion Garcia de Prada*, CPI, Nr. 58, 2010, S. 116 f.; *García Pérez*, Art. 6 Rn. 165 ff.; *Sanchez Sabater*, Comentario práctico, Art. 6 S. 84.

398 Einige Autoren weisen ausdrücklich darauf hin, dass die Dogmatik in diesem Bereich in Anlehnung an Lehre und Rechtsprechung in Deutschland und England entwickelt wurde, vgl. *Otamendi Rodríguez-Bethencourt*, LCD, Art. 6, S. 173; so auch *Curto Polo*, in: Bercovitz/Comentarios-LM, Art. 6, S. 259 f.; man spricht in Spanien insofern regelmäßig von „*confusión en sentido estricto*“ sofern der Verbraucher fälschlicherweise glaubt, dass die Leistungen die gleiche unternehmerische Herkunft haben. Meint er dies, weil er glaubt, dass die Kennzeichen gleich sind, wird von „*confusión directa*“ oder „*confusión inmediata*“ gesprochen. Meint er dies, obwohl er erkennt, dass die Kennzeichen unterschiedlich sind, aber aufgrund der Ähnlichkeit glaubt, dass der Unternehmer, der sie anbietet identisch ist, wird von „*confusión indirecta*“ oder „*confusión mediata*“ gesprochen. Von „*confusión en sentido amplio*“ oder „*riesgo de asociación*“ wird gesprochen, wenn der Verbraucher fälschlicherweise glaubt, obwohl er weiß, dass die Leistungen eine unterschiedliche unternehmerische Herkunft haben, dass die Unternehmen wirtschaftlich oder juristisch miteinander verbunden sind. Vgl. hierzu nur *García Pérez*, LCD, Art. 6, Rn. 121 ff. und aus der Rechtsprechung AP Barcelona vom 24.04.2001 (AC 2001/1036).

### *(1) Keine subjektiven Elemente*

Die Verhaltensweise muss objektiv dazu geeignet sein, eine Verwechslung herbeizuführen. Keinesfalls erforderlich sind subjektive Elemente oder Absichten.[399]

### *(2) Keine tatsächliche Verwechslung erforderlich*

In Art. 6 LCD wird zwar von „*confusión*“ gesprochen, unzweifelhaft wird Art. 6 LCD jedoch als ein Gefährdungstatbestand angesehen und der Nachweis von tatsächlichen Verwechslungen ist nicht erforderlich.[400] Das Hervorrufen der Gefahr einer Verwechslung ist ausreichend.

### *(3) Rechts- oder Tatsachenfrage?*

Es stellt sich die Frage, ob es sich bei der Verwechslungsgefahr um eine Rechts- oder Tatsachenfrage handelt. Auswirkung hat die Beantwortung in zweierlei Hinsicht. Einerseits sind Rechtsfragen der Revision zugänglich; andererseits sind nur Tatsachenfragen dem Beweis zugänglich und können somit Gegenstand von demoskopischen Gutachten sein. Demoskopische Gutachten sind in Spanien bei Gerichtsverfahren – anders im Rahmen der Selbstregulierung durch die „Autocontrol“ – nicht verbreitet.

*Lobato* weist darauf hin, dass die zivil- und verwaltungsrechtliche Gerichtsbarkeit die Frage nach der Ähnlichkeit von Zeichen unter dem LM als Tatsachenfrage (*cuestión de hecho*) einstuft, weshalb sie den Instanzgerichten anheimgestellt ist.[401] Das TS führte in einer Entscheidung aus: „Da es keine allgemeingültigen Regeln zur Bestimmung gibt, wann es zu einer Verwechslungsgefahr kommt, muss dies vom Instanzgericht im Einzelfall festgelegt werden und diese Beurteilung ist maßgebend, sofern nicht dargelegt wird, dass die Entscheidung der Vernunft widerspricht“.[402] Auch im Rahmen der

---

399 *Carrión García de Parada*, CPI 2010, Nr. 58, S. 114; *García Pérez*, LCD, Art. 6, Rn. 51 f.; AP Valencia vom 07.05.2001 (JUR 2001/197193).

400 *Massaguer*, Comentario, Art. 6, Rn. 11; *García Pérez*, LCD, Art. 6, Rn. 32 ff.; *Sánchez Sabater*, in: Comentario práctico-LCD, Art. 6, S. 81.

401 *Lobato*, Art. 6 S. 321 mit Verweis für die Zivilgerichtsbarkeit auf TS vom 27.12.1996 – ÍNTIMA DE AUSONIA (RJ 1996, 9123) und 08.05.1997 – POMPADOUR und die Verwaltungsgerichtsbarkeit auf TS c-a 23.11.1996.

402 Übersetzung durch den Verfasser von STS vom 27.12.1996 (RJ 1996, 9123): „*al no existir reglas generales para determinar cuándo concurre el riesgo de confusión, debe ser el Tribunal de instancia el que las fije en cada caso y su criterio mientras no se demuestre que sus decisiones son contrarias al buen sentido.*“.

Verwaltungsgerichtsbarkeit spricht das *Tribunal Supremo* davon, dass keine „absolut gültigen Regeln“ zur Bestimmung der Verwechslungsgefahr bestehen, weshalb die Revision hierüber zurückgewiesen werden muss.[403]

*García Peréz* geht die Frage im Rahmen des LCD unter dem Gesichtspunkt der revisionsgerichtlichen Überprüfung der Verwechslungsgefahr an. Seine Analyse der Rechtsprechung gelangt zu dem Ergebnis, dass die Verwechslungsgefahr als Tatsachen- sowie Rechtsfrage eingestuft wird, also grundsätzlich auch revisibel sei.[404] Auch eine jüngere Entscheidung des *Tribunal Supremo* scheint in diese Richtung zu gehen. Das Gericht führt unter anderem aus: „[...] die Verwechslungsgefahr, zum Zwecke der Revision, hat nicht nur einen faktischen Gehalt [...] sondern auch einen rechtlichen“.[405]

#### *(4) Kein Register- und Spezialitätsprinzip*

Die spanische Literatur weist regelmäßig darauf hin, dass im Lauterkeitsrecht weder das aus dem Markenrecht bekannte Registerprinzip noch das Spezialitätsprinzip gelte.[406] Das Konzept der lauterkeitsrechtlichen Verwechslungsgefahr unterscheide sich in diesen beiden Punkten vom Markenrecht.[407] Das Registerprinzip (*principio de registro*) besagt, dass das Markenrecht dem Inhaber nur insoweit ein Exklusivitätsrecht zuweist, als dass es registerfähig ist und nur in der Form, wie es auch im Register eingetragen ist.[408] Das Spezialitätsprinzip (*principio de especialidad*) besagt, dass sich das Exklusivitätsrecht nur auf diejenigen Waren und Dienstleistungen erstreckt, für die es eingetragen ist.

#### *(5) Abstrakte* (in abstracto) *Beurteilung im Markenrecht und konkrete* (in concreto) *Beurteilung im Lauterkeitsrecht*

Im markenrechtlichen Verletzungsprozess wird die Klagemarke, so wie sie im Register eingetragen ist, mit dem Verletzerzeichen, so wie es benutzt wird,

---

403 STS vom 23.11.1996.

404 *García Peréz*, LCD, Art. 6 Rn. 12.

405 STS vom 07.07.2006 (RJ 2006, 5383): „*Sin embargo, como el riesgo de confusión tiene, a los efectos del control casacional, un contenido no sólo fáctico (sentencias de 13 de mayo de 1.996, 27 de diciembre de 1.996, 8 de mayo de 1.997, 20 de marzo de 1.998), sino también jurídico [...]*“.

406 Vgl. *Massaguer*, Comentario, Art. 6 Rn. 22; *Monteagudo*, ADI 1993, S. 99.

407 *Sánchez Sabater*, in: Comentario práctico-LCD, Art. 6, S. 82; *Monteagudo*, ADI 1993, S. 89 ff.

408 *Sánchez Sabater*, in: Comentario práctico-LCD, S. 82 f; *Massaguer*, Comentario, Art. 6, Rn. 25.

verglichen. Man nennt diese Beurteilung in Spanien abstrakt (*in abstracto*) oder auch normativ (*normativo*).[409] Entscheidend ist bei der Beurteilung der Klagemarke allein die Registerlage. Dies gilt im Lauterkeitsrecht nicht. Hier kommt es stets nur auf die Benutzungslage an. Eine Ausnahme von diesem Prinzip wird im Markenrecht bei berühmten und notorisch bekannten Kennzeichen gemacht. Diese sind unter dem LM nämlich nicht nur als registrierte Rechte geschützt, sondern aus ihnen kann auch Widerspruch erhoben werden und insofern muss auch dort auf die konkrete Benutzungslage abgestellt werden.[410]

Im Lauterkeitsrecht werden immer die Klagemarke und die Verletzermarke, so wie sie benutzt werden, verglichen.[411] Die Zeichen müssen in der Art und Weise gegenübergestellt werden, wie sie auf dem Markt durch den Inhaber benutzt werden.[412] Die Beurteilung der Verwechslungsgefahr im Lauterkeitsrecht wird daher als eine Beurteilung „*in concreto*“ bezeichnet.

*(6) Berücksichtigung von Begleitumständen* („elementos concomitantes“)

Im Rahmen des Lauterkeitsrechts steht nicht der Schutz eines Exklusivitätsrechtes im Vordergrund. Die Sanktionierung des Hervorrufens einer Verwechslungsgefahr verfolge im Lauterkeitsrecht den Zweck der Unterdrückung verfälschender Informationen hinsichtlich der kommerziellen Herkunft von Produkten und somit der Absicherung von Markttransparenz.[413] Die Beurteilung der Verwechslungsgefahr erfährt insofern keine begrenzende Bewertung durch die eingeschränkte Zusicherung eines Exklusivitätsrechts. In die Gesamtbewertung einer lauterkeitsrechtlichen Verwechslungsgefahr können daher viele weitere Umstände einfließen, die im Markenrecht grundsätzlich keine Berücksichtigung finden können.[414] Dieser Beurteilungsmaßstab entspricht der oben erwähnten Beurteilung „*in concreto*“.[415] Es soll umfassend

---

409 *Massaguer*, Commentarios, Art. 6 Rn. 11; *Lobato*, Art. 6, S. 301 f.; *Sánchez Sabater*, in: Comentario práctico-LCD, S. 82; sich dem anschließend *Curto Polo*, in: Bercovitz/Comentarios-LCD, Art. 6 Rn. 43; *Sánchez Sabater*, in: Comentario práctico-LCD, Art. 6, S. 82; AP Barcelona vom 07.07.2002.

410 *Lobato*, Art. 6, s. 302; *Curto Polo*, in: Bercovitz/Comentarios-LCD, Art. 6, Rn. 43.

411 AP Madrid vom 01.12.2014 (Resolución 344/2014).

412 *Lobato*, Art. 6, S. 302; *Carrión García de Parada*, CPI 2010, Nr. 58, 115 f.; AP Barcelona vom 07.06.2002 – *DECATHLON*; AP Barcelona vom 19.12.2002 – *MAIL BOXES*.

413 *Massaguer*, Comentario, Art. 6 Rn. 11.

414 *Monteagudo*, ADI 1993, S. 97; *Lobato*, Art. 6, S. 302.

415 *Massaguer*, Commentarios, Art. 6 Rn. 11; *Sánchez Sabater*, in: Comentario práctico-LCD, S. 82 f.

die Gesamtheit der Umstände (*„conjunto de circunstancias"*), die dazu geeignet sein können, eine Verwechslung über die betriebliche Herkunft bei den Adressaten herbeizuführen, berücksichtigen.[416] Es können insofern umfassend Begleitumstände in die Beurteilung einfließen. Diese Begleitumstände werden von der spanischen Rechtsprechung und Literatur *„elementos concomitantes"*[417] oder auch *„circunstancias concurrentes"* genannt.[418] Man geht davon aus, dass dies unter anderem die Art und Weise der Präsentation der Waren, Dekorationen, Einrichtung von Geschäftsräumen, Bekleidung von Mitarbeitern, begleitende Werbung, die Art und Weise des Anbietens von Waren oder des Kundenkontakts, der Preis oder die Vertriebswege sein können.[419] Sie sollen die Verwechslungsgefahr verstärken, abschwächen oder ganz entfallen lassen können.[420] Insofern soll daher möglich sein, dass unter einer markenrechtlichen Bewertung eine Verwechslungsgefahr verneint, eine lauterkeitsrechtliche Verwechslungsgefahr aber bejaht werden kann.[421] Auf diesen Aspekt wird weiter unten noch genauer eingegangen.

*(7) Beseitigung der Verwechslungsgefahr durch Anbringung der eigenen Marke auf Produkten oder Verpackungen*

Der zuvor erwähnte Beurteilungsmaßstab kann dazu führen, dass eine lauterkeitsrechtliche Verwechslungsgefahr durch Begleitumstände vollständig ausgeräumt wird. In der Rechtsprechung wird insofern gelegentlich die Frage aufgeworfen, ob das Anbringen einer eigenen Marke auf den Produkten oder der Verpackung eine Verwechslungsgefahr beseitigen kann. Die Gerichte weigern sich jedoch, eine generelle Regel aufzustellen. Die Frage soll vom Einzelfall abhängen.[422]

---

416 *García Pérez*, LCD, Art., Rn. 133 mit vielen Nachweisen aus der Rspr.; *Curto Polo*, in: Bercovitz/Comentarios-LCD, Art. 6, Rn. 44; *Otamendi Rodríguez-Bethencourt* LCD, Art. 6, S. 178.

417 *Massaguer*, Comentario, Art. 6, Rn. 11.

418 *Carrión García de Parada*, CPI 2010, Nr. 58, 115.

419 *Carrión García de Parada*, CPI 2010, Nr. 58, 115 f.; *Sánchez Sabater*, in: Comentario práctico-LCD, Art. 6, S. 83; ähnliche Kriterien nennt auch *Curto Polo*, in: Bercovitz/Comentarios-LCD, Art. 6, Rn. 44.

420 *Carrión García de Parada*, CPI 2010, Nr. 58, 115 f.; *Sánchez Sabater*, in: Comentario práctico-LCD, Art. 6, S. 83; AP Barcelona 28.06.2002 – *Caso Cola-Cao* (JUR 2004/14073).

421 AP Barcelona vom 07.06.2002; AP Granada vom 22.12.2003.

422 Zu diesem Fragenkreis mit Beispielen aus der Rechtsprechung: *García Pérez*, LCD, Art. 6, Rn. 142 ff. mit Verweis unter anderem auf AP Barcelona vom 20.04.2007.

### *ff) Geltung der Schutzschranken aus dem LM?*

Ähnlich wie bei der Frage der Geltung der absoluten Schutzhindernisse kann man auch die Frage stellen, ob und inwieweit die markenrechtlichen Schutzschranken im Lauterkeitsrecht gelten. Man ist sich in Spanien insofern zunächst einig, dass die in Art. 37 LM verankerte Gegenausnahme, dass nämlich die aufgezählten Benutzungen in der Vorschrift nicht verboten werden können, wenn die Benutzung im Einklang mit den lauteren Handelspraktiken steht („... *siempre que ese uso se haga conforme a las prácticas leales en materia industrial o comercial*“), sich auf das LCD und insbesondere die Generalklausel bezieht.[423] *Lobato* geht davon aus, dass die Vorschriften des LCD greifen können, sobald die erlaubte Benutzung im Sinne des Art. 37 LM verlassen werde und zwar insbesondere diejenigen, die das Hervorrufen einer Verwechslungsgefahr oder die Rufausbeutung sanktionieren.[424] *Massaguer* geht sogar davon aus, dass die Schutzschranken des Markenrechts im LCD generell gelten müssen.[425] Dies sei letztendlich eine Konsequenz der Lehre von der „*complementariedad relativa*“. Diese besage nämlich auch, dass das LCD nichts verbieten dürfe, was das Markenrecht ausdrücklich erlaubt. Art. 37 LM solle daher auch im LCD gelten.[426]

### *gg) Territoriale Begrenzung*

Es wird weiterhin generell davon ausgegangen, dass der Schutz nach dem LCD sich nur auf das Gebiet erstrecken könne, für welches die Kennzeichen benutzt werden.[427]

### *hh) Prioritätsprinzip*

Wie selbstverständlich wenden die Gerichte im Rahmen des Art. 6 LCD regelmäßig das Prioritätsprinzip (*principio de prioridad*) an.[428]

## *d) Rechtsfolgen und Aktivlegitimation*

Die Frage der Aktivlegitimation im LCD, insbesondere im Hinblick auf den Anwendungsbereich des Art. 6 LCD, wird weiter unten noch genauer

---

423 *Lobato*, Art. 37, S. 612; *Galán Corona*, in: Bercovitz/Comentarios-LM, Art. 37, S. 604 f.

424 *Lobato*, Art. 37, S. 612.

425 *Massaguer*, Problemas actuales, 177.

426 *Massaguer*, Problemas actuales, S. 177.

427 *Massaguer*, Comentario, Art. 6 Rn. 45.

428 Z.B. bei AP Granada vom 22.12.2003.

dargestellt. Nur kurz sei hier erwähnt, dass die überwiegende Meinung von einer sehr weiten Anwendung der Vorschriften über die Aktivlegitimation ausgeht, was insbesondere auf den Wortlaut des Art. 33 LCD zurückgeführt wird, der von „*cualquier persona física o jurídica*" spricht. Die überwiegende Meinung in der Literatur und auch der Rechtsprechung sieht insofern neben Mitbewerbern auch Lizenznehmer bzw. Vertragshändler und auch den einzelnen Verbraucher als aktivlegitimiert an.

Die Rechtsfolgen bei Verletzung von Tatbeständen des LCD sind in Art. 32 LCD geregelt. Wie diese im Zusammenspiel mit dem Markengesetz angewendet werden, wird später genauer angesprochen. Die Norm beinhaltet eine Klage auf Feststellung der Unlauterkeit (Art. 32.1 Nr. 1 LCD), Unterlassung und Beseitigung (Art. 32.1 Nr. 2, 3 LCD), Richtigstellung der Unlauterkeit (Art. 32.1. Nr. 4 LCD), Schadensersatz (Art. 32 Nr. 5 LCD) sowie eine Klage auf Herausgabe der Bereicherung (Art. 32 Nr. 6 LCD). Dabei werden sämtliche Rechtsfolgen, insbesondere Schadensersatz, grundsätzlich auch bei den „*actos de confusiónes*" angewendet. Es wird diskutiert, ob die Berechnungsmethoden beim Schadensersatz aus dem LM übertragen werden können.[429] Die Bereicherungsklage soll dabei auf registrierte und auch nicht registrierte Kennzeichen Anwendung finden.[430]

## 3. Art. 20 und 25 LCD

Art. 20 und 25 LCD wurden im Rahmen der Reform von 2009 in das LCD aufgenommen.[431] Die Vorschriften wurden in den Teil des LCD aufgenommen, der gegenüber Verbrauchern gelten soll. Beiden Vorschriften wurde bisher nicht viel Aufmerksamkeit in der Literatur gewidmet.[432]

Art. 25 LCD enthält ein *per-se*-Verbot und ist in Anlehnung an Nummer 13 des Anhang I der UGP-RL entstanden.[433] Es enthält das Verbot des absichtlichen („*de manera deliberada*") Hervorrufens einer Verwechslungsgefahr gegenüber einem Verbraucher.

---

429 Zum Ganzen ausführlich mit Nachweisen aus der Rechtsprechung und zu Berechnungsmethoden *Vega Vega*, in: Bercovitz/Comentarios-LCD, Art. 32 Rn. 45 ff.; und *García Pérez*, LCD, Art. 18, S. 462 ff.

430 *Vega Vega*, in: Bercovitz/Comentarios-LCD, Art. 32 Rn. 65 ff. und auch STS vom 08.07.2008 (RJ 2008, 3350).

431 Zum Wortlaut und zur Übersetzung der Vorschriften vgl. im Anhang.

432 Vgl. aber die Kommentierungen von *Marco Arcalá*, in: in: Bercovitz/Comentarios-LCD, Art. 20 und *Curto Polo*, in: Bercovitz/Comentarios-LCD, Art. 25.

433 *Curto Polo*, in: Bercovitz/Comentarios-LCD, Art. 25 Rn. 2.

Durch die Erwähnung von „Produkt“ im Tatbestand sollen Fälle der Nachahmung angesprochen sein, bei denen die Produkte an sich verwechselt werden.[434] Die Nachahmung an sich sei aber nicht verboten, was wiederum Erwägungsgrund 14 der UGP-RL deutlich mache.[435] Auch *Curto Polo* diskutiert die Vorschrift stark in Anlehnung an Art. 11 LCD. Sie hält neben Art. 25 LCD aber die Art. 6, 11 und 20 LCD für anwendbar.[436] Teilweise möchte man daher auch die „Unvermeidbarkeitsklausel“ des Art. 11.2 LCD in den Tatbestand hineininterpretieren.[437]

In Art. 20 LCD überträgt man weitestgehend die hergebrachte Dogmatik zu Art. 6 LCD.[438] Es wird davon ausgegangen, dass der Zweck des Art. 20 LCD, so wie es auch Art. 6.2 lit. a UGP-RL bezwecke, der Schutz von Dritten, die nicht Kennzeicheninhaber sind, sei, worunter insbesondere auch die Verbraucher fallen.[439]

Trotz des leicht anderen Wortlauts in der spanischen Fassung der Richtlinien, wo von „*signos distintivos*“ die Rede ist und nicht von „*…u otras marcas distintivas…*“, will man von der Vorschrift nicht nur Marken, sondern auch alle anderen Kennzeichenarten – so wie in Art. 6 LCD – erfasst wissen.[440]

Hervorgehoben wird in Anlehnung an den Wortlaut der Vorschrift auch, dass es sich bei dem Kennzeichen – anders als bei Art. 6 LCD – um ein solches eines Mitbewerbers handeln muss, da im Wortlaut von „*competidor*“ die Rede ist.[441] Dieser tatbestandliche Unterschied schränkt den Anwendungsbereich der Vorschrift gegenüber Art. 6 LCD weiter ein.

Die spanische Vorschrift enthält entgegen dem Wortlaut der Richtlinie jedoch nicht den Passus „*operación de comercialización*“[442] also „Vermarktung“.[443] Den

---

434 *Massaguer,* El nuevo Derecho, S. 113.
435 *Massaguer,* El nuevo Derecho, S. 113.
436 *Curto Polo,* in: Bercovitz/Comentarios-LCD, Art. 25 Rn. 9 ff. und 40.
437 *Armijo Chávarri,* Análisis, S. 84.
438 So bei *Marco Arcalá,* in: Bercovitz/Comentarios-LCD, Art. 20.
439 *Massaguer,* El nuevo Derecho, S. 112 und diesem sich anschließend *Tato Plaza,* La reforma, S. 142 und S. 144 f. der insofern die Vorschrift auch so versteht, dass man Verbrauchern einen ausdrücklichen Schutz und eine Stellung als aktivlegitimierte geben wolle.
440 *Marco Arcalá,* in: Bercovitz/Comentarios-LCD, Art. 20 Rn. 18; der Begriff der Verwechslungsgefahr wird wiederum an das Markenrecht und Art. 6 LCD angelehnt, vgl. hierzu *Tato Plaza,* La Reforma, S. 140 f.
441 *Jorge Viera Gonzáles,* Estudios sobre la Ley 29/2009, S. 84.
442 Vgl. Art. 6 Abs. 2 lit. a UGP-RL in der deutschen Fassung.
443 Vgl. Art. 6 Abs. 2 lit. a UGP-RL in der spanischen Fassung.

Verweis auf die vergleichende Werbung erachtet man aber insgesamt als überflüssig.[444]

Ein wichtiger Punkt, der stets angesprochen wird, ist die Frage, ob aufgrund systematischer Erwägungen die Vorschrift den Anwendungsbereich des Art. 6 LCD einschränkt. Aufgrund der Verortung des Art. 20 LCD im 3. Kapitel des LCD, in dem die Geschäftspraktiken gegenüber Verbrauchern enthalten sind, wird größtenteils daraus geschlossen, dass Art. 20 LCD allein dem Verbraucherschutz diene und nur im Verhältnis zwischen Verbrauchern und Unternehmern anwendbar sei.[445] Es wird vermutet, dass dies auch Grund dafür sei, dass Art. 6 LCD vom Gesetzgeber unverändert beibehalten wurde, damit diese Norm Fälle gegenüber Unternehmern erfassen könne.[446] Aus dieser Systematik wird teilweise geschlossen, dass nunmehr Art. 20 LCD gegenüber Verbrauchern und Art. 6 LCD im Rahmen des Mitbewerberschutzes Anwendung finden soll.[447] Dies sei schließlich auch aus Art. 19 LCD zu schließen, der die Normen auflistet, die gegenüber Verbrauchern Anwendung finden. Er zählt Art. 4, 5, 7 und 8 LCD, und eben nicht Art. 6 LCD und auch nicht Art. 11 LCD, auf.[448]

Andererseits wird darauf hingewiesen, dass diese Aufteilung der Normen überflüssig sei, da das bestehende LCD bereits ein soziales Modell verfolge, in dem auch die Interessen von Verbrauchern berücksichtigt wurden.[449] Auch die allgemeine Zivilprozessordnung – das *Ley 1/2000, de 7 de enero, de Enjuiciamiento Civil*[450] – erfasse in Art. 11 LEC „*competencia desleal*“, auf den Art. 33 LCD nunmehr ausdrücklich verweist, und daher auch das bisherige LCD ausreichend verbraucherschützenden Charakter aufweise. Hinzu komme die – im Unterschied zu anderen europäischen Rechtsordnungen – allgemein anerkannte Möglichkeit der Klagen von einzelnen Verbrauchern.[451] Dies komme auch wiederum in Art. 33 LCD zum Ausdruck, der Gruppen von Verbrauchern, aber auch den einzelnen Verbraucher für aktivlegitimiert erklärt.[452]

---

444 *Tato Plaza*, La reforma, S. 144 f.; *Armijo Chávari*, Análisis, S. 84.

445 *Tato Plaza*, La reforma, S. 138.

446 *Tato Plaza*, La reforma, S: 138.

447 *Tato Plaza*, La reforma, S. 138; *Armijo Chávari*, Análisis, S. 76; *Pérez Mosteiro*, La reforma/Efectos, S. 122; *Viera González*, Análisis de la Reforma, S. 76 f.

448 *Armijo Chávari*, Análisis, S. 77.

449 *Armijo Chávari*, Análisis, S. 77.

450 BOE. Nr. 7 vom 08.01.2000.

451 *Armijo Chávari*, Análisis, S. 78 mit Hinweis auf STS vom 13.10.2005.

452 *Armijo Chávari*, Análisis, S. 78 die die Vorschrift auch auf sämtliche anderen Normen des LCD anwenden möchte.

Sollte das oben bereits angesprochene CM in der derzeitigen Fassung in Kraft treten, wird sich diese Diskussion jedoch wieder auflösen. Da das Gesetz keine Aufteilung der Vorschriften in verbraucherschützende Vorschriften und sonstige kennt, ist auch Art. 20 LCD in der derzeitigen Fassung nicht mehr im Gesetz enthalten. Dies wird vermutlich dazu führen, dass sich wieder die Auffassung durchsetzt, die „*actos de confusión*" enthielten in einem Artikel die mitbewerberschützenden und die verbraucherschützenden Aspekte.

## IV. Vergleich mit Tatbeständen des UWG

### 1. Einführung

Die „*actos de confusión*" werden nachfolgend mit Tatbeständen aus dem UWG verglichen. Im Vordergrund sollen hierbei § 4 Nr. 3 a) UWG und § 5 Abs. 2 UWG stehen. Innerhalb der Diskussion wird zudem auf den allgemeinen Irreführungstatbestand und Anhang I Nr. 13 UWG zu § 3 Abs. 3 UWG eingegangen.

In Abschnitt „G." werden einige Ergebnisse dieses Vergleichs mit denjenigen aus Abschnitt „F." noch zusammenhängend kurz dargestellt.

Der Themenkomplex „Hervorrufen einer lauterkeitsrechtlichen Verwechslungsgefahr" ist in Deutschland schwer zu fassen. Kommentierungen zu § 5 Abs. 2 UWG fallen selbst in den großen Kommentaren teilweise sehr knapp aus.[453] Es hat sich hierbei auch noch keine einheitliche Struktur bei der Kommentierung herausgebildet. Auch die Gerichtsentscheidungen, die sich mit § 5 Abs. 2 UWG auseinandersetzen, sind bisher überschaubar. Kommentierungen zu § 4 Nr. 3 a) UWG sind hingegen teilweise unübersichtlich breit. Anmerkungen, die davon ausgehen, dass die letztere Fallgruppe vollständig von § 5 Abs. 2 UWG erfasst wird,[454] zeigen die Uneinigkeit und Unsicherheit bei der Erfassung des Themenkomplexes. Der Vergleich beschränkt sich daher auf einen Vergleich mit den groben Strukturen beider Normen. Auf nationalrechtlich bedingte Fragen zu den Vorschriften, die in Spanien keine Rolle spielen, wird daher auch nicht im Detail eingegangen.

453 *Peifer/Obergfell*, in: Fezer/Büscher/Obergfell, UWG, § 5 Rn. 427 ff. widmen der Norm ca. 3 Seiten in einem ansonsten knapp 2500 Seiten umfassenden Kommentar.

454 So *A. Nordemann*, in: Götting/Nordemann, UWG, § 4 Nr. 3 Rn. 3.20.

## 2. Vergleich mit dem Nachahmungsschutz nach § 4 Nr. 3 a) UWG

Es liegt nahe zu meinen, dass der in Spanien existierende Tatbestand des Art. 11 LCD („*actos de imitación*") dem Regelungsgehalt des § 4 Nr. 3 a) UWG am nächsten kommt. Im Ergebnis ist dies zwar so, der Schluss von einer ähnlichen Bezeichnung auf denselben Regelungsgehalt kann jedoch bei komplexen Normen und solchen, die in der nationalen Rechtsordnung historisch gewachsen sind, schnell zum Trugschluss werden. Beide Gesichtspunkte treffen bei der lauterkeitsrechtlichen Sanktionierung von Nachahmungen zu. Die im deutschen UWG in § 4 Nr. 3 UWG gesetzlich niedergelegte Fallgruppe des wettbewerbsrechtlichen Nachahmungsschutzes muss als eine historisch gewachsene Fallgruppe verstanden werden. Sie soll bisher keinerlei Harmonisierung erfahren haben,[455] und da auch in Deutschland grundsätzlich Nachahmungsfreiheit besteht, ist die Fallgruppe mit zahlreichen Wertungen aus den nationalen Gesetzen, die die gewerblichen Schutzrechte regeln – die ihrerseits keineswegs vollharmonisiert sind – aufgeladen. In Spanien kommt hinzu, dass die hinter Art. 11 LCD liegenden Prinzipien zwar auch eine lange Rechtstradition haben, die Norm selbst jedoch noch vergleichsweise jung ist und bisher mehr nach ihrem Wortlaut als nach ihrem Sinn und Zweck interpretiert wird. Im Ergebnis ist es so, dass sich der lauterkeitsrechtliche Nachahmungsschutz aus § 4 Nr. 3 a) UWG in vielen Bereichen auch mit Art. 6 LCD überschneidet. Der Blick soll im Nachfolgenden auf Unterschiede und Gemeinsamkeiten zu Art. 6 LCD gerichtet werden.

### *a) Schutzzweck*

Der in Deutschland in § 4 Nr. 3 a) UWG niedergelegte lauterkeitsrechtliche Nachahmungsschutz weist bereits in einem wesentlichen Punkt einen Unterschied zu den „*actos de confusión*" auf. Der deutschen Vorschrift soll es vorrangig um den Schutz der Individualinteressen des durch die Nachahmung verletzten Mitbewerbers gehen. Dies lässt sich nunmehr auch der neugefassten Überschrift („Mitbewerberschutz") des § 4 UWG entnehmen. Vor der Reform wurde jedenfalls teilweise eine stärkere Berücksichtigung des Verbraucherschutzes in der Vorschrift gefordert.[456] Dieser Aspekt soll aber nunmehr in § 5

455 So *Ohly*/Sosnitza, § 4.3 Rn. 3/7.

456 So *Sack*, GRUR 2015, 442 ff. und zur Diskussion insgesamt *Ohly*/Sosnitza, § 4.3 Rn. 3/4.

Abs. 2 UWG verortet werden.[457] Diese Interpretation kommt auch der engen Verbundenheit des § 4 UWG zu den Regelungen über die gewerblichen Schutzrechte am nächsten. Diesen ist gemeinsam – mag dies auch im Detail teilweise streitig sein –, dass sie vorrangig auf den Schutz von Investitionen zurückzuführen sind,[458] und somit dem Individualschutz dienen. Auch die historische Entwicklung der Fallgruppe macht dies deutlich. Sie hat sich unter der Generalklausel des UWG von 1909 entwickelt.[459] In den ersten Fällen, die die Grundlage der späteren Vorschrift des § 4 Nr. 3 a) UWG bildeten, ging es regelmäßig um den Schutz sondergesetzlich nicht geschützter Waren oder Dienstleistungen.[460] Die Entscheidungen drehten sich um die Vervielfältigung eines künstlerischen Vortrages auf Schallplatten,[461] um den Schutz kunstgewerblicher Erzeugnisse,[462] um die Ausbeutung fremder Aufwendungen oder die Ausnutzung von Aufwendungen und Werbung eines Wettbewerbers.[463] Gestützt wurde die Unlauterkeit auf das Einsparen von „Mühen und Kosten“ oder das „Ausnutzen“ von fremden Arbeitsleistungen.[464] Es bildeten sich so nach und nach die verschiedenen Fallgruppen heraus, nämlich die vermeidbare Herkunftstäuschung, die Rufausbeutung, das Verschaffen von Kenntnissen auf unredliche Weise sowie die gezielte Behinderung durch systematische Nachahmungen.[465] Es ging um den Schutz von Leistungen und um „Entwicklungsbegünstigung“.

Die „*actos de confusión*“ haben keinen solchen Hintergrund. Sie sollen sogar vorrangig dem Verbraucherschutz dienen (vgl. unter E.III.b) oben). Dieser Unterschied trifft jedenfalls dann zu, wenn man unter „*actos de confusión*“ Art. 6 LCD und den neuen Art. 20 LCD fasst. Es kristallisiert sich nämlich in Spanien derzeit die Meinung heraus, dass aufgrund einer systematischen Interpretation Art. 20 LCD vorwiegend dem Verbraucherschutz und Art. 6 LCD vorwiegend den anderen Schutzzwecken des Lauterkeitsrechts dienen soll (vgl. unter E.III.3 oben).

---

457 *Ohly*/Sosnitza, § 4 Nr. 3 Rn. 3/4 und so auch: Begr RegE UWG 2008, BT-Drucks. 16/10 145, S. 17.

458 *Götting*, § 4 Rn. 5.

459 *Emmerich*, § 11 Rn. 2.

460 *Emmerich*, § 11 Rn. 2.

461 RGZ 73, 294 – *Schallplatten*.

462 RGZ 101, 1 – *Siegfried-Möbel*.

463 RGZ 92, 111 – *Vorzugskarten*.

464 So beispielhaft in RGZ 73, 294 (297) – *Schallplatten*.

465 *Emmerich*, § 11 Rn. 2.

### *b) Tatbestand*

Auch tatbestandlich weisen die Normen einige Unterschiede auf. Art. 6 und 20 LCD sollen in Spanien nach der ganz überwiegenden Meinung in Literatur und Rechtsprechung gerade bei Marken und sonstigen Kennzeichen Anwendung finden. In Deutschland ist hingegen eine starke Tendenz in der Literatur erkennbar, Marken und sonstige Kennzeichen aus dem Anwendungsbereich des § 4 Nr. 3 a) UWG auszunehmen.[466] Der BGH hat sich hierzu zwar noch nicht geäußert, in früheren Entscheidungen die Norm aber auf Kennzeichen angewendet.[467]

Teilweise bemüht man in Deutschland insofern ein formales Argument. Man sagt, Kennzeichen ließen sich nur schwerlich als „Waren" oder „Dienstleistungen" im Sinne des Wortlauts ansehen. Sie treten dem Verkehr nicht als solche, sondern als davon unterscheidbare Herkunftshinweise gegenüber.[468] Andererseits verweist man auf die Gefahr des Unterlaufens des Markenrechts hin.[469]

In Spanien liegt dort der hauptsächliche Anwendungsbereich der Norm. Die Argumente liegen hier aber eher auf dem Verständnis vom Zusammenspiel des Marken- und Lauterkeitsrechts und auf einer systematischen Abgrenzung zum Nachahmungstatbestand des Art. 11 LCD (vgl. zum letzten Argument unter E.II.b) oben).

Anders als bei § 4 Nr. 3 a) UWG – und auch bei Art. 11 LCD – spielen bei Art. 6 LCD auch eine etwaige „wettbewerbliche Eigenart"[470] oder die

---

466 *Lubberger*, in: Eichmann/Kur, Designrecht, § 6 Rn. 37; *Ohly*/Sosnitza, § 4.9 Rn. 9/27; auch *Büscher*, GRUR 2009, 230 (234) ausdrücklich hinsichtlich Wort- und Bildzeichen, sowie Farben, auch mit Verweisen auf die Rspr.; Harte/Henning/*Sambuc*, § 4 Nr. 9 Rn. 121; *Erdmann*, GRUR 2007, 130 (131); *Kaulmann*, GRUR 2008, 854 (859); auch OLG Hamburg GRUR-RR 2006, 231 – *Bildmarke AOL* zweifelt eine Anwendung an.

467 BGH GRUR 2003, 973 – *Tupperwarenparty*; das OLG Hamburg GRUR-RR 2006, 231 – *Bildmarke AOL* zweifelt hingegen eine Anwendung auf Kennzeichen an.

468 *Ohly*/Sosnitza, § 4.3 Rn. 9/27; *Erdmann*, GRUR 2007, 130; *Kaulmann* GRUR 2008, 854.

469 *Ohly*/Sosnitza, § 4.9 Rn. 9/27 mit dem Hinweis, dass Täuschungen der Abnehmer über die betriebliche Herkunft einzig nach § 5 zu bewerten sein; auch *Köhler*/Bornkamm/Feddersen, § 4 Rn. 3.22b.

470 *Ohly*/Sosnitza, § 4.9 Rn. 9/32; und auch die st. Rspr. BGH GRUR 2006, 79 – *Jeans I*; BGH GRUR 2007, 339 – *Stufenleiter*; BGH GRUR 2007, 795 – *Handtaschen*; BGH GRUR 2008, 115 – *ICON*; BGH GRUR 2010, 80 (82) – *LIKEaBIKE*.

„Vermeidbarkeit"[471] im Tatbestand keine prägende Rolle. Es lässt sich aber nicht von der Hand weisen, dass die dogmatischen Unterschiede eher theoretischer Natur zu sein scheinen. Versteht man unter der „wettbewerblichen Eigenart", dass die konkrete Ausgestaltung oder bestimmte Merkmale des Erzeugnisses dazu geeignet sein müssen, die angesprochenen Verkehrskreise auf die betriebliche Herkunft oder die Besonderheiten des Erzeugnisses hinzuweisen,[472] und fordert man eine „gewisse Bekanntheit"[473] zur Begründung einer Herkunftstäuschung, sind die Unterschiede zu den tatbestandlichen Voraussetzungen der „*actos de confusión*" auf dieser Ebene äußerst gering. Auch dort werden nur Herkunftshinweise erfasst, die einen gewissen Bekanntheitsgrad aufweisen. Das ohnehin beim lauterkeitsrechtlichen Nachahmungsschutz verwendete „markenrechtliche Vokabular"[474] schmälert die Unterschiede weiter.

Die deutsche Fallgruppe – genauso wie Art. 11 LCD – setzt weiter voraus, dass das Produkt in Anlehnung an ein Original und somit denknotwendig zeitlich danach entstanden sein muss und daher beispielsweise auch Parallelschöpfungen von der Vorschrift nicht erfasst seien.[475] Eine „Nachahmung" in diesem Sinne ist bei Art. 6 LCD hingegen nicht relevant. Es ist jedoch ein nicht zu verachtender dogmatischer Unterschied. An eine etwaige Anlehnung an Produkte eines Mitbewerbers kommt es bei den „*actos de confusión*" nicht an. Gerade dieses Merkmal kann der Vorschrift aber ihr mitbewerberschützendes Gepräge geben und so auch auf der Ebene der Rechtsfolgen oder der Aktivlegitimation eine Rolle spielen. Bei den „*actos de confusión*" sind solche dogmatischen Hintergründe jedoch nicht relevant.

### *c) Aktivlegitimation und Rechtsfolgen*

Ein wesentlicher Unterschied liegt schließlich auf der Ebene der Aktivlegitimation und der Rechtsfolgen. Die Dogmatik, die sich in Deutschland entwickelt

---

471 Hierzu *Ohly*/Sosnitza, § 4.3, Rn. 3/60; BGH GRUR 2000, 521 (525) – *Modulgerüst I*; BGH GRUR 2001, 443 (445) – *Viennetta*.

472 *Köhler*/Bornkamm/Feddersen, § 4 Rn. 3.31; *Ohly*/Sosnitza, § 4.9 Rn. 9/32; St. Rspr. BGH GRUR 2006, 79 – *Jeans I*; BGH GRUR 2007, 339 – *Stufenleiter*; BGH GRUR 2007, 795 – *Handtaschen*; BGH GRUR 2008, 115 – *ICON*; BGH GRUR 2010, 80 (82) – *LIKEaBIKE*.

473 *Ohly*/Sosnitza, § 4.9 Rn. 9/34 mit Verweise auf die Rspr.

474 *Sambuc*, S. 41 der davon spricht, dass das „Vokabular überwiegend markenrechtlich klingt".

475 BGH GRUR 2008, 1115 – *ICON*; und so auch ausdrücklich in GRUR 2017, 79 (86) – *Segmentstruktur*; *Ohly*/Sosnitza, § 4.3 Nr. 9/45.

hat, spiegelt den Schutzzweck des § 4 Nr. 3 a) UWG wider. Man ist sich überwiegend einig, dass der Kreis der Aktivlegitimierten auf den Hersteller des Originalprodukts und den ausschließlich Vertriebsberechtigten zu beschränken sei.[476] Dies ist bei den „*actos de confusión*" gerade nicht der Fall. Die Aktivlegitimation ist hier denkbar weit und wird (theoretisch) sogar dem einzelnen Verbraucher zugestanden (vgl. hierzu noch genauer bei F. unten).

Die bereits oben angesprochene Nähe der Norm zu den Vorschriften des gewerblichen Rechtsschutzes setzt sich in Deutschland bei den Rechtsfolgen fort und der Anspruch soll insofern auf die Methode der dreifachen Schadensberechnung erweitert werden.[477] Hier nimmt man in Spanien jedoch wiederum Einschränkungen vor (vgl. oben E.III.2.d) oben).

## 3. Vergleich mit § 5 Abs. 2 UWG

§ 5 Abs. 2 UWG wurde im Rahmen der Reform des UWG im Jahr 2008 in das Gesetz eingeführt. Die Norm beruht auf Art. 6 Abs. 2 lit. a UGP-RL. Hiernach ist „eine geschäftliche Handlung [...] auch irreführend, wenn sie im Zusammenhang mit der Vermarktung von Waren oder Dienstleistungen einschließlich vergleichender Werbung eine Verwechslungsgefahr mit einer anderen Ware oder Dienstleistung oder mit der Marke oder einem anderen Kennzeichen eines Mitbewerbers hervorruft".

Über den Anwendungsbereich und die praktische Bedeutung der Norm bestehen noch Unklarheiten. Dieser Umstand macht einen Vergleich schwierig. Es kann und soll auch keine umfassende Interpretation des § 5 Abs. 2 UWG stattfinden. Dies wäre nicht im Sinne des Rechtsvergleiches. Es werden nachfolgend einige bisher erkennbare Konturen, die die Literatur und Rechtsprechung der Norm gegeben hat, mit in Spanien im Rahmen der „*actos de confusión*" diskutierten Aspekten verglichen.

---

476 *Köhler*/Bornkamm/Feddersen, § 4 Rn. 3.85 f., auch zur strittigen Frage, ob auch der Händler des Originals und weitere Kreise wie sonstige Mitbewerber oder Verbände aktivlegitimiert sein sollen; *Ohly*/Sosnitza, § 4.3 Rn. 3/83; BGH GRUR 1994, 630 (634) – *Cartier-Armreif*; BGH GRUR 2004, 941 (943) – *Metallbett*.

477 *Ohly*/Sosnitza, § 4.3 Rn. 3/88; *Köhler*/Bornkamm/Feddersen, § 4 Rn. 3.83; BGH GRUR 2007, 431 – *Steckverbindergehäuse*; BGH GRUR WRP 2016, 850 – *Pipi-Langstrumpf-Kostüm II*.

### a) *Vergleich der systematischen Stellung der Normen innerhalb des Lauterkeitsrechts*

Ein umstrittenes Thema im Rahmen des § 5 Abs. 2 UWG ist dessen Abgrenzung von anderen Normen innerhalb des UWG selbst. Die Diskussionen ähneln denjenigen bei Art. 6 LCD, der sich auch gegenüber dem allgemeinen Irreführungstatbestand und dem Nachahmungsschutz positionieren muss. Auch § 5 Abs. 1 S. 2 Nr. 1 UWG zählt als ein Umstand, über den getäuscht werden kann, die „betriebliche Herkunft" auf. Bei § 5 Abs. 2 UWG geht es im Kern um dasselbe. Noch vor Einführung des § 5 Abs. 2 UWG wurde im Rahmen des § 5 Abs. 1 S. 2 Nr. 1 UWG die Irreführung über die betriebliche Herkunft und somit auch die Anwendung des UWG anhand der Lehre über die „qualifizierte betriebliche Herkunftsangabe" zurückgedrängt.[478] Diese Lehre wird jedoch kaum mehr vertreten. Die derzeit wohl überwiegende Meinung geht bei der Abgrenzung des § 5 Abs. 2 UWG vom allgemeinen Irreführungstatbestand bzw. des § 5 Abs. 1 UWG davon aus, dass beide Tatbestände nebeneinander zur Anwendung kommen können.[479] Anders sehen dies diejenigen Autoren, die § 5 Abs. 2 UWG lediglich eine Klarstellungsfunktion zuschreiben wollen[480] oder § 5 Abs. 2 UWG gegenüber § 5 Abs. 1 S. 2 Nr. 1 UWG als *lex specialis* betrachten.[481] Teilweise will man auch beiden Normen unterschiedliche Anwendungsbereiche zuweisen. § 5 Abs. 1 S. 2 Nr. 1 UWG solle nur die Irreführung über die Art der betrieblichen Herkunft z. B. durch Zusätze wie „nur aus", „echt" oder „original" erfassen.[482] Die Gesetzesmaterialien scheinen bei § 5 Abs. 2 UWG jedenfalls von einem eigenen Irreführungstatbestand auszugehen. In der Gesetzesbegründung zum UWG 2008 heißt es im Rahmen des Anhanges Nr. 13, dass diese Regelung „*[...] neben § 4 Nr. 9 Buchstabe a UWG und dem Irreführungstatbestand des § 5 Abs. 1 Satz 2 Nr. 1 und Abs. 2 UWG-E*"[483] steht, was darauf hinweisen könnte, dass der Gesetzgeber in § 5 Abs. 2 UWG einen eigenen Irreführungstatbestand mit einem eigenständigen Anwendungsbereich sieht.

---

478 Hierzu Ohly/*Sosnitza*, § 5 Rn. 415.

479 *Bornkamm* GRUR 2011, 1 (3); Harte/Henning/*Dreyer*, § 5 C Rn. 209; *Köhler* GRUR 2009, 442 (448); *Peifer/Obergfell*, in: Fezer/Büscher/Obergfell, § 5 Rn. 322a; und wohl auch BGH GRUR 2013, 1162 – *Hard Rock Cafe*.

480 So GK-UWG/*Lindacher*, § 5 Rn. 567.

481 *Sack* WRP 2014, 1130 (1134).

482 Götting/Nordemann/*A. Nordemann*, UWG, § 5 Rn. 1.161 ff. mit weiteren Beispielen.

483 BT-Drucks. 16/10145, S. 32.

In Spanien sieht die ganz überwiegende Meinung Art. 6 LCD selbstständig neben dem „allgemeinen Irreführungstatbestand" stehen. Art. 6 LCD solle die Täuschung über die betriebliche Herkunft, der allgemeine Irreführungstatbestand die Täuschung über sonstige Merkmale des Produktes (vgl. hierzu E.II.2.a) oben) erfassen. Dies kommt derjenigen Meinung in Deutschland nahe, die in § 5 Abs. 2 UWG einen Spezialfall der Irreführung über die betriebliche Herkunft sieht.

Hinsichtlich des Verhältnisses zum Nachahmungsschutz sprechen in Deutschland einige Autoren davon, dass § 4 Nr. 3 a) UWG wegen § 5 Abs. 2 UWG sogar überflüssig geworden sei.[484] Andere grenzen im Ergebnis nach dem Schutzzweck ab und verfrachten in § 5 Abs. 2 UWG Aspekte des Verbraucherschutzes und in § 4 Nr. 3 a) UWG den Schutz des Originalherstellers.[485] Teilweise soll zur Abgrenzung auch wieder die Lehre von der „qualifizierten betrieblichen Herkunftsangabe" herhalten. Nur wenn eine solche vorläge, können § 5 Abs. 2 UWG neben dem Nachahmungsschutz – der ansonsten *lex specialis* sei – zur Anwendung kommen.[486] Andere grenzen nach dem Gegenstand des Schutzes ab. Das sind im Ergebnis die bereits oben erwähnten Meinungen, die Marken und Kennzeichen aus dem Anwendungsbereich des § 4 Nr. 3 a) UWG herausnehmen wollen und in § 5 Abs. 2 UWG verorten möchten.

Diese zuletzt genannte Ansicht kommt der in Spanien herrschenden Meinung am nächsten, denn auch dort sollen Marken und andere Kennzeichen allein in Art. 6 LCD zu verorten sein (vgl. unter E.II.2.b) oben).

§ 5 Abs. 2 UWG steht auch im Zusammenhang mit Nr. 13 des Anhangs zu § 3 Abs. 3 UWG. Hinsichtlich des Zusammenspiels des § 5 Abs. 2 UWG mit Nr. 13 Anhang I zum UWG geht man davon aus, dass letztere Norm einen engen Teilbereich des § 5 Abs. 2 UWG erfasse,[487] und insofern vorrangig sei.[488]

---

484 So *A. Nordemann*, in: Götting/Nordemann, § 4 Nr. 3 Rn. 3.20: „[…] an sich überflüssig und hätte deshalb schon im Rahmen der UWG-Reform 2008 aufgehoben werden können."; auch *Ullmann*, in: jurisPK-UWG, § 4 Nr. 9 Rn. 30 meint, dass „ein weitreichendes Verständnis der Irreführung des Verbrauchers bei der Produktvermarktung de facto weitgehend den (individual-rechtlichen) Leistungsschutz nach § 4 Nr. 9 UWG überflüssig erscheinen lässt".

485 *Ohly*/Sosnitza, § 4.9 Rn. 9/22 zu § 4 Nr. 9 a) a.F. in der 6. Aufl. und wohl auch *Köhler*/Bornkamm/Feddersen, § 4 Rn. 3.85..

486 So ist wohl Harte/Henning/*Sambuc*, § 4 Nr. 9 Rn. 52 f. zu verstehen.

487 BGH GRUR 2013, 1161 – *Hard Rock Cafe*; *Köhler*/Bornkamm/Feddersen, UWG, Nr. 13 Anhang zu § 3 III.

488 Ohly/*Sosnitza*, UWG, § 5 Rn. 707.

Dies ähnelt der in Spanien verbreiteten Auffassung zum Verhältnis des Art. 25 LCD zu Art. 6 und 20 LCD (vgl. unter E.III.3 oben).

### *b) Schutzzweck*

Auch in Deutschland diskutiert man über den Schutzzweck des § 5 Abs. 2 UWG. Man könnte zunächst der Meinung verfallen, dass es der Vorschrift ähnlich wie dem § 4 Nr. 3 UWG um einen Leistungsschutz bzw. eine „Entwicklungsbegünstigung" gehe und damit tendenziell um Mitbewerberschutz. Mit Blick auf den Hintergrund der Norm, der in Art. 6 Abs. 1 lit. a UGP-RL zu suchen ist,[489] wird man hiervon aber wieder abrücken müssen. Die Richtlinie hat die Interessen der Verbraucher und die „wirtschaftlichen Interessen rechtmäßig handelnder Mitbewerber" nur „mittelbar" im Blick.[490] Es geht ihr jedenfalls nicht um den Schutz gewerblicher Leistungen. Andererseits wurde die deutsche Norm durch den Gesetzgeber aufgrund des integrativen Ansatzes auch mit den sonstigen im Lauterkeitsrecht geltenden Schutzrichtungen aufgeladen. *Thress* spricht daher völlig zu Recht von einem „faktischen Leistungsschutz".[491]

In Spanien hat man Art. 6 LCD vor der Reform bereits überwiegend einen verbraucherschützenden Charakter zugewiesen; wobei diese Funktion nunmehr wohl überwiegend Art. 20 LCD zugeschrieben wird (vgl. unter E.III.2.b) und E.III.3. oben).

### *c) Tatbestand*

Anders als in Art. 6 oder 20 LCD wurde in § 5 Abs. 2 UWG der aus der Richtlinie stammende Passus „im Zusammenhang mit der Vermarktung" übernommen. Vielleicht entschied der spanischen Gesetzgeber richtig, denn was die Umschreibung zum Ausdruck bringen soll, ist unklar. Teilweise möchte man mit Blick auf die UGP-RL beispielsweise das Beliefern von Händlern oder betriebsinterne Vorgänge nicht als umfasst ansehen.[492] Die Unterschiede zwischen den *„actos de confusión"* und § 5 Abs. 2 UWG sind in dieser Hinsicht daher kaum ersichtlich.

Bei § 5 Abs. 2 UWG steht jedenfalls das Hervorrufen einer Verwechslungsgefahr im Mittelpunkt. Es wird hierbei auch in Deutschland auf die Unterschiede zum Markenrecht hingewiesen. Dies zeigt bereits die verbreitete Kritik an der

---

489 BT-Drucks. 16/10145, S. 24 (Gesetzesbegründung RegE zu UWG 2008).

490 Erwägungsgrund 6 UGP-RL.

491 *Thress*, S. 38 f.

492 So *Thress*, S. 65 und 238 f.

Rechtsprechung des EuGH, der bei der Beurteilung einer markenrechtlichen Verwechslungsgefahr erkennbar auf „lauterkeitsrechtliche Maßstäbe" zurückgreift.[493] Man möchte insofern „Begleitumstände", die vom Exklusivitätsrecht der Marke nicht erfasst sind, bei der Beurteilung der Verwechslungsgefahr nur im Lauterkeitsrecht anwenden.[494] In Spanien wird die Rechtsprechung des EuGH in dieser Hinsicht zwar – soweit ersichtlich – nicht diskutiert; die in der spanischen Literatur und Rechtsprechung vorherrschende Lehre von der faktisch-konkreten Beurteilung der Verwechslungsgefahr im Lauterkeitsrecht und damit auch der Berücksichtigung von Begleitumständen – die dort als *„elementos concomitantes"* bezeichnet werden – entspricht aber der gerade genannten Ansicht in Deutschland. Diese Sichtweise setzt sich fort bei der Frage, ob durch aufklärende Hinweise oder sonstige Umstände im Lauterkeitsrecht die Verwechslungsgefahr ausgeräumt werden könne. Dies wird in Deutschland,[495] und wie bereits oben erwähnt auch in Spanien, bejaht.

Weiterhin geht man in Deutschland davon aus, dass es sich bei dem Begriff der lauterkeitsrechtlichen Verwechslungsgefahr – anders als im Markenrecht – um einen Tatsachenbegriff handelt.[496] In diesem Punkt unterscheiden sich die

---

493 Mit umfassender Kritik: Ströbele/*Hacker*, § 14 Rn. 264 ff. an den Urteilen EuGH GRUR 2008, 698, 700 f. (Rn. 64, 67) – *O2 und O2 (UK)/H3H*; und bzgl. der „Keyword"-Fälle: EuGH GRUR 2010, 445, 449 (Rn. 82–85) – *Google und Google France*; GRUR 2010, 451, 453 (Rn. 35, 39) – *BergSpechte/trekking.at Reisen*; GRUR 2010, 641, 642 (Rn. 24) – *Eis.de/BBY Vertriebsgesellschaft (Bananabay)*; GRUR 2010, 841, 843 (Rn. 34) – *Portakabin/Primakabin*; und weiter auch mit Kritik an der Rechtsprechung des BGH in Ströbele/*Hacker*, § 14 Rn. 268 mit Bezug zu den Urteilen BGH GRUR 2009, 500, 501 f (Rn. 14–19) – *Beta Layout*; Kritische zu der Rechtsprechung des EuGH auch *Ohly* GRUR 2010, 776 (780); Köhler/*Bornkamm/Feddersen*, § 5 Rn. 9.6; a.A. jedoch *Sack* GRUR 2013, 4 ff.; und *Sack* WRP 2013, 8 ff. der tendenziell einen Gleichlauf zwischen Marken- und Lauterkeitsrecht befürwortet.

494 Hierzu umfassend Ströbele/*Hacker*, § 14 Rn. 264 ff.

495 Ströbele/*Hacker*, § 2 Rn. 28; Köhler/*Bornkamm/Feddersen*, § 5 Rn. 9.6; *Diekmann*, in: jurisPK-UWG, § 5 Rn. 794; *Steinbeck*, WRP 2006, 632 (636); *Nussbaum/Ruess*, MarkenR 2009, 233, 234; in der Rspr. für das Lauterkeitsrecht erkennbar bei BGH GRUR 2004, 860 – *Internet-Versteigerung I*.

496 Köhler/*Bornkamm/Feddersen*, § 5 Rn. 9.6 die von einem Tatsachenbegriff im Lauterkeitsrecht ausgehen; im Markenrecht wird hierzulande der Begriff der Verwechslungsgefahr jedoch nach ganz herrschender Meinung und ständiger Rechtsprechung als Rechtsfrage behandelt, die insofern nicht anhand einer Beweiserhebung beantwortet werden kann, vgl. nur *Ingerl/Rohnke*, § 14 Rn. Rn. 405; Ströbele/*Hacker*, § 9 Rn. 10; und aus der Rechtsprechung BGH GRUR 2009, 1055 – *airdsl*; BGH GRUR 2006, 594 – *SmartKey*; BGH GRUR 2005, 61 – *CompuNet/ComNet II*.

Ansichten in beiden Ländern jedenfalls zum Teil. In Spanien geht man hiervon nämlich auch im Markenrecht tendenziell aus (vgl. hierzu E.III.2.ee) oben).

Vereinzelt wird bei § 5 Abs. 2 UWG auch die Frage aufgeworfen, welchen Bekanntheitsgrad ein Kennzeichen haben müsse, um sich für das Hervorrufen einer lauterkeitsrechtlichen Verwechslungsgefahr zu eignen. Sofern dies angesprochen wird, setzt man eine „gewisse Bekanntheit“ des Kennzeichens voraus, wobei ähnliche Maßstäbe wie bei der unlauteren Nachahmung gelten sollen.[497] Dies ähnelt dem Ansatz in Spanien, wo „*implantación en el mercado*“ gefordert wird (vgl. hierzu unter E.III.2.c)dd) oben).

### *d) Aktivlegitimation*

In Deutschland wurde vereinzelt die Ansicht vertreten, § 5 Abs. 2 UWG solle hinsichtlich der Aktivlegitimation auf den Kennzeicheninhaber eingeschränkt werden.[498] Teile der Literatur und mittlerweile auch die Rechtsprechung sehen dies anders.[499] In Spanien sieht man in Art. 6 LCD teilweise sogar überwiegend die Funktion, dass andere als die Kennzeicheninhaber, insbesondere Verbraucher, aktivlegitimiert sein sollen.

### *e) Weitere Aspekte*

Eine weitere Frage, die im Rahmen des § 5 Abs. 2 UWG aufgeworfen wurde, ist diejenige, ob die Prioritätsregeln des Markenrechts gelten.[500] Der BGH hat hierzu mittlerweile entschieden, dass sich der Inhaber eines prioritätsjüngeren Zeichens nicht auf die Norm stützen kann, um dem Inhaber des Kennzeichens mit älterem Zeitrang die Benutzung seines Kennzeichens zu verbieten.[501] In Spanien ist dies eine Selbstverständlichkeit und im Rahmen des Art. 6 LCD

---

497 Köhler/*Bornkamm*/*Feddersen*, § 5 Rn. 9.6; *Diekmann*, in: jurisPK-UWG, § 5 Rn. 794: „niemals benutzte oder lange Zeit unbenutzte und daher vergessene Zeichen“ sollen keinen wettbewerbsrechtlichen Verwechslungsschutz genießen; auch OLG Frankfurt, Az. 6 U 53/10.

498 Ströbele/*Hacker*, § 2 Rn. 39.

499 Aus der Literatur: Köhler/*Bornkamm*/*Feddersen*, § 5 Rn. 4.241; BGH, Urt. v. 15.08.2013, Az. I ZR 188/11 – *Hard Rock Cafe*, in der BGH ausdrücklich davon spricht, dass sich auf § 5 Abs. 2 BGH jeder Mitbewerber stützen könne.

500 Hierzu recht ausführlich: Köhler/*Bornkamm*/*Feddersen*, § 5 Rn. 9.11 mit Bildung eines Beispiels.

501 BGH GRUR 2016, 965 Rn. 23 – *Baumann II* und Köhler/*Bornkamm*/*Feddersen*, § 5 Rn. 9.11.

wird insofern nach dem Zeitpunkt des Entstehens etwaiger Ansprüche gefragt, wobei der bessere Zeitrang entscheidet.[502]

Weiterhin stellt man in Deutschland gelegentlich die Frage, ob und inwieweit etwaige Schrankenbestimmungen des Markenrechts bei der Anwendung der UWG-Vorschriften gelten sollen.[503] Sofern sich hierzu geäußert wird, tendiert man zu einer Anwendung des § 23 MarkenG im Rahmen des § 5 Abs. 2 UWG.[504]

Oben wurde bereits darauf hingewiesen, dass in Spanien diejenigen Autoren, die sich zu dieser Frage äußern, gleichfalls hiervon ausgehen und man dies zudem als Konsequenz der Lehre von der „*complementariedad relativa*" sehen kann. Auch die Rechtsprechung geht in diese Richtung, indem sie das Postulat aufstellt, dass das Lauterkeitsrecht nichts verbieten dürfe, was das Markenrecht erlaubt (vgl. unter E.III.2.ff) oben und unter „C.").

Hieran schließt sich die Frage an, wie mit den Verjährungs- und Verwirkungsregeln des Markenrechts im Rahmen des § 5 Abs. 2 UWG umzugehen ist.[505] Es ist insofern in Deutschland die Tendenz zu erkennen, dass dort, wo markenrechtlicher Schutz wegen mangelnder Verlängerung (§ 47 MarkenG) versagt wäre, auch kein Schutz nach UWG bestehen solle.[506]

In Spanien spricht diesen Fall *Massaguer* an, der jedoch der Ansicht ist, dass im LCD keine Einschränkungen der Schutzdauer von Rechten gelten und die „*actos de confusión*" auch dort Anwendung finden könnten, wo die Schutzdauer von Kennzeichen abgelaufen ist bzw. Schutz nicht erneuert wurde. Er hat dabei wohl insbesondere die Wertungen der Vorschrift des Art. 20 LCD im Blick, die die „*actos de confusión*" im Sinne des Verbraucherschutzes regeln.[507]

Dieser Ansicht muss der Vorzug gegeben werden, da nicht einzusehen ist, warum eine auf dem Markt geschaffene Irreführungsgefahr nicht ausgeräumt werden können sollte, nur weil der Kennzeicheninhaber eine Verlängerung von Schutzrechten unterlassen hat. Eine Sache ist, dem Kennzeicheninhaber

---

502 Vgl. nur *Curto Polo*, in: Bercovitz/Comentarios-LM, Art. 9 S. 302.

503 Köhler/*Bornkamm*/*Feddersen*, § 5 Rn. 9.8, 9.19 ff.; *Bornkamm*, GRUR 2011, 1 ff.; *Diekmann*, in: jurisPK-UWG, § 5 Rn. 813.

504 *Diekmann*, in: jurisPK-UWG, § 5 Rn. 813.

505 Köhler/*Bornkamm*/*Feddersen*, § 5 Rn. 9.17 f.

506 Ohly/*Sosnitza*, § 5 Rn. 714.; *Bornkamm*, in: FS Loschelder, S. 31 (40); *Bornkamm* GRUR 2011, 1 (6), scheinen die Ansprüche aus § 5 Abs. 2 UWG versagen zu wollen.

507 *Massaguer*, Problemas actuales, S. 183, es scheint als wolle er je nach Fallgestaltung den Irreführungstatbestand (Art. 5 LCD) oder in bestimmten Fällen Art. 20 LCD anwenden.

den Anspruch nicht zu gewähren. Die Anspruchsdurchsetzung, die sich auf verbraucherschützende Aspekte stützt, zu unterbinden scheint vor dem Hintergrund der UGP-RL aber nicht gerechtfertigt. Auch das Markenrecht sieht grundsätzlich zeitlich unbegrenzte Ansprüche vor, weshalb Wertungen nicht umgangen werden.

# F. Fallgruppen und Anwendungsbereiche der „*actos de confusión*" im Vergleich mit dem deutschen Recht

## I. Einführung

In der spanischen Rechtsprechung sind unzählige Entscheidungen zu Art. 6 LCD zu finden. Dies liegt sicherlich am weiten Tatbestand. Die Norm deckt aber in Spanien auch wichtige Bereiche des Kennzeichenrechts im weiteren Sinne ab. Ein weiterer Grund ist, dass sich die Norm mit anderen zentralen Tatbeständen des LCD wie der Irreführung, der Nachahmung und der Rufausbeutung überschneidet. In den Urteilen geht es daher oft im Kern nicht um Art. 6 LCD, sondern der Tatbestand wird neben anderen lauterkeitsrechtlichen Normen oder Ansprüchen aus dem Markenrecht ins Feld geführt. Dies zeigt aber auch, dass es Art. 6 LCD und auch den anderen Tatbeständen des LCD teilweise an Kontur fehlt und auch die Praxis unsicher ist, auch was eine klare Abgrenzung zum Markenrecht betrifft. Andererseits wirkt er aber auch wie eine „kennzeichenrechtliche Generalklausel".

Zur Konturierung derartiger Tatbestände bietet sich die Bildung von Fallgruppen an. Da in Spanien bei der Darstellung von Art. 6 LCD meistens so vorgegangen wird, werden nachfolgend einige dieser Fallgruppen dargestellt. Teilweise werden zur besseren Verdeutlichung des Anwendungsbereiches auch eigene gebildet. Hier kann bereits erwähnt werden, dass viele der Fallgruppen Ausfluss der oben unter „B." dargestellten Theorie von der „*complementariedad relativa*" sind. Sie gibt der Norm ihre wesentliche Prägung.

## II. Schutz nicht registrierter Kennzeichen und Schutz von Kennzeichenformen außerhalb des Anwendungsbereichs des LM

Eine der Kernfunktionen von Art. 6 LCD liegt in Bereichen, in denen Kennzeichen benutzt, aber nicht registriert wurden oder wo eine Registrierung nicht möglich ist. Zur Begründung der Anwendung von Art. 6 LCD verweist man regelmäßig auf das Spezialitätsprinzip (*principio de especialidad*) und das Registerprinzip (*principio de registro*), welche dem Markenrecht eigen sind und im Lauterkeitsrecht gerade nicht gelten.[508] Die unter „E." dargestellten

---

508 *Massaguer*, Comentario, Art. 6, Rn. 25.

allgemeinen Voraussetzungen, die des Art. 6 LCD, also z. B. die Anforderungen an die Qualität der Kennzeichen und die Grundsätze bei der Feststellung der Verwechslungsgefahr gelten bei dieser Fallgruppe uneingeschränkt.

## 1. Rechtslage in Spanien

In diese Fallgruppe wird bzw. wurde oft auch der Schutz bekannter und berühmter Marken (*signos notorias y renombradas*) eingeordnet.[509] Die Notwendigkeit der Anwendung von Art. 6 LCD in diesem Bereich wurde aber durch die Reformen des LM äußerst reduziert. Der Schwerpunkt dieser Fallgruppen liegt auch nicht im Bereich des Verwechslungsschutzes, weswegen hierauf nicht weiter eingegangen wird.

Das LM ist von Formulierungen, die auf registrierte Rechte hinweisen, durchzogen. Dies ist bei den relativen Schutzhindernissen der Fall. Es ist dort die Rede von „*marcas registradas*“ (vgl. Art. 6.2 a) LM). Und auch bei den Regelungen über die Ansprüche aus dem Ausschließlichkeitsrecht ist von der Registrierung die Rede, die für die Ansprüche konstitutiv ist (Art. 34.1 LM: „*El registro de marcas confiere a su titulo el derecho*“). Dies zeigt, dass das LM von einem „strengen Registerprinzip“ geprägt ist.

Bei dieser Fallgruppe wird auch nicht etwa von „Benutzungsmarke“ gesprochen; es wird aus einer anderen Richtung formuliert. Man spricht von nicht registrierten Kennzeichen, also von „*marcas no registradas*“ und „*nombres comerciales no registradas*“.[510] Die Umschreibung darf aber nicht täuschen, denn es geht nicht um Ausschließlichkeitsrechte, sondern um einen wettbewerbsrechtlichen Schutz.

Im Rahmen der Diskussion um die „*marca no registrada*“ wurde die Frage aufgeworfen, ob der Gesetzgeber durch das stark registerrechtlich geprägte System des LM den Schutz von Kennzeichen, die nicht registriert sind, nicht zulassen wolle. *Massaguer* weist jedoch darauf hin, dass der Gesetzgeber zwar ein Registersystem bevorzugt habe, dieses aber dem Inhaber eines Registerrechts ausreichend Vorteile gegenüber einer nur wettbewerbsrechtlichen Schutzposition biete. Es bestehe daher nicht die Gefahr, dass das Registersystem durch einen ergänzenden Schutz über das LCD unterlaufen werde.[511] Um aber eine größtmögliche Kohärenz beider Systeme herzustellen, müssen die Regeln

509 Vgl. nur *Massaguer*, Comentario, Art. 6, Rn. 31 ff.

510 So bei z.B. bei *Massaguer*, Comentario, Art. 6, Rn. 24.

511 *Massaguer*, Comentario, Art. 6, Rn. 29.

beider Systeme gegenseitig beachtet werden.[512] Selbstverständlich gilt daher z. B. auch im Wettbewerbsrecht das Prioritätsprinzip.[513]

Art. 6 LCD wird auch beim Schutz nicht eingetragener Handelsnamen (*nombre comercial no registrada*) relevant. Das LM bietet nur Schutz durch Eintragung (Art. 2.1 LM i.V.m. Art. 87 ff. LM). Die Rechtsprechung hatte zwar bereits unter dem LPI von 1902 Inhabern von nicht eingetragenen Handelsnamen die Möglichkeit des Widerspruchs eingeräumt,[514] weitergehende Ansprüche wurden aber nicht gewährt. Dieser Missstand sollte überwunden werden und dem Inhaber nicht eingetragener Handelsnamen ein Anspruch auf Unterlassung, Beseitigung, Schadensersatz sowie ungerechtfertigte Bereicherung (*enrequecimiento injusto*) über das LCD an die Hand gegeben werden.[515] Hieran hat sich auch nach der Reform des LM im Jahr 2001 nichts grundlegend geändert. In Art. 7.2 LM – also bei den relativen Schutzhindernissen – ist wiederum zunächst nur die Rede von „*nombres comerciales registradas*". Gleiches gilt insofern für die Löschungsklage (Art. 7, 88, 52 LM). In Art. 9 LM – einer weiteren Vorschrift, die die relativen Schutzhindernisse erfasst – werden jedoch weitere Rechte aufgezählt, die im Rahmen eines Widerspruchs geltend gemacht werden können. Von einer Registrierung ist hier hingegen nicht die Rede. Als relatives Schutzhindernis gelten die Rechte jedoch gem. Art. 9 d) LM nur dann, wenn ihre Benutzung oder notorische Bekanntheit im gesamten Staatsgebiet nachgewiesen wird. Ist diese Voraussetzung erfüllt, geht man davon aus, dass auch auf einen nicht eingetragenen Handelsnamen ein Widerspruch oder eine Löschungsklage gestützt werden kann.[516]

Die in Art. 34 LM aufgezählten Ansprüche stehen aber nach wie vor nur Inhabern registrierter Rechte zu. Insofern wurde die obige Rechtsprechung auch unter dem reformierten LM fortgeführt und nicht registrierten Handelsnamen Schutz nach dem LCD gewährt.[517]

---

512 *Massaguer*, Comentario, Art. 6, Rn. 44.

513 *Massaguer*, Comentario, Art. 6, Rn. 45.

514 *Massaguer*, Comentario, Art. 6, Rn. 63 mit Verweis auf STS vom 18.12.1990 – *Calvin Klein*, wobei es im konkreten Fall um ein „*rótulo de establecimiento*" ging, das Gericht aber den Fall verallgemeinerte; vgl. auch AP Las Palmas de Gran Canaria vom 24.06.1994.

515 *Massaguer*, Comentario, Art. 6, Rn. 64; STS vom 11.07.1997 – *El Remiendo Alavés*; AP Barcelona vom 08.11.1994 – *F. Barcelona*.

516 *Monteagudo*, ADI 2001, S. 190.

517 STS vom 16.07.2009: „*El nombre comercial [...] tiene su protección en nuestro ordenamiento jurídico en la Ley de Marcas, y en lo que ésta no alcance en la Ley de Competencia Desleal 3/1991, de 10 de enero (SS. 5 de febrero y 2 de octubre de 2008).*" Die

Eine weitere Kennzeichenart, die in diese Fallgruppe fällt, ist das „*rótulo de establecimiento*“. Im Rahmen der letzten Reform des LM wurde es aufgrund einer Entscheidung des Verfassungsgerichts jedoch aus dem LM gestrichen (vgl. hierzu bereits oben unter „B.“). Der Gesetzgeber weist im LM sogar ausdrücklich darauf hin, dass der Schutz dem LCD vorbehalten ist.[518] Hiervor ist man aber auch schon davon ausgegangen, dass einem nicht registrierten „*rótulo des establecimiento*“ Schutz über Art. 6 LCD gewährt werden müsse.[519]

Art. 6 LCD spielt weiterhin auch bei Firmennamen (*nombre social*) eine Rolle. Im LM ist er im Rahmen des Art. 9 LM zwar seit der Reform von 2001 als relatives Schutzhindernis erwähnt und auch eine Löschungsklage kann gem. Art. 52 LM auf ihn gestützt werden.[520] Daneben wendet die Literatur und Rechtsprechung für weitergehende Ansprüche aber auch das LCD an.[521] Der *Tribunal Supremo* fordert bei einer Kollision jedoch, dass der Firmenname wie ein Handelsname („*como nombre comercial*“) oder wie eine Marke („como *marca*“) benutzt wird.[522]

Art. 6 LCD findet auch im Bereich von Werktiteln (*título de obra*) Anwendung. Der Titel eines Werkes kann nach Art. 10.2 *Ley de Propiedad Intelectual* (im Folgenden: „LPInt“)[523] als Teil des Werkes zwar selbst geschützt sein; man

---

Entscheidung erging zu einem ausländischen, aber in Spanien weder benutzten noch notorisch bekannten „*nombre comercial*“; oder STS vom 29.03.2010 – GRUPO PUMA S.A. (RJ 2010/2535) zum nicht eingetragenen „*nombre comercial*“.

518 Hierauf wird im IV. Abschnitt, *Ley 17/2001, de 7 de deciembre, de Marcas, Exposición de Motivos* hingewiesen; vgl. hierzu auch *Gómez Montero*, ADI 2001, S. 100 ff.

519 *Massaguer*, Comentario, Art. 6 Rn. 65.

520 Ausführlich zur Reform des Rechts des Firmennamens *Miranda Serrano*, RdS 2003, 109 ff. und *García Vidal*, ADI 2001, S. 58 ff.

521 *Curto Polo*, in: Bercovitz/Comentarios-LCD, Art. 6, Rn. 38; *García Pérez*, LCD, Art. 6, S. 188; und auch die Rechtsprechung geht bei einem Konfliktfall von der Anwendung des LCD aus und stellt den Schutz den nicht eingetragenen Handelsnamen und den nicht eingetragenen Marken gleich, vgl. STS, v. 01.06.2005 (RJ 2005, 6411): „*Su protección contra la competencia desleal ha de ser, por tanto, la propia de marcas y nombres comerciales no inscritos.*“.

522 STS vom 01.06.2005 (RJ 2005, 6411): „[...] *sólo se alcanza en cuanto utilizada* ***como nombre comercial o como marca****. Su proteción contra competencia desleal ha de ser, por tanto, la propia de marcas y nombres comerciales no inscritos.*“; Hervorhebungen durch den Verfasser; vgl. auch *Garcia Pérez*, LCD, Art. 6, S. 188.

523 BOE Nr. 97, vom 22.04.1996: *Real Decreto Legislativo 1/1996, de 12 de abril, por el que se aprueba el texto refundido de la Ley de Propiedad Intelectual, regularizando, aclarando y armonizando las disposiciones legales vigentes sobre la materia.*

geht zudem davon aus, dass er theoretisch auch ein selbstständiges Sprachwerk darstellen kann.[524] Das Hervorrufen einer Verwechslungsgefahr erfasst das LPInt aber nicht. Hier soll Art. 6 LCD Anwendung finden.[525] Unter die Fallgruppe sollen Titel von Büchern, Zeitungen, Filmen, Fernseh- oder Radiosendungen oder von Computerspielen gefasst werden.[526] Bei Zeitungen sollen die Anforderungen an die Unterscheidungskraft unter dem sonst Üblichen liegen, da generische oder geografische Elemente hier verbreitet und der Verkehr daran gewöhnt sei.[527]222

Art. 6 LCD wird schließlich auch zur Begründung eines wettbewerbsrechtlichen Schutzes von Domainnamen (*nombres de dominio en Internet*) angewendet.[528]

## 2. Vergleich mit dem deutschen Recht

Das deutsche Recht kennt für nicht eingetragene, aber benutzte Marken die in § 4 Nr. 2 MarkenG geregelte sog. Benutzungs- bzw. Verkehrsgeltungsmarke. Es kann hiernach durch bloße Benutzung ein Immaterialgüterrecht entstehen. In Spanien kann in derartigen Fällen nur Art. 6 LCD greifen. Auf die unterschiedlichen Anforderungen hinsichtlich der Entstehung eines etwaigen Schutzes wird noch weiter unten eingegangen. In Deutschland sind die Anforderungen hier nämlich relativ hoch. Andererseits „entsteht" aber ein Ausschließlichkeitsrecht mit den bestehenden Verwertungsmöglichkeiten und scharfen Ansprüchen bei Verletzungen. Das LCD gewährt nur einen wettbewerbsrechtlichen Schutz und schafft keine Monopole.

Bei den Handelsnamen gilt Ähnliches. Auch hier kann in Deutschland durch Benutzung ein immaterialgüterrechtlicher Schutz nach § 5 MarkenG entstehen. In Spanien besteht wiederum lediglich wettbewerbsrechtlicher Schutz.

---

524 *Massaguer*, Comentario, Art. 6, Rn. 66.

525 AP Baleares vom 25.10.2005 (AC 2006/85) in dem Schutz für einen Zeitungsteil namens *„el discreto encanto de la vida"* bejaht wurde; AP de Burgos vom 16.11.2009 (AC 2010/55), in der es um den Titel einer Band mit dem Namen *„Trovadores"* ging; vgl. auch *Massaguer*, Comentario, Art. 6, Rn. 66; *Marco Arcalá*, in: Bercovitz/Comentarios-LCD, Art. 20, Rn. 20.

526 *Massaguer*, Comentario, Art. 6, Rn. 67.

527 *Massaguer*, Comentario, Art. 6, Rn. 67

528 Vgl. hierzu *Garcia Pérez*, Art. 6, S. 198; und AP Salamanca vom 28.10.2005 (AC 2005/1985) zum Fall der Kollision der Domain „vedosa.com" mit dem Namen der Firma Vedosa SL; allgemein zu Domains: AP Barcelona vom 21.06.2005 (JUR 2005/180742).

Die Kennzeichenart des „*rotulo de establecimiento*" kennt man in Deutschland in dieser Form nicht. Man wird es aber mit einem über § 5 Abs. 2 MarkenG regional geschützten Geschäftsabzeichen vergleichen können.

Werktiteln wird in Deutschland gleichfalls Schutz über die markenrechtlichen Vorschriften der §§ 5 Abs. 3, 15 MarkenG gewährt. Auch hier unterscheiden sich die Rechtsordnungen. Deutschland gewährt immaterialgüterrechtlichen Schutz gegen Verwechslungen, wohingegen in Spanien wiederum lediglich ein wettbewerbsrechtlicher Schutz über Art. 6 LCD möglich ist.

Ein ähnliches Bild ergibt sich bei den Domainnamen. Der Schutz scheint zwar nicht abschließend geklärt zu sein,[529] doch ergibt sich dieser jedenfalls regelmäßig über §§ 5 Abs. 2, 15 MarkenG.[530] In Spanien ergibt sich wiederum lediglich ein wettbewerbsrechtlicher Schutz gem. Art. 6 LCD.

## III. Entstehung von Kennzeichenschutz

Die beiden Rechtsordnungen unterscheiden sich bei den Entstehungstatbeständen von Kennzeichenschutz im weiteren Sinne.

### 1. Anforderungen in Spanien: „*implantación en el mercado*"

Bei der allgemeinen Darstellung des Art. 6 LCD wurde bereits darauf hingewiesen, dass eine kennzeichenrechtliche Position nur Schutz nach einer gewissen „Markteinführung" erlangt. Man spricht insofern von „*implantación en el mercado*".[531] In der Rechtsprechung und der Literatur ist eine Ausdifferenzierung dieses Merkmals aber nicht erkennbar. Es finden sich wenige Hinweise auf Voraussetzungen oder eine Definition.

Das Kennzeichen muss jedenfalls als Referenz oder Hinweis auf Waren, Dienstleistungen oder ein Unternehmen beim entsprechenden Publikum erkannt werden.[532] Nur so kann es zur Gefahr einer Intransparenz am Markt

---

529 So Ströbele/*Hacker*, § 5 Rn. 62.

530 Ströbele/*Hacker*, § 5 Rn. 63; *Bettinger*, in: Bettinger, Domainrecht, Rn DE 729; BGH GRUR 2009, 685 – *ahd.de*; BGH GRUR 2009, 1055 – *airdsl*.

531 *Carrión García de Parada*, CPI 2010, Nr. 58, S. 115; *Massaguer*, Comentario, Art. 6 Rn. 45; *García Pérez*, LCD, Art. 6, Rn. 47 ff.; *Monteagudo*, ADI 1993, S. 98; AP Barcelona vom 24.04.2001; AP Barcelona vom 28.06.2002 – *Caso Cola Cao*; AP Barcelona vom 11.06.2003 (JUR 2004/55004) – *Pulp&Paper*.

532 AP Barcelona vom 11.06.2003 (JUR 2004/55004); AP Barcelona, 24.04.2001 (AC 2001, 1035) – *Yanso Alonso*, bzgl. nicht registrierter „*nombres comerciales*" und „*rótulo de establecimentos*".

kommen. Unterscheidungsmittel, die nicht als solche begriffen werden, können daher keine Verwechslungsgefahr hervorrufen.[533]

In einem Fall des *AP Madrid* hielt das Gericht eine Ausstellung eines Produktes für Zwecke der Prüfung und Bewertung durch Angestellte des eigenen Betriebes nicht für ausreichend, um von einer „Markteinführung" sprechen zu können.[534] Aus der Titulierung mit „Markteinführung" lässt sich jedenfalls wohl entnehmen, dass eine bloße Benutzung des Kennzeichens – auch wenn dies im geschäftlichen Verkehr geschieht – noch nicht ausreichend sein kann. So kann eine Entscheidung des *AP Barcelona* verstanden werden, in der das Gericht darauf hinweist, dass der Gebrauch bzw. die Benutzung – das Gericht spricht von *„empleo en el mercado"* – noch nicht ausreichend sei.[535] Teilweise wird von dem Erfordernis eines *„uso efectivo"* gesprochen.[536] Getätigte Investitionen in Werbung können hier von Relevanz sein.[537]

## 2. Vergleich mit dem deutschen Recht

Der größte Unterschied zwischen beiden Rechtsordnungen besteht wohl bereits darin, dass das spanische Recht die Entstehung von Exklusivitätsrechten allein durch sachliche Umstände – also durch bloße Benutzung – nicht kennt. Man könnte insofern davon sprechen, dass unter dem LM ein „strenges Registerprinzip" besteht. In Deutschland können sachliche Umstände in einen Schutz als Immaterialgut münden. Dies ist nach § 4 Nr. 2 MarkenG bei den Marken und nach § 5 MarkenG auch bei den geschäftlichen Bezeichnungen, also den Handelsnamen oder Geschäftsabzeichen und auch den Werktiteln vorgesehen.

---

533 *Massaguer*, Comentario, Art. 6, Rn. 17; AP Barcelona vom 11.06.2003 (JUR 2004/55004).

534 AP Madrid vom 01.12.2014.

535 AP Barcelona, 24.04.2001 (AC 2001, 1035) – *Yanso Alonso*, in der zwar ausreichend nachgewiesen wurde, dass ein entsprechendes *„rótulo de establecimeinto"* und ein *„nombre comercial"* existiere und benutzt wurde, dem Gericht dies aber nicht ausreichend war: *„Y los mismo cabe decir de la reutación, prestigio o buena fama de los signos de la sociedad Yanso Alonso, SA, que no resulta sólo de su empleo en el mercado."*

536 So beispielsweise AP Barcelona vom 28.06.2002 – *Caso Cola Cao*.

537 *García Peréz*, Art. 6, Rn. 57 mit Hinweis auf den Fall, AP Barcelona vom 19.12.2000: *„Por otro lado, la implantación en el mercado de la marca Vaporella, necesaria para que quepa hablar de riesgo de confusión a los efectos de la competencia desleal, ha quedado probada, no ya por ser suficientemente conocida en los demás países europeos [...] sino por los considerable* ***inversión en publicidad*** *que, en el ejercicio de mil novecientos noventa y siete, consta efectuó la demandante [...]"*; Hervorhebungen durch den Verfasser.

In Deutschland soll Schutzentstehung nach dem MarkenG bei bereits bloßer Ingebrauchnahme eines Unternehmenskennzeichens mit originärer Kennzeichnungskraft und bei Werktiteln möglich sein.[538] Bei Unternehmenskennzeichen, die diese Anforderung nicht erfüllen, und bei Marken (§ 4 Nr. 2 MarkenG) wird hingegen Verkehrsgeltung vorausgesetzt.[539] In Deutschland wird demnach eine Differenzierung nach Kennzeichenart und Unterscheidungskraft der Kennzeichen vorgenommen.

Die Gestattung immaterialgüterrechtlichen Schutzes aufgrund sachlicher Momente hat in Deutschland eine lange Tradition. Der Begriff der Verkehrsgeltung stammt noch aus § 25 des Warenzeichengesetzes, der den sog. Ausstattungsschutz regelte. Die Vorschrift bildete zur damaligen Zeit das sachliche Kennzeichenrecht ab, welches auf dem durch Benutzung entstandenen tatsächlichen Zustand der Verkehrsgeltung beruhte und ebenso wie das generelle Warenzeichenrecht dem Inhaber ein Ausschließlichkeitsrecht zubilligte.[540] Es galt die Regel, dass alles, was Warenzeichen oder Dienstleistungsmarke sein kann, auch Ausstattung sein kann. Umgekehrt galt diese Regel nicht, denn der Begriff der Ausstattung ging bedeutend weiter als der der Marke. Dies lag daran, dass nach h. M. Marken nur als zweidimensionale Formen eingetragen werden konnten, der Schutzbereich der Ausstattung aber auch dreidimensionale Gestaltungen, wie z. B. die eigenartige Form einer Flasche oder Verpackungen umfasste. Ausstattung konnte also jedes auf die Herkunft der Ware oder Dienstleistung aus einem bestimmten Betrieb hinweisende Kennzeichnungsmittel sein.[541]

In Deutschland kann Schutz für dreidimensionale Gestaltungen nunmehr durch Registrierung erlangt werden. Die Dogmatik zur Verkehrsgeltung wurde aber ansonsten beibehalten. Auch heute wird noch gefordert, dass ein nicht unerheblicher Teil des angesprochenen Verkehrs in dem Kennzeichen einen Herkunftshinweis erblicken müsse.[542] Auf Prozentsätze legt sich die Rechtsprechung allerdings nicht fest.[543]

---

538 *Berlit*, Markenrecht, Rn. 38; BeckOK MarkenR/*Weiler*, § 5 Rn. 11; *Ingerl/Rohnke*, § 5 Rn. 33 ff.; für Werktitel vgl. *Ingerl/Rohnke*, § 5 Rn. 82.

539 BeckOK MarkenR/*Weiler*, § 4 Rn. 36 ff.

540 *Baumbach/Hefermehl*, Warenzeichenrecht, 12. Aufl. 1985, § 25 Rn. 1.

541 Zum Ganzen: *Baumbach/Hefermehl*, Warenzeichenrecht, 12. Aufl. 1985, § 25 Rn. 2.

542 *Berlit*, Markenrecht, Rn. 15a mit Verweis auf BGH WRP 2008, S. 1319 (1324) – *EROS*; und zum alten Recht: *Baumbach/Hefermehl*, Warenzeichenrecht, 12. Aufl. 1985, § 25 Rn. 41 mit Nachweisen aus der Rechtsprechung.

543 *Götting*, Gewerblicher Rechtsschutz, § 58 Rn. 9.

Der Vergleich zu Spanien ist hier schwierig, da das oben genannte Merkmal *„implantación en el trafico“* nur wenig aufgearbeitet ist. Keinesfalls sind die Anforderungen aber so hoch wie bei der „Verkehrsgeltung“. Sie sind eher mit den Anforderungen in Deutschland vergleichbar, die bei Unternehmenskennzeichen mit originärer Unterscheidungskraft gemacht werden. Trotzdem wird sie regelmäßig hierüber liegen, da in Spanien die Tendenz besteht, eine bloße Benutzungsaufnahme noch nicht ausreichen zu lassen.[544] Den in Spanien angelegten Maßstab der „Markteinführung“ (*„implantación en el trafico“*) wird man insofern dogmatisch zwischen der bloßen Benutzungsaufnahme und der Verkehrsgeltung i. S. d. § 4 Nr. 2 MarkenG einordnen können.

Aufgrund der hohen Anforderungen an die Verkehrsgeltung wird in Deutschland gelegentlich die Frage aufgeworfen, ob Kennzeichen zwischen Ingebrauchnahme und Verkehrsgeltung bereits Schutz genießen können.[545] Diskutiert wird ein möglicher Schutz nach dem UWG. Teilweise spricht man von „Verkehrsgeltungsanwartschaft“.[546] Der BGH hat in der *grau/magenta*-Entscheidung davon gesprochen, dass „alsbald [...] Ausstattungsschutz“ erlangt werden müsse und die verwerfliche Absicht Verwechslungen hervorzurufen oder den Ruf zu beeinträchtigen oder auszunutzen, vorliegen müsse.[547] Diese Rechtsfigur wird kritisiert, da sie die markenrechtlichen Wertungen unterlaufe.[548]

Die Frage soll hier nicht abschließend geklärt werden. Ein Blick auf die spanische Rechtsordnung zeigt aber, dass ein lauterkeitsrechtlicher Schutz über Art. 6 LCD ohne Weiteres greifen würde.[549] Zu Bedenken ist aber sicherlich, dass sich der deutsche Gesetzgeber für die Schwelle der „Verkehrsgeltung“ bewusst entschieden hat und ein lauterkeitsrechtlicher Schutz diese Schwelle zumindest aufweicht. Andererseits geht es nur um eine wettbewerbsrechtlich geschützte Position. Der kennzeichenrechtliche Immaterialgüterschutz ist also gar nicht betroffen, weshalb eine Unterwanderung des Schutzes nicht droht.

---

544 Anders in Deutschland, wo dies ausreichen kann: vgl. bei *Ingerl/Rohnke*, § 5 Rn. 32; *Berlit*, Markenrecht, Rn. 38.

545 BeckOK MarkenR/*Weiler*, § 4 Rn. 104.

546 *Ingerl/Rohnke*, § 2 Rn. 9f.; BeckOK MarkenR/*Weiler*, § 2 Rn.

547 BGH GRUR 1997, 754 (756) – *grau/magenta*.

548 *Ingerl/Rohnke*, § 2 Rn. 9f.; BeckOK MarkenR/*Weiler*, § 2 Rn. 68.

549 Für einen wettbewerbsrechtlichen Schutz auch BeckOK MarkenR/*Weiler*, § 2 Rn. 68 f.

Ausstattungsschutz bzw. Verkehrsgeltungsmarken haben durch die Öffnung des Registers für dreidimensionale Formen erheblich an praktischer Relevanz verloren. Hierauf weist man auch in Spanien hin.[550]

## IV. Begleitumstände (*elementos concomitantes*) bei der Beurteilung der Verwechslungsgefahr

Es stellt sich die Frage, welche Umstände bei der Verwechslungsgefahr berücksichtigt werden können. In den entsprechenden Rechtsakten wie z. B. in der Richtlinie 2015/2436/EG ist in Erwägungsgrund 16 die Rede davon, dass die Verwechslungsgefahr „*von einer Vielzahl von Umständen*" abhängt. Es fragt sich insofern, welche Umstände dies sein können und wo die Grenzen liegen.

### 1. Beurteilung in Spanien

Im Rahmen des Lauterkeitsrechts geht es nicht um den Schutz eines Exklusivitätsrechts. Bei der Sanktionierung von lauterkeitsrechtlicher Verwechslungsgefahr geht man davon aus, dass die Unterdrückung verfälschender Informationen im Hinblick auf die kommerzielle Herkunft von Produkten und der Absicherung von Markttransparenz im Vordergrund steht.[551] Das Hervorrufen einer Verwechslungsgefahr ist hier nicht als Verletzungstatbestand eines Exklusivitätsrechts zu begreifen. Die Beurteilung der Verwechslungsgefahr muss hier also auch keine Begrenzung durch die nur eingeschränkte Zubilligung einer Absicherung eines Exklusivitätsrechts erfahren. In die Bewertung können daher weitere Kriterien und Umstände einfließen, die im Markenrecht wegen der beschränkten Reichweite des Exklusivitätsrechts keine Berücksichtigung finden können.[552] Diesen Maßstab nennt man in Spanien regelmäßig „faktisch-konkrete" Beurteilung oder Beurteilung „*in concreto*".[553]

In die Beurteilung der lauterkeitsrechtlichen Verwechslungsgefahr soll daher die Gesamtheit aller Umstände („*conjunto de circunstancias*"), die dazu geeignet sind, eine Verwechslung über die betriebliche Herkunft bei den Adressaten herbeizuführen, eine Rolle spielen.[554] Diese Umstände werden in der spanischen

---

550 *Portellano Díez*, Comentario práctico, Art. 11.

551 *Massaguer*, Comentario, Art. 6, Rn. 11.

552 *Monteagudo*, ADI 1993, S. 97; *Lobato*, Art. 6, S. 302.

553 *Massaguer*, Commentarios, Art. 6 Rn. 11; *Sánchez Sabater*, Comentario práctico, Art. 6, S. 82 f.

554 *García Pérez*, LCD, Art. 6, Rn. 133 mit vielen Nachweisen aus der Rspr.; *Curto Polo*, in: Bercovitz/Comentarios-LCD, Art. 6, Rn. 44; *Otamendi Rodríguez-Bethencourt*

Rechtsprechung und Literatur „*elementos concomitantes*“[555] oder auch „*circunstancias concurrentes*“[556] genannt. Die Umstände müssen dazu geeignet sein, um auf die Herkunft der Produkte schließen zu können.[557] Diese Umstände können z. B. die Art und Weise der Präsentation der Ware, der Dekorationen, der Einrichtung von Geschäftsräumen, der Bekleidung von Mitarbeitern, begleitende Werbung, die Art und Weise des Anbietens von Waren oder des Kundenkontakts, der Preis oder die Vertriebswege sein.[558] Sie sollen eine Verwechslungsgefahr verstärken (*reforzar*), abschwächen (*debilitar*) oder auch vollständig ausschließen (*eliminar*) können.[559] Es kann auch berücksichtigt werden, ob auf den Produkten, Verpackungen oder sonstigen Werbemitteln eigene Marken angebracht sind. Die Rechtsprechung stellt bei diesen Fällen jedoch keinen allgemeingültigen Grundsatz auf, sondern macht die Beurteilung vom Einzelfall abhängig;[560] es komme auf die Gesamterscheinung an.[561] Daher kann es vorkommen, dass unter markenrechtlichen Gesichtspunkten eine Verwechslungsgefahr verneint wird, aber eine lauterkeitsrechtliche Verwechslungsgefahr vorliegt.[562]

---

*LCD, Art. 6, S. 178;* auch die Rechtsprechung verwendet regelmäßig die Umschreibung „*conjunto de circunstancias*“, vgl. nur AP Barcelona, vom 19.12.2000 (AC 2004, 286).

555 *Massaguer*, Comentario, Art. 6, Rn. 11.

556 *Carrión García de Parada*, CPI 2010, Nr. 58, 115.

557 AP Barcelona vom 17.12.2003 – *PEUGEOT* (JUR 2004/30186).

558 *Carrión García de Parada*, CPI 2010, Nr. 58, 115 f.; *Sánchez Sabater*, in: Comentario práctico-LCD, Art. 6, S. 83; ähnliche Kriterien nennt auch *Curto Polo*, in: Bercovitz/Comentarios-LCD, Art. 6, Rn. 44.

559 *Carrión García de Parada*, CPI 2010, Nr. 58, 115 f.; *Sánchez Sabater*, Comentario práctico, Art. 6, S. 83; und auch ständige Rechtsprechung, vgl. nur AP Barcelona vom 28.06.2002 – *Caso Cola-Cao* (JUR 2004/14073).

560 Zu diesem Fragenkreis mit Beispielen aus der Rechtsprechung, die dies im konkreten Fall verneinen, aber auch die es bejahen, wie z.B. in einem Fall des AP Barcelona vom 20.04.2007: *García Pérez*, LCD, Art. 6, Rn. 142 ff.

561 TS vom 07.07.2006 (RJ 2006/5383): „*a la* ***apariencia global*** *de las creaciones formales*“; oder AP Barcelona vom 19.12.2000 (AC 2004, 286) wo berücksichtig wurde, ob auf einem Plakat andere Marken angebracht wurden: „*[…] ni el hecho de que apareciera mencionada en los carteles (y hay que suponer, en las mismas planchas promocionadas), en letra pequeña,* ***otra marca*** *(nueva gama Jet pressing), insuficiente para eliminar el riesgo de error, en cualquiera de los grados antes expuestos, que la norma trata de evitar.*“; Hervorhebungen durch den Verfasser.

562 AP Barcelona vom 07.06.2002; AP Granada vom 22.12.2003.

## 2. Beurteilung in Deutschland

In Deutschland ist man ähnlicher Ansicht. Da es im Markenrecht auf die abstrakt bestehende Gefahr von Verwechslungen ankommt, soll die Beurteilung – anders als im Wettbewerbsrecht – nicht von Umständen des tatsächlichen Markengebrauchs abhängen können. Aufklärende Hinweise oder klarstellende Angaben sollen die Verwechslungsgefahr im Markenrecht daher nicht beseitigen können.[563] Auch der BGH geht davon aus, dass bei der Beurteilung einer markenrechtlichen Verwechslungsgefahr Begleitumstände wie die konkrete Verkaufssituation, aufklärende Hinweise oder Besonderheiten der Verpackung außer Betracht zu bleiben haben.[564] Im Lauterkeitsrecht hingehen können außerhalb der Kennzeichnung liegende Umstände Berücksichtigung finden. Teilweise weist die deutsche Literatur jedoch darauf hin, dass sofern eine markenrechtliche Verwechslungsgefahr nicht vorliegt, auch stets eine Verwechslungsgefahr nach § 5 Abs. 2 UWG fehle.[565] Dies stimmt mit der oben genannten Sichtweise in Spanien nicht überein und erscheint auch nicht konsequent.

Differenzen zwischen Spanien und Deutschland sind hier also kaum ersichtlich. In Deutschland findet sich weiterhin vermehrt Kritik an der Beurteilung des EuGH in dieser Hinsicht. Das Gericht lässt in mehreren Entscheidungen die Tendenz erkennen, dass auch außerhalb des Zeichens selbst liegende Umstände im Markenrecht berücksichtigt werden sollen.[566] In Spanien finden

---

563 Kur/*Thalmeier*, MarkenG, § 14 Rn. 253; *Fezer*, § 14 MarkenG Rn. 280; *Goldmann*, GRUR 2012, 857 (862); Ströbele/*Hacker*, § 14 Rn. 264 ff.; a.A. wohl *Sack* GRUR 2013, 4 ff.

564 BGH MarkenR 2010, 47 – *Haus & Grund IV*; BGH GRUR 2007, 780 – *Pralinenform*; und auch BGH GRUR 2004, 860 (863) – *Internet-Versteigerung I*, wo davon die Rede ist, dass Bezeichnungen der Ware als „Replika“ oder „Nachbildung“ die Verwechslungsgefahr nicht ausschließen können.

565 So ausdrücklich, Köhler/*Bornkamm*/*Feddersen*, § 5 Rn. 9.9 mit Verweis auf BGH GRUR 2011, 828 Rn. 36 – *Bananabay II;* der BGH verneint in der zitierten Entscheidung zwar einen Anspruch aus Lauterkeitsrecht, es ist aber nicht ersichtlich, dass das Gericht diese Wertung verallgemeinern möchte.

566 Hierauf weist hin, Kur/*Thalmaier*, MarkenG § 14 Rn. 254; mit deutlicher Kritik Ströbele/*Hacker*, § 14 Rn. 264 ff.; differenzierend *Sack*, GRUR 2013, 4 ff.; verwiesen wird jeweils auf die Entscheidungen EuGH GRUR 2008, 698 Rn. 64, 67 – *O2 und O2 (UK)/H3G*; EuGH GRUR 2013, 922 Rn. 45 – *Specsavers*; Ströbele/*Hacker*, § 14 Rn. 266, sieht diese Tendenz auch bestätigt in den „Keyword“-Fällen des EuGH, da auch dort auf die Ausgestaltung der Anzeige abgestellt wurde. Der Autor verweist u.a. auf EuGH GRUR 2010, 445 Rn. 82 ff. – *Google und Google France*; GRUR 2010, 451 Rn. 35, 39 – *BergSpechte/trekking.at Reisen*.

sich – soweit ersichtlich – hierzu keine Diskussionsbeiträge. Trotzdem kann festgehalten werden, dass die vom EuGH vorgenommene Beurteilung auch nicht der spanischen Dogmatik entspricht.

## V. Präsentation von Produkten (*presentación de los productos*) und des Geschäftsauftritts (*presentación de los establecimientos*)

Im Rahmen des Art. 6 LCD wird regelmäßig eine weitere Fallgruppe unter dem Namen „*presentación de los productos*“ gebildet.[567] Es geht dabei also um die Präsentation von Produkten. Auch die Rechtsprechung verwendet diese Terminologie.[568] Teilweise werden die Fälle auch unter der Bezeichnung „*envase*“ (Verpackung) oder „*etiquetas*“ (Etiketten; Beschriftungen) abgehandelt.[569]

Im gleichen Atemzug wird regelmäßig auch die Fallgruppe „*presentación del establecimiento*“ genannt.[570] Dabei soll es um die Präsentation des Geschäftsbetriebs bzw. des Geschäftsauftritts gehen. In diesem Zusammenhang wird stets die Entscheidung „*Pret a Manger*“ des AP Madrid zitiert. Im Fall ging es um den ähnlichen Geschäftsauftritt von zwei Fastfood-Gaststätten.[571] Das Gericht verglich kennzeichnende Umstände der Unternehmen wie die spezielle Arbeitsweise, den Außenauftritt, den Kundenkontakt, Schilder, Verpackungen, Außenfassaden, Schaufensterauslagen, Schriftzüge und Tischdecken.[572] Es wurden im Detail gestalterische und sonstige Elemente, die die Erscheinung

---

567 *Massaguer*, Comentario, Art. 6 Rn. 77; *Carrión García de Parada Garcá de Parada*, CPI, Nr. 58, 2010, S. 107 (120); *Sánchez Sabater*, Comentario práctico, Art. 6, S. 91 f.

568 St. Rspr. vgl. nur STS vom 11.05.2004; STS 07.07.2006; STS vom 11.02.2011; STS vom 11.03.2014; AP Madrid vom 01.12.2014.

569 So z.B. bei *García Peréz*, LCD, Art. 6, S. 190 ff.

570 *Massaguer*, Comentario, Art. 6, Rn. 77; *Carrión García de Parada*, CPI, Nr. 58, 2010, S. 107 (120); *Sánchez Sabater*, Comentario práctico, Art. 6, S. 91 f. trennen zwischen beiden Fallgruppen.

571 SAP Madrid, 03.09.2003 – *Pret a Manger*.

572 AP Madrid vom 03.09.2003 – *Pret a Manger.*: „*[...] es cierto que los actos de confusión en los consumidores sse producen, por regla general, en relació con los denominados „signos distintivos“, como el nombre comercial, marca y rótulo del establecimiento, también se puede obtener tal resultado a través de otros signos identificadores del mode en que trabaja una empresa y dse da a conocer a los clientes, como los* ***insignas, embalajes, fachadas, escaparates, distribución interior de los locales, logotipos, encases, servilletas, manteles y otros elementos propios*** *en la explotación de la actividad empresarial afectada.*“; Hervorhebungen durch den Verfasser.

des klagenden Unternehmens prägten, analysiert und diese mit dem Geschäftsauftritt der Beklagten verglichen.[573] Das Gericht steigt später auch noch in eine Prüfung des Urheberrechts ein, wobei es zu dem Schluss kommt, dass den einzelnen Elementen der urheberrechtliche Schutz fehle und vielmehr die Verbindung aller Faktoren (*„conjunción de factores"*) entscheidend und die Verletzung im Lauterkeitsrecht anzusiedeln sei. Es ging im Ergebnis von der Kopie der *„iniciativa empresarial"* der klagenden Gaststätte aus und nahm eine Verwechslungsgefahr an.[574] Hinsichtlich der Breite der Ausführungen ist die Entscheidung aber vereinzelt geblieben. Es sind ansonsten nur wenig ähnliche Fälle zu sichten und auch die Literatur hat die Fallgruppe kaum aufgearbeitet.[575] Die

---

573 AP Madrid vom 03.09.2003 – *Pret a Manger.* Das Gericht ging beispielsweise auf die ähnlichen Dekorationen der Fenster ein, wo auch die inhaltlich ähnliche „Firmenphilosophie" angebracht war. Auch die Geschäftsabzeichen ähnelten sich in Farbe und Schrift, die Markisen und deren Gestaltung und das innere Erscheinungsbild der Gaststätten (identisches Design der Fußböden, ähnliche Anordnung und Gestaltung der Hocker und sonstigen Sitzgelegenheiten). Auch die ähnlichen Verpackungen der Nachspeisen, die Gestaltung der Becher sowie der Tischdecken wurden berücksichtigt. Das Gericht verglich auch die Firmenphilosophie (beide Gaststätten wollten Überreste von Essen an Obdachlose verteilen) und den Umstand, dass eine bestimmte Person als Referenz für die Auswahl des Kaffees genannt wurde und mit der Teilnahme am gleichen Tierschutzprojekt geworben wurde. Das Gericht sortierte anschließend die für den Vergleich irrelevanten Umstände heraus, nämlich diejenigen, die für ein Unternehmen in der betreffenden Branche (Fastfood) notwendig seien, so z.B. bestimmte Arten und Formen von Tabletts oder Essensaussteller und bewertete anschließend die Verwechslungsgefahr.

574 SAP Madrid, 03.09.2003 – *Pret a Manger.*

575 Die noch später erwähnte Entscheidung *„Franquipan"* lässt sich zwar in diese Fallgruppe einordnen, das Gericht verneinte die Verwechslungsgefahr aber mit sehr knappen Ausführungen. Ein weiterer Fall, den man hier erwähnen kann, ist die Entscheidung AP Madrid vom 09.02.2005, in der sich ein ehemaliger Angestellter mit der identischen Dienstleistung im gleichen Stadtviertel selbstständig machte. Eine Verwechslungsgefahr wurde aber verneint, weil sich das äußere Erscheinungsbild des Geschäfts und das Geschäftsabzeichen deutlich voneinander unterschieden. Ähnlich im Fall des AP Gijón vom 08.04.2005 – *La Nueva Belotta*, wo ein ehemaliger Angestellter des Restaurants *„La Belotta"* ein eigenes Restaurant in der Nähe zum alten unter dem Namen *„La Nueva Belotta"* eröffnete und viele Übereinstimmungen in der Inneneinrichtung und der Fassade festzustellen waren. In den Entscheidungen ging es zwar auch um den Geschäftsauftritt, der Schwerpunkt lag aber in beiden Fällen wohl auf dem Vergleich der Schriftzüge der Geschäftsabzeichen. So auch in einem weiteren Fall des AP Madrid vom 27.03.2007 in dem nach der Kündigung eines Franchisevertrages, der die Benutzung des Schriftzugs *„Jamaica*

weiteren Ausführungen beschränken sich daher auf die Fallgruppe der *„presentación de los productos"*.

## 1. Behandlung der Fallgruppe in Spanien

In den Entscheidungen der Gerichte geht es regelmäßig um die Gestaltung bzw. Präsentation von Produkten. Im Fall *„Ponche Caballero"* des AP Granada beispielsweise ging die Klägerin aus eingetragenen beschrifteten Etiketten vor, die sie auf ihren Flaschen benutzte.[576] Der Beklagte verwendete auf seinen Flaschen ähnliche Etiketten. Das Gericht verneinte jedoch eine Verwechslungsgefahr zwischen der eingetragenen Marke und der angegriffenen Abbildung auf der Flasche. Bei einer anschließenden Beurteilung nach Art. 6 LCD wurde neben dem Gesamteindruck der Verpackung und der Präsentation des Produktes zudem die Art und Weise der Platzierung des Etiketts auf der Flasche eingestellt. Im Ergebnis bejahte das Gericht eine lauterkeitsrechtliche Verwechslungsgefahr.

Im Fall *„Pisang Ambon"* ging es auch um Liköre und die Gestaltung der Flaschen.[577] Das Gericht verneinte die Verletzung der eingetragenen Wortmarke *„Pisang Ambon"* durch den ähnlich gestalteten Schriftzug *„Pisang Leveland"* auf dem Likör des Gegners. Eine Verwechslungsgefahr auf der Grundlage des Art. 6 LCD wurde aber wegen der ähnlichen Flaschenform, der Farben, der Platzierung der Etiketten, der grafischen und farblichen Gestaltung und Platzierung der Schriftzüge und der sonstigen ähnlichen Beschriftung der Flasche vom Gericht bejaht.

Ein weiterer Fall, der in dieser Fallgruppe oft zitiert wird, ist die Entscheidung des AP Valencia *„Nivea"*.[578] Die Beklagte vertrieb Handcreme in Dosen in identischen Farben, Formen und mit dem identischen Schrifttyp wie die Klägerin. Die Dosen waren jedoch mit *„Garley"* oder *„Amalfi"* beschriftet, weswegen eine Verletzung der Wortmarke *„Nivea"* vom Gericht verneint wurde.[579] Bejaht wurde jedoch eine Verwechslungsgefahr auf der Grundlage des Art. 6 LCD. Das Gericht führte insofern aus, dass Art. 6 LCD die sog. *„copia servil"* erfasse, wenn also alle charakteristischen Elemente des gegnerischen Produktes exakt

---

*Coffee Shop"* sowie Vorgaben hinsichtlich der Dekoration umfasste, der Beklagte nur unwesentlich die Einrichtung und den Schriftzug in *„Jamaica'nos"* änderte.

576 AP Granada vom 22.12.2003 – *Ponche Caballero.*

577 AP Barcelona vom 17.09.2003 – *Pisang Ambon.*

578 AP Valencia vom 22.03.2000 (AC 2000, 3594) – *Nivea.*

579 AP Valencia vom 22.03.2000 – *Nivea.*

übernommen worden seien. Art. 6 LCD erfasse aber auch Fälle subtilerer Übernahmen (*„de forma sutil“*) der charakteristischen Elemente. Diese Fälle seien dadurch gekennzeichnet, dass charakteristische Elemente der fremden Marken übernommen würden, die übernommenen Elemente aber in Kombination mit anderen, unähnlichen Elementen, also z. B. einem anderen Namen, aber ansonsten Farbe und Form der Verpackung und der Etiketten und andere ähnliche grafische Gestaltungen der Produkte vorlägen.[580]

Im Fall *„Oerlikon“* des AP Madrid ging es um Heimwerkerprodukte zum Schweißen.[581] Das Gericht hob hervor, dass es bei der Frage der lauterkeitsrechtlichen Verwechslungsgefahr auf die Berücksichtigung jeglicher Umstände ankommen könne, seien es visuelle (*visuales*), auditive (*auditivos*), grafische (*gráficos*) oder phonologische (*fonológicos*).[582] In die Abwägung wurde sodann neben der Gestaltung der Produkte auch die Gestaltung von Katalogen, Verpackungsmaterialien und mitgelieferten Zubehörteilen eingestellt. Im Ergebnis wurde die Verwechslungsgefahr jedoch verneint. Das Gericht deutete jedoch auch an, dass Relevanz nur solche Umstände erfahren können, die eine gewisse Unterscheidungskraft besitzen und geeignet sind, auf die kommerzielle Herkunft der Produkte hinzuweisen.

Im Fall *„Franquipan“* wendete sich eine Bäckerei gegen die farbliche Gestaltung der Fassaden, der Geschäftsabzeichen und der Verkaufstüten einer anderen Bäckerei, die zu einer Verwechslung des Geschäftsauftrittes führe.[583] Das Gericht verneinte jedoch im Ergebnis das Vorliegen einer Verwechslungsgefahr, da die Klägerin nicht ausreichend dargelegt hatte, dass die Farbgebung einen tatsächlichen Einfluss auf die freie Entscheidung der angesprochenen Verbraucher habe.

---

580 AP Valencia vom 22.03.2000 (AC 2000, 3594):“ *Por tanto, se comete conducta desleal tanto cuando se realice una* ***copia servil****, es decir, cuando reproduzca con exactitud todos los elementos característicos y propios de la marca, como cuando se realice* ***de forma sutil****, en que el proyecto fraudulento procura dar apariencia de diversidad, combinando elementos distintivos de la marca auténtica con otros distintos, como usando un nombre diferente pero aplicando el mismo color y forma en los envases, embalajes y etiquetas y también un grafismo similar, como ocurre en el presente caso.*“; Hervorhebungen durch den Verfasser.

581 AP Madrid vom 01.12.2014 (JUR 2015, 21901) – *Oerlikon*.

582 AP Madrid vom 01.12.2014 (JUR 2015, 21901): *„una visión de conjunto, sintética, desde la totalidad de los productos o prestaciones confrontados, sin descomponer su unidad final, prevaleciendo la estructura sobre los componentes parciales, sean éstos* ***visuales o auditivos, gráficos o fonológicos****.*“; Hervorhebungen durch den Verfasser.

583 STS vom 20.05.2010 – *Franquipan*.

## 2. Vergleich mit dem deutschen Recht

Legt man das deutsche Recht auf derartige Fälle an, stößt man unter markenrechtlichen Gesichtspunkten auch schnell an Grenzen. Die in den Fällen behandelten registrierten (Wort-)Marken sind regelmäßig nicht ähnlich und die „Begleitumstände" können nach überwiegender Auffassung jedenfalls bei der markenrechtlichen Bewertung keine Rolle spielen.[584] Beim Schutz von Formen und Verpackungen gelten strenge Maßstäbe, da davon ausgegangen wird, dass der Verkehr Waren- oder Produktformen üblicherweise nicht den für die Unterscheidungskraft erforderlichen Herkunftshinweis entnimmt. Ähnlich strenge Kriterien gelten bei Farbmarken.[585]

Auf die Sachverhalte würde man in Deutschland wohl auch teilweise eher die Schablone des lauterkeitsrechtlichen Nachahmungsschutzes nach § 4 Nr. 3 a) UWG anlegen. Gerichtsentscheidungen, die diesen Fallgruppen ähneln sind, beispielsweise die Entscheidung „*Puppenausstattungen*" des BGH oder die Entscheidung „*Rooibos Caramell*" des OLG Hamburg.[586] Es drehte sich dort auch um Gestaltungen von Verpackungen. Es wurden einzelne herkunftshinweisende Merkmale, Gestaltungen oder Kombinationen dieser Merkmale in die Beurteilung eingestellt.[587] Bei der Entscheidung des BGHs ging es um Barbie-Puppen und deren Zubehör, bei der „*Rooibos Caramell*"-Entscheidung um die Gestaltung der Verpackung eines bekannten Tees. Das Gericht stellte in die Beurteilung die Farbgebung, die Gestaltung der Verpackung und aufgebrachte Schriftzüge ein.[588]

Die Struktur der Beurteilung bei den genannten Entscheidungen aus Spanien zeichnet sich dadurch aus, dass es nicht nur um den Vergleich der Gestaltung eines Produktes, dessen Form oder Verpackung bzw. dessen technische oder ästhetische Merkmale geht. Dies charakterisiert Entscheidungen im Bereich des § 4 Nr. 3 a) UWG – so wie auch die oben genannten – die den Fokus meist auf der ästhetischen oder technischen Gestaltung des konkreten Produktes

---

584 Hierzu oben unter „3.".

585 EuGH GRUR 2003, 514 (Rn. 48) – *Linde*; EuGH GRUR 2006, 1022 – *Storck*; *Ingerl/Rohnke*, § 8 Rn. 187; zu Farben vgl. EuGH GRUR 2003, 604 – *Libertel*.

586 BGH GRUR 2005, 166 – *Puppenausstattung;* OLG Hamburg NJOZ 2005, 3313 – *Rooibos Caramell.*

587 Vgl. etwa BGH GRUR 2005, 166 (168) – *Puppenausstattung.*

588 OLG Hamburg NJOZ 2005, 3313 – *Rooibos Caramell*; auch *Schork*, S. 182, möchte diese Entscheidung und auch die des BGH GRUR 2005, 166 – *Puppenausstattung*, in die sogleich genannten Fallgruppen einordnen.

haben. Bei den zitierten spanischen Entscheidungen scheint man aber darüber hinaus zu gehen und bei der Auswahl der Umstände einen breiteren „Radius“ anzulegen. Es werden sämtliche kennzeichnende Mittel im Zusammenhang mit dem Absatz und Werbemaßnahmen und zum Teil auch der gesamte sonstige Marktauftritt einbezogen. Diese Beurteilung gleicht eher den von Stimmen in der deutschen Literatur aufgezeigten „neuen“ Anwendungsbereich des § 5 Abs. 2 UWG, mit den dahinterliegenden Wertungen des Art. 6 Abs. 2 lit. a UGP-RL und den dort ausgemachten Fallgruppen des „Imitationsmarketings“, des „Zweitmarkenirrtums“[589] oder Fällen von „Look-alikes“ nahezukommen.[590] Auch wenn die Umgrenzung dieser Anwendungsbereiche noch vage ist, soll hier typischerweise die Berücksichtigung sämtlicher kennzeichnender Merkmale und zusätzlich die Art und Weise der Produktvermarktung, der Verpackung, der sonstigen Gestaltung des Produktes und dessen Präsentation, die Werbung und der gesamte Marktauftritt im Vordergrund stehen.[591]

Auf einer rechtlichen Ebene soll sich die Fallgruppe auch dadurch auszeichnen, ob eine Ähnlichkeit von Gestaltungen von Produkten angenommen werden kann, wobei in die Beurteilung auch, für sich genommen nicht markenschutzfähige, Elemente einbezogen werden sollen. Die Meinungen zu der Frage gehen in Deutschland auseinander.[592] Die Frage wird in Spanien nicht klar beantwortet. Einige Entscheidungen der spanischen Gerichte deuten jedoch auch an, dass nur solche Umstände Relevanz haben können, die eine gewisse Unterscheidungskraft besitzen und geeignet sind, auf die kommerzielle Herkunft der Produkte hinzuweisen. Betrachtet man die Fallgruppen der *„presentacion de los productos“* oder die vereinzelt zu findenden Entscheidungen zu

---

589 Nach *Freundenberg*, S. 57, soll es bei Produktimitationsmarketing darum gehen, dass ein Wettbewerber seine Marketingstrategie an das Werbekonzept eines Mitbewerbers anlehnt, und anders als bei Fallgruppen der Produktnachahmung nicht das Produkt selbst, sondern die Vermarktung im weiteren Sinne imitiert wird. Bei Kennzeichenimitationsmarketing gehe es eher um die Anlehnung an bekannte Marken eines Konkurrenten.

590 Zur Einordnung des Zweitmarkenirrtums in § 5 Abs. 2 UWG vgl. *Schork*, S. 185 ff.; *Lubberger*, MarkenR 2009, 18 ff.; zur Umschreibung von „Look-alikes“ und „Imitationsmarketing auch *Hahn*, S. 27 ff.

591 *Fezer*, GRUR 2009, 451 ff.; und *Schork*, S. 180 ff, die auch die beiden oben zitierten Entscheidungen *„Puppenausstatungen“* und *„Rooibos Caramell“* nunmehr in § 5 Abs. 2 UWG verorten möchte; als Beispiel zitiert sie auch die Entscheidung des österreichischen OGH vom 12.05.2009, Az. 17 ob 7/09f – *Das blaue Wunder.*

592 Dagegen: Ohly/*Sosnitza* UWG § 5 Rn. 719; Dafür z.B.: *Harte-Bavendamm*, in: FS Loschelder, S. 111 (124); *Schork*, S. 168 f.; *Thress*, S. 148 ff.

Fallgruppen der *„presentacion de los establecimeintos*", sprechen diese aber für einen Einbezug auch von nicht formal markenschutzfähigen Elementen in die Beurteilung.

Die Geschäftspraktiken unter dieser Fallgruppe haben jedenfalls eher ihren Platz im Lauterkeitsrecht, da hier der „Radius" der relevanten Umstände breiter gefasst werden kann als im Markenrecht, wo die Grenzen durch die wertungsmäßige Beschränkung des Exklusivitätsrechts gezogen werden müssen.

## VI. Ausdehnung der Aktivlegitimation in kennzeichenrechtlichen Streitigkeiten über das LCD

Es wurde bereits erwähnt, dass die Aktivlegitimation im LCD sehr weit ausgestaltet ist. Die Vorschriften über die Aktivlegitimation sollen in Anlehnung an das schweizerische Recht entstanden sein und eine Dualität von Einzel- und Kollektivklagemöglichkeiten verfolgen.[593] Art. 19 LCD der Fassung des LCD von 1991 enthielt folgenden Wortlaut: *„Cualquier persona que participe en el mercado, cuyos intereses económicos resulten directamente perjudicados o amenazados por el acto de competencia desleal, está legitimada para el ejercicio de las acciones previstas en los cinco primeros números del articulo anterio."*.[594]

Nach der Reform von 2009 ist die Aktivlegitimation nunmehr in Art. 33 LCD geregelt. Die Norm hat eine unwesentliche Änderung erfahren. Es wurde der Passus *„física o jurídica*" hinter *„Cualquier persona*" eingefügt, d.h. eingangs heißt es jetzt: *„Cualquier persona física o jurídica*", also übersetz: „jede natürliche oder juristische Person". Eine Änderung im Anwendungsbereich der Norm ist dadurch aber nicht ersichtlich.

Voraussetzung ist zudem die „Teilnahme am Markt" (*„participe en el mercado*") und eine direkte Gefährdung oder Verletzung der ökonomischen Interessen durch die jeweilige Geschäftspraktik (*„intereses económicos resulten directamente perjudicados o amenazados por el acto de competencia desleal*"). Den letzteren beiden Voraussetzungen wird in der Literatur und Rechtsprechung jedoch kaum Aufmerksamkeit geschenkt, sondern man geht davon aus, dass sie regelmäßig erfüllt sind (vgl. hierzu noch sogleich).

593 So *Magdalena Carmona*, Comentario práctico, Art. 19, S. 322 f.
594 Eine Übersetzung der Vorschrift findet sich im Anhang.

## 1. Aktivlegitimation des einzelnen Verbrauchers nach dem LCD

Die herrschende Meinung in der Literatur geht wie selbstverständlich davon aus, dass neben Gruppen auch einzelne Verbraucher aktivlegitimiert sein können.[595] Die Ansicht wird darüber hinaus gerade im Zusammenhang mit kennzeichenrechtlichen Sachverhalten und insbesondere im Rahmen des Art. 6 LCD vertreten. Oft wird ausdrücklich darauf hingewiesen, dass gerade die eingeschränkten Klagemöglichkeiten des Markengesetzes in diesem Punkt durch die erweiterten Klagemöglichkeiten des LCD eine Ergänzung erfahren sollen.[596] *Bercovitz* weist kurz nach Inkrafttreten des Gesetzes darauf hin, dass mit der Erweiterung der Schutzzwecke des unlauteren Wettbewerbs in den 70er-Jahren auch die Aktivlegitimation von Verbrauchern einhergehen sollte, und zwar insbesondere in Bezug auf die *„actos de confusión“*.[597]

Die Literatur stützt ihre Argumente natürlich auch auf den Wortlaut der Vorschrift. Die oben genannten Einschränkungen werden dabei kaum problematisiert. Vielmehr geht man davon aus, dass die Kriterien gerade bei Verbrauchern erfüllt seien.[598] Man sieht sich auch durch den neu eingefügten Art. 20 LCD, der das Hervorrufen einer Verwechslungsgefahr im Kapitel über die verbraucherschützenden Vorschriften sanktioniert, noch bestärkt.[599]

Eine Stütze für diese Ansicht, die nicht wegdiskutiert werden kann, findet sich auch in den *Disposiciones Generales,* also bei der „Gesetzesbegründung“ zum LCD von 1991. In „III. 3.“ ist zu lesen: *„[...] Particularmente ilustrativo*

---

595 Zum alten Recht: *Baron Vilar*, Competencia Desleal/Tutela, S. 1147 die mit beachtlichen Argumenten die deutsche Rechtslage in diesem Punkt kritisiert; *Bercovitz,* DN 1992, S. 2 f.; *Magdalena Carmona*, Comentario práctico, Art. 19, S. 332 f.; *Massaguer*, Comentario, Art. 19, Rn. 3; *Monteagudo*, ADI 1993, S. 105 ff.; *Otamendi Rodríguez-Bethencourt, LCD, Art. 6, S. 178; Bellido Penadés*, La tutela, S. 180 ff.; zum reformierten LCD: *Tato Plaza*, La reforma, 428 f. zu Art. 33 LCD; *Marco Acalá*, in: Bercovitz/Comentarios-LCD, Art. 20, Rn. 13; *Massaguer*, El nuevo Derecho, S. 112; *Massaguer*, in Problemas actuales, S. 190 ff. der diese Sichtweise durch den neu eingefügten Art. 20 LCD als bestätigt sieht; *Bercovitz, A*, in: Bercovitz/LCD, Art. 3, Rn. 22.

596 *Bercovitz,* DN 1992, S. 2 f.; *Massaguer*, Comentario, Art. 19, Rn. 3; *Monteagudo*, ADI 1993, S. 105 ff.; *Marco Acalá*, in: Bercovitz/Comentarios-LCD, Art. 20, Rn. 13.

597 *Bercovitz, A.*, DN, Nr. 20, 1992, S. 2 f.

598 *Baron Vilar*, Competencia Desleal/Tutela, S. 1149 ff.

599 *Armijo Chávari*, Análisis, S. 78; *Massaguer*, El nuevo Derecho, S. 112 und diesem sich anschließend *Tato Plaza*, La reforma, S. 142 und S. 144 f., der die Vorschrift gerade so versteht, dass man Verbrauchern einen ausdrücklichen Schutz und eine Stellung als Aktivlegitimierte geben wollte.

*resulta el artículo 19, que atribuye legitimación activa para el ejercicio de las acciones derivadas de la competencia desleal* ***a los consumidores (individual y colectivamente considerados).***"[600]

Der einzelne Verbraucher („*consumidor individual*") wird also direkt angesprochen und im Anwendungsbereich des Art. 19 LCD gesehen. Der Schutzzweck des LCD spiegelt sich insofern konsequent in der Aktivlegitimation wider.[601]

Auch die Rechtsprechung steht hinter dieser Ansicht. In einer Entscheidung aus dem Jahr 2005 geht das *Tribunal Supremo* auf die Hintergründe des LCD ein, und führt aus, dass das Gesetz von einer grundlegenden Änderung des traditionellen Konzeptes des Rechts gegen den unlauteren Wettbewerb geprägt sei. Es begreife sich nicht mehr vorrangig als ein Instrument zur Bewältigung von Konflikten zwischen Mitbewerbern, sondern diene generell der Ordnung des Marktes und der Kontrolle von unlauterem Verhalten. Diese Neuausrichtung sei in sämtlichen Vorschriften des Gesetzes wiederzufinden und besonders deutlich solle dies in Art. 19 LCD zu Tage treten, der die Aktivlegitimation dem Einzelnen und Gruppen von Verbrauchern zuspricht.[602] Es lassen sich auch Gerichtsentscheidungen finden, die beispielsweise davon ausgehen, dass ein Verbraucher immer Marktteilnehmer mit einem berechtigten Interesse im Sinne des Art. 19 LCD sei.[603]

---

600 Hervorhebungen durch den Verfasser.

601 So auch *Baron Vilar*, Competencia Desleal/Tutela, S. 1149.

602 STS vom 13.10.2005 (RJ 2005/8590): „*La Ley introduce un cambio radical en la concepción tradicional del derecho de la competencia desleal. Este deja de concebirse como un ordenamiento primariamente dirigido a resolver los conflictos entre los competidores para convertirse en un instrumento de ordenación y control de las conductas en el mercado [...] Esta ampliación y reordenación de los intereses protegidos está presente a lo largo de todos los preceptos de la Ley. Particularmente ilustrativo resulta el* ***artículo 19, que atribuye la legitimación activa para el ejercicio de las acciones derivadas de la competencia desleal a los consumidores (individual o colectivamente considerados).***" Hervorhebungen durch den Verfasser; so auch schon zu finden bei STS vom 17.05.2004 – *Tefal*.

603 AP Palencia vom 29.01.2001 (JUR 2001/115710): „*La legitimación se reconoce con notable amplitud, a todos cuantos reúnan un doble requisito: ser partícipe del mercado, cualidad que es predicable, en todo caso de los consumidores y de los competidores individuales o societarios; y ostentar un* ***interés directo, que está siempre presente en los consumidores.***"; Hervorhebungen durch den Verfasser.

## 2. Aktivlegitimation von Lizenznehmern (*licencitario*) bzw. Vertriebshändler (*distribuidores*) nach dem LCD

Der Inhaber (*el titular*) einer eingetragenen Marke ist nach dem spanischen Markengesetz gem. Art. 40 LM aktivlegitimiert: „*El titular de una marcas registrada podrá ejercitar [...] las acciones civiles [...]*".

In Art. 40 LM und auch in Art. 48 LM, der Regeln für die Lizenzierung von Marken aufstellt, ist zur Aktivlegitimation weiterer Personen bzw. von Lizenznehmern nichts zu finden. Trotzdem gibt es nicht wenige Gerichtsentscheidungen, die die Aktivlegitimation von Inhabern einer ausschließlichen Lizenz (*licencia exclusiva*) zugelassen haben.[604] Dies entspricht aber auch den Wertungen des Gesetzes. In den nachgelagerten Erläuterungen und Verweisen zum LM, den *Disposiciones Adicionales*, werden in Nr. 1 die Normen des 12. Titels des *Ley 24/2015, de 24 de julio, de Patentes* (LPat) für anwendbar erklärt. Dort finden sich die Regeln über die Aktivlegitimation im Patentrecht. Neben dem Patentinhaber ist hiernach gem. Art. 117.2 LPat auch der Inhaber einer ausschließlichen Lizenz aktivlegitimiert. Dies gilt nach der Vorschrift jedoch wiederum nicht, wenn vertraglich etwas anderes geregelt ist.

Der gleiche Artikel legt weiterhin den Grundsatz fest, dass der Inhaber einer einfachen Lizenz (*licencia no exclusiva*) nicht aktivlegitimiert ist. Der nächste Absatz, also Art. 117.3 LPat, stellt jedoch Voraussetzungen auf, nach denen auch der Inhaber einer einfachen Lizenz Klage erheben kann. Hiernach muss der Inhaber einer einfachen Lizenz den Patentinhaber zunächst auffordern, seine Ansprüche geltend zu machen und nur wenn dieser ein Vorgehen abweist oder innerhalb von drei Monaten keine geeigneten Maßnahmen selber ergreift, kann der Inhaber einer einfachen Lizenz Klage erheben. Vor Ablauf der dreimonatigen Frist können jedoch einstweilige Maßnahmen gerichtlich geltend gemacht werden, um beträchtliche Schäden zu verhindern.[605] Art. 117.4 LPat regelt weiter, dass in allen Fällen der Klageerhebung der Patentinhaber informiert werden muss.

Daneben schließt man aus Art. 46.1 LM, dass mehrere Markeninhaber einzeln aktivlegitimiert sein sollen.[606] Art. 46 LM enthält Regelungen über die Inhaberschaft einer Marke von mehreren Personen.

Über diese gerade aufgezeigten Regeln hinaus geht aber der wohl überwiegende Teil des Schrifttums und Teile der Rechtsprechung davon aus, dass auch

---

604 Hierzu STS vom 28.09.2001 (RJ 2001, 8718); AP Vizcaya 31.01.2007 (AC 2007, 725).

605 Eine Übersetzung der Vorschrift findet sich im Anhang.

606 *García Luengo*, in: Bercovitz/Comentarios-LM, Art. 40 und 41, S. 665 f.

über das LCD Personen, die mit dem Kenninhaber in rechtlicher Verbindung stehen, aktivlegitimiert sein sollen.[607] Das *AP Madrid* stellt in einer Entscheidung aus dem Jahr 2007 insofern fest, dass es im LCD, im Gegensatz zu den Gesetzen zum Schutz des geistigen Eigentums, bei der Frage der Aktivlegitimation nicht darum gehe, ob der Kläger Inhaber einer Rechtsposition sei. Es macht zudem noch einmal deutlich, dass das LCD kein Wettbewerbsverhältnis zwischen dem Kläger und dem Beklagten fordere. Abschließend stellt es fest, dass das Bestehen einer Lizenz für einen Prozess unerheblich sei.[608]

Eine Entscheidung des *AP Alicante (Tribunal de Marca Comunitaria)* aus dem Jahr 2009 spricht dem „*distribuidor*" die Aktivlegitimation zu.[609] Unter Letzterem wird man wohl Vertriebshändler bzw. -partner fassen können. Dieser stützte seine Klage auf die Verletzung einer Unionsmarke, dessen Inhaber er

607 Diskutiert bei *Massaguer*, Problemas actuales, S. 190 ff.; *Curto Polo*, in: Bercovitz/Comentarios-LCD, Art. 6, Rn. 39 weist in diesem Bereich Art. 6 LCD eine wichtige Funktion zu. Auch *García Luengo*, in: Bercovitz/Comentarios-LM, Art. 40 und 41, S. 663 ff. geht davon aus, dass der Kreis der Aktivlegitimierten weiter reichen müsse als es die markenrechtlichen Vorschriften vorsehen. Er weist zudem darauf hin, dass in bestimmten Fällen auch Verbraucherschutzorganisationen aktivlegitimiert sein sollen. Die Geltendmachung von Schadensersatzansprüchen hält er in diesen Fällen zwar für problematisch, er stützt seine Argumentation jedoch insgesamt auf den verbraucherschützenden Charakter denen Marken zukommen können und verweist insofern auf Gerichtsentscheidungen die diesen Aspekt besonders hervorheben: STS vom 28.09.2001 (RJ 2001, 8718); AP Vizcaya 31.01.2007 (AC 2007, 725).

608 AP Madrid, vom 25.10.2007 (JUR 2008, 57708) – *Sony Music Entertainment*: „*[…]* ***la LCD no anuda la legitimación para ejercita acciones sobre competencia desleal a ostentar derechos de exclusiva, tal como son entendidos los mismos en el campo de la propiedad industrial e intelectual, como titular o licenciatorio, ni siquiera a la existencia de una relación de competencia entre actor y demandado,*** *puesto que el ordenamiento sobre competencia desleal deja de consibirse como un ordenamiento primariamente dirigido a resolver los conflictos entre los competidores, para convertirse en un instrumento de ordenación y control de las conductas en el mercado" (exposición de motivos de la Ley). Basta, pues, con que la actora interviniera en mercado para que pudiera ejercitar acciones de competencia desleal como las que han sido parcialmente estimados en la sentencia. Por tanto, habiendo sido estimados pedimentos relativos a la declaración, cesación y prohibición de la conducta desleal,* ***es completamente irrelevante que la actora fuera o no titular o licenciataria de una marcas.***"; Hervorhebungen durch den Verfasser. Die Entscheidung wird auch von *Massaguer*, Problemas actuales, S. 191 hervorgehoben, um hier die Unterschiede zwischen dem LM und LCD bei der Aktivlegitimation zu verdeutlichen.

609 AP Alicante (Tribunal de Marca Comunitaria) vom 23.01.2009.

aber nicht war, und machte gleichzeitig Ansprüche aus Art. 6 LCD geltend. Das Gericht verneinte die Aktivlegitimation nach der Unionsmarkenverordnung, da die Lizenz nicht im Register eingetragen war. Es stellte jedoch sodann auf Art. 19 LCD ab und hob hervor, dass hiernach grundsätzlich jede natürliche Person aktivlegitimiert sei. Da die Klägerin Vertriebshändlerin in Spanien sei, ist die Aktivlegitimation nach Art. 19 LCD – der jetzt Art. 33.1 LCD von 2009 ist – erfüllt.

Es gibt viele weitere Gerichtsentscheidungen, die in diese Richtung gehen.[610] Auch ein erheblicher Teil der Literatur schließt sich dieser Tendenz der Rechtsprechung an.[611]

## 3. Beurteilung in Deutschland

Die Rechtslage in Deutschland unterscheidet sich in diesem Punkt deutlich von der in Spanien. Neben den sich ähnelnden Vorschriften über die Aktivlegitimation von Verbänden und Organisationen führt schon das Erfordernis des „Mitbewerbers" im Rahmen der Aktivlegitimation nach dem UWG zu erheblichen Unterschieden. Der Kreis der Aktivlegitimierten ist dadurch in Spanien bereits deutlich breiter. Die Zulassung der Aktivlegitimation von einfachen Lizenznehmern und Vertriebshändler bei Markenverletzungen erweitert den Kreis noch einmal. Geradezu konträr zur deutschen Tradition steht schließlich die Zulassung von Klagen einzelner Verbraucher. Der deutsche Gesetzgeber hat

---

610 AP Vizcaya vom 13.01.2000 (AC 2000, 61); AP Vizcaya vom 23.06.2005 (AC 2005, 1485), in der das Gericht im Rahmen der Verletzung eines Patentes eine Klage des spanischen Vertriebspartners zuließ und bei der Aktivlegitimation auf die Vorschriften des LCD abstellte; in AP Granada vom 18.09.2006 (JUR 2007, 184633) erkannte im Rahmen der Verletzung eines Designs das Gericht die Aktivlegitimation des Lizenznehmers der nicht im Register eingetragen war nach dem LCD an; auch in der Entscheidung des Juzgado Mercantil Valencia vom 11.04.2012 – *ADIDAS*, wurde die Aktivlegitimation des spanischen Vertriebspartners zugelassen.

611 *Baron Vilar*, Competencia Desleal/Tutela, S. 1147 bejaht dies Aktivlegitimation des Lizenznehmers nach dem LCD generell; *Curto Polo*, in: Bercovitz/Cmentarios-LCD, Art. 6, Rn. 39 weist darauf hin, dass es neben dem Inhaber der Marke und dem Lizenznehmer weitere Aktivlegitimierte geben müsse und Art. 6 LCD gerade bezwecke, um die Lücke im LM zu füllen; *Marco Arcalá*, in: Bercovitz/Comentarios-LCD, Art. 20, Rn. 15 weist darauf hin, das Art. 6 LCD greifen könne, wenn ein bestehender Lizenzvertrag diese Frage nicht aufgreift; wohl auch *García Luengo*, in: Bercovitz/Comentarios-LM, Art. 40 und 41, S. 663 ff.; eher ablehnend jedoch *Roncero Sánchez*, El contrato de licencia de marca, S. 254 ff.

sich in der Gesetzesbegründung zum UWG ausdrücklich hiergegen ausgesprochen.

Das deutsche Lauterkeitsrecht vertraut bei der Durchsetzung von Ansprüchen im Lauterkeitsrecht auf die Initiativen der durch unlautere geschäftliche Handlungen betroffenen Unternehmen und der Verbände.[612] In der Gesetzesbegründung zum UWG 2004 heißt es:

> *„Die Regelung zu den zivilrechtlichen Rechtsfolgen sind sowohl hinsichtlich der Klagebefugnis als auch hinsichtlich der Anspruchsgrundlagen abschließend. Dies hat zur Folge, dass das UWG entsprechend der bisherigen Rechtslage weiterhin kein Schutzgesetz im Sinne des § 823 Abs. 2 BGB ist. Etwas anderes gilt nur für die Strafbestimmungen der §§ 16 bis 19, da insoweit keine erschöpfende Regelung der zivilrechtlichen Rechtsfolgen erfolgt.*
> *Von einem Teil der Mitglieder der Arbeitsgruppe wurde vorgeschlagen, in das UWG auch individuelle Ansprüche des Verbrauchers aufzunehmen. Dies folge bereits zwingend daraus, dass der Verbraucher nunmehr auch durch den Gesetzgeber ausdrückliche als Schutzsubjekt anerkannt werde.*
> *Diesem Anliegen trägt der Gesetzesentwurf aus folgenden Gründen nicht Rechnung: Das Lauterkeitsrecht enthält auch wenn durch diese Reform eine Liberalisierung – insbesondere im Bereich der Sonderveranstaltungen – erfolgt, sehr hohe Anforderungen an das Verhalten der Unternehmer im Wettbewerb.* ***Die Anerkennung von individuellen Rechten des Verbrauchers bei Verstößen gegen das UWG würde dieses hohe Schutzniveau, welches gerade auch im Interesse des Verbrauchers besteht, im Ergebnis in Frage stellen.*** *Der Unternehmer müsste bei Beibehaltung des materiellen Schutzniveaus jederzeit mit einer Vielzahl von Klagen von Verbrauchern wegen eines (angeblichen) Verstoßes gegen das UWG rechnen. Dies würde zu sehr hohen Belastungen für die Wirtschaft führen und hätte einen erheblichen Standortnachteil zur Folge. Diese Belastungen ließen sich nur dadurch auf ein für die Wirtschaft akzeptables Maß verringern, dass man das Schutzniveau absenkt und dadurch das Prozessrisiko für die Unternehmen verringert.“*[613]

Die Entscheidung des deutschen Gesetzgebers ist eindeutig und konträr zur Entscheidung des spanischen Gesetzgebers. Die Bewertung, die der deutsche Gesetzgeber vornimmt, kann aber mit Blick auf Spanien durchaus infrage gestellt werden. Spanien ist nämlich ein guter Beleg dafür, dass die Zulassung von Verbraucherklagen eher eine theoretische als eine tatsächliche Gefahr für Unternehmen darstellt. Gerichtsentscheidungen zu Klagen von Verbrauchern sind nämlich – soweit ersichtlich – kaum relevant.

---

612 *Emmerich*, Unlauterer Wettbewerb, § 22 Rn. 1.

613 Deutscher Bundestag, Drucksache 15/1487, S. 22; Hervorhebungen durch den Verfasser.

Es bleibt auch abzuwarten, wie sich die Diskussion im Rahmen der Novellierung des Verbraucherschutzrechts auf EU-Ebene entwickelt.[614] Die Richtlinie (EU) 2019/2161 zur besseren Durchsetzung und Modernisierung der Verbraucherschutzvorschriften der Union spricht eine Sprache, die der Entwicklung in Spanien sehr nahe kommt. Es macht dort sehr stark den Eindruck, als wolle man im europäischen Lauterkeitsrecht nunmehr tatsächlich die Klagemöglichkeit des einzelnen Verbrauchers verankern.[615]

Die spanische Rechtsordnung unterscheidet sich aber auch hinsichtlich der Aktivlegitimation von Lizenznehmern. Nach der Rechtsprechung des Bundesgerichtshofes hat der Lizenznehmer keine Ansprüche aus eigenem Recht.[616] § 30 Abs. 3 MarkenG sieht ausdrücklich vor, dass der Lizenznehmer zur Geltendmachung von Ansprüchen der Zustimmung des Markeninhabers bedarf. Die Bestimmung soll sich auf Inhaber von einfachen sowie auf Inhaber von ausschließlichen Lizenzen beziehen.[617] Das Zustimmungserfordernis solle dem Interesse des Markeninhabers an einer Abstimmung zwischen ihm und dem Lizenznehmer dienen. Von einer konkludenten Zustimmung könne regelmäßig nicht ausgegangen werden.[618] Argumentiert wird teilweise auch, dass Marken auch eine absatzkontrollierende Funktion zukomme, der Markeninhaber also die Entscheidung darüber treffen können sollte, wer gegen wen mit welchen

---

614 Vgl. hierzu die Richtlinie (EU) 2019/2161 des Europäischen Parlaments und des Rates, vom 27. November 2019, zur Änderung der Richtlinie 93/13/EWG des Rates und der Richtlinien 98/6/EG, 2005/29/EG und 2011/83/EU des Europäischen Parlaments und des Rates zur besseren Durchsetzung und Modernisierung der Verbraucherschutzvorschriften der Union.

615 So Art. 3 Nr. 5 der Richtlinie (EU) 2019/2161, der einen Artikel 11a unter der Überschrift „Rechtsschutz" in der UGP-RL verankern soll, mit dem folgenden Wortlauf im ersten Absatz: „Verbraucher, die durch unlautere Geschäftspraktiken geschädigt wurden, haben Zugang zu angemessenen und wirksamen Rechtsbehelfen, einschließlich Ersatz des dem Verbraucher entstandenen Schadens sowie gegebenenfalls Preisminderung oder Beendigung des Vertrags. Die Mitgliedstaaten können die Voraussetzungen für die Anwendung und die Folgen der Rechtsbehelfe festlegen. Die Mitgliedstaaten können gegebenenfalls die Schwere und Art der unlauteren Geschäftspraktik, den dem Verbraucher entstandenen Schaden sowie weitere relevante Umstände berücksichtigen".

616 BGH GRUR 2007, 877 – *Windsor Estate*; BGH GRUR 2008, 614 – *ACERBON*.

617 Ströbele/*Hacker*, § 30 Rn. 87.

618 *Fezer*, MarkenG, § 30 Rn. 35; in diese Richtung auch *Brandi-Dohrn*, in: *von Schulz*, MarkenG, § 30 Rn. 54; Ströbele/*Hacker*, § 30 Rn. 88; *Ingerl/Rohnke*, § 30 Rn. 88; OLG München, NJW-RR 1997, 1266.

Mitteln und welchen Klagezielen vorgeht.[619] Auch weil jeder Prozess das Risiko einer Nichtigkeitsklage und so der Bestand der eigenen Rechtsposition auf dem Spiel stehe, solle allein der Rechtsinhaber die Abwägung über die Erhebung von Klagen treffen können.[620]

Teilweise wird die aufgezeigte Linie aber auch kritisiert.[621] Es besteht hier nämlich eine Diskrepanz zu anderen Schutzrechten, bei denen Ansprüche des ausschließlichen Lizenznehmers anerkannt sind.[622] Die oben aufgezeigten Meinungen werden ohnehin nunmehr nach der Änderung der Vorschriften zur Aktivlegitimation von Lizenznehmern ausschließlicher Lizenzen im Rahmen des Markenrechtsmodernisierungsgesetzes zu überdenken sein (vgl. auch schon oben zur Novellierung). Teilweise wurde schon vor der Novellierung eine Pflicht zur Zustimmung aus Treu und Glauben abgeleitet, sofern der Markeninhaber nicht selbst klagt.[623] Dies ist nunmehr in der Konstellation eines Inhabers einer ausschließlichen Lizenz ausdrücklich vom Gesetz in § 30 Abs. 3 S. 2 MarkenG vorgesehen. Dieser kann hiernach Klage erheben, wenn er zuvor den Inhaber erfolglos dazu aufgefordert hat. In diese Richtung gehen auch die Regeln der Unionsmarkenverordnung, die in Art. 22 Abs. 3 S. 2 UMV dem ausschließlichen Lizenznehmer die Möglichkeit der Klage einräumt, wenn der Markeninhaber trotz Aufforderung nicht selbst klagt. Die Parallele zu Spanien ist hier besonders deutlich. Trotzdem ist nicht ersichtlich, dass man hierzulande daneben Ansprüche über das UWG diskutiert.

Besonders auffällig ist der Unterschied zu Deutschland auch in den Bereichen, die man § 4 Nr. 3 a) UWG zuordnet, also den Nachahmungshandlungen. Es ist augenscheinlich, dass einige Fälle, die in Spanien unter Art. 6 LCD gefasst werden, in Deutschland wohl nach § 4 Nr. 3 a) UWG entschieden werden würden. Bei letzterer Vorschrift ist jedoch nach ständiger Rechtsprechung und wohl herrschender Meinung überwiegend allein der Hersteller des Originalprodukts oder ein ausschließlich Vertriebsberechtigter aktivlegitimiert.[624]

---

619 Ekey/Bender/Fuchs-Wissemann/*Pahlow*, § 30 Rn. 70 f.

620 Ekey/Bender/Fuchs-Wissemann/*Pahlow*, § 30 Rn. 70 f.

621 *Ingerl/Rohnke*, Vor 14–19 d Rn. 14; wohl auch *Fezer*, § 30 Rn. 35; *Pahlow*, GRUR 2007, 1001.

622 So *Ingerl/Rohnke*, Vor 14–19 d Rn. 17.

623 So Ströbele/*Hacker*, § 30 Rn. 88.

624 *Ohly*/Sosnitza, § 4.3 Rn. 3/83; BGH GRUR 1994, 630 (634) – *Cartier-Armreif*; GRUR 2004, 941 (943) – *Metallbett*.

## VII. Weitere diskutierte Anwendungsbereiche von Art. 6 LCD

Nachfolgend werden einige weitere Anwendungsbereiche herausgegriffen, bei denen eine Anwendung von Art 6 LCD diskutiert wird. Die Themenbereiche werden aber nur sehr vereinzelt aufgegriffen.

### 1. Adwords

Teilweise möchte man Art. 6 LCD auf Adwords-Fälle anwenden. *Carbajo Cascón* diskutiert insofern die einschlägigen Entscheidungen des EuGH und zieht in Betracht, dass hinsichtlich des Anbietens der Dienstleistung die Generalklausel und hinsichtlich des Buchens von Adwords Art. 5, 6, 11 oder 12 LCD Anwendung finden könnten.[625] Die Entscheidung des *Tribunal Supremo* zu Adwords aus dem Jahr 2017 wendet jedoch die Grundsätze des EuGH an und verneint sogar eine Anwendung des Lauterkeitsrechts.[626]

Das Anbieten der Funktion an sich unter die lauterkeitsrechtliche Generalklausel zu ziehen, widerspricht der Beurteilung durch den EuGH und nunmehr auch dem *Tribunal Supremo*. Im Ergebnis geht die Meinung des Autors aber in die Richtung derjenigen deutschen Autoren, die Keyword-Fälle auch gerne im Lauterkeitsrecht verorten möchten.[627] Die Beurteilung einzelner Fälle nach dem Markenrecht muss auch nicht zwangsweise eine lauterkeitsrechtliche Beurteilung ausschließen. Hierauf deuten auch die Auslegungshilfen zur UGP-RL hin, die „Keyword Praktiken“ wohl nach Lauterkeitsrecht beurteilen wollen.[628]

### 2. Abgrenzungsvereinbarungen (*acuerdos de delimitación*) und Lizenzen (*licencias*)

#### *a) Beurteilung in Spanien*

Sehr vereinzelt spricht man in Spanien etwaige Auswirkungen der lauterkeitsrechtlichen Verbotskonzepte und insbesondere des Art. 6 LCD auf Abgrenzungsvereinbarungen (*acuerdos de delimitación*) oder Lizenzerteilungen an.[629] *Monteagudo* stellt bei der Diskussion zunächst die Prämisse auf, dass das LCD – anders als das LM – unmittelbar dem Schutz der Verbraucher diene. Das LM

---

625 *Carbajo Cascón*, RCD 2010, 321 (330).

626 TS vom 15.02.2017

627 Vgl. oben die Hinweise aus der deutschen Literatur bei Punkt „3.“.

628 So wohl SWD (2016) 163, „Guidance on the implematation/application of Directive 2005/29/EC“, S. 125 ff.

629 *Monteagudo*, ADI 1993, 102 ff.

lässt so z. B. auch den Verbraucher bei der Aktivlegitimation aus, anders das LCD, welches sogar dem einzelnen Verbraucher ermöglicht, zu klagen. Diese gesetzgeberischen Wertungen müssten bei der Behandlung der Fälle berücksichtigt werden.

Der Autor geht davon aus, dass Verbraucherinteressen gerade dann verletzt sein könnten, wenn der Inhaber einer Marke an einem Vorgehen kein Interesse habe. Es dürfe aber nicht im Belieben des Kennzeicheninhabers stehen, einen Kennzeichenkonflikt zuzulassen.[630]

Bei Abgrenzungsvereinbarungen geht er jedoch davon aus, dass die gegenläufigen wirtschaftlichen Interessen der Parteien in der Praxis regelmäßig zum Ausschluss eines Kennzeichenkonfliktes führen werden. Er hält eine Anwendung des LCD daher grundsätzlich für überflüssig.[631] In Ausnahmenfällen, wenn die Vereinbarung nicht zu einem Ausschluss einer Verwechslungsgefahr führe, könne der Konflikt auch durch Art. 26.1 LM (jetzt Art. 19 LM von 2001) gelöst werden, da nach dieser Vorschrift auch Verbraucher Widerspruch erheben könnten.[632] Raum für das LCD sieht er nur, wenn die Abgrenzungsvereinbarung nicht auf die Eintragung einer Marke zielt, sondern nur die Benutzung Gegenstand der Vereinbarung sei. In diesem Fall könne es vorkommen, dass entgegenstehende Interessen des Markeninhabers nicht überwiegen und die Anwendung des LCD gerechtfertigt sei.[633]

Es ist an dieser Stelle darauf hinzuweisen, dass nach dem spanischen Markenrecht der Kreis der Widerspruchsberechtigten – geregelt in Art. 26.1 LM von 1988 und Art. 19 LM von 2001 – sehr weit ist und eine eigene Rechtsposition nicht zwingend erforderlich ist.[634] In Art. 19 LM von 2001 ist die Rede von: „[…] *cualquier persona que considera perjudicada* […]". Es scheint aber so, als dass die zuvor dargestellte Ansicht von *Monteagudo*, dass also auch einzelne Verbraucher widerspruchsberechtigt seien, nicht uneingeschränkt geteilt wird.[635] Hinsichtlich einer etwaigen Lizenzerteilung lehnt *Monteagudo* die Anwendung des Art. 6 LCD jedenfalls strikt ab, da der Verbraucher an

630 *Monteagudo*, ADI 1993, 106.

631 *Monteagudo*, ADI 1993, 107 f.

632 *Monteagudo*, ADI 1993, 108.

633 *Monteagudo*, ADI 1993, 108.

634 *Barbero Checa*, in: Bercovitz/Comentarios-LM, Art. 19, S. 391.

635 *Bredow*, Das spanische Markenrecht, 1993, S. 134 f. diskutiert die Vorschrift im Rahmen des LM von 1988 und spricht zwar davon, dass „jeder" Widerspruch erheben könne, er spricht aber nicht ausdrücklich davon, dass damit auch einzelne Verbraucher gemeint sind. *Lobato*, Art. 19, S. 445 ff. zählt die Berechtigten auf, geht aber nicht auf den einzelnen Verbraucher ein. Anders *Barbero Checa*, in: Bercovitz/

Lizenzvereinbarungen und die sich hieraus ergebenden wirtschaftlichen Verbindungen von Unternehmen gewöhnt sei.[636]

### *b) Beurteilung in Deutschland*

Die wohl herrschende Meinung in Deutschland geht bei der Erteilung von Lizenzen davon aus, dass eine zulässige kennzeichenrechtliche Lizenz auch lauterkeitsrechtlich zulässig sein müsse. Etwaige Fehlvorstellungen der Verbraucher müssten hingenommen werden.[637] Dies entspricht im Ergebnis der oben genannten Ansicht in Spanien. Die Diskussion scheint aber wieder durch die Vorschrift des § 5 Abs. 2 UWG entfacht zu sein, und so finden sich wieder Stimmen, die auf den konkreten Fall abstellen wollen und aufgrund der unterschiedlichen Schutzrichtung der Gesetze eine Anwendung des § 5 Abs. 2 UWG dort zulassen wollen, wo eine Lizenzerteilung zu einer Produkt- oder Kennzeichenimitation führen könne.[638]

Eine ähnliche Bewertung solle auch bei Abgrenzungsvereinbarungen gelten, denn auch wenn sich die Markeninhaber einigen, können kennzeichenrechtlich zulässige Vermarktungshandlungen nach § 5 Abs. 2 UWG lauterkeitsrechtlich unzulässig sein.[639]

Die in Spanien vorgebrachte Ansicht, Verbraucher könnten Widerspruch einlegen oder Löschungsklagen erheben, scheint praktisch nicht als korrektiv zu taugen. Sinnvoll erscheint es daher auf den Einzelfall unter strenger Anwendung des Relevanzerfordernisses abzustellen.[640] Es kann zudem nicht bestritten werden, dass der Verbraucher an Lizenzierungen im Wirtschaftsverkehr gewöhnt ist.[641]

---

Comentarios-LM der jedenfalls für bestimmte Fälle, aber nicht für den Fall des Hervorrufens einer Verwechslungsgefahr, jeden für berechtigt hält.

636 *Monteagudo*, ADI 1993, S. 108.

637 Köhler/*Bornkamm*/*Feddersen*, § 5 Rn. 1.86; *Bornkamm*, GUR 2011, 1 (4); *Bornkamm*, in: FS für Loschelder, S. 31 (37 f.); so wohl auch *Schork*, Imitationsmarketing, S. 338, 341 ff., da der Verbraucher an Lizenzen gewöhnt sei, wobei in Ausnahmen das lauterkeitsrechtliche Verbot des § 5 Abs. 2 UWG zu greifen sein soll.

638 *Schork*, Imitationsmarketing, S. 304 f., S. 338.

639 *Schork*, Imitationsmarketing, S. 306 f.

640 So *Diekmann*, in: JurisPK-UWG, § 5 Rn. 801 und Rn. 812 mit Hinweisen auf Fälle, wo eine Einschränkung angebracht sei. Zur Diskussion auch JursiPK-UWG/*Ullmann*, § 4 Nr. 9 Rn. 31.

641 Umfassend zur Diskussion um die „Lauterkeitsfestigkeit" von Lizenzen und Abgrenzungsvereinbarungen vgl. auch *Henning-Bodewig*/Kur, Band II, S. 209 ff.

## 3. Erweiterung der Rechtsfolgen über das LCD

Das LCD enthält teilweise andere Klagemöglichkeiten als das LM, weshalb auch hier Raum für Art. 6 LCD besteht.[642] Art. 41. a) LM enthält einen Unterlassungsanspruch (*accion de cesación*), der verschuldensunabhängig besteht und eine Kennzeichenverletzung und Wiederholungsgefahr (*riesgo de repetición*) voraussetzt.[643] Art. 41. b) LM regelt den Schadensersatzanspruch (*accion de daños y perjuicios*), wobei zur Berechnung des Schadens auf die drei verbreiteten Methoden der Lizenzanalogie, des entgangenen Gewinns oder der Herausgabe des Verletzergewinns abgestellt wird. Art. 43.2 LM regelt weitere Details bei der Berechnung.[644] Art. 42.1 LM regelt einen „objektiven Schadensersatzanspruch", der bei bestimmten Verletzungshandlungen ohne Verschulden besteht, was auch in Spanien von der üblichen Dogmatik abweicht.[645] Art. 43.5 LM legt darüber hinaus eine Pauschale beim Schadensersatz fest und Art. 44 LM regelt ein Zwangsgeld.

Beseitigungs-, Rückruf- und Zerstörungsansprüche sind in Art. 41.1 c) LM geregelt und Art. 42.1 d) LM enthält einen Anspruch auf Übertragung der rechtsverletzenden Ware für humanitäre Zwecke. Art. 41.1 e) LM enthält einen Anspruch auf Bekanntmachung von Gerichtsentscheidungen und Art. 41.3 LM, der durch *Ley 19/2006, 5 de junio* hinzugefügt wurde, enthält Regelungen über die Geltendmachung von Ansprüchen gegenüber Internetprovidern. Es wird insgesamt davon ausgegangen, dass der Katalog des Art. 41.1 LM nicht abschließend sei.[646]

Über Art. 256 *Ley 1/2000, de 7 de enero, de Enjuiciamiento Civil* steht dem Kennzeicheninhaber ein Anspruch auf Auskunft über Lieferanten rechtsverletzender Produkte zu.[647] Auch die einstweiligen Maßnahmen des LEC sollen

---

642 Diese Fallgruppe bildet z.B. *Massaguer*, Problemas actuales, S. 188.

643 *Fernández-Novoa*, in: Fernández-Nóvoa/Otero Lastres/Botana Agra, Manual, § 171, S. 750.

644 *Fernández-Novoa*, in: Fernández-Nóvoa/Otero Lastres/Botana Agra, Manual, § 171, S. 756, der darauf hinweist, dass die Berechnungsmethoden wohl aus der deutschen Rechtsprechung übernommen wurden.

645 *Domínguez Pérez*, in: Bercovitz/Comentarios-LM, Art. 42, S. 682; *Fernández-Novoa*, in: Fernández-Nóvoa/Otero Lastres/Botana Agra, Manual, § 171, S. 756; der Anspruch bezieht sich jedoch nur auf bestimmte Verletzungshandlungen wie das Bedrucken von Verpackungen oder auf den Verkauf und das Anbieten von Produkten, bei denen Rechtsverletzungen besonders wahrscheinlich sind.

646 *Bercovitz*, Apuntes, S. 530.

647 *Bercovitz*, Apuntes, S. 531 f.

den Kennzeicheninhaber zur Verfügung stehen und über die Verweisungsvorschrift Nr. 1 der *Disposiciónes adicionales* gelten die einstweiligen Maßnahmen des Patentgesetzes auch für das Markenrecht.[648]

Das LCD enthält viele der genannten Ansprüche und Rechtsfolgen nicht, da sie Schutzrechtsinhabern zustehen sollen. In Art. 32 Nr. 2 S. 2 LCD ist jedoch die sog. *„acción de prohibición“* geregelt, welche bereits besteht, bevor eine Geschäftspraktik sich realisiert hat. Es handelt sich also um einen vorbeugenden Unterlassungsanspruch, bei dem eine Erstbegehungsgefahr ausreichend ist.[649] Zudem regelt Art. 32 Nr. 6 LCD einen Bereicherungsanspruch, der so nicht im LM enthalten ist. Beide Ansprüche sollen dem Kennzeicheninhaber in Ergänzung zum LM über das LCD zustehen.[650] Der Bereicherungsanspruch ist im Ergebnis auf die Herausgabe des Verletzergewinns oder die Zahlung einer fiktiven Lizenzgebühr gerichtet.[651]

Im Vergleich zum deutschen Recht ergeben sich hier kaum Unterschiede. Der erwähnte „objektivierte Schadensersatzanspruch“ ist dem deutschen Recht zwar fremd, stellt aber keine spezifisch lauterkeitsrechtliche Problematik dar. Ein vorbeugender Unterlassungsanspruch und ein Bereicherungsanspruch werden auch nach deutschem Recht dem Kennzeicheninhaber zugestanden. Der vorbeugende Unterlassungsanspruch ist in Deutschland ausdrücklich in § 14 Abs. 5 S. 2 MarkenG geregelt.[652] Nicht über das Lauterkeitsrecht, aber über das allgemeine Zivilrecht gesteht man auch hierzulande dem Kennzeicheninhaber einen Bereicherungsanspruch zu. Auch dieser läuft inhaltlich auf die Zahlung einer angemessenen und üblichen Lizenzgebühr hinaus.[653]

---

648 *Fernández-Novoa*, in: Fernández-Nóvoa/Otero Lastres/Botana Agra, Manual, § 171, S. 754 ff.

649 *Fernández-Novoa*, in: Fernández-Nóvoa/Otero Lastres/Botana Agra, Manual, § 171, S. 750 f.

650 *Fernández-Novoa*, in: Fernández-Nóvoa/Otero Lastres/Botana Agra, Manual, § 171, S. 750 f.

651 *Fernández-Nóvoa*, in: Fernández-Nóvoa/Otero Lastres/Botana Agra, Manual, § 172, S. 760.

652 *Ingerl/Rohnke*, Vor § 14–19d Rn. 99 ff.

653 *Ingerl/Rohnke*, Vor § 14–19d Rn. 288 ff.

# G. Fazit

In diesem letzten Abschnitt werden thematisch geordnete Ergebnisse aus den einzelnen Abschnitten zusammengefasst und einige abschließende Anmerkungen gemacht.

## I. Allgemeine Anmerkungen zum Rechtsvergleich

Regelmäßig müssen rechtsvergleichende Arbeiten um ihre eigene Rechtfertigung ringen. Die Diskussion hierum und um die Ziele der Rechtsvergleichung wurden an anderen Stellen bereits ausführlich geführt und sollen hier nicht wiederholt werden.[654]

In Spanien scheinen diese Fragen auch weniger Relevanz zu haben, denn mit einer beachtlichen Regelmäßigkeit verarbeitet die spanische Literatur Erkenntnisse aus anderen Rechtsordnungen. Selbst wenn die Arbeitsweise technisch wohl nicht immer als Rechtsvergleichung verstanden wird, bekommt man leicht den Eindruck, dass die Autoren die Rechtsvergleichung mit *Häberle* ohne Weiteres in den klassischen Kanon der Auslegungsmethoden einbeziehen möchten.[655] Da das LCD auch in Anlehnung an Gesetze aus anderen Ländern entstanden ist, nimmt der mutmaßlich rechtsvergleichende Blick schnell Züge einer historischen Auslegung an.

Es besteht die verbreitete Meinung, dass aufgrund der engen Beziehungen zwischen dem französischen *Code civil* und dem spanischen *Código civil* das spanische Recht dem französischen ähnlich sei. Diese verbreitete Meinung wird teilweise insgesamt kritisch hinterfragt,[656] und die Untersuchung hat gezeigt, dass dies für das Lauterkeitsrecht im Speziellen erst recht gelten muss. Es wurde gezeigt, dass man sich beim Lauterkeitsrecht von Frankreich inspirieren ließ und sogar eine Norm bereitstand, die nach französischem Vorbild entstanden war. Es gab also Überlegungen, so wie in Frankreich, unlauteren Wettbewerb im Deliktsrecht zu verorten.[657] Letztendlich hat man aber ein eigenes Gesetz

---

654 Vgl. *Kischel*, Rechtsvergleichung, S. 47 ff. bei „§ 2. Ziele der Rechtsvergleichung, A. Fehlende Rechtfertigungsbedürftigkeit".

655 *Häberle*, JZ 1989, S. 913 ff.

656 *Kischel*, S. 561 steht diesem gängigen Schluss kritisch gegenüber und stützt seine Meinung auf Untersuchungen zum Verwaltungs-, Straf- und Verfassungsrecht.

657 Vgl. oben unter „B.I.1.".

mit einer Generalklausel geschaffen und sich insofern und auch bei der weiteren Interpretation eher an der Schweiz, an Italien und Deutschland orientiert. Dies lässt sich auch an den zahlreichen rechtsvergleichenden Hinweisen der spanischen Literatur bei der Interpretation der lauterkeitsrechtlichen Normen erkennen. Die französische Lehre spielt insofern kaum eine Rolle. Der Autor *Sacco* weist zudem darauf hin, dass über Italien ohnehin auch viel deutsche Rechtstradition nach Spanien kam.[658]

Die „pathetische Rhetorik" die dem romanischen Rechtskreis allgemein nachgesagt wird, trifft man hingegen in Spanien tatsächlich allerorts an. Bei Einleitungen in Kommentaren, oder auch bei grundsätzlichen Fragen in Gerichtsentscheidungen, wie beispielsweise regelmäßig bei der Klärung des Verhältnisses des Lauterkeits- zum Markenrecht, wird dies besonders deutlich.

Bei einer Thematik wie der vorliegenden kann Rechtsvergleichung aber auch ganz unterschiedliche Ausprägungen annehmen. Im Bereich eines Vergleiches vom Verhältnis des Marken- zum Lauterkeitsrecht kann es äußerst komplex werden. Neben grundlegenden Aspekten der jeweiligen Rechtsordnung und des Rechtskreises können hier lange Rechtstraditionen und detaillierte Regeln aus komplexen Materien wie dem gesamten Marken- und Lauterkeitsrecht Einfluss auf das Verständnis dieses Verhältnisses haben. In vollharmonisierten Bereichen wie beispielsweise den *per-se*-Verboten im Lauterkeitsrecht kann sich die Komplexität erheblich reduzieren und auf einen Vergleich von Ansichten in der Literatur oder Rechtsprechung im jeweiligen Land hinauslaufen.

## II. Lauterkeits- und Markenrecht in beiden Ländern

Die Gesetze beider Länder wurden im Laufe der Zeit an das europäische Recht und auch an die moderne Wirtschafts- und Werbepraxis angepasst. Ein Blick auf das spanische Lauterkeits- und Markenrecht, und gerade auf die Schnittstellen zwischen beiden Gesetzen hat gezeigt, dass sich die Grundzüge zwar gleichen, trotzdem aber noch viele nicht unwesentliche Unterschiede bestehen. Die Unterschiede sollten zwar bestenfalls in den nicht harmonisierten Bereichen oder dort, wo die Richtlinien Spielraum lassen, bestehen. Nahezu durchgehend stößt man hier aber auch tatsächlich auf Unterschiede.

658 *Sacco*, S. 231: „Die Italiener legten, nachdem sie einmal die Schöpfungen der deutschen Lehre entdeckt hatten, diese den eigenen französisch geprägten Gesetzesmodellen auf. Das Ansehen, das die italienischen Modelle in Spanien genossen, überantwortete der italienischen Literatur die Aufgabe in der spanischsprechenden Welt die deutschen wissenschaftlichen Modelle zu verbreiten."

Nicht harmonisiert ist insbesondere der Schutz nicht eingetragener Marken und anderer im geschäftlichen Verkehr benutzter Kennzeichen.[659] Hier bestehen durch die Möglichkeit der Eintragung von Handelsnamen (*nombre comercial*) und „Geschäftsabzeichen“ (*rótulo des establecimiento*) in Spanien, große Unterschiede zum deutschen Recht. Die Werktitel (*título de la obra*) sind im spanischen Recht teilweise urheberrechtlich, und ansonsten nur wettbewerbsrechtlich über Art. 6 LCD geschützt. Auch im Rahmen des Schutzes bekannter Marken unterscheiden sich die Regelungen beider Länder erheblich. Spanien kennt die Kategorien der „*marcas y nombres comerciales notorios*“ sowie der „*marcas y nombres comerciales renombrados*“ und hinsichtlich Letzterer einen „Schutzautomatismus“, der dem deutschen Recht völlig fremd ist. Ob diese Regelungen mit den Vorgaben des europäischen Rechts vereinbar sind, soll hier nicht entschieden werden. Auch bei den Rechtsfolgen weisen die Gesetze beider Länder einige Unterschiede auf.

Das Lauterkeitsrecht beider Länder ist sich zwar auch ähnlich; es ist von den Regelungen und der Terminologie der Richtlinie über irreführende und vergleichende Werbung, sowie neuerdings von den Vorgaben der UGP-RL geprägt. Größere Unterschiede liegen aber beim Verständnis und der Ausgestaltung der Rechtsfolgen und der Aktivlegitimation (hierzu noch sogleich). Unterschiede beim zuletzt genannten Aspekt, aber auch generelle Unterschiede beim Verständnis und der sonstigen Ausgestaltung und Gewichtung einzelner Aspekte, wie insbesondere dem Schutzzweck einzelner Normen, können aber wiederum Auswirkungen beim Verständnis über das Lauterkeitsrecht zu anderen Rechtsmaterien wie insbesondere dem Markenrecht haben und auf diese „durchschlagen“. Solche Schnittstellen können „Hebelwirkung“ für vermeintlich kleinere Unterschiede entfalten. Hiermit ist insbesondere das teilweise unterschiedliche Verständnis vom Verhältnis des Lauterkeits- zum Markenrecht angesprochen (hierzu noch sogleich).

Insgesamt zeigt dies einmal mehr, dass sich Details von Rechtsmaterien, selbst von hochgradig harmonisierten wie dem Marken- und Lauterkeitsrecht, zwischen einzelnen Ländern in der EU unterscheiden, und dies historisch bedingt sein kann und nicht auf unterschiedliche wirtschaftliche Gegebenheiten zurückzuführen ist. Diese Unterschiede wird man nur durch weitere Harmonisierungsmaßnahmen angleichen können.

---

659 Vgl. RL 2008/95/EG, Erwägungsgrund 5 und 19, wo nur Teilaspekte der Verletzung von Marken durch Handelsnamen angesprochen werden.

## III. Verbraucherschutz im Lauterkeits- und Markenrecht

Das spanische Wirtschaftsrecht hat teilweise einen anderen Zugang zum Thema Verbraucherschutz, als es in Deutschland anzutreffen ist. Es existiert ein eigenes Verbraucherschutzgesetz (*Ley General para la Defensa de los Consumidores y Usuarios*) und es besteht z.B. auch die Möglichkeit, dass Gruppen von Verbrauchern Sammelklage erheben (vgl. Art. 11 Abs. 2 LEC). Auch im Marken- und Kennzeichenrecht machen die Ausführungen der Literatur und Rechtsprechung deutlich, dass die Diskussion um die Frage des Verbraucherschutzes präsenter als in Deutschland ist. Sie wird im LM regelmäßig im Rahmen der Funktionenlehre diskutiert.[660] An vielen Stellen in der Arbeit wurde auch gezeigt, dass man Art. 6 LCD verbraucherschützende Funktionen zuschreibt. Dies geht sogar soweit, dass manche meinen, die Vorschrift solle die fehlende Aktivlegitimation von Verbrauchern im Markenrecht über das Lauterkeitsrecht überwinden. Diese Punkte sind auch teilweise von einem anderen Verständnis über das „Durchsetzungsmodell" von unlauterem Wettbewerb geprägt.

Die UGP-RL hat dem gesamten europäischen Lauterkeitsrecht – welches einst sogar ausschließlich mitbewerberschützend geprägt war – starke verbraucherschützende Akzente verpasst. Man kann auch nicht von der Hand weisen, dass Art. 6.2 lit. a UGP-RL dem Kennzeichenschutz im Bereich des Verwechslungsschutzes eine deutliche verbraucherschützende Betonung gegeben hat und konsequenterweise muss hiermit eine Abwertung der Individualinteressen des Markeninhabers einhergehen.

Ob diese „Neubewertung" zu merklichen praktischen Auswirkungen führt, wird sich wohl erst noch zeigen müssen. Das spanische Rechtssystem macht deutlich – zuwider aller pathetischen Rhetorik um die verbraucherschützende Funktion des Art. 6 LCD –, dass in der Praxis derartige Vorschriften in der Regel der Durchsetzung der Interessen der Kennzeicheninhaber und der Ausdehnung des Kennzeichenschutzes dienen.

## IV. Zum Verhältnis des Lauterkeits- und Markenrechts in beiden Ländern

Die Diskussion um das Verhältnis des Lauterkeitsrechts zum Markenrecht, aber auch zu anderen Gesetzen des geistigen Eigentums, wird in beiden Ländern seit Langem diskutiert. Bei „C." wurde aufgezeigt, dass der Eindruck entsteht, dass

660 Vgl. hierzu insbesondere unter „B.III." bei „Markenfunktionen".

gesetzestechnische Traditionen teilweise Einfluss auf die Diskussion und das Ergebnis haben.

In Deutschland hatten sich zunächst Teilbereiche des Kennzeichenrechts unter dem allgemeinen Wettbewerbsrecht entwickelt, bevor mit dem Markengesetz von 1994 versucht wurde, das Kennzeichenrecht in ein umfassendes Sondergesetz zu transportieren. Dies sorgte für eine Verfestigung der These vom Vorrang des Markenrechts (sog. „Vorrangthese“). Auch hierdurch konnte sich die Marke im Laufe der Zeit von einem an den Geschäftsbetrieb gebundenen und Allgemeininteressen stärker betonenden Recht, schrittweise zu einem die Individualinteressen des Markeninhabers fokussierenden Ausschließlichkeitsrecht entwickeln. Andererseits entwickelte sich das zunächst ausschließlich mitbewerberschützende Lauterkeitsrecht zu einem multiplen Schutzzwecken dienenden Rechtsgebiet, mit einer derzeit – stark durch die UGP-RL beeinflussten – besonderen Akzentuierung des Verbraucherschutzes. Aufgrund der Wertungen der UGP-RL wurde jüngst in Deutschland der Vorrang des Markenrechts in der Rechtsprechung und Literatur aufgeweicht und man geht nunmehr von einem „nebeneinander“ beider Rechtsmaterien unter Vermeidung von Wertungswidersprüchen aus.[661]

In Deutschland war die gesetzgeberische Tradition zudem von einer „Dualität“ geprägt. Schon immer bestand neben einem Markengesetz, ein Gesetz gegen den unlauteren Wettbewerb. Dies war in Spanien anders. Dort gibt es mit dem LCD erst seit 1991 ein eigenes Gesetz gegen den unlauteren Wettbewerb. Zuvor wurde unlauterer Wettbewerb im LPI von 1902 neben umfassenden Regelungen über gewerbliche Schutzrechte und dann im LM neben umfassenden Regelungen über Marken abgehandelt. Das LCD brach zwar mit dieser gesetzestechnischen Tradition, man schuf aber mit Art. 6, 11 und 12 LCD wiederum Tatbestände, die unmissverständlich und sehr weitgehend kennzeichenrechtliche Sachverhalte erfassen. Schon hierdurch drängt sich wieder ein Verständnis vom unlauteren Wettbewerb als „Ergänzung“ des Markenrechts genauso auf, wie es beim LPI und LM der Fall war, wo die Regelungen im selben Gesetz verortet waren. Ein Zeichen, dass andere Gesetze oder Regelungen, diejenigen Regeln des unlauteren Wettbewerbs verdrängen sollten, wurde jedenfalls nie gesetzt. Dies war in Deutschland, und besonders zur Zeit der Reform von 1994, anders. Es entsteht auch der Eindruck, als habe diese gesetzestechnische Tradition starken Einfluss auf das Verständnis über das Verhältnis beider Rechtsmaterien gehabt. In Deutschland war die Diskussion auch eher vom „Verdrängen“

661 Vgl. hierzu unter „C.“.

und in Spanien vom „Ergänzen“ geprägt. Dies schon im Namen beider Theorien zum Ausdruck: einerseits der „Vorrangthese“ und andererseits der Theorie von der „*complementaridad relativa*“. Hier geht es um einen „Vorrang“, dort um „ergänzen“ („*complementar*“). Bei einer entsprechenden Gewichtung systematischer und historischer Erwägungen bei der dogmatischen Begründung sind beide Entwicklungen auch nachvollziehbar.

Es wurde zudem darauf hingewiesen, dass die spanische Theorie von der „*complementariedad relativa*“ in ihrem Kern auch einen „Vorrang“ des Markenrechts kennt. Dies vermittelt schon der Name, bei dem es eben nur um ein „Ergänzen“ geht. Die „modernen“ Züge der Theorie gehen dahin, einen Bereich vollständig dem Markenrecht zuzuweisen. Das LCD kommt nur zur Anwendung, wenn ein unlauterer Aspekt hinzukommt, der nicht vom Anwendungsbereich des Markenrechts erfasst ist. Weiterhin geht die Theorie davon aus, dass die Anwendung des LCD nicht zu systematischen Widersprüchen mit LM führen dürfe. Das LCD solle keine neuen Exklusivitätsrechte schaffen. Gleichzeitig dürfe es aber auch nichts verbieten, was ausdrücklich erlaubt sei. In prozessualer Hinsicht hängt die Anwendung der Normen unter anderem vom Vorbringen der Parteien im Prozess ab.[662]

Der erste Teil der Theorie ähnelt sehr stark der in Deutschland mittlerweile aufgegebenen „Vorrangthese“. Diese erscheint aber „strenger“ gewesen zu sein. Die spanische Lehre und Rechtsprechung neigt nämlich zu einer „extensiven“ Anwendung des LCD und Art. 6 LCD. Diese verdeutlichen schon die Meinungen im Bereich der Aktivlegitimation, die bei kennzeichenrechtlichen Sachverhalten bis zum einzelnen Verbraucher (theoretisch) ausgedehnt wird. Man hatte sich auch frühzeitig gegen eine Anwendung von Lehren, die den Anwendungsbereich des LCD zurückdrängen würden, ausgesprochen, und lehnte z.B. die in Deutschland verbreitete Lehre von der „qualifizierten betrieblichen Herkunftsangabe“ ab.[663]

Durch das Postulat von der Vermeidung von Wertungswidersprüchen mit dem Markenrecht („*contradicción sistemática con las soluciones adoptadas en materia marcaria*“), kommt man der jüngsten Rechtsprechung des BGH zum „neuen Verhältnis“ des UWG zum MarkenG sehr nahe.[664] Eine sinnvolle

662 Vgl. hierzu unter „C.“

663 Vgl. hierzu unter „E.III.2.dd“.

664 Vgl. nur die bereits oben unter „C.“ zitierte und erläuterte Entscheidung des *Tribunal Supremo* vom 15.09.2017: „*[…] Y, en última instancia, la aplicación complementaria depende de la comprobación de que el juicio de desvalor y la consecuente adopción de los remedios que en el caso se solicitan no entraña una* ***contradicción sistemática con las soluciones adoptadas en materia marcaria****. Lo que no cabe por esta vía es*

Erweiterung der Rechtsprechung des BGH könnte der von den spanischen Gerichten regelmäßig ausgesprochene Halbsatz „*[...] ni tampoco sancionar lo que expresamente está admitido*“ sein. Dieser besagt, dass nichts verboten werden dürfe, was ausdrücklich erlaubt sei.[665] Man verflechtet damit beide Rechtsmaterien und bezieht die Schrankenregelungen des Markenrechts ausdrücklich in das Lauterkeitsrecht mit ein.[666]

Auf ein völliges „Nebeneinander“ beider Rechtsmaterien hat man sich in Spanien aber noch nicht eingelassen. Ein Umdenken aufgrund der UGP-RL und Art. 6.2 lit. a UGP-RL ist auch nicht zu erkennen und wird von der Literatur nur sehr vereinzelt überhaupt diskutiert.[667] Der breite Anwendungsbereich des LCD und von Art. 6 LCD neben dem LM trägt sicherlich dazu bei, dass ein Umdenken nicht für erforderlich gehalten wird. Die Einbeziehung von Verbraucherschutzaspekten bei Art. 6 LCD und damit im Rahmen der Sanktionierung des Hervorrufens einer lauterkeitsrechtlichen Verwechslungsgefahr war auch schon vor der Richtlinie in Spanien breiter Konsens. Art. 6.2 lit. a UGP-RL hat daher auch in dieser Hinsicht nicht für viel Neues gesorgt.[668] Auch die Einbeziehung der unterschiedlichen Schutzzwecke bei der Bestimmung des Verhältnisses beider Gesetze war in Spanien schon früh verbreitet.[669]

Insgesamt ähneln sich die aktuellen Ausprägungen der Lehren zum Verhältnis des Lauterkeits- zum Markenrecht in beiden Ländern und könnten sich sogar sinnvoll ergänzen. Auf der Ebene der Vermeidung von Wertungswidersprüchen muss aber konsequenterweise die Normenhierarchie beachtet werden. Wertungen aus dem Unionsrecht sollten somit auch nur von Wertungen überlagert werden können, die ihrerseits auch ihre Wurzeln im Unionsrecht haben. Es scheint, als würde man diesen Aspekt in beiden Ländern noch nicht

---

*generar nuevos derechos de exclusiva ni tampoco sancionar lo que expresamente está admitido.*“; Hervorhebungen durch den Verfasser.

665 Vgl. schon die vorherige Fußnote zu *Tribunal Supremo* vom 15.09.2017: „*[...] Y, en última instancia, la aplicación complementaria depende de la comprobación de que el juicio de desvalor y la consecuente adopción de los remedios que en el caso se solicitan no entraña una contradicción sistemática con las soluciones adoptadas en materia marcaria. Lo que no cabe por esta vía es generar nuevos derechos de exclusiva* ***ni tampoco sancionar lo que expresamente está admitido****.*“; Hervorhebungen durch den Verfasser.

666 Vgl. zum Diskussionsstand in unter „C.“ und „E.III.2.ff“.

667 Vgl. hierzu in unter „C.“.

668 Vgl. hierzu in unter „E.III.2.b“.

669 Vgl. hierzu in unter „C.“ und an vielen weiteren Stellen in der Arbeit.

hinreichend betonen. Diesen Eindruck vermittelt zum Teil die *Baumann II* Entscheidung des BGH, in der das Gericht knapp und pauschal davon spricht, dass die Wertungen des Rechts der Gleichnamigen oder auch der Verwirkungsregeln im Lauterkeitsrecht zu beachten wären.[670] Dem mag man zwar im Ergebnis zustimmen können, eine Begründung wie bei der Geltung der Wertungen des Prioritätsgrundsatzes, bei dem das Gericht ausdrücklich auf § 6 Abs. 1 MarkenG, Art. 4 MarkenRL, Art. 8 GMV und UMV und Art. 16 Abs. 1 S. 3 Hs. 1 TRIPS abstellte, lässt die Entscheidung aber vermissen.[671] Gesetzliche oder durch die Rechtsprechung geprägte nationalstaatliche Wertungen sollten sich nämlich nicht gegenüber Wertungen aus dem Unionsrecht und insbesondere Art. 6.2 lit. a UGP-RL durchsetzen können und Gleiches muss für § 5 Abs. 2 UWG gelten, da dieser in Deutschland nach dem Willen des Gesetzgebers die Norm der UGP-RL umsetzten soll. Andersherum ist aber auch nicht ohne Weiteres einsehbar, weshalb der Schutz von Verbrauchern vor Irreführung nicht aufgrund von Wertungen des Sonderrechtsschutzes eingeschränkt werden könne.[672] Gleiches gilt für einen pauschalen Vorrang von Wertungen des Markenrechts.[673] Es sollte immer auf den Einzelfall abgestellt und die Normenhierarchie beachtet werden.

Die „Verknüpfung" beider Rechtsmaterien durch die gegenseitige Berücksichtigung ihrer Wertungen kann damit auch Auswirkungen auf einer politisch-legislativen Ebene haben. Es muss beachtet werden, dass legislative Eingriffe in das eine Rechtsgebiet, Auswirkungen auf das andere haben können.

## V. Irreführung, Nachahmung und lauterkeitsrechtlicher Verwechslungsschutz

Es wurde in der Einleitung bereits darauf hingewiesen, dass die Pariser Verbandsübereinkunft in ihren Regelungen über den unlauteren Wettbewerb eine Trennung zwischen dem Hervorrufen einer Verwechslungsgefahr in Art. $10^{bis}$ Abs. 3 Nr. 1 PVÜ und der Irreführung in Art. $10^{bis}$ Abs. 3 Nr. 3 PVÜ verfolgt.[674]

670 Vgl. zu beiden Aspekten die Erwägungen des Gerichts bei GRUR 2016, 965 (966 Rz. 23) – *Baumannn II.*

671 GRUR 2016, 965 (966 Rz. 23) – *Baumannn II.*

672 So aber *Köhler*/Bornkamm/Feddersen, § 4 Rn. 3.6a.

673 In diese Richtung Ohly/*Sosnitza*, § 5 Rn. 708 f.

674 Pariser Verbandsübereinkunft zum Schutz des gewerblichen Eigentums vom März 1883 zuletzt geändert am 2.10.1979 in der amtlichen deutschen Fassung.

In Spanien unterscheidet man traditionell auch zwischen der lauterkeitsrechtlichen Irreführung (*actos de engaño*), der Nachahmung (*actos de imitación*) und dem Hervorrufen einer Verwechslungsgefahr (*actos de confusión*). Hieran hat sich auch nach der Reform von 2009 nichts grundlegend geändert.[675] Viele andere europäische Länder scheinen gleichfalls in dieser Tradition zu stehen,[676] und sich in dieser Hinsicht wohl auch an der Einteilung in der PVÜ orientiert zu haben.[677] Es verwundert daher auch nicht, dass ein Modellgesetz gegen den unlauteren Wettbewerb der World Intellectual Property Organisation auch von einer Trennung zwischen dem Hervorrufen einer Verwechslungsgefahr, dem Irreführen und der Nachahmung ausgeht.[678]

Die terminologischen Unterschiede sind nur dann sinnvoll, wenn auch dogmatische Unterschiede bestehen. Die dogmatische Unterscheidung kann wiederum praktische Auswirkungen haben. Man denke insofern nur an Deutschland, wo beim Nachahmungsschutz auf der Rechtsfolgenseite und bei der Aktivlegitimation Besonderheiten gelten.[679]

---

675 Man hat nach der Reform im Grundsatz an dieser Aufteilung festgehalten. Art. 6 LCD regelt weiterhin die „*actos de confusión*" und Art. 11 LCD die „*actos de imitación*". Bei den Irreführungshandlungen wurden lediglich zwischen den Begehungsformen unterschieden. Jetzt sind in Art. 5 LCD die „*actos de engaño*" und in Art. 7 LCD die „*omisiones engañosas*" geregelt. Neu hinzugekommen ist jedoch ein wohl ausschließlich verbraucherschützender Tatbestand mit Art. 20 LCD („*practicas engañosas por confusión para los consumidores*").

676 Vgl. zu Frankreich Schmidt-Kessel/Schubmehl/*Lucas-Schloetter*, S. 249 ff., und 287 ff. wo beschrieben wird, dass sich auf der Grundlage von Art. 1382 *Code civil* die Fallgruppen des Hervorrufens einer Verwechslungsgefahr („*confusion*"), der Irreführung („*tromperie*") und der parasitäre Ausnutzung fremder Leistungen („*parasitisme*") herausgebildet haben. Auch in Italien unterscheidet man zwischen Irreführungshandlungen, dem Hervorrufen einer Verwechslungsgefahr und der Nachahmung, vgl. hierzu Schmidt-Kessel/Schubmehl/*Bastian*, S. 361 ff. und 377 ff. Und für Portugal, Schmidt-Kessel/Schubmehl/*Pinto Monteiro/Nogueira Serens/Maia/Herzog*, S. 559 f., wo es Irreführungs- und Verwechslungshandlungen gibt und daneben „sklavische Nachahmungen" und „parasitären" Wettbewerb.

677 Vgl. hierzu auch schon in der Einleitung.

678 Vgl. einerseits Art. 2 („*Causing confusion*") und andererseits Art. 4 („*Misleading the Public*") der „Model Provision on Protection against Unfair Competition, 1996, Genf". Daneben wird angemerkt, dass es auch Geschäftspraktiken wie „*slavish imitation*" gäbe. Man habe einen derartigen Tatbestand aber nicht aufgenommen, weil sich noch keine allgemein anerkannten Kriterien herausgebildet hätten: Model Provision on Protection against Unfair Competition, 1996, Genf, S. 14.

679 Vgl. hierzu bei „E.IV.2.".

Die UGP-RL hat die vermeintliche Ordnung zwischen Irreführung, Nachahmung und dem Hervorrufen einer Verwechslungsgefahr durcheinandergebracht und die Grenzen verwischt. Sie ordnet das Hervorrufen einer Verwechslungsgefahr innerhalb des allgemeinen Irreführungstatbestandes des Art. 6 UGP-RL ein. Eine Abgrenzung hat sich aber nicht erübrigt, da bei Art. 6 Abs. 2 UGP-RL die Irreführung über die „kommerzielle Herkunft" erfasst wird, was aber auch den Kern des Hervorrufens einer Verwechslungsgefahr betrifft und somit auch Gegenstand von Art. 6 Abs. 2 lit. a UGP-RL ist.

Die PVÜ war in dieser Hinsicht noch konsequenter, denn man geht davon aus, dass bei der Irreführung in Art. 10bis Abs. 3 Nr. 3 PVÜ eben nicht die Irreführung über den „Ursprung" erfasst wird.[680]

In Spanien hat man im Ergebnis auch an der traditionellen „Dreiteilung" festgehalten und in Deutschland wird mit § 5 Abs. 1 UWG, § 5 Abs. 2 UWG und § 4 Nr. 3 a) UWG auch eine Trennung vorgenommen. Die Frage nach den dogmatischen Unterschieden hat sich nicht erübrigt.

Es wurde gezeigt, dass man in Spanien nach wie vor auf einer tatbestandlichen Ebene nach dem Schutzgegenstand abgrenzt. Wird eine Irreführung durch ein Kennzeichen hervorgerufen, soll Art. 6 LCD zur Anwendung kommen. Bei allen anderen Angaben, die eine Irreführung hervorrufen können, greift man auf den allgemeinen Irreführungstatbestand zurück.[681] Dies kommt der genannten Interpretation der PVÜ nahe. Gegenüber der Nachahmung grenzt man die *„actos de confusión"* derart ab, dass Ersterer nur die sog. *„creaciones materiales"* erfasst, wobei die Kennzeichen, die sog. *„creaciones formales"*, von den *„confusiones"* erfasst werden sollen.[682] In Deutschland ist seit der Einführung des § 5 Abs. 2 UWG eine Tendenz zu erkennen, die in eine ähnliche Richtung geht. Diese ist zwar noch nicht so verfestigt wie in Spanien, aber auch hier möchte man jedenfalls aus dem Nachahmungstatbestand die Kennzeichen heraushalten.[683]

Möchte man nach dem Schutzgegenstand abgrenzen, stößt man zwar beispielsweise bei Kennzeichenrechten an dreidimensionalen Gestaltungen oder Verpackungen von Produkten an Grenzen; trotzdem erscheint ein solches Vorgehen sinnvoll, da etwa eine Abgrenzung nach dem Schutzzweck der

---

680 *Beater*, Unlauterer Wettbewerb, Rn. 367; Art. 10bis Abs. 3 Nr. 1 wurde in der revidierten *Haager* Fassung vom 6. November 1925 aufgenommen.

681 Vgl. hierzu unter „E.II.2.a)".

682 Vgl. hierzu unter „E.II.2.b)".

683 Vgl. hierzu unter „E.IV.2.b)".

Norm, sodass man beispielsweise bei Sachverhalten mit überwiegendem Verbraucherbezug auf § 5 UWG bzw. Art. 6 LCD und bei überwiegendem Mitbewerberbezug auf § 4 Nr. 3 a) UWG bzw. 11 LCD zurückgreift, würde zu einer „künstlichen" und unklaren Aufspaltung eines einheitlichen Schutzgegenstandes führen. Letztendlich würde man in der Regel wohl auch zu ähnlichen Ergebnissen kommen. Durch die Abgrenzung nach dem Schutzgegenstand ist man einerseits gezwungen diesen klar zu definieren und es könnte sich so im Lauterkeitsrecht wieder eine stringente „kennzeichenrechtliche" Dogmatik unter § 5 Abs. 2 UWG bzw. Art. 6 LCD entwickeln.

## VI. Umsetzung und Interpretation der UGP-RL in beiden Ländern

Die lange Tradition des deutschen UWG hat wohl dazu beigetragen, dass man die UGP-RL eher zögerlich umsetzte und sich anfangs der neuen Terminologie und der Schaffung neuer Tatbestände verschloss. In Spanien nutze man hingegen die Gelegenheit und stieß eine umfassende Reform des LCD an. Man hat die neuen Tatbestände und die Terminologie der Richtlinie weitgehend übernommen. Ein großer systematischer Unterschied bei der Umsetzung der Richtlinie in beiden Ländern war, dass man in Spanien ein eigenes Kapitel für verbraucherschützende Vorschriften schuf.[684]

Anders als in Deutschland sind hingegen Diskussionen um Art. 6.2 lit. a UGP-RL in Spanien wenig verbreitet. Man sieht durch die Vorschrift eher die hergebrachten Meinungen und Grundsätze zu Art. 6 LCD bestätigt, nämlich insbesondere dessen verbraucherschützenden Charakter. In beiden Ländern gab es aber starke Strömungen, die den Regelungsgehalt des Art. 6.2 lit. a UGP-RL von den bestehenden lauterkeitsrechtlichen Vorschriften abgedeckt sahen. In Spanien schuf man jedoch neben Art. 6 LCD mit Art. 20 LCD eine weitere Vorschrift in enger Anlehnung zu der Vorschrift der UGP-RL und verortete diese im verbraucherschützenden Kapitel des LCD. In Deutschland einigte man sich auf eine Umsetzung in § 5 Abs. 2 UWG.[685] Ein wesentlicher Grund, warum Art. 6.2 lit. a UGP-RL in Spanien für weniger Aufsehen als in Deutschland gesorgt hat, ist sicherlich dem Umstand geschuldet, dass man in Spanien Art. 6 LCD schon immer einen verbraucherschützenden Charakter beigemessen hat. Art. 6.2 lit a UGP-RL brachte insofern nicht viel Neues.

684 Vgl. hierzu unter „D." und zu Details auch unter „B.I.".
685 Vgl. hierzu unter „D.".

Man geht in beiden Ländern insgesamt davon aus, dass die Vorschrift der UGP-RL nichts anderes als das Hervorrufen einer Verwechslungsgefahr über die betriebliche Herkunft erfassen will. Deutlicher als in Deutschland betont man aber in Spanien, dass die Vorschrift dem Schutz derjenigen dienen soll, die keine Kennzeicheninhaber sind und die Vorschrift die fehlende Aktivlegitimation im Markenrecht für diese Interessengruppen überwinden soll.

## VII. Lauterkeitsrechtlicher Verwechslungsschutz

Den Regelungsgehalt von Art. 6.2 lit. a UGP-RL sieht man in Spanien durch Art. 6 LCD und wohl auch den neuen Art. 20 LCD abgedeckt. In Deutschland soll und kann § 5 Abs. 2 UWG die Vorschrift der UGP-RL umsetzen. Art. 6 und 20 LCD stehen dem deutschen § 5 Abs. 2 UWG näher als dem Nachahmungsschutz des § 4 Nr. 3 a) UWG.[686]

Hinsichtlich des Zusammenspiels, einerseits von § 5 Abs. 2 UWG und Nr. 13 Anhang I UWG und andererseits von Art. 6, 20 LCD und Art. 25 LCD, geht man in beiden Ländern überwiegend davon aus, dass das *per-se*-Verbot einen engen Teilbereich des § 5 Abs. 2 UWG bzw. Art. 6, 20 LCD erfasst und insofern vorrangig ist.[687]

Neben umfassenden und ausdifferenzierten Markengesetzen drängt sich aber natürlich die grundsätzliche Frage nach einem Bedürfnis oder Sinn eines solchen lauterkeitsrechtlichen Verwechslungsschutzes auf. Unabhängig von der Vorschrift in der UGP-RL, lässt sich mit Blick auf Spanien diese Frage aber einigermaßen leicht beantworten. Das lauterkeitsrechtliche Tatbestandskonzept deckt dort einerseits wichtige Bereiche des Kennzeichenrechts im weiteren Sinne ab, da das LM von einem „strengen Registerprinzip" geprägt ist und keinen sachlichen Kennzeichenschutz kennt. Lediglich bei den bekannten Kennzeichen wird diesem Prinzip aufgeweicht. Das LM erfasst andererseits auch nur Marken (*marcas*) und „Handelsnamen" (*nombre comercial*). Die Vorschrift des Art. 6 LCD dient daher überwiegend dem Schutz von Kennzeichen, die nur benutzt aber nicht registriert sind, aber auch dem Schutz von Kennzeichenarten die das LM nicht erfasst, wie dem Schutz von Werktiteln (*titulos de obras*) oder Geschäftsabzeichen (*rotulo de establecimiento*). Trotz des lediglich wettbewerbsrechtlichen Schutzes erfüllt die Norm in diesen Bereichen eine wichtige Funktion.

686 Vgl. hierzu unter „E.III.3." und „E.IV.".
687 Vgl. hierzu unter „E.III.3" und „E.IV.3.a)".

Aus deutscher Perspektive erinnert ein derartiges Verbotskonzept an den „Ausstattungsschutz" und die in Spanien gerade genannten Bereiche werden von § 4 Nr. 2 und § 5 MarkenG abgedeckt, die umfassende Vorschriften für einen sachlichen Kennzeichenschutz enthalten.

Es stellt sich aber auch die Frage nach konkreten Anwendungsbereichen eines lauterkeitsrechtlichen Verwechslungsschutzes gerade mit Blick auf nationale Markengesetze. In Spanien klärt man viele dieser Fragen mit Hinweisen auf die unterschiedlichen Schutzzwecke der Gesetze, die unterschiedliche Beurteilung einer Kollisionslage – die im Markenrecht abstrakt (*in abstracto*) und im Lauterkeitsrecht konkret (*in concreto*) stattfindet – und der klaren Bekenntnis zur umfassenden Berücksichtigung von Begleitumständen (*elementos concomitantes*) bei der Beurteilung einer Verwechslungsgefahr im Lauterkeitsrecht. Insgesamt wird dadurch deutlich, dass beim lauterkeitsrechtlichen Verwechslungsschutz eine andere „Schablone" angelegt wird. Der Schutz vor Verwechslungen im Markenrecht muss sich durch die Zuerkennung eines eingeschränkten Ausschließlichkeitsrechts wertungsmäßig Einschränkungen gefallen lassen, die im Lauterkeitsrecht nicht gelten. Dort geht es um eine wettbewerbsrechtliche Beurteilung, wobei der Schutz der Mitbewerber, der Allgemeinheit und (theoretisch) der Verbraucher bei der Beurteilung hinzutreten kann. Obwohl hierdurch viele der Eigenarten des lauterkeitsrechtlichen Verwechslungsschutzes deutlich gemacht werden können, greift man in Deutschland noch zögerlicher etwa auf die Terminologie der „konkreten Verwechslungsgefahr" zurück.[688]

Man gewinnt in Spanien weiterhin den Eindruck, als würde man die Grenzen durch die umfassende Einbeziehung der sog. „*elementos concomitantes*" relativ weit stecken. Relevante Umstände, die bei der Beurteilung einer lauterkeitsrechtlichen Verwechslungsgefahr hinzutreten können, sollen unter anderen die Art und Weise der Präsentation der Waren, der Einrichtungen von Geschäftsräumen, die Art und Weise des Anbietens von Produkten, die Ausgestaltung des Kundenkontakts, Werbung, der Preis oder die Vertriebswege sein. Sie können eine Verwechslungsgefahr verstärken (*reforzar*), abschwächen (*debilitar*) oder auch vollständig ausschließen (*eliminar*). Es soll insofern vorkommen können, dass unter markenrechtlichen Gesichtspunkten eine Verwechslungsgefahr verneint, unter lauterkeitsrechtlichen Gesichtspunkten aber

---

688 Diesen Eindruck gewinnt man z.B. bei Ohly/*Sosnitza*, § 5 Rn. 718–719, wo auf diese Terminologie nur in Klammern verwiesen wird: „[...] (auch konkrete Verwechslungsgefahr genannt)".

bejaht werden kann. So klar sieht man das in Deutschland nicht. Hier wird teilweise darauf hingewiesen, dass, sofern eine markenrechtliche Verwechslungsgefahr nicht vorliegt, auch stets eine Verwechslungsgefahr nach § 5 Abs. 2 UWG fehlen werde. Dies erscheint jedoch mit Blick auf die spanische Dogmatik nicht konsequent.[689]

Wo lauterkeitsrechtlicher Verwechslungsschutz „hinreichen" und Anwendung finden kann, zeigen auch die in Spanien unter den Schlagworten *„presentacion de los productos"* oder *„presentacion de los establecimeintos"* diskutierten Fallgruppen.[690] Es geht dabei nicht nur um die *„copia servil"*, in der sämtliche charakteristische Elemente des Produktes exakt übernommen werden; sondern es handelt sich auch um Fälle „subtilerer" (*„de forma sutil"*) Übernahmen charakteristischer Elemente. Die übernommenen Elemente werden ihrerseits in Kombination mit anderen, unähnlichen Namen, Farben, Formen oder sonstigen grafischen Ausgestaltungen übernommen. Darüber hinaus geht es bei den Fallgruppen aber auch grundsätzlich um den Einbezug sämtlicher kennzeichnender Elemente des Produktes bis hin zum gesamten Marktauftritt. Die Entscheidungen verdeutlichen, dass die Gerichte zur Anlegung eines großen „Radius" tendieren.

Diese Beurteilung gleicht den in der deutschen Literatur aufgezeigten „neuen" Anwendungsbereichen des § 5 Abs. 2 UWG und den ausgemachten Fallgruppen des „Imitationsmarketings", des „Zweitmarkenirrtums" oder Fällen von „Look-alikes". Die Fallgruppe des „Imitationsmarketings" soll sich insbesondere dadurch auszeichnen, dass eine Ähnlichkeit von Gestaltungen von Produkten angenommen wird, wobei in die Beurteilung auch für sich genommen nicht markenschutzfähige Elemente einbezogen werden. Die Meinungen hierzu gehen in Deutschland zwar auseinander.[691]; in Spanien nimmt man hierzu nicht konkret Stellung. Bei den oben genannten Fallgruppen tendieren die Gerichte aber zu einem Einbezug auch von nicht markenschutzfähigen Elementen bei der Beurteilung einer lauterkeitsrechtlichen Verwechslungsgefahr. Zum Teil sprechen die Gerichte jedoch davon, dass nur solche Umstände relevant sein können, die eine gewisse Unterscheidungskraft besitzen und geeignet sind, auf die kommerzielle Herkunft der Produkte hinzuweisen.[692]

---

689 Vgl. hierzu insbesondere unter „F.IV.".

690 Vgl. hierzu unter „F.V.".

691 Dagegen z.B. Ohly/Sosnitza, UWG, § 5 Rn. 719; dafür z.B. *Harte-Bavendamm*, in: FS Loschelder, S. 111 (124); *Schork*, S. 168 f.; *Thress*, Rn. 148 ff.; vgl. zu weitergehenden Hinweise in unter „F.V.".

692 Vgl. zum Ganzen unter „F.V.".

Hinsichtlich der Grenzen eines lauterkeitsrechtlichen Verwechslungsschutzes wird auch gelegentlich die Frage aufgeworfen, ob und wie dieser sich auf Abgrenzungsvereinbarungen oder Lizenzerteilungen auswirken kann. In beiden Ländern ist man hingegen, bei Zugrundelegung unterschiedlicher Begründungsansätzen, der Meinung, dass das Lauterkeitsrecht hier nur in Ausnahmefällen greifen soll.[693]

Weiterhin stellt sich die Frage, ob und inwiefern die absoluten Schutzhindernisse oder auch die Schutzschranken der Markengesetze im Lauterkeitsrecht greifen sollen. Sofern in Spanien dieser Aspekt diskutiert wird, geht man davon aus, dass die absoluten Schutzhindernisse auch im Lauterkeitsrecht gelten sollen. Kennzeichen, die Wettbewerber behindern, beschreibend oder allgemein gebräuchlich sind, sollen auch von Art. 6 LCD nicht erfasst werden. Das Erfordernis der „graphischen Darstellbarkeit", wie es das LM noch vor der Reform von 2019 kannte, soll im Lauterkeitsrecht hingegen nicht gelten.[694] Die Frage nach der Anwendbarkeit der Schrankenbestimmungen wurde schon oben bei „IV." angesprochen. Nach den „modernen" Ausprägungen der Lehre von der Theorie von der „*complementariedad relativa*" wird man diese Frage bejahen können. Zu divergierenden Ansätzen kommt man in beiden Ländern bei der Frage, ob Verjährungs- und Verwirkungsregeln anzuwenden sind. Anders als in Deutschland nimmt man in Spanien an, dass Art. 6 LCD auch dort Anwendung finden kann, wo die Schutzdauer von Kennzeichen abgelaufen bzw. Schutz nicht erneuert wurde.[695] Dieser Ansicht muss vor dem verbraucherschützenden Hintergrund der UGP-RL der Vorzug gegeben werden. Es ergeben sich auch keine Wertungswidersprüche, da auch das Markenrecht grundsätzlich zeitlich unbeschränkten Schutz kennt.

Ob der Prioritätsgrundsatz beim lauterkeitsrechtlichen Verwechslungsschutz gelten soll, wurde in Deutschland diskutiert, mittlerweile vom BGH bejaht und ist (auch) in Spanien eine Selbstverständlichkeit.[696]

In Deutschland geht man zudem davon aus, dass es sich bei dem Begriff der lauterkeitsrechtlichen Verwechslungsgefahr – anders als im Markenrecht – um einen Tatsachenbegriff handelt. In diesem Punkt unterscheiden sich beide Rechtsordnungen jedenfalls zum Teil, denn in Spanien geht man hiervon tendenziell auch im Markenrecht aus.[697]

---

693 Vgl. hierzu unter „F.VII.".

694 Vgl. zu diesen Aspekten in Spanien unter „E.III.2.dd)".

695 Vgl. hierzu unter „E.IV.2.".

696 Vgl. hierzu unter „E.IV.2.".

697 Vgl. zu beiden Aspekten einerseits unter „E.IV." und andererseits unter „E.III.2.ee)".

## VIII. Entstehung von Kennzeichenschutz

Bei den Voraussetzungen an die Entstehung von Kennzeichenschutz bestehen zwischen beiden Rechtsordnungen große Unterschiede. Das spanische Recht kennt die Entstehung von Exklusivitätsrechten durch sachliche Umstände – also durch bloße Benutzung – nicht. Das LM verfolgt ein „strenges Registerprinzip". In Deutschland können sachliche Umstände zu einem Immaterialgüterschutz gem. § 4 Nr. 2 MarkenG und § 5 MarkenG führen. Die Gestattung immaterialgüterrechtlichen Schutzes aufgrund sachlicher Momente hat in Deutschland auch eine lange Tradition. Der Begriff der Verkehrsgeltung stammt aus dem alten § 25 des Warenzeichengesetzes, der den sog. Ausstattungsschutz regelte.

Das Merkmal, was in Spanien im Lauterkeitsrecht zur Entstehung von wettbewerbsrechtlichem Kennzeichenschutz angelegt wird, nämlich die *„implantación en el trafico"*, ist nur wenig von der Rechtsprechung und Literatur aufgearbeitet. Die Anforderungen sind aber jedenfalls nicht so hoch wie bei der „Verkehrsgeltung". Selbst bei komplexen Kennzeichen wie den Formmarken, Verpackungen oder Präsentationen von Produkten sind die Anforderungen aber nicht hoch. Sie sind mit den Anforderungen, die in Deutschland, bei Unternehmenskennzeichen mit originärer Unterscheidungskraft gemacht werden, vergleichbar. Sie werden aber trotzdem oft höher liegen, da man in Spanien dazu tendiert, die bloße Benutzungsaufnahme nicht ausreichen zu lassen.[698] Den in Spanien angelegten Maßstab der *„implantación en el trafico"* wird man daher dogmatisch jedenfalls zwischen der bloßen Benutzungsaufnahme und der Verkehrsgeltung i.S.d. § 4 Nr. 2 MarkenG einordnen können.

Der Benutzungsmarke und auch generell dieser Thematik wird in Deutschland nicht viel Aufmerksamkeit geschenkt. In Spanien entstehen auch „nur" wettbewerbsrechtliche Ansprüche und keine Immaterialgüterrechte. Die Bestimmung der Schwelle der Schutzentstehung kann aber z.B. dort Auswirkungen haben, wo nicht eingetragene Marken oder sonstige im geschäftlichen Verkehr benutzte Kennzeichenrechte Grundlage von Widersprüchen bilden können, so wie es beispielsweise bei den Unionsmarken gem. Art. 8(4) UMV der Fall ist. Der spanische nicht eingetragene Handelsname wurde vom EUIPO bereits als ein solches Kennzeichen im Sinne der vorgenannten Vorschrift

698 Vgl. hierzu auch unter „F.III.".

eingeordnet.[699] Unterschiedliche nationale Anforderungen können hier auf das europäische System durchschlagen.

Abschließend kann demnach festgehalten werden, dass in Spanien mit der Möglichkeit der Registrierung von *„marcas"*, *„nombres comerciales"* und *„rotulos de establecimiento"* (in den Autonomen Regionen) ein umfangreicher Erwerb von Exklusivitätsrechten durch förmlichen Akt vorgesehen ist. In Deutschland können allein Marken durch förmlichen Akt Schutz erlangen. Andererseits kenn man in Deutschland einen umfangreichen Erwerb von Exklusivitätsrechten aufgrund sachlicher Momente. Im Gegensatz zu Spanien können hierzulande Exklusivitätsrechte an geschäftlichen Bezeichnungen, also Unternehmenskennzeichen und Werktiteln und Marken durch sachliche Momente entstehen.

## IX. Aktivlegitimation und Lauterkeitsrecht

Die in beiden Ländern bestehenden Gesetze gegen den unlauteren Wettbewerb machen einmal mehr deutlich, dass die Rechtsmaterie bei der Aktivlegitimation traditionell Besonderheiten aufweist. In Spanien wird konsequent eine Kohärenz zwischen den Schutzzwecken des Gesetzes und den Regelungen über die Aktivlegitimation hergestellt. Neben den Verbänden und Organisationen ist nach Art. 33 LCD – jedenfalls formal – jede natürliche oder juristische Person aktivlegitimiert, also auch der einzelne Verbraucher.[700] Im Bereich der *„actos de confusión"* geht man sogar davon aus, dass nicht nur Art. 6.2 lit. a UGP-RL, sondern auch schon Art. 6 LCD im Ergebnis ein Instrument für Verbraucher darstelle, um gegen das Hervorrufen von Verwechslungsgefahren durch Kennzeichen vorzugehen. Praktisch werden auch sehr weitgehend Personen bzw. Unternehmen, die mit dem Kennzeicheninhaber in einer „rechtlichen Verbindung" stehen, als aktivlegitimiert angesehen.[701]

Der deutsche Gesetzgeber hat sich hingegen durch das Erfordernis der Mitbewerbereigenschaft gegen eine weite Aktivlegitimation entschieden. In der Gesetzesbegründung hat man sich auch ausdrücklich gegen die Aktivlegitimation von einzelnen Verbrauchern ausgesprochen. Die Befürchtungen, mit einer derartigen Regelung die Wirtschaft unangemessen zu belasten und so einen

699 Vgl. hierzu die Entscheidung des EUIPO, R-1027/2012-2 – *TdlH* und die „Prüfungsrichtlinien für Unionsmarken, EUIPO, Teil C, Widerspruch, Abschnitt 4" in der Version 1.0 vom 1.10.2017 auf S. 23.

700 Vgl. zum Ganzen unter „F.VI.2".

701 Vgl. hierzu auch unter „F.VI.2".

Standortnachteil zu schaffen, können aber mit Blick auf Spanien infrage gestellt werden. Klagen von Verbrauchern spielen dort kaum eine Rolle und sind eher von theoretischem Interesse.

Auf EU-Ebene geht man derzeit im Rahmen der Novellierung des Verbraucherschutzrechts einen Weg, der den Entwicklungen in Spanien ähnelt,[702] indem man nun wohl tatsächlich im europäischen Lauterkeitsrecht die Klagemöglichkeit des einzelnen Verbrauchers verankern möchte.[703]

702 Vgl. hierzu die Richtlinie (EU) 2019/2161 des Europäischen Parlaments und des Rates, vom 27. November 2019, zur Änderung der Richtlinie 93/13/EWG des Rates und der Richtlinien 98/6/EG, 2005/29/EG und 2011/83/EU des Europäischen Parlaments und des Rates zur besseren Durchsetzung und Modernisierung der Verbraucherschutzvorschriften der Union.

703 Vgl. Art. 3 Nr. 5 der Richtlinie (EU) 2019/2161, der einen Artikel 11a unter der Überschrift „Rechtsschutz" in der UGP-RL verankern soll; vgl. hierzu auch Fn. 615 oben.

# ANHANG: Spanische Gesetze mit Übersetzungen

Nachfolgend finden sich Übersetzungen von einigen relevanten in der Arbeit zitierten spanischen Normen. Es handelt sich nicht um amtliche Übersetzungen.

| ***Ley de 16 de mayo 1902; Ley sobre la propiedad industrial*** | ***Gesetz vom 16. Mai; Gesetz über das gewerbliche Eigentum*** |
|---|---|
| [...]<br>**Titulo X. - De la Competencia Ilícia**<br>**Art. 131.**<br>Se entiende por competencia ilícita toda tentativa de aprovecharse indebidamente de las ventajas de una reputación industrial ó comercial adquirida por el esfuerzo de otro que tenga su propiedad al amparo de a presente ley. | **TITEL X. - Über den unerlaubten Wettbewerb**<br>**Art. 131.**<br>Unter unerlaubten Wettbewerb versteht man jeden Versuch der ungerechtfertigten Ausnutzung der Vorteile eines industriellen oder kommerziellen Rufes, den ein anderer aufgrund eigener Mühen erlangt hat und dessen Eigentum Schutz durch dieses Gesetz genießt. |
| **Art. 132.**<br>Se consideran como hechos constitutivos de competencia ilícita:<br>a) La imitación de las muestras ó rótulos de los escaparates, fachadas, adornos ó cualquier otro que pueda originar una confusión con otro establecimiento de igual clase contiguo ó muy cercano.<br>b) La imitación de los embalajes usados por una casa competidora en forma tal que induzca á confusión. | **Art. 132.**<br>Die nachfolgenden Umstände begründen unerlaubten Wettbewerb:<br>a) Die Nachahmung der Muster oder Zeichen der Schaufensterauslagen, Fassaden, Verzierungen oder dergleichen eines anderen, die eine Verwechslung mit einem anderen Geschäftsbetrieb der gleichen Branche aus der Nachbarschaft oder der nahen Umgebung hervorrufen kann.<br>b) Die Nachahmung der Verpackung, die von einem konkurrierenden Betrieb verwendet wird, in einer Art und Weise, die zu einer Verwechslung führen kann. |

| | |
|---|---|
| c) Escoger, como razón social, un lema en el que esté incluído el nombre de una localidad conocida por la existencia de un reputado establecimiento con objeto de aprovecharse ilícitamente de su nombradía.<br>d) Propagar á sabiendas falsas aserciones contra un rival con objeto de quitarle su clientela.<br>e) Publicar anuncios, reclamos ó artículos de periódico, que tiendan á depreciar la calidad de los productos de un contrincante.<br>f) Anunciarse de un modo general y contrario á la realidad de los hechos, como depositario de un producto nacional ó extranjero.<br>g) El empleo, sin la competente autorización, de indicaciones ó términos tales, como «preparado según la fórmula de ....., ó con arreglo al procedimiento de fábrica de...», á no ser que la fórmula ó el procedimiento pertenezcan al dominio público. | c) Die Wahl eines Firmennamens, der einen Namen eines bekannten Ortes enthält, um dessen Ruf unerlaubt auszunutzen.<br>d) Wissentlich falsche Behauptungen über einen Konkurrenten zu verbreiten, um diesem seine Kundschaft wegzunehmen.<br>e) Die Veröffentlichung von Anzeigen, Werbung oder Zeitungsartikel, die dazu geeignet sind, die Qualität der Produkte eines Mitbewerbers herabzusetzen.<br>f) Sich entgegen wahrer Begebenheiten als Verwahrer eines nationalen oder ausländischen Produktes anzupreisen.<br>g) Die Verwendung von Angaben oder Begriffen wie „nach der Formel von ... oder nach dem Herstellungsverfahren von ... zubereitet" ohne die rechtmäßige Genehmigung zu haben, es sei denn, die Formel oder das Verfahren sind gemeinfrei. |
| **Art. 138.**<br>Los que usen una marca, dibujo ó modelo, en términos que el consumidor pueda incurrir en equivocación ó error, confundiéndolos con los verdaderos y legítimos, será castigado con arreglo al art. 552 del Código penal.<br><br>Los que usen un nombre comercial ó una recompensa industrial de manera que induzca á error al comprador sobre su legitimidad, serán penados con la multa de 25 á 125 pesetas. | **Art. 138.**<br>Diejenigen, die eine Marke, ein Muster oder ein Modell in einer Art und Weise verwenden, dass der Verbraucher diese irrtümlich oder fehlerhaft mit den echten und rechtsmäßigen verwechselt, wird gemäß Art. 552 des Strafgesetzbuches bestraft.<br><br>Diejenigen, die ein Unternehmenskennzeichen oder einen industriellen Ruf in einer Weise verwenden, die den Käufer über seine Legitimität irreführt, werden mit einer Geldstrafe von 25 bis 125 Peseten bestraft. |

| **Ley 32/1988, de 10 de noviembre, de Marcas** | **Gesetz 32/1988 vom 10. November über die Marken** |
|---|---|
| [...]<br>**TÍTULO IX** | **TITEL IX** |
| **De la competencia desleal** | **Über den unlauteren Wettbewerb** |
| **Artículo 87.**<br>Se considera desleal todo acto de competencia que sea contrario a las normas de corrección y buenos usos mercantiles. | **Artikel 87.**<br>Jede Wettbewerbshandlung, die den Regeln des Anstands und der guten kaufmännischen Gepflogenheiten widerspricht, wird als unlauter betrachtet. |
| **Artículo 88.**<br>Sin perjuicio de lo que se establezca en la legislación genera sobre la materia, se considera, en particular, desleal:<br>a) Todo acto capaz de crear confusión por cualquier medio que sea respecto del establecimiento, los productos o la actividad económica de un competidor.<br>b) Las aseveraciones falsas, en el ejercicio del comercio, capaces de desacreditar el establecimiento, los productos o la actividad comercial de un competidor.<br>c) Las indicaciones o aseveraciones cuyo empleo en el ejercicio del comercio pudieran inducir al público a error sobre la naturaleza, el modo de fabricación, las características, la aptitud en el empleo o la cantidad de los productos.<br>d) La utilización directa o indirecta de una indicación falsa o engañosa sobre la procedencia de un producto o de un servicio o sobre la identidad de un productor, fabricante o comerciante. | **Artikel 88.**<br>Unbeschadet der sonstigen Vorschriften zu diesem Thema, gilt insbesondere Folgendes als unlauter:<br>a) Jede Handlung, die dazu geeignet ist, auf irgendeine Weise eine Verwechslung in Bezug auf den Betrieb, die Produkte oder die wirtschaftliche Tätigkeit eines Wettbewerbers herbeizuführen.<br>b) Falsche Behauptungen bei der geschäftlichen Betätigung, die geeignet sind, den Betrieb, die Produkte oder die Geschäftstätigkeit eines Konkurrenten zu diskreditieren.<br>c) Die Angaben oder Aussagen, deren Verwendung bei der geschäftlichen Betätigung den Verkehr zu einer Irreführung veranlassen könnte, hinsichtlich der Art, der Art der Herstellung, der Merkmale, der Eignung für die Verwendung oder der Menge der Produkte.<br>d) Die direkte oder indirekte Verwendung eines falschen oder irreführenden Hinweises auf den Ursprung eines Produkts oder einer Dienstleistung oder auf die Identität eines Erzeugers, Herstellers oder Händlers. |

| | |
|---|---|
| e) La utilización directa o indirecta de una denominación de origen falsa o engañosa, o la imitación de una denominación de origen, aun cuando se indique el verdadero origen de producto, o si la denominación se emplea en traducción o va acompañada de expresiones tales como «género», «tipo», «manera», «imitación» o similares. | e) Die direkte oder indirekte Verwendung der falschen oder irreführenden Herkunft oder Nachahmung einer Ursprungsbezeichnung, auch wenn der tatsächliche Ursprung des Erzeugnisses angegeben wird oder wenn die Bezeichnung von Begriffen in einer Übersetzung oder zusammen verwendet wird, wie zum Beispiel "Gattung", "Art", "Art und Weise", "Nachahmung" oder Ähnliches. |
| **Artículo 89.**<br>Frente a un acto de competencia desleal, se podrán interponer las acciones previstas en el capítulo II del título IV de la presente Ley. | **Artikel 89.**<br>Gegenüber einer unlauteren Geschäftspraktik können die in Kapitel II Titel IV dieses Gesetzes vorgesehenen Klagen erhoben werden. |
| **Ley 3/1991, de 10 de enero, de Competencia Desleal.**<br>Publicado en BOE núm. 10, de 11/01/1991; Entrada en vigor: 31/01/1991<br>Última actualización publicada el 21/02/2019 | **Gesetz 3/1991 vom 10. Januar, Gesetz gegen unlauteren Wettbewerb.**<br>Veröffentlicht im spanischen Staatsanzeiger (BOE) Nr. 10 vom 11.01.1991; Datum des Inkrafttretens: 31.01.1991<br>Letzte Aktualisierung veröffentlicht am 21.02.2019 |
| **JUAN CARLOS I**<br>**REY DE ESPAÑA**<br>A todos los que la presente vieren y entendieren,<br>Sabed: Que las Cortes Generales han aprobado y Yo vengo en sancionar la siguiente Ley:<br>**PREÁMBULO**<br>I. La competencia desleal, aun constituyendo una pieza legislativa de importancia capital dentro del sistema del Derecho mercantil, ha sido un sector del que tradicionalmente ha estado ausente el legislador. Esta circunstancia, parcialmente remediada por la reciente aprobación de las Leyes | **JUAN CARLOS I**<br>**DER KÖNIG SPANIENS**<br>Alle, die dieses Gesetz lesen und verstehen,<br>lasse ich wissen, dass das nachfolgende Gesetz vom Parlament angenommen und von mir verabschiedet worden ist:<br>**PRÄAMBEL**<br>I. Obgleich der unlautere Wettbewerb innerhalb des Handelsrechts von grundlegender gesetzgeberischer Bedeutung ist, ist er traditionell vom Gesetzgeber vernachlässigt worden. Dieser Situation konnte durch die jüngste Verabschiedung des Gesetzes 32/1988 vom 10. November – Warenzeichengesetz – und des Gesetzes 34/1988 vom |

32/1988, de 10 de noviembre de Marcas, y 34/1988 de 11 de noviembre General de Publicidad, había propiciado la formación de una disciplina discontinua y fragmentaria que muy pronto habría de revelarse obsoleta y de quedar, en la realidad de los hechos, desprovista de fuerza. En efecto, las normas que tradicionalmente han nutrido dicha disciplina se encontraban dispersas en leyes de distinta edad y procedencia; contemplaban únicamente aspectos parciales (y a menudo meramente marginales) de esa vasta realidad que es la competencia desleal; respondían a modelos de regulación desfasados, que en la actualidad -según ha mostrado nuestra más reciente y atenta doctrina- carecen de parangón en el Derecho comparado e incluso de anclaje en la evolución general del propio; y, en fin, eran normas que ni siquiera dentro de sus limitaciones podían considerarse eficaces, debido a la escasa calidad y flexibilidad de su aparato sancionador. El régimen de la competencia desleal se había convertido así en un escenario normativo languideciente, al amparo del cual pudieron proliferar prácticas concurrenciales incorrectas que en no pocas ocasiones han ocasionado un grave deterioro de nuestro tráfico mercantil.

11. November – Werbegesetz – zwar teilweise Abhilfe geschaffen werden, jedoch gab sie zum Entstehen einer nicht kontinuierlichen und daher fragmentierten Disziplin Anlass, die schon bald als überholt und angesichts der Tatsachen als machtlos erscheinen mochte. Vorschriften, die diese Disziplin traditionell untermauerten waren auf Gesetze aus verschiedenen Zeitepochen und unterschiedlicher Herkunft zerstreut.Diese Gesetze bezogen sich lediglich auf Teilaspekte (und oftmals nur Randaspekte) des breiten Spektrums des unlauteren Wettbewerbs. Sie unterlagen überholten Regulierungsmodellen, die unserer jüngsten und umsichtigen Rechtsdoktrin zufolge in der vergleichenden Rechtswissenschaft beispiellos sind und in der allgemeinen Rechtsentwicklung keineswegs verankert sind. Es handelte sich letztlich um Vorschriften, die aufgrund der geringen Qualität und Flexibilität ihres Sanktionsmechanismus nicht einmal innerhalb ihrer Begrenzungen als wirksam erachtet werden konnten. Die rechtliche Regelung des unlauteren Wettbewerbs wurde somit zu einem verkümmerten Regelungsszenario, in dessen Schatten sich unkorrekte Wettbewerbspraktiken ausbreiten konnten und in zahlreichen Fällen zu einer schweren Beeinträchtigung unseres Geschäftsverkehrs geführt haben.

| | |
|---|---|
| II. La presente Ley, completando y, en ocasiones, refundiendo los esfuerzos de la racionalización sectoriales iniciados por las ya recordadas leyes de Marcas y Publicidad, aspira a poner término a la tradicional situación de incertidumbre y desamparo que ha vivido el sector, creando un marco jurídico cierto y efectivo, que sea capaz de dar cauce a la cada vez más enérgica y sofisticada lucha concurrencial. Varias circunstancias hacían inexcusable esta iniciativa.<br>[...] | II. Mit diesem nunmehr vervollständigten Gesetz, bei dem vereinzelt auch die Rationalisierungsbestrebungen bestimmter Bereiche, wie die bereits erwähnten Warenzeichen- und Werbegesetze mit hineinspielen, soll der in der Vergangenheit in diesem Bereich vorherrschenden Situation von Ungewissheit und Hilflosigkeit ein Ende gesetzt werden und ein neuer tatsächlicher und wirksamer Rechtsrahmen geschaffen werden, um den immer stärkeren und komplexeren Wettbewerb entsprechend zu regeln. Aufgrund von mehreren Umständen ist diese Gesetzesinitiative letztlich unausweichlich geworden.<br>[...] |
| **III.**<br>[...]<br>1. Por lo que se refiere al principio de los planos mencionados, la Ley introduce un cambio radical en la concepción tradicional del Derecho de la competencia desleal. Este deja de concebirse como un ordenamiento primariamente dirigido a resolver los conflictos entre los competidores para convertirse en un instrumento de ordenación y control de las conductas en el mercado. La institución de la competencia pasa a ser así el objeto directo de protección. Significativo a este respecto es, entre otros muchos, el artículo 1. También, y muy especialmente, el artículo 5 en el que, implícitamente al menos, se consagra la noción de abuso de la competencia. Esta nueva orientación de la disciplina trae consigo una apertura de la misma hacia la tutela de intereses que tradicionalmente habían escapado a la atención del legislador mercantil. La nueva Ley, | **III.**<br>[...]<br>1. In Bezug auf den Grundsatz der bereits erwähnten Ebenen stellt das Gesetz einen radikalen Wandel in der traditionellen Rechtsauffassung des unlauteren Wettbewerbs dar. Das Recht gegen den unlauteren Wettbewerb wird von nun an nicht mehr als eine Regelung angesehen, die in erster Linie zur Lösung von Konflikten zwischen Wettbewerbern gedacht war, sondern ist zu einem Regelungs- und Kontrollinstrument von Verhaltensweisen auf dem Markt geworden. Der Wettbewerb als Institution wird somit zu einem direkten Schutzobjekt. In diesen Zusammenhang ist u.a. der Artikel 1 besonders hervorzuheben. Ebenso Artikel 5, denn in ihm wird zumindest implizit der Begriff der Wettbewerbsverzerrung vermerkt. Diese Neuausrichtung der Disziplin geht mit deren Öffnung hin zum Schutz von Interessen einher, die traditionell außerhalb des Wirkungsbereichs des Handelsgesetzgebers lagen.Das neue Gesetz ist nicht nur Träger der privaten |

| | |
|---|---|
| en efecto, se hace portadora no sólo de los intereses privados de los empresarios en conflicto, sino también de los intereses colectivos del consumo. Esta ampliación y reordenación de los intereses protegidos está presente a lo largo de todos los preceptos de la Ley. Particularmente ilustrativo resulta el artículo 19, que atribuye legitimación activa para el ejercicio de las acciones derivadas de la competencia desleal a los consumidores (individual y colectivamente considerados). | Interessen von im Rechtsstreit stehenden Unternehmern, sondern auch kollektiver Verbraucherinteressen. Diese Erweiterung und Neuordnung der geschützten Interessen ist in allen Bestimmungen des Gesetzes wiederzufinden. Besonders anschaulich ist in diesem Zusammenhang Artikel 19, in dem den Verbrauchern (sowohl individuell als auch als Kollektiv) eine Klagebefugnis in Fällen von unlauterem Wettbewerb zuerkannt wird. |
| **CAPÍTULO I**<br>**Disposiciones generales** | **KAPITEL I**<br>**Allgemeine Bestimmungen** |
| **Artículo 1. Finalidad.**<br>Esta ley tiene por objeto la protección de la competencia en interés de todos los que participan en el mercado, y a tal fin establece la prohibición de los actos de competencia desleal, incluida la publicidad ilícita en los términos de la Ley General de Publicidad. | **Artikel 1. Zweck.**<br>Dieses Gesetz hat den Schutz des Wettbewerbs im Interesse aller Marktteilnehmer zum Gegenstand. Aus diesem Grund sieht es ein Verbot von Handlungen des unlauteren Wettbewerbs, einschließlich unzulässiger Werbung gemäß den Bestimmungen des Werbegesetzes vor. |
| **Artículo 2. Ámbito objetivo.**<br><br>1. Los comportamientos previstos en esta Ley tendrán la consideración de actos de competencia desleal siempre que se realicen en el mercado y con fines concurrenciales.<br>2. Se presume la finalidad concurrencial del acto cuando, por las circunstancias en que se realice, se revele objetivamente idóneo para promover o asegurar la difusión en el mercado de las prestaciones propias o de un tercero. | **Artikel 2. Objektiver Anwendungsbereich.**<br>1. Die in diesem Gesetz berücksichtigten Verhaltensweisen gelten als Handlungen des unlauteren Wettbewerbs, sofern sie auf dem Markt und zu Zwecken des Wettbewerbs ausgeführt werden.<br>2. Ein Wettbewerbszweck liegt dann vor, wenn eine Handlung aufgrund ihrer Umstände objektiv als geeignet anzusehen ist, um die Verbreitung eigener Dienstleistungen oder Dienstleistungen Dritter auf dem Markt zu fördern oder sicherzustellen. |

| | |
|---|---|
| 3. La ley será de aplicación a cualesquiera actos de competencia desleal, realizados antes, durante o después de una operación comercial o contrato, independientemente de que éste llegue a celebrarse o no. | 3. Das Gesetz findet auf all jene Handlungen des unlauteren Wettbewerbs Anwendung, die vor, während oder nach dem Abschluss eines Geschäftsvorgangs oder Vertrags durchgeführt wurden, unabhängig davon, ob es letztlich zum Vertragsabschluss kommt oder nicht. |
| **Artículo 3. Ámbito subjetivo.**<br><br>1. La ley será de aplicación a los empresarios, profesionales y a cualesquiera otras personas físicas o jurídicas que participen en el mercado.<br>2. La aplicación de la Ley no podrá supeditarse a la existencia de una relación de competencia entre el sujeto activo y el sujeto pasivo del acto de competencia desleal. | **Artikel 3. Subjektiver Anwendungsbereich.**<br>1. Das Gesetz findet auf am Markt beteiligte Unternehmer, Gewerbetreibende und sonstige natürliche oder juristische Personen Anwendung.<br>2. Die Anwendung dieses Gesetzes kann nicht vom Bestehen eines Wettbewerbsverhältnisses zwischen dem Täter und dem Opfer einer Handlung des unlauteren Wettbewerbs abhängig gemacht werden. |
| **CAPÍTULO II**<br>**Actos de competencia desleal** | **KAPITEL II**<br>**Handlungen des unlauteren Wettbewerbs** |
| **Artículo 4. Cláusula general.**<br>1. Se reputa desleal todo comportamiento que resulte objetivamente contrario a las exigencias de la buena fe.<br>En las relaciones con consumidores y usuarios se entenderá contrario a las exigencias de la buena fe el comportamiento de un empresario o profesional contrario a la diligencia profesional, entendida ésta como el nivel de competencia y cuidados especiales que cabe esperar de un empresario conforme a las prácticas honestas del mercado, que distorsione o pueda distorsionar de manera significativa el comportamiento económico del consumidor medio o del miembro medio del grupo destinatario de la práctica, si se trata de una práctica comercial dirigida a un grupo concreto de consumidores. | **Artikel 4. Generalklausel.**<br>1. Als unlauter werden jegliche Verhaltensweisen angesehen, die objektiv dem Gebot des guten Glaubens widersprechen.<br>In den Beziehungen zu Verbrauchern und Benutzern gelten jegliche Verhaltensweisen eines Unternehmers oder Gewerbetreibenden, die der beruflichen Sorgfalt widersprechen, als Verstöße gegen das Gebot des guten Glaubens. Unter beruflicher Sorgfalt ist jene Kompetenz und besondere Vorsicht zu verstehen, die gemäß den lauteren Marktpraktiken von einem Unternehmer zu erwarten ist. Des Weiteren zählen zu derartigen Verstößen Verhaltensweisen, die das wirtschaftliche Verhalten eines Durchschnittsverbrauchers oder eines durchschnittlichen Mitglieds der Zielgruppe dieser Praktiken signifikativ verzerren oder verzerren können, wenn es sich um eine Geschäftspraxis handelt, die auf eine bestimmte Verbrauchergruppe zugeschnitten ist. |

| | |
|---|---|
| A los efectos de esta ley se entiende por comportamiento económico del consumidor o usuario toda decisión por la que éste opta por actuar o por abstenerse de hacerlo en relación con: | Im Sinne dieses Gesetzes gilt als wirtschaftliches Verhalten eines Verbrauchers oder Benutzers jegliche Entscheidung, die ihn in folgenden Situationen zum Handeln oder Nichthandeln veranlasst: |
| a) La selección de una oferta u oferente. | a) Die Auswahl eines Angebots oder eines Anbieters. |
| b) La contratación de un bien o servicio, así como, en su caso, de qué manera y en qué condiciones contratarlo. | b) Die Beschaffung von Waren oder Dienstleistungen und ggf. auch die Art und die Bedingungen der diesbezüglichen vertraglichen Vereinbarung. |
| c) El pago del precio, total o parcial, o cualquier otra forma de pago. | c) Die Voll- oder Teilzahlung des Preises bzw. jegliche sonstige Zahlungsform. |
| d) La conservación del bien o servicio. | d) Die Erhaltung der Waren oder Dienstleistungen. |
| e) El ejercicio de los derechos contractuales en relación con los bienes y servicios. | e) Die Ausübung der Vertragsrechte in Bezug auf Waren und Dienstleistungen. |
| Igualmente, a los efectos de esta ley se entiende por distorsionar de manera significativa el comportamiento económico del consumidor medio, utilizar una práctica comercial para mermar de manera apreciable su capacidad de adoptar una decisión con pleno conocimiento de causa, haciendo así que tome una decisión sobre su comportamiento económico que de otro modo no hubiera tomado. | Im Sinne dieses Gesetzes versteht man des Weiteren unter signifikativer Verzerrung des wirtschaftlichen Verhaltens des Durchschnittsverbrauchers die Anwendung einer Geschäftspraxis, die dessen Fähigkeit zur fundierten Entscheidungsfindung beachtlich beeinträchtigt und ihn so zu einer Entscheidung bezüglich seines wirtschaftlichen Verhaltens bewegt, die er anderenfalls nicht getroffen hätte. |
| 2. Para la valoración de las conductas cuyos destinatarios sean consumidores, se tendrá en cuenta al consumidor medio. | 2. Zur Bewertung von Verhaltensweisen gegenüber Verbrauchern wird der Durchschnittsverbraucher herangezogen. |
| 3. Las prácticas comerciales que, dirigidas a los consumidores o usuarios en general, únicamente sean susceptibles de distorsionar de forma significativa, en un sentido que el empresario o profesional pueda prever razonablemente, el comportamiento económico de un grupo claramente identificable de | 3. An Verbraucher oder Benutzer im Allgemeinen gerichtete Geschäftspraktiken, die einzig und allein zu einer vom Unternehmer oder Gewerbetreibenden im vertretbaren Rahmen absehbaren signifikativen Verzerrung des wirtschaftlichen Verhaltens einer klar definierbaren Gruppe von Verbrauchern oder Benutzern führen, |

| | |
|---|---|
| consumidores o usuarios especialmente vulnerables a tales prácticas o al bien o servicio al que se refieran, por presentar una discapacidad, por tener afectada su capacidad de comprensión o por su edad o su credulidad, se evaluarán desde la perspectiva del miembro medio de ese grupo. Ello se entenderá, sin perjuicio de la práctica publicitaria habitual y legítima de efectuar afirmaciones exageradas o respecto de las que no se pretenda una interpretación literal. | die aufgrund einer Behinderung, verringerter Verständnisfähigkeit, ihres Altern oder Gutgläubigkeit gegenüber derartigen Praktiken, Waren- oder Dienstleistungsangeboten besonders verletzlich sind, werden aus Sicht eines durchschnittlichen Mitglieds dieser Gruppe bewertet. Dies gilt unbeschadet der gewöhnlichen und rechtmäßigen Werbepraxis, wonach übertriebene oder nicht wörtlich zu nehmende Behauptungen aufgestellt werden. |
| **Artículo 5. Actos de engaño.**<br>1. Se considera desleal por engañosa cualquier conducta que contenga información falsa o información que, aun siendo veraz, por su contenido o presentación induzca o pueda inducir a error a los destinatarios, siendo susceptible de alterar su comportamiento económico, siempre que incida sobre alguno de los siguientes aspectos: | **Artikel 5. Täuschungshandlungen.**<br>1. Als täuschend und somit unlauter gilt jegliches Verhalten, das mit Falschinformationen oder Informationen einhergeht, die zwar wahrheitsgetreu sind, jedoch aufgrund ihres Inhalts oder ihrer Darlegung die Zielgruppe täuschen oder täuschen können und somit deren wirtschaftliches Verhalten beeinflussen. Dies ist der Fall, wenn sich derartige Informationen auf einen der folgenden Aspekte beziehen: |
| a) La existencia o la naturaleza del bien o servicio.<br>b) Las características principales del bien o servicio, tales como su disponibilidad, sus beneficios, sus riesgos, su ejecución, su composición, sus accesorios, el procedimiento y la fecha de su fabricación o suministro, su entrega, su carácter apropiado, su utilización, su cantidad, sus especificaciones, su origen geográfico o comercial o los resultados que pueden esperarse de su utilización, o los resultados y características esenciales de las pruebas o controles efectuados al bien o servicio. | a) Das Bestehen oder die Art der Ware oder Dienstleistung.<br>b) Die wichtigsten Merkmale der Waren oder Dienstleistung, wie z.B. deren Verfügbarkeit, Vorteile, Risiken, Ausführung, Zusammensetzung, Zubehörteile, Herstellung- oder Bereitstellungsverfahren bzw. -datum, Lieferung, Eignung, Verwendung, Menge, Spezifikationen, geografischer oder geschäftlicher Ursprung sowie die durch ihre Verwendung oder Nutzung zu erwartenden Ergebnisse oder die grundlegenden Ergebnisse und Merkmale der an der Ware oder zu den Dienstleistungen durchgeführten Tests oder Kontrollen. |

| | |
|---|---|
| c) La asistencia posventa al cliente y el tratamiento de las reclamaciones. | c) Der Kundendienst und die Bearbeitung von Reklamationen. |
| d) El alcance de los compromisos del empresario o profesional, los motivos de la conducta comercial y la naturaleza de la operación comercial o el contrato, así como cualquier afirmación o símbolo que indique que el empresario o profesional o el bien o servicio son objeto de un patrocinio o una aprobación directa o indirecta. | d) Die Reichweite der Versprechen des Unternehmers oder Gewerbetreibenden, die Ursachen des Geschäftsverhaltens, die Art des Geschäftsvorgangs oder Vertrags sowie jegliche Behauptung oder Kennzeichnung hinsichtlich eines Sponsorings oder einer direkten oder indirekten Zulassung des Unternehmers bzw. Gewerbetreibenden oder der Ware bzw. der Dienstleistung. |
| e) El precio o su modo de fijación, o la existencia de una ventaja específica con respecto al precio. | e) Der Preis oder die Art der Preisfestsetzung bzw. das Bestehen eines besonderen Preisvorteils. |
| f) La necesidad de un servicio o de una pieza, sustitución o reparación. | f) Die Notwendigkeit einer Dienstleistung, eines Ersatzteils, einer Auswechslung oder Reparatur. |
| g) La naturaleza, las características y los derechos del empresario o profesional o su agente, tales como su identidad y su solvencia, sus cualificaciones, su situación, su aprobación, su afiliación o sus conexiones y sus derechos de propiedad industrial, comercial o intelectual, o los premios y distinciones que haya recibido. | g) Die Rechtsnatur, Merkmale und Rechte des Unternehmers, Gewerbetreibenden oder seines Vertreters, wie z.B. deren Identität und Zahlungsfähigkeit, ihre Nachweise, ihr Status, ihre Mitgliedschaften oder Verbindungen, ihre gewerblichen, unternehmerischen und geistigen Eigentumsrechte bzw. die ihnen verliehenen Preise und Auszeichnungen. |
| h) Los derechos legales o convencionales del consumidor o los riesgos que éste pueda correr. | h) Die gesetzlichen bzw. vertraglichen Rechte des Verbrauchers bzw. die für ihn ggf. bestehenden Risiken. |
| 2. Cuando el empresario o profesional indique en una práctica comercial que está vinculado a un código de conducta, el incumplimiento de los compromisos asumidos en dicho código, se considera desleal, siempre que el compromiso sea firme y pueda ser verificado, y, en su contexto fáctico, esta conducta sea susceptible de distorsionar de manera significativa el comportamiento económico de sus destinatarios. | 2. Unterliegt der Unternehmer oder Gewerbetreibende in einer Geschäftspraxis eigenen Angaben zufolge einem Verhaltenskodex, wird jeglicher Verstoß gegen Bestimmungen dieses Kodex als unlauter erachtet, sofern es sich um eine feste und nachprüfbare Verpflichtung handelt und das Verhalten im Rahmen des Tatbestands zu einer signifikativen Verzerrung des wirtschaftlichen Verhaltens seiner Zielgruppe führen kann. |

| | |
|---|---|
| **Artículo 6. Actos de confusión.**<br>Se considera desleal todo comportamiento que resulte idóneo para crear confusión con la actividad, las prestaciones o el establecimiento ajenos.<br>El riesgo de asociación por parte de los consumidores respecto de la procedencia de la prestación es suficiente para fundamentar la deslealtad de una práctica. | **Artikel 6. Verwechslungshandlungen.**<br>Als unlauter gilt jedes Verhalten, das sich als geeignet erweist, eine Verwechslung mit der Tätigkeit, den Leistungen oder dem Geschäftsbetrieb eines anderen hervorzurufen.<br>Das Risiko der Assoziation seitens der Verbraucher über die Herkunft der Leistung reicht aus, um die Unlauterkeit einer Praktik zu begründen. |
| **Artículo 7. Omisiones engañosas.**<br>1. Se considera desleal la omisión u ocultación de la información necesaria para que el destinatario adopte o pueda adoptar una decisión relativa a su comportamiento económico con el debido conocimiento de causa. Es también desleal si la información que se ofrece es poco clara, ininteligible, ambigua, no se ofrece en el momento adecuado, o no se da a conocer el propósito comercial de esa práctica, cuando no resulte evidente por el contexto.<br><br>2. Para la determinación del carácter engañoso de los actos a que se refiere el apartado anterior, se atenderá al contexto fáctico en que se producen, teniendo en cuenta todas sus características y circunstancias y las limitaciones del medio de comunicación utilizado.<br>Cuando el medio de comunicación utilizado imponga limitaciones de espacio o de tiempo, para valorar la existencia de una omisión de información se tendrán en cuenta estas limitaciones y todas las medidas adoptadas por el empresario o profesional para transmitir la información necesaria por otros medios.<br>[…] | **Artikel 7. Täuschung durch Unterlassen.**<br>1. Das Unterlassen oder die Verheimlichung von Informationen, die zur fundierten Entscheidungsfindung der Zielgruppe hinsichtlich ihres wirtschaftlichen Verhaltens notwendig sind, gilt als unlauter. Gleichermaßen unlauter ist es, Informationen zur Verfügung zu stellen, die unklar, unverständlich oder zweideutig sind bzw. nicht zum richtigen Zeitpunkt übermittelt werden oder die geschäftliche Absicht der jeweiligen Praxis nicht erkennen lassen, wenn dies aus dem Kontext nicht zu entnehmen ist.<br>2. Zur Bestimmung des Täuschungscharakters der im voranstehenden Absatz beschriebenen Handlungen wird der tatsächliche Kontext herangezogen, in dem sie erfolgen, und zwar unter Berücksichtigung aller Merkmale und Umstände sowie der Begrenzungen des verwendeten Kommunikationsmittels.<br>Ist das verwendete Kommunikationsmittel mit zeitlichen und räumlichen Einschränkungen für die Bewertung des Vorliegens von Informationszurückhaltung versehen, sind diese Einschränkungen sowie alle vom Unternehmer oder Gewerbetreibenden zur Übermittlung der Information über andere Informationsmittel ergriffenen Maßnahmen mit zu berücksichtigen.<br>[…] |

| | |
|---|---|
| **Artículo 11. Actos de imitación.**<br>1. La imitación de prestaciones e iniciativas empresariales o profesionales ajenas es libre, salvo que estén amparadas por un derecho de exclusiva reconocido por la ley.<br>2. No obstante, la imitación de prestaciones de un tercero se reputará desleal cuando resulte idónea para generar la asociación por parte de los consumidores respecto a la prestación o comporte un aprovechamiento indebido de la reputación o el esfuerzo ajeno.<br>La inevitabilidad de los indicados riesgos de asociación o de aprovechamiento de la reputación ajena excluye la deslealtad de la práctica.<br>3. Asimismo, tendrá la consideración de desleal la imitación sistemática de las prestaciones e iniciativas empresariales o profesionales de un competidor cuando dicha estrategia se halle directamente encaminada a impedir u obstaculizar su afirmación en el mercado y exceda de lo que, según las circunstancias, pueda reputarse una respuesta natural del mercado. | **Artikel 11. Nachahmung.**<br>1. Hinsichtlich der Nachahmung von unternehmerischen oder beruflichen Leistungen Dritter besteht Freiheit, sofern diese nicht einem gesetzlich anerkannten Exklusivrecht unterliegen.<br>2. Die Nachahmung von Leistungen Dritter gilt jedoch als unlauter, wenn sie dazu genutzt wird, um bei den Verbrauchern eine Verbindung zum Ruf oder den Anstrengungen Dritter herzustellen oder um den Ruf oder die Anstrengungen Dritter auszunutzen.<br>Ist die Herstellung einer Verbindung zum Ansehen Dritter oder das Ausnutzen von dessen Ruf unvermeidlich, gilt eine bestimmte Praxis nicht als unlauter.<br>3. Des Weiteren gilt die systematische Nachahmung von unternehmerischen oder beruflichen Leistungen eines Wettbewerbers als unlauter, wenn die damit verbundene Strategie darauf abzielt, dessen Behauptung auf dem Markt zu verhindern oder zu behindern und über eine als normal zu bezeichnende Reaktion des Marktes hinausgeht. |
| **Artículo 12. Explotación de la reputación ajena.**<br>Se considera desleal el aprovechamiento indebido, en beneficio propio o ajeno, de las ventajas de la reputación industrial, comercial o profesional adquirida por otro en el mercado.<br>En particular, se reputa desleal el empleo de signos distintivos ajenos o de denominaciones de origen falsas acompañados de la indicación acerca de la verdadera procedencia del producto o de expresiones tales como «modelos», «sistema», «tipo», «clase» y similares.<br>[...] | **Artikel 12. Rufausbeutung.**<br>Die unangemessene Ausnutzung zum eigenen oder fremden Vorteil des geschäftlichen, gewerblichen oder beruflichen Ansehens eines anderen Marktteilnehmers gilt als unlauter.<br>Insbesondere wird die Verwendung fremder Unterscheidungszeichen oder falscher Herkunftsbezeichnungen mit dem Zusatz der wahren Herkunft eines Produkts oder dem Vermerk "Modelle", "System", "Typ", "Kategorie" o.ä. als unlauter erachtet.<br>[...] |

| | |
|---|---|
| **Artículo 18. Publicidad ilícita.**<br>La publicidad considerada ilícita por la Ley General de Publicidad, se reputará desleal. | **Artikel 18. Unerlaubte Werbung.**<br>Die laut Werbegesetz als unerlaubt angesehene Werbung gilt als unlauter. |
| CAPÍTULO III<br>**Prácticas comerciales con los consumidores o usuarios** | KAPITEL III<br>**Geschäftspraktiken gegenüber Verbrauchern oder Benutzern** |
| **Artículo 19. Prácticas comerciales desleales con los consumidores.**<br>1. Sin perjuicio de lo establecido en los artículos 19 y 20 del texto refundido de la Ley General para la Defensa de los Consumidores y Usuarios y otras leyes complementarias, únicamente tendrán la consideración de prácticas comerciales desleales con los consumidores y usuarios, las previstas en este capítulo y en los artículos 4, 5, 7 y 8 de esta ley.<br>2. Las prácticas comerciales reguladas en los artículos 21 a 31, ambos inclusive, son en todo caso y en cualquier circunstancia, prácticas comerciales desleales con los consumidores. | **Artikel 19. Unlautere Geschäftspraktiken gegenüber Verbrauchern.**<br>1. Unbeschadet der Bestimmungen der Artikel 19 und 20 des neugefassten Gesetzes zum Schutz der Verbraucher und Benutzer sowie weiterer Ergänzungsgesetze gelten lediglich die in diesem Kapitel sowie in den Artikeln 4, 5, 7 und 8 dieses Gesetzes enthaltenen Geschäftspraktiken gegenüber Verbrauchern und Benutzern als unlauter.<br>2. Die in den Artikel 21 bis 31, beide einschließlich, geregelten Geschäftspraktiken werden in jedem Fall und unter jeglichen Umständen als unlautere Geschäftspraktiken gegenüber den Verbrauchern erachtet. |
| **Artículo 20. Practicas engañosas por confusión para los consumidores.**<br><br>En las relaciones con consumidores y usuarios, se reputan desleales aquéllas prácticas comerciales, incluida la publicidad comparativa, que, en su contexto fáctico y teniendo en cuenta todas sus características y circunstancias, creen confusión, incluido el riesgo de asociación, con cualesquiera bienes o servicios, marcas registradas, nombres comerciales u otras marcas distintivas de un competidor, siempre que sean susceptibles de afectar al comportamiento económico de los consumidores y usuarios.<br>[…] | **Artikel 20. Irreführende Praktiken durch Verwechslungshandlungen gegenüber Verbrauchern.**<br>In den Beziehungen zu Verbrauchern und Benutzern gelten all jene Geschäftspraktiken einschließlich der vergleichenden Werbung als unlauter, die in ihrem tatsächlichen Kontext und unter Berücksichtigung all ihrer Merkmale und Umstände eine Verwechslungsgefahr mit jeglichen Waren oder Dienstleistungen, Warenzeichen, Warennamen oder anderen Kennzeichen eines Wettbewerbers hervorrufen und das wirtschaftliche Verhalten der Verbraucher oder Benutzer beeinflussen können.<br>[…] |

| | |
|---|---|
| **Artículo 25. Prácticas engañosas por confusión.**<br>Se reputa desleal por engañoso promocionar un bien o servicio similar al comercializado por un determinado empresario o profesional para inducir de manera deliberada al consumidor o usuario a creer que el bien o servicio procede de este empresario o profesional, no siendo cierto. | **Artikel 25. Irreführende Praktiken durch Verwechslungshandlungen.**<br>Das Angebot einer Ware oder Dienstleistung, die der durch einen anderen Unternehmer oder Gewerbetreibenden vermarkteten Ware oder Dienstleistung ähnelt, gilt als irreführend und unlauter, da der Verbraucher oder Benutzer bewusst zu dem Glauben gebracht wird, dass es sich um eine Ware oder Dienstleistung dieses Unternehmers oder Gewerbetreibenden handelt, obwohl dies nicht der Fall ist. |
| [...] | [...] |
| **CAPÍTULO IV**<br>**Acciones derivadas de la competencia desleal** | **KAPITEL IV**<br>**Klagen wegen unlauterem Wettbewerb** |
| **Artículo 32. Acciones.**<br>1. Contra los actos de competencia desleal, incluida la publicidad ilícita, podrán ejercitarse las siguientes acciones:<br>1.ª Acción declarativa de deslealtad.<br><br>2.ª Acción de cesación de la conducta desleal o de prohibición de su reiteración futura. Asimismo, podrá ejercerse la acción de prohibición, si la conducta todavía no se ha puesto en práctica.<br><br>3.ª Acción de remoción de los efectos producidos por la conducta desleal.<br><br>4.ª Acción de rectificación de las informaciones engañosas, incorrectas o falsas.<br>5.ª Acción de resarcimiento de los daños y perjuicios ocasionados por la conducta desleal, si ha intervenido dolo o culpa del agente. | **Artikel 32. Klagen.**<br>1. Gegen Handlungen des unlauteren Wettbewerbs, einschließlich der unerlaubten Werbung, können folgende Klagen erhoben werden:<br>1. Klage auf Feststellung der Wettbewerbswidrigkeit.<br>2. Klage auf Unterlassung eines unlauteren Verhaltens oder auf Verbot des wiederholten Auftretens eines unlauteren Verhaltens. Darüber hinaus kann eine Unterlassungsklage eingelegt werden, wenn das Verhalten noch nicht eingesetzt hat.<br>3. Beseitigende Unterlassungsklage bezüglich der Auswirkungen eines unlauteren Verhaltens.<br>4. Klage auf Gegendarstellung in Bezug auf irreführende, unrichtige oder falsche Informationen.<br>5. Schadensersatzklage für infolge eines vom Vertreter vorsätzlich oder schuldhaft ausgeführten unlauteren Verhaltens entstandene Schäden oder Nachteile. |

| | |
|---|---|
| 6.ª Acción de enriquecimiento injusto, que sólo procederá cuando la conducta desleal lesione una posición jurídica amparada por un derecho de exclusiva u otra de análogo contenido económico.<br><br>2. En las sentencias estimatorias de las acciones previstas en el apartado anterior, números 1.ª a 4.ª, el tribunal, si lo estima procedente, y con cargo al demandado, podrá acordar la publicación total o parcial de la sentencia o, cuando los efectos de la infracción puedan mantenerse a lo largo del tiempo, una declaración rectificadora. | 6. Klage aus ungerechtfertigter Bereicherung, die nur in jenen Fällen gegeben ist, in denen ein unlauteres Verhalten eine vom Exklusivrecht geschützte rechtliche Stellung oder eine andere rechtliche Stellung mt ähnlichem wirtschaftlichen Inhalt verletzt.<br>2. In den zusprechenden Urteilen zu den im vorangehenden Absatz unter den Ziffern 1 bis 4 genannten Klagen kann das Gericht bei gegebener Begründetheit auf Kosten des Beklagten die vollständige oder auszugsweise Veröffentlichung des Urteils anordnen. Bestehen die Folgen des Verstoßes über einen längeren Zeitraum fort, kann vom Gericht gleichermaßen eine Richtigstellung eingefordert werden. |
| **Artículo 33. Legitimación activa.**<br>1. Cualquier persona física o jurídica que participe en el mercado, cuyos intereses económicos resulten directamente perjudicados o amenazados por la conducta desleal, está legitimada para el ejercicio de las acciones previstas en el artículo 32.1, 1.ª a 5.ª<br>Frente a la publicidad ilícita está legitimada para el ejercicio de las acciones previstas en el artículo 32.1, 1.ª a 5.ª, cualquier persona física o jurídica que resulte afectada y, en general, quienes tengan un derecho subjetivo o un interés legítimo.<br><br>La acción de resarcimiento de los daños y perjuicios ocasionados por la conducta desleal podrá ejercitarse, igualmente, por los legitimados conforme a lo previsto en el artículo 11.2 de la Ley 1/2000, de 7 de enero, de Enjuiciamiento Civil.<br>La acción de enriquecimiento injusto sólo podrá ser ejercitada por el titular de la posición jurídica violada. | **Artikel 33. Aktivlegitimation.**<br>1. Jede natürliche oder juristische Person mit Marktbeteiligung, deren wirtschaftlichen Interessen infolge eines unlauteren Verhaltens direkt geschädigt oder bedroht werden, ist berechtigt, die in Artikel 32.1, Ziffern 1 bis 5 aufgeführten Klagen einzulegen.<br>In Fällen von unerlaubter Werbung sind betroffene natürliche oder juristische Personen bzw. sämtliche Personen mit subjektivem Recht oder berechtigtem Interesse zur Erhebung der in Artikel 32.1, Ziffern 1 bis 5 aufgeführten Klagen berechtigt.<br><br>Die Klage auf Schadensersatz für infolge unlauteren Verhaltens entstandene Schäden und Nachteile kann von jenen Personen erhoben werden, die gemäß Artikel 11.2 des Gesetzes 1/2000 vom 7. Januar – Zivilprozessordnung – dazu berechtigt sind.<br>Eine Klage aus ungerechtfertigter Bereicherung kann lediglich vom Inhaber der verletzten Rechtstellung erhoben werden. |

| | |
|---|---|
| 2. Las acciones contempladas en el artículo 32.1, 1.ª a 4.ª, podrán ejercitarse además por las asociaciones, corporaciones profesionales o representativas de intereses económicos, cuando resulten afectados los intereses de sus miembros. | 2. Die in Artikel 32.1, Ziffer 1 bis 4 aufgeführten Klagen können des Weiteren von Vereinen, Berufsverbänden oder Verbänden wirtschaftlicher Interessenvertreter erhoben werden, wenn die Interessen ihrer Mitglieder betroffen sind. |
| 3. Ostentan legitimación activa para el ejercicio de las acciones previstas en el artículo 32.1, 1.ª a 4.ª, en defensa de los intereses generales, colectivos o difusos, de los consumidores y usuarios: | 3. Zum Einlegen der in Artikel 32.1, Ziffern 1 bis 4 aufgeführten Klagen sind zur Verteidigung der allgemeinen, kollektiven oder individuellen Interessen der Verbraucher und Benutzer die nachfolgend aufgeführten Einrichtungen berechtigt: |
| a) El Instituto Nacional del Consumo y los órganos o entidades correspondientes de las comunidades autónomas y de las corporaciones locales competentes en materia de defensa de los consumidores y usuarios. | a) Die staatliche Verbraucherzentrale sowie die entsprechenden Behörden oder Einrichtungen der autonomen Regionen, wie auch die für Verbraucher- und Benutzerrechte zuständigen lokalen Körperschaften. |
| b) Las asociaciones de consumidores y usuarios que reúnan los requisitos establecidos en el texto refundido de la Ley General para la Defensa de los Consumidores y Usuarios o, en su caso, en la legislación autonómica en materia de defensa de los consumidores y usuarios. | b) Verbraucher- und Nutzerverbände, die die in der Neufassung des Gesetzes zum Schutz der Verbraucher und Benutzer oder in der regionalen Gesetzgebung zum Schutz der Verbraucher und Benutzer enthaltenen Voraussetzungen erfüllen. |
| c) Las entidades de otros Estados miembros de la Comunidad Europea constituidas para la protección de los intereses colectivos y de los intereses difusos de los consumidores y usuarios que estén habilitadas mediante su inclusión en la lista publicada a tal fin en el «Diario Oficial de las Comunidades Europeas». | c) Körperschaften anderer Mitgliedsstaaten der Europäischen Gemeinschaft, die zum Schutz kollektiver Interessen und individueller Interessen der Verbraucher und Benutzer gegründet worden sind und durch Aufnahme in das zu diesem Zweck im „Amtsblatt der Europäischen Gemeinschaften" veröffentlichte Verzeichnis mit der entsprechenden Befugnis ausgestattet sind. |
| 4. El Ministerio Fiscal podrá ejercitar la acción de cesación en defensa de los intereses generales, colectivos o difusos, de los consumidores y usuarios. | 4. Die Staatsanwaltschaft ist berechtigt, zur Wahrung der allgemeinen, kollektiven und individuellen Interessen der Verbraucher und Benutzer eine Unterlassungsklage einzulegen. |

| **Ley 24/2015, de 24 de julio, de Patentes** | **Gesetz 24/2015 vom 24. Juli über Patente** |
|---|---|
| […]<br>**Artículo 117**<br>Legitimación para el ejercicio de las acciones<br>[…]<br>2. Salvo pacto en contrario, el titular de una licencia exclusiva podrá ejercitar en su propio nombre todas las acciones que en la presente Ley se reconocen al titular de la patente frente a los terceros que infrinjan su derecho, pero no podrá ejercitarlas el concesionario de una licencia no exclusiva.<br>3. El licenciatario, que conforme a lo dispuesto en el apartado anterior, no esté legitimado para ejercitar las acciones por infracción de la patente, podrá requerir fehacientemente al titular de la misma para que entable la acción judicial correspondiente. Si el titular se negara o no ejercitara la oportuna acción dentro de un plazo de tres meses, podrá el licenciatario entablarla en su propio nombre, acompañando el requerimiento efectuado. Con anterioridad al transcurso del plazo mencionado, el licenciatario podrá pedir al Juez la adopción de medidas cautelares urgentes cuando justifique la necesidad de las mismas para evitar un daño importante, con presentación del referido requerimiento. | **Artikel 117**<br>Legitimation für die Erhebung von Klagen:<br>[…]<br>2. Sofern nicht anders vereinbart, kann der Inhaber einer ausschließlichen Lizenz im eigenen Namen alle Klagen die nach diesem Gesetz dem Patentinhaber zustehen, gegen Dritte erheben die seine Rechte verletzen, aber der Inhaber einer nicht ausschließlichen Lizenz kann die Klagen nicht erheben.<br>3. Der Lizenznehmer der nach dem vorhergehenden Absatz nicht berechtigt ist eine Klage wegen einer Patentverletzung zu erheben, kann in beglaubigter Form den Inhaber auffordern, die entsprechenden rechtlichen Schritte einzuleiten. Verweigert der Inhaber oder erhebt er nicht die taugliche Klage innerhalb einer Frist von drei Monaten, kann der Lizenznehmer diese in seinem eigenen Namen erheben, begleitet von der Aufforderung. Vor dem Ablauf der genannten Frist kann der Lizenznehmer den Richter auffordern, begleitet von der genannten Aufforderung, einstweilige Maßnahmen zu ergreifen, wenn diese notwendig sind, um große Schäden abzuwenden. |

# LITERATURVERZEICHNIS

*Apetz, Martin*: Das Verbot aggressiver Geschäftspraktiken – Herkunft, Inhalt, Umsetzung und Zukunftsperspektiven eines neuen Verbotskonzepts des europäischen Lauterkeitsrechts, Köln, 2011

*Armijo Chávarri, Enrique (Coord.)*: Análisis de la Reforma del Régimen Legal de la Competencia Desleal y la Publicidad, llevada a cabo por la Ley 29/2009, de 30 de deciembre, Madrid, 2011

*Bärenfänger, Jan*: Das Spannungsfeld von Lauterkeitsrecht und Markenrecht unter dem neuen UWG – Symbiotische Theorie zum Kennzeichen- und Lauterkeitsrecht, Baden-Baden, 2010

*Bärenfänger, Jan*: Symbiotische Theorie zum Kennzeichen- und Lauterkeitsrecht – Teil 1, WRP 2011, S. 16–22

*Bärenfänger, Jan*: Symbiotische Theorie zum Kennzeichen- und Lauterkeitsrecht – Teil 2, WRP 2011, S. 160–168

*Baron Vilar, Silvia*: Competencia Desleal – Tutela jurisdiccional (especialmento proceso civil) y extrajurisdiccional, Tomo II, Valencia, 2008

*Baumbach, Adolf/Hefermehl, Wolfgang*: Wettbewerbsrecht, 17 Aufl., München 1993

*Beater, Axel*: Unlauterer Wettbewerb, Tübingen, 2011

*Beater, Axel*: Verbraucherschutz und Schutzzweckdenken im Wettbewerbsrecht, Tübingen, 2000

*Beier, Friedrich-Karl*: Gedanken zum Verhältnis von Warenzeichen- und Ausstattungsschutz im künftigen deutschen Markenrecht, GRUR 1967, S. 628–634

*Beier, Friedrich-Karl*: Warenzeichenrecht – Rückkehr zum Eintragungsprinzip? – Überlegungen zur Reform des Markenrechts, GRUR Int. 1973, 407–417

*Beier, Friedrich-Karl/Kur, Annette*: Das Verhältnis von Markenrecht und Recht des unlauteren Wettbewerbs im Wandel der Zeiten, in: *Großfeld, Bernhard/Sack, Rolf/Möllers, Thomas M. J./Drexl, Josef/Heinemann, Andreas*, Festschrift für Wolfgang Fikentscher, Tübingen, 1998

*Bellido Penadés, Rafael*: La tutela frente a la competencia desleal en el proceso civil, Granada, 1998

*Bercovitz Rodríguez-Cano, Alberto*: Hacia und Nuevo Código Mercantil, Cizur Menor, 2014

*Bercovitz Rodríguez-Cano, Alberto*: Apuntes de Derecho Mercantil, 10. Aufl., Cizur Menor, 2009

*Bercovitz Rodríguez-Cano, Alberto*: La competencia desleal, DN 1992, S. 1–12

*Bercovitz Rodríguez-Cano, Alberto*: La formación del Derecho de la Competencia, ADI 1975, S. 61–81

*Bercovitz Rodríguez-Cano, Alberto*: La Regulación contra la Competencia Desleal en la Ley de 10 de enero de 1991, Boletín Oficial del Estado-Cámara de Comercio e Industria de Madrid, Madrid 1992

*Bercovitz Rodríguez-Cano, Alberto (Coord.)*: La regulación contra la competencia desleal en la Ley de 10 de enero de 1991, jornadas organizadas por la Cámara de Comercio e Industria de Madrid, Boletin Oficial del Estado, Madrid, 1992

*Bercovitz Rodríguez-Cano, Alberto (Dir.)*: Comentarios a la Ley de Marcas, Tomo I y II, 2. Aufl., Cizur Menor, 2008 (zitiert: *Autor*, in: Bercovitz/Comentarios-LM)

*Bercovitz Rodríguez-Cano, Alberto (Dir.)*: Comentarios a la Ley de Competencia Desleal, 1. Aufl., Cizur Menor, 2011 (zitiert: *Autor*, in: Bercovitz/Comentarios-LCD)

*Berlit, Wolfgang*: Markenrecht, 11. Aufl., München, 2019

*Bettinger, Thorsten*: Handbuch des Domainrechts, 2. Aufl., München, 2017

*Bork, Daniel*: Irreführende Produktvermarktung – Unter besonderer Berücksichtigung des Verhältnisses von Markenrecht und Wettbewerbsrecht nach Umsetzung der Richtlinie über unlautere Geschäftspraktiken, Köln, 2013

*Bornkamm, Joachim*: Der lauterkeitsrechtliche Schutz vor Verwechslungen: Ein Kuckucksei im Nest des UWG?, in:, *Erdamnn, Willi/Leistner, Matthias/Rüffer, Wilfried/Schulte-Beckhausen, Thomas*, Festschrift für Michael Loschelder, Köln, 2001

*Bornkamm, Joachim*: Kennzeichenrecht und Irreführungsverbot – Zur wettbewerbsrechtlichen Beurteilung der irreführenden Kennzeichenbenutzung, in: *von Bomhard Verena/Pagenberg, Jochen/Schennen, Detlef*, Festschrift für Alexander von Mühlendahl, Köln, 2005

*Bornkamm, Joachim*: Die Schnittstelle zwischen gewerblichen Rechtsschutz und UWG – Grenzen des lauterkeitsrechtlichen Verwechslungsschutzes, GRUR 2011, S. 1–8

*Bornkamm, Joachim*: Markenrecht und wettbewerbsrechtlicher Kennzeichenschutz – Zur Vorrangthese der Rechtsprechung, GRUR 2005, S. 97–102

*Bredow, Günther*: Das spanische Markenrecht – Eine Darstellung unter Berücksichtigung der europäischen Markenrechtsharmonisierung, München, 1993

*Brem, Florian*: Der ergänzende wettbewerbsrechtliche Leistungsschutz in Europa: Eine vergleichende Untersuchung zum Schutz immaterialgüterrechtlich nicht geschützter Leistungen im deutschen, französischen, spanischen, italienischen und schweizerischen Recht, Berlin, 2005

*Bylos Occoza, Hermenegildo*: Tratado de derecho industrial – Propiedad industrial, propiedad intelectual, derecho de la competencia economica, disciplina de la Competencia Desleal, 1. Aufl., Madrid, 1978 (zitiert: *Baylos*, Tratado, 1978)

*Carbajo Cascón, Fernando*: El Caso Google Adwords: sobre la infracción de marcas y la responsabilidad de intermediarios de la sociedad de la información en la comercialización de palabras clave y puesta a disposición de enlaces patrocinados, comentario a la sentencia de tribunal de la Unión Europea (Gran Sala) de 23 de Marzo de 2010 (As. acumulados C-236/2008 a C-238/2008), RCD 2010, S. 321–337

*Carrión, Francisco Javier/Parada de, Garciá*: Los actos de confusión e imitación en la nueva Ley de Competencia Desleal, CPI 2010, S. 107–134

*Casado Cerviño, Alberto*: Derecho de marcas y protección de los consumidores. El tratameinto del error del consumidor, Madrid, 2000

*Casado Cerviño, Alberto*: La nueva Ley Espñola de Marcas: Análisis desde la perspectiva der Derecho Comunitario, ADI 2001, S. 23–49

*Deutsch, Volker*: Anspruchskonkurrenzen im Marken- und Kennzeichenrecht, WRP 2000, S. 854–858

*Domínguez Pérez, Eva*: Nachahmung und ungerechtfertigte Ausnutzung fremder Leistungen im spanischen Recht gegen unlauteren Wettbewerb, GRUR Int. 2001, S. 1017–1025

*Eichmann, Helmut/Kur, Annette*: Designrecht, Praxishandbuch, 2. Aufl., Baden-Baden, 2016

*Ekey, Friedrich/Bender, Achim/Fuchs-Wissemann, Georg*: Markenrecht, Band 1, Markengesetz und Markenrecht ausgewählter ausländischer Staaten, 4. Aufl., München 2019

*Emmerich, Volker*: Unlauterer Wettbewerb, 11. Aufl., München, 2019

*Erdamnn, Willi*: Buchbesprechung: Wettbewerbsrecht. Gesetz gegen den unlauteren Wettbewerb, Preisangabenverordnung, GRUR 2007, 130–132

*Fernández Carballo-Calero, Pablo/Salgado André, Elena*: Actos de engaño y omisiones engañosas en la Ley de Competencia Desleal (Análisis de los Arts. 5 y 7 LCD), ADI 2009–2010, S. 225–244

*Fernández-Novoa, Carlos*: La Directiva comunitaria sobre prácticas comerciales desleales, La Ley 2006, S. 1335–1340

*Fernández-Novoa, Carlos*: El sistema comunitario de marcas, Madrid, 1995

*Fernández-Novoa, Carlos*: El enriquecimiento injustificado en el derecho industrial, La Coruña, 1996

*Fernández-Nóvoa, Carlos*: La interpretación jurídica de las expressiones publicitarias, RDM 1968, S. 13–57

*Fernández-Nóvoa, Carlos*: Reflexiones preliminares sobre la Ley de Competencia Desleal, La Ley 1991, S. 1179–1184

*Fernández-Nóvoa, Carlos*: Fundamentos de Derecho de Marcas, Madrid, 1984

*Fernández-Nóvoa, Carlos/Otero Lastres, José Manuel/Botana Agra, Manuel*: Manual de la Propiedad Industrial, 2. Aufl., Madrid, 2013, (zitiert: *Autor*, in: Fernández-Nóvoa/Otero Lastres/Botana Agra, Manual)

*Fezer, Karl-Heinz*: Markenrecht, Kommentar zum Markengesetz, zur Pariser Verbandsübereinkunft und zum Madrider Markenabkommen, 4. Aufl., München, 2009

*Fezer, Karl-Heinz*: Kumulative Normenkonkurrenz im Kennzeichenrecht – Ein Beitrag zur autonomen Anwendung des MarkenG, des UWG und des BGB nach § 2 MarkenG, WRP 2000, S. 863–872

*Fezer, Karl-Heinz/Büscher, Wolfgang/Obergfell, Eva Inés*: Lauterkeitsrecht – Kommentar zum Gesetz gegen den unlauteren Wettbewerb (UWG), Band 2, §§ 3a bis 20 UWG, 3. Aufl., München, 2016 (zitiert: *Bearbeiter*, in: Fezer/Büscher/Obergfell)

*Fezer, Karl-Heiz*: Kumulative Normenkonkurrenz zwischen Markenrecht und Lauterkeitsrecht – Schutzzweckkompatibilität zwischen Immaterialgüterrecht als Funktionseigentum und Wettbewerbsrecht, GRUR 2010, S. 953–957

*Fikentscher, Wolfgang*: Wettbewerb und Gewerblicher Rechtsschutz – Die Stellung des Rechts der Wettbewerbsbeschränkungen in der Rechtsordnung, München, 1958

*Fischer, Klaus-Bernd/Fischer, Ana-Katharina*: Spanisches Handels- und Wirtschaftsrecht, 2. Aufl., Heidelberg, 1995

*Font Galán, Juan Ignacio*: Competenci Desleal y prácticas prohibidas en el mercado de la Ley de Pácticas Restrictivas de la Competencia, RDM 1977, S. 519–560

*Freudenberg, Philipp*: Das Imitationsmarketing und sein Verhältnis zu anderen Schutzrechten – Die Vereinbarkeit von Vorrangthese und § 5 Abs. 2 UWG – ein Paradigmenwechsel?, Kassel, 2013

*Ganzález-Bueno, Carlos (Coord.)*: Comentarios a la Ley y al Reglamento de Marcas, Madrid, 2003

*García Perez, Rafael*: Propuesta de Directiva sobre las prácticas comerciales desleales - Consideraciones críticas, ADI 2003, S. 1207–1224

*García Perez, Rafael*: Tiempo de combio para el derecho contra la competencia desleal: La Directiva sobre prácticas comerciales desleales, ADI 2005–2006, S. 475–484

*García Pérez, Rafael*: Ley de Competencia Desleal, Cizur Menor, 2008 (zit.: *García Pérez*, LCD)

*García Pérez, Rafael*: Libre circulación de mercancías y competencia desleal en la Comunidad Europea, Madrid, 2005

*García Pérez, Rafael*: Nuevas relaciones entre la Ley de Marcas y la Ley de Competencia Desleal, Aranzadi Civil-Mercantil, 2012, S. 1–12

*García Vidal, Ángel*: La denominación social en la Ley de Marcas de 2001, ADI 2001, S. 57–77

*Gebauer, Martin/Wiedmann, Thomas (Hrsg.)*: Zivilrecht unter europäischem Einfluss, 2. Aufl., München, 2010

Glöckner, Jochen: Richtlinienvorschlag über unlautere Geschäftspraktiken, deutsches UWG oder die schwierige Umsetzung von europarechtlichen Generalklauseln, WRP 2004, S. 936–945

*Glöckner, Jochen*: Der Schutz vor Verwechslungsgefahr im Spannungsfeld von Kennzeichenrecht und verbraucherschützendem Lauterkeitsrecht, in: *Ohly/Klippel*, Geistiges Eigentum und Gemeinfreiheit, Tübingen, 2007

*Goldmann, Michael*: Lauterkeitsrechtlicher Schutz gegen mittelbare Verwechslungsgefahr?, GRUR 2012, S. 857–864

*Gómez Montero, Jesús*: El régimen del Rótulo de establecimiento en la neuva Ley de Marcas de 2001, ADI 2001, S. 99–109

*Götting, Horst-Peter/Nordemann, Axel (Hrsg.)*: UWG – Handkommentar, 3. Aufl., Baden-Baden, 2016 (zitiert: *Bearbeiter*, in: Götting/Nordemann)

*Gualde Capó, Patricia*: Competencia Desleal, Madrid, 2011 (zitiert: *Autor*, in: Gualde Capó, LCD)

*Gutiérrez Gilsanz, Javier*: Actos de competencia desleal de carácter duradero y prescripción de acciones, Revista de Derecho Mercantil, 2012, Nr. 284, S. 103–139

*Häberle, Peter*: Grundrechtsgeltung und Grundrechtsinterpretation im Verfassungsstaat, JZ 1989, S. 913–919

*Hafenmayer, Angelika*: Der lauterkeitsrechtliche Schutz vor Verwechslungen im Konflikt mit den Wertungen des Kennzeichenrechts, 2014, München

*Hahn, Paul Vincent*: Schutz vor „Look-alikes" unter besonderer Berücksichtigung des § 5 II UWG, Hamburg, 2014

*Harte-Bavendamm, Henning/Henning-Bodewig, Frauke (Hrsg.)*: Gesetz gegen den unlauteren Wettbewerb (UWG) – Kommentar, 4. Aufl., München, 2016 (zitiert: Harte/Henning/*Bearbeiter*)

*Heermann, Peter W./Schlingloff, Jochen (Hrsg.)*: Münchener Kommentar zum Lauterkeitsrecht, Band 1 und 2, 3. Aufl., München, 2020 (zitiert: MüKo-UWG/*Bearbeiter*)

*Henning-Bodewig, Frauke*: Das Europäische Wettbewerbsrecht: Eine Zwischenbilanz, GRUR Int. 2002, 389–398

*Henning-Bodewig, Frauke*: Die Richtlinie 2005/29/EG über unlautere Geschäftspraktiken, GRUR Int. 2005, S. 629–634

*Henning-Bodewig, Frauke (Hrsg.)*: International Handbook on Unfair Competition, 2013, München, Oxford, Baden-Baden, Portland, 2013

*Henning-Bodewig, Frauke/Kur, Annette*: Marke und Verbraucher, Funktionen der Marke in der Marktwirtschaft, Band II – Einzelprobleme, Weinheim, 1989 (zitiert: Henning-Bodewig/Kur, Marke und Verbraucher, Bd. II)

*Herrero & Asociados*: Factbook Propiedad Industrial, 2. Aufl., Cizur Menor 2004

*Höfinghoff, Martin*: Vorsprung durch Rechtsbruch in Deutschland und Spanien, Juristische Reihe Tenea (jurawelt.com), 2004

*Howells, Geraint/Micklitz, Hans-W./Wilhelmsson, Thomas*: European Fair Trade Law, New York, 2006

*Ingerl, Reinhard/Rohnke, Christian*: Markengesetz, 3. Aufl., München, 2010

*Kaulmann, Nina*: Der Schutz des Werbeslogans vor Nachahmungen, GRUR 2008, S. 854–860

*Kischel, Uwe*: Rechtsvergleichung, München, 2015

*Klein, Anna-Elisabeth*: Die Entwicklung des Rechts gegen unlauteren Wettbewerb in Spanien unter besonderer Berücksichtigung der Irreführung durch Unterlassen, Köln, 2013

*Klug, Verena*: Die Umsetzung der Richtlinien über unlauterer Geschäftspraktiken in Spanien – Eine rechtsvergleichende Studie, München, 2014

*Köhler, Helmut*: Der Schutz vor Produktnachahmung im Markenrecht, Geschmacksmusterrecht und neuen Lauterkeitsrecht, GRUR 2009, S. 445–451

*Köhler, Helmut*: Das Verhältnis des Wettbewerbsrechts zum Recht des geistigen Eigentums – Zur Notwendigkeit einer Neubestimmung auf Grund der Richtlinie über unlautere Geschäftspraktiken, GRUR 2007, S. 548–554

*Köhler, Helmut/Bornkamm, Joachim/Feddersen, Jörn*: Gesetz gegen den unlauteren Wettbewerb, 38. Aufl., München, 2020

*Köhler, Helmut/Lettl, Tobias*: Das geltende europäische Lauterkeitsrecht, der Vorschlag für eine EG-Richtlinie über unlautere Geschäftspraktiken und die UWG-Reform, WRP 2003, S. 1019–1057

*Kur, Annette*: Verwechslungsgefahr und Irreführung – zum Verhältnis von Markenrecht und § 3 UWG, GRUR 1989, S. 240–250

*Kur, Annette/Friedrich-Karl Beier*: Das Verhältnis von Markenrecht und Recht des unlauteren Wettbewerbs im Wandel der Zeiten, in: *Großfeld, Bernhard/Sack, Rolf/Möllers, Thomas M. J./Drexl, Josef/Heinemann, Andreas*, Festschrift für Wolfgang Fikentscher, Tübingen, 1998

*Kur, Annette/Bomhard, v., Verena/Albrecht, Friedrich*: Beck'scher Online-Kommentar Markenrecht, 9. Edition, München, Stand: 01.03.2017 (zitiert: BeckOK MarkenR/*Autor*)

*Lange, Paul*: Marken- und Kennzeichenrecht, 2. Aufl., München, 2012

*Lázaro Sánchez, Emilio (Coord.)*: Comentario a la Ley General de Publicidad, Cizur Menor, 2009

*Lettl, Tobias*: Wettbewerbsrecht, 3. Aufl., München, 2016

*Llobregat Hurtado, Maria Luisa*: Temas de Propiedad Industrial, 2. Aufl., Madrid, 2007

*Lobato, Manuel*: Comentario a la Ley 17/2001, de Marcas, 2. Aufl., Cizur Menor, 2007

*Martínez Gutiérres, Ángel*: La marca engañosa, Madrid, 2002

*Martínez Gutiérrez, Ángel (Dir.)*: Marca y Publicidad Comercial – Un enfoque interdisciplinar, Madrid, 2009

*Martínez Sanz, Fernando (Dir.)*: Comentario práctico a la ley de Competencia Desleal, Madrid, 2009 (zit.: *Bearbeiter*, in: Comentario práctico-LCD)

*Massaguer Fuentes, José*: La distintivos y prestaciones objecto de propiedad interlectual por medio de la ley de competencia desleal, in: Problemas Actuales de Derecho de la Propiedad Industrial, I Jornada de Barcelon, Cizur Menor, 2001

*Massaguer Fuentes, José*: La protección jurídica de las marcas notorias y renombradas en la Ley de Marcas de 2001, ADI 2001, S. 143–179

*Massaguer, José*: Derecho contra la competencia desleal – La Directiva 2005/29/CE sobre las Prácticas Comerciales Desleales, Cizur Menor, 2006

*Massaguer, José*: Comentario a la Ley de Competencia Desleal, Madrid, 1999 (zitiert: *Massaguer*, Comentario)

*Massaguer, José*: El nuevo Derecho contra la Competencia Desleal – La Directiva 2005/29/CE sobre las Prácticas Comerciales Desleales, Cizur Menor, 2006

*Massaguer, José/Marcos, Francisco/Suñol, Aurea*: La transposición al Derecho español de la Directiva 2005/29CE sobre prácticas comerciales desleales, Boletín de Información del Ministerio de Justicia, Nr. 2013, 2006, S. 1925–1963 (zitiert: *Massaguer/Marcos/Suñol*, La transposición)

*Menéndez Menéndez, Aurelio*: La competencia desleal, Madrid, 1988

*Menéndez, Aurelio/Rojo, Ángel*: Lecciones de Derecho Mercantil, Volumen I, 9. Aufl., Cizur Menor, 2011

*Miranda Serano, Luis Ma*: La relevancia distintiva de las denominaciones y razones sociales en la Ley 17/2001 de Marcas, RdS 2003, S. 109–148

*Mónica Weimann Gómez*: Anmerkung zu TS v. 10.11.2004, GRUR Int. 2005, S. 744

*Monteagudo, Montiano*: El Modelo de relación entre el Derecho de Marcas y las normas contra la Competencia Desleal, in: Colección de conferencia con motivo de las Jornadas de Estudio celebradas el 13 y 14 de febrero de 2014 por el Grupo Español de la AIPPI, 2014

*Monteagudo, Montiano*: El riesgo de confusion en derecho de marcas y en derecho contra la competencia desleal, ADI 1993, S. 73–108

*Monteagudo, Montiano*: La tutela del nombre comercial no registrado, ADI 2001, S. 182–193

*Morral Soldevila, Ramón (Dir.)*: Problemas actuales de Derecho de la Propiedad Industrial, Madrid, 2011 (zitiert: *Bearbeiter*, in: Problemas actuales)

*Nussbaum v., Caroline/Ruess, Peter*: Irreführung durch Marken – die Neuregelung der Imitationswerbung in § 5 Abs. 2 UWG n.F., MarkenR 2009, S. 233–238

*O'Callaghan Muñoz, Xavier (Coord.)*: Jurisprudencia sobre Propiedad Industrial, Publicidad y Derecho de la Competencia, 1. Aufl., Madrid, 2007

*Ohly, Ansgar*: Keyword Advertising auf dem Weg zurück von Luxemburg nach Paris, Wien, Karlsruhe und Den Haag, GRUR 2010, S. 776–785

*Ohly Ansgar/Klippel, Diethelm (Hrsg.)*: Geistiges Eigentum und Gemeinfreiheit, Tübingen, 2007

*Ohly, Ansgar*: Urheberrecht und UWG, GRUR Int. 2015, S. 693–704

*Ohly, Ansgar*: Das neue UWG – Mehr Freiheit für den Wettbewerb? GRUR 2004, S. 889–900

*Ohly, Ansgar/Sosnitza, Olaf*: Gesetz gegen den unlauteren Wettbewerb, 7. Aufl., München, 2016

*Ortuño Baeza, Teresa*: La licencia de marca, Madrid, 2000

*Otamendi Rodríguez-Bethencourt, Juan José*: Comentarios a la Ley de Competencia Desleal, 1994, Pamplona, 1994 (zitiert: *Otamendi Rodríguez-Bethencourt*, LCD)

*Pahlow, Louis*: Anspruchskonkurrenzen bei Verletzung lizenzierter Schutzrechte unter Berücksichtigung der Richtlinie 2004/48/EG, GRUR 2007, S. 1001–1007

*Pérez Mosteiro, Amelia María*: La Reforma de la Ley de Competencia Desleal – Efectos de la armonización comunitaris, Madrid, 2011

*Portellano Diez, Pedro*: La imitación en el derecho de la competencia, Madrid, 1995

*Roncero Sánchez, Antonio*: El contrato de licencia de marca, Madrid, 1999

*Ruiz Peris, Juan Ignacio(Dir.)*: La Reforma de la Ley de Competencia Desleal (Estudios sobre la Ley 29/2009, de 30 de diciembre, por la que se modifica el régimen legal de la competencia desleal y de la publicidad para mejora de la protección de los consumidores y usuarios), Valencia, 2010

*Sacco, Rodolfo*: Einführung in die Rechtsvergleichung, 2. Aufl., Baden-Baden, 2011

*Sack, Rolf*: Betriebliche Herkunftstäuschungen und § 5 UWG, WRP 2014, S. 1130–1136

*Sack, Rolf*: Die abstrakte Verwechslungsgefahr im Markenrecht, GRUR 2013, S. 4–8

*Sack, Rolf*: Produktnachahmung und betriebliche Herkunftstäuschung nach § 4 Nr. 9 a), GRUR 2015, S. 442–451

*Sack, Rolf*: Die Verwechslungsgefahr im Marken- und Wettbewerbsrecht – einheitliche Auslegung?, WRP 2013, S. 8–16

*Sambuc, Thomas*: Der UWG-Nachahmungsschutz, München, 1996

*Sánchez Calero, Fernando/Sánchez-Calero Guilarte, Juan*: Instituciones de Derecho Mercantil, Volumen I, 34. Aufl., Cizur Menor, 2011 (zitiert: *Sánchez Calero/Sánchez-Calero Guilarte*, Instituciones, Vol. I)

*Schladt, Verena*: Das Verhältnis von Marken- und Lauterkeitsrecht, Berlin, 2013

*Schmidt-Kessel, Martin/Schubmehl, Silvian (Hrsg.)*: Lauterkeitsrecht in Europa – Eine Sammlung von Länderberichten zum Recht gegen unlauteren Wettbewerb, München, 2011

*Schork, Daniela*: Imitationsmarketing, Tübingen, 2011

*Schultz v., Detlef*: Kommentar zum Markenrecht, 3. Aufl., Frankfurt am Main, 2012

*Seichter, Dirk*: Der Umsetzungsbedarf der Richtlinie über unlautere Geschäftspraktiken, WRP 2005, S. 1087–1093

*Steinbeck, Anja*: Richtlinie über unlautere Geschäftspraktiken: Irreführende Geschäftspraktiken – Umsetzung in das deutsche Recht, WRP 2006, S. 632–636

*Ströbele, Paul/Hacker, Franz*: Markengesetz, 12. Aufl., Köln, 2018 (zitiert: *Bearbeiter*, in: Ströbele/Hacker, MarkenG)

*Tato Plaza, Anxo*: Das neue System zur Selbstkontrolle der Werbung in Spanien, GRUR Int. 1999, S. 853–864

*Tato Plaza, Anxo/Fernández Carballo-Calero/Herrera Petrus*: La reforma de la Ley de Competencia Desleal, Madrid, 2010 (zit.: *Tato Plaza*, La reforma)

*Teplitzky, Otto/Peifer, Karl-Nikolaus/Leistner, Matthias (Hrsg.)*: UWG – Gesetz gegen den unlauteren Wettbewerb, Großkommentar, 2. Aufl., Berlin/Boston, 2013 (zitiert: GK-UWG/*Bearbeiter*)

*Thress, Konstantin*: Die irreführende Produktvermarktung – Zur Auslegung des Art. 6 Abs. 2 lit. a der Richtlinien 2005/29/EG über unlauterer Geschäftspraktiken und des § 5 Abs. 2 UWG, Köln, 2011

*Ullmann, Eike (Hrsg.)*: juris Praxis Kommentar, UWG – Gesetz gegen den unlauteren Wettbewerb, 4 Aufl., Saarbrücken, 2016 (zitiert: *Bearbeiter*, in: jurisPK-UWG)

*Ulmer, Eugen*: Das Recht des unlauteren Wettbewerbs in den Mitgliedstaaten der Europäischen Wirtschaftsgemeinschaft, Band I, Vergleichende Darstellung mit Vorschlägen zur Rechtangleichung, München/Köln, 1965

*Ulmer, Eugen*: Warenzeichen und unlauterer Wettbewerb – In ihrer Fortbildung durch die Rechtsprechung, Berlin, 1929

*Viera González, Jorge*: Los actos de confusión e imitación en el proyecto de Ley por el que se modifica el régimen legal de la Competencia Desleal, RDI, 2010, S. 153–160

*Wirth, Andreas*: Das neue Recht des unlauteren Wettbewerbs in Spanien, Eine Darstellung des Gesetzes 3/1991 über unlauteren Wettbewerb mit rechtsvergleichenden Bezügen, Köln/Berlin/Bonn/München, 1996

www.ingramcontent.com/pod-product-compliance
Ingram Content Group UK Ltd.
Pitfield, Milton Keynes, MK11 3LW, UK
UKHW021852290926
8980IPUK00005B/781

9 783631 826249